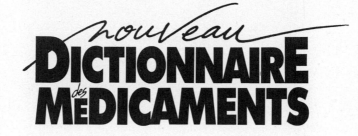

ÉDITION DU CLUB QUÉBEC LOISIRS INC.
© Avec l'autorisation des Éditions Québec/Amérique

ISBN-2-89037-375-4

Dr Serge Mongeau et Marie Claude Roy L. Ph.

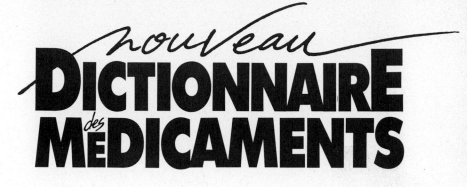

nouVeau
DICTIONNAIRE des MéDICAMENTS

Table des matières

Préface

Il y a un peu moins de quatre ans, nous lancions notre *Dictionnaire des médicaments de A à Z*. Le succès de ce livre a été instantané et très rapidement il a été adopté comme guide par maintes personnes, tant du côté des consommateurs que du côté des thérapeutes. Nous avions perçu un besoin et effectivement beaucoup de gens y ont trouvé l'information qu'ils cherchaient.

En publiant ce premier dictionnaire, nous étions conscients que nous prenions presque un engagement à vie, compte tenu de la grande rapidité d'évolution du marché des médicaments. Nous savions qu'après quelques années, plusieurs nouveaux médicaments seraient apparus et que nous aurions à effectuer des mises à jour de notre premier travail. C'est précisément le but du *Nouveau dictionnaire des médicaments*.

Ce livre nous a demandé de longs efforts, mais en même temps nous avons reçu un énorme support de la population : combien de gens nous ont dit qu'ils avaient enfin trouvé dans notre dictionnaire les réponses aux questions qu'ils avaient vainement posées à leurs médecins ou à d'autres intervenants ! Que d'autres nous ont confié avoir découvert de nouvelles solutions à leurs vieux problèmes !

Nous avons aussi été motivés à poursuivre notre travail par le constat que la situation globale du système de soins n'a pas évolué et que le besoin d'information est de plus en plus important, à cette ère où la technologie a si souvent tendance à faire oublier l'humain.

Pour rédiger le *Nouveau dictionnaire des médicaments*, nous avons attentivement révisé chaque médicament décrit en tenant compte des publications les plus récentes. Nous avons aussi inclus une soixantaine de nouvelles monographies sur des produits anciens, mais dont l'usage nous paraît répandu, ou sur des produits nouveaux. Nous avons aussi considérablement enrichi notre section sur les alternatives aux médicaments, touchant des maladies que nous n'avions pas abordées la première fois comme le cancer, la bronchite et le mal de dos.

Nous souhaitons, par ce livre, continuer à contribuer à cet important phénomène de prise en charge qui se développe chez nous et qui nous apparaît comme hautement nécessaire. Il n'y a pas d'autonomie possible sans information.

Serge Mongeau et Marie Claude Roy
27 octobre 1987

Introduction

En écrivant ce dictionnaire, nous avons voulu fournir à tous ceux qui prennent ou prendront des médicaments l'outil le mieux adapté possible. Cet instrument s'inscrit dans une optique de connaissance. Il cherche à répondre à ces questions qui se posent lorsqu'on sort du bureau du médecin muni d'une ordonnance plus ou moins élaborée, à peine encouragé par un laconique : « Cela vous fera du bien. »

Le médicament est en effet le moyen dont les médecins se servent le plus souvent pour soigner les malaises et les maladies qui nous amènent à les consulter. Or c'est un outil puissant et potentiellement dangereux qui, trop souvent, est utilisé soit maladroitement, soit inutilement. Un trop grand nombre de médicaments sont prescrits selon des indications vagues, sans que même la personne qui soigne en connaisse tous les effets et parfois le peu de valeur. On peut aussi se demander combien de traitements sont écourtés ou négligés parce qu'on n'a pas été informé de l'importance de les mener à terme et de la fonction qu'ils doivent remplir ; combien produisent des effets secondaires plus ou moins désastreux qu'il aurait été possible de limiter si on en avait connu les signes avant-coureurs ou des moyens de les éviter. Parfois aussi, on aurait préféré recourir à une thérapeutique non chimique, si un éventail de possibilités nous avait été offert. Mais il faut bien le reconnaître, peu d'information circule encore ; celle-ci demeure l'apanage des professionnels de la santé, et encore, même parmi eux, elle n'est ni toujours à jour ni toujours complète. Il arrive malheureusement trop souvent qu'un médicament soit prescrit et utilisé de façon arbitraire ; son emploi perpétue alors une tradition médicale dont on a perdu les sources ou encore n'est qu'une mode, plutôt qu'un choix éclairé et bien à propos.

Pour être appropriée et sûre, l'utilisation d'un médicament devrait se faire en toute connaissance de cause, grâce à une information qui permette une action optimale avec le minimum de désagréments. Ce livre espère combler ce besoin ; on y trouvera l'information nécessaire pour connaître le pourquoi du médicament prescrit, les précautions devant être respectées lors de son utilisation, les effets secondaires et les interactions possibles. Il fournit aussi des renseignements qui peuvent aider à juger du bien-fondé d'une ordonnance médicale.

Tous les médicament ne possèdent pas le même intérêt. Ils n'ont pas tous la même importance. On peut considérer certains d'entre eux comme essentiels ; par exemple, l'insuline et aussi plusieurs produits qui sont utilisés dans les maladies cardio-vasculaires, dans les troubles de la coagulation, dans l'épilepsie... Ils permettent de prolonger la vie ou tout au moins d'en améliorer grandement la qualité. Par ailleurs, un grand nombre d'autres substances n'ont jamais vraiment fait la preuve de leur utilité et leurs effets ne justifient pas la place si grande qu'elles occupent dans l'arsenal thérapeutique.

L'utilisation si répandue des médicaments résulte du jeu subtil de plusieurs facteurs. Les plus évidents sont : l'habile science du marketing de l'industrie pharmaceutique ; le roulement rapide des produits qu'elle met sur le marché ; une certaine négligence de la part des professionnels de la santé, autant médecins que pharmaciens, qui abdiquent trop souvent devant la complexité de l'univers pharmaceutique et négligent leur rôle de vulgarisateurs d'information.

Dans ce livre, nous nous sommes efforcés de fournir, pour chaque médicament, des informations qui permettent de l'utiliser de façon plus éclairée et ce, pour que l'effet obtenu soit bien celui que l'on recherche. En effet, l'information que l'on reçoit du médecin ou du pharmacien est rarement suffisante ; elle est cependant des plus importantes. Elle permet, croyons-nous, une certaine réappropriation de notre corps ; elle nous aide à mieux comprendre ce qui s'y passe, ce que le médicament prétend soigner et ce qu'il transforme en nous. Elle aide aussi à mieux cerner les limites de cette action suscitée de l'extérieur et à situer plus facilement la part du traitement que nous avons à assumer autrement que par la chimie. D'ailleurs, ce processus de connaissance semble avoir une certaine importance dans l'efficacité d'une thérapeutique ; il permet d'accepter un traitement en en comprenant le rationnel, il facilite la mobilisation de ses énergies pour aider à la guérison et favorise la prise en charge de chaque individu par lui-même.

Par ailleurs, nous croyons qu'une meilleure information peut permettre de refuser un traitement médicamenteux pour lui préférer une autre approche. En effet, il arrive très souvent que la solution chimique proposée (pour ne pas dire imposée !) comme premier ou unique choix ait une valeur plus que douteuse, ou qu'à tout le moins elle puisse être potentialisée par l'application d'autres moyens souvent étonnamment simples mais malheureusement relégués à l'univers du folklore.

Effectivement, nous pensons qu'il est important de pouvoir choisir un traitement, qu'il soit chimique ou autre, et nous avons cru intéressant de fournir des alternatives à la plupart des médicaments étudiés. Bien sûr, les solutions de rechange que nous présentons ne sont pas exhaustives ; nous ne nous sommes pas permis d'entrer à l'intérieur d'autres sciences médicales souvent aussi complexes que la nôtre (comme l'acupuncture, l'homéopathie, etc.). Nous avons plutôt essayé de rassembler des solutions de remplacement qui ne demandent pas l'intervention d'un autre professionnel, mais qu'on peut mettre en pratique seul, de façon plus autonome. Nous croyons ainsi contribuer à détruire le mythe qu'à chaque maladie ou malaise doive correspondre une capsule ou un élixir dont l'effet serait rapide, certain et sans danger. Ce mythe a entraîné chez la plupart d'entre nous le réflexe du recours automatique aux médicaments face au moindre malaise. Nous espérons que ce réflexe se transformera petit à petit en la capacité de faire un choix entre différentes solutions ; si c'est la méthode chimique qui nous semble convenir le mieux, qu'on l'utilise alors en en respectant le mode d'emploi et les précautions pour obtenir les meilleurs résultats possibles.

Notre dictionnaire se présente en trois parties. Dans la première, nous procédons à une analyse générale du « phénomène médicaments » : d'où il vient, comment expliquer que nous ayons si souvent recours à ce type de solution, quelle est cette industrie qui le prépare, etc. Dans la deuxième partie, nous présentons un à un les médicaments les plus utilisés au Québec. En dernier lieu, nous esquissons d'abord un ensemble de mesures générales à adopter quand survient un malaise ou une maladie, pour ensuite explorer quelques voies autres que la médecine traditionnelle et enfin, nous fournissons, pour un certain nombre de maladies et malaises parmi les plus courants, les mesures spécifiques qui permettent de diminuer ou de remplacer totalement l'usage des médicaments.

C'est un paradoxe douloureux, mais bien prouvé, que chaque médicament qui a une quelconque valeur dans le traitement de la maladie peut lui-même devenir une cause de maladie, même quand il est utilisé avec intelligence, compétence et modération.

René Dubos
Man Adapting,
Yale University Press,
1965, p. 340.

Première partie
Le phénomène
« médicaments »

Chapitre premier

LE MÉDICAMENT, OBJET CULTUREL

Il y a de cela déjà trois siècles, Molière lançait avec ironie : « Presque tous les hommes meurent de leurs remèdes, et non pas de leurs maladies. » C'était l'époque des saignées, des ventouses et des purgations que la médecine officielle du temps appliquait avec ferveur. Les temps ont changé ? Rien n'est moins sûr. Nous sommes maintenant à l'époque des antibiotiques, des tranquillisants, des antihypertenseurs et on parle de plus en plus des maladies iatrogènes, c'est-à-dire qui sont causées par les traitements médicaux. On dénonce de plus en plus la médecine « dure » et ses techniques chirurgicales et chimiques. On prône une redécouverte d'approches thérapeutiques plus douces, plus globales aussi. Et on est prêt à répéter le mot de Molière, avec les exemples des années 80.

Un peu d'histoire

Si on y regarde de plus près et que l'on se penche sur l'histoire de la médecine et sur son évolution, on peut observer des variations dans l'équilibre entre son aspect technique et son aspect spirituel. Chez les anciens Égyptiens par exemple, l'élément surnaturel du traitement primait, l'aspect technique venant en second lieu ; le guérisseur était en fait plus prêtre que médecin. Plus tard chez les Grecs, à l'époque d'Hippocrate, l'aspect médecine primait, l'aspect spirituel étant laissé à la discrétion du patient. De nouveau, au Moyen-Âge, le spirituel s'impose, sous forme de cérémonies religieuses, d'impositions de reliques, etc.

En fait, quelle qu'ait été l'époque et l'importance relative de l'une ou l'autre attitude, il reste que l'homme a toujours cherché à élaborer des remèdes visant à se soigner et à se guérir. Par exemple, les anciens Égyptiens, même s'ils croyaient surtout en l'action des divinités, utilisaient des remèdes tels les potions, les gargarismes, les pommades, les poudres à priser, les inhalations… ; ils connaissaient des substances médicinales comme l'opium, la ciguë, les sels de cuivre, l'huile de ricin… Avec Galien, autour des années 100 de notre ère, s'élabore la théorie des quatre humeurs et se constitue une panoplie de remèdes destinés à restaurer l'équilibre entre ces humeurs. On utilise par exemple l'amande amère, le poivre et assez souvent des mélanges pouvant contenir jusqu'à une centaine de drogues. Au Moyen-Âge, l'apothicaire possède dans son arsenal thérapeutique des produits aussi étonnants que des yeux de crabes, des plumes de perdrix et de la poudre de momies égyptiennes ; ce n'est que durant les années 1600 qu'on évolue vers une pharmacopée un peu plus structurée lorsque Nicolas Culpepper traduit le *Pharmacopeoia Medicinalis*, traité d'herboristerie datant de l'époque romaine. Mais il faut attendre la Renaissance pour arriver à une somme importante d'informations sur l'anatomie et la physiologie humaines. On apprend alors à connaître la circulation ainsi que l'importance respective des os, des muscles et des organes internes ; mais la médecine officielle ne dispose toujours que de très peu de moyens thérapeutiques, et encore ceux-ci sont très souvent violents.

Parallèlement à cette médecine officielle existait aussi une médecine populaire, très souvent dispensée par les femmes (elles n'avaient pas le droit de pratique et on les appelait des sorcières) ; elles se servaient de plantes médicinales et conseillaient souvent le jeûne et les changements de régime alimentaire.

Dans d'autres civilisations, la thérapeutique prenait des voies différentes ; on pourrait citer l'exemple impressionnant des médecines chinoises, avec leurs différentes approches : médecine par les herbes, acupuncture, alimentation et chirurgie ; ces médecines opèrent avec un éventail très élaboré et très spécifique de potions, d'élixirs, de comprimés et de compresses dont l'histoire n'est plus à faire, mais qu'on continue à regarder d'un œil un peu méfiant. Elles appartiennent à une autre culture, à une autre façon d'être et de penser, tellement différente de la nôtre.

Mais revenons à l'Occident et à ce qui entoure la naissance de la médecine que nous connaissons. À partir du XVIIIe siècle se développe une forme de pensée essentiellement déductive ; elle repose sur le principe de la causalité simple. Cette pensée veut que chaque phénomène, chaque maladie découle d'un facteur précis, d'une cause éventuellement identifiable et isolable. Le même facteur peut, lorsqu'on le reproduit, provoquer de nouveau le même effet.

Lorsqu'au XIXe siècle Pasteur essaie de comprendre ce qui décime les troupeaux de bétail de la région où il vit, il s'inscrit dans cette façon de conceptualiser et d'aborder un problème. Il postule que la maladie qui l'intéresse serait transmise par un micro-organisme vivant se propageant d'une bête à l'autre et il s'oppose alors à l'idée de la génération spontanée et de la pluricausalité dans la genèse de la maladie. Des faits s'accumulent, petit à petit, pour appuyer ses hypothèses de travail. Pour chacune des maladies infectieuses investiguées, on isole un agent causal, en l'occurrence une bactérie. Et on arrive à créer par la vaccination une immunité spécifique à chacune de ces bactéries.

En élaborant les bases de l'origine bactérienne des maladies, Pasteur assoyait en même temps les bases de la médecine moderne occidentale. Il laissait entrevoir que la maladie est un phénomène simple — et non relié à plusieurs facteurs — et faisait naître l'espoir qu'on puisse remonter à son origine et arriver à l'éliminer facilement. Après la vaccination, la découverte des antibiotiques, au cours de la Deuxième Guerre mondiale, résulte, elle aussi, de l'application de ce même principe ; avec la pénicilline on guérit des infections qui avaient été jusque-là presque toujours fatales, et on réussit à renforcer l'hypothèse de causalité simple.

Une autre utilisation de la découverte de l'origine bactérienne des maladies se retrouve dans l'élaboration et l'application des mesures d'hygiène. C'est en Angleterre qu'un médecin nommé Joseph Lister applique les principes de Pasteur aux salles d'accouchement où il opère ; il réduit ainsi la mortalité due à la fièvre puerpérale de 10 à 1 %. Une étape importante vient d'être franchie qui intègre des connaissances scientifiques à la pratique quotidienne et qui permet l'amélioration de l'état de santé général ainsi que l'augmentation de l'espérance de vie. Car comme l'écrit Michel Bosquet, « les maladies, finalement, apparaissent et disparaissent en fonction des facteurs tenant au milieu, à l'alimentation, à l'habitat, au mode de vie, à l'hygiène. Ainsi, la disparition du choléra et de la typhoïde, la quasi-disparition de la tuberculose, de la malaria, de la ''fièvre puerpérale'' sont dues non pas au progrès de la thérapie, mais au traitement de l'eau potable, à la généralisation des égouts, à de meilleures conditions de travail, de logement et d'alimentation, à l'assèchement des marais, à l'emploi de savon, de ciseaux et de cotons stériles par les sages-femmes pour les accouchements. »

Nous avons tendance à oublier facilement cet apport de l'hygiène pour attribuer l'allongement de l'espérance de vie à la médecine et à ses outils pharmacologiques, chirurgicaux et immunologiques (les vaccins par exemple), sans voir comment la société s'est transformée dans son hygiène, c'est-à-dire dans « l'ensemble des règles et des conditions de vie » (Bosquet). Et nous demandons à la médecine de répondre aux problèmes qui surgissent par l'addition de techniques toujours plus élaborées. Pourtant, nous sommes aujourd'hui arrivés au point où la médecine piétine et reste à peu près impuissante devant un grand nombre de maladies ; le cancer, les maladies cardio-vasculaires, l'arthrite, l'emphysème, la bronchite chronique et la maladie mentale restent sans solutions véritables. La médecine n'en continue pas moins de créer de nouveaux médicaments ; mais malgré tout, l'écart reste grand entre ce qu'elle prétend et ce qu'elle arrive à réaliser.

Le médicament demeure, dans l'éventail des ressources disponibles, un outil largement diffusé, produit et mis sur le marché par une des industries les mieux organisées et les plus lucratives qu'on connaisse. Il s'inscrit, bien sûr, dans une logique de productivité et de rentabilité, mais il correspond aussi à toute la façon moderne d'envisager la maladie et la santé.

L'approche médicamenteuse

À mesure qu'elle s'est élaborée, la science médicale occidentale a eu pour but premier de décortiquer en détails toujours de plus en plus fins la structure et l'organisation du corps humain, dans l'espoir d'y trouver la réponse à toutes les questions concernant son bon ou son mauvais fonctionnement. Elle le faisait avec une attitude essentiellement mécaniste, fondée sur deux principes : premièrement, celui qui soutient que l'être humain possède un corps et un esprit, lesquels sont deux entités séparées ; cette vision aboutit à une conception parcellaire de tout l'être où celui-ci devient une somme d'organes et de systèmes séparés les uns des autres, l'esprit figurant comme un de ces organes ou entités. On explore alors les organes séparément, par exemple un estomac ulcéreux, un utérus cancéreux, un cerveau malade... sans se préoccuper de l'existence des liens qui pourraient exister entre ceux-ci. Et on administre à chacun de ces systèmes un médicament qui, on l'espère, le guérira. Le deuxième principe à la base de la médecine consiste à croire qu'un effet résulte nécessairement d'une seule cause ; de la même façon qu'en injectant le bacille de la tuberculose à un animal on crée chez lui la maladie, on pense encore que chaque maladie résulte principalement d'un seul facteur. On s'évertue alors à scinder en parcelles de plus en plus petites les mécanismes moléculaires de la maladie et on crée des remèdes susceptibles d'enrayer certains de ces mécanismes pathologiques, dans l'espoir qu'en agissant au bon endroit dans l'infiniment petit, on guérira le tout.

Se pourrait-il que la machine humaine soit aussi simple ? Cela semble maintenant naïf à croire. C'est pourtant dans cette logique que s'inscrit le médicament chimique ; mais son emploi s'avère fort souvent décevant. D'une part, il ne s'attaque qu'à un des aspects de la maladie et prétend la vaincre dans sa totalité et, d'autre part, on croit encore en l'utilisant qu'il ne produira que l'action recherchée alors que cette dernière est toujours accompagnée d'une série d'effets secondaires.

Au cours de son histoire, la médecine a toujours oscillé entre une orientation technique (ou physique) et une autre plus spirituelle, plus globale et intuitive. Peut-être aurions-nous avantage à essayer de concilier ces deux pôles. Certaines approches médicales le font ; l'homéopathie par exemple, qui s'intéresse dans son diagnostic autant aux symptômes physiques qu'aux symptômes psychologiques de la maladie. Il faudrait aussi considérer l'aspect social, c'est-à-dire le contexte dans lequel une personne évolue, les liens qu'elle crée avec son milieu, la signification de ces liens ainsi que d'autres facteurs de l'environnement. Les Chinois aussi font preuve d'un esprit inductif lorsqu'ils abordent la maladie ; ils considèrent l'organisme autant dans son équilibre interne que dans ses relations avec l'environnement et même le cosmos.

Malheureusement pour nous, le médecin occidental garde généralement une attitude mécaniste et dans son diagnostic et dans son traitement. Il s'attaque à un problème physique ou mental, cherchant à cerner ce qui, dans une fonction, fait défaut. Il le fait comme si l'organe ou la fonction défectueuse l'était en soi, hors contexte. Même si la médecine psychosomatique s'installe un peu plus, elle ne constitue qu'une spécialité parmi les autres et elle ne dispose encore que de peu de moyens.

Pourtant, on commence à entrevoir que la maladie répond à un principe de causalité multiple, avec des composantes héréditaires, environnementales, alimentaires, émotives... Mais on n'établit pas encore le lien avec le traitement ; celui-ci s'adresse la plupart du temps au corps physique de l'humain, rarement à sa personne globale, et encore plus rarement à sa personne sociale. Ceci ne veut pas dire qu'il faille nécessairement bannir tout recours aux moyens chimiques ; ils ont leur utilité, mais il s'avère important d'en établir les limites et peut-être de penser à les utiliser d'une manière un peu différente.

Aux États-Unis, le Dr Simonton et son équipe font à cet égard un travail intéressant ; ils utilisent avec des patients cancéreux les médicaments habituels, tout en ajoutant au traitement un travail de renforcement des défenses naturelles de l'organisme. Ils donnent au patient de l'information sur la façon dont se développe sa maladie et sur les objectifs précis de son traitement ; ils lui apprennent aussi une technique de visualisation que le patient utilise pour potentialiser le traitement chimique ; et finalement (et c'est un aspect important de la thérapeutique) ils aident le patient à voir les liens qu'il a avec sa maladie, quelles sont ses raisons de vivre ou de mourir. Le médicament joue alors le rôle qu'il peut jouer, de concert avec la personne qui le reçoit, dans le cadre d'une dynamique entre la vie, la maladie et la mort, cette dynamique s'établissant entre les différents aspects du corps physique, émotif et social de la personne.

En reconnaissant que l'approche de causalité simple est erronée ou qu'à tout le moins elle possède ses limites, on doit modifier notre approche de la maladie et du traitement ; tout n'est plus aussi simple et magique qu'on le croyait, et en même temps, on peut un peu mieux comprendre les échecs et les limites des outils que l'on possède.

Il est clair que la thérapeutique occidentale se révèle à certains moments très efficace. Le seul exemple des antibiotiques nous le confirme rapidement. Cette thérapeutique se révèle aussi extrêmement lourde ; si on la compare à d'autres approches thérapeutiques, dites douces, elle fait courir le risque de beaucoup d'effets secondaires. On ne le voit pas toujours ; nous avons grandi avec cette approche thérapeutique et elle fait partie des outils connus tant par les usagers que par les praticiens. Elle s'intègre bien à notre culture essentiellement matérialiste, qui prétend tout mesurer tout en ayant tendance à nier ce qu'elle ne peut mesurer. On mesure mal l'inquiétude d'une personne qui perd l'emploi qu'elle occupait depuis 20 ans et qui se retrouve en chômage à 45 ans ; on essaie néanmoins de traiter son estomac qui saigne avec des antiacides et d'autres médicaments sans considérer l'inquiétude reliée à cette maladie. Quantifier l'inquiétude n'est certes pas une mince affaire, mais c'est un leurre d'affirmer que le médicament guérira la maladie ; peut-être peut-il soulager à court terme, mais qu'offre-t-il à plus long terme ? Encore une fois, notre propos n'est pas de nier tout aspect positif aux médicaments mais plutôt de les situer à l'intérieur de notre culture et de montrer que le recours à de tels moyens est un choix parmi d'autres qui devrait se faire en toute connaissance de cause.

On considère facilement les médicaments comme les seuls outils qui puissent s'utiliser contre la maladie et c'est un peu vrai… en Occident dans les années 80. Ce sont effectivement les outils dont disposent les médecins et les pharmaciens et dont nous parlent la télévision, la radio, les journaux et les revues. Bensaïd, dans *Les Illusions de la prévention*, affirme que notre pathologie est la conséquence de notre rapport avec le monde. En élargissant un peu cette affirmation on peut aussi dire que notre façon de nous soigner reflète, elle aussi, notre rapport avec le monde, que ce soit dans le choix de la thérapeutique ou bien dans la façon de l'envisager et de nous traiter. Or nous vivons dans une culture où l'instantané, tout ce qui agit rapidement, est valorisé, véhiculé comme meilleur choix et finalement adopté comme seule solution acceptable. On nous fait avaler, en brandissant l'exemple des victoires de la vaccination et des antibiotiques, que seuls le recours aux pilules, aux injections et aux sirops peuvent guérir le rhume, la constipation, les ulcères et le cancer.

Un équilibre si incertain…

Bien sûr, l'approche chimique et chirurgicale a sa valeur ; elle peut aider à traiter des accidents ou des maladies apparaissant de façon soudaine ; ceci autant à l'aide de ses méthodes diagnostiques qu'avec les modalités de traitement qu'elle a su développer. Par exemple, elle fera régresser une méningite et ainsi évitera les séquelles qu'elle engendrerait autrement de façon à peu près inévitable ; elle peut aussi enrayer les désastres provoqués par une grossesse ectopique ou une hémorragie interne. En fait, elle réussit à répondre à certaines situations de crise pour lesquelles les autres formes de médecine ne possèdent pas d'armes assez efficaces. Un autre domaine où son apport reste considérable est celui de l'élaboration et de l'application de certaines mesures d'hygiène. Enfin, la médecine peut fournir une contribution valable au traitement de maladies organiques graves ; elle possède certains moyens thérapeutiques permettant par exemple d'atténuer la douleur, de régulariser un cœur défaillant, de contrôler partiellement une pression artérielle trop haute, d'aider une glande thyroïde défectueuse, de « remplacer » un intestin hors d'usage, etc.

Ces trois domaines ne représentent cependant qu'une partie de ce à quoi la médecine se doit de répondre ; il reste tout le lot des malaises digestifs, des maladies de peau, de la pression artérielle instable, des déséquilibres hormonaux, des maladies respiratoires et asthmatiques… qui évoluent souvent pour devenir ulcères d'estomac, emphysème, thrombose coronarienne, etc. Face à ces problèmes de santé, la médecine actuelle ne peut que s'avouer vaincue... Mais elle ne le fait pas et continue de prescrire des antispasmodiques, des bronchodilatateurs, des anti-inflammatoires qui soulagent temporairement, mais qui ne s'adressent en fait qu'aux symptômes. C'est tout le monde des maladies qu'on appelle psychosomatiques (toute maladie ne l'est-elle pas ?), des maladies pour lesquelles on s'entend dire « Ce sont vos nerfs... » et pour lesquelles on se voit prescrire une petite pilule anti-quelque chose ou bien un tonique. Le fait d'affirmer que dans ces cas-là le médicament ne donne pas grand-chose peut paraître un jugement sévère, mais il faudra bien un jour se rendre à l'évidence et admettre que ce type de traitement ne produit qu'un soulagement temporaire ; de plus, il agit bien souvent beaucoup plus à cause de la confiance qu'on a en lui que par l'effet des substances médicamenteuses qu'il fournit à l'organisme (voir plus loin : l'effet placebo).

Mais alors si c'est efficace, pourquoi hésiter ? Pourquoi tant critiquer et discourir sur ce qui produit des résultats ?

Dans l'établissement de tout traitement, il est opportun de bien évaluer les risques et les avantages autant du traitement que de la maladie et de choisir, en toute connaissance de cause, quels risques on accepte de courir ; il s'agit alors de juger les éléments qui ont le plus d'importance pour nous, à court et à long terme. C'est peut-être une démarche exigeante ; elle demande en tout cas qu'on possède un minimum d'information sur le traitement qu'on nous propose et sur ses alternatives, s'il en existe ; elle demande aussi qu'on connaisse ses besoins et sa capacité d'assumer les risques et les effets secondaires de chaque voie.

Prenons l'exemple du choix d'une méthode contraceptive. Même si elle n'appartient pas à la pathologie, la contraception nous place face à des choix où notre santé est en jeu. Lorsqu'on choisit de ne pas avoir d'enfants, on peut recourir à différentes méthodes ; certaines sont qualifiées de « dures », il s'agit de la stérilisation, de la pilule et du stérilet, d'autres sont dites « douces » : le condom, le diaphragme, la cape cervicale et la méthode sympto-thermique. Les méthodes dures sont toutes très efficaces ; la stérilisation et la pilule ne connaissent à peu près pas d'échecs alors que le stérilet démontre une efficacité d'à peu près 95 à 98 %. C'est un net avantage par rapport aux méthodes douces, dont l'efficacité est beaucoup plus variable. Et puis, il y a les désavantages : avec le stérilet, on court un risque quand même assez grand de salpingite et de stérilité (de l'ordre de 9 % chez les femmes n'ayant pas eu d'enfant...), ou bien de perforation de l'utérus, de grossesse ectopique, en plus des effets secondaires mineurs. Avec la pilule, les risques de maladies vasculaires graves sont nettement accrus, en plus d'une augmentation de l'incidence de maladies hépatiques et de symptômes dépressifs. Ces effets secondaires ou ces facteurs de risques, en plus d'être graves, peuvent aussi se manifester de façon assez insidieuse ; une salpingite peut rester asymptomatique suffisamment longtemps pour provoquer la stérilité, les maladies vasculaires ne se développent pas nécessairement durant la période d'utilisation de la pilule. C'est la contrepartie cachée et presque invisible de ces moyens si simples et si efficaces, qu'on a cru pendant un temps presque magiques et à cause desquels on est tenté de reléguer aux oubliettes les autres moyens, moins commodes et moins efficaces aussi. Il semble que ce que l'on gagne en sécurité quant à l'efficacité, on le perde assez rapidement lorsque l'on considère les risques d'utilisation. Il nous reste alors à choisir les risques que l'on préfère courir, il nous reste aussi peut-être à redéfinir la sexualité et ses expressions...

En fait, l'avènement du chimique et ses succès nous ont fait croire à la solution facile et rapide qui ne demande ni temps, ni efforts. Il n'est pas étonnant qu'on ait oublié les autres thérapies ou bien que, les voyant revenir, on les regarde en fronçant les sourcils, avec toute la méfiance de ceux qui ont acquis un confort et une façon de faire et qui ne tiennent pas à remettre tout ça en question. Car on ne peut s'en cacher, les solutions de rechange remettent des choses en question. Elles nous forcent à nous interroger sur nos façons de dormir et de nous nourrir, sur le stress que nous subissons au travail ou à la maison. Elles remettent en question notre habitude de ne pas faire d'exercice aussi bien que le peu de temps que nous accordons à notre corps, même quand il nous crie d'arrêter ; que savons-nous en effet sur notre corps, sur ses besoins, sur ses exigences et sur son langage ? Elles nous font réfléchir sur la façon dont on nous oblige à travailler. Elles ébranlent nos croyances et nos certitudes.

Maslow disait avec humour : « Si le seul outil que tu as est un marteau, tu as tendance à tout considérer comme un clou. » C'est un peu ce qui se passe face à la maladie ; les médecins utilisent les moyens dont ils ont appris à se servir. Parmi ces moyens figurent la chirurgie et la chimiothérapie loin en avant de tout le reste. On leur a peu parlé (sinon pas du tout) d'hygiène de vie, d'alimentation, de pouvoirs d'autoguérison, de stress, de l'influence du milieu de travail, de logement... On leur a donné peu d'outils, finalement, pour aborder la santé et la maladie d'une façon un peu plus globale ou un peu moins chimique. À vrai dire, ils connaissent surtout le traitement des pathologies graves avec des produits chimiques. Or une pathologie c'est, dans notre culture, un organe ou un système qui fonctionne mal et qu'il faut réparer. C'est assez rarement un patient qui souffre, qui vit une maladie dans un contexte donné. La maladie est considérée comme quelque chose dont il faut absolument se défaire rapidement, avec les armes les plus puissantes, les plus « efficaces ». Et malheureusement, les médecins possèdent si peu de données sur les autres façons d'aborder la maladie qu'ils n'ont qu'un « choix » et c'est celui de la chimie.

Le recours à la médecine et aux médicaments est entré dans nos mœurs. Bien qu'il soit clair qu'on ne puisse éviter de recourir à des spécialistes de façon générale et absolue, nous devrions commencer à évaluer l'impact de cette impulsion à chercher une aide extérieure à la moindre alarme. Le pouvoir médical existe et il a souvent pour effet d'invalider le pouvoir que nous avons sur notre corps. À travers les attitudes du corps médical, à travers les outils dont il dispose aussi, s'érigent des jeux de dépendance ; on s'habitue petit à petit à ne plus faire confiance à nos propres connaissances, à notre bon sens et on fait appel à une intervention extérieure spécialisée. Par le fait même on perd, d'une certaine façon, une partie de notre autonomie ainsi qu'une partie du contrôle que nous pouvons exercer sur notre vie. Nous en arrivons à chercher de l'aide au moindre malaise, à toujours attendre le verdict des « spécialistes du corps », plutôt que d'apprendre à connaître ce corps, son fonctionnement et son équilibre, plutôt que de développer une façon plus sensible et intuitive de se soigner.

Une autre conséquence déplorable de la voie médicamenteuse, qu'elle résulte de l'ordonnance d'un médecin ou non, réside dans le fait qu'il s'agit, la plupart du temps, d'une solution essentiellement symptomatique, c'est-à-dire une solution qui soulage et guérit parfois, mais qui étouffe le langage du corps, qui brouille le message qu'il voulait signifier. Le malaise, le symptôme ou la maladie nous dit qu'il y a quelque chose, dans notre façon de vivre ou dans notre environnement, qui ne va pas ; en arrêtant le signal d'alarme, nous n'avons pas à nous interroger et à chercher ce qui a provoqué son déclenchement. Nous pouvons continuer à vivre comme avant, mais sans souffrance ; nous pouvons continuer à ne pas respecter nos besoins et, petit à petit, miner notre santé et notre vitalité.

Sauf exception, les maladies graves surviennent rarement d'un coup, sans avertissements ; l'état général d'une personne se détériore peu à peu, quand le déséquilibre est trop grand entre ses capacités et les conditions auxquelles elle est exposée. Les médicaments permettent de masquer cette détérioration et de faire taire les symptômes jusqu'au jour où l'équilibre est totalement rompu et où l'organisme n'a plus la force de résister au processus pathologique qui l'envahit ; à ce moment, il est trop tard.

Au lieu de considérer la douleur, les malaises ou la maladie comme des états négatifs qu'il faut annihiler au plus tôt, nous pourrions les accueillir avec respect ; nous pourrions tenter de décoder le message qu'ils nous livrent et essayer d'amorcer les changements qui s'imposent ou tenter de modifier les situations qui nous agressent. La persistance ou non des symptômes devrait nous renseigner sur la pertinence des actions entreprises ; d'où une fois encore l'importance de ne pas recourir trop facilement aux traitements symptomatiques.

Chapitre 2

DE L'INGESTION DU COMPRIMÉ AU SOULAGEMENT

Prendre un médicament est un geste simple, rapide, que l'on fait sans y penser. C'est l'une des images que l'on voit à la télévision, au cinéma ou dans les romans : ouvrir un flacon, prendre une capsule, quelques gouttes ou un comprimé dont on a besoin. Le verre d'eau. Souvent, s'asseoir, comme pour mieux isoler ce moment ; avaler un peu d'eau, le comprimé, puis encore un peu d'eau. Observer une pause. Attendre l'effet quelques instants. Soulagement. Souvent en silence. Presque un automatisme. Presque magique aussi ; en quelques minutes, un peu de tranquillité, moins de douleur, un nez bouché qui se dégage, un cœur défaillant qui réussit à tenir le coup, une sensation d'étouffer qui s'estompe, une fièvre qui diminue et tous les autres effets, moins perceptibles de façon immédiate : la pression sanguine normalisée, le sang qui ne coagule plus à propos de tout et de rien, le taux de sucre stabilisé, l'anémie qui s'améliore petit à petit...

Voilà l'effet recherché, la partie « visible » de l'action du médicament, sa raison d'être, aussi. En parallèle, la partie invisible : tout ce qui se passe entre le moment de la prise et le moment de l'effet, et on pourrait même dire entre le moment où l'on décide de prendre quelque chose et celui où l'on obtient un effet.

Des variations considérables

La prise d'un médicament est un phénomène dynamique, soumis à plusieurs variables réparties tout au long du trajet que le médicament doit effectuer entre son site d'administration et le lieu de son action. Car contrairement à ce qu'on peut penser, le médicament ne possède pas un seul effet mais plutôt un éventail d'effets possibles qui se produiront si tous les facteurs devant y contribuer se trouvent réunis. Bien sûr, chaque substance médicamenteuse possède un effet principal, ce-lui que l'on recherche. Mais elle est aussi dotée d'effets secondaires habituellement moins recherchés, d'une toxicité qui se manifeste chez certains individus et pas chez d'autres, d'une rapidité d'action plus ou moins grande selon qui l'absorbe et quand, d'une capacité d'agir da-vantage chez certains que chez d'autres ; en fait, dans tout médicament on trouve un certain « jeu », une variabilité d'action.

Le médicament est une substance chimique possédant une action thérapeutique, c'est-à-dire la capacité de modifier, d'améliorer ou de faire disparaître un état pathologique. Les propriétés particulières de chaque substance sont reliées à sa structure chimique, à sa facilité à se dissoudre dans l'eau ou dans les graisses et à sa capacité de se lier plus ou moins facilement à d'autres molécules. La nature chimique du médicament détermine en fait sa nature médicinale ; elle fait qu'une substance est un analgésique (anti-douleur) et non pas un tranquilli-sant, qu'une autre agit sur l'élimination de l'eau, qu'une troisième aide à contrôler les crises épileptiques, etc. Cette même structure chimique déterminera aussi, entre autres facteurs, la durée d'action du médica-ment, sa puissance, son potentiel d'interactions et son cheminement dans l'organisme.

L'action d'un médicament doit s'envisager en fonction de la pa-thologie dans laquelle il est utilisé ; en effet, si on comprend comment la maladie perturbe le bon fonctionnement de notre organisme, on sai-sira plus facilement le mode d'action de la substance avec laquelle on veut soigner ou améliorer cet état, on verra mieux la raison d'être des conseils qui, assez souvent, l'accompagnent — la durée du traitement et les précautions à prendre, par exemple ; on se rendra compte aussi parfois que le médicament n'est pas la meilleure solution ou qu'il ne représente qu'une partie du traitement.

Prenons l'exemple d'une infection. Celle-ci peut être causée, le plus souvent, par un virus ou par une bactérie. Si le micro-organisme en cause est un virus, aucun médicament ne peut être administré pour le combattre ; il n'en existe pas d'efficace, et seules les défenses natu-relles de notre organisme nous permettent d'en venir à bout. On les renforce en se reposant, en buvant beaucoup (on assure ainsi une bonne détoxication), et parfois en appliquant d'autres mesures plus spécifiques. Par contre, si l'infection est d'origine bactérienne, on re-courra à un traitement d'antibiotiques, avec la recommandation de ne pas l'abréger. Au cours d'un processus infectieux, les bactéries élisent domicile dans l'organisme, y prolifèrent et vivent à ses dépens. L'an-tibiotique agit en arrêtant la croissance des agents infectieux ou en les détruisant directement. Il est alors nécessaire d'administrer le traitement suffisamment longtemps et régulièrement pour assurer une éradication complète des envahisseurs, car ceux-ci peuvent provoquer une nouvelle infection si on en a « oublié » même un petit nombre en utilisant une dose trop faible ou en cessant le traitement prématurément. Ici aussi, on aidera le traitement en favorisant les défenses naturelles de l'organisme.

Un symptôme donné ne découle pas toujours de la même étiologie et peut éventuellement requérir un traitement différent. De la même façon, un médicament administré à deux personnes ou à une même personne à des moments différents ne produira pas nécessairement un effet identique.

Le médicament dans l'organisme

De son ingestion à son élimination de l'organisme, le médicament est soumis à différents processus qui peuvent affecter son action.

L'absorption : prenons l'exemple du médicament que l'on absorbe par la bouche. C'est la voie d'administration la plus utilisée. Le médicament, après avoir été avalé, se retrouve rapidement dans l'estomac, où il commence généralement à se dissoudre. À cet endroit, il rencontre un premier obstacle : l'acidité stomacale. Toutes les substances n'y sont pas sensibles de la même façon ; certaines ne la supportent pas du tout et sont rapidement inactivées ; on doit alors choisir, pour les faire pénétrer dans l'organisme, une autre voie d'accès. L'insuline ainsi que d'autres hormones se comportent de cette façon ; pour cette raison, il devient nécessaire de les administrer en injection ou par la voie sublinguale, pour les hormones. D'autres substances, tels la plupart des antibiotiques, supportent l'acidité d'un estomac au repos, mais ne peuvent résister au degré d'acidité supérieur qu'on y trouve au moment des repas ; on en tient compte en les administrant quelque temps avant ou après les repas. Généralement, le médicament qui a commencé à se dissoudre dans l'estomac passe ensuite au niveau de l'intestin où il doit franchir des parois cellulaires (celle de l'intestin, celle aussi des vaisseaux sanguins) avant de passer dans la circulation. Les parois cellulaires étant en grande partie composées de graisses, il les traversera avec plus ou moins de facilité selon sa capacité à se dissoudre dans les graisses. Puis le médicament sera distribué par la circulation sanguine dans tout l'organisme, autant dans les organes où il doit produire un effet qu'aux autres sites où il n'est pas désiré ; ceci explique en partie les effets secondaires, mais nous y reviendrons.

Au niveau des divers organes, différents scénarios s'avèrent possibles ; le médicament peut se fixer rapidement et en grande quantité aux cellules cibles et produire son effet ou bien il sera emmagasiné dans plusieurs organes qui le relâcheront peu à peu dans la circulation. Les médicaments qui s'accumulent ainsi ont une durée d'action plus longue ; on peut alors les administrer moins souvent.

L'action pharmacologique : pour produire son action, le médicament doit se fixer à un récepteur, une cellule cible. Et qui plus est, il doit s'y trouver en quantité suffisante et aussi assez longtemps pour que l'effet recherché survienne. Le récepteur est généralement une composante normale de la cellule qui sert d'abord de récepteur à des substances qui se trouvent habituellement dans l'organisme. Le médicament peut agir de différentes façons au niveau du récepteur ; par exemple, il peut bloquer l'accès de ces substances au récepteur et diminuer ainsi l'activité des cellules qui l'enferment. Ou bien, au contraire, il facilite leur action et accroît par conséquent leur activité. En fait, le médicament ne crée pas d'effet, il modifie plutôt les fonctions des cellules. Ainsi la cimétidine (Tagamet) qu'on utilise pour soigner les ulcères du duodénum et de l'estomac agit en entrant en compétition avec l'histamine au niveau des cellules qui tapissent l'estomac. L'histamine stimule la production d'acide au niveau de l'estomac et voit son intervention bloquée par la cimétidine. On obtient alors une diminution de la sécrétion acide, provoquant une diminution de la douleur et une accélération de la guérison des lésions.

L'élimination : que l'organisme absorbe un médicament n'implique pas que ce dernier s'y installe à demeure. En fait, dès son entrée dans l'organisme, l'organisme commence déjà à se débarrasser de cet intrus. Il met en branle une foule de mécanismes de détoxication, visant à rendre la substance inerte et propre à l'élimination. Le foie joue un rôle important dans ce processus ; c'est le lieu principal du métabolisme des médicaments, l'usine de transformation et de filtration de notre corps. Le métabolisme des médicaments peut aussi avoir lieu ailleurs que dans le foie : au niveau des reins, des poumons et du tube digestif.

Après avoir été transformées, les substances médicamenteuses, comme n'importe quel autre produit de métabolisme, seront éliminées. La voie privilégiée reste le rein, qui filtre le sang et en extrait l'urine. Le foie, par le biais de la bile, servira aussi de voie d'excrétion, de même que la peau et les voies respiratoires.

On comprend l'importance du bon état de ces organes de détoxication ; un ralentissement de la fonction hépatique ou rénale signifie habituellement une augmentation de la durée d'action du médicament, plus de risques d'accumulation et éventuellement plus de possibilités d'intoxication. C'est souvent le cas chez les patients plus âgés, chez qui on doit diminuer les doses de certains médicaments pour éviter des problèmes de surdosage et obtenir du médicament l'effet souhaité et, si possible, seulement cet effet.

Les facteurs qui influencent l'action médicamenteuse

Revenons au début du processus et attardons-nous à considérer les facteurs susceptibles d'intervenir à l'un ou l'autre moment du séjour du médicament dans le corps. Ils sont multiples ; certains concernent plus directement la dynamique de l'action du médicament, d'autres, sa pertinence. On devra aussi tenir compte du fameux effet placebo auquel il semble juste d'attribuer de plus en plus d'importance.

Différents facteurs font varier l'absorption, la distribution, la transformation et l'élimination d'une substance :

l'âge : avant l'âge de deux ans, tout le système de détoxication n'est pas suffisamment développé pour agir comme chez l'enfant plus vieux ou chez l'adulte ; de la même façon, ce système perd souvent beaucoup de son efficacité après l'âge de soixante ans. Il s'ensuit généralement que le médicament reste actif plus longtemps, est éliminé plus lentement et peut ainsi s'accumuler et provoquer des problèmes de surdosage ; on doit, comme nous l'avons déjà souligné, ajuster et diminuer les doses, aller en deçà des posologies habituelles ;

les autres maladies : certains états pathologiques modifient les réactions de l'organisme aux médicaments ; ainsi une diarrhée, en augmentant la rapidité du transit intestinal, diminue la durée de contact du médicament avec la muqueuse et réduit son absorption. Des maladies rénales ou hépatiques, en ralentissant les processus de détoxication, obligent à diminuer les doses ; l'insuffisance cardiaque, parce qu'elle ralentit la circulation sanguine, peut aussi obliger à diminuer les doses ;

le moment du jour : nous possédons des horloges biologiques qui rythment les fluctuations de nos fonctions et de nos organes, chaque fonction possédant son sommet d'activité et sa période de latence. On commence à mesurer ces variations, à voir que l'effet d'un même médicament varie selon le moment de la journée où il est administré. Par exemple, la cortisone est plus efficace à huit heures le matin, moment où le taux normal de cortisone est aussi le plus élevé. Mais cette science est bien jeune ; peut-être qu'en se développant elle pourra fournir les raisons de surdosages inexpliqués ou de non-réponses mystérieuses au traitement ;

les interactions : un élément susceptible de modifier considérablement l'activité d'une substance médicamenteuse réside dans l'univers des interactions. Celui-ci, en plus de nous apparaître important de façon de plus en plus évidente, se dessine plus vaste qu'on le supposait. Il concerne bien sûr tout ce qui peut se passer entre deux ou plusieurs substances médicamenteuses, mais aussi toute l'influence que peuvent avoir les aliments, l'alcool et la cigarette sur l'absorption, la distribution et l'activité du médicament. Une première interaction peut se produire avec les liquides avec lesquels on ingère un médicament. Certains liquides sont acides (les jus, les liqueurs douces, les vins) et ne devraient pas être utilisés avec les médicaments qu'on doit prendre à jeun, à cause de leur instabilité en milieu acide ; ainsi, la plupart des antibiotiques sont fort sensibles à ce facteur. Par contre, les préparations contenant du fer auront avantage à être prises avec des jus. Avec le lait, on doit observer certaines restrictions ; il est à bannir de façon absolue avec la tétracycline ; le calcium qu'il contient empêche l'absorption de l'antibiotique et diminue considérablement son efficacité. On doit aussi éviter l'association lait-médicaments entériques ; ceux-ci ont été enrobés de façon à se dissoudre seulement dans l'intestin, à cause de leur grand potentiel d'irritation gastrique ; or le lait permet la dissolution de cet enrobage au niveau de l'estomac et annule son effet protecteur. Par contre on peut l'utiliser avec avantage pour diminuer l'effet irritant de certains médicaments (les anti-inflammatoires contre l'arthrite, par exemple).

L'eau reste le véhicule de choix pour la plupart des médicaments et, qui plus est, l'eau en grande quantité. L'utilisation d'un bon grand verre d'eau permet une meilleure dissolution du médicament, donc une absorption plus rapide et complète, ce qui permet à la quantité de médicament requise d'atteindre plus vite la circulation pour produire l'effet recherché.

L'alcool, pour sa part, possède un éventail d'interactions assez impressionnant, pour toutes sortes de raisons. Il augmente l'effet sédatif de plusieurs médicaments couramment utilisés : les tranquillisants, les antidépresseurs, les somnifères, les antihistaminiques et certains analgésiques. Si c'est à l'aspirine ou à d'autres médicaments irritants qu'on l'associe, on risque malheureusement d'accroître cet effet irritant. Avec les anticoagulants et les antidiabétiques, il est à éviter complètement. Avec le métronidazole (utilisé contre certaines vaginites) ou l'Antabuse, on peut s'attendre à des nausées, des crampes et des vomissements. Et enfin, avec tous les médicaments à action prolongée, on risque de recevoir tout d'un coup la quantité de médicament qui devait se dégager en 8 à 12 heures ; l'enrobage de ces comprimés est en effet facilement dissous par l'alcool. On ne recommande pas non plus l'usage concomitant d'alcool et d'acétaminophène (Tylenol, Exdol…), surtout à long terme, puisque les deux peuvent endommager le foie. Et finalement, l'alcool produit une exagération des effets de la nitroglycérine.

Et les aliments ? On a toujours cru qu'un médicament était mieux absorbé à jeun, une heure avant les repas ou deux heures après, et cela reste encore vrai pour plusieurs produits. On doit cependant maintenant admettre que l'absorption de plusieurs médicaments est plus complète quand ils sont pris au moment des repas, entre autres, les produits suivants : Aldactazide, spironolactone, Aldoril, hydralazine, phénytoïne, Dyazide, théophylline, griséofulvine, hydrochlorothiazide, propranolol, métoprolol, nitrofurantoin, Tedral. Par contre, on doit prendre à jeun plusieurs antibiotiques, le lévodopa, la propanthéline et le Péritrate, sous peine de voir leur absorption diminuée ou retardée et leurs effets modifiés en conséquence. On commence aussi à identifier des interactions spécifiques entre certains aliments et certains médicaments. C'est le cas des anticoagulants qui obligent à restreindre l'usage d'aliments riches en vitamine K (asperges, bacon, foie de bœuf, brocoli, chou, laitue, épinards, cresson), de la thyroxine, dont l'efficatité peut se voir diminuée par l'ingestion de choux de Bruxelles, chou, chou-fleur, navet et rutabaga. Quant à la réglisse (la bonne, celle qui est naturelle), si vous en consommez de façon régulière, vous risquez d'annuler l'effet de certains antihypertenseurs (hydrochlorothiazide, chlorthalidone, furosémide, chlorothiazide), et si, en plus, on vous prescrit du digoxin, le mélange peut s'avérer fatal. Et puis, il y a les autres… tous ces cas particuliers qu'on aura avantage à vérifier avant d'utiliser une thérapeutique chimique.

Le tabac, quant à lui, accélère le métabolisme de façon générale, avec tous ses mécanismes de détoxication ; il augmente ainsi le rythme d'utilisation et de destruction de plusieurs produits. Ceci peut sembler anodin, mais un non-fumeur à qui on prescrit de la théophylline par exemple et qui, en cours de traitement, devient fumeur, verra la destruction de son médicament accélérée, d'où une diminution de la quantité présente dans l'organisme si les doses ne sont pas ajustées et une diminution de l'effet recherché.

Assez souvent, la même personne utilise plusieurs médicaments en même temps, parfois parce qu'elle ne peut faire autrement, dans d'autres cas de façon un peu inconsciente, à la suite de visites faites à plus d'un médecin, parfois enfin parce qu'elle ajoute à son traitement un remède acheté à la pharmacie du coin pour soulager un malaise temporaire — un rhume, une constipation inhabituelle, par exemple. Et on oublie, ou on ne sait pas, que tout ceci passe par le même chemin, traverse les mêmes organes, emprunte la voie commune de la circulation, s'arrête au foie et très souvent entre en compétition ou se potentialise pour produire un effet. Ceci dit, il faut savoir que les interactions entre les médicaments ne sont pas que néfastes ; on les recherche parfois parce qu'elles permettent d'utiliser des doses inférieures de chacun des produits actifs et ainsi possiblement réduire leurs effets secondaires respectifs. Tel est le cas lorsqu'on associe la théophylline à un sympathomimétique (salbutamol, terbutaline) dans le traitement et la prévention du bronchospasme.

Pour revenir aux interactions défavorables, elles varient dans leurs modalités. On peut observer :

— une annulation ou une diminution de l'activité d'un ou des médicaments ;

— une addition ou une multiplication de leur activité respective ;

— une augmentation des effets secondaires sans qu'il y ait augmentation de l'effet recherché.

Prenons l'exemple des antiacides, ceux que l'on utilise parfois « le lendemain de la veille » sans ordonnance du médecin, soit parce qu'on souffre de mauvaise digestion ou de brûlures d'estomac. Aussi anodins qu'ils paraissent, leur usage peut être hasardeux. Ils peuvent en effet réduire considérablement l'absorption de certains médicaments auxquels on les associe. Parmi ceux qui sont affectés, on retrouve l'aspirine, le digoxin, l'indométhacine, le fer, la tétracycline, le propranolol et les antipsychotiques. Un autre médicament utilisé couramment possède plusieurs interactions : il s'agit de l'aspirine. On l'évitera de façon absolue si on prend déjà des anticoagulants, des antidiabétiques ou du méthotrexate. Leur usage concomitant pourrait aboutir soit à une hémorragie ou à une hypoglycémie, l'aspirine augmentant l'effet des anticoagulants et des antidiabétiques, ou à une augmentation dangereuse des effets toxiques du méthotrexate. L'association propranolol-aspirine entraînera une efficacité moindre de l'aspirine, alors que si l'on associe l'aspirine à des remèdes contre la goutte, ce sont eux qui deviendront moins efficaces. Et la liste peut s'allonger... Donc avant de se mettre un médicament dans la bouche, il est recommandé de bien s'informer afin, d'une part, de l'utiliser à bon escient et, d'autre part, d'éviter les désagréments d'interactions imprévues ; en deuxième partie de ce dictionnaire, nous avons indiqué les interactions les plus importantes de la plupart des médicaments les plus employés.

Les effets secondaires

N'importe quel médicament possède des effets secondaires, habituellement indésirables et qui en limitent l'usage, mais dont on doit toujours tenir compte. Même s'ils sont la contrepartie inévitable des thérapeutiques chimiques, les effets secondaires ne se manifestent pas toujours et pas nécessairement de la même façon. En particulier, leur apparition dépend de la dose administrée. Par exemple, certains médicaments utilisés pour soulager l'asthme produiront l'effet recherché de bronchodilatation à faible dose puis, à mesure qu'on accroît cette dose, viendront s'ajouter d'autres effets : la stimulation de la musculature et du rythme cardiaque, une hausse de pression sanguine...

Certains effets secondaires dits mineurs n'empêchent habituellement pas de poursuivre un traitement ; par exemple, une diarrhée bénigne, des étourdissements, de la sédation, une sécheresse de la bouche. Par contre, d'autres effets secondaires peuvent être graves et demander une interruption immédiate du traitement : par exemple, une réaction allergique à la suite de l'administration de pénicilline peut même nécessiter une hospitalisation. D'après le Conseil des Affaires sociales du Québec, entre 5 et 7 % des admissions dans les hôpitaux généraux ont pour cause des réactions indésirables aux médicaments et à l'hôpital, entre 6 et 36 % des malades voient leur état aggravé par ce type de réaction au point de devoir passer deux fois plus de temps à l'hôpital que les autres malades.

En plus des effets secondaires immédiats, qui sont relativement faciles à identifier, il y a tout l'univers des effets secondaires à moyen ou à long terme, qui se développent petit à petit, qu'on connaît mal et qu'on mesure plutôt mal aussi. L'expérimentation à long terme d'un médicament se fait en effet après sa mise sur le marché et aux dépens de ses usagers. Certains effets secondaires surgissent par exemple seulement après plusieurs années d'utilisation, sans avoir donné de signes avant-coureurs facilement décelables. Que l'on pense aux contraceptifs oraux qui accroissent considérablement le risque d'accidents cérébro-vasculaires chez leurs utilisatrices et qui augmenteraient le risque de certaines tumeurs hépatiques bénignes. Ces effets ne sont devenus évidents que 20 ans après la mise sur le marché de ces médicaments. Ce type d'effets reste finalement un risque quelque peu vague et lointain, qui ne cause généralement pas de difficultés immédiates. On arrête la pilule plus facilement à cause d'une recrudescence de vaginites relativement bénignes plutôt qu'à cause du risque accru de maladies graves qu'on n'est pas sûre de contracter ; on peut expérimenter le premier effet secondaire, le sentir, alors que le second se développe de façon insidieuse, sans grandes manifestations et sans qu'on soit toujours avertie de son existence ou du lien avec le médicament.

Les effets secondaires peuvent donc se manifester longtemps après l'utilisation d'un médicament. Ils peuvent également parfois apparaître non pas chez l'utilisateur, mais chez ses enfants. C'est ce que nous révèle l'histoire de deux médicaments relativement récents, la thalidomide et le diéthylstilbœstrol (DES).

La thalidomide est un médicament qui a été mis sur le marché au début des années 60, en tant que somnifère léger. Très populaire parce qu'il ne causait « aucun effet secondaire », ce médicament a été consommé par des millions de personnes, dont des centaines de milliers de femmes enceintes, jusqu'à ce qu'on découvre que certains des bébés de ces femmes souffraient de malformations congénitales, en particulier de phocomélie, c'est-à-dire qu'ils naissaient avec des bras en forme de nageoires. Avant que le lien entre la thalidomide et ces malformations soit clairement établi, environ 8 000 enfants atteints de malformations diverses ont eu le temps de naître dans les 46 pays où le médicament était commercialisé. Ce n'est qu'à la suite de cette malencontreuse expérience que les médecins se sont intéressés aux effets des médicaments sur le fœtus ; ils croyaient, auparavant, que le fœtus ne pouvait être touché par les médicaments pris par sa mère. Depuis, on a découvert de nombreux autres cas d'effets médicamenteux sur le fœtus, à des degrés moindres que dans le cas de la thalidomide cependant.

La thalidomide et beaucoup d'autres médicaments ont des effets tératogènes, c'est-à-dire qu'ils influencent le développement du fœtus en formation en atteignant une partie de ses cellules et en empêchant leur maturation normale. Le DES, pour sa part, exerce un effet plus subtil et plus difficile à identifier ; il changerait la programmation de certaines cellules de telle sorte qu'un jour, elles modifient leur évolution.

Le DES, diéthylstilbœstrol, est le nom générique d'hormones synthétiques de type œstrogénique qui ont été données, à partir de 1948, aux femmes enceintes qui faisaient des fausses couches à répétition ou à celles dont la grossesse semblait menacée. Même si les premières études sérieuses faites en 1952 sur l'efficacité de ce traitement ont clairement démontré que le DES ne réduisait pas le nombre de fausses couches et qu'au contraire il pouvait les augmenter, ce n'est qu'en 1971, après que le *Food and Drug Administration* (FDA) des États-Unis eut décrété que ce médicament était contre-indiqué pendant la grossesse, que les médecins ont cessé de le prescrire contre les fausses couches. Le FDA a agi parce qu'un lien avait pu être établi entre un type de cancer vaginal très rare qui commençait à survenir chez des jeunes femmes de 15 à 22 ans et l'ingestion par leur mère pendant la grossesse de DES. Des millions de femmes, dont 200 à 400 000 Canadiennes, ont eu le temps de prendre ce médicament avant que ce lien soit découvert.

Le lien DES-cancer vaginal est si clair que déjà aux États-Unis certaines mères de filles atteintes ou décédées de ce cancer ont poursuivi les laboratoires qui préparaient ces médicaments et ont gagné leur cause. En plus du cancer, les enfants — filles et garçons — dont la mère a utilisé le DES pendant sa grossesse peuvent être atteints d'autres difficultés, en particulier d'une incapacité à concevoir[1]. On ne sait pas encore si les femmes qui ont pris du DES seront un jour elles-mêmes affectées d'un taux de cancer utérin ou de cancer du sein plus élevé que les femmes non exposées à ce produit.

Le rapport entre le DES et les problèmes de santé qu'ont éprouvé des gens quinze ou vingt ans plus tard a pu être établi par hasard. Si un tel type d'effet est possible avec un médicament, pourquoi ne le serait-il point avec d'autres ? Avec le DES, des cellules du fœtus sont modifiées ; avec d'autres médicaments, ce pourrait être les cellules génitales qui donneront naissance à des ovules ou à des spermatozoïdes transformés ; et pourquoi ne serait-ce pas aussi certaines autres cellules de la personne elle-même, qui un jour deviendront malades ? On sait déjà que les radiations peuvent avoir cet effet à long terme ; l'ex-

---

1. Les personnes nées entre 1948 et 1971 dont la mère est susceptible d'avoir eu une grossesse difficile auraient tout intérêt à prendre contact avec l'organisme DES Action/Canada, 5890 av. Monkland, bureau 104, Montréal H4A 1G2 (tél : 514-482-3204).

position chronique à certaines substances chimiques donne le même résultat.

En fait, malgré les apparences, nous en savons fort peu sur les médicaments et sur *tous* les effets qu'ils pourraient avoir sur nous. Car au fond, malgré leurs allures fort respectables, les multinationales du médicament manifestent le plus grand mépris pour la vie humaine, comme elles ont eu maintes fois l'occasion de le démontrer.

La pertinence du médicament

Supposons maintenant qu'on connaisse et qu'on ait mesuré tous ces éléments liés à l'absorption, à la distribution et à la détoxication d'un médicament. Il nous reste encore à évaluer tous les autres facteurs reliés à la pertinence de tel ou tel traitement.

D'abord, avant de penser à un médicament, il faut qu'un diagnostic ait été posé, et que ce soit le bon diagnostic. Un peu simpliste direz-vous… mais prenons un exemple de tous les jours : la congestion nasale. Si elle est reliée à une allergie, on peut la soulager en utilisant un antihistaminique, alors que si elle découle d'un rhume, un tel traitement n'a que des effets secondaires et pas d'effet réel sur le malaise. Les processus pathologiques aboutissant au même symptôme ne sont pas les mêmes et demandent évidemment des armes thérapeutiques différentes.

Une fois le diagnostic posé, il faut que le traitement choisi soit approprié, ce qui n'est pas automatique. En effet, on dispose d'un arsenal thérapeutique assez important : plus de 3 000 dénominations commerciales. Tout cela change rapidement ; à tous les dix ans, 50 % des thérapeutiques deviennent désuètes et sont remplacées par de nouvelles. De plus, l'information courante sur les nouveaux produits est le plus souvent produite ou financée par les compagnies, donc biaisée au départ ; en fait, elle répond aux lois du marketing, elle simplifie et souvent elle propose un traitement de symptômes, en oubliant des vérifications importantes quant à l'étiologie, aux contre-indications, etc. Malheureusement c'est, pour un nombre important de médecins, la source la plus importante de renseignements.

Même bien choisi, le médicament doit être prescrit au bon dosage, à la bonne fréquence, en respectant les variables d'âge et de poids ainsi que l'état clinique du patient, les interactions médicamenteuses possibles et les sensibilités particulières…

Les difficultés ne s'arrêtent pas là, car pour exercer efficacement son action, il faut que l'utilisateur respecte l'ordonnance ; or il semble que 50 % des gens se permettent une certaine liberté de ce côté ; ils omettent des doses, ils respectent peu les intervalles recommandés, ils diminuent le dosage, ils interrompent le traitement dès qu'ils se sentent mieux... sans que ce soit nécessairement à leur avantage.

On comprend alors que l'action d'un médicament ne relève pas que de sa nature chimique, mais de plusieurs facteurs humains.

L'effet placebo

L'effet placebo se retrouve au cœur de tout effort thérapeutique ; l'action de n'importe quel médicament est en partie due à l'effet placebo. « Placebo » vient du latin et signifie « il plaît ». On le définit également de la façon suivante : « C'est toute thérapeutique, ou tout élément de thérapeutique, qui est délibérément employé pour son action psychologique non spécifique ou son action psychophysiologique. » Toute forme de traitement, que ce soit le massage, la chirurgie, l'acupuncture ou n'importe quoi d'autre, tire une partie de son efficacité de l'effet placebo. Cet effet découle en fin de compte de l'investissement émotif qu'on met dans un traitement, dans la confiance qu'on lui accorde et dans la mobilisation de son pouvoir d'autoguérison.

Avant sa mise sur le marché, un médicament doit nécessairement être soumis à une expérimentation ; on compare l'effet du médicament pris par un groupe d'individus à l'effet d'un placebo pris par un autre groupe ; les comprimés sont apparemment identiques (même forme, même couleur) et chaque groupe ignore s'il prend le vrai médicament ou le placebo. Normalement, un médicament est jugé efficace quand il exerce davantage d'efficacité que le placebo. Dans toutes les expériences, le placebo a des effets positifs (les mêmes que le vrai médicament) dans 30 à 40 % des cas.

En fait, on affiche, face à l'effet placebo, une attitude souvent méprisante. On allie de façon péjorative cet effet aux maladies psychosomatiques et aux maladies nerveuses, alors que les recherches les plus sérieuses ont montré que l'effet placebo se manifestait dans n'importe quel type de maladie et pour n'importe quelle catégorie de personnes. En niant l'importance de l'effet placebo, on acquiesce à la vision dichotomique de la personne humaine, avec le corps et l'esprit fonctionnant chacun de façon indépendante. Mais il semble que notre esprit scientifique réducteur se voie déjoué de plus en plus souvent. On assiste à des guérisons miracles ou bien à des échecs thérapeutiques retentissants qui pourraient bien être reliés à ce fameux effet. Les Simonton, dans le livre *Guérir envers et contre tout*, citent l'exemple d'une recherche effectuée sur deux groupes de patients ayant des ulcères d'estomac. Au premier groupe, on a administré un médicament en affirmant que le remède produirait inévitablement un soulagement. On a donné le même médicament au deuxième groupe, mais en disant qu'il s'agissait d'une drogue expérimentale dont on connaissait peu les effets. Les résultats furent les suivants : dans le premier groupe on nota une amélioration notable des ulcères chez 70 % des patients alors que seulement 25 % des patients du deuxième groupe démontrèrent une amélioration significative. La seule différence dans le traitement était ce qu'on en attendait.

Du peu qu'on connaît de ce phénomène, on peut quand même tirer certains renseignements précieux. Un aspect important de l'efficacité d'un traitement serait relié à la qualité de la relation patient-soignant, à la confiance et à la crédibilité que l'on accorde au thérapeute ; donc aussi la confiance accordée au traitement choisi et probablement la signification pour le patient de l'effort thérapeutique entrepris en sa faveur auraient leur importance. En fait, la démarche de consultation, le choix du conseiller et l'acceptation d'un moyen thérapeutique seraient des façons de cristalliser un pouvoir d'autoguérison qui ferait partie de nos facultés normales ; cela consisterait, de façon symbolique, à effectuer une mobilisation de nos « énergies guérissantes ». Cela expliquerait alors les variations d'efficacité d'un même traitement chez des personnes différentes, de même que le fait qu'un médicament efficace à un moment donné ne le soit plus à un autre, quand un ou des éléments du contexte thérapeutique varient.

En fait, pour soulager un malaise ou pour soigner une maladie, il semble qu'on puisse avoir recours à plusieurs types de solutions dont l'efficacité serait relative. On a été habitués dans notre culture à avoir recours à une batterie d'armes chimiques et chirurgicales qu'on peut considérer comme lourdes. On commence à connaître d'autres approches thérapeutiques qui semblent aussi efficaces, chacune dans les limites de ses applications. On pense par exemple à l'acupuncture, à la médecine par les plantes, à l'homéopathie, à différentes formes de massage… qu'on aurait avantage à considérer comme des approches tout aussi valables que la chimiothérapie. Ce n'est qu'en apprenant à les connaître que, petit à petit, on pourra leur accorder la même crédibilité qu'aux pilules et qu'elles deviendront elles aussi des ressources auxquelles on pourra avoir accès. On pourra alors choisir des formes thérapeutiques dures avec tous les risques d'effets secondaires que cela comporte ou bien des formes plus douces, avec ce que cela implique comme investissement personnel, comme temps, comme modifications à son style de vie, etc.

Un dernier aspect à considérer dans l'effet d'un produit pharmaceutique est relié à l'originalité de chaque individu. Tout comme chaque personne possède un code génétique qui lui est particulier et des empreintes digitales uniques, elle possède sa manière propre de réagir à un traitement. Ceci inclut sa sensibilité plus ou moins grande aux effets de tel ou tel comprimé, élixir ou injection, sa tendance à développer des allergies, des effets secondaires ou des réactions d'hypersensibilité.

On doit en fait rejeter cette idée qu'un médicament produit un seul effet et toujours le même, car cela réduit de façon un peu simpliste la complexité des êtres humains. Quand il écrit une ordonnance, le médecin utilise les résultats d'expériences cliniques pour faire un essai chez son patient, avec ce qu'il connaît de lui et aussi avec tout l'inconnu et les surprises qui peuvent survenir. Car il faut bien l'admettre, rien n'est moins reproductible qu'un système biologique... et chacun de nous est un tel système, et un système qui pense, qui plus est !

Les diverses formes pharmaceutiques

En plus des particularités reliées à la nature chimique du médicament, qui déterminent son effet, son potentiel d'interactions... il faut aussi tenir compte des particularités physiques des substances médicamenteuses, leur forme pharmaceutique. Il en existe plusieurs, chacune possédant ses avantages et ses désavantages. On peut les classer selon la voie d'entrée par laquelle elles pénètrent dans l'organisme : la bouche, le nez, les yeux, la peau, les bronches, les muqueuses buccale, rectale ou vaginale et enfin la voie parentérale (les injections, qu'elles soient intramusculaire, intradermique, sous-cutanée ou intraveineuse). Parfois aussi, les médicaments ne sont pas destinés à agir au niveau de tout l'organisme mais seulement localement, par exemple au niveau de la peau, de l'estomac ou de l'oreille.

La voie orale : c'est la plus sûre, la plus pratique et la plus économique aussi, bien que l'absorption par ce biais puisse varier à cause du grand nombre de barrières à franchir. Plusieurs formes pharmaceutiques empruntent cette voie. D'abord le comprimé, qui, tout en étant la forme la moins coûteuse, s'avère d'utilisation simple et aussi relativement fiable... surtout si on l'accompagne d'un grand volume de liquide. Parfois, lorsque le médicament a mauvais goût ou n'a pas la stabilité désirée, on le commercialise sous forme de capsule ou de gélule… et il coûte un peu plus cher. Une forme solide que les usagers des casse-grippe connaissent bien est la capsule-retard. Elle serait pratique si elle atteignait ses objectifs ; elle engendrerait une libération régulière du médicament durant 8 à 12 heures, devrait réduire les effets secondaires, étant donné que tout le médicament ne serait pas absorbé au même moment et permettrait de réduire les oublis en diminuant le nombre de prises quotidiennes. Mais malheureusement, elle semble peu fiable ou plutôt de qualité inégale, certaines capsules ne relâchant jamais suffisamment de produit pour atteindre le seuil thérapeutique et l'effet escompté, alors que d'autres libèrent une trop grande proportion de leur contenu et sont alors potentiellement plus toxiques.

Parfois on utilisera des comprimés sublinguaux ; ils passent à travers la muqueuse buccale et permettent d'éviter l'acidité stomacale. Certaines hormones sont utilisées de cette façon et ne doivent pas être avalées ; elles ne résisteraient pas au degré élevé d'acidité de l'estomac et ne pourraient pas agir. Ces comprimés permettent aussi souvent au médicament d'atteindre rapidement la circulation sanguine, d'où un effet potentiellement plus précoce. C'est le cas des petits comprimés de nitroglycérine qu'on utilise dans les crises d'angine. Une autre façon d'éviter l'acidité gastrique ou encore de protéger l'estomac contre un médicament trop irritant est l'utilisation des enrobages entériques ; ceux-ci ne se dissolvent que dans l'intestin où le produit est alors directement absorbé. Cependant les enrobages entériques ne se dissolvent pas tous aussi bien ; il peut en résulter une moins bonne absorption… On évitera aussi de les prendre avec du lait ou des anti-acides qui annuleraient leur effet protecteur en permettant à l'enveloppe qui les recouvre de se dissoudre rapidement.

Par voie orale, on peut aussi prendre les médicaments sous différentes formes liquides : les sirops, à forte teneur en sucre, les élixirs, qui contiennent de l'alcool, les suspensions, entre autres celles qui contiennent des antibiotiques et que le pharmacien prépare à la dernière minute parce qu'elles ne demeurent pas stables longtemps. De façon générale, les liquides sont mieux absorbés que les formes solides (on prendra parfois une dose moins forte que si c'était un comprimé), ils sont aussi plus faciles à avaler pour quiconque a des problèmes de déglutition, et… ils coûtent plus cher.

La voie rectale et les suppositoires : on utilisera parfois des suppositoires lorsqu'une personne vomit ou est inconsciente, car mises à part ces deux indications, cette voie n'est pas recommandable ; il semble que l'absorption des médicaments s'y fasse de façon très irrégulière et plus ou moins fiable. Parfois, l'action recherchée n'est que locale et vise à soulager la douleur causée par des hémorroïdes, par exemple ; alors on utilisera plutôt un onguent rectal, les suppositoires ayant tendance à remonter haut dans le rectum, loin du lieu où ils seraient utiles. L'emploi du suppositoire serait aussi justifié lorsqu'une action d'irritation est recherchée, pour un effet laxatif (suppositoires à la glycérine).

La voie vaginale : lorsqu'on l'utilise, on cherche à produire un effet localisé au niveau de la muqueuse. On dispose de crèmes, d'ovules ou de comprimés. Les crèmes et les ovules agissent habituellement mieux, se distribuant plus rapidement sur toute la surface. Si on désire utiliser les comprimés vaginaux, on prendra soin de les humecter avant de les introduire, pour assurer une meilleure diffusion. Si on doit utiliser un traitement vaginal durant la grossesse, il semble préférable d'introduire le médicament avec ses doigts plutôt que d'utiliser l'applicateur qui pourrait blesser le col. Ces produits s'emploient de préférence au coucher, car la station debout favorise leur écoulement vers l'extérieur.

La voie bronchique : on s'en sert surtout dans le traitement de l'asthme et d'autres maladies respiratoires. Elle permet l'utilisation de plus faibles quantités de médicament et aussi un début d'action rapide. Parfois, le véhicule dans lequel est dissous le médicament se montre trop irritant et en limite l'usage. Pour en tirer pleinement avantage, on doit utiliser correctement l'inhalateur, ce qui ne se fait pas toujours (voir page 548 pour la description détaillée de la façon d'employer un tel applicateur).

La voie topique : la plupart des crèmes, des onguents, des lotions et des gels cherchent à produire une action locale, c'est-à-dire seulement à l'endroit où on les applique. Parfois, une partie du médicament franchira la peau pour atteindre la circulation interne. On recherche ce genre d'absorption lorsqu'on se sert d'onguent à la nitroglycérine. Mais habituellement, on a besoin seulement de l'effet local et on sélectionnera un onguent, un gel, une crème ou une lotion selon l'état d'hydratation de la peau. Sur des lésions suintantes (comme dans l'allergie à l'herbe à la puce), on appliquera des compresses humides ou une lotion, qui ont toutes deux un pouvoir asséchant. Le pouvoir hydratant augmente lorsqu'on utilise une pâte, puis une crème et plus encore des onguents et des huiles. Le gel, quant à lui, est essentiellement asséchant.

La voie parentérale : par cette voie, on administre les injections sous-cutanées, intramusculaires, intradermiques ou intraveineuses. La voie intraveineuse, habituellement utilisée en situation d'urgence, est la plus précise et aussi la plus dangereuse. Quant aux voies intramusculaire, intradermique et sous-cutanée, selon le type de solution qu'on y injecte, elles pourront produire un effet rapide ou très prolongé. C'est cette qualité que l'on recherche lorsque l'on injecte une petite quantité d'hormones une fois par mois, celle-ci diffusant petit à petit dans la circulation pour donner un effet soutenu qui remplace l'absorption d'un comprimé chaque jour.

La voie ophtalmique : pour les yeux, on utilise soit des gouttes, soit un onguent et on recherche un effet local. Les gouttes ont un effet habituellement plus court que l'onguent et produisent aussi moins d'embrouillement de la vision. On utilisera de préférence un onguent la nuit, pour s'assurer que le médicament séjourne dans les yeux plus longtemps. Comme avec les autres muqueuses, une partie du médicament peut être absorbée et passer dans la circulation.

La voie otique : on l'utilise lorsque l'on met des gouttes dans les oreilles. Elles agissent localement et doivent souvent être associées à un traitement pris par la bouche, leur efficacité n'étant pas toujours certaine.

* * *

Depuis quelques décennies, le monde de la pharmacie a bien changé ; on est loin de l'apothicaire qui mêlait les extraits de plantes et préparait les potions dont il détenait seul le secret. L'univers du médicament s'est structuré, développé et il permet sans doute une plus grande précision dans les quantités de substances administrées, mais en même temps, il entraîne souvent le recours à des spécialistes, en rendant plus complexes les modalités de traitement. On n'ose plus beaucoup avoir recours aux « remèdes populaires », on ne comprend pas beaucoup non plus le monde des médicaments modernes qui, il faut bien l'avouer, fait vivre une industrie florissante.

Chapitre 3

QUAND L'INDUSTRIE MÈNE LE BAL

La plupart des grandes entreprises de l'industrie pharmaceutique sont des multinationales fort puissantes qui veillent à s'assurer des taux de profit élevés, quel qu'en soit le prix. Ces entreprises n'hésitent devant rien pour maintenir leur position privilégiée ; quand par exemple le Parti socialiste du Sri Lanka a pris le pouvoir et a tenté de jeter les bases d'une industrie pharmaceutique locale, les multinationales du médicament ont tout fait pour aider à renverser ce gouvernement. Quand le Chili d'Allende a voulu fixer le prix des médicaments pour les rendre plus accessibles à l'ensemble de la population et éviter les profits excessifs, l'industrie pharmaceutique a répondu par un boycottage de ses approvisionnements, privant rapidement le pays de médicaments essentiels. Mais comme la plupart du temps les intérêts des pouvoirs en place et ceux de l'industrie pharmaceutique coïncident, de tels heurts sont relativement rares. C'est au niveau de la qualité de ses produits et des conséquences sur des millions d'humains que l'industrie pharmaceutique manifeste l'absence la plus totale de respect pour la vie. Trois exemples nous serviront d'illustration.

Les premiers contraceptifs oraux ont été lancés vers 1966 par la compagnie Searle. Dans la publicité faite au sujet des comprimés Enovid, la compagnie disait : « Il est possible qu'il s'agisse des médicaments dont les effets ont été étudiés plus complètement et pour une plus longue période chez les mêmes personnes et chez plus de femmes que tout autre médicament. L'évidence de leur innocuité et de leur efficacité a été constante. » (Quel exemple d'affirmations ambiguës qui laissent tout de même des portes de sorties… au cas où elles ne seraient pas vraies !). En fait, comme il a été révélé lors des témoignages à une Commission d'enquête des États-Unis quelques années plus tard, les « longues études » dont la compagnie se vantait avaient été effectuées à Porto Rico sur deux groupes de 66 femmes chacun, dont l'un avait utilisé les contraceptifs pendant 12 à 21 cycles consécutifs tandis que l'autre l'avait fait pendant 24 à 38 cycles. Pis encore, les enquêteurs ont appris que deux de ces femmes étaient décédées pendant l'expérience, souffrant de « douleurs thoraciques », ce qui concorderait bien avec des embolies pulmonaires, une complication maintenant connue des contraceptifs oraux ; mais aucune autopsie n'a été pratiquée chez ces femmes et leur décès n'a pas été mentionné dans la littérature médicale ni dans le protocole de recherche.

L'usage de l'Enovid s'est répandu comme le feu à une traînée de poudre. Les doses données les premières années étaient très élevées ; il n'est donc pas étonnant d'apprendre que ce médicament a été responsable de caillots sanguins graves (parfois fatals) chez 2 000 femmes, les trois premières années après sa mise en marché. Progressivement, les dosages ont été réduits si bien qu'actuellement, ce n'est qu'une portion de la dose quotidienne de l'époque qui est prise pendant tout un mois ; mais les contraceptifs oraux continuent à être un médicament potentiellement dangereux qui n'est pas indiqué pour toutes les femmes.

Un autre exemple est celui des stéroïdes anabolisants ; ce sont des médicaments puissants qui ne sont recommandés, aux États-Unis, que dans des cas précis de maladies rares comme l'anémie aplastique, le nanisme hypophysaire et certains types d'ostéoporose. Ces médicaments peuvent provoquer des troubles de la croissance et du développement sexuel chez les enfants : arrêt prématuré de la croissance chez les enfants des deux sexes, croissance prématurée du pénis chez les garçons, augmentation des poils corporels et de la calvitie, grossissement du clitoris et modification de la voix chez les filles. Comme le signale *The Medical Letter*, « tout enfant qui prend ce médicament au dosage recommandé pendant une assez longue période de temps va éprouver ces effets ». Mais en Amérique latine, la compagnie Winthrop, qui commercialise l'anabolisant Winstrol, l'annonce comme un stimulant de l'appétit. Une publicité de 2 pages dans un journal médical mexicain montrait un garçon d'à peu près 7 ans et qui paraissait en santé ; le texte recommandait le Winstrol « s'il se plaint de manque d'appétit, de fatigue ou de perte de poids ». Le même type de publicité a été employé au Brésil et en République dominicaine.

L'iodure de dithiazanine est un médicament antiparasitaire qui a été vendu aux États-Unis de 1958 à 1967 ; la compagnie Lilly l'a retiré du marché un an après qu'elle eut découvert plus de dix décès à la suite de l'usage de ce médicament. La compagnie Pfizer avait aussi vendu cet antiparasitaire pendant quelques années ; en 1974, Pfizer continuait cependant à le vendre sous un autre nom dans plusieurs pays d'Amérique latine, le présentant comme « un progrès important dans le traitement des infestations parasitaires les plus fréquentes ».

Parallèlement au problème de la qualité et de la sécurité des médicaments se pose celui de leur multiplication hallucinante. En fait, à partir de la découverte d'une nouvelle entité pharmacologiquement active et tout au long de sa vie commerciale, se produit un phénomène mathématique, physique mais surtout économique, celui de sa mise en marché sous toutes les formes possibles et imaginables.

Les associations fixes, une stratégie courante

Une façon qu'utilisent les compagnies pour multiplier les produits consiste à créer des composés réunissant deux ou plusieurs substances plus ou moins actives (déjà sur le marché sous d'autres formes) et à les commercialiser comme si c'étaient des innovations ou des apports médicaux importants. L'univers des casse-grippe en est peut-être la meilleure illustration, chaque nouvel hiver servant de tremplin pour le « petit dernier ». Or tous ces produits se ressemblent comme des jumeaux ; chacun contient un décongestionnant ou deux, un antihistaminique, parfois de l'aspirine ou de l'acétaminophène et parfois de la vitamine C. Et bien sûr, à chaque fois, on essaie de nous convaincre que le dernier produit mis sur le marché est meilleur, plus efficace et plus beau que l'avant-dernier... même s'il est à peu près identique.

Malgré leur place importante sur le marché du médicament, les associations fixes n'offrent des avantages que dans très peu de cas. D'une part, l'usage simultané de plusieurs entités pharmacologiques est rarement nécessaire ; d'autre part, les produits associés ne se trouvent pas toujours en quantité suffisante pour produire leur effet, ce qui équivaut alors à jeter son argent par les fenêtres ; et si, enfin, ces entités pharmacologiques s'y trouvent à des concentrations thérapeutiques, le fait d'utiliser plusieurs produits augmente le risque d'effets secondaires nuisibles et assez souvent imprévisibles. On utilise en effet la plupart du temps ces produits principalement pour l'action d'un des médicaments qu'ils contiennent, les autres s'avérant accessoires et souvent méconnus ou ignorés. Il n'en reste pas moins qu'ils sont présents. Il est à ce moment impossible d'ajuster le dosage de chaque médicament séparément ; en voulant augmenter le dosage de la substance active nécessaire, on augmente aussi celui des autres tout aussi susceptibles de provoquer des désagréments.

L'association fixe a parfois son utilité, mais elle ne devrait pas servir de premier recours. On devrait toujours commencer par utiliser un médicament simple ; si on n'obtient pas l'effet désiré, on peut alors en ajouter un second et on devrait alors équilibrer les dosages de chacun en rapport avec l'autre. Si à ce moment-là une association fixe offre exactement le dosage dont on a besoin, son utilisation peut devenir pratique et justifiée.

Les produits génériques : un peu d'espoir ?

Croiriez-vous qu'un seul produit pharmacologique puisse être vendu sous 214 appellations différentes fabriquées par 24 compagnies différentes ? Étonnant n'est-ce pas ? Pourtant cela existe et il s'agit de l'ampicilline, cet antibiotique qu'on utilise pour soigner les bronchites, les cystites, les blennorragies et autres infections. Ce n'est là qu'un exemple parmi tant d'autres, une grande partie des médicaments étant produits et reproduits sous des noms toujours plus colorés, par des compagnies amies ou rivales, soucieuses de leur bonne santé... financière.

En fait, un médicament porte habituellement 2 ou 3 noms : un nom chimique, long et impossible à retenir, un nom générique, déjà moins complexe et enfin un nom commercial, plus court et facile à retenir. Si l'on revient à l'exemple cité plus haut, on découvre que les produits Penbritin, Omnipen, Alpen, Amcil, Polycillin, pour ne nommer que ceux-là, renvoient tous à la même dénomination générique, celle de l'ampicilline.

Le plus souvent, médecins, pharmaciens et consommateurs ne connaissent que le nom commercial d'un médicament ; pour des raisons de marketing, celui-ci a été conçu pour faire image, pour qu'on le mémorise facilement ; de plus, il a fait l'objet de campagnes publicitaires intenses visant à faire croire qu'il s'agit d'une nouveauté ou bien d'un produit de qualité supérieure ; cette publicité s'effectue par le biais de revues, d'envois postaux, de visites de représentants, d'échantillons... Très souvent, le professionnel ne connaît que le nom commercial donné par la compagnie qui fait le plus de publicité ; c'est le nom qu'il a entendu le premier, il a en mémoire les échantillons laissés par le représentant, il les a fait essayer à ses patients, il retrouve aussi ce nom dans les revues que lui font parvenir les compagnies et la mémoire étant ce qu'elle est, il prescrit ce qu'il « connaît » et ce qu'on lui a dit être irremplaçable. Or ce produit supposément unique existe presque toujours, d'une part, sous d'autres dénominations commerciales moins connues et souvent moins coûteuses et, d'autre part, sous sa dénomination générique, encore moins familière et moins chère. Prenons l'exemple du Valium qu'on retrouve dans la liste des médicaments défrayés par la Régie de l'assurance-maladie du Québec pour les assistés sociaux et les personnes âgées. La Régie accepte 9 formes commerciales du diazépam (c'est le nom générique du Valium, Vivol, Méval, Rival…) dont les prix varient dans un rapport de 1 à 5, le Valium occupant bien sûr la position la plus élevée.

Ces différences de prix s'expliqueraient-elles parce que la qualité du médicament varierait d'une marque à une autre et que certaines seraient meilleures et plus efficaces ? Parce que les médicaments génériques seraient des produits de second ordre ? Il y a eu effectivement, durant les premières années après la mise sur le marché de certains médicaments génériques, des variations dans la qualité de la production et dans la biodisponibilité des produits fabriqués (la biodisponibilité est la mesure de la quantité de produit effectivement absorbée). Au début des années 70, des différences notoires dans la fabrication du digoxin ont forcé le rappel d'une quantité impressionnante de ce médicament, les produits des différentes compagnies affichant plus que des différences de nom. Depuis, les normes de contrôle de qualité se sont précisées, on est devenu plus exigeant dans la vérification de cette fameuse biodisponibilité et tous les produits mis sur le marché répondent aux mêmes contrôles de qualité et de quantité. Le Dr J. Richard Crout, directeur du Bureau des drogues aux États-Unis, se permet d'affirmer que « lorsqu'il arrive une déficience au niveau d'un produit, celle-ci n'est pas nécessairement plus fréquente ou plus grave parmi les produits génériques que parmi les produits de compagnie ».

Il peut bien sûr exister une certaine variation dans la biodisponibilité d'une marque à une autre d'un même médicament. Cependant, celle-ci est le plus souvent minime et sans portée réelle sur l'effet thérapeutique recherché… surtout lorsque l'on considère en plus la liste des facteurs qui risquent d'influencer la réponse au médicament. Nous avons toutefois, dans la section sur les médicaments, indiqué certains cas où il est préférable de ne pas substituer *en cours de traitement*. C'est le cas des médicaments dont l'écart entre la dose toxique et la dose efficace est étroit ; le digoxin, les anticonvulsivants, les bronchodilatateurs et les anticoagulants comptent parmi ces médicaments. C'est le cas aussi d'hormones de remplacement comme la prednisone (en traitement à long terme) ou la thyroxine. Cela ne signifie en aucun cas que le produit générique n'est pas bon ; mais la faible variation dans l'absorption des produits mis sur le marché par les différentes compagnies peut dans ces cas avoir un effet organique nuisible. On choisira donc en début de traitement le produit d'une compagnie donnée — générique ou novatrice — et on exigera du pharmacien qu'il ne substitue pas. Si on désire changer de marque, on le fera prudemment et sous supervision médicale.

On a donc la possibilité, de la même façon que pour le lait ou l'essence, de choisir la marque et le prix de son médicament. On peut suggérer au médecin d'utiliser le nom générique lorsqu'il prescrit un médicament ou on peut demander à son pharmacien de fournir la dénomination la moins chère, qui le plus souvent ne porte que le nom générique.

C'est sans doute là une façon, aussi modeste soit-elle, de court-circuiter un peu l'empire pharmaceutique, de commencer à réagir à ses stratégies d'expansion et d'en réduire l'impact.

Chapitre 4

TROP, C'EST TROP !

Au Québec, nous consommons énormément de médicaments. En 1981-1982, la Régie de l'assurance-maladie a déboursé 152 593 000 $ uniquement pour les médicaments prescrits aux bénéficiaires de l'aide sociale et aux personnes âgées de 65 ans et plus ; ce montant n'inclut pas les dizaines de millions de dollars dépensés pour les médicaments utilisés par ces mêmes personnes pendant les hospitalisations. De plus, les ventes des médicaments « grand public » (qui se vendent sans ordonnance) dépassent les 85 millions de dollars chaque année au Québec. Il se consomme plus de 1 000 tonnes d'aspirine au Canada annuellement, soit un total de 145 comprimés *par personne* ; 15 % des Québécois de 15 ans et plus reçoivent une ordonnance de tranquillisants pendant l'année. En fait, une personne sur deux consomme au moins un médicament aux deux jours ; et le phénomène ne semble pas près de s'arrêter, puisque l'industrie du médicament continue d'être en pleine expansion, doublant son chiffre de ventes tous les cinq ou six ans.

La consommation des médicaments a pris une telle ampleur que nous devons nous interroger sur les raisons qui expliquent ce phénomène, si nous voulons être en mesure de le contrôler. Cette réflexion s'impose d'autant plus que le niveau actuel de consommation ne se justifie sûrement pas par des considérations thérapeutiques rationnelles ; en effet, il faut savoir que :

— l'Organisation mondiale de la santé a établi en 1978 une liste des médicaments essentiels et ce relevé ne contient que 200 substances jugées indispensables, alors qu'on retrouve sur le marché entre 10 000 et 30 000 préparations commerciales différentes, selon les réglementations de chaque pays ;

— il n'est pas aussi courant qu'on le croit de souffrir d'une condition qui requiert l'usage essentiel d'un médicament ; les médecins font rarement la distinction, dans leurs ordonnances, entre un médicament « essentiel », un autre qui « a des chances d'aider » et un dernier « qui soulagera peut-être », mais sans modifier le cours de la maladie ; or la plupart des ordonnances médicales entrent dans les deux dernières catégories ;

— les médicaments ont souvent moins d'efficacité pharmacologique (reliée aux substances qu'ils contiennent) que d'effet placebo, qui tient à la confiance qu'on leur accorde.

Compte tenu de ces faits, l'utilisation des médicaments répond sans doute à des impératifs différents de ceux qu'on serait porté à imaginer, à notre époque soi-disant scientifique et rationnelle. Comme nous pourrons le constater dans les pages qui suivent, la consommation d'un médicament sert les intérêts de tant de gens qu'il n'est pas étonnant de constater la facilité avec laquelle on recourt à ce type de traitement.

Les consommateurs

Nous avons pris l'habitude, dans nos sociétés occidentales et industrialisées, de confier la responsabilité de notre santé aux médecins ; la plupart du temps, nos contacts avec la médecine se sont soldés par une ordonnance de médicaments. Nous avons intégré l'équation *maladie* (malaise, symptômes) = *médicament* et c'est la solution qui nous vient immédiatement à l'esprit chaque fois que nous éprouvons un malaise, que nous décidions d'agir par nous-mêmes ou que nous fassions appel à un médecin, lequel d'ailleurs répond le plus souvent spontanément à nos attentes.

Au fond, le médicament s'avère une solution fort pratique dans notre culture ; la plupart d'entre nous vivons dans des conditions telles qu'il n'est pas étonnant que nous éprouvions des malaises fréquents qui nous conduisent inévitablement à ces maladies dites de civilisation. Nous mangeons mal, nous faisons trop peu d'exercice, nous sommes constamment exposés à des niveaux élevés de stress, notre environnement nous étouffe ; tout cela se répercute sur notre état psycho-physiologique, tout cela entraîne nécessairement des malaises, des mals de vivre. Quand nous devons affronter ces conséquences, nous ne sommes pas toujours prêts à remettre en question notre culture et notre façon de vivre ; le malaise pour lequel on va alors voir le médecin est pris en charge par celui-ci qui s'empresse de le traiter par un médicament ; le malaise devient alors une maladie. Même aujourd'hui dans notre civilisation matérialiste la maladie demeure un coup de la Fatalité, un événement extérieur qui frappe à l'aveuglette, un accident que nous ne pouvions éviter. Le médicament consacre le statut de maladie et dégage le sujet de toute responsabilité. Le médicament, signe qu'il y a une maladie, s'avère une solution rapide et facile qui promet de nous remettre sur les rails que nous avions momentanément quittés.

Les médicaments, avec les substances mystérieuses aux grands noms qu'ils contiennent, font partie de cette technologie de pointe que la médecine a développée. Les laboratoires pharmaceutiques avec leurs savants chercheurs, les interventions chirurgicales spectaculaires, les appareils à diagnostic toujours plus sophistiqués, tout cela représente le progrès et tient lieu sinon de fontaine de jouvence, tout au moins d'espoir que nous devrions arriver bientôt à la presque immortalité. Dans l'immédiat, nous ne pouvons tous bénéficier des accomplissements les plus spectaculaires de la médecine moderne ; alors la consommation des médicaments nous permet de participer quelque peu au progrès et de nous sentir protégés, d'avoir l'impression que lorsqu'il nous arrive quelque chose, nous pouvons toujours nous en tirer. L'industrie pharmaceutique a bien saisi la psychologie des consommateurs ; aussi, comme l'écrivent Silverman et Lee, « ...la publicité faite autour de ces médicaments en vente libre a aidé à convaincre bien des gens qu'il y a une pilule pour chaque malaise et qu'il y a — en fait, qu'il *doit* y avoir — une solution chimique à chaque inconfort de l'humanité, que ce dernier soit de nature physique, émotive ou sociale. »

Nous avons donc facilement recours aux médicaments ; nous les choisissons nous-mêmes ou nous nous les faisons prescrire par les médecins ; ces derniers, d'ailleurs, précèdent la plupart du temps notre demande et nous orientent très vite vers un traitement médicamenteux.

Les médecins

Les médecins apprennent leur art à l'université et surtout à l'hôpital, au contact d'autres médecins-cliniciens spécialisés dans le traitement d'affections graves. Les spécialistes côtoient souvent la mort ou tout au moins des maladies qui risquent de causer des dommages irréversibles ; aussi n'hésitent-ils pas longtemps avant d'utiliser un traitement — médicamenteux ou chirurgical — qui pourrait possiblement aider, même s'il présente des risques ou des inconvénients.

À l'hôpital où ils reçoivent presque toute leur formation pratique, les internes et les résidents n'apprennent pas à distinguer entre petits malaises et maladies graves ; toute personne hospitalisée se trouve à l'hôpital parce qu'un médecin a déjà posé un diagnostic ou parce que son état requiert un diagnostic ; toute personne hospitalisée est donc un malade qui nécessite un traitement. De là à croire que toute personne qui consulte un médecin est aussi un malade, il n'y a qu'un pas, que la plupart des médecins franchissent sans trop s'en rendre compte.

La personne qui consulte un médecin est, aux yeux de ce dernier, un malade qui requiert de l'aide ; car pourquoi une personne saine ferait-elle cette démarche ? Même si dans le cabinet privé les malades présentent la plupart du temps des symptômes non spécifiques ou des malaises vagues, même s'ils ne souffrent pas encore d'une maladie « classique » bien caractérisée, le médecin les considère comme des malades « de plein droit », qui ont aussi droit aux mêmes traitements que les malades hospitalisés. Le médecin essaie bien d'appuyer son raisonnement sur des bases aussi solides qu'à l'hôpital — il multiplie souvent les analyses de laboratoire et les radiographies dans l'espoir de trouver une quelconque « anomalie » qui justifierait son intervention — mais même en l'absence de cet appui, il traite son « malade ». Il se sentirait inutile s'il n'agissait pas ainsi, s'il ne faisait pas « quelque chose » ; ce serait s'avouer impuissant, ce serait abandonner, lui à qui l'on a appris à lutter jusqu'au bout et dans certains cas à continuer même quand la mort est survenue, pour tenter une réanimation. En prescrivant si souvent des médicaments, le médecin se cache à lui-même son impuissance et il peut attribuer à son ordonnance les guérisons ou les soulagements qui seraient survenus de toute façon.

Pour les médecins préoccupés de maximiser les bénéfices qu'ils peuvent tirer du système de rémunération à l'acte — et ils sont nombreux, à voir les chiffres des revenus que les médecins retirent de la Régie de l'assurance-maladie —, la prescription d'un médicament s'avère souvent une aubaine. L'existence de nombreux médicaments symptomatiques — c'est-à-dire qui visent essentiellement le soulagement d'un symptôme — facilite beaucoup la tâche des médecins en quête de moyens pour accélérer leurs consultations ; ces médicaments permettent en effet de court-circuiter le processus normal symptôme-diagnostic-traitement et de laisser tomber la portion « diagnostic » qui est celle qui exige le plus de temps, car elle requiert d'interroger le malade en profondeur et de l'examiner attentivement. Par rapport aux autres solutions qui pourraient être envisagées pour régler certains types de problèmes, le traitement médicamenteux s'avère aussi plus expéditif ; écrire une ordonnance et la tendre au patient requiert moins de temps que d'expliquer ce qu'il faudrait changer dans ses habitudes de vie et les raisons pour lesquelles ces modifications s'imposent. D'ailleurs trop souvent les médecins eux-mêmes ne sont pas des illustrations édifiantes d'une vie saine — ils fument, mangent mal, travaillent trop, etc.

La plupart d'entre nous craignons la mort et la souffrance ; pour beaucoup de personnes, le moindre dysfonctionnement éveille des craintes souvent irrationnelles et dans les circonstances, le médecin consulté prend une importance énorme, il est *celui qui peut* nous rassurer, nous soulager ou nous guérir. Ce pouvoir dont nous investissons le médecin revêt des connotations magiques. Et le médecin qui, au fond, perçoit bien nos attentes, joue le jeu ; comme nous ne sommes plus à l'ère des incantations, il a trouvé une autre magie par laquelle exercer son pouvoir : les médicaments. Produits des temps modernes et de la technologie, les médicaments d'ordonnance permettent d'incarner la fonction de sorcier des médecins. Dans la population, les médicaments en vente libre ne sont pas tout à fait considérés comme de « vrais médicaments » ; tandis que les médicaments obtenus sur ordonnance sont traités avec respect ; la décision de les utiliser, demeurant entre les mains des médecins, confirme le pouvoir de ces derniers. La consultation médicale qui se termine sans ordonnance est interprétée par nombre de gens comme une insulte, comme un refus du médecin d'exercer tout son pouvoir en leur faveur. Même quand il sait fort bien que l'aspirine serait le meilleur traitement pour le problème présenté, le médecin se garde bien, sauf exception, de la recommander ; il préfère prescrire un analgésique quelconque qui coûte dix ou quinze fois plus cher et qui est pharmacologiquement moins efficace, mais qui a le mérite de confirmer à son patient qu'il met tous ses pouvoirs à sa disposition.

Les médicaments psychoactifs constituent une portion importante des ordonnances rédigées par les médecins. Peut-être faut-il y voir le signe d'une certaine évolution, puisque les médecins reconnaîtraient enfin la contribution du psychisme dans la genèse de nombreux malaises physiques. Reste que ce type de médicaments se révèle essentiellement symptomatique. Donnés à forte dose, ils deviennent des instruments efficaces de répression ; les catégories de population qui sont gênantes dans leurs revendications sont celles qui reçoivent le plus facilement ces médicaments, soit les femmes, les personnes âgées et les malades en institution. Une étude publiée aux États-Unis en 1975 et qui portait sur près de 300 000 malades atteints de maladies chroniques a montré que la majorité d'entre eux recevaient des tranquillisants, « ce qui donne à penser que la prescription de ces médicaments peut fréquemment ne pas être reliée à un diagnostic spécifique mais peut être utilisée dans le but d'assurer un certain contrôle dans les établissements ».

Les pharmaciens

Quand on parle de pharmaciens, il s'avère indispensable de distinguer entre ceux d'entre eux qui exercent leur profession à l'hôpital et les autres qui pratiquent en officine privée, dans les pharmacies qui ont pignon sur rue. Le premier groupe possède peu d'autonomie puisqu'il ne remplit que les ordonnances médicales ; il n'a jamais à fournir directement des médicaments aux malades, sans la médiation du médecin. Par contre le second groupe se trouve en contact direct avec la population et peut exercer une influence sur la consommation des médicaments qui ne requièrent pas d'ordonnance ; de plus, comme ses clients ne se trouvent pas captifs d'un milieu fermé comme l'hôpital, il s'en trouve plusieurs qui voient simultanément plus d'un médecin et qui pourraient se voir prescrire des médicaments incompatibles entre eux ; une partie de son rôle consiste donc à tenter de détecter ces incompatibilités en s'informant des médicaments consommés par ses clients et en les conseillant.

Les pharmaciens d'officine œuvrent dans des commerces. Le conflit d'intérêt est évident ; s'ils veulent jouer adéquatement leur rôle, qui est de voir à l'usage rationnel des médicaments, ils doivent lutter contre leur surconsommation et devraient fréquemment orienter les gens vers d'autres solutions ; mais ce faisant, ils compromettent la rentabilité de leur entreprise. Il n'y a donc pas lieu de s'étonner de la faible proportion des pharmaciens d'officine qui exercent leur rôle véritable de conseillers objectifs.

Les pharmaciens ne sont pas les seuls en conflit d'intérêt ; les naturothérapeutes, les phytothérapeutes et tous les autres qui tirent un profit de la vente des moyens thérapeutiques qu'ils conseillent se retrouvent dans des situations intenables. Et dans notre culture du médicament, les promoteurs des « nouvelles thérapies » ont récupéré l'insatisfaction face à la médecine traditionnelle (allopathe) et l'engouement pour les méthodes naturelles ; ils offrent des produits dits naturels qui n'en demeurent pas moins des pilules au pouvoir magique qui évitent de remettre en question nos façons de vivre. Dans le magazine *Votre santé*, distribué gratuitement dans certains magasins d'aliments naturels, Adrien Gagnon écrit : « La surmédication chez les femmes n'a pas que des inconvénients. Si les femmes sont plus conscientes de leur santé que les hommes, c'est tant mieux. Mais elles doivent aboutir à la médication naturelle. » ! !

L'industrie pharmaceutique

Année après année, l'industrie pharmaceutique se retrouve au sommet de la liste des secteurs industriels les plus rentables. Les grandes multinationales s'y rencontrent de plus en plus souvent, car la production des médicaments s'avère toujours un excellent placement pour qui cherche la sécurité et l'assurance d'un haut niveau de rendement.

Il n'est pas dans notre intention d'analyser en profondeur tous les moyens utilisés par l'industrie pharmaceutique pour arriver à un tel niveau de rentabilité ; les conséquences du système de brevets, l'établissement de puissants cartels, les transferts de capitaux d'un pays à l'autre, pour ne nommer que quelques-uns de ces moyens, ne seront pas étudiés ici. Nous nous pencherons surtout sur la stratégie globale de l'industrie qui, d'une part, développe de plus en plus de médicaments symptomatiques et, d'autre part, crée le besoin de ces médicaments grâce à une publicité sophistiquée.

Les fonds consacrés à la recherche sur les médicaments sont considérables en termes de chiffres absolus, mais en proportion des ventes, ils se révèlent insignifiants ; c'est moins de 3 % du coût de détail d'un médicament qui est consacré à la recherche ; et seulement le quart de cette somme sert à la recherche fondamentale, alors que les trois quarts sont utilisés pour la recherche dite « appliquée », c'est-à-dire pour l'investigation de nouvelles façons d'utiliser les médicaments déjà découverts et d'augmenter ainsi leur consommation.

La vie moyenne d'un médicament sur le marché est de cinq ans. Des études ont montré que chaque médecin ne garde en mémoire qu'un nombre limité et fixe de médicaments, de telle sorte que chaque fois qu'il adopte un nouveau médicament, il en met un autre de côté. Toutes les compagnies, qui désirent toujours accroître leur part du marché, mettent donc constamment de nouveaux médicaments sur le marché, dans l'espoir de capter l'attention du médecin et d'être admises dans son bagage thérapeutique. Plus les médicaments se multiplient, plus leur durée de vie se raccourcit ; les compagnies se nuisent donc elles-mêmes et entre elles, mais chacune essaie de trouver quelque chose de mieux que l'autre et de saisir une part toujours plus importante de ce marché mouvant.

Le nombre de maladies à traiter est limité ; si l'industrie pharmaceutique se restreignait à la production de médicaments destinés au traitement de ces maladies, il y a longtemps que ses ventes auraient cessé d'augmenter, surtout depuis la stabilisation démographique des populations industrialisées, les seules qui possèdent les moyens de se payer des médicaments. Par contre, les difficultés de vivre, les malheurs et les malaises de tous les jours ne manquent pas et constituent un réservoir illimité de maux à soigner. Grâce à leur recherche « appliquée », les laboratoires pharmaceutiques explorent les nouvelles façons d'utiliser les médicaments : en les combinant avec d'autres médicaments, en leur trouvant de nouveaux usages ou de nouvelles présentations et en expérimentant des dosages supérieurs ; les chercheurs modifient aussi la structure chimique des médicaments existants dans l'espoir d'arriver à des effets quelque peu différents de ceux obtenus avec la formule « mère ». Ils s'intéressent presque uniquement aux malaises les plus courants, ceux qui sont ressentis par le plus grand nombre et constituent donc le plus grand marché potentiel.

Les maux de tête, les difficultés à digérer, les douleurs abdominales vagues, l'anxiété, le découragement et des sentiments dépressifs de même qu'une foule d'autres symptômes physiques ou psychiques ne découlent pas, la plupart du temps, de maladies bien précises et identifiées ; il s'agit à peu près toujours de malaises transitoires qui traduisent un dérangement mineur, une trop grande fatigue ou un état de stress avancé. Grâce à une habile publicité et à la complicité tacite des médecins, l'industrie pharmaceutique a médicalisé ces symptômes, les a fait passer de l'état de symptômes à celui de malaises susceptibles d'être traités. Le Dr Robert Seidenberg, du *New York Upstate Medical Center*, donne l'exemple du sommeil : « L'obligation de dormir, et d'y arriver à l'intérieur d'un temps pré-fixé, est devenue, en Amérique, une obsession puritaine que les compagnies de médicaments encouragent avec plaisir et dont elles profitent. »

La publicité est la pierre angulaire du développement de l'industrie pharmaceutique. Chaque année, cette industrie consacre, au Canada, plus de 6 000 $ par médecin pour le convaincre de prescrire tel médicament plutôt que tel autre et surtout pour l'amener à prescrire davantage. En même temps, elle dépense des sommes énormes dans les médias, pour amener la population à recourir de plus en plus souvent aux médicaments. Ces deux actions publicitaires sont complémentaires, mais elles prennent des formes totalement différentes.

Les médecins ont d'eux-mêmes une idée trop noble pour croire qu'ils se laissent influencer par la publicité ; aussi l'industrie pharmaceutique prend-elle grand soin de maquiller soigneusement la plupart des actions publicitaires destinées aux médecins. Les efforts des compagnies épousent surtout les formes suivantes :

— *les représentants médicaux*, qui visitent les médecins un à un, leur expliquant la dernière nouveauté du laboratoire qu'ils représentent ou leur rappelant un médicament plus ancien qui a tendance à sombrer dans l'oubli ;

— *le financement des revues* distribuées gratuitement ou à très bas prix aux médecins ; en 1970 par exemple, le *Journal of the American Medical Association*, organe officiel de l'Association des médecins américains, a reçu plus de 7 millions de dollars, *Modern Medicine*, 9 millions et *Medical World News*, 8 millions ;

— *l'organisation de conférences, de colloques et de symposiums* où les médecins sont invités gratuitement ;

— *la préparation et la distribution du Compendium des produits et spécialités pharmaceutiques*, ce dictionnaire de tous les médicaments courants que 82 % des médecins considèrent comme leur source d'information la plus usuelle ;

— *la distribution généreuse d'échantillons* aux étudiants en médecine et aux médecins, qui peuvent ainsi faire leurs propres « expérimentations » sur leurs patients.

Certains laboratoires vont même jusqu'à payer des voyages ou faire des cadeaux personnels à des médecins occupant des fonctions stratégiques pour qu'ils « s'ouvrent » à leurs produits : des appareils de télé, des montres et des fours à micro-ondes ont ainsi été distribués.

Les médecins tolèrent et même acceptent très bien cette publicité omniprésente ; en fait, ils ont depuis longtemps abandonné aux mains de l'industrie pharmaceutique le soin de les « informer » sur les médicaments ; les quelques heures de cours de pharmacologie que comprenaient les études de médecine sont en effet vite oubliées… Les médecins font une entière confiance à l'industrie, comme si celle-ci n'était pas en conflit d'intérêt dans son « information ». Le rédacteur en chef d'une des plus importantes revues médicales canadiennes, le *Canadian Family Physician*, écrit dans sa revue : « […] il serait inopportun pour l'industrie pharmaceutique d'égarer le médecin, de propos délibéré ou par des insinuations, puisque la publicité en général, et singulièrement les informations sur les médicaments, ont précisément pour objet de guider l'usager dans le choix du médicament indiqué […] Cependant, quel que soit le zèle déployé par les annonceurs, aucun médecin n'aura recours à un médicament qui n'est pas efficace […] La publicité de l'industrie des médicaments constitue pour le praticien une importante source d'information. » Pour sa part, le

Dr Augustin Roy, président de la Corporation professionnelle des médecins du Québec, déclarait récemment que d'après lui, la publicité destinée aux médecins est fort utile : « On ne parle plus de publicité, on parle d'information. C'est une information instructive très bien faite et très intéressante pour les médecins. »

Ces discours sont aux antipodes de celui tenu par un dirigeant de l'industrie pharmaceutique : « En tant que spécialiste de la publicité, je puis vous assurer que la publicité qui ne fonctionne pas n'est pas continuée longtemps. Si l'expérience ne montrait pas sans l'ombre d'un doute que la grande majorité des médecins répondent magnifiquement bien à la publicité sur les médicaments telle qu'elle est faite actuellement, très vite nous lancerions de nouvelles techniques publicitaires. »

En règle générale, les médecins ne manifestent pas la naïveté du rédacteur en chef cité plus haut ; ils nient l'influence que la publicité pourrait exercer sur leurs habitudes de prescription. Une recherche récente démontre cependant fort bien ou l'inconscience des médecins ou leurs réticences à avouer leurs sources d'information. Une équipe de chercheurs de Boston a demandé à des médecins l'importance qu'ils accordaient à divers facteurs dans leurs prescriptions ; les annonces publicitaires ont été considérées comme très importantes par 4 % des médecins, les visiteurs médicaux par 20 %, les articles scientifiques par 62 %, les avis des collègues par 48 %, leurs études et leur propre expérience par 88 %. Par ailleurs, quand les chercheurs ont interrogé les médecins sur l'influence d'une mauvaise circulation au cerveau dans la démence sénile, influence reconnue nulle par les milieux scientifiques mais propagée par les laboratoires qui veulent vendre leurs vasodilatateurs cérébraux (d'ailleurs inefficaces), 71 % des médecins ont dit qu'ils croyaient que ce facteur exerçait une influence majeure, 14 % ont dit non et 15 % ont répondu qu'ils n'avaient pas d'opinion. Une autre question portait sur l'efficacité du Darvon en comparaison avec l'aspirine ; une revue de la littérature mondiale montre que ce produit « n'est pas plus efficace que l'aspirine ou que la codéine et peut même leur être inférieur » ; or la compagnie Lilly continue, dans sa publicité, à répandre l'idée que le Darvon est un analgésique fort efficace et les médecins croient cette propagande puisque 49 % d'entre eux estiment « le Darvon pharmacologiquement plus efficace que l'aspirine, comme analgésique ».

La publicité destinée au grand public joue un double rôle ; d'une part elle s'ingénie, comme le note l'Ordre des pharmaciens du Québec, à « introduire dans le subconscient du consommateur le nom d'un produit et à attirer le consommateur par impulsion, à l'aider à trouver le médicament qu'il cherche et à l'inciter à en faire l'acquisition par des étalages de masse et des prix réduits... Inutile d'affirmer que ce type de message n'est pas destiné à des fins d'information scientifique. L'industrie pharmaceutique ne paie pas des millions pour avertir le consommateur que ces médicaments ne sont pas si efficaces que la publicité le laisse croire et qu'en plus, certains peuvent être dangereux. »

En incitant à recourir à tel médicament pour telle difficulté, la publicité exerce aussi un effet général de conditionnement : on accepte alors de plus en plus facilement le recours à ce type de solution symptomatique, directement ou par le biais de l'ordonnance médicale. Les données suivantes, fournies par l'Ordre des pharmaciens, montrent à quel point la stratégie de l'industrie pharmaceutique réussit parfaitement :

— les membres d'une famille ont en moyenne 16,4 manifestations de maladies par année ;
— 75 % des malaises sont autotraités ;
— 90 % des personnes utilisent des médicaments pour les traiter.

En plus d'utiliser directement les divers médias pour la publicité de ses produits, l'industrie pharmaceutique a trouvé, depuis quelques années, un moyen indirect de rejoindre la population et d'influencer sa consommation de médicaments ; en effet, il est de plus en plus fréquent d'entendre parler d'un nouveau médicament dont devraient disposer les médecins avant même qu'il ne soit lancé sur le marché ; les chroniqueurs scientifiques étant à l'affût des nouveaux « développements » qui s'effectuent dans la thérapeutique, il est facile pour l'industrie de leur transmettre l'information sur les médicaments en voie d'expérimentation ou sur les résultats obtenus avec ceux qui ont été récemment mis sur le marché. Les gens atteints de la maladie pour laquelle on vient de trouver un nouveau traitement peuvent ainsi rappliquer chez leur médecin pour « bénéficier », eux aussi, de cette thérapie, dont évidemment on n'a présenté que les avantages. Cette demande des gens eux-mêmes pour un médicament spécifique exerce un effet psychologique profond sur le médecin, car s'il veut conserver son prestige aux yeux de sa clientèle, il doit *précéder* la demande de ses clients et offrir les nouveautés avant qu'elles ne lui soient suggérées ; il doit donc se « tenir au courant » de tous les nouveaux médicaments qui arrivent sur le marché et même les adopter.

Les gouvernements

Quand une population cherche les solutions à ses problèmes dans des médicaments, cela ne peut pas déplaire aux pouvoirs en place ; en effet, la solution médicamenteuse est sûrement une voie facile, par rapport à toutes ces modifications qu'il faudrait apporter à nos façons de vivre ; et qui sait si les gouvernements que nous connaissons résisteraient longtemps à une contestation de fond.

Les solutions médicamenteuses vont de pair avec le pouvoir des experts ; « le processus qui amène les gens à se dépouiller de leur autonomie vis-à-vis de la santé ne peut se cantonner dans ce domaine. [...] C'est un peu comme si nous étions sous le coup d'une conspiration technocratique. Les hommes politiques (ce serait peut-être différent si les femmes y avaient une influence réelle) gouvernent et travaillent de toutes leurs forces à se maintenir au pouvoir. Ils se considèrent comme LES spécialistes du pouvoir politique ; la contribution qu'ils demandent à la population est minime : les réélire aux trois ou quatre ans. Pour le reste, il faut leur faire confiance ; une confiance aveugle et passive, justement du type de celle que les spécialistes de la santé demandent. »

La plupart des gouvernements reconnaissent implicitement la convergence de leurs intérêts avec ceux de l'industrie pharmaceutique en se montrant excessivement tolérants à son endroit. La production des compagnies pharmaceutiques devrait faire l'objet d'une réglementation et d'une surveillance minutieuses, puisque les médicaments sont, par nature, des substances aux effets potentiellement dangereux. Or les réglementations actuelles sont d'un laxisme étonnant, ce qui permet aux compagnies de mettre sur le marché des médicaments à l'utilité douteuse et aux effets secondaires mal étudiés, ce qui conduit souvent à des conséquences graves pour les utilisateurs. L'affaire de l'Oraflex ne constitue qu'un chapitre de cette édifiante histoire des relations étroites entre les gouvernements et l'industrie pharmaceutique.

L'Oraflex est un médicament contre les douleurs arthritiques mis sur le marché en Angleterre en 1980 par la compagnie Lilly. Quelques mois après le début de son utilisation, la compagnie a avisé les autorités britanniques d'un premier décès survenu à la suite d'une réaction à ce médicament ; mais le gouvernement britannique n'a pas estimé nécessaire d'interdire le médicament même si dans les mois suivants sept autres décès ont été reliés à l'ingestion d'Oraflex. En février 1982, neuf mois *après* le premier décès, le médicament était jugé assez sûr par la Division de la protection de la santé du ministère de la

Santé nationale du Canada pour en faire usage au Canada ; la compagnie Lilly n'avait pas jugé bon d'aviser les autorités canadiennes des huit décès survenus en Angleterre. Aux États-Unis, où le médicament a été mis en vente en avril 1982, la compagnie n'a pas non plus prévenu les autorités de santé des décès survenus en Angleterre ; ce n'est qu'en mai 1982 que la compagnie a signalé les « difficultés » rencontrées en Angleterre. Le 4 août 1982, après 61 décès probablement liés à l'Oraflex et environ 4 000 cas d'effets secondaires divers, les autorités britanniques interdisaient l'Oraflex en Angleterre ; le même jour, la compagnie le retirait « volontairement » du marché américain, après avoir causé dans ce pays 11 autres décès. Au Canada, le médicament n'a jamais été mis sur le marché tout simplement parce que la compagnie n'était pas prête ; elle avait reçu la permission de commercialiser l'Oraflex en février 1982.

Au Canada, le contrôle des médicaments relève totalement du gouvernement fédéral ; cette tâche incombe à la Direction générale de la protection de la santé du ministère de la Santé nationale. Les fonctionnaires de cette direction disposent de fort peu de moyens pour jouer efficacement leur rôle :

— l'acceptation d'un médicament se fait d'après l'étude des documents fournis par la compagnie qui veut commercialiser un médicament ; la compagnie doit avoir effectué un certain nombre de tests portant sur l'efficacité et sur la sécurité du médicament et visant à prouver qu'il présente plus d'effets bénéfiques que de risques. La Direction générale de la protection de la santé ne procède elle-même à aucun essai biologique. À maintes reprises déjà, des médecins et autres chercheurs ont été trouvés coupables de fraude, après avoir fourni de faux rapports, des rapports sur des tests non effectués, etc. ; en l'espace de quatre ans, le *Food and Drug Administration* des États-Unis a découvert 62 cas de tests manipulés ou falsifiés par des compagnies ou par des chercheurs ; ces découvertes se font souvent *après* que les médicaments aient été mis sur le marché. De plus, rien n'oblige les compagnies à fournir *toute* l'information qu'elles possèdent, particulièrement sur les décès survenus ailleurs ;

— il n'existe pas, sauf en milieu hospitalier, de système de collecte systématique concernant les effets secondaires qui surviennent à la suite de l'utilisation des médicaments, ce qui permettrait de réagir assez vite quand un médicament cause des effets inattendus ;

— il n'existe pas de système de communication internationale pour l'échange d'informations d'un pays à l'autre ; l'étude comparée des monographies (la documentation de présentation) des médicaments démontre d'ailleurs clairement que les compagnies décrivent leurs produits fort différemment d'un pays à l'autre ; plus les règlements d'un pays sont stricts, moins on indique d'usages pour le médicament et plus on signale d'effets secondaires possibles et de contre-indications. Des médicaments qui, à cause des très graves dangers qu'ils présentent, sont réservés à des maladies rares dans certains pays (comme le chloramphénicol) sont vendus librement ailleurs pour toutes sortes d'indications ;

— le gouvernement fédéral réglemente de façon stricte la qualité physique du médicament (la pureté, le dosage des ingrédients qu'il contient, etc.), mais il ne dispose pas de moyens concrets pour mesurer l'utilité et la valeur des nouveaux médicaments mis sur le marché. Il permet alors la commercialisation de produits dont les effets secondaires à moyen et à long terme restent à découvrir ; il permet aussi la mise sur le marché de produits qui ne sont pas des innovations, qui n'ont pas d'apport médical réel (c'est le cas de la grande majorité des médicaments), mais qui sont une variante d'une autre substance déjà disponible.

En fait, le gouvernement ne possède pas les instruments pour surveiller efficacement l'industrie pharmaceutique parce qu'il ne le veut pas. Les fonctionnaires de la Direction de la protection de la santé affirment « qu'ils ont opté pour une politique de coopération et de ''porte ouverte'' avec les responsables de l'industrie pharmaceutique ; nous essayons d'arranger les choses ensemble. »

* * *

En somme, le recours aux médicaments fait apparemment l'affaire de tout le monde ; c'est effectivement une solution caractéristique de notre société de consommation où l'on pense qu'on peut tout régler rapidement et facilement grâce à un produit. Mais cette consommation n'est pas sans conséquences, comme nous avons pu déjà nous en rendre compte et comme nous pourrons encore mieux le vérifier à l'étude de chaque médicament, qui possède toujours des effets secondaires plus ou moins graves.

Références de la première partie

Page 25 : BOSQUET, Michel, *Écologie et politique*, Paris, Éditions du Seuil, 1977, p. 176-177.

Page 28 : SIMONTON, O. Carl, MATTHEWS-SIMONTON, S. et CREIGHTON, J. L., *Getting Well Again*, New York, Bantam Books, 1978.

Page 29 : BENSAID, Norbert, *La Lumière médicale — les illusions de la prévention*, Paris, Éditions du Seuil, 1981.

Page 43 : Gouvernement du Québec, Conseil des Affaires sociales et de la famille, *Médicaments ou potions magiques*, Québec, 1982, p. 59.

Page 45 : L'histoire du DES est tirée de Patricia SIPE, « The Wonder Drug We Should Wonder About », *Science for the People,* nov.-déc. 1982, p. 10.

Page 47 : SIMONTON, O. Carl, MATTHEWS-SIMONTON, S. et CREIGHTON, J. L., *Getting Well Again, op. cit.*

Page 53 : Texte de Searle cité dans Milton SILVERMAN et Philip R. LEE, *Pills, Profits and Politics*, University of California Press, 1974, p. 63.

Page 54 : Les exemples du Winstrol et de l'iodure de dithiazamine viennent de Robert J. LEDOGAR, *Hungry for Profits*, IDOC/North America, 1975, p. 28-31.

Page 57 : Le Dr Richard Crout est cité dans Richard BURACK, *The New Handbook of Prescription Drugs,* Ballantine Books, 1975, p. 105.

Page 59 : PRADAL, Henri, « Les médicaments essentiels », *L'impatient*, avril 1978.

Page 61 : *Pills, Profits and Politics, op. cit.*, p. 22.

Page 63 : Étude citée par Ruth COOPERSTOCK et Jessica HILL, *Les Effets de l'usage des tranquillisants : l'usage des benzodiazépines au Canada*, Ottawa, Santé et Bien-être social Canada, 1982, p.20.

Page 64 : GAGNON, Adrien, « La surconsommation de médicaments chez la femme », *Votre santé*, sept. 1982.

Page 66 : Le Dr Robert Seidenberg est cité dans *Pills, Profits and Politics, op. cit.*, p. 58.

Page 67 : Chiffres tirés de *Pills, Profits and Politics, op. cit.*

Page 67 : RICE, Donald I., « La publicité trompeuse sur les produits pharmaceutiques », *Canadian Family Physician*, mars 1978.

Page 68 : Le Dr Roy est cité dans *Le Courrier médical* du 4 janvier 1983.

Page 68 : Pierre Garai est cité dans *Pills, Profits and Politics, op. cit.*, p. 22.

Page 68 : AVORN, Jerry, CHEN, Milton et HARTLEY, Robert, « Scientific versus Commercial Sources of Influence on the Prescribing Behavior of Physicians », *The American Journal of Medicine*, juillet 1982, p. 4.

Page 68 : Ordre des pharmaciens du Québec, *Publicité et consommation des médicaments*, novembre 1982, p. 99-100 et 105.

Page 70 : MONGEAU, Serge, Préface du *Dictionnaire pratique des médecines douces*, en collaboration, Montréal, Québec/Amérique, 1981, p. 10.

Page 70 : L'épopée de l'Oraflex est tirée d'un article de Nicholas REGUSH dans *The Gazette*, 25 oct. 1982.

Page 72 : L'exemple du chloramphénicol est bien étudié dans *Hungry for Profits, op. cit.*, p. 46 et ss.

Page 72 : Les citations des fonctionnaires de la Direction de la protection de la santé sont tirées de l'article de Nicholas REGUSH, *op. cit.*

Nous nous sommes aussi inspirés des livres ou articles suivants :

BIRON, Pierre, « La prescription par dénomination commune : rationnelle ou économique ? », *L'Union médicale du Canada*, 1976, p. 777-779.

BIRON, Pierre, « Pour obtenir un effet pharmacologique : 10 conditions », *Le Médecin du Québec*, février 1978, p. 88-90.

HECHT, A., « Generic Drugs : how good are they ? », *F.D.A. Consumer*, février 1978, p. 17-20.

P.I.M., *Les produits pharmaceutiques grand public*, Sherbrooke, D.U.N.M.D., 1978.

WALTER, K., *Histoire de la médecine*, Paris, Marabout, 1962.

Deuxième partie
Les médicaments de A à Z

INTRODUCTION

Beaucoup de professionnels de la santé conservent jalousement l'information qu'ils possèdent ; pour en dire le moins possible, ils prétextent, la plupart du temps, l'incapacité du grand public à comprendre. Pour notre part, nous croyons que si les gens ne comprennent pas, c'est que trop souvent on leur explique en des termes mal choisis ou trop succinctement. Dans le domaine des médicaments en particulier, il nous apparaît extrêmement important que *toute* l'information soit la plus diffusée possible ; les médicaments sont des substances potentiellement dangereuses et on ne manifestera jamais trop de prudence à leur égard.

Tout au long du processus entre le moment où le médecin pose son diagnostic et celui où son patient se sent soulagé grâce au médicament qui lui a été prescrit peuvent se glisser des erreurs ; même ensuite il est possible que surviennent des événements qui forcent à remettre en question le traitement. Les renseignements que nous fournissons sur chaque médicament devraient permettre d'analyser le bien-fondé des traitements médicamenteux, de corriger certaines erreurs humaines (dosage, incompatibilités, etc.), d'éviter bon nombre de désagréments, de reconnaître assez vite l'importance de ceux qui surviennent et d'arrêter à temps le traitement quand cela s'impose.

Pour chaque médicament, vous retrouverez les rubriques suivantes :

Indications thérapeutiques : il s'agit des malaises ou des maladies pour lesquels ce traitement est le plus souvent employé ; nous n'avons pas indiqué les pathologies rares. Dans leur volonté d'élargir constamment les indications de leurs médicaments (et d'augmenter leurs ventes), les compagnies encouragent souvent les médecins à utiliser leurs médicaments pour d'autres indications ; ces expérimentations sont loin d'être toujours sérieuses...

Posologie habituelle : nous indiquons les dosages les plus courants. Dans certains cas — surtout en milieu hospitalier — ces dosages sont beaucoup plus élevés ; parfois, compte tenu de l'état de la personne qui doit les prendre, il est préférable d'aller en deçà des doses habituelles. Si les doses qui vous sont prescrites s'éloignent sensiblement de ce que nous indiquons, il serait bon de vous enquérir auprès de votre pharmacien ou de votre médecin des raisons qui motivent cette différence ; cela permettra de vérifier s'il n'y a pas eu erreur ou si le médecin a des raisons particulières de vous prescrire ce dosage.

Contre-indications : dans certaines conditions (l'allergie connue à un médicament par exemple), un médicament ne doit jamais être utilisé pour telle personne ; on parle alors de contre-indication absolue. Dans d'autres circonstances, les contre-indications sont relatives : le médicament présente pour cette personne plus de risques que pour les autres, ce qui signifie qu'elle devra être suivie de plus près par son médecin, qu'elle devra probablement subir des analyses de laboratoire périodiques et qu'elle devrait être plus attentive au développement d'effets secondaires pouvant signaler une intoxication. Dans ces cas, la décision d'utiliser le médicament doit toujours être bien pesée, en prenant en considération les avantages qu'on peut en retirer par rapport aux risques possibles.

Effets secondaires possibles : nous n'avons rapporté que les effets secondaires les plus courants ; d'autres sont toujours possibles. Toute personne qui emploie un médicament devrait être attentive à ses réactions et ne pas hésiter à communiquer avec son médecin quand surviennent des symptômes nouveaux. Nous avons tenté de distinguer, parmi les effets secondaires, ceux qui sont graves et qui requièrent probablement l'arrêt du médicament de ceux qui ne sont que passagers ou sans danger ; il faut savoir que ces catégories ne sont pas rigoureuses et que la susceptibilité de chaque personne ainsi que son seuil de tolérance sont fort différents. En conséquence, l'importance et la signification des effets secondaires ne peuvent que varier énormément d'un individu à l'autre.

Interactions médicamenteuses : ici encore, nous n'avons recensé que les plus courantes ; c'est là un domaine finalement assez peu connu. On sait cependant que chaque médicament qu'on ajoute à celui ou à ceux qu'on prend déjà n'additionne pas mais multiplie les possibilités d'interactions.

Précautions : nous avons inscrit dans cette rubrique les mises en garde spécifiques à chaque médicament. Il faut cependant savoir que tout médicament doit être manipulé avec grand soin :

— les doses prescrites devraient être rigoureusement respectées ;
— les médicaments dont la date d'expiration est échue devraient être détruits ;
— tout médicament devrait être gardé dans un endroit inaccessible aux enfants, dans un lieu sec à l'abri de la trop grande chaleur et de la lumière.

Certains groupes de gens sont plus susceptibles de souffrir des effets secondaires des médicaments ; nous nous sommes donc penchés plus spécifiquement sur les jeunes enfants, les femmes enceintes et les personnes âgées, dans les trois chapitres qui précèdent la présentation des divers médicaments.

Alternatives : les alternatives présentées ne sont pas exhaustives ; nous n'avons indiqué, la plupart du temps, que des actions relativement simples sans entrer dans le domaine des autres thérapeutiques (homéopathie, acupuncture, etc.). Lorsqu'il s'agit d'un problème très fréquent, nous vous référons à la troisième partie de ce dictionnaire, où nous avons regroupé les renseignements sur les maladies et sur les malaises les plus fréquents.

Les « alternatives » présentées sont souvent des mesures complémentaires au traitement médicamenteux ; elles peuvent permettre d'accélérer la guérison ou d'accroître le soulagement obtenu par les médicaments, de diminuer le besoin de médicaments et, dans certains cas, de les remplacer totalement.

Jugement global : nous avons tenté de distinguer, dans tout ce qui est offert comme médicaments, ce qui peut être essentiel, utile ou inutile (ou pour le moins douteux). Nous nous sommes inspirés du jugement de gens qui ne sont pas en conflit d'intérêt et qui peuvent distinguer entre l'effet placebo et l'effet pharmacologique : les auteurs de certains recueils pharmacologiques de même que certains chercheurs indépendants. Il ne faudra donc pas s'étonner de trouver beaucoup de divergences avec le guide le plus populaire auprès des médecins, le *Compendium des produits et spécialités pharmaceutiques* (CPS) ; ce livre offert chaque année aux médecins est préparé à partir de textes fournis par les compagnies pharmaceutiques...

Chapitre premier

LES JEUNES ENFANTS ET LES MÉDICAMENTS

Au moindre malaise (et même dans certains cas *en prévision* des malaises), nous recourons souvent inutilement, pour nos jeunes enfants, aux divers médicaments que l'industrie pharmaceutique n'est que trop heureuse de nous offrir à profusion. Les médecins contribuent largement à cette entreprise : on estime en effet que les médicaments consommés par les jeunes enfants proviennent, dans 90 % des cas, d'ordonnances médicales, le reste étant constitué par les achats au comptoir de la pharmacie ou du supermaché, sans ordonnance cette fois.

Tant les parents que les médecins recourent trop facilement aux médicaments. Les premiers, ne pouvant supporter la souffrance de leur progéniture, croient que les médicaments sont des produits de santé qui ne peuvent faire de tort et dont l'utilisation est souvent nécessaire. Quant aux médecins, ils admettent rarement leur incapacité à identifier la source d'un malaise et cachent leur impuissance derrière ces armes à large spectre que constituent de nombreux médicaments. Un autre aspect du problème est que leur formation ne leur a pas fourni d'autres approches de traitement. Or la nature a doté les humains de mécanismes de défense puissants ; si on leur donnait la chance de fonctionner, ces mécanismes permettraient, dans l'immense majorité des cas, de venir facilement à bout des divers malaises que les enfants peuvent éprouver.

On peut considérer l'utilisation des médicaments chez les enfants comme hasardeuse en plus d'être souvent inutile. On connaît peu l'effet de la plupart des médicaments chez les enfants. Ceux-ci, à cause du fait que leurs organes sont encore en développement, ne réagissent pas nécessairement comme les adultes aux médicaments qu'on leur donne ; ils les métabolisent plus ou moins rapidement, sont plus sensibles à certains effets secondaires, etc. En fait, seulement le quart des médicaments sont approuvés pour utilisation chez les enfants ; dans les autres cas, les médecins y vont à tâtons, autant dans le choix du médicament que dans la détermination de la dose. De toute façon, le calcul de la dose de médicament à administrer à un enfant reste toujours délicat ; il existe diverses méthodes qui tiennent compte du fait que l'enfant a un organisme en développement souvent plus fragile... mais malheureusement, on ne les emploie que rarement et on évalue trop souvent les doses « à l'œil » ; l'enfant reçoit alors soit trop, soit trop peu de médicament. Et le problème se complique au niveau de l'administration, puisque les instruments de mesure pris par les parents sont souvent inadéquats ; on a pu mesurer des variations de 2,5 à 7,8 ml dans la cuillerée à thé préparée par divers parents ! Alors que les pharmaciens disposent de seringues orales qu'on peut se procurer pour quelques cents et qui permettent une mesure très exacte.

Un autre effet de l'utilisation fréquente des médicaments chez les enfants consiste à développer chez eux le réflexe de recourir aux médicaments pour le soulagement de tous leurs symptômes physiques ; cette habitude ancrée dès le jeune âge pourrait expliquer une partie de la surconsommation médicamenteuse actuelle.

À moins qu'il n'y ait un réel besoin, il est donc préférable de tenir nos enfants aussi loin que possible des médicaments. Ce n'est pas toujours facile, car les occasions de recourir à ce type de solution sont nombreuses ; quel enfant n'éprouve pas de petites difficultés à certains moments de sa vie, du rhume banal aux coliques, des croûtes dans le cuir chevelu à la percée des dents, pour n'en nommer que quelques-unes ? Voyons tour à tour ces divers malaises des jeunes enfants et les solutions que nous leur apportons ainsi que les autres que l'on pourrait envisager.

Les coliques

Quand bébé pleure et qu'on ne sait trop pourquoi, on pense aux coliques ; celles-ci sont des maux de ventre spasmodiques qui reviennent à intervalles irréguliers. Elles sont causées par la présence d'une trop grande quantité d'air dans le système digestif.

En fait, les coliques peuvent avoir plusieurs causes ; avant de recourir aux solutions médicamenteuses, il vaudrait la peine de voir si on ne peut les enrayer autrement. Les bébés peuvent faire des coliques parce que :

1) nourris à la bouteille, les trous de la tétine sont trop petits ; la forte succion qui est ainsi exigée du bébé favorise l'entrée d'air par les côtés de la bouche ;

2) ils pleurent souvent et avalent de l'air en pleurant ;

3) ils ont trop faim et sucent leurs mains ou leurs doigts ;

4) ils mangent trop et s'en trouvent gonflés ;

5) ils sont allergiques au lait de vache ;

6) ils ont des parents nerveux, tendus et qui manquent de sécurité, ce qui crée une atmosphère tendue qui rend aussi l'enfant nerveux.

Le bébé qui se sent en confiance, qu'on nourrit adéquatement et à qui on fait passer ses rots après les boires a rarement des coliques. Quant à la constipation, il faut, quand elle survient, revoir l'alimentation.

Ce que nous offre la pharmacie reste très criticable. La Gripe Water par exemple contient du bicarbonate de soude (du soda à pâte) et de l'alcool (à la même concentration que dans la bière !). Quant aux fameuses tablettes Baby's Own Tummy Tablets, elles contiennent de l'hydroxyde de magnésium et du siméthicone ; c'est ainsi que dès la naissance, on commence à créer une dépendance aux médicaments pour le fonctionnement des intestins ; mais il ne faut pas s'en faire, si vos enfants deviennent plus tard constipés ; en effet, les compagnies pourront leur vendre d'autres médicaments…

Sur les conseils du pharmacien, les parents peuvent aussi se procurer des gouttes Ovol, qui théoriquement devraient diminuer l'air dans l'intestin. Comme ce remède et les précédents ne donnent souvent pas grand-chose, ils aboutissent chez le médecin, qui va prescrire de l'Ancatropine ou du Donnatal ; en plus d'un agent antispasmodique, ces médicaments contiennent du phénobarbital, qui est un tranquillisant ; on va faire de vos enfants des bébés « tranquilles » (voir à propos de ce médicament le texte en page 489).

Le rhume

Notre climat nous expose aux rhumes ; et cela commence très tôt dans la vie. Sous ce terme de rhume, les gens incluent différents types d'infections des voies respiratoires. La plupart du temps, il s'agit de maladies bénignes qui vont causer du larmoiement, des éternuements ou de la toux, des écoulements nasaux, des maux de gorge et un peu de fièvre.

Certaines personnes ont tendance à traiter chaque symptôme : des gouttes pour le nez bouché, de l'aspirine pour la fièvre et du sirop pour la toux. Tout cela est bien inutile et parfois dangereux. Prenons la toux, par exemple ; on a souvent, dans la maison, un sirop de famille ; tous en prennent à l'occasion ; quant aux plus jeunes enfants, on leur en donne moins. Un point c'est tout. Or plusieurs sirops contiennent de la codéine et ce médicament, même à très faible dose, peut parfois provoquer la mort chez les enfants de moins de 5 ans. Il faudrait en fait se demander si on doit utiliser quelque sirop que ce soit chez les enfants ; en effet, il est de plus en plus admis qu'il ne faut pas supprimer toutes les toux des enfants puisqu'elles aident souvent à libérer les sécrétions d'un rhume. Certains antitussifs peuvent cependant être justifiés si la toux empêche un jeune enfant de dormir (voir page 814, le texte sur le rhume et sur la grippe).

Pour la fièvre et les autres symptômes du rhume, les médecins recommandent assez souvent les gouttes Tempra ; c'est de l'acétaminophène qu'on donne parfois pour remplacer l'aspirine, mais qui peut avoir des effets désastreux au niveau du foie s'il est pris souvent et à dose élevée (voir page 107). Il leur arrive aussi de prescrire des antibiotiques, « pour éviter les complications possibles » ; c'est une pratique la plupart du temps inutile et à éviter.

Les maux de gorge et d'oreilles

Les infections de la gorge et des oreilles apparaissent très souvent ensemble ; les trompes d'Eustache permettent en effet une communication entre l'oreille interne et la gorge et les microbes qui infectent un endroit se rendent facilement à l'autre. Ces infections sont presque toujours virales ; ce qui signifie qu'il est alors absolument inutile de donner des antibiotiques. Malheureusement, les médecins ne prennent pas souvent la peine de prélever des sécrétions de la gorge pour en faire une culture et voir s'il s'agit d'une infection par des bactéries ; d'emblée, ils prescrivent des antibiotiques. À force d'employer pour tout et pour rien ces remèdes fort efficaces (quand il y a infection bactérienne), on permet aux bactéries de s'habituer à la présence des antibiotiques et de leur résister ; ce qui fait que les médecins doivent toujours prescrire de nouveaux antibiotiques plus puissants, plus coûteux et qui peuvent avoir des effets secondaires dangereux. Par exemple la tétracycline peut produire une décoloration des dents chez les enfants ; il faut aussi faire attention aux dérivés de la même famille (auréomycine, déclomycine et vibramycine), qui produisent le même effet.

Chez les bébés, il arrive fréquemment que l'infection soit découverte quand elle a atteint les oreilles ; la douleur porte l'enfant à se tirer les oreilles, il devient irritable et sa température monte rapidement. Les parents se précipitent alors à la pharmacie pour acheter de l'Auralgan, qui contient un anesthésique local dilué dans du glycérol, ou de la Lidosporine, une combinaison d'anesthésique local et d'antibiotique. Il s'agit de deux traitements symptomatiques qui peuvent être efficaces pour quelques heures ; si on les utilise trop souvent, le premier peut conduire à la formation de bouchons dans les oreilles, tandis que le second produit assez fréquemment de l'irritation dans l'oreille. Des gouttes d'huile minérale *tiède* aux deux heures aident à soulager la douleur et à diminuer l'inflammation. Si la douleur persiste plus d'une journée, il vaut mieux consulter son médecin. Si celui-ci diagnostique une otite moyenne séreuse et qu'il prescrit une association de décongestionnant et d'antihistaminique (Actifed, Chlortripolon Plus, etc.), ce traitement risque davantage de nuire que d'aider, comme vient de le démontrer une recherche effectuée sur 553 enfants (« ce traitement qui n'a donné aucun effet bénéfique mais beaucoup plus d'effets secondaires n'est recommandable pour aucun enfant », d'après le Dr Erdem Cantekin). Un décongestionnant seul serait suffisant. Si un traitement aux antibiotiques est entrepris, il est important de le poursuivre jusqu'au bout même si les premières doses donnent des résultats spectaculaires ; car il faut détruire toutes les bactéries responsables de l'infection.

La dentition

Certains bébés percent leurs dents sans que vous vous en rendiez compte, d'autres présentent des symptômes qui s'apparentent au rhume ou à des troubles digestifs ; ils sont alors irritables et semblent avoir mal aux gencives. Il existe des sirops et des gels de dentition avec lesquels on frotte les gencives ; ils contiennent, la plupart du temps, un anesthésique local et parfois du miel, de l'aspirine, de l'huile de clou, du camphre, du menthol, etc. On vient de rapporter, en Angleterre, le cas d'un bébé de 21 mois qui a été intoxiqué par l'aspirine absorbée de cette façon ; il faut dire que sa mère n'y était pas allée de main morte dans l'application de l'onguent qu'elle utilisait ! Certains se demandent si le soulagement momentané qui semble suivre l'application de ces pommades ou sirops n'est pas tout simplement dû à la friction que l'on exerce sur les gencives ; un jouet à mordiller serait alors une solution pour diminuer la douleur. Reste que des produits comme le Baby's Own Teething en gel ou lotion ou le Baby Ora Gel contiennent des anesthésiques locaux à concentration active et pour lesquels on n'a rapporté aucun effet secondaire pour le premier, et très peu pour le second.

La peau

Les troubles de la peau les plus fréquents, chez les bébés, surviennent aux fesses et à la tête. Certains enfants ont une urine très forte en ammoniaque qui peut provoquer un érythème fessier ; il faut alors changer la couche très souvent, laisser les bébés les fesses à l'air aussi longtemps que possible et pour la nuit, enduire les fesses d'un onguent de zinc. Au cuir chevelu, la friction continuelle de la tête sur le lit peut amener la formation de croûtes qu'on appelle communément « chapeau » ; des lavages de cheveux fréquents et l'entretien préventif des ongles pour qu'ils soient courts et que le bébé ne s'infecte pas en se grattant constituent le meilleur traitement. S'il y a infection, on peut nettoyer avec une solution d'eau de Javel (5 ml dans un litre d'eau). Sauf dans les cas graves, il ne faut pas utiliser ces crèmes qui contiennent de la cortisone et que médecins et pharmaciens conseillent trop facilement ; très efficaces, ces produits sont absorbés par l'organisme et pourraient avoir de sérieux effets ailleurs, particulièrement chez un être en pleine croissance.

Les vitamines

Les bébés qui reçoivent un lait préparé, en conserve, n'ont pas besoin de supplément vitaminique, puisque celui-ci a déjà été ajouté au lait. Pour les autres, c'est une bonne pratique de fournir des vitamines A, D et C ; ces trois vitamines combinées sont offertes en pharmacie sous forme de gouttes. Dans le Tri-vi-flor, on a ajouté du fluorure aux vitamines ; il ne faut pas utiliser ce produit quand on vit dans une région où l'eau est fluorée ; ailleurs, il semble que l'addition de cette substance puisse aider à la formation d'une meilleure dentition.

La pharmacie familiale

Pour que les enfants acceptent de prendre les médicaments, les compagnies les présentent sous des formes alléchantes. Rien d'étonnant alors à ce que les enfants qui peuvent se déplacer tentent de trouver les médicaments pour s'en gaver.

On peut essayer de cacher les médicaments qu'on possède dans la maison. Mais il n'y a finalement pas d'endroit qui soit totalement hors d'accès des enfants. Le mieux, c'est de conserver le minimum de médicaments dans la pharmacie familiale : de l'aspirine et de l'acétaminophène, de l'alcool à friction, de la calamine et un sirop contre la toux (sans codéine !). C'est à peu près tout. Quand une maladie est terminée, on devrait se débarrasser des médicaments qui restent du traitement. Ce n'est certainement pas la pratique courante ; comme vient de le montrer une recherche récente effectuée dans une région du Québec, la pharmacie familiale moyenne contient 25 médicaments différents, dont 70 % obtenus sans ordonnance ; sur ces 25, on en trouve 6 qui sont périmés et 2 dont on ignore à quoi ils servent.

On trouve trop de médicaments dans nos maisons ; pourtant, il en manque un, le sirop d'ipéca qui est un agent vomitif. Dès que l'on constate qu'un enfant a ingéré un poison (produit de nettoyage, insecticide, médicament, etc.), il faut téléphoner au centre d'intoxication le plus près et l'on vous dira s'il est utile d'employer le sirop d'ipéca et en quelle quantité le faire ; il ne faut pas prendre cette décision soi-même, car dans plusieurs cas, le fait de vomir pourrait aggraver la condition de son enfant au lieu de l'améliorer.

Chapitre 2

LES MÉDICAMENTS PENDANT LA GROSSESSE

Pendant très longtemps, la médecine a considéré la femme enceinte comme n'importe quelle autre personne, en ce qui concerne l'utilisation des médicaments ; on croyait en effet que le fœtus était protégé par la « barrière placentaire », c'est-à-dire que les substances absorbées par la mère ne réussissaient pas à se rendre dans le sang de l'enfant. Avec l'histoire de la thalidomide et des nombreux enfants malformés qui ont résulté de l'usage de ce médicament, cette notion a dû être revisée ; on a découvert que la plupart des substances — toutes celles qui sont liposolubles ou qui ont un poids moléculaire peu élevé ou les deux — traversaient facilement cette « barrière » et qu'elles se retrouvaient même dans le lait maternel, quand vient le temps de l'allaitement. Par conséquent, les effets des médicaments s'exercent à la fois sur la mère et sur son enfant en formation ; ce dernier s'avère particulièrement vulnérable puisqu'il est en période de croissance accélérée.

Un problème mal connu

Trois variables peuvent affecter la toxicité d'un médicament sur le fœtus : la nature du médicament, la dose à laquelle il est administré et la période de la grossesse pendant laquelle l'exposition survient. Certaines substances — c'est le cas de la plupart des médicaments efficaces contre le cancer — agissent en détruisant les cellules et leur action est toujours toxique pour le fœtus. D'autres substances comme l'alcool ont un effet directement proportionnel à la dose ingérée : plus la mère en consomme, plus il y a de risques pour le fœtus. Enfin la nature des atteintes variera selon le moment de la grossesse où le médicament est absorbé. En début de grossesse, pendant le premier trimestre mais surtout entre le 15e et le 55e jour, alors que les organes se forment, les malformations sont souvent tellement graves que la vie du fœtus en est compromise et que la grossesse se termine bientôt par un avortement spontané ; sinon, le bébé naît atteint de malformations plus ou moins graves qui peuvent affecter sa longévité. Pendant les 2e et 3e trimestres de la grossesse, c'est le processus de développement qui risque d'être retardé ou dévié et le bébé qui naîtra souffrira de troubles de développement plus ou moins prononcés.

Il existe des milliers de médicaments. Leurs effets ne sont pas tous bien connus, en particulier leurs actions possibles sur le fœtus. La plupart d'entre eux ont fait l'objet d'expériences sur les animaux, mais il s'agit là de recherches bien imparfaites reproduisant rarement les conditions véritables des femmes enceintes, avec par exemple l'exposition simultanée à plusieurs substances (ingérées ou inhalées) ; d'ailleurs les fœtus de lapin ou de souris ne réagissent pas nécessairement de la même manière que les fœtus humains. Nos connaissances s'accumulent donc lentement, la plupart du temps à la suite de grossesses surprises qui surviennent pendant un traitement ou d'ordonnances irresponsables de certains médecins.

Une prévention difficile

Même si on ne connaît pas encore tous les risques possibles de tous les médicaments, on a tout de même déjà identifié les substances les plus toxiques. Mais la prévention des atteintes fœtales n'en demeure pas moins extrêmement difficile. Dans beaucoup de cas, la femme ignore pendant quelque temps qu'elle est enceinte et même si la grossesse est découverte très tôt, certains médicaments ont des effets fort prolongés et continueront à exercer leur action dans l'organisme parfois pendant des semaines après l'arrêt de leur ingestion. Parmi ceux-ci figurent les médicaments donnés pour provoquer l'ovulation.

Nos sociétés industrialisées font de plus en plus appel à la chimie pour la production de divers biens, de telle façon que les femmes enceintes se trouvent elles aussi en contact avec de nombreuses substances dont les effets peuvent s'ajouter à ceux des médicaments ou agir en synergie avec eux. L'air est pollué par divers produits contaminants, certains aliments contiennent des additifs en quantité et parfois des résidus de médicaments (antibiotiques et hormones dans la viande, par exemple), de nombreux lieux de travail mettent en contact avec des substances considérées comme dangereuses pour le fœtus ou la mère pendant la grossesse.

Les obstacles à la prévention ne devraient cependant pas nous empêcher d'agir ; au contraire même, si tant d'éléments échappent à notre action, il devient d'autant plus nécessaire d'intervenir le plus énergiquement possible là où l'on peut. Et la première action qui s'impose est certainement de diminuer considérablement la consommation des médicaments aussitôt qu'une grossesse est connue. Deux enquêtes menées il y a quelques années ont fourni des données assez renversantes, sur l'ampleur de la consommation de médicaments durant la grossesse. La première, effectuée auprès de femmes enceintes de milieux favorisés, a montré que ces femmes avaient pris une moyenne de 9,6 médicaments différents pendant leur grossesse, dont 6,4 prescrits par leur médecin ; la deuxième enquête menée auprès de 168 femmes a établi qu'en moyenne elles avaient utilisé 11 médicaments différents pendant leur grossesse. Tous ces médicaments ne sont pas dangereux ; certains sont utiles ou même nécessaires pour la mère ou pour l'enfant, ou même les deux. Mais comme le révèle une analyse de la liste de ces médicaments, bon nombre d'entre eux n'étaient pas nécessaires et certains présentaient des risques certains pour le fœtus. On estime que chez 5 % des femmes enceintes qui prennent des médicaments, le fœtus sera affecté ; il ne s'agit là cependant que des défauts immédiatement visibles, car comment évaluer les retards de développement ou les problèmes qui surviendront plus tard et qui pourraient être reliés à ces médicaments ?

Les médecins prescrivent des médicaments à plus de 80 % des femmes enceintes et ils n'agissent pas toujours avec la prudence que l'on pourrait attendre d'eux ; ils ne sont cependant pas les seuls responsables de la situation, puisque 65 % des femmes enceintes utilisent des médicaments qu'elles se sont procurés de leur propre autorité et sans ordonnance. Nombre de femmes exposent également leur fœtus à des risques considérables à la suite de leur consommation d'alcool et peut-être à des risques moindres par certaines autres consommations.

Alcool, cigarette et cie

Plus une femme consomme d'alcool durant sa grossesse, plus son fœtus risque d'être affecté. Les dommages possibles vont d'un retard de développement ou d'un retard mental à la mort intra-utérine, en passant par diverses atteintes physiques caractéristiques. Une consommation à l'occasion, surtout en même temps que de la nourriture, n'a probablement aucun effet sur le fœtus. L'ingestion de 30 à 90 ml (1 à

3 oz) d'alcool par jour est déjà risquée, alors que les femmes qui consomment 90 ml (3 oz) ou plus d'alcool par jour ont de fortes chances d'accoucher d'un enfant plus ou moins affecté.

L'usage de la cigarette exerce diverses influences sur l'enfant à naître ; plus une femme fume, plus son bébé risque d'être petit, de naître avant terme et même de mourir dans l'utérus. Les bébés les plus petits sont davantage exposés à toutes sortes de complications.

L'effet de la marijuana ou du haschisch sur le fœtus humain n'est pas encore bien connu ; par contre, on sait que chez certains animaux, il en résulte des malformations congénitales, si bien que les autorités médicales s'entendent pour recommander la plus grande prudence dans l'usage de ces substances. Quant aux drogues dures (cocaïne et autres), leur usage peut induire des malformations congénitales et provoquer la mort utérine.

La saccharine, un substitut du sucre, pourrait avoir des effets nocifs sur le fœtus. Quant au café et au thé, leurs effets sur la grossesse ne sont pas certains.

Les agents toxiques au travail

Chaque année, des milliers de nouvelles substances sont employées dans l'industrie et leurs effets possibles sur le fœtus ne sont pas connus. Par contre, on a pu identifier les effets de certaines substances utilisées depuis plus longtemps. Voici les plus connues et les plus toxiques :

L'aniline employée dans l'industrie des colorants et dans les salons de coiffure.

Le benzène et le toluène utilisés dans les usines de textiles, d'adhésifs, de piles, de savons, de détergents, de solvants, de teintures, de colles, d'encres et de parfums ; on les trouve aussi dans les imprimeries, les entreprises de nettoyage à sec, les salons de coiffure, les fabriques de meubles, les laboratoires d'histologie et de photographie.

Le sulfure de carbone qui sert d'insecticide et de solvant et qui entre dans la fabrication de la rayonne-viscose.

Le monoxyde de carbone qui peut être dangereux pour les femmes qui travaillent près des automobiles (postes de péage sur les autoroutes) et pour celles qui, comme les barmaids, les serveuses, les employées de bureau et de lignes aériennes, sont continuellement en contact avec des fumeurs dans des espaces restreints.

Les hydrocarbures chlorés utilisés dans les propulseurs d'aérosols, les dégraisseurs, le nettoyage à sec, les solvants, les pesticides, en anesthésiologie, dans les industries du textile et de la transformation des denrées alimentaires.

Le plomb qui sert à la fabrication ou à la récupération de batteries d'autos, dans les industries de céramique, de faïence et de tuiles.

Le mercure qui s'emploie dans les lumières au néon, les miroirs, les thermomètres, les amalgames dentaires, etc.

Les médicaments

Nombre de médicaments peuvent affecter le fœtus. Voici ceux qui le font le plus souvent :

Les hormones féminines (progestérone et œstrogènes), et, en particulier, les contraceptifs oraux pris par accident au début d'une grossesse, augmentent le risque d'anomalies congénitales surtout aux membres et au cœur.

Les anticancéreux provoquent presque toujours des défauts importants dans la formation du fœtus.

Les antibiotiques présentent divers types de dangers : atteinte de l'ouïe (streptomycine, kanamycine), anomalies de la dentition et des os (tétracyclines), choc anaphylactique (pénicillines et céphalosporines), choc cardiovasculaire (chloramphénicol) et jaunisse (sulfamidés).

Les barbituriques, pris en fin de grossesse, provoquent une sédation du nouveau-né et peuvent aboutir au développement d'une dépendance chez le fœtus, avec syndrome de sevrage à la naissance.

Les diurétiques de la famille des thiazides affectent parfois le sang du fœtus et celui-ci peut alors souffrir d'hémorragies.

Les tranquillisants mineurs comme le diazépam ou le méprobamate pris dans les premiers mois de la grossesse augmentent la possibilité de becs-de-lièvre et de fissures du palais ; leur utilisation pendant l'accouchement peut conduire à des arrêts respiratoires du bébé et à des infections pulmonaires chez le nouveau-né.

L'acide acétylsalicylique (aspirine et autres) pris en fin de grossesse prolonge la grossesse, le travail et il peut provoquer des hémorragies au moment de l'accouchement.

À l'occasion, les médicaments administrés à l'hôpital au moment de l'accouchement entraînent des effets indésirables. L'anesthésie et les médicaments contre la douleur peuvent provoquer de la détresse respiratoire chez le nouveau-né ; les ocytociques employés pour provoquer ou pour accélérer le travail conduisent parfois à un manque d'oxygène chez le fœtus ; ils augmentent aussi les possibilités que le nouveau-né développe une jaunisse grave.

Vaccins et radiations

Sauf pour certains vaccins spécifiquement développés pour usage durant la grossesse, toute vaccination est à déconseiller pendant toute la durée de la grossesse.

L'exposition aux radiations de quelque nature qu'elles soient est particulièrement à craindre en début de grossesse, mais peut aussi s'avérer dangereuse après ; les seuls rayons X acceptables sont donc ceux qui s'imposent absolument.

Protéger le fœtus

Pour tenter d'assurer à son rejeton les meilleures chances possibles, la mère ne doit pas se contenter d'éviter la consommation des substances dont l'effet est déjà connu. Identifier toutes les substances qui pourraient potentiellement être dangereuses s'avère pratiquement impossible ; la grossesse débute souvent sans que la future mère en soit consciente et surtout nombre de substances jugées inoffensives peuvent avoir des effets inattendus. L'idéal consiste donc à développer une approche préventive visant l'exposition nulle.

Voici une série de recommandations qui pourraient être utiles à toute femme désirant avoir des enfants :

1) Toute femme qui désire avoir encore des enfants devrait éviter l'exposition à toute substance potentiellement toxique et la consommation de tout médicament dont l'emploi n'est pas très utile ou essentiel. En effet, d'une part, les ovules en réserve dans les ovaires pourraient être affectés par certaines substances, d'autre part, une grossesse surprise est toujours possible.

2) En cas de grossesse planifiée, il est bon de prévoir une période de quelques mois avant le début de la grossesse pendant lesquels

aucun médicament n'est utilisé, en particulier les contraceptifs oraux et les spermicides.

3) Dès qu'une femme découvre qu'elle est enceinte, elle devrait cesser immédiatement de prendre tous les médicaments non prescrits qu'elle utilise — même seulement occasionnellement, comme l'aspirine, les sirops contre le rhume, etc., et si elle souffre d'une maladie chronique qui requiert l'emploi régulier de médicaments, elle devrait consulter son médecin au plus tôt pour voir s'il est possible de diminuer, de cesser ou de modifier son ordonnance pour protéger le fœtus. Il existe souvent d'autres moyens que les médicaments pour faire face à certaines situations et il est nécessaire d'apprendre à établir un nouveau rapport aux différents malaises, pour pouvoir les vivre sans aide chimique.

Au travail, si la femme est exposée à des substances chimiques, elle devrait en vérifier la nature exacte et s'informer auprès du Département de santé communautaire de son district ou de la Commission de la santé et de la sécurité au travail des dangers possibles pour sa grossesse. Dès qu'un danger est soupçonné, il est possible de demander un transfert de poste de travail.

Il est également important de cesser de fumer immédiatement, de restreindre sa consommation d'alcool à un verre de temps à autre et d'éviter l'usage de la marijuana et des autres drogues.

4) Si l'usage d'un médicament s'avère essentiel pour la vie de la mère et que ce médicament est connu pour ses risques tératogènes (qui peuvent affecter la formation du fœtus), il est possible d'envisager un examen spécial en cours de grossesse pour déterminer l'intégrité du fœtus et, en cas d'atteinte, de demander une interruption de la grossesse.

5) Au moment de l'accouchement, il y a intérêt à éviter le plus possible les médicaments, qu'ils soient injectés, inhalés ou pris par la bouche.

6) Pendant l'allaitement, il est important de respecter les mêmes précautions.

7) C'est une bonne idée de noter soigneusement les noms et les doses de tous les médicaments (prescrits ou non) qui ont été utilisés à partir de la conception et de conserver précieusement cette liste ; ces renseignements peuvent être utiles de nombreuses années plus tard. Dans le cas du DES par exemple, c'est jusqu'à trente ans après l'utilisation de ce médicament que cette information s'est avérée importante.

Chapitre 3

MÉDICAMENTS ET TROISIÈME ÂGE

Au fil des ans, nous risquons d'être touchés par l'une ou l'autre des maladies qui affligent l'espèce humaine et quand nous arrivons au crépuscule de la vie, il est possible que nous éprouvions des malaises ou des difficultés à fonctionner de façon harmonieuse. Rien d'étonnant alors à ce que nous ayons recours plus souvent aux médecins à cette période de la vie ; ces derniers répondant la plupart du temps à nos demandes par la prescription de médicaments, il n'est pas rare de voir des personnes âgées consommer des quantités inouïes de médicaments. Le quart de toutes les ordonnances écrites par les médecins est destiné aux personnes âgées. Cette pratique n'est pas sans conséquences ; d'après le Dr Alex Comfort, un gériatre de la Californie, les médicaments constituent la cause la plus fréquente des symptômes de sénilité (confusion, perte de mémoire, faiblesse et désorientation) après les infections.

Dans leur approche du traitement des personnes âgées, beaucoup de gériatres européens procèdent en deux temps : dans un premier, ils demandent à leurs patients d'apporter dans un sac tous les médicaments qu'ils utilisent — prescrits, achetés sans ordonnance ou « empruntés ». La plupart du temps, le sac contient plusieurs douzaines de médicaments. Dans un deuxième temps, les gériatres demandent de cesser tous les médicaments qui ne sont pas *essentiels* pour le maintien de la vie. En procédant de cette façon, ils arrivent à des guérisons presque miraculeuses, car comme le montrent de nombreuses recherches, les symptômes ressentis par les personnes âgées sont très fréquemment la résultante de l'action des médicaments qu'elles prennent.

Des particularités à considérer

On connaît mal l'activité des médicaments sur l'organisme vieillissant. L'absorption des substances chimiques est ralentie ; de plus, elle peut être modifiée par différents facteurs qui s'exercent plus souvent à cette période de la vie qu'à d'autres ; ainsi, la diarrhée écourte le séjour des médicaments dans le tube digestif et en diminue d'autant l'absorption ; la constipation peut provoquer une agglomération des médicaments à d'autres substances qui les rendent insolubles. Au niveau de la peau, l'amincissement de l'épiderme permet souvent une plus grande absorption des substances topiques.

Le mauvais état des organes qui disposent des médicaments une fois qu'ils sont absorbés peut provoquer une augmentation de la concentration des médicaments ; les reins et le foie jouent ce rôle et leur fonctionnement est souvent ralenti, ce qui peut aboutir à l'accumulation de certaines substances et à une intoxication. La déshydratation, qui survient plus facilement, augmente également la concentration des médicaments en circulation et, par la suite, leurs effets dans l'organisme.

Le dosage des médicaments est habituellement établi pour convenir à des adultes de poids normal ; or beaucoup de personnes âgées maigrissent progressivement, au détriment de leur masse musculaire, ce qui fait que proportionnellement, quand elles reçoivent une dose « adulte », chaque cellule active dispose d'une plus grande quantité de substance médicamenteuse. D'ailleurs, il semble que la sensibilité à l'action de certains corps chimiques est également augmentée. Beaucoup d'effets secondaires des médicaments se manifestent plus souvent chez les personnes âgées que chez les autres utilisateurs ; et quand on sait que l'association de plusieurs médicaments multiplie toujours les risques d'interactions et d'effets secondaires, il n'est pas étonnant de constater, comme l'a montré une étude récente, que plus du tiers des admissions des personnes âgées dans un hôpital général puissent être provoquées par les effets des médicaments.

Éviter les médicaments non essentiels

Tous les spécialistes de la gériatrie recommandent catégoriquement aux médecins d'éviter de prescrire à leurs patients tout médicament qui n'est pas clairement indiqué ; de plus, le dosage des médicaments devrait être diminué et le traitement commencé plus lentement. Comme l'écrivent deux spécialistes, « une bonne règle est de procéder prudemment et lentement ; en ce qui regarde la quantité à prescrire, il est préférable de se tromper en penchant du côté du trop peu ». Autant que possible, les médecins ne devraient prescrire qu'un seul médicament à la fois et toujours bien indiquer pour quelle période ils en recommandent l'emploi.

Tous les médecins ne suivent pas les sages conseils des gériatres ; si le vôtre est du genre à vous prescrire un médicament nouveau à chaque visite que vous lui faites, à s'acharner à faire disparaître par un médicament tout symptôme que vous éprouvez, il est sans doute temps de songer à changer de médecin.

Pour que votre médecin puisse vous aider le mieux possible, il est important de lui signaler tous les médicaments que vous prenez régulièrement ou à l'occasion ; il sera ainsi en mesure d'éviter de vous prescrire des substances qui pourraient interagir avec ce que vous utilisez déjà ; peut-être aussi pourra-t-il vous suggérer des solutions de rechange non médicamenteuses pour répondre à certains de vos problèmes.

Avant de prendre un médicament sans ordonnance, il est bon de vérifier auprès du pharmacien ou du médecin s'il est compatible avec les autres médicaments déjà utilisés.

Quand il faut prendre un médicament

La prudence face aux médicaments ne signifie pas le rejet catégorique de toute forme de médication. Les médicaments peuvent aider à prolonger la vie mais surtout à minimiser les conséquences de certaines maladies et ainsi permettre une vie plus épanouissante et plus autonome. Pour exercer leurs effets, il faut les utiliser adéquatement. Le fondement d'un usage rationnel est certainement une bonne information.

Le médecin est la personne la mieux indiquée pour fournir les informations essentielles au bon usage d'un médicament. Quand il nous prescrit un médicament, on devrait lui demander le nom exact de ce qu'il veut nous faire prendre, quand et à quelle fréquence il faudra le prendre, dans quelles circonstances (avant, pendant ou après les repas ; au coucher ; au besoin ?), pendant combien de temps en continuer l'ingestion, quels effets en attendre, quels effets secondaires sont possibles et lesquels demandent qu'on communique avec lui. Pour être bien sûr(e) de ne rien oublier, c'est une bonne idée de noter attentivement les réponses du médecin, dans son bureau même ou tout de suite après la consultation, dans la salle d'attente ; certaines personnes préparent à l'avance leurs questions sur un papier et de cette façon elles ne risquent pas d'oublier quoi que ce soit. C'est aussi un bon moment pour mentionner au médecin la forme sous laquelle on a le moins de difficultés à prendre ses médicaments — en liquide, en comprimés ou en capsules.

Le pharmacien peut également nous fournir des informations sur les effets secondaires des médicaments prescrits et sur les précautions spéciales à observer quand on les utilise (avec quoi il ne faut pas les prendre, si on peut boire de l'alcool, etc.). Si on a de la difficulté à voir, on peut le mentionner au pharmacien qui écrira alors en lettres plus grosses le nom du médicament et les instructions pour le prendre ; à notre demande, il peut aussi fournir des contenants plus faciles à ouvrir, quand on éprouve des difficultés avec les bouteilles de sécurité. Il peut également, dans certains cas, nous aider à économiser en changeant certaines marques de produits pour d'autres qui contiennent les mêmes substances, mais qui coûtent moins cher. Enfin, pour les médicaments non prescrits, il pourra nous dire à quel dosage les employer et voir avec nous s'ils sont compatibles avec les autres médicaments que nous utilisons déjà.

Quand on a plusieurs médicaments à prendre ou même un seul, il peut être utile de s'établir un système qui facilite l'ingestion régulière et qui empêche les erreurs. Voici trois propositions de système ; à vous de choisir celui qui vous convient le mieux :

1) **tableau « mes médicaments »**, à afficher à un endroit qu'on ne peut manquer de voir :

nom du médicament	pourquoi je le prends	couleur et forme	précautions	moments où je dois le prendre

2) **tableau hebdomadaire**, pour se souvenir des heures où prendre les médicaments ; il s'agit d'inscrire à l'avance toutes les heures où prendre les médicaments et de les rayer à mesure que chaque dose est prise ; voici un exemple :

nom des médicaments	lundi	mardi	mercredi	jeudi	vendredi	samedi	dimanche
méd. A 3 fois/jour méd. B	8 12 5 22,30	8 12 5 22,30	8 12 5 22,30	8 12 5 22,30	8 12 5 22,30	8 12 5 22,30	8 12 5 22,30

3) **les contenants préparés d'avance :** si vous avez toujours les mêmes doses à prendre chaque jour et que vous distinguez bien vos médicaments, vous pouvez les préparer quelques jours d'avance (avec l'aide de quelqu'un d'autre, si nécessaire). Une boîte d'œufs convient bien, car dans chaque case on peut mettre tous les médicaments d'un jour et, de cette façon, comme on ne puise que dans une case par jour, on peut vérifier où l'on en est rendu pour ce jour. Avant d'employer ce système, il faut cependant demander au pharmacien si vos médicaments peuvent ainsi rester à l'air libre pour quelques jours ; si tel n'est pas le cas, on peut alors les préparer quotidiennement.

Quels que soient les moyens employés pour y arriver, il est important de prendre fidèlement ses médicaments aux doses et aux moments prescrits ; c'est à cette condition qu'ils exerceront tous leurs effets. Il faut se souvenir que beaucoup de médicaments prescrits aux repas doivent être pris même quand on saute un repas ; d'autre part, il peut être nécessaire de s'éveiller la nuit pour prendre certains médicaments — des antibiotiques en particulier — qui doivent être ingérés aux six heures ; à ce moment, on peut préparer son médicament avant de se coucher, pour éviter les erreurs plus fréquentes la nuit.

Les médicaments à surveiller spécialement

Voici une liste des médicaments les plus susceptibles de causer des problèmes aux personnes du troisième âge :

L'acide acétylsalicylique : (aspirine et autres) : il est très irritant pour le tube digestif. Chez 50 à 70 % des personnes âgées qui font un usage régulier de ce médicament (pour l'arthrite par exemple), il se produit des pertes de sang à l'intérieur du tube digestif ; ceci conduit parfois à une anémie plus ou moins grave.

Les antiacides : utilisés en quantité importante, ils peuvent provoquer de la diarrhée et ainsi nuire à l'absorption des autres médicaments, tout en pouvant conduire à la déshydratation et à certaines formes de malnutrition ; l'Amphojel, pour sa part, peut amener de la constipation. Les antiacides contenant de l'aluminium (Amphojel, Maalox…) peuvent provoquer, à long terme, une décalcification importante des os.

Les antibiotiques : ils provoquent plus souvent des réactions allergiques. Les personnes âgées réagissent particulièrement souvent à l'ampicilline par une allergie cutanée importante.

Les anticoagulants : ces médicaments employés pour éclaircir le sang provoquent des saignements deux fois plus souvent chez les personnes âgées que chez les autres utilisateurs.

Les antihypertenseurs : ils sont mal tolérés par les personnes âgées au point qu'ils présentent souvent plus de risques que l'hypertension artérielle elle-même. Leur emploi doit être entrepris prudemment, à très faible dose. Quand des étourdissements surviennent lors des changements rapides de position (se lever ou se coucher rapidement), c'est habituellement un signe de la nécessité d'un réajustement du dosage du médicament. La réserpine, qu'on trouve notamment dans le Ser-Ap-Es, ne devrait jamais être prise par les personnes âgées à cause de sa tendance à précipiter la dépression. Le méthyldopa a aussi le même potentiel, en plus de causer beaucoup de somnolence.

Les somnifères et tranquillisants : l'utilisation chronique des somnifères peut conduire à une accumulation de ces substances dans l'organisme qui se traduira par une faiblesse musculaire, une désorientation, un déséquilibre, de la confusion, de la dépression, de l'irritabilité et une perte de mémoire. Ces symptômes sont souvent attribués à la sénilité.

Les corticostéroïdes oraux : ce n'est qu'après mûre réflexion que cette classe de médicaments devrait être utilisée, car ils risquent d'accélérer l'ostéoporose, ils provoquent des ulcères gastro-duodénaux et ils causent souvent une rétention d'eau, en plus de débalancer, à l'occasion, le diabète qui était bien contrôlé.

Les diurétiques : ces substances qui font éliminer davantage d'urine requièrent que leurs utilisateurs boivent suffisamment et régulièrement ; ce n'est pas toujours le cas chez les personnes âgées qui sautent assez facilement un repas ou qui demeurent de longs moments sans boire.

Quelques recommandations générales

Dans une brochure publiée il y a quelques années, le *National Institute on Drug Abuse* des États-Unis a dressé, à l'intention des personnes âgées, une liste des choses *à faire* ou *à ne pas faire*, en rapport avec les médicaments :

Ce que vous devriez faire

— Prévenir tous vos médecins de tous les médicaments que vous prenez et des allergies ou sensibilités que vous pouvez avoir à quelque médicament que ce soit.
— Vous assurer de bien comprendre toutes les instructions avant de commencer à utiliser un médicament : à quoi il sert, quand le prendre, avec quoi, pendant combien de temps le continuer, que faire si des problèmes surgissent, etc.
— Vous organiser pour prendre vos médicaments quand vous devez le faire — ce qui peut impliquer, pour les gens qui ont à en prendre plusieurs, de se trouver un système pour ne pas se mêler.
— Appeler votre médecin si vous notez l'apparition d'un nouveau symptôme ou d'un effet secondaire imprévu.
— Garder vos médicaments dans des contenants hermétiques et à des endroits appropriés (à l'abri du soleil, de la trop grande chaleur et de l'humidité).
— Conserver par écrit une liste permanente de tous les médicaments et vaccins auxquels vous êtes allergique ou sensible.

Ce que vous ne devriez pas faire

— Prendre plus — ou moins — que la quantité de médicament qui vous a été prescrite.
— Arrêter d'un coup un médicament prescrit sans en parler au médecin — même si vous vous sentez mieux.
— Prendre de l'alcool pendant un traitement médicamenteux à moins que vous ayez l'accord de votre médecin. Même si tous les médicaments ne réagissent pas mal à l'ingestion d'alcool, beaucoup le font, effectivement.

— Prendre des médicaments prescrits à quelqu'un d'autre ou donner les vôtres à une autre personne.

— Changer un médicament de son contenant original à un autre contenant.

— Garder de vieux médicaments ou des médicaments dont la date d'expiration est échue.

LES MÉDICAMENTS PAR ORDRE ALPHABÉTIQUE

Acétaminophène

Noms commerciaux :
Anacin-3,
Apo-Acétaminophène,
Atasol, Campain, Exdol,
Panadol, Paraphen,
Robigesic, Rounox,
Tempra, Tylenol.

Associé à d'autres
produits : Actifed A,
Neo-Citran, Sinutab, etc.

Ordonnance non requise

Indications thérapeutiques

L'acétaminophène est aussi efficace que l'AAS (aspirine) pour diminuer la fièvre et pour soulager les douleurs légères ou modérées comme les maux de tête, les maux de dents, les névralgies, les douleurs associées à une blessure ou à une chirurgie (dentaire particulièrement). À l'inverse de ce que l'on a cru, l'acétaminophène aurait une certaine activité anti-inflammatoire, qui ne se manifeste cependant pas dans l'arthrite rhumatoïde.

Posologie habituelle

Pour soulager la fièvre ou la douleur, on prendra généralement les doses suivantes aux 4 ou 6 heures :
adultes et enfants de plus de 12 ans : 325 à 600 mg (maximum de 2,6 g/jr lors d'un usage chronique)
enfants de 11 ans : 300 à 480 mg

enfants de 9 à 10 ans : jusqu'à 400 mg
enfants de 6 à 8 ans : jusqu'à 320 mg
enfants de 4 à 5 ans : jusqu'à 240 mg
enfants de 2 à 3 ans : jusqu'à 160 mg
enfants de 1 à 2 ans : jusqu'à 120 mg
enfants de 4 à 11 mois : jusqu'à 80 mg
enfants de 0 à 3 mois : jusqu'à 40 mg (après consultation médicale)
Les enfants ne prendront pas plus de 5 doses dans une journée.

L'acétaminophène peut s'utiliser sous forme de comprimés, de sirops, de gouttes et de suppositoires ; si l'on choisit les suppositoires, on devra employer une dose un peu plus forte, cette forme étant absorbée de façon plus irrégulière. On ne doit pas donner les suppositoires aux enfants de moins de 2 ans sans recommandation du médecin.

Contre-indications

L'acétaminophène est contre-indiqué si on souffre d'anémie, de maladie rénale ou hépatique grave, si l'on a démontré une allergie à ce produit ou si l'on consomme de grandes quantités d'alcool.

Effets secondaires possibles

Pris aux doses recommandées, l'acétaminophène présente peu d'effets secondaires. Il peut cependant causer un peu d'irritation gastrique, des nausées et des vomissements, mais beaucoup plus rarement et de façon moins prononcée que l'AAS. Son plus grand désavantage réside dans l'effet toxique qu'il peut démontrer sur le foie : une seule dose massive (plus de 7 g, c'est-à-dire une quinzaine de comprimés de 500 mg) ou un usage continu à forte dose (plusieurs semaines) peuvent causer de sérieux dommages hépatiques. On reconnaîtra une intoxication aux signes suivants : diarrhée, perte d'appétit, nausées, vomissements, crampes ou douleurs à l'estomac, sudation exagérée. Ces symptômes peuvent disparaître dans les 24 à 48 heures, mais il est extrêmement important de commencer le traitement de l'intoxication dans les premières heures qui la suivent, si l'on veut limiter les dommages au foie qui peuvent être très graves et irréversibles et même aller jusqu'à la mort.

On devra aussi consulter un médecin si les signes suivants (qui sont cependant très rares) apparaissent :

— une coloration jaune de la peau ou des yeux ; elle laisse supposer un dysfonctionnement hépatique ;
— des ecchymoses ou des saignements faciles, des maux de gorge
et de la faiblesse ; tout cela laisse supposer un désordre au niveau
du sang ;
— une baisse subite de la quantité d'urine excrétée, une urine
trouble ou de la difficulté à uriner ;
— des démangeaisons ou de l'enflure.

Interactions médicamenteuses

L'alcool et les médicaments suivants augmentent le risque de toxicité
hépatique de l'acétaminophène : les barbituriques, la carbamazépine,
le disulfiram, l'estolate d'érythromycine, les contraceptifs oraux, les
œstrogènes, les sels d'or, l'isoniazide, le kétoconazole, le méthyldopa, le nitrofurantoïne, les phénothiazines, le phénytoïne, la rifampine,
les sulfamidés et l'acide valproïque.

L'utilisation chronique de doses supérieures à 2 g par jour (4 comprimés de 500 mg) d'acétaminophène peut modifier l'activité des anticoagulants oraux.

L'usage simultané d'acétaminophène et d'aspirine ou d'autres
anti-inflammatoires augmente le risque de lésions rénales, lorsqu'il est
prolongé (plus de 3 ans) et qu'il met en cause de fortes doses (plus de
1,35 g par jour).

Précautions

Toute fièvre qui se prolonge au-delà de 3 jours ou qui dépasse 41° demande une consultation médicale, tant chez un enfant que chez un
adulte. Pour ce qui est du traitement de la douleur, il ne devrait pas se
prolonger au-delà de 5 jours chez un enfant de moins de 5 ans et au-
delà de 10 jours chez un adulte, sans consulter un médecin. La fièvre
et la douleur persistantes sont des symptômes pour lesquels il faut faire
une investigation.

La consommation d'alcool augmente considérablement les dangers de dommages hépatiques de l'acétaminophène.

Il est extrêmement important de conserver l'acétaminophène dans
un endroit inaccessible aux enfants ; l'ingestion d'une dizaine de comprimés ou capsules de ce médicament est en effet suffisante pour causer des dommages irréparables au foie.

On devra être conscient du fait que les gouttes sont 5 fois plus concentrées que le sirop et que, par conséquent, il est important de bien mesurer les quantités à administrer.

Il pourrait être indiqué de vérifier le bon fonctionnement du foie si on doit utiliser de fortes doses d'acétaminophène durant de longues périodes.

Alternatives

On ne devrait pas chercher à faire baisser la fièvre à tout prix, à moins qu'elle ne soit très forte ; celle-ci fait partie des mécanismes de défense de l'organisme et peut aider à la guérison. Voir les textes sur la fièvre (page 739) et sur la douleur (page 730).

Jugement global

L'acétaminophène est un médicament de choix qui peut remplacer l'aspirine pour quiconque ne peut utiliser ce dernier produit. Les deux médicaments démontrent la même efficacité dans le soulagement de la douleur et pour faire baisser la fièvre. Par contre l'acétaminophène ne peut être employé ni pour soulager l'arthrite, ni dans la prévention des thromboses. Ce sont les personnes souffrant d'ulcères gastriques, de problèmes de coagulation, de diabète ou qui démontrent une allergie à l'AAS qui auront le plus d'avantages à l'utiliser. Les personnes qui doivent faire un usage chronique d'analgésique auraient aussi, d'après l'état actuel des connaissances, avantage à employer l'acétaminophène. On associe en effet à l'aspirine et aux autres anti-inflammatoires une forte incidence d'effets toxiques rénaux. Il faut cependant souligner ici que l'acétaminophène a été moins utilisé à « toutes les sauces », les occasions de créer des dommages étant par le fait même réduites. Il est recommandable d'utiliser la dose minimale efficace. L'acétaminophène remplace l'AAS chez les enfants de moins de 16 ans souffrant de varicelle ou de grippe, à cause du risque de développement du syndrome de Reye associé à l'AAS. Enfin, il ne présente pas les dangers de l'acide acétylsalicylique pendant la grossesse et peut donc être utilisé chez les femmes enceintes si nécessaire.

Par ailleurs, quand on supporte bien l'AAS et qu'il n'est pas contre-indiqué, il demeure très efficace et passablement moins coûteux que l'acétaminophène.

L'absorption des suppositoires est très irrégulière et on devrait généralement leur préférer les autres présentations : comprimés, élixirs ou gouttes.

L'acétaminophène existe sous plusieurs noms commerciaux, parfois comme seul produit actif, parfois associé à la caféine, la codéine ou bien, dans les casse-grippe, associé à des décongestionnants et à des substances antihistaminiques. On choisira de préférence un médicament ne comprenant qu'un seul ingrédient, une augmentation de leur nombre produisant une augmentation du risque d'effets secondaires.

Acétazolamide

Noms commerciaux :
Acetazolam,
Apo-Acétazolamide,
Diamox, Novozolamide.

Ordonnance requise

Indications thérapeutiques

L'acétazolamide est un médicament qui a d'abord été commercialisé comme diurétique. Il s'emploie surtout dans le traitement de certains types de glaucome, pour tenter d'en réduire la progression. Il s'utilise aussi parfois comme traitement d'appoint dans certains types d'épilepsie et contre les nausées dues à l'altitude.

Posologie habituelle

La dose utilisée pour le glaucome varie entre 250 et 1 000 mg par jour, en 1 à 4 prises. On peut prendre l'acétazolamide avec les repas s'il produit de l'irritation gastro-intestinale.

L'action du médicament commence 2 heures après l'ingestion et persiste de 8 à 12 heures. La chute maximale de pression intra-oculaire se produit après 4 heures.

Dans l'épilepsie, on commence en ajoutant 250 mg d'acétazolamide à la médication courante. On pourra augmenter les doses.

Contre-indications

Les personnes qui sont allergiques aux sulfas et aux thiazides sont aussi susceptibles de réagir à ce produit.

Les personnes souffrant des conditions suivantes doivent faire l'objet d'une surveillance médicale attentive : toute pathologie des glandes surrénales, le diabète, la goutte, l'insuffisance hépatique ou rénale grave, une histoire de calculs rénaux, un débalancement des électrolytes et de l'emphysème pulmonaire.

Des études faites sur les animaux ont montré que l'acétazolamide pouvait affecter le développement du fœtus ; il faut donc éviter son emploi pendant la grossesse et pendant l'allaitement.

Effets secondaires possibles

L'acétazolamide étant un diurétique, il est normal d'uriner davantage pendant son emploi. Au début du traitement, il arrive que des gens éprouvent des difficultés comme la constipation ou, au contraire, la diarrhée, de la somnolence et un peu de confusion, une baisse d'appétit, des nausées et vomissements, parfois une sensation de malaise généralisé, un goût métallique dans la bouche, une perte du désir sexuel, de l'impuissance, une sensation désagréable dans les pieds, les mains, la langue et l'anus ainsi qu'une myopie temporaire ; le tout devrait rentrer dans l'ordre assez rapidement, sinon il peut être nécessaire de cesser le traitement. Par contre, certaines personnes font des réactions plus graves qui nécessitent une consultation médicale rapide : de l'urticaire ou de la fièvre qui peuvent indiquer de l'allergie, du sang dans l'urine, une difficulté ou une douleur à uriner, de la confusion, la peau qui fonce ou qui jaunit, des troubles visuels, une fatigue exagérée et même des convulsions. De plus, comme avec la plupart des diurétiques, le danger d'une déficience en potassium est toujours présent ; cela se manifeste par une sécheresse de la bouche, une soif intense, des battements de cœur irréguliers, des crampes ou des douleurs musculaires, des nausées et vomissements, une fatigue et une faiblesse excessives et enfin des changements d'humeur inexplicables.

L'usage d'acétazolamide pendant une longue période peut favoriser la formation de calculs communément appelés pierres aux reins.

Interactions médicamenteuses

Les amphétamines, la quinidine, le digoxin et le lithium interagissent avec l'acétazolamide. Les corticostéroïdes, la carbamazépine, le phénobarbital, la phénytoïne et la primidone donnés concurremment peuvent aggraver l'ostéoporose. L'insuline et les hypoglycémiants oraux voient leurs effets diminués.

L'acétazolamide augmente la toxicité de l'AAS et l'effet des autres diurétiques (surtout ceux qui font perdre du potassium).

Précautions

Pour prévenir la déficience en potassium, il est important de voir à consommer chaque jour des aliments qui en contiennent beaucoup ; nous vous invitons à consulter en page 510 un tableau les répertoriant.

L'alcool, les sédatifs et les antihistaminiques risquent d'augmenter la somnolence causée par l'acétazolamide.

Des analyses sanguines à intervalles réguliers permettront de prévenir les effets secondaires graves.

Il est important de boire beaucoup durant un traitement à l'acétazolamide afin de minimiser le risque de troubles rénaux.

Jugement global

L'acétazolamide devrait être réservée aux malades chez qui les autres traitements ne fonctionnent pas. En effet, alors que l'effet recherché, dans le traitement du glaucome, se situe uniquement au niveau de l'œil, l'acétazolamide agit sur l'ensemble de l'organisme et peut y avoir des effets sérieux à long terme ; il est donc préférable, dans la majorité des cas, d'employer un traitement local sous forme de gouttes et il en existe maintenant de très efficaces.

Acide acétylsalicylique (AAS)

Noms commerciaux :
*AAS et ASA régulier : Aspirin Bayer
(adulte : 325 mg, enfants : 80 mg), Bayer
contre douleur arthritique (650 mg) ;
*AAS tamponné : APF, Ascriptin,
Bufferin ;
*AAS enrobé : Apo-Asen, Astrin,
Coryphen, Ecotrin, Entrophen,
Nova-Phase, Novasen, Riphan, Triaphen ;
*AAS effervescent : Alka-Selzer,
Asadrine ;
*suppositoire : Sal-Adult, Sal-Infant,
Suprasa ;
*gomme : Aspergum ;
*AAS associé
— avec de la caféine :
Anacin (453 mg), Excedrin (324 mg),
Frosst 217 (375 mg), Instantine (453 mg),
Nervine (375 mg), TRC (284 mg) ;
— avec d'autres produits : Back-Ese,
Coricidin, Dristan, etc.
(Cette liste n'est pas exhaustive ; il existe
aux É. U. plus de 200 dénominations
commerciales pour l'AAS et ici sans doute
un peu moins…).

Ordonnance non requise

Indications thérapeutiques

L'AAS connaît plusieurs usages ; on l'utilise pour sa capacité à diminuer la douleur (effet analgésique), la fièvre (effet antipyrétique), l'inflammation (effet anti-inflammatoire) et enfin pour la faculté qu'il a
d'inhiber l'agrégation des plaquettes sanguines.

L'AAS agit contre les douleurs d'intensité faible ou moyenne,
comme les maux de tête, les névralgies, les maux de dents, les douleurs musculaires et articulaires, particulièrement si elles ont une composante inflammatoire. Il peut aussi servir pour le traitement des dou-

leurs associées aux blessures ou après une opération, parfois en association avec un narcotique.

L'AAS est considéré par plusieurs comme le médicament de choix pour un grand nombre de maladies inflammatoires : différents types d'arthrite, de bursite, de tendinite, etc.

On utilise maintenant l'AAS pour diminuer le risque de maladie ischémique chez les hommes (cette maladie survient quand un caillot se forme et bloque un vaisseau au niveau du cerveau) ; il semble que les femmes ne soient pas sensibles à cet effet anticoagulant de l'AAS. On l'emploie en prophylaxie de l'infarctus du myocarde après une première crise ou chez les personnes qui souffrent d'angine. Il semble enfin offrir un effet de prévention des thrombo-embolies à la suite d'une chirurgie et chez les patients porteurs de valves artificielles.

Posologie habituelle

La posologie varie selon les indications. Pour soulager la douleur ou la fièvre, on emploie les doses suivantes, si l'on se sert de comprimés réguliers ou de suppositoires et on pourra répéter aux 4 à 6 heures :

   adultes et enfants de plus de 11 ans : 325 à 650 mg (maximum : 3,9 g/jr)

   enfants de 11 ans : 480 mg

   enfants de 9 et 10 ans : 400 mg

   enfants de 6 à 8 ans : 325 mg

   enfants de 4 à 5 ans : 240 mg

   enfants de 2 à 3 ans : 160 mg

Si l'on utilise une forme d'AAS soluble, on devra réduire la posologie totale pour ne pas dépasser 2,6 g/jr pour les adultes et les enfants de plus de 11 ans ; on se limitera alors à des doses de 325 mg pour les enfants de 6 à 11 ans et de 162 mg pour ceux de 3 à 5 ans, avec un maximum de 650 mg/jr.

Dans les maladies inflammatoires, on emploie souvent, en début de traitement, des doses de 2,4 à 3,5 g par jour (4 à 6 comprimés de 650 mg) qui peuvent être augmentées jusqu'à 3,6 à 5,4 g par jour, en 4 ou 5 prises. L'AAS peut aussi être pris en 2 doses alors plus fortes.

Dans la prévention des maladies ischémiques, de l'infarctus et des thrombo-embolies, on a souvent utilisé 1,3 g par jour (2 comprimés de 650 mg). On croit maintenant qu'une prise unique se situant entre 40 et 150 mg par jour est suffisante.

L'absorption des suppositoires est très irrégulière : de 20 à 60 % de la dose sera absorbée si le suppositoire est retenu entre 2 et 4 heures ; s'il est gardé plus de 10 heures, de 70 à 100 % de la dose pourra être absorbée.

Les comprimés enrobés agissent plus lentement et ne sont pas appropriés lorsque l'on cherche un effet rapide. Par contre, ils sont beaucoup plus sûrs que les comprimés ordinaires lors d'un usage prolongé.

Contre-indications

On devrait éviter l'usage d'AAS si l'on souffre d'un ulcère ou d'une lésion à l'estomac ou à l'intestin, si l'on démontre une insuffisance rénale ou hépatique, si l'on est affecté de problèmes de coagulation et que l'on doit prendre des anticoagulants et dans certains troubles thyroïdiens. On devra enfin se montrer prudent et éviter les fortes doses d'AAS si l'on souffre d'insuffisance cardiaque, de goutte ou d'anémie.

L'usage d'AAS durant la grossesse est à éviter. Des malformations ont été rapportées chez l'animal et, bien que l'on n'ait pas la preuve qu'il en soit de même chez l'humain, la prudence demande qu'on l'évite au cours du premier trimestre. On sait aussi que l'utilisation prolongée de fortes doses est à bannir au cours du troisième trimestre, plus particulièrement au cours des deux dernières semaines. L'AAS possède un effet antagoniste des prostaglandines (qui jouent un rôle important dans le déclenchement de l'accouchement et la poursuite du travail), ce qui risque de prolonger la grossesse. De plus, il retarde la coagulation et augmente le risque d'hémorragies. Des hémorragies intracrâniennes surviennent en effet beaucoup plus souvent chez les nouveau-nés dont la mère a pris de l'AAS dans la semaine qui précède l'accouchement. Il faut également que les femmes qui allaitent évitent son utilisation chronique, puisque ce médicament passe librement dans le lait maternel ; des études récentes ont en effet montré que l'enfant allaité au sein recevait finalement entre 9 et 21 % des doses maternelles d'AAS.

Les personnes asthmatiques, qui font de l'urticaire ou une rhinite chronique devraient l'utiliser prudemment, car elles risquent de faire plus facilement une réaction allergique.

On ne donnera pas d'AAS aux enfants de moins de 16 ans souffrant de varicelle, de rhume ou de grippe ; il semble alors associé au développement d'une maladie grave appelée le syndrome de Reye. Enfin si on souffre d'arthrite juvénile, de lupus érythémateux ou de fièvre rhumatismale, l'AAS peut augmenter les risques de toxicité hépatique ; en présence d'obstruction gastrique, on évitera les comprimés enrobés qui peuvent s'accumuler au niveau de l'estomac et provoquer une lésion.

Effets secondaires possibles

L'acide acétylsalicylique est un médicament puissant qui n'est malheureusement pas pris assez au sérieux ; il s'en consomme plus de 1 000 tonnes par année au Canada, soit l'équivalent de 143 comprimés par personne. D'après le Dr Ian Henderson, un haut fonctionnaire de la Division des aliments et drogues d'Ottawa, chaque année, au Canada, on découvre plus de 150 cas de maladies graves des reins ayant pour cause un mauvais usage de composés d'AAS ; sur quatre patients souffrant d'hémorragie grave de l'estomac admis à l'hôpital, un au moins a consommé de l'AAS.

Les effets secondaires les plus fréquents de l'acide acétylsalicylique concernent le système gastro-intestinal. Ce sont : des nausées, des brûlures d'estomac, parfois des saignements, des lésions de la muqueuse (ulcère, gastrite) et la réactivation d'un ulcère. On peut aussi souffrir d'étourdissements. Parfois une réaction allergique se développera, avec de l'urticaire, de l'enflure, de la difficulté à respirer ; on devra alors contacter immédiatement un médecin.

Certains effets secondaires plus graves se développent surtout à la suite d'un usage prolongé ou à forte dose ou chez des personnes susceptibles (voir les contre-indications) ; l'AAS peut produire des dommages rénaux ou hépatiques et des problèmes de coagulation qui sont cependant réversibles lorsque l'on cesse la prise du médicament. Ces troubles peuvent se manifester par des nausées, des vomissements, une perte d'appétit, du sang dans l'urine, de la difficulté à uriner, une plus grande facilité à saigner ou bien rester asymptomatiques.

Un effet négatif plus insidieux serait l'accélération de la détérioration des articulations osseuses dans l'ostéoarthrite. Bien que l'on n'ait pas encore accumulé de preuve certaine de cet effet, le Dr N. Newman, de l'Hôtel-Dieu de Montréal, croit qu'il existe suffisamment de données pour s'inquiéter. D'autres auteurs croient qu'il suffirait de 3 années d'utilisation chronique pour aboutir à un effet perceptible.

D'autres effets secondaires, lorsqu'ils se manifestent, sont des signes d'intoxication. Ce sont : du sang dans l'urine, de la diarrhée, des étourdissements, de l'assoupissement, de la transpiration, une soif exagérée et des tintements dans les oreilles ; ce dernier signe est caractéristique de l'intoxication à l'AAS, sauf pour les personnes qui ont des problèmes d'audition. Quand ces effets se manifestent, on devrait contacter son médecin rapidement et cesser de prendre le médicament ou en diminuer les doses.

Interactions médicamenteuses

À dose élevée, l'AAS augmente l'effet de l'insuline, des anticoagulants oraux et des hypoglycémiants oraux. Il diminue l'effet de la phénylbutazone, du probénécide, de la sulfinpyrazone et probablement aussi du furosémide et de la spironolactone (lorsque l'AAS est pris à forte dose). Il semble aussi qu'il puisse diminuer l'effet des autres produits anti-inflammatoires employés dans l'arthrite. L'AAS augmente le risque de toxicité du méthotrexate et aussi probablement de l'acide valproïque, du dipyridamole et du furosémide.

Précautions

On ne devrait pas utiliser l'AAS en automédication (sans le conseil d'un médecin) pendant plus de 10 jours dans le cas d'un adulte et pendant plus de 5 jours pour un enfant. La fièvre, la douleur et l'inflammation sont des symptômes et doivent être objet d'investigation s'ils persistent.

On doit prendre l'AAS de préférence avec de la nourriture ou un grand volume d'eau ou de lait (250 ml) pour diminuer l'irritation gastrique. On ne doit cependant pas utiliser de lait avec les comprimés entériques.

On ne devrait pas chercher à faire baisser la fièvre à tout prix, à moins qu'elle ne soit très forte ; celle-ci fait partie des mécanismes de défense de l'organisme et peut aider à la guérison (voir page 739).

On ne devrait pas utiliser de gomme d'AAS durant 7 jours après une amygdalectomie, à cause du risque d'érosion de la muqueuse, ni placer un comprimé directement sur une gencive (comme on fait parfois lorsque l'on a mal aux dents) pour la même raison.

On devrait cesser l'emploi de l'AAS de 5 à 7 jours avant une intervention chirurgicale, pour diminuer le risque d'hémorragies.

Si l'on prend l'AAS avec de l'alcool, on augmente considérablement le risque d'irritation gastrique.

L'AAS modifie les résultats des tests de la fonction thyroïdienne et possiblement ceux du dosage du sucre dans l'urine.

L'AAS devrait être entreposé très soigneusement ; il est en effet la première source d'intoxication chez les enfants, probablement en partie à cause du fait qu'on ne le considère pas comme vraiment dangereux et qu'on n'observe pas, à son égard, les précautions devant s'appliquer. On devrait, pour l'entreposer, rechercher un contenant muni de couvercle de sécurité et le garder hors de la portée des enfants.

Alternatives

Se référer, selon le cas, aux chapitres sur la fièvre (page 739), la douleur (page 730) et l'arthrite (page 683).

Jugement global

On a souvent tendance à considérer l'AAS comme un médicament anodin, un non-médicament, un peu à cause de sa longue histoire mais surtout à cause de son usage si répandu. Pourtant il s'agit d'un médicament important, très utile et très efficace dans ses différentes applications. Il est aussi susceptible de causer un nombre assez impressionnant d'effets secondaires et devrait être employé avec précaution.

La vente de l'AAS représente un très vaste marché ; il entre dans la composition d'un grand nombre de médicaments populaires, soit comme ingrédient unique, soit associé à d'autres substances plus ou moins actives. Nombre de produits vendus contre la douleur contiennent en effet une association d'AAS en quantité variable avec de la caféine, de la codéine, etc. On le retrouve même dans quelques casse-grippe, associé à des décongestionnants et à des antihistaminiques. Il serait en fait recommandable d'éviter tout produit contenant 3 ingrédients ou plus ; trop de risques d'effets secondaires y sont alliés.

Pour choisir un médicament contre la douleur, toujours bien lire l'étiquette :
— rechercher un seul composant : l'acide acétylsalicylique, et si ce dernier nous est contre-indiqué, choisir l'acétaminophène ;
— choisir de préférence l'AAS générique ; il est habituellement moins cher et tout aussi efficace ;
— la caféine et la cinnamédrine (dans Midol) n'ont pas de raison d'être dans la composition d'un analgésique, à part celle d'en augmenter le coût ; on pense maintenant qu'un minimum de 65 mg de caféine accélérerait et potentialiserait l'effet de l'AAS. Aucun comprimé n'en contient autant ;
— l'association avec la codéine peut être justifiée ; les deux produits augmentent leur effet respectif et permettent une efficacité plus grande. Ils peuvent cependant provoquer un peu de somno-

lence et ne devraient pas être administrés aux enfants de moins de 12 ans.

L'AAS est commercialisé sous des formes pharmaceutiques qui ont plus ou moins leur raison d'être ou, en tout cas, qui ne rencontrent pas toujours les objectifs qu'elles prétendent avoir :

— les comprimés tamponnés, par exemple, promettent une protection contre l'acidité du produit ; certains d'entre eux contiennent en effet suffisamment d'alcalinité pour assurer cette protection, mais c'est là l'exception... et l'on obtient le même effet tampon en buvant un verre de lait ;

— les suppositoires, quant à eux, sont absorbés de façon très irrégulière et peuvent être en plus très irritants pour la muqueuse rectale ;

— l'AAS en solution effervescente n'est par recommandé chez les personnes devant respecter une diète pauvre en sel ; il ne l'est en fait pour personne, à cause de son prix élevé.

Acide fusidique

Nom commercial : Fucidin.

Ordonnance requise

Indications thérapeutiques

L'acide fusidique est un antibiotique qui sert au traitement de certaines infections de la peau, lors de la présence de plaies ou de brûlures et dans l'impétigo.

L'acide fusidique existe en crème et en onguent mais se présente aussi sous forme de capsules et de solution pour injection.

Posologie

On applique la crème ou l'onguent trois ou quatre fois par jour lorsque l'on ne recouvre pas la lésion et seulement une ou deux fois si on utilise subséquemment un pansement de gaze.

Contre-indications

L'hypersensibilité au médicament ou à la lanoline, pour ce qui est de la pommade, constitue une contre-indication à son emploi. Le fabricant recommande d'éviter le médicament au cours de la grossesse et de la période d'allaitement, car il traverserait la barrière placentaire et passerait dans le lait. On n'en connaît pas les effets sur le fœtus.

Effets secondaires possibles

L'acide fusidique occasionne rarement des effets secondaires, si ce n'est parfois une légère irritation ou de la douleur si on l'applique à des ulcères profonds aux jambes.

Les réactions d'hypersensibilité sont rares.

Précautions

Ne pas appliquer dans les yeux. L'utilisation de l'acide fusidique, comme celle de tout antibiotique topique (pour la peau) provoque parfois l'apparition de résistance : les bactéries qui étaient au départ sensibles au médicament deviennent insensibles à son action et se multiplient. L'infection devient alors plus difficile à traiter. L'apparition de résistance limite aussi l'emploi de l'antibiotique dans d'éventuelles infections systémiques où il serait utile. C'est là le désavantage majeur de l'utilisation abusive des antibiotiques. Pour cette raison, on recommande de réserver l'utilisation des antibiotiques topiques aux cas où ceux-ci s'imposent et de recontacter son médecin si l'on ne constate pas d'amélioration après 5 à 7 jours. Les infections graves de la peau nécessitent la prise d'antibiotiques par la bouche, alors que les infections bénignes peuvent souvent se soigner à l'aide d'antibactériens.

Jugement global

L'acide fusidique est un antibiotique efficace et relativement peu toxique. Parce qu'il peut aussi s'avérer très utile dans le traitement d'infections systémiques graves (il est alors pris par la bouche ou administré en injection), on devrait réserver l'utilisation de la crème et de l'onguent aux cas où d'autres antibiotiques n'agissent pas. On risque en l'employant « à toutes les sauces » de créer inutilement des résistances bactériennes.

Acyclovir

Nom commercial :
Zovirax.

Ordonnance requise

Indications thérapeutiques

L'acyclovir en comprimés et en onguent sert au traitement des épisodes initiaux d'herpès génital. On emploie les comprimés en prophylaxie des rechutes d'herpès génital lorsque celles-ci ont tendance à se produire plus de six fois par année.

L'onguent est aussi employé dans le traitement symptomatique de l'herpès labial (feux sauvages).

Il est important de dire que l'acyclovir ne guérit pas l'herpès et n'en empêche pas la transmission ; il ne peut que réduire l'intensité de la crise si l'on y a recours suffisamment tôt.

Posologie

Lorsque l'on utilise l'onguent, il faut en recouvrir les lésions 6 fois par jour pendant 7 jours. Il est important de commencer les applications le plus tôt possible.

Le traitement oral d'un premier épisode d'herpès génital se fait à raison d'un comprimé de 200 mg aux 4 heures (5 par jour) pendant 10 jours.

En prophylaxie d'épisodes récurrents, on prendra entre 2 et 5 comprimés par jour pour des périodes pouvant aller jusqu'à six mois.

Les comprimés peuvent être pris au moment des repas.

Contre-indications

On ne connaît pas de contre-indication à l'utilisation de l'acyclovir topique ou en comprimés. On ne peut cependant pas en recommander l'usage au cours de la grossesse et de la période d'allaitement étant donné le peu d'information dont on dispose quant à sa sécurité.

Effets secondaires possibles

L'onguent occasionne assez souvent un peu de douleur, des picotements, une sensation de brûlure, parfois des démangeaisons et plus rarement une éruption cutanée. Ces effets secondaires n'empêchent généralement pas la poursuite du traitement.

Les comprimés provoquent parfois une perte d'appétit. Lorsqu'ils sont employés à plus long terme, c'est-à-dire en prophylaxie, ils pourront amener de la diarrhée, des étourdissements, des maux de tête, des douleurs articulaires, des nausées et vomissements, de l'acné et des problèmes de sommeil qui n'obligeront pas nécessairement à l'interruption du traitement. On devrait cependant contacter son médecin si des désordres menstruels ou un rash cutané apparaissaient.

Interactions médicamenteuses

On ne connaît pas d'interactions médicamenteuses à ce médicament.

Précautions

On doit appliquer l'onguent avec une tige ou en prenant soin de mettre un gant, afin de réduire les chances d'auto-innoculation.

On devrait commencer le traitement au premier signe d'infection ou de récurrence. Le médicament n'a aucun effet sur la durée et sur la gravité des épisodes récurrents d'herpès sauf s'il est utilisé très tôt. On a en effet observé que s'il est appliqué dans les 8 heures qui suivent les premiers picotements d'un herpès labial (feu sauvage), il réduit la propagation du virus. On croit qu'il en serait de même de l'herpès génital.

On recommande d'éviter l'activité sexuelle durant les épisodes d'herpès génital, le risque de contagion étant alors très grand. Le condom offrirait une protection contre la transmission de la maladie à un partenaire.

Les femmes qui souffrent d'herpès génital devraient subir au moins un test de dépistage du cancer du col de l'utérus (PAP) à chaque année, étant donné que l'infection herpétique semble accroître l'incidence de ce type de cancer.

Le traitement prophylactique par voie orale ne devrait pas être entrepris par ceux qui souffrent de moins de 6 épisodes herpétiques par année, surtout lorsque ceux-ci sont « supportables ». Ce traitement ne guérit d'ailleurs pas la maladie qui réapparaît généralement lorsqu'on l'arrête.

Jugement critique

L'acyclovir n'est pas le médicament qu'on aurait aimé offrir aux victimes d'herpès génital. S'il arrive à réduire l'intensité et la longueur d'un premier épisode d'infection herpétique, son utilité dans le traitement des récidives est beaucoup moins sûre. Un certain nombre d'études laissent cependant entendre que le traitement précoce par voie orale d'un premier épisode d'herpès réduirait le nombre de rechutes au cours, non pas de la première année, mais des années subséquentes. Il vaut sans doute la peine alors de se précipiter chez son médecin si l'on soupçonne une contamination par ce virus.

Aldactazide

Association de 25 mg de spironolactone et de 25 mg d'hydrochlorothiazide.
Autre nom commercial :
Novo-Spirozine.

Ordonnance requise

Indications thérapeutiques

L'Aldactazide est une combinaison de deux diurétiques qui s'emploie surtout dans le traitement de l'hypertension artérielle, moins souvent dans divers types de rétention d'eau (œdème).

Posologie habituelle

Comme l'admet le fabricant, « les médicaments à combinaison fixe ne sont pas indiqués pour le traitement d'attaque. Les patients doivent recevoir une médication titrée selon les besoins de chaque cas. » Si les doses de spironolactone et d'hydrochlorothiazide requises correspondent aux doses contenues dans l'Aldactazide, il est alors possible de prendre ce médicament au lieu des deux autres. Le dosage total varie d'ordinaire entre 2 et 8 comprimés par jour, à prendre aux repas ;

il est préférable de ne pas consommer ce médicament après 18 h 00 quand on veut éviter d'avoir à se lever la nuit pour uriner.

Contre-indications et effets secondaires possibles

Voir spironolactone et hydrochlorothiazide, pages 555 et 332.

Précautions

La spironolactone retient le potassium tandis que l'hydrochlorothiazide cause une déperdition de ce minéral ; l'effet global en est cependant un de rétention, aussi ne faut-il pas prendre de suppléments de potassium avec l'Aldactazide, à moins de circonstances rares qui requièrent une surveillance médicale attentive. Certains substituts du sel contiennent beaucoup de potassium et ils doivent donc être évités.

Pour le reste des précautions à prendre, voir les textes sur la spironolactone et l'hydrochlorothiazide aux pages 555 et 332.

Alternatives

Voir l'hypertension artérielle, page 747.

Jugement global

Plusieurs raisons motivent la mise en cause d'un médicament comme l'Aldactazide. Il est difficile d'individualiser le traitement (les composantes y étant en combinaison fixe) et le danger de débalancement du potassium est considérable, surtout chez les personnes âgées. De plus, ce médicament est fort coûteux ; cependant, si l'on doit prendre les deux médicaments qui le composent et que leur dosage concorde avec celui que l'on trouve dans l'Aldactazide, cela revient moins cher dans cette formule que d'acheter chaque médicament séparément. L'Aldactazide est actuellement beaucoup trop fréquemment employée.

Alertonic

Association de pipradol et
vitamines.

Ordonnance requise

Indications thérapeutiques

Le fabricant recommande l'utilisation à court terme de l'Alertonic
dans les cas de déficience en vitamines B accompagnée de fatigue.

Ce médicament contient en fait un stimulant apparenté au
méthylphénidate et des vitamines B. Il comprend aussi un assez fort
pourcentage d'alcool (15 %).

Posologie habituelle

L'Alertonic se prend le plus souvent à raison de 15 ml (1 cuillerée à
soupe), 3 fois par jour, 1/2 heure avant les repas.

Ce médicament ne doit jamais faire l'objet d'une utilisation prolongée.

Contre-indications

Les contre-indications, effets secondaires et interactions de l'Alertonic
proviennent surtout de la présence du pipradol. On se rapportera donc
à la monographie du méthylphénidate pour plus de détails.

Alternatives

L'Alertonic est souvent prescrit pour stimuler l'appétit et pour vaincre
la fatigue, or ceux-ci sont l'aboutissement d'une multitude de facteurs
que l'on peut regrouper sous l'appellation classique d'hygiène de vie.
L'activité physique, la possibilité de s'adonner à des occupations variées et satisfaisantes, le repos, le contrôle des éléments de stress de
son environnement, les contacts avec d'autres personnes, une alimentation saine font partie de ce que l'on considère généralement comme
une bonne hygiène de vie. On gagnera sûrement à analyser ces
différentes composantes d'un équilibre pas toujours facile à maintenir.

Jugement global

L'Alertonic est un médicament potentiellement dangereux, à cause surtout de la présence du pipradol, un stimulant qui possède certains effets des amphétamines. Son utilisation comporte donc un risque d'accoutumance qui est malheureusement méconnu. En effet, l'Alertonic est le plus souvent considéré comme un tonique bénin, une vitamine pour donner de l'appétit, alors qu'il est autrement plus dangereux. De façon assez ironique, un des effets secondaires des stimulants est la perte d'appétit !

Allopurinol

> Noms commerciaux :
> Alloprin, Apo-Allopurinol,
> Novopurol, Purinol,
> Zyloprim.

Ordonnance requise

Indications thérapeutiques

L'allopurinol s'utilise surtout pour la prévention des crises d'arthrite goutteuse. Il agit en diminuant la formation d'acide urique dans l'organisme. Pendant les crises elles-mêmes, ce traitement s'avère inefficace ; on doit cependant continuer à le prendre.

Posologie habituelle

L'allopurinol s'emploie au dosage de 200 à 300 mg par jour ; il ne faut jamais dépasser la dose de 800 mg par jour. Pour les dosages quotidiens de 300 mg ou moins, il peut être avantageux de ne prendre qu'une dose unique chaque jour. Le meilleur moment pour ingérer l'allopurinol est immédiatement après les repas.

Au début du traitement, il se peut que l'allopurinol provoque des crises de goutte ; aussi vaut-il mieux prendre simultanément un traitement à la colchicine pendant les 3 à 6 premiers mois. L'allopurinol commence à agir après 2 à 3 jours mais atteint son plein rendement après 2 à 3 semaines.

Si on oublie une dose, on la prend dès que l'on s'en souvient ou on l'ajoute à la suivante, mais sans jamais prendre plus de 300 mg à la fois.

Contre-indications

L'allergie à l'allopurinol constitue une contre-indication formelle à ce traitement. Pendant la grossesse et l'allaitement, il vaut mieux ne pas utiliser l'allopurinol étant donné qu'on ne connaît pas ses effets possibles sur le fœtus ou sur le nouveau-né. Chez les personnes dont la fonction rénale ou hépatique est compromise, il faut l'employer à dose réduite.

Effets secondaires possibles

Certains symptômes peuvent apparaître en début de traitement, comme la diarrhée, la somnolence, les nausées et vomissements et les douleurs d'estomac ; habituellement, ces malaises disparaissent d'eux-mêmes. Par contre, d'autres effets plus graves méritent une consultation rapide du médecin : des phénomènes allergiques (éruptions, urticaire et tout particulièrement des démangeaisons, des frissons, de la fièvre, des douleurs musculaires accompagnées de nausées et vomissements) ; de la jaunisse ; des atteintes du sang (qui se traduisent par des hémorragies, des ecchymoses, des infections inexplicables, de la pâleur) ; une fatigue ou une faiblesse extrêmes ; des engourdissements ou des douleurs aux pieds et aux mains. À long terme, l'allopurinol peut aussi provoquer des troubles visuels, de l'impuissance sexuelle et la perte des cheveux.

Interactions médicamenteuses

Les diurétiques, les diverses pénicillines et les anticoagulants oraux augmentent le taux d'acide urique dans le sang et diminuent l'efficacité de l'allopurinol. D'autres médicaments comme l'azathioprine, la théophylline et la mercaptopurine sont potentialisés par l'allopurinol. L'ampicilline augmente la possibilité de réactions cutanées.

Précautions

Pour éviter les coliques néphrétiques, il est important de boire un minimum de 10 à 12 grands verres d'eau ou de jus par jour. L'alcool, le café, le thé et les colas devraient être évités, car ils diminuent l'efficacité de l'allopurinol.

Il est important de se faire suivre régulièrement par son médecin qui doit procéder de temps à autre à des tests sanguins pour vérifier les niveaux d'acide urique et les effets de l'allopurinol sur le sang ; il devrait aussi procéder à des évaluations du fonctionnement du foie et des reins. La décision d'arrêter ce traitement devrait se prendre en consultation avec le médecin qui peut prescrire de la colchicine pour quelques semaines dans le but d'éviter des crises de goutte.

Les suppléments de vitamine C risquent de diminuer considérablement l'effet de l'allopurinol ; ils augmentent aussi les risques de formation de calculs communément appelés pierres aux reins.

Les suppléments de fer ont tendance à s'accumuler au foie si l'on en prend en même temps que l'allopurinol.

La somnolence qui survient souvent en début de traitement devrait inciter à la prudence face à la conduite automobile ou à la manipulation d'autre machinerie, au moins tant que l'on n'est pas bien habitué au traitement.

L'allopurinol étant un traitement préventif, il faut continuer à en prendre même quand il n'y a aucun symptôme.

Alternatives

L'obésité, l'hypertension artérielle et la consommation excessive d'alcool sont souvent alliées à un taux élevé d'acide urique. Une perte de poids peut favoriser la diminution du taux sanguin de cet élément. Certains aliments sont reconnus pour faire augmenter le taux d'acide urique dans le sang et il vaudrait mieux éviter de les consommer : les anchois, les sardines, le foie, les rognons, les ris de veau, la cervelle, les tripes, le boudin, les poissons gras, les champignons, le chocolat et les vins de Bourgogne et de Champagne. Le jeûne peut aussi faire augmenter l'acide urique dans le sang et précipiter des crises. Le repos ne nuit certainement pas, au contraire. On devrait d'abord chercher à concentrer son action sur ces facteurs pour diminuer l'incidence des crises de goutte.

Jugement global

L'utilisation de l'allopurinol doit être réservée aux seuls cas qui le nécessitent vraiment et à la dose la plus faible possible. Nombre de personnes reçoivent en effet le médicament pour faire baisser un taux d'acide urique trop élevé, sans qu'il soit réellement indiqué de le faire. En effet, seuls certains cas ont avantage à être traités ; les autres risquent plus — à cause des réactions d'hypersensibilité parfois graves.

Lorsque le taux d'acide urique est très élevé, l'allopurinol est souvent le médicament de choix. Il agit souvent chez les patients réfractaires aux autres traitements. Il peut être utilisé chez les personnes dont la fonction rénale est atteinte, quoique à dose réduite. L'usage concomitant d'AAS en vue de soulager les douleurs ne vient nullement compromettre son action. Contrairement aux autres médicaments employés dans la goutte, il n'en augmente pas le risque de produire des calculs rénaux. L'exacerbation possible des crises en début de traitement ne doit pas décourager et inciter à interrompre le traitement.

Alprazolam

Nom commercial : Xanax.

Ordonnance requise

L'alprazolam est un produit similaire au diazépam (voir page 252), mais beaucoup plus puissant. Il est absorbé rapidement et il séjourne moins longtemps dans l'organisme que le diazépam. Cette dernière caractéristique offre certains avantages pour les personnes âgées et pour les gens dont la fonction hépatique est déficiente.

Bien qu'il possède théoriquement les mêmes indications que le diazépam, l'alprazolam a jusqu'ici été utilisé pour réduire l'anxiété ; on lui attribue cependant une action antidépressive et une certaine efficacité dans les cas de panique.

L'alprazolam présente des effets secondaires analogues aux autres benzodiazépines, mais serait moins sédatif que le diazépam. Il serait par contre plus susceptible de causer des pertes de mémoire quant aux événements récents (tout comme le triazolam, le lorazépam, l'oxazépam et le témazépam). Il partage enfin les interactions médicamenteuses de ce dernier médicament. Enfin, comme les autres benzodiazépines puissantes, l'alprazolam présente un risque de dépendance plus élevé que ses congénères moins forts (diazépam, chlordiazépoxide, chlorazépate, oxazépam).

Après un usage prolongé (en général plus de 3 mois), une réaction de sevrage peut se produire. Elle se manifeste alors dans les 24 heures suivant l'arrêt de la médication. On recommande, lorsque l'on désire cesser de prendre de l'alprazolam, de changer pour une dose équivalente de chlordiazépoxide ou de diazépam dont on diminuera l'apport graduellement tel qu'expliqué en page 255.

La posologie de l'alprazolam varie d'un individu à l'autre et peut aller de 0,25 à 4 mg par jour. On prend habituellement l'alprazolam trois fois par jour, à raison de 0,25 ou 0,5 mg par dose.

L'alprazolam est un des derniers nés du prototype diazépam. On lui attribue de nouvelles qualités : effet antidépresseur, antimaniaque et antipanique. Il est cependant encore trop tôt pour confirmer ces prétentions : les auteurs consultés à cet effet restent sceptiques et soulignent par ailleurs le plus grand risque de dépendance de cette nouvelle benzodiazépine.

Aminophylline

Noms commerciaux :
Corophyllin, Palaron,
Phyllocontin.

Ordonnance non requise

L'aminophylline est un sel de théophylline et possède les mêmes indications, effets secondaires et précautions que cette dernière ; nous vous référons donc au texte sur la théophylline, en page 581, pour en savoir davantage.

L'action de 100 mg d'aminophylline égale celle de 80 mg de théophylline. Lors du traitement des crises aiguës d'asthme, l'aminophylline s'emploie souvent par voie intraveineuse. Par contre, on recommande peu l'utilisation des suppositoires parce que leur absorption est imprévisible et rend les doses difficiles à ajuster.

Amitriptyline

Noms commerciaux :
Apo-Amitriptyline, Elavil,
Levate, Meravil,
Novotriptyn.

Ordonnance requise

Indications thérapeutiques

On utilise l'amitriptyline pour traiter la dépression. Bien qu'on ne connaisse pas vraiment la façon dont ce médicament agit, celui-ci réussit dans bien des cas à atténuer ou à supprimer les symptômes de dépression. Son action se caractérise alors par une stimulation de l'humeur et de l'activité et par une influence favorable sur le sommeil et sur l'appétit.

On emploie aussi l'amitriptyline dans le traitement de certaines douleurs (migraines, céphalées vasculaires, douleurs chroniques, etc.).

Posologie habituelle

On instaure le traitement de façon progressive ; une manière courante de procéder consiste à prendre 50 mg par jour pendant 2 jours, à augmenter à 100 mg par jour pendant 2 autres jours et puis à 150 mg par jour pendant une période plus ou moins prolongée (souvent durant plusieurs mois). Les doses peuvent même aller jusqu'à 300 mg par jour.

L'amitriptyline est un médicament qui doit être pris sur une base régulière, à la différence des tranquillisants qu'on peut prendre « au besoin seulement ». En effet, elle met beaucoup de temps à agir ; son action peut prendre de 5 à 21 jours avant de se manifester.

Au moment d'arrêter le traitement, on aura avantage à diminuer les doses progressivement. On doit parfois continuer un traitement d'entretien pour éviter les rechutes ; il consiste alors en une dose de 25 ou 50 mg au coucher.

Contre-indications

— On devrait éviter de prendre ce médicament peu après un infarctus du myocarde et le faire avec grand soin si l'on souffre de maladie cardiaque ou d'irrégularité du rythme cardiaque.

— On attendra 15 jours après avoir cessé un traitement avec le Parnate, le Nardil ou le Marplan avant d'utiliser l'amitriptyline.

— On évitera son usage pendant la grossesse et l'allaitement.

— Certains états n'empêchent pas de façon absolue l'utilisation d'amitriptyline, mais demandent une attention médicale plus grande. Ce sont : le glaucome, le diabète, l'hyperthyroïdie, l'épilepsie, la rétention urinaire, l'hypertrophie de la prostate, un dysfonctionnement du foie, l'asthme, les problèmes sanguins et gastro-intestinaux, la schizophrénie et la maladie maniaco-dépressive.

Effets secondaires possibles

Les effets secondaires les plus fréquents surviennent en début de traitement et diminuent parfois à la longue ; ils ne nécessitent habituellement pas l'arrêt du médicament. Ce sont la somnolence, la sécheresse de la bouche, les étourdissements, la fatigue ainsi qu'une augmentation de l'appétit et du poids.

D'autres effets secondaires bénins peuvent apparaître, bien que plus rarement : ce sont la diarrhée, une augmentation de la sudation, des vomissements et des brûlures d'estomac.

La constipation, l'embrouillement de la vue et la rétention urinaire sont, quant à eux, assez courants et demandent, dans certains cas, une consultation médicale.

Certains effets secondaires demandent nécessairement une consultation médicale :

— des évanouissements, de la faiblesse ;

— des troubles endocriniens : enflure des testicules, gonflement des seins (autant chez l'homme que chez la femme), sécrétion de lait, difficulté à atteindre l'orgasme ;

— la perte des cheveux (rare) ;

— des tremblements, de la rigidité, des mouvements incoordonnés au niveau de la bouche, de la langue, des bras et des jambes. Ce dernier effet — bien que rare — peut survenir en cours de traitement ou encore lorsqu'on l'interrompt ;

— de l'agitation, de la nervosité et de l'insomnie ;

— des irrégularités du rythme cardiaque et du pouls ;

— une éruption cutanée, de l'enflure et des démangeaisons : ce sont des signes d'allergie ;

— de la fièvre, un mal de gorge et une tendance à faire des bleus facilement ; ils peuvent indiquer une atteinte de la mœlle osseuse ;

— une hypersensibilité au soleil ;

— l'apparition ou l'aggravation de glaucome (douleur aux yeux).

De la confusion, de l'agitation, du délire, des hallucinations, des convulsions peuvent être un signe d'intoxication et demandent une intervention rapide. Ce syndrome toxique apparaît plus souvent chez les personnes âgées. De la difficulté à respirer, une accélération ou une irrégularité marquée du pouls, de la fièvre, de la rigidité, une faiblesse exagérée demandent, eux aussi, une action très rapide et l'arrêt du traitement.

Interactions médicamenteuses

L'amitriptyline peut diminuer l'effet de la guanéthidine et de la clonidine. Elle peut aussi modifier la tendance à faire des convulsions des épileptiques et demander un ajustement des doses d'anticonvulsivant.

Elle peut augmenter l'action et les effets secondaires des médicaments suivants : les coupe-faim, les antiparkinsoniens, certains relaxants musculaires employés dans les problèmes gastro-intestinaux, les tranquillisants, les somnifères, les narcotiques, les antipsychotiques, certains anti-asthmatiques et certains décongestionnants.

L'amitriptyline réagit aussi avec les médicaments suivants : les barbituriques diminuent son effet antidépresseur, les extraits thyroïdiens augmentent les risques de toxicité cardiaque, la cimétidine en augmente l'effet et la toxicité. L'amitriptyline augmente l'activité des anticoagulants. Son association avec le Parnate, le Nardil ou le Marplan peut provoquer une crise hypertensive. Les contraceptifs oraux et les œstrogènes peuvent à la fois entraver l'activité des antidépresseurs et augmenter leur toxicité, demandant éventuellement une diminution des doses des deux médicaments.

Précautions

L'amitriptyline peut causer de la sédation et rendre hasardeuse la conduite automobile et l'utilisation de machines demandant de l'attention et de la précision. Pour minimiser cet effet, il est recommandé de prendre la plus grande partie de la dose quotidienne du médicament (ou même la dose au complet) au coucher et non en plusieurs prises durant la journée. L'effet obtenu est aussi valable.

L'effet d'amélioration sur l'humeur peut être long à se manifester ; on ne devrait pas conclure à une inefficacité du médicament avant un mois de traitement. Aussi, des échecs de traitement seraient souvent attribuables à l'utilisation de doses insuffisantes.

L'alcool risque d'augmenter l'effet de somnolence de l'amitriptyline.

On devrait interrompre ce médicament plusieurs jours avant une intervention chirurgicale.

Après un usage prolongé, une cessation brusque du traitement peut entraîner des symptômes de sevrage, avec des maux de tête, des nausées, des vomissements, de la diarrhée, de l'insomnie, des cauchemars, un retour du sentiment dépressif et des épisodes de manie. Pour éviter ces inconvénients ou en réduire l'importance, on devra diminuer graduellement les doses pendant une période de 2 à 8 semaines. Il est parfois nécessaire de continuer à prendre une dose d'entretien tel qu'indiqué dans la section *Posologie habituelle*.

Alternatives

Bien qu'il semble assez clair que les antidépresseurs favorisent la guérison des personnes atteintes de dépression, il est difficile d'évaluer la part jouée par la médication dans l'amélioration de l'état de santé. La dépression a des origines multiples : génétiques, environnementales, psychologiques et biochimiques, toutes plus ou moins reliées les unes aux autres. La médication pharmacologique agirait directement sur les composantes biochimiques des activités de veille, de sommeil, d'appétit et de conscience. Cependant, la médication ne peut pas avoir d'effet sur les facteurs environnementaux, émotifs ou psychologiques. Plusieurs approches thérapeutiques existent et peuvent aider : la psychiatrie, la psychanalyse, les approches psychologiques verbales ou non verbales, les gymnastiques douces, etc. ; chacune a ses forces et ses défauts. Il s'agit de trouver une voie qui nous convienne, avec un thérapeute qui nous convienne aussi ; ce sont là sans doute les meilleurs critères de choix et les meilleures garanties d'un résultat positif. On devra aussi souvent s'occuper du milieu de vie ; sa qualité peut certainement jouer dans l'installation et la progression d'une dépression. Des conditions de vie familiale, de travail et de logement insatisfaisantes et qui ne changent pas minent le moral et laissent place plus aisément au découragement. En fait, l'on a sûrement avantage à essayer d'avoir une influence sur l'évolution de la maladie en l'envisageant sous différents angles et l'angle chimique n'en est qu'un. Le livre *La dépression*, du Dr Caroline Shreeve, (Québec/Amérique, 1986), présente un excellent plan de travail pour les personnes qui veulent se sortir de leur maladie.

Un élément dont il faut tenir compte dans le choix d'un traitement est la façon dont on l'accepte. On peut refuser un antidépresseur à cause de ce qu'il modifie en nous, à cause du grand nombre d'effets secondaires qu'il peut causer ou bien parce que l'on favorise une approche non chimique. On peut aussi l'accepter comme une aide qui permet temporairement de soulager certains symptômes difficiles à supporter, qui aide à diminuer les émotions et à réduire leur impact sur notre vie... mais on ne peut sûrement pas lui attribuer tout le succès de la guérison.

On a depuis quelques années cherché des solutions de rechange médicamenteuses aux antidépresseurs comme l'amitriptyline (les tricycliques). On s'est d'abord vu proposer le lithium il y a quelques années, auquel on a attribué une activité quasi miraculeuse ; le désenchantement est vite apparu et on le réserve maintenant — associé aux antidépresseurs classiques — aux cas plus difficiles. Le L-tryptophane est peut-être une avenue intéressante à explorer : on a commencé à l'utiliser associé aux antidépresseurs classiques et les résultats obtenus sont encourageants.

Parallèlement aux antidépresseurs « parents » (amitriptyline, imipramine, trimipramine), l'industrie s'est lancée dans la mise en marché de nouveaux espoirs qui semblaient d'abord offrir une plus grande sécurité d'utilisation (ils seraient moins toxiques pour le cœur, moins sujets à créer de psychose toxique...). On devrait cependant exercer à leur égard une vigilance aussi grande qu'avec les produits d'origine. En effet, à mesure que les années s'écoulent, on a découvert certains de leurs effets secondaires. L'un d'entre eux — la nomifensine — vient d'être retiré du marché parce qu'il aurait été associé à quelques cas d'anémie hémolytique. Un autre, le tradozone (Desyrel), a causé des cas de priapisme qui ont quelquefois résulté en une impuissance permanente. L'amoxapine (Asendin), quant à elle, ressemble à la chlorpromazine et a causé des cas de dyskinésie tardive. Il reste l'alprazolam, ce nouveau frère du diazépam qui semble plus sûr, mais dont l'effet antidépresseur n'est pas encore vraiment certifié (voir page 130 pour plus de renseignements sur ce médicament).

Jugement critique

L'amitriptyline est un médicament puissant souvent mal utilisé. On le prescrit la plupart du temps à des femmes et à des personnes âgées pour soulager les symptômes alliés à la dépression. Or on distingue différents types de dépressions et elles ne répondent pas toutes à ce traitement. L'amitriptyline n'a pas d'utilité si on est du type « déprimé chronique » ; dans ce genre de dépression, les crises sont précipitées par des événements n'ayant pas habituellement d'impact important sur l'affectivité. Les antidépresseurs n'agissent pas non plus lors de dépressions situationnelles, lorsque celles-ci sont clairement précipitées par des événements difficiles à vivre : la perte d'un être cher, des difficultés économiques soudaines, la perte d'un emploi... C'est une amélioration de la situation ou l'adaptation créatrice à celle-ci qui permettra de liquider le sentiment dépressif. Les antidépresseurs sont indiqués lorsque la dépression ne semble pas reliée à des facteurs précipitants identifiables ou lorsqu'une transformation de la situation extérieure n'améliore pas l'état. L'installation de la dépression a cependant pu se faire petit à petit, en réaction à des situations extérieures, de défaite en défaite... jusqu'à ce que le seuil de tolérance soit dépassé, mais il est difficile de trancher et d'établir des frontières absolues.

Amoxicilline

Noms commerciaux :
Amoxil, Apo-Amoxi,
Novamoxin.

Ordonnance requise

Indications thérapeutiques

L'amoxicilline est une pénicilline semi-synthétique très près de l'ampicilline ; ces pénicillines « nouvelle génération » sont actives contre un plus grand nombre de microbes que la pénicilline proprement dite. On les emploie principalement dans le traitement des infections bactériennes des oreilles, du nez et de la gorge lorsqu'elles sont causées par des bactéries insensibles à la pénicilline. On emploie aussi l'amoxicilline dans certains cas d'infections urinaires, dans la blennorragie (alors associée au probénécide), parfois dans les cas de méningite et de gastro-entérite à *salmonella*. L'amoxicilline étant absorbée très rapidement, elle s'utilise aussi parfois dans les infections suraiguës. Elle n'est pas efficace contre les staphylocoques qui ont développé de la résistance à la pénicilline.

Posologie habituelle

Le dosage pour un adulte varie de 250 à 500 mg 3 fois par jour aux 8 heures pour la plupart des infections. Dans le traitement de la blennorragie, on devra cependant prendre 3 g en une dose, avec en plus 1 g de probénécide. Pour les infections urinaires *non compliquées* (celles qui se produisent à l'occasion, pas celles qui reviennent sans cesse) on prendra aussi 3 g en une seule prise, mais cette fois sans probénécide. On peut prendre l'amoxicilline avec ou en dehors des repas ; mais son absorption est plus rapide quand elle est ingérée l'estomac vide et avec un grand verre d'eau.

Contre-indications

Les personnes allergiques à la pénicilline et à la céphalexine sont aussi allergiques à l'amoxicilline. Bien que des études en bonne et due forme n'aient pas été menées chez l'humain, celles qui ont été faites chez l'animal permettent de supposer que l'amoxicilline et les autres pénicillines peuvent probablement être utilisées sans danger au cours de la grossesse. L'amoxicilline passant dans le lait, on doit évaluer les avantages et les désavantages d'un tel traitement qui pourrait occasionner à l'enfant diarrhées, infection à *candida* et sensibilisation. Les gens atteints de maladie rénale grave, de mononucléose infectieuse ou de maladie gastro-intestinale (surtout la colite ulcéreuse) ne doivent pas utiliser l'amoxicilline.

Effets secondaires possibles

L'allergie à l'amoxicilline, toujours possible, se manifeste surtout par de l'urticaire, mais parfois par de l'œdème à la figure, de la difficulté à respirer et un choc grave. Les troubles digestifs sont relativement fréquents : nausées et vomissements, douleurs abdominales, diarrhée ou constipation peuvent découler du traitement à l'amoxicilline ; ils n'empêchent généralement pas la continuation du traitement mais il faudra en aviser le médecin si ceux-ci sont graves ou s'ils surviennent après la cessation du traitement. Il peut aussi en résulter une perte d'appétit qui dure longtemps après le traitement ou encore il arrive que la langue prenne une coloration foncée ou se décolore : c'est là un effet sans danger. Certaines femmes développent des vaginites ; plus rarement, le système sanguin pourra être atteint, ce qui se manifestera par de l'anémie ou d'autres troubles sanguins (avec de la pâleur excessive, des menstruations prolongées, des ecchymoses sans raisons, etc.). Une coloration foncée de l'urine ou une décoloration des selles laisse supposer une atteinte hépatique (rare).

Interactions médicamenteuses

L'amoxicilline ne doit pas être donnée en même temps que les antiacides, le chloramphénicol, l'érythromycine, la tétracycline, les sulfamidés et le probénécide (sauf, pour ce dernier, dans le traitement de la blennorragie).

Précautions

Il est important de prendre ses doses d'amoxicilline le plus régulièrement possible, pour s'assurer d'un taux sanguin constant. Si une dose est oubliée, la prendre aussitôt que l'on s'en rend compte ; si elle a été complètement manquée, la prendre à la place de la suivante et ingérer celle-ci 2 ou 3 heures plus tard puis revenir à l'horaire régulier.

Même quand les symptômes de l'infection semblent avoir disparu, il est nécessaire de continuer à prendre l'amoxicilline pour toute la durée du traitement prescrit par le médecin, sans quoi il y a risque que des bactéries survivent et que l'infection revienne plus tard.

Une amélioration se produit généralement après 2 à 4 jours de traitement. On devra contacter son médecin lorsque ce n'est pas le cas.

Pour garder toute son activité, la forme liquide doit être conservée au réfrigérateur (mais non congelée) ; de plus, il faut bien agiter le flacon avant de l'employer.

Jugement global

Nous nous permettons de céder la parole au Dr Henri Pradal, auteur du réputé *Dictionnaire critique des médicaments* : « Comme ce devrait être le cas pour tous les antibiotiques, l'amoxicilline ne devrait être prescrite qu'une fois individualisés et testés les germes contre lesquels elle est censée lutter (antibiogramme). Prescrire un produit aussi efficace (pour le moment) et aussi onéreux, pour des affections banales susceptibles d'évoluer favorablement de manière spontanée ou sous l'influence de traitements non antibiotiques semble constituer une hérésie thérapeutique. L'amoxicilline est actuellement beaucoup trop utilisée... »

L'amoxicilline demeure un médicament de choix pour traiter les infections bactériennes des voies respiratoires supérieures chez les enfants.

L'amoxicilline est aussi commercialisée en association avec l'acide clavulanique sous le nom de Clavulin. Cette association permet d'étendre le spectre d'activité de l'antibiotique à des germes qui lui seraient autrement résistants, dans certaines otites, sinusites, infections urinaires et des voies respiratoires supérieures. Cette association médicamenteuse devrait être réservée aux infections plus difficiles à traiter et encore là, il existe souvent des solutions de remplacement moins coûteuses.

Ampicilline

Noms commerciaux :
Ampicine, Ampilean,
Apo-Ampi,
Novo-Ampicillin,
Penbritine, Pro-Ampi.

Ordonnance requise

Cet antibiotique de la famille des pénicillines a quelque peu cédé le terrain à l'amoxilline, sur le carnet d'ordonnance des médecins ; il lui est pourtant presque identique, et nous référons les lecteurs au texte sur l'amoxilline, page 137.

La posologie de l'ampicilline varie d'après le type d'infection à traiter. La dose totale, habituellement de 1 000 à 2 000 mg par jour, doit être répartie en 4 prises de 250 à 500 mg qu'il faut ingérer l'estomac vide, donc 1 ou 2 heures après les repas.

L'ampicilline peut aussi être donnée en une seule dose lorsqu'elle sert au traitement de la blennorragie ou de certaines infections urinaires.   Cette dose est alors de 3,5 g, accompagnée de 1 g de probénécide dans le cas de la blennorragie.

L'ampicilline diminue l'efficacité des contraceptifs oraux et leur emploi concomitant pourrait être responsable de grossesses non désirées. Cela s'appliquerait plus probablement aux traitements à long terme.

L'incidence de diarrhée est plus grande avec l'ampicilline qu'avec l'amoxilline.

Antivert

> Association de 12,5 mg de méclizine et de 50 mg de niacine.

Ordonnance requise

Indications thérapeutiques

L'Antivert est utilisé dans le traitement des vertiges, entre autres ceux alliés à la maladie de Ménière et à l'artériosclérose cérébrale chez les personnes âgées. On s'en sert aussi dans le traitement des maux de tête d'origine vasculaire et pour prévenir les vomissements associés aux traitements avec de la radioactivité.

Posologie habituelle

On prend 1 comprimé 3 fois par jour avant les repas. Si l'effet de rougeur et de chaleur est trop prononcé, on peut reporter la prise après les repas.

Contre-indications

On évitera l'utilisation de l'Antivert si l'on a déjà démontré une réaction d'hypersensibilité à l'un des deux composants. Le glaucome, l'hypotension ou un ulcère gastro-intestinal avec obstruction et l'hypertrophie prostatique n'empêchent pas l'emploi de ce médicament mais demandent un suivi médical plus attentif.

On devrait éviter d'utiliser l'Antivert pendant la grossesse, l'allaitement et chez les enfants de moins de 12 ans.

Effets secondaires possibles

Les effets secondaires les plus fréquents sont habituellement bénins et de courte durée. Ce sont de la rougeur, une sensation de chaleur, des picotements et des démangeaisons. On peut aussi éprouver de l'assoupissement, de la fatigue et de la sécheresse de la bouche. Par contre si l'on expérimente un embrouillement de la vision ou une réaction allergique (le plus souvent une rougeur durable et des démangeaisons prononcées), on devra contacter son médecin et arrêter le médicament.

Interactions médicamenteuses

L'Antivert augmente les effets sédatifs des somnifères, des tranquillisants, des antidépresseurs, des analgésiques, des antispasmodiques et des antiparkinsoniens. Il potentialise aussi les effets secondaires de plusieurs antihypertenseurs : clonidine, guanéthidine et méthyldopa.

Certains antidépresseurs (Marplan, Nardil et Parnate) prolongent les effets secondaires de l'Antivert.

Précautions

L'Antivert peut causer de la somnolence et rendre hasardeuse la conduite automobile et l'utilisation de machines demandant de l'attention et de la précision ; l'alcool augmente cet effet de somnolence.

Ce médicament peut aggraver la rétention urinaire associée à une hypertrophie de la prostate.

Alternatives

On observe que les personnes atteintes de la maladie de Ménière qui reçoivent un traitement ont moins de crises, quel que soit le traitement entrepris. Il semble qu'une restriction en sel aiderait à prévenir les crises, de même que l'utilisation de diurétiques. Deux autres pistes intéressantes : le stress aurait une part importante dans la maladie et sa réduction amènerait une amélioration. Enfin, certains auteurs croient que la maladie comporte parfois une composante allergique et que l'élimination des allergènes résulte en un mieux-être.

Jugement global

L'Antivert est habituellement considéré comme une association médicamenteuse irrationnelle. Il faisait partie jusqu'à il y a quelques années de la classe de médicaments « probablement inefficaces », aux États-Unis. À la suite de pressions exercées par l'industrie pharmaceutique, cette classe de médicaments s'appelle maintenant « probablement efficaces ». Cependant peu de médecins connaissent ces jeux de coulisses et ils continuent à le prescrire.

Chacun des deux produits de l'association a son efficacité et ses indications. La méclizine est un anti-émétique efficace, bien que coûteux ; elle aurait aidé un certain nombre de patients atteints de vertiges. Quant à la niacine, c'est une vitamine dont la déficience cause la pellagre et dont l'utilité comme vasodilatateur est incertaine, étant donné qu'elle agit principalement au niveau de la peau (y provoquant la sensation de chaleur) et non au niveau des artères cérébrales, comme le prétend le fabricant.

Anusol-HC

> Combinaison d'oxyde de
> zinc, d'hydrocortisone et
> d'autres produits.

Ordonnance requise

Indications thérapeutiques

L'Anusol-HC s'utilise pour le traitement symptomatique de la douleur et de l'inflammation des hémorroïdes ainsi que pour le soulagement des démangeaisons anales.

Posologie habituelle

En phase aiguë, les suppositoires s'emploient le matin, le soir et après chaque selle ; par la suite, l'utilisation d'un suppositoire par jour est ordinairement suffisant.

L'onguent s'emploie le matin, le soir et après chaque selle ; il faut bien nettoyer et assécher l'anus avant d'appliquer abondamment l'onguent.

Contre-indications

L'hydrocortisone contenue dans l'Anusol-HC est absorbée et passe dans le sang ; on n'en connaît pas les effets sur le fœtus ou sur l'enfant nourri au sein. On recommande donc d'éviter un usage chronique. Une utilisation occasionnelle est sans doute acceptable.

L'hydrocortisone ne doit pas s'employer chez une personne qui souffre d'une infection généralisée ou localisée à l'anus, ni chez celle qui présente une obstruction ou une perforation de l'intestin ou encore qui vient de subir l'ablation d'une partie de l'intestin.

Effets secondaires possibles

Localement, les effets secondaires sont rares ; il arrive qu'il se produise de l'irritation ou que survienne une infection, ce qui peut se traduire par des saignements, une sensation de brûlure et des démangeaisons.

L'hydrocortisone utilisée à long terme et à forte dose peut entraîner des effets systémiques graves (voir Prednisone, page 514).

Précautions

L'Anusol-HC doit être gardé à des températures de 7 à 30° C.

Il n'est pas recommandable d'entreprendre un traitement sans avoir vu le médecin qui devrait procéder à un examen attentif avant de prescrire l'Anusol-HC ; en effet, l'hydrocortisone peut accélérer l'évolution de certaines maladies préexistantes.

Les enfants ne doivent pas employer l'Anusol-HC à moins d'être suivis de près par le médecin.

Alternatives

Voir le texte sur les hémorroïdes, page 743.

Jugement global

L'Anusol-HC est un traitement essentiellement symptomatique qui soulage mais qui n'empêche pas les hémorroïdes d'évoluer et de s'aggraver ; son emploi ne peut donc être curatif.

Astémizole

Nom commercial :
Hismanal.

Ordonnance non requise

Indications thérapeutiques

L'astémizole est indiqué pour soulager les symptômes des allergies saisonnières, de l'urticaire chronique et d'autres manifestations allergiques.

Posologie habituelle

La posologie recommandée est de 1 comprimé de 10 mg par jour. Certaines personnes pourraient avoir besoin de plus, jusqu'à 25 mg par jour. Aux enfants de 6 à 12 ans, on peut donner 5 mg une fois par jour ; à ceux de moins de 6 ans, on donne 2 mg pour chaque 10 kg de poids une fois par jour. Il est probablement préférable de ne pas en donner aux enfants de moins de 2 ans.

Ce médicament doit être pris à jeun, de préférence en soirée.

Il arrive que l'effet désiré ne survienne qu'après quelques jours d'utilisation.

Contre-indications

L'hypersensibilité au médicament est la seule contre-indication connue de l'astémizole.

Son innocuité durant la grossesse n'ayant pas été établie, on préférera s'en abstenir au cours de cette période et aussi probablement si on allaite.

Effets secondaires

Le seul effet secondaire connu du médicament est un gain de poids qui se produit parfois à la suite d'une utilisation prolongée.

Interactions médicamenteuses

On ne connaît pas d'interactions médicamenteuses à ce médicament.

Précautions

Tous les antihistaminiques peuvent perdre une partie de leur efficacité après quelque temps d'usage. Il faut alors changer de produit.

On ne devrait jamais utiliser un antihistaminique durant une crise d'asthme.

On doit cesser l'usage d'astémizole 4 jours avant de subir des tests cutanés d'hypersensibilité, car il en modifie les résultats.

Il arrive, mais rarement, que ce médicament diminue les réflexes et cause un peu de somnolence. La prudence s'impose alors.

Alternatives

Voir le texte sur l'allergie, en page 668.

Jugement global

La faible incidence de somnolence est un avantage certain de l'astémizole. Le médicament reste cependant assez peu connu ; il n'est pas commercialisé chez nos voisins du Sud et il n'existe par conséquent que peu de données à son égard. On recommande donc la prudence et, si possible, d'en éviter l'utilisation prolongée.

Aténolol

Nom commercial :
Tenormin.

Ordonnance requise

Indications thérapeutiques

L'aténolol est utilisé principalement dans le traitement de l'hypertension et dans la prévention des crises d'angine. On l'emploie aussi dans les arythmies, dans la prévention des migraines et dans certains problèmes thyroïdiens.

Posologie habituelle

Dans le traitement de l'hypertension, on commence généralement par une prise quotidienne de 12,5 à 25 mg, qui pourra monter jusqu'à 50 ou 100 mg après 1 ou 2 semaines.

Les patients dont la fonction rénale est déficiente se limiteront à des doses plus faibles.

La prise de nourriture n'a pas d'effet sur ce médicament.

Contre-indications, effets secondaires, précautions et interactions médicamenteuses

Voir le texte sur le propranolol, page 534.

L'aténolol se distingue cependant du propranolol sur certains points :

— il pénètre moins facilement dans le système nerveux central que les autres bêta-bloquants et occasionnerait moins de somnolence, cauchemars, nervosité, anxiété, dépression, confusion... ;

— il provoquerait moins souvent de problèmes circulatoires périphériques : extrémités froides et picotements ;

— il aurait peu d'effets sur les bronches et serait alors plus acceptable pour les patients atteints d'emphysème ou de bronchite chronique, principalement à faible dose (moins de 100 mg par jour) ;

— il ralentit moins le cœur ;

— il masque à un moindre degré les signes d'hypoglycémie chez les diabétiques, ce qui en ferait un médicament plus sûr chez ces personnes ;

— il n'occasionnerait pas de hausse des lipides sanguins lorsqu'il est utilisé seul ;

— son effet n'est pas modifié par les barbituriques, la chlorpromazine, la cimétidine, les contraceptifs oraux, les hormones thyroïdiennes et la rifampine.

L'aténolol semble solutionner bien des problèmes associés aux bêta-bloquants. Si l'usage devait le confirmer, ce serait là un médicament intéressant.

AVC

Combinaison de
sulfanilamide, aminacrine
HCL et allantoïne.

Ordonnance requise

La crème vaginale AVC est analogue au Sultrin et le texte qui s'applique à ce dernier médicament vaut aussi pour le AVC.

On aura donc intérêt à consulter la monographie en page 572.

B

Béclométhasone

Noms commerciaux :
Beclovent, Béconase,
Vancénase, Vancéril.

Ordonnance requise

Indications thérapeutiques

Le béclométhasone est un corticostéroïde qui s'utilise en aérosol par voie buccale pour le traitement d'entretien de l'asthme bronchique lorsque celui-ci résiste aux autres formes de traitement aux bronchodilatateurs. Il peut aussi être utilisé par les patients déjà traités aux corticostéroïdes, permettant de diminuer les doses normalement nécessaires par voie orale.

Il existe aussi un aérosol pour administration par voie nasale qui sert au traitement des rhinites allergiques et dans certains états inflammatoires.

Posologie habituelle

Le béclométhasone ne s'emploie pas pour traiter les crises aiguës d'asthme. Il doit s'utiliser strictement au dosage prescrit par le médecin. Chaque jet d'aérosol relâche 50 microgrammes du produit ; le traitement est ordinairement de 2 inhalations 3 ou 4 fois par jour, sans jamais dépasser les 20 inhalations par jour. C'est une bonne pratique de se gargariser après chaque traitement, pour diminuer l'irritation de la gorge et le danger d'infection à champignons.

L'effet du béclométhasone met parfois moins d'une semaine à se manifester, mais peut demander jusqu'à 4 semaines.

Le béclométhasone s'emploie souvent pour remplacer un traitement stéroïdien donné par comprimé ; le passage d'un mode de traitement à l'autre peut être difficile et requiert une surveillance étroite. Il ne faut pas abandonner les comprimés oraux d'un coup, mais procéder à un sevrage progressif. Parfois les surrénales mettront plusieurs mois avant de fonctionner normalement. On devra donc connaître les signes suivants et, s'ils se produisent, contacter son médecin : des douleurs abdominales ou au dos, des étourdissement, de la fièvre, des douleurs musculaires ou articulaires, des nausées et vomissements, une perte d'appétit et de poids, une fatigue excessive, de la difficulté à respirer. Tout cela peut indiquer un manque de corticostéroïdes dans l'organisme ; en effet, après un long traitement par ces médicaments l'organisme diminue sa propre production de ces hormones et il peut, à l'arrêt du médicament, survenir des symptômes d'insuffisance cortico-surrénale.

Contre-indications

Les inhalateurs de béclométhasone ne devraient jamais servir au traitement des crises aiguës d'asthme.

De plus, les corticostéroïdes ne devraient pas s'employer chez les gens souffrant de tuberculose active, d'ulcère gastro-duodénal, de diabète, d'hypertension artérielle grave, de troubles psychiatriques graves, d'ostéoporose et d'infections aiguës (bactériennes, virales ou à champignons). Les personnes qui ont des antécédents de maladie thrombo-embolique ne devraient pas les utiliser. Pendant la grossesse et l'allaitement, les corticostéroïdes atteignent le fœtus et le bébé et peuvent causer des troubles de croissance.

Effets secondaires possibles

Les fabricants du béclométhasone soutiennent que ses effets sont très localisés et que, par conséquent, on n'aurait pas à craindre les effets généraux souvent rencontrés pendant l'utilisation des corticostéroïdes pris par la bouche. C'est ce qui se produirait chez la majorité des utilisateurs qui ne dépassent pas les doses prescrites, l'incidence des effets généraux augmentant lorsque les recommandations d'emploi sont ignorées. Il faut cependant ajouter qu'on a déjà vu se produire une altération de la sécrétion de cortisone par les surrénales même aux doses recommandées, altérant ainsi la résistance de tout l'organisme ; nous référons les lecteurs au texte sur la prednisone, page 514, pour une liste complète des effets généraux du médicament.

L'emploi de cet aérosol provoque parfois dans la bouche ou la gorge la multiplication d'un champignon, le *candida albicans* ; il faut alors arrêter le béclométhasone. L'irritation locale peut aussi entraîner de la toux, de l'enrouement et de la difficulté à avaler, des saignements de nez ou la formation d'une croûte sur la muqueuse nasale.

À cause de la baisse de résistance aux infections que le béclométhasone entraîne, on peut assister à une rechute d'une tuberculose pulmonaire latente.

Le gaz qui sert de véhicule au béclométhasone peut exercer des effets toxiques sur le système cardio-vasculaire.

Interactions médicamenteuses

On ne devrait pas utiliser le béclométhasone en même temps que d'autres corticostéroïdes (sauf pour la période de transition : voir *Posologie*) ni avec l'insuline ou les hypoglycémiants oraux. On devra aussi faire preuve de prudence si on doit prendre de l'aspirine ou d'autres anti-inflammatoires, des diurétiques, du potassium, des anticoagulants ou du digoxin. Quand on l'utilise simultanément avec un bronchodilatateur, ce dernier devrait être employé au moins 15 minutes avant le béclométhasone pour avoir son plein effet et éviter que le béclométhasone ne précipite un bronchospasme.

Précautions

Il peut être souhaitable d'évaluer périodiquement la sécrétion de corticostéroïdes par les surrénales.

Le béclométhasone doit être administré sur une base continue en prophylaxie et non pas seulement au besoin.

On ne doit jamais dépasser la posologie prescrite par le médecin, entre autre à cause du fait que le gaz dans lequel est dissous le médicament peut avoir à forte dose un effet toxique sur le système cardio-vasculaire.

Pour que l'effet de l'inhalateur soit maximal, il s'avère très important de suivre à la lettre la façon de procéder pour l'administration :
— bien agiter l'inhalateur ;
— tenir l'inhalateur de 5 à 10 cm devant la bouche ouverte (ou utiliser un tube d'espacement cartonné) ; l'inhalateur doit être maintenu à la verticale et, par conséquent, on doit incliner légèrement la tête vers l'arrière durant l'utilisation ;
— expirer profondément, pour vider complètement les poumons ;

— en même temps que l'on appuie sur la boîte métallique, on inspire lentement et profondément, par l'embout de l'inhalateur ; on continue à maintenir l'inspiration et à retenir son souffle aussi longtemps que possible ;
— retirer l'inhalateur de la bouche en expirant lentement ;
— si une deuxième dose doit être administrée, attendre 1 minute et recommencer le processus.

L'action du béclométhasone débute de 5 à 6 minutes après l'administration et dure de 3 à 6 heures.

En cas d'infection aiguë, il est préférable d'arrêter le béclométhasone, car son emploi peut retarder la guérison et encourager les complications.

Le contenant de béclométhasone devrait être gardé loin de la chaleur et de la lumière solaire ; de plus, il ne faut ni le brûler ni le perforer, quand il est vide.

La présence de mucus dans les bronches entrave l'action du médicament. On verra à les dégager avant de se servir de l'inhalateur.

Alternatives

L'asthme étant une maladie possiblement liée à plusieurs facteurs qui en déclenchent les crises, on devrait faire l'effort de les identifier et d'en tenir compte autant dans les mesures préventives que thérapeutiques ; voir à ce sujet le texte sur l'asthme, page 688.

Jugement global

Comme l'écrit le Dr Henri Pradal, «les effets secondaires des corticoïdes anti-asthme sont encore mal connus car le recul dont on dispose est insuffisant. La vogue actuelle du béclométhasone est inquiétante, dans la mesure où l'on ignore tout des conséquences d'un traitement à long terme.»

Le traitement aux corticostéroïdes ne devrait être réservé qu'aux asthmatiques bronchiques chez qui les autres traitements ne fonctionnent pas ; par contre, dans ces cas, le béclométhasone permet d'utiliser des doses beaucoup plus faibles que les traitements oraux habituels.

La réponse thérapeutique au béclométhasone n'est pas immédiate, contrairement aux bronchodilatateurs. En connaissance de ce fait, il est important de ne pas augmenter les doses même si les effets escomptés se font attendre. En l'absence d'amélioration significative des symptômes après 3 semaines de traitement, il est préférable de cesser l'emploi de béclométhasone.

La rhinite allergique est une indication douteuse pour un médicament d'une telle puissance.

Benzydamide

Nom commercial : Tantum.

Ordonnance requise

Indications thérapeutiques

Le benzydamide possède des propriétés analgésiques et anti-inflammatoires. Il sert à soulager la douleur et l'œdème au niveau de la bouche et de la gorge lorsque ces symptômes proviennent de traitements de radiothérapie ou d'un « mal de gorge » aigu.

Posologie habituelle

Le benzydamide s'emploie en gargarisme. On utilise au moins 15 ml du liquide qui doit rester en contact avec la muqueuse au moins 30 secondes.

Dans les maux de gorge aigus, on peut répéter l'opération à chaque 1 1/2 à 3 heures. Lorsque le traitement accompagne la radiothérapie, l'utilisation de benzydamide commence de préférence la veille et se poursuit tant qu'il est nécessaire. On recommande alors une fréquence de 3 ou 4 fois par jour.

Recracher la solution après le gargarisme.

L'effet se manifeste à peu près 5 minutes après s'être gargarisé et dure au moins 1 1/2 heure.

Contre-indications

L'allergie connue à un des ingrédients de la solution constitue une contre-indication à l'emploi du benzydamide. L'insuffisance rénale nécessite un usage circonspect.

On ne recommande pas l'emploi du benzydamide ni aux enfants de moins de 5 ans, ni aux femmes enceintes, étant donné que le médicament traverse le placenta.

Effets secondaires possibles

Le benzydamide produit assez souvent des effets secondaires. Les plus courants sont : une sensation de brûlure locale, de l'irritation, des nausées et des vomissements. Il occasionne aussi parfois de la sécheresse de la bouche, des maux de tête, de la somnolence et de la soif.

Précautions

On peut diluer le liquide avec une quantité égale d'eau, surtout si celui-ci occasionne de l'irritation locale.

Le benzydamide inhibe le réflexe de déglutition et insensibilise la langue. On s'assurera que ces effets se sont dissipés avant de boire ou de manger. Ces désagréments durent généralement moins longtemps que l'action analgésique.

Alternatives

Pour le mal de gorge dû au rhume, voir le texte sur le rhume et la grippe, page 814.

Jugement global

Qu'un remède destiné à soulager le mal de gorge produise dans près de 10 % des cas de l'irritation et une sensation de brûlure locale a un petit quelque chose d'absurde. Il semble pourtant que le médicament possède une certaine efficacité et probablement que les personnes atteintes de douleurs graves pourront en bénéficier. Les autres opteront sans doute pour les remèdes maison.

Bromazépam

Nom commercial :
Lectopam.

Ordonnance requise

Le bromazépam est une copie plus ou moins conforme du lorazépam par rapport auquel il ne semble pas présenter d'avantages réels (voir page 380).

La dose varie beaucoup d'un individu à l'autre, mais peut aller jusqu'à 3 à 6 mg 2 ou 3 fois par jour.

Bromocriptine

Nom commercial :
Parlodel.

Ordonnance requise

Indications thérapeutiques

La bromocriptine connaît plusieurs usages. C'est un inhibiteur de la prolactine qui peut être donné en traitement des aménorrhées (absence de menstruation), de galactorrhée (sécrétion anormale de lait) et d'infertilité, lorsque ces désordres sont reliés à un excès de sécrétion de prolactine. Elle peut aussi servir à interrompre la lactation après un accouchement ou un avortement. On y a recours également dans le cas de certaines tumeurs de la glande pituitaire et dans certains cas d'acromégalie. On utilise enfin la bromocriptine dans le traitement de la maladie de Parkinson, assez souvent en association avec le lévodopa ou parfois en remplacement de ce dernier médicament.

Posologie habituelle

La dose varie grandement d'une indication à l'autre, mais quelle qu'elle soit on aura toujours avantage à instituer le traitement progressivement — le plus souvent avec 1,25 mg au coucher — en l'augmentant progressivement de 2,5 mg aux 3 ou 4 jours.

En traitement d'aménorrhée, de galactorrhée et d'infertilité, on prendra généralement 2,5 mg 2 ou 3 fois par jour. La plupart du temps, il faut compter de 6 à 8 semaines avant que les menstruations réapparaissent et jusqu'à 12 à 13 semaines pour qu'une sécrétion anormale de lait disparaisse.

Comme inhibiteur de la lactation post-partum, on prend habituellement 2,5 mg 2 fois par jour pendant 14 ou 21 jours.

Les doses sont beaucoup plus fortes lorsqu'il est question de traiter les tumeurs hypophysaires et peuvent atteindre 60 mg par jour.

Dans la maladie de Parkinson, le dosage varie énormément et peut s'étendre entre 2,5 et 100 mg par jour, en plusieurs prises. Certains auteurs croient qu'il n'est pas justifié de prendre plus de 20 mg par jour. L'action du médicament mettra de 1 à 3 semaines à se manifester.

Afin de minimiser l'irritation gastro-intestinale, le médicament doit être pris aux repas ou avec du lait en 2 ou 3 prises.

On prendra une dose oubliée en deçà de 4 heures du moment de l'administration habituelle ; passé ce temps, on devra sauter cette dose et continuer le traitement à partir de l'heure de la prise suivante. Ne pas doubler les doses.

Contre-indications

L'hypersensibilité aux dérivés de l'ergot constitue une contre-indication absolue à l'utilisation de la bromocriptine. Un dysfonctionnement hépatique et la présence de troubles psychiatriques demandent une bonne évaluation des avantages et des désavantages du traitement et un suivi attentif.

On ne recommande pas l'utilisation de la bromocriptine durant la grossesse à cause de ses effets sur l'hypophyse. Certaines études ont associé à son usage (chez le lapin) l'apparition de malformations. Ces résultats ne sont cependant pas réapparus ni chez l'humain, ni chez les autres animaux.

La bromocriptine inhibe la lactation et ne devrait donc pas être administrée aux femmes qui désirent allaiter.

Effets secondaires possibles

À faible dose, la bromocriptine occasionne assez souvent de la somnolence ou de la fatigue, des nausées, des maux de tête, des étourdissements — qui sont le plus souvent reliés à une baisse de pression artérielle, la plupart du temps bénigne. Ces effets sont généralement transitoires et ne devraient pas empêcher la poursuite du traitement.

À plus forte dose (le plus souvent chez les patients parkinsoniens) on risque de voir apparaître des mouvements incontrôlés et des troubles psychiques (confusion, hallucinations) et, plus rarement, des saignements gastro-intestinaux (les selles deviennent noires), des convulsions et des coups de fatigue. On a relevé quelques cas de crises hypertensives, de convulsions, d'évanouissement chez les femmes qui prenaient le médicament en post-partum ; le dénouement a été fatal dans un cas.

D'autres effets peuvent se produire à forte dose : de l'enchifrènement, de la constipation, de la sécheresse de la bouche, des crampes
aux jambes, de l'anorexie, sans que cela n'entrave généralement la
poursuite du traitement. L'apparition de dépression, de picotements
dans les doigts et les orteils lorsqu'ils sont exposés au froid, de
problèmes visuels ou d'essoufflement demandent cependant un peu
plus d'attention sans nécessairement remettre en question le traitement.

Rares sont les effets secondaires positifs, mais la bromocriptine en
aurait un : l'augmentation du désir sexuel.

Interactions médicamenteuses

On ne recommande pas l'usage concomitant de bromocriptine et
d'œstrogènes ou de progestatifs — et donc d'anovulants — car ils interfèrent avec l'activité de celle-ci.

Le halopéridol, la loxapine, le méthyldopa, le métoclopramide, le
Parnate, le Nardil et les phénothiazines peuvent accroître la sécrétion
de prolactine et interférer avec l'activité de la bromocriptine. Il faudra
ajuster les doses en conséquence. Il faudra aussi faire preuve de vigilance et éventuellement ajuster les doses, si on désire administrer la
bromocriptine avec des antihypertenseurs.

Précautions

La bromocriptine peut diminuer la tolérance à l'alcool et donc en multiplier les effets.

Si le médicament produit de la somnolence ou des étourdissements, éviter de conduire une automobile ou de manipuler des machines demandant de l'attention.

Ce médicament ne devrait jamais être donné moins de 4 heures
après un accouchement, ni avant que tous les signes vitaux se soient
stabilisés à cause du risque de syncope.

La bromocriptine peut accélérer le retour à la fertilité après un accouchement. On devra à cause de cela utiliser un moyen de contraception mécanique.

Certains examens devraient être effectués avant et pendant un traitement à la bromocriptine :

— la prise de la pression sanguine : surtout en période post-partum ;

— une évaluation annuelle complète de la fonction hypophysaire ;

— un dosage bisannuel de la prolactine sanguine ;

— un test de grossesse à intervalles réguliers dans le traitement de l'infertilité et dès qu'une période menstruelle est sautée, après le retour des menstruations ;

— un examen du champ visuel : lorsqu'une grossesse découle de l'emploi du médicament.

On recommande que le traitement de l'infertilité soit accompagné de la prise de la température basale, afin de déterminer le moment de l'ovulation.

Alternatives

Pour le traitement de la maladie de Parkinson, il semblerait que la relaxation avec imagerie mentale positive donne des résultats intéressants. Cette méthode permet de potentialiser les effets des traitements médicamenteux et d'arriver ainsi à diminuer les doses nécessaires et de diminuer les effets secondaires qu'ils produisent. On enseigne cette technique à bien des endroits et il existe aussi beaucoup de livres sur le sujet.

Jugement global

Il semble jusqu'ici que la bromocriptine soit un médicament utile dans la maladie de Parkinson. On devrait cependant en réserver l'usage aux personnes que le lévodopa n'arrive plus à contrôler ; l'usage de ce médicament est de toute façon limité à cause de son coût élevé. On l'associe alors au lévodopa, dont on peut à ce moment réduire la dose. L'utilisation de la bromocriptine pour arrêter la lactation est cependant plus douteuse, étant donné qu'il existe des moyens plus naturels (compresses, resserrement des seins) pour arriver au même résultat. Il arrive aussi, lorsque l'on prend le médicament pour 14 jours seulement, que se produise une reprise de la sécrétion de lait. Ce phénomène de retour aux conditions antérieures peut aussi se produire dans le traitement de l'aménorrhée et de la galactorrhée : le traitement n'est en fait que symptomatique et, comme le note la *Lettre médicale* : « étant donné que la bromocriptine exerce des actions complexes sur divers organes endocriniens, et sur le système nerveux central, des effets inattendus à long terme peuvent survenir » (30/05/80).

Disons pour terminer que la fertilité est un aspect complexe de la personne qui comporte, bien sûr, une composante physiologique mais aussi un aspect psychique... combien a-t-on vu de grossesses se produire « justement au moment où on avait cessé d'essayer » ? Pour plus d'informations sur ce sujet, voir la rubrique sur l'infertilité, page 762.

C

Calcium

> Noms commerciaux
> courants : Apo-Cal,
> Bio-Cal, Cal-500,
> Calciforte, Calcite,
> Calcium-Sandoz, Calsam,
> Gramcal, Néo-Cal,
> Nu-Cal, Os-Cal, etc.

Ordonnance non requise

Indications thérapeutiques

Le calcium est un minéral normalement présent dans l'organisme. Il entre principalement dans la formation des os et des dents, mais il joue aussi un rôle important dans la contraction musculaire, dans la transmission nerveuse, dans la coagulation du sang ainsi que dans la régulation de l'équilibre acide-base de l'organisme.

On trouve le calcium dans les aliments, mais on peut aussi en prendre des suppléments lorsque l'alimentation ne peut en fournir suffisamment. Les femmes doivent plus particulièrement veiller à consommer suffisamment de calcium, car elles sont sujettes plus que les hommes à perdre une partie de leur masse osseuse à partir de l'âge de 35 ans (voir le texte sur la ménopause à la page 785).

Posologie habituelle

On recommande que l'apport calcique quotidien de l'adulte soit d'au moins 1 000 mg, surtout chez la femme ; il peut aller jusqu'à 1 200 ou 1 500 mg par jour en période de croissance, au cours de la grossesse, de l'allaitement et à mesure que l'on avance en âge.

Le calcium existe sous forme de sels : carbonate, lactate, gluconate, gluconolactate, etc., qui libèrent le calcium élémentaire selon des
proportions différentes. On vérifiera sur l'étiquette la quantité de calcium élémentaire libérée, car c'est de cela qu'il est question lorsque
l'on parle d'un apport quotidien de 1 000 mg.

On trouve aussi le calcium dans la dolomite (il est associé au
magnésium) et dans la poudre d'os (il est associé au phosphore).

Le calcium est mieux absorbé en milieu acide, donc après les repas.

Contre-indications

Les patients atteints de maladie rénale ou qui ont tendance à faire des
calculs communément appelés pierres aux reins de même que ceux qui
sont traités à la digitale font mieux de s'abstenir de prendre des
suppléments de calcium.

Effets secondaires possibles

Le calcium peut causer de la diarrhée ou de la constipation. Certaines
personne trouvent aussi que le calcium n'est pas facile à digérer.

Les symptômes suivants peuvent indiquer un surdosage : de fortes
douleurs ou crampes abdominales, des troubles mentaux, de la faiblesse, des crampes musculaires, une respiration lente, de la difficulté
ou un besoin urgent d'uriner, des maux de tête qui durent. Un surdosage ne peut se produire qu'après un usage prolongé de très fortes
doses ou chez les personnes souffrant d'insuffisance rénale.

Interactions médicamenteuses

L'administration des corticostéroïdes peut interférer avec l'absorption
du calcium.

Le calcium diminue l'action du kétoconazole et des tétracyclines ;
un délai de deux heures devrait être respecté entre la prise de ces substances. On devrait en fait respecter ce délai avec tous les médicaments
car le calcium perturbe assez souvent l'absorption des autres médicaments.

Le calcium diminue l'effet de l'AAS et du fer.

Précautions

Certains suppléments calciques contiennent beaucoup de sucre ; les diabétiques doivent en tenir compte dans le calcul de leurs besoins en insuline. On vérifiera donc ce qui est indiqué sur l'étiquette.

Pour être absorbé et utilisé de façon maximale, le calcium requiert que l'alimentation fournisse les éléments suivants :
— de la vitamine D, à raison de 400 unités par jour. Le lait, l'exposition au soleil (entre 15 et 60 minutes par jour) sont deux façons d'obtenir ce nutriment ;
— du magnésium, en quantité 2 fois moindre que le calcium. La dolomite contient les deux, dans la bonne proportion. Les aliments suivants représentent aussi une bonne source de magnésium : les céréales complètes, les épinards, le tofu, le maïs, les noix, les légumineuses, les pommes de terre et les bananes.

De plus, pour être fixé sur les os, le calcium a besoin de la vibration fournie par la marche, la course et toute autre activité physique.

Certains facteurs nuisent à l'absorption du calcium :
— l'acide oxalique, qui se trouve en grande quantité dans les épinards et la rhubarbe ;
— l'acide phytique que contiennent le son et les céréales de blé entier. On devra respecter un intervalle de deux heures entre la prise de ces aliments et celle de calcium ;
— les diètes riches en graisses et en protéines. Les personnes qui consomment peu de protéines auraient des besoins en calcium de beaucoup inférieurs à ceux des individus grands consommateurs ; on peut citer l'exemple des hommes péruviens qui répondent bien à leurs besoins avec 300 à 400 mg de calcium par jour.

Alternatives

Une alimentation équilibrée peut fournir assez de calcium pour répondre aux besoins de l'organisme et éviter les déficiences. Même les végétaliens — qui ne consomment ni viande ni produits laitiers — peuvent trouver le calcium dont ils ont besoin dans le tofu, les divers types de fèves et les légumes feuillus qui contiennent peu d'acide oxalique ; les végétaliens ont d'ailleurs besoin de moins de calcium étant donné qu'ils consomment assez peu de protéines. Voici un tableau tiré de *Augmentez votre énergie* (Sharon Faelten, Québec/Amérique, 1984) qui indique les meilleures sources alimentaires de calcium :

	portion	calcium (mg)
Farine de caroube	250 ml (1 tasse)	517
Fromage suisse	45 g (1 1/2 oz)	432
Sardines égouttées	7 moyennes	393
Fromage cheddar	45 g (1 1/2 oz)	324
Lait écrémé	250 ml (1 tasse)	317
Fromage brick	45 g (1 1/2 oz)	303
Lait de beurre	250 ml	299
Farine de soja dégraissée	250 ml	244
Fromage mozzarella	45 g	233
Yogourt écrémé	125 g (1/2 tasse)	203
Épinards cuits	250 ml	176
Amandes écalées entières	125 ml	175
Brocoli cuit	1 branche	158
Feuilles de betteraves cuites et égouttées	250 ml	152
Mélasse blackstrap	15 ml (1 c. à soupe)	137
Navets cuits, en cubes	250 ml	126
Tofu	90 g	109
Chou frisé cuit	125 ml	103
Saumon en conserve	100 ml	100
Fromage parmesan	15 ml (1 c. à soupe)	96
Cresson haché finement	125 ml	95
Pois chiches	70 ml (2 1/2 oz)	75
Panais cuit	250 ml	74
Graines de tournesol écalées	125 ml	70
Fromage cottage sec, non écrémé	250 ml	68
Artichaut	1 moyen	61
Noisettes	70 ml (2 1/2 oz)	60
Œuf	1	26

Pour plus de détails sur l'ostéoporose, voir le texte sur la ménopause, à la page 785. On lira aussi avec intérêt le livre *Stand Tall*, de M. Notelovitz et M. Ware, Triad Pub., 1982.

Jugement global

Les suppléments de calcium ne peuvent en aucun cas remplacer une alimentation équilibrée. On trouve dans une variété d'aliments les divers minéraux, vitamines et nutriments qui agissent mieux lorsqu'ils sont pris en proportions équilibrées. En effet, une très faible proportion du calcium ingéré sous forme de suppléments est absorbée au niveau du petit intestin (à peine le tiers) et ce calcium qui passe dans le sang est lui-même éliminé par voie rénale ou intestinale. Le calcium des aliments serait mieux absorbé. Certaines personnes auront cependant avantage à utiliser ces suppléments, surtout les femmes qui ne consomment que peu de produits laitiers, afin d'éviter le désastre de l'ostéoporose. La possibilité de prendre des suppléments ne doit cependant pas faire oublier que l'ostéoporose est aussi une maladie de la sédentarité.

Captopril

> Nom commercial :
> Capoten.

Ordonnance requise

Indications thérapeutiques

On utilise le captopril dans le traitement de l'insuffisance cardiaque lorsque les médicaments digitaliques associés aux diurétiques ne se sont pas montrés efficaces. On l'emploie aussi dans le contrôle de l'hypertension lorsque les mesures non pharmacologiques (diète, exercice et réduction du stress) ont failli.

Posologie habituelle

On commence généralement un traitement avec des doses de 25 mg 2 ou 3 fois par jour. Dans l'hypertension, celles-ci seront réévaluées après 2 ou 3 semaines de traitement et pourront atteindre 50 mg 3 fois par jour. On ne devrait pas dépasser les 150 mg par jour. Assez souvent, 12,5 mg 2 fois par jour ou 6,25 mg 3 fois par jour seront suffisants. La progression pourra se faire plus rapidement dans l'insuffisance cardiaque, mais si on devait dépasser 150 mg par jour — ce qui n'est pas recommandé — on veillera à respecter un intervalle de 1 ou 2 semaines entre chaque étape.

On prend ce médicament à jeun, 1 heure avant les repas.

Contre-indications

Certains états demandent soit que l'on évite le captopril ou bien que l'on fasse preuve d'une grande prudence quand on y a recours, étant donné qu'il y a alors un plus grand risque d'effets secondaires graves : l'insuffisance rénale et la sténose artérielle rénale, une dépression de la mœlle osseuse, une concentration élevée de potassium sanguin, les régimes à très faible teneur en sodium et la dialyse. L'insuffisance coronarienne, les maladies cérébro-vasculaires et coronariennes demandent elles aussi un suivi sérieux.

Le captopril traverse le placenta et a produit chez l'animal et à dose très élevée des effets toxiques. Il n'existe pas d'études relatives à ces effets chez l'humain ; on recommande tout de même la prudence. On sait aussi que le médicament passe dans le lait maternel et, en conséquence, on ne recommande pas l'allaitement aux femmes qui prennent le captopril.

Effets secondaires possibles

Environ 7 % des personnes qui utilisent le captopril expérimentent une perte du sens du goût qui s'améliore parfois après 2 ou 3 mois d'utilisation. Bien que cet effet n'empêche pas théoriquement la poursuite du traitement, il peut se montrer suffisamment ennuyeux et entraîner une perte de poids. Un rash cutané peut aussi apparaître — 10 % des patients le présentent — et demande une diminution des doses ou le retrait du médicament. Une sensation de brûlure dans la bouche a aussi été rapportée. On peut également expérimenter des douleurs à la poitrine, de l'enflure au visage, aux mains et aux pieds ; le tout devrait être rapporté au médecin.

L'administration d'une première dose provoque une hypotension marquée chez environ la moitié des cardiaques.

D'autres effets secondaires sont plus rares, mais ils sont graves. Ils apparaissent plus souvent lorsque l'on dépasse les 150 mg quotidiens et chez les personnes affligées d'une des pathologies énumérées dans les contre-indications. Les problèmes rénaux et les anomalies sanguines font partie de ces conséquences néfastes. La fièvre et les maux de gorge peuvent indiquer une anomalie sanguine ; on devra s'assurer d'en faire le dépistage en subissant chaque mois une analyse d'urine et un décompte des globules blancs. L'intervalle de ces tests pourra être allongé après quelques mois. On a enfin noté quelques cas d'hyperkaliémie (une trop forte concentration sanguine de potassium) après un traitement de longue durée avec ce médicament.

Interactions médicamenteuses

On évitera tous les suppléments de potassium : comprimés, — naturels ou non — liquides, substituts de sel ainsi que l'amiloride, le Moduret, l'aldactone, l'Aldactazide, le triamtérène et le Dyazide.

L'indométhacine et les autres anti-inflammatoires (naprosyn, ibuprofène, diclofénac...) ainsi que les médicaments grand public contre le rhume risquent de diminuer l'effet du captopril.

Précautions

On s'assurera de mesurer sa pression régulièrement. On veillera aussi à subir les examens dont il a été question dans la section sur les effets secondaires possibles.

Les substituts de sels contiennent souvent des sels de potassium qu'il faut éviter.

Le captopril interfère avec le dépistage des corps cétoniques dans l'urine (il donne de faux positifs), un test qu'ont à effectuer certains diabétiques.

On devrait connaître les signes d'hyperkaliémie : palpitations, rythme cardiaque lent ou irrégulier, difficulté à respirer, confusion, anxiété, engourdissement des extrémités et faiblesse.

Les personnes qui prennent des diurétiques devront être sous surveillance médicale étroite durant les trois premières heures suivant une première dose de captopril, car il y a alors risque d'hypotension grave (avec vertige, étourdissements...). On pourra alternativement interrompre — sous surveillance médicale — la prise du diurétique 1 semaine avant d'instaurer le traitement au captopril. Ces médicaments pourront par la suite être associés sans danger.

Alternatives

Tout traitement d'hypertension devrait inclure un changement des habitudes de vie : alimentation, réduction du stress, activité physique. On sait maintenant qu'il est possible de contrôler l'hypertension légère (et celle-ci compte pour une bonne part des hypertensions) en agissant à ces divers niveaux. On devrait réserver l'usage des médicaments aux cas plus graves et même dans ces cas tenter de modifier favorablement ses habitudes de vie. Nous suggérons aux lecteurs de consulter la rubrique sur l'hypertension artérielle (page 747) pour en savoir plus à ce sujet.

Jugement global

Le captopril est un médicament récent qu'on a d'abord réservé aux cas graves d'hypertension à cause du risque d'effets secondaires sérieux. On pense maintenant l'utiliser à faible dose (moins de 150 mg par jour) chez les personnes souffrant d'hypertension légère (pression diastolique entre 90 et 105) ou modérée (pression diastolique entre 105 et 115), étant donné que ces effets secondaires semblent apparaître *surtout* à des doses plus élevées. Le captopril présente en effet des avantages certains sur les anti-hypertenseurs habituels : il ne semble pas altérer le métabolisme des sucres et des graisses et il ne produit pas de fatigue ni de somnolence. Il n'en reste pas moins un médicament qu'on ne connaît pas beaucoup et l'on devrait faire preuve à son égard de prudence et lui préférer une investigation *sérieuse* des habitudes de vie. Cette partie de la consultation est trop souvent abordée à la légère ; manquent également fréquemment des ressources concrètes ainsi qu'un support adéquat.

Pour ce qui est de l'utilisation du captopril dans l'insuffisance cardiaque, elle semble justifiée et efficace dans un grand nombre de cas réfractaires aux traitements traditionnels.

Carbamazépine

Noms commerciaux :
Apo-Carbamazépine,
Mazépine, Tégrétol.

Ordonnance requise

Indications thérapeutiques

On utilise la carbamazépine soit seule, soit associée à d'autres médicaments comme anticonvulsivant dans le traitement des crises épileptiques tonico-cloniques (ce qu'on appelait auparavant le Grand Mal) et dans les crises partielles. On l'emploie aussi pour soulager la douleur dans la névralgie du trijumeau et dans la névralgie glosso-pharyngienne. On se sert enfin de ce médicament associé au lithium ou en remplacement de ce dernier dans la maladie maniaco-dépressive ou seul dans la prévention de migraines et comme adjuvant au traitement du diabète insipide.

Posologie habituelle

Dans l'épilepsie, on instaure le traitement de façon progressive ; la dose de départ est de 100 à 200 mg 1 ou 2 fois par jour qu'on peut augmenter jusqu'à un maximum de 1 200 mg/jour, pris en 2, 3 ou 4 moments, aux repas, de préférence.

Pour soulager la névralgie, on emploie d'abord 100 mg 2 fois par jour qu'on augmente de 200 mg à chaque jour jusqu'à l'effet désiré. Généralement de 200 à 800 mg suffisent. On doit compter un délai de 24 à 72 heures avant la pleine action. Une fois la crise passée, on tentera de réduire la posologie à la plus petite dose efficace. On devrait aussi essayer d'interrompre le traitement à tous les 3 mois lorsqu'il est utilisé dans la névralgie.

Contre-indications

On ne devrait pas prendre de carbamazépine si on y a déjà fait une réaction allergique, si on est allergique aux antidépresseurs, durant les 3 premiers mois de la grossesse et pendant la période d'allaitement. On l'évitera aussi si on souffre de maladie du sang ou de la mœlle osseuse, d'un bloc cardiaque, d'une maladie hépatique grave ou si l'on prend du Marplan, du Nardil ou du Parnate, ou durant les 14 jours suivant l'arrêt de ces médicaments.

L'emploi de carbamazépine requiert un suivi médical très attentif si on prend plus de 2 verres d'alcool par jour ou si l'on souffre d'une maladie cardiaque, hépatique ou rénale, de rétention urinaire, de diabète, de glaucome, d'insuffisance thyroïdienne ou surrénale.

Effets secondaires possibles

Les effets secondaires bénins les plus fréquents sont la somnolence, les vertiges, un manque d'équilibre, des nausées et de l'irritation gastrique ; ils diminuent généralement à la longue. Un embrouillement de la vue et de la diplopie (vision double) se produisent aussi assez souvent et doivent être rapportés au médecin.

On devrait aussi aviser son médecin si les effets suivants persistent et deviennent incommodants, bien qu'ils ne soient généralement pas considérés comme dangereux : des douleurs dans les muscles et les articulations, de la constipation, de la diarrhée, de la sécheresse de la bouche, des maux de tête, une plus grande sensibilité au soleil, une perte d'appétit, de l'impuissance, une perte de cheveux et une augmentation de la sudation.

D'autres effets plus graves — et plus rares — demandent une consultation médicale immédiate ; ce sont des douleurs ou des ulcères à la bouche, de la fièvre, des maux de gorge, une facilité à faire des bleus, de la fatigue ou de la faiblesse parfois associées à des nausées, à des vomissements, à de la confusion, à une envie d'uriner souvent ou à une diminution de la quantité d'urine et à de l'enflure des chevilles. On rapportera aussi des démangeaisons, une réaction cutanée, des mouvements de va et vient des yeux, une coloration foncée de l'urine, de la difficulté à parler, des évanouissements, un rythme cardiaque lent et irrégulier, de la dépression, de la nervosité, un engourdissement des mains et des pieds, des selles pâles, des tintements dans les oreilles, une enflure des ganglions, une respiration difficile, l'apparition de mouvements non contrôlés et enfin une coloration jaune de la peau et des yeux.

Interactions médicamenteuses

La carbamazépine diminue l'activité des anticoagulants oraux, des contraceptifs oraux, des œstrogènes et de la quinidine. Son action est diminuée par la phénytoïne et le phénobarbital. Son utilisation avec les médicaments suivants peut aussi demander un ajustement de leur dosage respectif : l'acétaminophène, les autres anticonvulsivants, le chlorpropamide, le clofibrate, le disopyramide, les antidépresseurs, le halopéridol, la doxycycline, la loxapine et la maprotiline.

Les risques de toxicité sont accrus par les médicaments suivants : l'érythromycine, le lithium, le propoxyphène et l'isoniazide.

Précautions

La carbamazépine peut provoquer de la somnolence et entraver la conduite automobile et l'utilisation de machines demandant de l'adresse. L'alcool augmente cet effet de somnolence et peut aussi diminuer l'effet anticonvulsivant du médicament.

Quand on cesse d'utiliser la carbamazépine après un usage prolongé, on devra diminuer les doses progressivement sur une période de 6 à 8 semaines pour éviter la recrudescence des crises convulsives. La même précaution s'applique si on l'utilise contre la névralgie.

On n'emploiera jamais la carbamazépine contre les douleurs autres que les névralgies du trijumeau et du glosso-pharyngien et jamais non plus à titre préventif dans ces maladies.

Au début du traitement, on se soumettra à une analyse de l'urine et de la formule sanguine, à une évaluation des fonctions hépatique et rénale et à un examen des yeux. L'analyse sanguine devrait être répétée chaque semaine durant 3 mois, puis à chaque mois pendant 2 ou 3 ans ; les autres analyses devraient aussi être effectuées à intervalles réguliers pour dépister tout signe de réaction grave.

On devra utiliser une méthode contraceptive autre que la pilule, son efficacité n'étant plus certaine.

Il arrive que la carbamazépine réactive une psychose latente ; les personnes âgées sont plus sensibles à cet effet.

Alternatives

Nous ne connaissons pas de solutions de rechange réelles, mais plutôt des aides au traitement. Voir page 501 pour l'épilepsie et page 730 pour la douleur.

Jugement global

Il semble que la fréquence d'apparition des réactions graves à la carbamazépine ne soit pas aussi grande qu'on le croyait précédemment et on assiste actuellement à un élargissement de ses indications thérapeutiques. Il n'en reste pas moins que la carbamazépine a déjà occasionné des problèmes qui se sont révélés fatals. Ce médicament demande donc un suivi médical attentif.

Céfaclor

Nom commercial : Ceclor.

Ordonnance requise

Indications thérapeutiques

Le céfaclor est un proche parent de la céphalexine, bien qu'il ait un spectre d'activité un peu plus large que cette dernière. On l'emploie surtout dans les cas d'infections des voies respiratoires et d'otites.

Posologie habituelle

Chez l'adulte, la posologie est habituellement de 250 ou 500 mg trois fois par jour aux 8 heures. L'enfant recevra des doses moindres qui seront calculées d'après son poids.

Ce médicament est absorbé plus rapidement s'il est pris à jeun, 1 heure avant les repas ou 2 heures après.

Contre-indications, effets secondaires, interactions médicamenteuses et précautions

Les mêmes que pour la céphalexine, page 172.

Jugement global

Le céfaclor a sûrement sa place dans le traitement des infections causées par des bactéries qui sont devenues résistantes à d'autres antibiotiques. La pénicilline et les sulfas demeurent cependant la plupart du temps un premier choix, étant donné qu'ils sont actifs contre un vaste éventail de bactéries et sont peu coûteux.

Céfadroxil

Nom commercial : Duricef.

Ordonnance requise

Le céfadroxil est un cousin proche de la céphalexine pour ne pas dire une copie à peu près conforme. Il s'en distingue principalement par sa durée d'action plus longue. Une administration biquotidienne suffit alors à assurer une concentration sanguine suffisante de l'antibiotique. La dose habituelle pour un adulte est de 500 mg 2 fois par jour.

Ce produit est fort coûteux et on devrait la plupart du temps lui préférer un traitement d'antibiotiques plus classiques (les pénicillines sont encore souvent appropriées) et réserver ce nouveau venu aux cas de résistance aux autres antibiotiques.

Céphalexine

Noms commerciaux :
Ceporex, Keflex,
Novolexin.

Ordonnance requise

Indications thérapeutiques

La céphalexine est un antibiotique qui s'emploie dans diverses infections bactériennes ; elle est, entre autres choses, efficace contre certaines bactéries devenues résistantes à la pénicilline.

Posologie habituelle

Le traitement est de 250 ou 500 mg aux 6 heures. Ce médicament est absorbé plus rapidement lorsque pris à jeun, soit 1 heure avant ou 2 heures après les repas.

Contre-indications

L'allergie aux céphalosporines est une contre-indication absolue. Un certain nombre de personnes allergiques à la pénicilline sont aussi allergiques à la céphalexine. Ce médicament traverse la barrière placentaire. Les recherches sur les animaux n'ont pas montré, à ce jour, qu'il existerait d'effets secondaires sur le fœtus ; bien que les recherches sur l'humain n'aient pas été faites, la céphalexine est alors considérée comme « probablement sûre » durant la grossesse.

La céphalexine passe dans le lait et l'on suppose qu'elle pourrait occasionner des effets secondaires chez le nouveau-né. On évaluera donc avec soin les avantages d'un tel traitement si on allaite.

Les personnes atteintes de maladies rénales doivent utiliser la céphalexine très prudemment, car elle est éliminée par les reins. Les gens qui ont une histoire de maladie gastro-intestinale devront être suivis de très près à cause du risque de colite pseudomembraneuse.

Effets secondaires

L'allergie à la céphalexine est possible et souvent sans gravité ; elle se manifeste par une éruption cutanée, de l'urticaire et de l'enflure. Par-

fois, des gens souffrent de céphalée, voient double, ont des bourdonnements d'oreille ou des étourdissements. Comme avec tous les antibiotiques et peut-être plus qu'avec beaucoup d'autres, une surinfection
est possible, la plupart du temps par des champignons. Elle apparaît
alors au niveau de la bouche, de l'intestin ou des organes génitaux.
Des troubles digestifs peuvent survenir, comme la diarrhée, une perte
d'appétit, des nausées et des vomissements. Ces troubles sont généralement anodins ; leur aggravation, accompagnée de fièvre et de faiblesse, demanderait l'intervention du médecin. Très rarement se produit une atteinte du sang ; elle se manifeste par des ecchymoses, de la
fièvre et des maux de gorge ; les reins peuvent aussi être affectés.

Interactions médicamenteuses

La céphalexine peut augmenter l'effet des anticoagulants oraux. Le furosémide augmente la toxicité rénale de la céphalexine. Le sulfinpyrazone, l'aspirine et le probénécide prolongent l'action de cet antibiotique.

Précautions

Une fois entrepris, le traitement devrait être poursuivi pendant au
moins 10 jours pour la plupart des infections, même s'il n'y a plus de
symptômes.

Il est important de prendre chaque dose aux heures indiquées ; si
une dose est oubliée, la reprendre au plus tôt et si la dose suivante doit
être prise bientôt, la retarder d'une ou deux heures.

La forme liquide de céphalexine doit être conservée au réfrigérateur.

La céphalexine peut fausser les résultats du Clinitest.

Lorsque le médicament provoque de la diarrhée, on recommande
de ne pas utiliser d'antidiarrhéiques qui pourraient en masquer l'aggravation.

Jugement global

La céphalexine devrait être réservée aux cas où l'antibiogramme montre que la bactérie lui est sensible, tout en résistant à d'autres traitements. Dans la plupart des infections, la pénicilline ordinaire, l'érythromycine ou les sulfamidés sont tout aussi efficaces et beaucoup
moins coûteux. La céphalexine ne devrait jamais, en fait, être em-

ployée comme premier traitement, mais plutôt réservée aux cas où d'autres antibiotiques ne sont plus efficaces.

Chloral (hydrate de)

> Noms commerciaux :
> Noctec, Novochlorhydrate.

Ordonnance requise

Indications thérapeutiques

L'hydrate de chloral sert à induire le sommeil. On l'emploie aussi parfois avant une opération comme tranquillisant, ou après celle-ci pour renforcer l'action des analgésiques.

Posologie habituelle

La dose hypnotique pour un adulte varie de 500 mg à 1,5 g ; certains individus doivent prendre jusqu'à 2 g pour obtenir l'effet désiré. L'action de ce médicament se manifeste en une trentaine de minutes.

Contre-indications

On ne devrait pas prendre ce médicament si l'on y a déjà fait une réaction allergique et l'on fera preuve de prudence si l'on souffre d'insuffisance hépatique ou rénale graves, de maladie cardiaque grave, d'une inflammation de l'estomac ou de fortes douleurs. On devrait aussi l'éviter durant la grossesse (son usage chronique peut causer une réaction de sevrage chez l'enfant après l'accouchement) et pendant la période d'allaitement (il passe dans le lait).

Effets secondaires possibles

L'hydrate de chloral cause parfois de la sédation résiduelle le matin avec de la faiblesse, des étourdissements et de l'incoordination motrice. Il provoque aussi assez fréquemment de l'irritation au niveau de l'estomac, des gaz et un goût désagréable dans la bouche, surtout avec des doses de 1 g et plus. Il est également possible que survienne une réaction allergique et parfois une réaction paradoxale d'agitation et de délire avec des cauchemars et du somnambulisme ; cela se produit surtout en présence de douleur et demande qu'on consulte son médecin. Enfin, on a déjà observé des lésions rénales après un usage prolongé ainsi que des anomalies au niveau du sang.

Interactions médicamenteuses

L'hydrate de chloral voit son action sédative prolongée par les autres tranquillisants, les somnifères, les antihistaminiques, les analgésiques, les antidépresseurs, le méthyldopa, la clonidine et les autres antihypertenseurs qui provoquent un ralentissement du système nerveux central. On évitera de l'utiliser avec le furosémide ; cette association peut provoquer de l'instabilité vasomotrice.

Précautions

Si le médicament produit de la somnolence, on évitera l'usage de véhicules moteurs et la manipulation de machines dangereuses. Avec l'alcool, l'hydrate de chloral peut provoquer de la somnolence ou une réaction de vasodilatation, avec accélération du rythme cardiaque, rougeur au visage, palpitations et difficultés à parler.

Ce médicament peut causer de la tolérance et de l'accoutumance ; on évitera d'en augmenter les doses pour obtenir le même résultat. En effet, lorsqu'il est pris à la dose de 1 g par jour, on observe que l'activité de l'hydrate de chloral diminue sensiblement dès la deuxième semaine de traitement. On devrait donc se limiter à absorber pas plus de 500 mg et limiter l'utilisation du médicament à moins d'un mois. Il peut se produire une réaction de sevrage après un usage de 2 semaines et plus de 1 g d'hydrate de chloral. Cette réaction se caractérise par un sommeil agité, peuplé de rêves et de cauchemars. Pour réduire ou éliminer ces symptômes, on devra diminuer progressivement la dose utilisée par étapes de 2 à 3 jours, en retranchant, à chaque étape, une proportion de 5 à 10 % de la quantité de médicament consommée antérieurement. On utilisera à cet effet la forme liquide du médicament. On suppose qu'un usage prolongé de doses plus faibles pourrait amener cette même réaction, en quel cas il serait avisé d'adopter la même conduite.

On aura avantage à prendre l'hydrate de chloral avec une grande quantité d'eau, avec du lait ou de la nourriture pour diminuer l'irritation gastrique.

Si l'on prend une dose de plus de 1 g, on devrait recourir à la forme liquide ; celle-ci doit être conservée dans une bouteille ambrée, pour la protéger de la lumière.

Alternatives

Voir le texte sur l'insomnie, page 766.

Jugement global

L'hydrate de chloral n'est pas un hypnotique de premier choix. Il faut parfois prendre de fortes doses pour obtenir l'effet désiré alors que l'écart qui existe entre la dose efficace et la dose toxique est faible ; on a déjà vu une intoxication fatale après l'ingestion de 4 g de médicament. De plus, son efficacité diminue sensiblement après 2 semaines d'utilisation continue et l'hydrate de chloral démontre plusieurs interactions avec d'autres médicaments. Son action s'exerce surtout au début de la nuit et n'améliore pas l'insomnie matinale. On utilisera de préférence un médicament de la classe des benzodiazépines si l'on juge avoir vraiment besoin d'un hypnotique.

Chloramphénicol (otique, ophtalmique)

Noms commerciaux :
Chloromycetin,
Chloroptic, Fenicol, Isopto
Fenicol, Pentamycetin.
Associé à
l'hydrocortisone :
Pentamycetin HC.

Ordonnance requise

Indications thérapeutiques

On utilise le chloramphénicol principalement dans le traitement d'infections des yeux ou des oreilles, lorsqu'elles sont causées par des bactéries sensibles.

Certaines préparations y adjoignent l'hydrocortisone afin de traiter les cas où l'inflammation est importante.

Posologie habituelle

— Gouttes ophtalmiques : 1 goutte dans l'œil ou les yeux affectés habituellement aux 4 heures.
— Onguent ophtalmique : appliquer un peu moins de 1 cm de la pommade à l'intérieur de la paupière.
— Gouttes otiques : instiller 2 ou 3 gouttes dans l'oreille affectée aux 6 ou 8 heures.

Contre-indications

L'allergie au chloramphénicol constitue une contre-indication à son emploi. On ne dispose pas de données relatives à l'utilisation du chloramphénicol ni de l'hydrocortisone par ces voies au cours de la grossesse et de l'allaitement. On préférera s'abstenir d'utiliser les gouttes qui contiennent de l'hydrocortisone chez les enfants de moins de 2 ans.

On ne devrait pas non plus les employer dans les cas d'infections à champignons, de tuberculose de l'œil ou de l'oreille, d'infection à herpès, de varicelle ou d'autres maladies virales aiguës ou encore lorsqu'il y a perforation du tympan. Certaines conditions demandent un suivi plus attentif : ce sont les cataractes, le glaucome à angle ouvert et l'otite moyenne.

Effets secondaires possibles

Ces médicaments occasionnent parfois une sensation de brûlure ou des picotements sans qu'il y ait lieu de s'inquiéter, sauf si ces réactions sont très prononcées : il y a peut-être alors allergie. L'apparition de pâleur, de faiblesse, de fatigue, accompagnées d'un mal de gorge et d'une facilité à faire des ecchymoses indique une anémie aplastique, un effet secondaire extrêmement grave, bien que rare.

Lorsque les gouttes contiennent de l'hydrocortisone en plus du chloramphénicol, il peut arriver que leur usage ophtalmique occasionne un embrouillement de la vision, de la douleur aux yeux et des maux de tête ou fasse apparaître des halos autour des sources lumineuses. Tous ces signes doivent être rapidement rapportés au médecin. L'utilisation à long terme d'hydrocortisone est plus problématique, car elle passe dans la circulation et peut occasionner les effets secondaires attribués aux stéroïdes (voir la prednisone p. 514).

Interactions médicamenteuses

On ne connaît pas d'interactions médicamenteuses au chloramphénicol otique ou ophtalmique.

Précautions

Les gouttes ophtalmiques vont dans les yeux alors que les gouttes otiques servent au niveau de l'oreille. On évitera tout contact entre le lieu d'application et le bout de l'applicateur, afin d'éviter la contamination.

Pour appliquer l'onguent ophtalmique, on abaisse la paupière inférieure avec un doigt et l'on applique une petite quantité de pommade près du coin interne de l'œil, à la suite de quoi l'on gardera les paupières fermées pendant 1 ou 2 minutes. La pommade produit souvent un embrouillement transitoire de la vue.

Pour appliquer les gouttes ophtalmiques, on renversera légèrement la tête vers l'arrière. On abaissera ensuite la paupière inférieure avec le doigt et l'on instillera une seule goutte dans le coin interne de l'œil. On ferme l'œil et l'on imprime une légère pression sur les côtés du nez pendant 1 ou 2 minutes. On enlève l'excès de liquide, si nécessaire, avec un tissu propre et l'on répétera l'instillation si c'est prescrit. Il est nécessaire de respecter le délai entre les deux instillations pour permettre une bonne absorption du médicament.

On évitera d'utiliser une solution qui n'est plus claire ou qui a bruni.

Il est important de faire le traitement au complet — en général entre 5 et 10 jours — et ensuite de détruire les restes de solution. Aviser son médecin si l'on ne note pas d'amélioration après 3 ou 4 jours de traitement.

Garder les solutions et la pommade à la température de la pièce et à l'abri de la lumière.

On fera précéder l'instillation des gouttes ou de la pommade ophtalmique de compresses chaudes et humides qui activent la circulation et permettent une meilleure détoxification ainsi qu'une hygiène locale à propos dans ces cas.

Alternatives

On doit savoir que toutes les conjonctivites ne demandent pas le recours à un antibiotique. Ainsi, celles qui se produisent à la suite d'un rhume ou d'une grippe sont généralement d'origine virale et disparaissent d'elles-mêmes. L'application de compresses humides les rend plus facilement supportables.

Jugement global

La possibilité que survienne une anémie aplastique — bien que rare — oblige de par sa gravité à préférer d'autres produits comme premier traitement des conjonctivites et des otites externes. Il existe en fait plusieurs solutions de rechange valables. Le chloramphénicol devrait alors être réservé aux cas où (après culture) il apparaît comme le meilleur traitement. Cela ne devrait s'appliquer que lorsque l'infection a montré sa résistance à d'autres traitements.

Le couplage antibiotique-anti-inflammatoire (c'est-à-dire hydrocortisone) se fait trop souvent et comporte plusieurs dangers et désavantages. En effet, cette association peut favoriser la surinfection par des champignons ou des bactéries résistantes. L'utilisation prolongée d'hydrocortisone peut aussi entraîner, chez certains individus, une augmentation de la pression intra-oculaire ou un amincissement de la cornée. L'hydrocortisone devrait en fait être réservée aux cas où elle s'avère nécessaire (à cause de beaucoup d'inflammation) au lieu d'être utilisée de routine comme c'est le cas maintenant. L'antibiotique, en maîtrisant l'infection, viendra de toute façon à bout de l'inflammation.

Chlordiazépoxide

Noms commerciaux :
Apo-Chlordiazépoxide,
Librium, Medilium,
Novopoxide, Solium.

Ordonnance requise

Le chlordiazépoxide est un produit similaire au diazépam. Il possède théoriquement les mêmes indications thérapeutiques, les mêmes effets secondaires possibles et les mêmes interactions avec les médicaments et l'alcool. Il semble cependant que le chlordiazépoxide produise moins de fatigue et de faiblesse que le diazépam, mais plus souvent des étourdissements. Il s'agit en fait d'un produit un peu moins puissant que le diazépam. On devrait, face à son usage, porter la même attention critique. Pour plus de détails, nous vous référons au texte sur le diazépam, page 252.

La marge posologique du chlordiazépoxide varie beaucoup d'un individu à l'autre et peut s'étendre de 5 à 100 mg par jour. On l'a souvent utilisé en doses fractionnées 3 ou 4 fois par jour, mais il semble maintenant qu'une seule dose puisse être administrée au coucher et, éventuellement, une autre plus faible durant la journée.

Son utilisation pour induire le sommeil est remise en question, à cause des fortes doses nécessaires.

Chloroquine

> Noms commerciaux :
> Aralen, Novochloroquine.

Ordonnance requise

Indications thérapeutiques

La chloroquine s'utilise principalement pour la prévention du paludisme. On l'emploie aussi — mais rarement — dans l'arthrite et dans le lupus érythémateux.

Posologie habituelle

Comme antipaludéen, la chloroquine se prend à raison de 500 mg (2 comprimés) par semaine, pendant toute la durée d'un séjour dans une région affectée. Le traitement doit nécessairement commencer 2 semaines avant le départ et continuer 6 semaines après avoir quitté la région.

Toute dose oubliée doit être prise dès qu'on s'en souvient.

La chloroquine est mieux tolérée si on l'avale au moment des repas ou avec du lait.

Contre-indications

L'alcoolisme, l'insuffisance hépatique, l'apparition de changements visuels, des maladies graves du sang ou les désordres neurologiques augmentent les risques d'effets secondaires de la chloroquine.

On ne recommande pas l'utilisation de la chloroquine ni au cours de la grossesse ni au cours de la période d'allaitement, sauf lorsqu'elle est utilisée en prophylaxie du paludisme, étant donné que la maladie présente des risques majeurs pour la mère et l'enfant.

Effets secondaires possibles

La chloroquine produit, à l'occcasion, de la diarrhée, des crampes à l'estomac, des nausées et des vomissements, une perte d'appétit et des maux de tête. Plus rarement, elle peut occasionner une perte ou une décoloration des cheveux, des taches bleuâtres sur la peau ou dans la bouche, des étourdissements, de la nervosité et un rash cutané. Toutes ces réactions sont considérées comme bénignes à moins qu'elles ne deviennent trop incommodantes.

Toute modification de la vision peut cependant être grave et irréversible et demande à être prise en considération rapidement. Les signes suivants ne doivent pas non plus être négligés : des bourdonnements d'oreille, des convulsions, un changement d'humeur, un mal de gorge, de la fièvre, de la faiblesse musculaire et une facilité à faire des bleus.

Interactions médicamenteuses

Plusieurs médicaments peuvent augmenter la toxicité hépatique de la chloroquine. Les plus courants sont l'acétaminophène à forte dose, la carbamazépine, le disulfiram, l'érythromycine, les contraceptifs oraux, les œstrogènes, le méthyldopa, les phénothiazines, la phénytoïne, les sulfamidés et l'acide valproïque. L'alcool peut aussi avoir cet effet.

L'allopurinol et les sulfamidés peuvent aggraver les possibles éruptions cutanées.

Précautions

Les personnes qui doivent subir un traitement prolongé devront se soumettre à un examen ophtalmologique périodique, c'est-à-dire un avant d'entamer le traitement puis aux trois mois. Les personnes les plus à risques sont celles qui absorbent plus de 300 mg de chloroquine par semaine pendant plusieurs années.

Les enfants sont particulièrement sensibles à la chloroquine et peuvent s'intoxiquer avec aussi peu que 3 ou 4 comprimés. De la difficulté à respirer, de la somnolence et des évanouissements peuvent indiquer une intoxication.

Le médicament pouvant produire des étourdissements, on sera prudent si on doit manipuler des machines demandant de la précision ou conduire une automobile.

On s'abstiendra autant que possible de consommer de l'alcool au cours d'un traitement à la chloroquine.

Alternatives

La chloroquine n'annule pas totalement le risque de contracter le paludisme. Les mesures suivantes s'imposent également :
— porter des vêtements qui couvrent le plus complètement possible le corps ;
— utiliser un insectifuge ;
— dormir sous une moustiquaire et rester dans des endroits pourvus de moustiquaires après la tombée de la nuit.

Jugement global

La chloroquine est un médicament utile qu'on recommande d'utiliser lors de voyages dans les régions infestées par certaines souches de moustiques porteurs de la malaria. Il ne procure cependant pas une protection absolue et l'on devra rapporter rapidement tout épisode de fièvre qui survient pendant ou après le séjour dans ladite région ; il est en effet important que le traitement de la malaria soit entrepris le plus tôt possible.

Chlorothiazide

Nom commercial : Diuril.

Ordonnance requise

Le chlorothiazide est un diurétique de la famille des thiazides qui est surtout employé dans le traitement de l'hypertension artérielle et des états où il y a rétention d'eau. La principale différence qu'il présente avec les autres thiazides est son dosage : pour obtenir les effets recherchés, il faut utiliser des doses plus considérables. Le traitement d'attaque est de 0,5 à 1 g par jour en 1 ou 2 doses ; par la suite, la posologie est diminuée ou augmentée selon les besoins, mais sans dépasser les 2 g par jour.

Concernant les contre-indications et autres renseignements sur le chlorothiazide, voir le texte sur l'hydrochlorothiazide, page 332.

Chlorphéniramine

Noms commerciaux :
Chlorphen,
Chlor-Tripolon,
Novo-pheniram.

Ordonnance non requise

Indications thérapeutiques

Le chlorphéniramine s'utilise pour soulager les symptômes d'allergie affectant surtout les voies nasales, par exemple dans le rhume des foins. Il est aussi efficace lorsque l'allergie touche le système cutané : herbe à la puce, urticaire, allergie médicamenteuse, piqûres d'insectes, démangeaisons, etc.

Posologie habituelle

Chez les adultes et les enfants de plus de 12 ans, on emploie de 2 à 4 mg 3 ou 4 fois par jour. Il existe aussi des comprimés à action prolongée que l'on peut utiliser à raison de 8 mg aux 8 heures ou 12 mg aux 12 heures. Aux enfants de 6 à 12 ans, on donnera 2 mg 3 ou 4 fois par jour et aux enfants de 2 à 6 ans, 1 mg 3 ou 4 fois par jour.

L'effet du médicament se manifeste généralement en 1 ou 2 heures.

Contre-indications

Le chlorphéniramine ne devrait pas être employée si elle a déjà provoqué une réaction allergique. On devrait aussi être prudent si l'on souffre de glaucome, de rétention urinaire, d'ulcère gastro-intestinal avec rétrécissement ou obstruction des voies digestives, d'hypertrophie de la prostate et durant une crise d'asthme. Durant la grossesse, sa sécurité n'a pas été établie. Son usage durant l'allaitement n'est pas non plus recommandé ; il réduit la sécrétion de lait et s'y retrouve présent. Les personnes âgées ne devraient pas l'employer et on ne devrait pas en donner aux nouveau-nés.

Effets secondaires possibles

Ils sont peu fréquents et peuvent diminuer à l'usage. Les plus communs sont les suivants : sédation, étourdissements, lassitude, incoordination et faiblesse musculaire. Certaines personnes et plus particulièrement les enfants pourront expérimenter une réaction paradoxale d'excitation, avec insomnie, agitation, euphorie... pouvant aller jusqu'à des convulsions chez les individus susceptibles. On devra alors cesser le traitement. On pourra aussi souffrir des effets suivants, mais ils apparaissent plus rarement : sécheresse de la bouche, vision embrouillée, mal à l'estomac, perte d'appétit, nausées, vomissements, diarrhée, constipation, sensibilité au soleil, malaises cardiaques, difficulté à uriner, mouvements involontaires du visage. Exceptionnellement, ce médicament a provoqué un type d'anémie et des problèmes au niveau de la moelle osseuse après un usage prolongé ; surviennent alors un mal de gorge et de la fièvre et l'on doit cesser le traitement.

Interactions médicamenteuses

L'association de chlorphéniramine et des médicaments suivants augmentera l'importance de leurs effets sédatifs respectifs : tranquillisants, antidépresseurs, somnifères, analgésiques, antispasmodiques (dicyclomine...), Nardil, Parnate et Marplan.

Précautions

À cause du risque de somnolence, on devra éviter l'usage de véhicules automobiles ou de machines demandant de l'attention et de la précision. L'alcool augmente cet effet de somnolence.

On doit cesser l'usage du chlorphéniramine quatre jours avant de subir des tests cutanés d'hypersensibilité, car il en modifie les résultats.

On ne devrait jamais utiliser un antihistaminique durant une crise d'asthme.

Après quelques semaines ou quelques mois d'utilisation, l'effet de n'importe lequel des antihistaminiques risque de décroître ; il est alors utile de changer de produit après un certain temps.

Alternatives

Voir le texte sur les allergies, page 668.

Jugement global

Le chlorphéniramine est un antihistaminique efficace qui possède peu d'effets secondaires, bien que ceux-ci varient souvent d'une personne à une autre. Parmi les antihistamiques, il est cependant parmi ceux qui sont les plus susceptibles de provoquer une réaction d'agitation à laquelle les enfants sont plus sensibles. Il est commercialisé par plusieurs compagnies et l'on aura avantage à se le procurer sous son nom générique ; il est à ce moment moins coûteux et tout aussi efficace.

En règle générale, on préférera les comprimés ordinaires à ceux à action prolongée qui ont un effet irrégulier car il arrive que la concentration de médicament qu'ils libèrent soit trop basse ou trop élevée ; ils représentent cependant une solution acceptable pour utilisation au coucher. Ils ne devraient jamais être donnés aux enfants de moins de 6 ans.

Le chlorphéniramine existe dans plusieurs mixtures contre les allergies ou contre le rhume et la grippe, associé à un décongestionnant, parfois à un analgésique ou à un bronchodilatateur. Son association à un décongestionnant peut être recommandable ; les produits suivants font partie de cette catégorie : Allerest, Chlor-Tripolon Décongestionnant, les différents produits Ornade, Contact C et Coricidin. On devra cependant les éviter si l'on souffre d'hypertension artérielle, de troubles du rythme cardiaque ou si l'on prend les médicaments suivants : propranolol, métoprolol, nadolol, timolol, pindolol, Parnate, Nardil et Marplan.

Bien qu'un antitussif puisse parfois être utile dans le traitement de l'allergie, la présence d'un analgésique y est une addition douteuse. Il est en fait exceptionnel qu'un mélange soit équilibré et l'on évitera si possible les mélanges de 3 ingrédients ou plus et toutes les capsules retard ; il est rare qu'ils fournissent une quantité suffisante de produit actif et, de plus, ils augmentent le risque d'effets secondaires.

Le bromphéniramine est un produit analogue au chlorphéniramine. Il est commercialisé sous le nom de Dimétane et on le retrouve aussi dans les différents mélanges Dimetapp.

Chlorpromazine

Noms commerciaux :
Chlorpromanyl, Largactil,
Novochlorpromazine.

Ordonnance requise

Indications thérapeutiques

L'indication première de la chlorpromazine et des autres phénothiazines est d'induire le calme, de réduire les comportements agressifs, l'hyperactivité, les hallucinations et d'agir progressivement sur d'autres composantes de la maladie : *patterns* de sommeil, appétit, sociabilité, contact avec soi et avec la réalité. On l'emploie surtout dans les désordres psychotiques, principalement la schizophrénie et dans certains autres états d'agitation.

La chlorpromazine sert aussi à prévenir les nausées et les vomissements associés à une chirurgie.

Posologie habituelle

La quantité de médicament requise pour produire l'effet recherché varie beaucoup selon l'âge du patient et selon la gravité de son état ; elle peut s'étendre de 100 à 1 000 mg par jour pour un adulte.

L'effet de la chlorpromazine n'est pas immédiat. Son effet calmant se manifeste cependant pendant la première semaine de médication, alors que l'effet optimal (c'est-à-dire l'amélioration de la majorité des symptômes) peut mettre plusieurs semaines à se concrétiser.

Ce médicament s'administre habituellement en 2 à 6 prises par jour.

Contre-indications

On doit éviter ce médicament dans les maladies cardio-vasculaires graves, dans les états comateux et autres ralentissements du fonctionnement du système nerveux central. On l'évitera aussi si l'on se connaît une hypersensibilité à ce type de médicament.

Les conditions suivantes rendent l'utilisation de la chlorpromazine plus risquée : les maladies cardio-vasculaires en général, le syndrome de Reye, l'abus d'alcool et d'autres tranquillisants, une maladie de la mœlle osseuse, l'insuffisance hépatique, le glaucome, la maladie de Parkinson, la rétention urinaire, l'hypertrophie prostatique et les difficultés respiratoires.

La chlorpromazine passe dans le sang du fœtus et peut occasionner une jaunisse ou des problèmes parkinsoniens (voir effets secondaires) chez le nouveau-né. Le médicament passe dans le lait maternel. On devra par conséquent bien évaluer les avantages et désavantages d'un tel traitement, pour ces périodes.

Effets secondaires possibles

Les effets secondaires possibles sont nombreux. Certains sont bénins et n'empêchent habituellement pas l'emploi du médicament : parmi eux, la sédation et l'hypotension sont assez fréquents mais tendent à diminuer avec le temps. Ce dernier effet se manifeste par des étourdissements lorsque l'on passe de la position couchée à la position debout et demande que l'on change de niveau plus lentement. Il faudra cependant contacter son médecin si des étourdissements et de la faiblesse venaient à se produire spontanément en position debout.

On doit ajouter aux effets « bénins » la constipation, une diminution de sudation et de salivation, la congestion nasale, l'engorgement des seins, une altération des menstruations et des capacité sexuelles, la sécrétion de lait, une augmentation de poids, de l'allergie au soleil et un embrouillement de la vue.

Des désordres moteurs se produisent souvent avec la plupart des antipsychotiques, bien que la chlorpromazine soit moins souvent responsable de ces problèmes. Ceux-ci ressemblent aux manifestations de la maladie de Parkinson, avec de la rigidité, des tremblements, une salivation exagérée et des mouvementes involontaires. Ces symptômes pourront nécessiter l'administration d'un médicament qui en diminue l'importance ou encore nécessiter une réduction du dosage de l'antipsychotique. On note aussi parfois un incessant besoin de bouger.

Une crise avec rigidité musculaire, mouvements spastiques et torticolis se produit parfois en début de traitement et demande une intervention rapide. Les hommes jeunes y sont plus sujets.

L'apparition de mouvements involontaires au niveau du visage, de la langue et de la bouche qui peuvent à la longue se généraliser aux bras et aux jambes est parfois irréversible. Il est important d'intervenir au plus tôt si cela se produit. Un changement de médication ou la réduction des doses peut être suffisant pour faire disparaître ce symptôme.

D'autres effets demandent une consultation médicale car ils sont le signe d'un problème grave qui nécessite souvent l'arrêt de la médication. Ces désordres sont cependant rares :

— de la fièvre, avec un mal de gorge et des ulcères de la bouche : cela laisse supposer une maladie du sang qui peut apparaître au cours des 8 premières semaines de traitement ;

— une coloration jaune de la peau et des yeux indique une atteinte au foie ; celle-ci peut se manifester de 1 à 5 semaines après le début du traitement ;

— des changements au niveau de la rétine, souvent associés à une coloration mauve de la peau, surtout chez les femmes, et après un usage prolongé du médicament ;

— de la difficulté à uriner : bien que cet effet soit considéré comme bénin, on a noté l'apparition de problèmes graves lors de traitements à forte dose d'antipsychotiques ;

— des convulsions, une accélération du rythme cardiaque, de la difficulté à respirer, de la rigidité, de la transpiration, associés à une fièvre élevée, demandent aussi une intervention rapide ;

— une réaction allergique : rash cutané.

La chlorpromazine et les autres antipsychotiques sont parfois responsables d'une réaction caractérisée par de la désorientation, de l'euphorie, des maux de tête et une élocution difficile. Cela demande généralement une diminution des doses ou un changement de médicament. Les personnes âgées sont plus susceptibles de développer cette « psychose toxique ».

On a enfin observé chez les animaux (des rongeurs) ayant absorbé pendant longtemps des phénothiazines une incidence accrue de cancers du sein. Les observations chez l'humain ne laissent pas encore présager que cela s'appliquerait aussi à nous. Il reste cependant qu'il existe souvent un parallèle entre la réaction des rongeurs et la nôtre.

Interactions médicamenteuses

La chlorpromazine augmente les effets des tranquillisants, des somnifères, des analgésiques et des antihistaminiques, ainsi que certains effets secondaires des antidépresseurs, de la dicyclomine, de la propanthéline, du méthyldopa, de la clonidine, de la carbamazépine et des autres antipsychotiques. Elle augmente aussi l'effet des anticoagulants et des B-bloquants (effet réciproque avec ces derniers, c'est-à-dire propranolol, métoprolol, timolol…).

Associée à la phénytoïne, au lithium, à la quinidine et à la clonidine, elle augmente le risque de toxicité de ces médicaments ainsi que la réaction de sensibilité au soleil des médicaments qui ont cet effet secondaire.

Elle interfère avec l'action de la bromocriptine, des anti-épileptiques et du lévodopa.

Certains médicaments diminuent l'activité de la chlorpromazine : ce sont les antiacides, les antidiarrhéiques, le lithium et la vitamine C.

Précautions

— La cigarette peut diminuer l'effet de la chlorpromazine et des autres antipsychotiques.
— Ce médicament produit presque toujours de la somnolence ; quand cela survient, on devrait éviter l'usage de véhicules automobiles et de machines demandant de l'attention et de la précision.
— On prendra le médicament aux repas afin de réduire l'irritation gastrique. Si on utilise la forme liquide, on la diluera juste avant de l'absorber dans 120 ml (4 oz) de café, thé, lait, eau, jus ou soupe. On évitera le contact avec la peau.
— Si l'on doit utiliser ce médicament durant une période prolongée, on verra à ce que le foie et les yeux soient examinés régulièrement ; la formule sanguine devrait aussi être surveillée, plus particulièrement durant les 2e, 3e et 4e mois de traitement et si de la fièvre ou des maux de gorge apparaissent. On devrait également surveiller l'apparition de mouvements fins au niveau de la langue et cesser la médication s'ils se produisent ; ils constituent les premières manifestations de la dyskinésie tardive. On a observé, après un usage prolongé (3 à 5 ans) de fortes doses de phénothiazines (1 500 à 2 000 mg), l'apparition de troubles du système urinaire qui ont parfois été irréversibles. On recommande que les personnes qui doivent absorber de telles doses de médicament soient suivies régulièrement.
— Les personnes âgées et les malades souffrant d'insuffisance cardiaque, hépatique ou rénale développeront plus facilement des effets secondaires à ce médicament et devraient rapporter tout signe inhabituel à leur médecin.
— Après un usage prolongé, on diminuera progressivement le médicament plutôt que de l'arrêter brusquement. On peut procéder par étapes, en réduisant d'environ 10 % par semaine la quantité de médi-

cament absorbée quotidiennement ; ainsi une personne qui prend 600 mg de chlorpromazine diminuera d'abord à 540 mg puis à 490 mg et ainsi de suite jusqu'à l'arrêt total. L'abandon du médicament pourra nécessiter plusieurs semaines et certaines étapes pourront être prolongées advenant le cas où des symptômes de sevrage se produisent. Si l'on prend, en plus de la chlorpromazine, un médicament contre les tremblements, on continuera de le faire à pleine dose jusqu'à la fin du sevrage, pour ensuite le diminuer progressivement sur une période de 2 à 4 semaines jusqu'à l'arrêt complet.

— On se montrera particulièrement prudent durant les grandes chaleurs et on évitera de s'échauffer en faisant de l'exercice de façon abusive.

— Les femmes, les personnes âgées et les alcooliques sont plus susceptibles au développement d'hypotension.

— Les effets de l'alcool sont augmentés par ce médicament.

— La chlorpromazine peut fausser les résultats du test de grossesse et donner un faux positif.

Alternatives

L'utilisation psychiatrique des phénothiazines, comme tous les autres médicaments psychiatriques, soulève différents problèmes et entre autres ceux de notre ignorance face à la maladie mentale et du peu de ressources dont nous disposons pour l'aborder. Il est certain que ce médicament produit un effet tranquillisant, il est certain aussi qu'il modifie notre façon de réagir, de sentir et d'être. Il ne peut cependant prétendre régler l'origine du déséquilibre. C'est toutefois un moyen que l'on peut choisir d'utiliser, selon les avantages qu'on en tire et malgré les effets secondaires dont il nous afflige. Le traitement est parfois bref et vise à contrôler une crise. Il peut cependant se prolonger. C'est peut-être d'ailleurs son utilisation à long terme qui est la plus sujette à controverse et aussi la moins bien connue. La plupart des études dont on dispose ne s'étendent que sur une période de quelques années, laissant dans l'inconnu la problématique des traitements de plus de 5, 8 ou 10 ans. On croit que les personnes qui bénéficient le plus de ces traitements de maintien sont les schizophrènes dont la maladie jouit d'un pronostic relativement bon. Mais encore là, on se demande si les bénéfices du traitement ne sont pas limités à 4 ans d'utilisation, l'efficacité ayant tendance à diminuer par la suite. L'observation de la personne malade, qui permet de noter l'apparition de symptômes morbides ou d'effets secondaires débilitants, demeure le meilleur guide pour juger de l'à-propos du traitement.

Parallèlement au médicament, des approches plus « psychologiques » existent : la psychiatrie non chimique, la psychanalyse, les diverses thérapies psychologiques sont des ressources qu'on a sûrement avantage à considérer. Elles exigent un grand investissement émotif, s'étendent souvent sur de nombreuses années et recèlent, elles aussi, beaucoup d'inconnu. Mais elles s'adressent plus à l'origine ou au vécu de la maladie et essaient de ne pas se limiter aux symptômes.

Jugement global

Quand on choisit la voie médicamenteuse, les phénothiazines s'avèrent des médicaments puissants susceptibles de produire beaucoup d'effets secondaires mais qui restent efficaces pour les différentes applications qu'on leur connaît. Ils ne devraient jamais être utilisés à la légère, sans connaître les risques liés à leur emploi ni sans la surveillance d'un médecin compétent. En effet, il arrive que certaines réactions graves se développent sans qu'on en connaisse les facteurs favorisants. Ainsi la dyskinésie tardive (des mouvements involontaires affectant surtout le visage), souvent irréversible, se déclare parfois sans qu'il semble y avoir de lien avec la durée du traitement ou le dosage employé, bien qu'elle soit plus fréquente après quelques années d'utilisation de doses élevées.

Il semble qu'il n'existe pas d'avantages à utiliser une association de ce type de tranquillisants ; on devra s'en tenir à l'usage d'un seul, en sachant que la réaction à un médicament varie beaucoup d'un individu à un autre ; il s'agit alors de trouver celui qui convient.

Chlorpropamide

Noms commerciaux :
Apo-Chlorpropamide,
Chloronase, Diabinèse,
Novopropamide.

Ordonnance requise

Le chlorpropamide appartient à la même classe de médicaments que le tolbutamide. Il possède les mêmes indications thérapeutiques, effets secondaires possibles, interactions médicamenteuses et alternatives. Nous vous référons donc au texte sur le tolbutamide, page 591. Il s'en distingue cependant par les points suivants :

— La dose quotidienne de chlorpropamide ne devrait pas dépasser 750 mg. D'ailleurs il est généralement inutile de donner plus de 500 mg par jour. On la prend en une fois, à la même heure chaque jour au moment d'un repas (souvent au petit déjeuner), mais jamais au coucher.

— En plus de posséder les effets secondaires du tolbutamide, le chlorpropamide a parfois causé une rétention excessive d'eau accompagnée d'un débalancement dans l'équilibre du sodium ; on devrait en éviter l'usage si l'on est affecté de problèmes rénaux ou d'insuffisance cardiaque.

— L'allopurinol peut intensifier l'effet hypoglycémique du chlorpropamide.

— Le chlorpropamide a une durée d'action longue et présente des risques d'accumulation. Les personnes âgées et les gens qui souffrent d'insuffisance rénale y sont plus sensibles.

— Le chlorpropamide provoque plus souvent que les autres hypoglycémiants une réaction d'intolérance à l'alcool, caractérisée principalement par de la rougeur au visage.

Chlorthalidone

Noms commerciaux :
Apo-Chlorthalidone,
Hygroton, Novothalidone,
Uridon.

Ordonnance requise

Le chlorthalidone est un diurétique de la famille des thiazides, quoique sa structure chimique en diffère légèrement. Il possède les mêmes indications, les mêmes contre-indications et les mêmes effets secondaires que les autres thiazides. Cependant, ce diurétique exerce un effet plus prolongé que les thiazides, ce qui permet parfois de ne le prendre qu'aux 2 jours ; par contre, il risque de continuer à agir pendant la nuit chez les personnes plus sensibles et de les obliger à se lever pour uriner. Sa longue durée d'action accroîtrait aussi l'incidence et la gravité de la perte de potassium. Pour plus de détails, voir le texte sur l'hydrochlorothiazide, page 332.

Cholestyramine

Nom commercial :
Questran.

Ordonnance requise

Indications thérapeutiques

La cholestyramine entrave l'absorption intestinale du cholestérol et sert principalement à faire baisser le taux de cholestérol sanguin, lorsque les autres mesures (contrôle du poids, du diabète, exercice, etc.) ont échoué.

Posologie habituelle

La dose habituelle est de 12 g par jour, divisée en 2 ou 3 prises au moment des repas. Certains auteurs recommandent d'absorber les 4 premiers grammes avec un petit repas (la plupart du temps le petit déjeuner) et les 8 grammes qui restent avec le repas principal de la journée. On recommande aussi de prendre la moitié de chaque dose 1/2 heure avant le repas et l'autre moitié 1/2 heure après. L'effet du médicament apparaît généralement 24 à 48 heures après la première prise, mais le taux de cholestérol pourra continuer à baisser pendant un an.

Contre-indications

On devra sérieusement peser le pour et le contre de l'usage de la cholestyramine s'il y a présence d'une des pathologies suivantes : des problèmes d'absorption intestinale, de la constipation et une obstruction des voies biliaires. On devra aussi faire preuve de prudence dans les cas où il y a des troubles gastro-intestinaux, des hémorroïdes, une insuffisance rénale ou un ulcère peptique.

On évitera d'utiliser la cholestyramine au cours de la grossesse et pendant la période d'allaitement étant donné qu'elle peut nuire à l'absorption de nutriments essentiels à la mère et au fœtus.

Effets secondaires possibles

La cholestyramine produit souvent de la constipation qui doit nécessairement être « traitée » si elle persiste afin d'éviter un risque d'obstruction intestinale. Le plus souvent cette constipation est bénigne et s'accompagne de flatulence. La cholestyramine peut aussi provoquer des nausées et vomissements, des douleurs à l'estomac et de la diarrhée. Si ces symptômes persistent ou s'aggravent, ils devront faire l'objet d'une consultation médicale.

Lorsqu'elle est prise à long terme et à plus de 10 à 16 g par jour, la cholestyramine risque d'entraver l'absorption des vitamines A, D, E et K et de provoquer une perte de poids. On devra alors être prudent et prendre les mesures qui s'imposent.

Interactions médicamenteuses

La cholestyramine peut réduire ou retarder l'absorption de plusieurs médicaments. On recommande donc de ne prendre aucun autre médicament dans l'heure qui précède et dans les 4 ou 5 heures qui suivent la prise de la poudre. On devra aussi parfois réajuster les doses d'autres médicaments pris simultanément à la cholestyramine, lorsque l'on interrompt ce traitement. Ces remarques s'appliquent principalement aux médicaments suivants : les anticoagulants, le digoxin, les hormones thyroïdiennes, la pénicilline G, les tétracyclines et les diurétiques de la famille des thiazides.

Précautions

On doit prendre la cholestyramine avec au moins 120 à 180 ml (4 à 6 oz) d'eau, de jus ou de soupe. On peut aussi mêler la cholestyramine à des aliments.

Si l'on utilise un liquide, on déposera la poudre *sur* le liquide. On ne brassera qu'après l'avoir laissé reposer pendant une ou deux minutes. On devra rincer le verre avec un surplus de liquide et boire celui-ci afin de s'assurer de bien absorber toute la médication. Certaines personnes suggèrent de préparer la boisson un jour à l'avance et de la réfrigérer. Elle serait ainsi plus facile à prendre.

On devra se soumettre à une évaluation périodique des taux sanguins de cholestérol et des triglycérides afin de vérifier l'efficacité du traitement.

Il est parfois nécessaire de prendre un supplément des vitamines A, D, E et K.

Alternatives

On associe des taux élevés de lipides sanguins à un risque accru de maladies cardiaques, plus particulièrement à l'infarctus du myocarde. Il existe plusieurs types de lipides sanguins : le cholestérol est celui qui retient le plus l'attention et qui est le plus souvent incriminé comme agent pathogène. On distingue cependant différents cholestérols, le « bon » cholestérol (ou HDL) qui contribuerait à diminuer l'incidence des maladies coronariennes et le « mauvais » cholestérol (LDL) qui aurait l'effet inverse. On distingue aussi un autre composé lipidique, les triglycérides, dont le lien avec les maladies coronariennes est loin d'être clair, sauf, croit-on maintenant, chez les femmes de plus de 50 ans. On essaie, lorsque le taux global de cholestérol est élevé, de le faire diminuer, mais surtout de garder une proportion élevée de « bon » cholestérol. Voici les différents facteurs qui contribuent à préserver cet équilibre :

— le maintien du poids idéal par l'adoption d'une alimentation pauvre en graisses ;
— l'activité physique, car elle contribue à la formation de « bon » cholestérol ;
— la consommation modérée d'alcool, pour la même raison, et parce qu'elle contribue à la baisse des triglycérides ;
— la réduction du stress, car celui-ci pourrait entraîner des microlésions des vaisseaux susceptibles de conduire à la formation d'athérosclérose ;
— le contrôle du diabète et de l'hypertension qui sont aussi des facteurs de risque des maladies cardio-vasculaires.

Ainsi, toute tentative de réduction du taux de lipides sanguins comporte d'abord et avant tout l'intégration de certains éléments d'hygiène de vie qui ne devraient pas être oubliés advenant le cas du recours aux médicaments. D'un autre côté, on commence aussi à douter de la fiabilité des dosages sanguins du cholestérol. Une étude menée en 1985 par le *College of American Pathologists* a révélé leur grande variabilité. Un échantillon de sang contenant la même concentration de cholestérol a été envoyé à 5 000 laboratoires pour en déterminer la concentration. Les résultats se sont échelonnés entre 222 et 334 mg/100 ml, selon le laboratoire et la technique utilisée. Le taux de cholestérol mesuré chez vous pourrait alors être soit beaucoup plus bas… ou plus élevé que le résultat communiqué. Il reste cependant difficile de tirer des conclusions pratiques d'une telle recherche.

Pour plus de détails pratiques, consulter le texte sur l'angine de poitrine et la crise cardiaque, en page 677.

Jugement critique

Pour les personnes atteintes d'hypercholestérolémie familiale congénitale, la cholestyramine semble à ce moment une des solutions médicamenteuses des plus efficaces dans le contrôle du cholestérol, lorsqu'elle est prise régulièrement. Elle ne paraît cependant pas tellement agréable à prendre (elle produit souvent de la constipation et des gaz) et elle est, de plus, très coûteuse. Cependant, pour la plupart des gens, elle n'est pas la première approche dans le traitement préventif de l'hyperlipémie ou de l'hypercholestérolémie ; elle ne devrait être employée que lorsque les mesures suggérées dans les alternatives ne sont pas couronnées de succès. De toute façon, ces autres mesures doivent aussi être continuées même quand la cholestyramine est utilisée.

Cimétidine

> Noms commerciaux :
> Apo-Cimétidine,
> Novo-Cimetine, Peptol,
> Tagamet.

Ordonnance requise

Indications thérapeutiques

Ce médicament qui empêche la sécrétion d'acide chlorhydrique par l'estomac est utilisé dans le traitement des ulcères gastriques et duodénaux et des autres maladies où il faut diminuer la sécrétion acide de l'estomac.

Posologie habituelle

En phase aiguë, la cimétidine se prend en doses de 200 à 400 mg 4 fois par jour (aux repas et au coucher) ou, en comprimés de 600 mg, 2 fois par jour (matin et soir). Des recherches récentes montrent cependant qu'une dose unique de 800 mg prise au coucher serait tout aussi efficace. La dose totale quotidienne peut atteindre 2 400 mg. Le traitement doit se poursuivre pendant environ 6 à 8 semaines, même lorsque tous les symptômes sont disparus. On observera le plus souvent une disparition des symptômes en quelques jours (environ 1 semaine). Pour faire suite au traitement de la phase aiguë, on donne généralement un traitement d'entretien d'une durée variable ; on utilise alors des doses variant entre 300 et 600 mg par jour, en 1 ou 2 prises.

Au besoin, les antiacides peuvent être utilisés sans inconvénients concurremment à la cimétidine, mais ils ne devraient pas être pris au même moment ; une heure au moins est nécessaire entre chaque médicament.

Contre-indications

Les personnes souffrant de maladies rénales ou hépatiques doivent utiliser ce médicament avec grande prudence et à dose très faible.

Les femmes enceintes devraient éviter ce médicament ; des expériences de laboratoire montrent que la cimétidine a un effet féminisant chez les fœtus de rats mâles et affecte le comportement de ces rats après leur naissance. De plus, elle passe dans le lait ; on n'en recommande donc pas l'usage pendant la période d'allaitement.

Effets secondaires possibles

Des personnes qui ont utilisé la cimétidine ont souffert d'hémorragie et même de perforation gastrique à l'arrêt brusque de ce médicament.

La cimétidine est cependant un médicament pour lequel l'incidence d'effets secondaires est plutôt faible (moins de 5 %). On observe parfois de petites éruptions cutanées, de la diarrhée, de la somnolence et des douleurs musculaires, de la congestion et des douleurs aux seins, tant chez l'homme que chez la femme. Si ces symptômes persistent le moindrement ou deviennent trop importants, il faut consulter son médecin.

La cimétidine entraîne parfois de la confusion mentale, des hallucinations et du délire, surtout chez les personnes âgées. Sur le plan sexuel, on a observé une perte de désir et de l'impuissance.

Lors de traitements prolongés, la cimétidine a déjà affecté la production du sang et altéré les globules blancs. Ces effets se manifestent par de la fatigue, de la fièvre, une facilité à faire des bleus et une diminution de la résistance aux infections. Ces accidents graves sont cependant rares et les personnes souffrant d'autres pathologies sérieuses sont plus susceptibles d'en être atteintes.

Interactions médicamenteuses

C'est là le point faible de la cimétidine ; elle influence l'activité d'un certain nombre de médicaments et ceci, de façon marquée. L'association aux médicaments suivants est risquée et demande des ajustements et une surveillance rigoureuse.

La cimétidine augmente l'effet des anticoagulants ; elle retarde l'excrétion de certaines benzodiazépines (diazépam, chlordiazépoxide et clorazépate), ce qui peut causer une accumulation de ces substances et des effets plus marqués. Lorsqu'elle est prise de façon chronique, elle ralentit l'élimination de la carbamazépine, des bêta-bloquants (surtout le propranolol et le métoprolol), de la phénytoïne et de la théophylline, augmentant ainsi leur toxicité. Si elle est prise en même temps que la digoxine, elle en diminue l'effet. Elle diminuerait aussi l'absorption des tétracylines, du fer, du calcium et de la vitamine B_{12}.

Précautions

Comme la cimétidine peut parfois causer de la confusion mentale ou des étourdissements, les gens qui ont à conduire une automobile ou à manipuler des machines dangereuses devraient être très prudents, surtout en début de traitement.

La cimétidine accélère l'atteinte d'une concentration maximum d'alcool dans le sang et augmente cette concentration, probablement parce qu'elle empêche le foie de jouer son rôle habituel dans le métabolisme de l'alcool ; cela signifie que l'alcool risque d'avoir des effets plus rapides et plus prononcés qu'à l'ordinaire, chez la personne qui est traitée à la cimétidine.

La cigarette empêche la cimétidine d'agir pendant la nuit. Les personnes qui fument ne devraient pas le faire après la dernière dose de la journée.

Alternatives

Voir le texte sur l'ulcère gastro-duodénal, page 828.

Jugement global

La cimétidine a atteint, en 1982, la première place parmi les médicaments prescrits en Amérique du Nord. Sans doute s'agit-il d'un excellent médicament pour le traitement des ulcères ; mais certains points obscurs n'ont toujours pas été éclaircis à propos de la cimétidine. Ainsi, des recherches montrent que les patients prenant ce médicament ont des taux de N-nitrosamines dans l'estomac jusqu'à 100 fois plus élevés qu'en temps ordinaire ; cela surviendrait parce que l'absence d'acide dans l'estomac permet à des bactéries de s'y développer et de transformer les nitrates alimentaires en N-nitrosamines ; or ces substances sont de puissants cancérigènes et déjà, en Angleterre, on rapporte une certaine association cancer de l'estomac-cimétidine. D'autres recherches ont prouvé une baisse de la production des spermatozoïdes de 50 % chez les hommes traités à la cimétidine ; cette baisse était heureusement réversible, avec l'arrêt du médicament.

Les médecins manifestent beaucoup de légèreté sinon d'inconscience dans leur acceptation des nouveaux médicaments ; et au lieu de réserver la cimétidine aux ulcères confirmés, où elle agit si bien, ils l'utilisent de plus en plus fréquemment sans diagnostic précis, contre des douleurs abdominales vagues, pour soulager des malaises causés par la constipation ou la diarrhée ; cela expliquerait le succès commercial de la cimétidine. Les rédacteurs de *The Harvard Medical School Health Letter* préconisent, pour leur part, la prudence : « Comme pour tous les nouveaux médicaments, ses dangers ne seront vraiment pas connus tant qu'elle n'aura pas été largement employée pendant de nombreuses années. La recommandation que la cimétidine soit utilisée à court terme (par exemple, 1 à 2 mois) plutôt que chroniquement, est prudente à ce moment-ci. » D'ailleurs, comme la majorité des ulcères (de 60 à 90 %) se cicatrisent en 6 à 8 semaines, il n'y a la plupart du temps aucune raison de poursuivre le traitement à fort dosage au-delà de cette période. Une dose réduite prise au coucher peut être utile pour prévenir une rechute chez les patients prédisposés pour qui la chirurgie est contre-indiquée. La suspension d'un traitement d'entretien exposerait au même risque de récidive rapide que lors de l'arrêt du traitement de brève durée.

Comme la plupart des traitements médicaux, la cimétidine est un traitement symptomatique qui ne résout pas les causes premières des ulcères. En effet, 70 % des patients auront une rechute 3 mois après la cessation du traitement et un autre 20 % s'y ajouteront plus tard pour atteindre 90 % de rechutes un an après la fin du traitement.

Clindamycine

Nom commercial :
Dalacin C.

Ordonnance requise

Indications thérapeutiques

Nous limiterons nos propos à l'utilisation topique (en application sur la peau) de la clindamycine. On l'emploie en lotion — habituellement alcoolisée — dans le traitement d'acné de gravité moyenne, là où il y a présence de lésions inflammatoires modérées (kystes et nodules).

Posologie habituelle

On applique la lotion sur la peau entre 1 et 4 fois par jour, mais le plus souvent matin et soir.

La peau doit être propre et sèche et on devra attendre 30 minutes avant d'appliquer la clindamycine après s'être lavé ou rasé.

On observe habituellement une amélioration après 6 semaines, mais l'effet maximal met souvent entre 8 à 12 semaines avant de se manifester.

La clindamycine se vend le plus souvent dissoute dans le Duo Nalc, une solution à 70 % d'alcool isopropylique. On la remplace parfois par le Duo Nalc E qui contient 55 % d'alcool éthylique ou encore par le Duo Nalc E doux, qui contient 20 % d'alcool éthylique.

Contre-indications

On sera prudent si on a déjà fait une colite ulcéreuse ou une réaction colique à un antibiotique.

On évitera la clindamycine si on y est allergique.

Des études faites chez l'animal n'ont pas montré d'effets toxiques sur le fœtus. Il n'existe pas de données sur son utilisation chez la femme enceinte.

La clindamycine passe dans le lait maternel, mais en quantité infime. On devrait donc théoriquement pouvoir l'utiliser en période d'allaitement.

Effets secondaires possibles

Les lotions de clindamycine peuvent provoquer un assèchement de la peau, une sensation de brûlure et de picotement ou encore un peu de diarrhée. Ces effets diminuent ou disparaissent généralement, sinon on doit en aviser le médecin. On devra aussi contacter ce dernier si les symptômes suivants apparaissent : rash cutané marqué ou enflures qui sont signe d'allergie, forte diarrhée accompagnée de crampes, fièvres, nausées, soif et faiblesse. La clindamycine, même si elle est très faiblement absorbée à travers la peau, cause rarement — chez les individus sensibles — une maladie intestinale, la colite pseudomembraneuse qui devra nécessairement être traitée.

Interactions médicamenteuses

Les lotions de clindamycine ont, entre autres, une action asséchante. On devrait éviter de les utiliser en même temps que les autres produits asséchants utilisés dans l'acné : lotions, gels, savons… Il arrive cependant que ce médicament soit utilisé en alternance avec un autre produit (souvent à base de peroxyde de benzoyle ou de trétinoin). On devra alors respecter les indications quant au moment d'utilisation.

On ne devrait pas employer d'antidiarrhéiques sans d'abord en parler à son médecin ou à son pharmacien. Ces produits pourraient masquer une colite pseudomembraneuse.

Précautions

Bien agiter le flacon avant d'utiliser la lotion.

Éviter d'employer la lotion en fumant ou à proximité d'une flamme vive ; l'alcool est inflammable.

Éviter le contact avec les yeux et les muqueuses du nez ou de la bouche.

Ne pas employer la lotion plus souvent que prescrit par le médecin.

Alternatives

Voir le texte sur l'acné, en page 776.

Jugement global

La clindamycine est un moyen efficace de contrôle des acnés légères ou modérées. Elle n'est cependant pas un traitement curatif. Elle peut être utilisée seule ou bien comme appoint à un traitement antibiotique pris par la bouche ou encore associée à une autre préparation topique. Cela dépend, en grande partie, des habitudes du médecin traitant.

Clofibrate

> Noms commerciaux :
> Atromide-S, Claripex,
> Novofibrate.

Ordonnance requise

Indications thérapeutiques

Le clofibrate s'emploie pour faire baisser le cholestérol mais surtout les triglycérides sanguins, dans l'espoir de diminuer l'athérosclérose et les risques d'accidents vasculaires. On recommande de réserver ce médicament à certains groupes de patients plus particulièrement à risque, lorsque la diète n'a pas réussi à abaisser le taux de lipides sanguins.

Posologie habituelle

Le clofibrate s'utilise à raison de 1,5 à 2 g par jour à prendre en 2 à 4 prises aux repas. Quand une dose est oubliée, la reprendre dans les heures qui suivent mais si la prochaine dose est à moins de 2 heures, laisser tomber.

Contre-indications

L'allergie au clofibrate est une contre-indication absolue, de même que la cirrhose. Les personnes ayant tendance à faire des calculs communément appelés pierres à la vésicule biliaire ainsi que celles qui ont déjà fait un ulcère à l'estomac ou à l'intestin risquent que cela leur arrive plus fréquemment avec le clofibrate. Les personnes dont la fonction rénale ou hépatique est déficiente devront sans doute recevoir des doses plus faibles et celles qui souffrent de maladies cardio-vasculaires ou d'hypothyroïdie devront être suivies attentivement. Les femmes enceintes ne devraient pas prendre de clofibrate, car on croit, d'après les études faites sur l'animal, que les taux sanguins fœtaux peuvent s'élever sans que celui-ci ait la capacité de détoxification nécessaire. Son utilisation au cours de la période d'allaitement n'est pas non plus souhaitable.

Effets secondaires possibles

Une étude d'envergure réalisée par l'Organisation mondiale de la santé (OMS) a montré qu'à long terme, les personnes qui utilisaient le clofibrate souffraient plus souvent de cancer, de maladies du foie, de pancréatite et faisaient davantage de calculs biliaires. On a aussi observé que le clofibrate augmentait le risque de maladies vasculaires périphériques, de thrombophlébites, d'embolies pulmonaires, d'angine et de troubles du rythme cardiaque. Pendant le traitement lui-même, les gens peuvent souffrir d'effets secondaires qui nécessitent un arrêt rapide du médicament : irrégularités du rythme cardiaque, douleurs à l'estomac avec nausées et vomissements, difficultés à respirer, sang dans l'urine, diminution considérable de la production d'urine, augmentation rapide de poids et œdème aux pieds et aux chevilles, douleurs violentes à la poitrine. Le clofibrate peut aussi affecter le sang et causer une diminution considérable des globules blancs. Ceci peut conduire à une susceptibilité accrue aux infections. Il peut aussi provoquer de l'anémie.

Certains symptômes ne mettent pas en danger la vie ; ils peuvent aussi parfois disparaître d'eux-mêmes, mais s'ils persistent ou causent trop d'inconvénients, il faut songer à cesser le traitement. Les nausées sont fréquentes ; moins souvent surviennent de la diarrhée, des vomissements, des brûlures et des gonflements d'estomac. Plus rarement, des personnes souffrent de vertiges, de maux de tête, de somnolence, de sécheresse et de chute des cheveux, de faiblesse et de fatigue exagérées, de palpitations, d'impuissance sexuelle, de sensibilité aux seins, de douleurs et de crampes musculaires et de lésions dans la bouche et aux lèvres.

Interactions médicamenteuses

Le clofibrate augmente l'effet des anticoagulants oraux, des hypoglycémiants oraux, de l'insuline et du furosémide (un diurétique). Les extraits thyroïdiens potentialisent son effet. Certains médicaments peuvent faire monter le taux de lipides sanguins : le chlorthalidone, l'hydrochlorothiazide, le propranolol, le nadolol, le timolol, les œstrogènes et les contraceptifs oraux.

Précautions

Il est important de suivre fidèlement la diète prescrite par le médecin qui a donné l'ordonnance du clofibrate ; ce médicament n'a aucun effet s'il n'est pas accompagné d'une diète.

Ce traitement ne peut avoir d'effet qu'à long terme ; quand il est entrepris, c'est donc pour longtemps et il est nécessaire pendant cette période de voir régulièrement son médecin qui devrait procéder à des tests sanguins pour juger de la pertinence de poursuivre ou non le traitement.

À l'arrêt du clofibrate, le taux de gras sanguin risque de remonter rapidement ; le sevrage devrait donc s'accompagner d'une diète très pauvre en gras.

Alternatives

On associe des taux élevés de lipides sanguins à un risque accru de maladies cardiaques, plus particulièrement à l'infarctus du myocarde. Il existe plusieurs types de lipides sanguins : le cholestérol est celui qui retient le plus l'attention et qui est le plus souvent incriminé comme agent pathogène. On distingue cependant différents cholestérols, le « bon » cholestérol (ou HDL) qui contribuerait à diminuer l'incidence des maladies coronariennes et le « mauvais » cholestérol (LDL) qui aurait l'effet inverse. On distingue aussi un autre composé lipidique, les triglycérides, dont le lien avec les maladies coronariennes est loin d'être clair, sauf chez les femmes de plus de 50 ans. On essaie, lorsque le taux global de cholestérol est élevé, de le faire diminuer, mais surtout de garder une proportion élevée de « bon » cholestérol. Voici les différents facteurs qui contribuent à préserver cet équilibre :
— le maintien du poids idéal par l'adoption d'une alimentation pauvre en graisses ;
— l'activité physique, car elle contribue à la formation de « bon » cholestérol ;
— la consommation modérée d'alcool, pour la même raison, et parce qu'elle contribue à la baisse des triglycérides ;

— la réduction du stress, car celui-ci pourrait entraîner des microlésions des vaisseaux susceptibles de conduire à la formation d'athérosclérose ;
— le contrôle du diabète et de l'hypertension qui sont aussi des facteurs de risque des maladies cardio-vasculaires.

Ainsi, toute tentative de réduction du taux de lipides sanguins comporte d'abord et avant tout l'intégration de certains éléments d'hygiène de vie qui ne devraient pas être oubliés advenant le cas du recours aux médicaments. D'un autre côté, on commence aussi à douter de la fiabilité des dosages sanguins du cholestérol. Une étude menée en 1985 par le *College of American Pathologists* a révélé leur grande variabilité. Un échantillon de sang contenant la même concentration de cholestérol a été envoyé à 5 000 laboratoires pour en déterminer la concentration. Les résultats se sont échelonnés entre 222 et 334 mg/100 ml, selon le laboratoire et la technique utilisée. Le taux de cholestérol mesuré chez vous pourrait alors être soit beaucoup plus bas… soit plus élevé que le résultat communiqué. Il reste cependant difficile de tirer des conclusions pratiques d'une telle recherche.

Pour plus de détails, consulter le texte sur l'angine de poitrine et la crise cardiaque, en page 677.

Jugement global

Le clofibrate est un médicament souvent dangereux et aussi souvent inutile. Il ne peut servir que dans un type assez peu courant d'hyperlipidémie, lorsque les triglycérides sont très élevés et lorsque la diète et la perte de poids n'ont pas réussi à en faire baisser les taux ; il arrive même qu'il produise une élévation paradoxale du taux de « mauvais » cholestérol. De plus, on associe à ce médicament un fort taux de réactions défavorables graves (voir effets secondaires), même s'il contribue souvent à une hausse du « bon » cholestérol.

Il existe maintenant des médicaments plus efficaces et qui jusqu'ici comportent moins d'effets secondaires graves que le clofibrate. L'usage de ce dernier devrait être réservé à des cas exceptionnels.

Clomiphène

Noms commerciaux :
Clomid, Sérophène.

Ordonnance requise

Indications thérapeutiques

On utilise le clomiphène dans les cas d'infertilité, chez les femmes, pour provoquer l'ovulation et parfois chez les hommes, pour stimuler la production de sperme.

Posologie habituelle

Lors d'un premier traitement on doit prendre 50 mg par jour durant 5 jours à partir du 5e jour du cycle ou de n'importe quand si l'on n'a pas de menstruations. Le traitement peut être répété à intervalles de 4 semaines durant quelques cycles. Près de 75 % des grossesses consécutives à l'usage de ce médicament surviennent durant les 3 premiers mois de traitement au dosage de 50 à 100 mg.

Si l'on ne peut provoquer d'ovulation avec 50 mg, on augmentera la dose à 100 mg, mais on ne recommande pas un dosage plus élevé.

Contre-indications

On ne devra pas employer le clomiphène si on présente des saignements vaginaux d'origine indéterminée ou des fibromes à l'utérus, si l'on souffre de thrombophlébite, de maladie avancée du foie, de maladie de la glande thyroïde ou de dépression mentale, si on a déjà fait une réaction allergique au médicament et durant la grossesse. On devrait l'utiliser à très faible dosage ou en différer l'administration en présence de kystes aux ovaires.

Effets secondaires possibles

L'effet secondaire le plus fréquent est l'apparition de bouffées de chaleur. On peut aussi expérimenter un engorgement des seins, de la constipation ou de la diarrhée, une augmentation d'appétit et un gain de poids, parfois une perte de poids, des nausées, des vomissements, des menstruations abondantes, un besoin d'uriner souvent, une perte de cheveux, des étourdissements, des vertiges, des maux de tête, de la dépression, de la nervosité, de l'insomnie, de l'agitation et de la fatigue. Ces effets secondaires sont rares et n'empêchent habituellement pas de continuer le traitement. L'effet le plus sérieux est l'apparition de kystes aux ovaires ; cela se manifeste par des gonflements et des douleurs pelviennes et demande que le traitement soit interrompu jusqu'à ce que les ovaires reprennent leur taille normale (ce qui peut prendre de quelques jours à quelques semaines). Les problèmes hépatiques sont possibles ; ils provoqueront un jaunissement de la peau et des yeux. La toxicité oculaire se manifestera par un embrouillement de la vision, une difficulté à voir, une sensibilité à la lumière et une vision double ; il peut aussi y avoir formation de cataractes. Tous ces effets demandent une consultation médicale rapide. On a enfin observé l'apparition d'un cancer du sein chez une femme traitée au clomiphène.

Interactions médicamenteuses

On ne connaît pas d'interactions médicamenteuses au clomiphène.

Précautions

Avant un traitement au clomiphène, on devra subir un examen des organes génitaux et une évaluation de la fonction hépatique. L'examen des organes génitaux sera répété à chaque cycle pour éliminer la possibilité de grossesse et pour évaluer la présence ou l'absence de kystes aux ovaires.

Il serait aussi recommandable de se donner les moyens pour déterminer s'il y a eu ovulation, par la prise de la température basale, la détermination du taux d'hormones sécrétées ou par d'autres méthodes.

La somnolence et les problèmes visuels parfois consécutifs à l'usage du clomiphène peuvent nuire à la conduite automobile ou à l'utilisation de machines demandant de la précision.

Finalement, on prendra le médicament toujours au même moment de la journée, et si on l'oublie, on l'absorbera dès que l'on se rendra compte de sa négligence. Si on oublie plus d'une prise, on devrait contacter son médecin.

Alternatives

L'absence d'ovulation est un phénomène qui survient parfois de façon occasionnelle et parfois plus régulièrement ; elle peut être reliée à différents facteurs. Certaines pathologies en sont parfois responsables : le diabète avancé, la malnutrition (entre autres dans l'anorexie) et l'obésité. Certaines carences en vitamines et en protéines pourraient intervenir. On peut consulter à cet effet le livre *Dossier hormones*, de B. et G. Seaman (Éd. l'Impatient, 1981). L'usage prolongé de la contraception orale est assez souvent responsable de l'absence d'ovulation (voir le texte sur les contraceptifs oraux, page 226). Plusieurs recherches ont aussi permis d'établir un rapport entre infertilité et grande activité physique. Le stress et d'autres facteurs psychologiques peuvent également être en cause ; une aide thérapeutique peut alors s'avérer utile. Finalement certains chercheurs soupçonnent divers polluants d'avoir aussi leur part de responsabilité (à propos de polluants dans les milieux de travail, voir la page 92). On devrait, avant d'envisager un traitement chimique, faire une investigation de ces différents aspects de la question. On pourra aussi chercher du côté des approches « douces » qui conçoivent le corps en fonction de ses équilibres et qui disposent d'outils possédant moins d'effets secondaires.

Pour faire le point sur l'infertilité et sur les nouvelles techniques de reproduction, la brochure *Enjeux*, produite en 1987 par le Conseil du statut de la femme, est un outil fort intéressant. (Voir aussi le texte sur l'infertilité, page 762.)

Jugement global

L'usage du clomiphène donne les résultats suivants : il provoque l'ovulation chez 70 % des femmes qui l'utilisent et une grossesse chez 40 % d'entre elles ; 20 % des grossesses induites par ce médicament se termineront cependant par une fausse-couche et, lorsque la grossesse arrive à terme, on se trouve souvent face à des jumeaux (dans 8 % des cas, c'est-à-dire 6 fois plus que la normale). On croyait auparavant que ce médicament ne produisait pas d'effets sur le fœtus, mais on se rend compte aujourd'hui qu'il est complètement éliminé seulement après 6 semaines et que des malformations congénitales lui sont associées. Le rapport de causalité n'est cependant pas encore clairement établi, non plus que la fréquence exacte de ces événements.

Clonazépam

Nom commercial : Rivotril.

Ordonnance requise

Indications thérapeutiques

Le clonazépam fait partie, comme le diazépam, de la famille des benzodiazépines, dont il partage la plupart des caractéristiques. On l'utilise cependant essentiellement pour traiter certains types d'épilepsie : absences, petit mal et certaines épilepsies de l'enfance.

Posologie

L'instauration d'un traitement au clonazépam doit se faire très graduellement, sur une période de 2 à 4 semaines. Un adulte recevra d'abord 0,5 mg 3 fois par jour et pourra augmenter le dosage à tous les 3 jours par paliers de 0,5 à 1 mg par jour, jusqu'à ce que les symptômes soient contrôlés. La dose de maintien se situe habituellement entre 4 et 8 mg par jour mais peut atteindre 20 mg.

Chez l'enfant de moins de 10 ans, la dose de départ est de 0,01 à 0,03 mg/kg par jour, qu'on augmente aussi graduellement jusqu'à une dose d'entretien qui se situe entre 0,1 mg et 0,2 mg/kg par jour.

On doit diviser l'apport quotidien en 3 ou 4 prises.

Contre-indications

Les personnes souffrant de myasthénie grave ou de glaucome à angle aigu éviteront, autant que possible, le clonazépam. On n'en recommande pas non plus l'usage chez les personnes atteintes de maladie pulmonaire obstructive grave. Les femmes enceintes devraient, si elles le peuvent, s'abstenir d'en consommer : des expériences faites sur des animaux (à forte dose) lui associent une plus grande incidence de malformations. On devra cependant bien peser le pour et le contre de la décision de cesser le médicament, étant donné que le risque de convulsion en l'absence de médication présente, lui aussi, un danger pour la mère et l'enfant. On soupçonne que le clonazépam passe dans le lait et on ne le recommande donc pas pendant l'allaitement.

Certaines conditions demandent un suivi médical plus sérieux : le dysfonctionnement hépatique ou rénal, une histoire de toxicomanie, l'hypo-albuminémie, l'hyperkinésie.

Effets secondaires possibles

On tente de minimiser les effets secondaires en augmentant progressivement les doses ; leur incidence demeure cependant assez élevée. Les plus fréquents sont la somnolence, la fatigue et la léthargie. Viennent ensuite les problèmes de coordination motrice, de faiblesse musculaire, d'hypotonie et paradoxalement d'hyperactivité parfois couplée à de l'agressivité. Ce dernier effet apparaît plus facilement chez les personnes qui ont des antécédents psychiatriques et chez celles qui souffrent de lésion cérébrale ou de retard mental. Ces effets diminuent généralement avec le temps. On soupçonne aussi le clonazépam de pouvoir provoquer des crises de type grand mal. Les enfants seront plus susceptibles d'être incommodés par une augmentation des sécrétions bronchiques et salivaires. On suppose aussi que les effets secondaires propres au diazépam peuvent se produire lorsqu'on utilise ce médicament.

Interactions médicamenteuses

Aux interactions propres aux benzodiazépines soulignées dans la monographie du diazépam, à la page 252, on devra ajouter que l'usage concomitant de clonazépam et d'acide valproïque a parfois amené des crises d'absence.

Précautions

Le clonazépam peut provoquer de la somnolence et de l'incoordination motrice. Il peut entraver l'utilisation de véhicules automobiles ou de toute autre machine demandant de l'attention. L'alcool augmente ces effets.

L'effet du clonazépam diminue généralement avec le temps et peut demander des réajustements.

Toute interruption du traitement de clonazépam devra être graduelle et répartie sur quelques semaines ; elle devra se faire sous la supervision d'un médecin compétent. Une cessation brusque pourrait en effet provoquer une crise convulsive généralisée.

Alternatives

Voir page 256.

Jugement global

Le clonazépam n'est pas le médicament de choix dans le traitement des différents types d'épilepsie. On y a le plus souvent recours lorsque les autres choix thérapeutiques ne se sont pas révélés efficaces. Il n'en reste pas moins un outil valable.

Clonidine

Noms commerciaux :
Catapres, Dixarit.

Ordonnance requise

Indications thérapeutiques

La clonidine est un agent hypotenseur qui s'emploie dans l'hypertension artérielle. La compagnie qui le produit en fait aussi la promotion pour le traitement des bouffées de chaleur à la ménopause et pour la prévention des migraines. La clonidine peut aussi servir à diminuer la gravité des symptômes lors du sevrage d'opiacés (des substances comme la morphine et l'héroïne). Enfin, le médicament est actuellement en expérimentation dans le traitement du syndrome de la Tourette.

Posologie habituelle

Dans l'hypertension artérielle, le traitement d'attaque est de 0,05 à 0,1 mg deux fois par jour ; cette dose peut être augmentée après une semaine si les résultats ne sont pas satisfaisants. D'ordinaire, la dose d'entretien totale est de 0,2 à 1,2 mg par jour, répartie en 2 à 4 prises égales. Si la clonidine est employée en même temps qu'un autre agent hypotenseur (diurétique ou autre), les doses en sont considérablement réduites.

La clonidine est mieux tolérée quand elle est prise avec de la nourriture ou du lait ; la dernière dose doit être prise au coucher, pour exercer son effet toute la nuit.

Dans le traitement des bouffées de chaleur, la clonidine s'emploie à raison de 0,025 à 0,075 mg 2 fois par jour.

Dans la prévention des migraines, on prend entre 0,05 et 0,15 mg par jour en 2 à 4 prises.

Contre-indications

Les personnes souffrant de maladie de Raynaud, de maladie cérébrovasculaire, de maladie rénale, d'insuffisance coronarienne et d'infarctus du myocarde récent ne doivent pas utiliser ce médicament ; les gens ayant déjà souffert de dépression nerveuse non plus. Ces contre-indications sont cependant relatives.

Les personnes souffrant de maladie hépatique ou d'alcoolisme devraient utiliser ce médicament à dose réduite et avec prudence.

On ne connaît pas les effets de la clonidine sur la femme enceinte ni sur l'enfant nourri au sein. On sait cependant qu'elle produit des malformations chez les animaux.

Effets secondaires possibles

Les effets secondaires de la clonidine sont nombreux ; une bonne proportion d'entre eux apparaissent en début de traitement et peuvent disparaître spontanément ; s'ils s'aggravent, persistent trop ou sont trop embêtants, il est recommandable de communiquer avec son médecin ; voici ces symptômes les plus fréquents : sécheresse de la bouche et du nez, somnolence, sensation d'abrutissement, vertiges, céphalées, fatigue, constipation, douleur aux glandes salivaires, perte d'appétit, insomnie, nausées et vomissements. Certains symptômes d'allergie peuvent se manifester comme une éruption, des démangeaisons, de l'enflure ; selon la gravité des symptômes, il faut entrer en contact plus ou moins vite avec le médecin. Des symptômes plus graves peuvent nécessiter l'arrêt ou la réduction du dosage de la clonidine : des difficultés respiratoires, de la dépression, la perte des cheveux, de la pâleur et de la froideur des doigts et des orteils, des picotements et des brûlements aux yeux, de l'impuissance sexuelle, la jaunisse, un œdème avec augmentation de poids et de la rétention urinaire.

Interactions médicamenteuses

Tous les médicaments du système nerveux — tranquillisants, anticonvulsivants, antidépresseurs, somnifères, neuroleptiques, etc. — interagissent avec la clonidine, comme d'ailleurs la plupart des autres agents hypotenseurs, en particulier les agents bêta-bloquants et les diurétiques.

Les décongestionnants et les anti-inflammatoires donnés dans l'arthrite (surtout l'indométhacine) peuvent diminuer l'activité de la clonidine.

Précautions

À cause des vertiges et de la somnolence, la conduite d'une automobile ou d'une machine lourde peut s'avérer dangereuse ; ces symptômes sont aggravés par la consommation d'alcool, la chaleur et par de nombreux médicaments qui ont des effets sur le système nerveux comme les antihistaminiques contenus dans beaucoup de sirops, les analgésiques, etc. Avant de prendre quelque médicament que ce soit (prescrit ou non), il est donc préférable de consulter son médecin.

Comme tous les médicaments hypotenseurs, la clonidine peut causer des étourdissements au changement brusque de position ; quelques mouvements des jambes avant de se lever aident à éviter ce désagrément.

La clonidine ne guérissant pas l'hypertension artérielle, il faut continuer son usage même si tout semble aller bien ; si l'on veut arrêter ce traitement, il faut en parler avec son médecin.

On ne devra jamais interrompre brusquement un traitement à la clonidine ; on pourrait alors provoquer une réaction de sevrage dans les 12 à 48 heures qui suivent, avec des symptômes comme de l'agitation, de l'insomnie, de l'irritabilité, des tremblements, des maux de tête et éventuellement une élévation marquée de la pression sanguine. Ceci se produit plus facilement après un traitement prolongé et à forte dose. On évitera cette réaction en diminuant progressivement les doses pendant une période de 1 à 2 semaines, sous supervision médicale.

Les personnes traitées à la clonidine doivent être suivies régulièrement par un médecin compétent et attentif qui, à l'occasion, devrait procéder à certaines analyses de laboratoire et examiner attentivement les yeux pour y déceler tout signe de dégénérescence de la rétine.

Alternatives

Dans l'hypertension artérielle grave, il arrive souvent que l'usage des médicaments soit essentiel ; il existe cependant plusieurs mesures qu'il est possible d'entreprendre pour tenter d'éviter la progression de la maladie, pour arriver aussi à avoir besoin de moins de médicaments ou même à s'en passer totalement. Pour un inventaire de ces mesures, nous vous référons au texte sur l'hypertension artérielle, page 739.

Jugement global

La clonidine doit être réservée à l'hypertension artérielle modérée ou grave ; il est préférable alors de l'associer à un autre médicament (la plupart du temps un diurétique) pour en diminuer les effets secondaires. Elle n'est certainement pas un médicament de premier choix quand on commence un traitement de l'hypertension artérielle.

Un certain nombre d'études ont démontré son inefficacité dans le contrôle des bouffées de chaleur de la ménopause.

Clorazépate

Noms commerciaux :
Novo-Clopate, Tranxene.

Ordonnance requise

Le clorazépate est un produit similaire au diazépam. Il possède les mêmes indications thérapeutiques que ce dernier, à la différence qu'on ne l'utilise pas comme relaxant musculaire. Les effets secondaires susceptibles de se manifester avec le diazépam le sont aussi avec le clorazépate, de même que la plupart des interactions médicamenteuses. Il semble cependant que le clorazépate produise moins souvent de réactions d'incoordination motrice et de fatigue que le diazépam. Il faut enfin exercer avec ce produit la même vigilance que si on employait le diazépam. Nous recommandons donc de consulter le texte sur le diazépam, page 252.

La marge posologique du clorazépate varie beaucoup d'un individu à l'autre et s'étale de 3,75 mg à 60 mg par jour, habituellement pris en 1 à 4 doses. On réserve habituellement une dose plus élevée pour le coucher et l'on répartit les autres plus faibles durant la journée.

Le clorazépate ne présente pas d'avantages par rapport au diazépam et au chlordiazépoxide. Il coûte par ailleurs beaucoup plus cher, ce qui en fait un médicament de second choix.

Clotrimazole

Noms commerciaux :
Canesten, Myclo.

Ordonnance requise

Indications thérapeutiques

Le clotrimazole est utilisé dans le traitement des infections à champignons affectant la peau ou la muqueuse vaginale.

Posologie habituelle

Lorsque l'on traite une infection cutanée, on utilise la crème topique à raison d'une application 2 fois par jour. Le traitement devra durer 15 jours s'il s'agit d'une infection à *candida* et 1 mois s'il s'agit de pieds d'athlète.

Pour une infection vaginale, on emploiera 1 ovule vaginal ou un applicateur rempli de crème vaginale au coucher, durant 7 jours consécutifs. Il existe aussi un traitement de 3 jours qu'on utilise de la même façon, durant 3 jours consécutifs ; les doses sont alors plus fortes. On ajoute souvent une crème topique à appliquer à la vulve, 2 fois par jour, pour une durée de 10 jours. Lorsque l'infection est plus grave, on doit prolonger le traitement.

Un traitement d'une journée existe aussi ; les symptômes mettent cependant 2 ou 3 jours avant de disparaître.

Contre-indications

On n'emploiera pas le clotrimazole si on y a déjà fait une réaction allergique.

Le clotrimazole semble très peu absorbé au niveau du vagin, mais ses effets possibles sur le fœtus demeurent incertains ; aussi vaut-il mieux s'en abstenir pendant les 3 premiers mois de la grossesse. Si on devait l'utiliser durant le reste de la grossesse, il faudrait employer l'applicateur avec beaucoup de précautions, pour ne pas risquer de rompre la poche des eaux.

Effets secondaires possibles

Au niveau local, le clotrimazole peut donner des sensations de brûlure, de l'irritation pouvant aller jusqu'à la formation de cloches et une éruption ; le partenaire sexuel peut aussi ressentir des brûlures au gland. Son emploi par voie vaginale peut provoquer des crampes abdominales, un besoin accru d'uriner et un peu d'incontinence urinaire.

Interactions médicamenteuses

On ne connaît pas d'interactions au clotrimazole.

Précautions

On devra, autant dans le cas d'une infection vaginale que dans celui d'une infection cutanée, faire le traitement au complet, sans sauter d'application. Ainsi, le traitement vaginal ne devra pas être interrompu au moment des menstruations. Par ailleurs, une infection cutanée qui ne s'est pas améliorée après 4 semaines de traitement nécessitera une nouvelle consultation médicale, pour réévaluer le diagnostic.

Lorsque l'on utilise la crème topique, on veillera à assurer une bonne pénétration du médicament en massant doucement.

On devra éviter à tout prix l'utilisation d'un bandage occlusif (saran, plastique…) sur la région affectée ; en effet, une telle mesure favoriserait la croissance des champignons.

Il faut éviter de mettre le clotrimazole en contact avec les yeux.

L'emploi de ce produit augmente les pertes vaginales ; si désiré, la femme peut alors utiliser des serviettes hygiéniques mais pas de tampons vaginaux.

Alternatives

En ne réservant l'emploi des corticostéroïdes locaux qu'aux problèmes importants pour lesquels il n'existe pas d'autre traitement possible, on s'éviterait nombre d'infections à champignons. L'humidité constitue aussi un facteur favorisant la croissance de ces micro-organismes. Le port de vêtements serrés ou synthétiques, l'obésité — à cause de la formation de replis cutanés qui ne peuvent que devenir humides — peuvent ainsi favoriser l'implantation de champignons. L'élimination de ces éléments contribue à prévenir les infestations. Quand l'infection existe, il s'agit de tenter d'assécher les lésions, car les champignons ont besoin d'humidité ; laisser les lésions à l'air, utiliser des vêtements de coton quand il s'agit d'endroits cachés et saupoudrer de poudre de zinc sont des mesures qui contribuent à l'assèchement et qui peuvent aider à la régression de l'infection.

Un débalancement hormonal peut aussi être en cause. Ainsi le diabète, la grossesse et la lactation peuvent amener une recrudescence d'infections à champignons.

Pour les candidases vaginales, l'arrêt des contraceptifs oraux constitue souvent la solution du problème. L'acidification du vagin peut aussi aider à combattre l'infection ; c'est possible d'y arriver par des douches vaginales au vinaigre [30 ml (2 c. à soupe) de vinaigre/litre d'eau] ou au yogourt [30 à 45 ml (2-3 c. à soupe) de yogourt nature/litre]. Une application vaginale de yogourt (le yogourt doit contenir de la culture acidophilus vivante) peut aussi aider à rétablir la flore bactérienne normale. Le port de culottes de coton est toujours à conseiller ; les culottes de nylon ou autres substances synthétiques ne permettent pas une aussi bonne aération. Voir aussi le texte sur les vaginites, page 831.

Jugement global

Le clotrimazole est un médicament efficace pour le traitement des infections à champignons ; il présente relativement peu de risques. Il réussit à traiter, par exemple, une candidase vaginale en deux, trois ou quatre fois moins de temps que les médicaments utilisés auparavant (principalement la nystatine). On le trouve souvent pratique parce qu'il ne tache pas et est sans odeur. Il est cependant coûteux.

Cloxacilline

Noms commerciaux :
Apo-Cloxi, Novocloxin,
Orbénine.

Ordonnance requise

Indications thérapeutiques

La cloxacilline est une pénicilline semi-synthétique qui possède un champ d'activité un peu plus large que la pénicilline proprement dite ;

elle peut en effet s'attaquer à des bactéries auxquelles la pénicilline est maintenant résistante. On l'emploie principalement dans le traitement de certaines infections des voies respiratoires supérieures (nez, gorge, oreilles) ou inférieures (poumons, bronches) qui ne peuvent être traitées par la pénicilline. On l'utilise aussi dans les infections de la peau.

Posologie habituelle

La cloxacilline est administrée 4 fois par jour aux 6 heures. Chez l'adulte, chaque dose est habituellement de 250 ou 500 mg selon la gravité de l'infection. Chez l'enfant, les doses seront plus faibles et calculées d'après le poids.

On doit prendre la cloxacilline à jeun, soit 1 heure avant les repas ou 2 heures après, avec un grand verre d'eau.

Contre-indications

Les personnes allergiques à la pénicilline le seront à la cloxacilline. Celles qui font ou qui ont déjà fait une colite devraient s'abstenir de prendre de la cloxacilline et celles dont la fonction rénale est atteinte le feront seulement sous supervision médicale étroite.

On sait que la cloxacilline traverse le placenta. On aura donc intérêt à bien peser les avantages et les désavantages d'un tel traitement, que les conseillers de la *Lettre médicale* considèrent cependant comme « probablement sans danger ». Les femmes qui allaitent devraient s'en abstenir à moins qu'il ne soit possible de faire autrement ; la cloxacilline passe dans le lait maternel et peut causer des effets secondaires au nourrisson : allergies, diarrhées…

Effets secondaires possibles

L'allergie à la cloxacilline se manifeste par de l'urticaire, des démangeaisons, parfois par de l'œdème à la figure, de la difficulté à respirer et beaucoup plus rarement par un état de choc. Comme avec la pénicilline, il peut se produire — bien que moins souvent — des nausées, des vomissements et de la diarrhée. Ces désordres gastro-intestinaux n'empêchent généralement pas la poursuite du traitement. Il faudrait cependant contacter son médecin rapidement si ces désordres s'aggravaient ou s'ils survenaient après la cessation du traitement ; ceci pourrait être le signe d'une colite qui doit nécessairement être traitée. L'apparition de sang dans l'urine, l'enflure des chevilles ou du visage et la fatigue peuvent indiquer une atteinte rénale. Ces trois effets sont cependant très rares.

Interactions médicamenteuses

Certains antibiotiques — le chloramphénicol, l'érythromycine, la tétracycline — et les sulfamidés diminuent l'effet de la cloxacilline.

Précautions

Il est important de poursuivre jusqu'au bout un traitement de cloxacilline, même si les symptômes sont disparus, sans quoi il y a risque que l'infection reprenne un peu plus tard, les bactéries n'ayant pas été complètement détruites.

Une amélioration se produit généralement après 3 ou 4 jours de traitement. Si ce n'était pas le cas, on devrait le faire savoir à son médecin, qui changera alors probablement l'antibiotique pour un autre.

Il est important de prendre ce médicament le plus régulièrement possible, pour s'assurer un taux sanguin constant. Si une dose est omise, la prendre aussitôt qu'on s'en rend compte ; si elle a été complètement manquée, la prendre à la place de la suivante et ingérer celle-ci 2 ou 3 heures plus tard, puis revenir à l'horaire régulier.

Jugement global

Comme la pénicilline, la cloxacilline est un médicament qui peut être extrêmement utile dans les infections à micro-organismes sensibles à son activité. Les antibiotiques sont cependant souvent mal utilisés par la gent médicale. Une prescription d'antibiotique devrait en effet être précédée — dans la majorité des cas — de l'identification exacte de l'agent causal et par l'évaluation de sa sensibilité à l'antibiotique. Ce n'est pas toujours le cas ; le *Courrier Médical* (12/02/85) rapporte les résultats d'une enquête qui a montré qu'au Canada, seulement 41 % des traitements aux antibiotiques semblaient bien fondés alors que 22 % étaient « discutables ».

Codéine

Noms commerciaux : voir
tableau.

Ordonnance écrite requise

Indications thérapeutiques

La codéine est un médicament analogue à la morphine et est employée pour soulager les douleurs d'intensité faible ou modérée. Elle est alors souvent associée à un analgésique non narcotique (AAS ou acétaminophène). On emploie aussi la codéine pour calmer la toux.

Posologie habituelle

Si on est un adulte, on prendra entre 30 et 60 mg aux 4 à 6 heures, contre la douleur. Dans les douleurs plus fortes, l'intervalle pourra être réduit à 2 ou 3 heures. Contre la toux, des doses de 10 à 20 mg aux 3 ou 4 heures s'avéreront d'ordinaire suffisantes.

Pour les enfants, on calcule la quantité de médicament requise selon leur poids corporel ; pour la douleur, une dose de 3 mg/kg/jour divisée en 6 prises sera efficace et pour la toux, une dose de 1 à 1,5 mg/kg/jour en 6 prises pourra être donnée.

L'activité de la codéine se manifeste en 30 à 45 minutes et dure moins de 4 heures.

Contre-indications

L'usage de la codéine devra être évité si on y a déjà fait une réaction allergique, si on souffre d'insuffisance respiratoire grave ou si on a subi un traumatisme crânien. On devra l'utiliser avec prudence et probablement à un dosage plus faible si on manifeste un ralentissement des fonctions rénale, hépatique ou cardiaque, de l'hypothyroïdisme, de l'hypertrophie de la prostate et de la rétention urinaire, ou si on prend déjà des tranquillisants, antidépresseurs et autres médicaments du système nerveux. On fera aussi montre de prudence si on souffre de maladie respiratoire (asthme, emphysème...), de colite, de maladie de la vésicule biliaire et d'épilepsie. Finalement, on évitera l'usage de codéine durant la grossesse (surtout les 3 premiers mois) et pendant la période d'allaitement.

Effets secondaires possibles

Les effets secondaires les plus fréquents associés à l'usage de la codéine sont les suivants : de la somnolence, des nausées, des vomissements, de la constipation, une sensation de légèreté dans la tête, des étourdissements, de l'hypotension, de la faiblesse et une augmentation de la sudation. Elle provoque parfois un embrouillement de la vision, de la difficulté à uriner, une perte d'appétit, des maux de tête. Toutes ces réactions n'empêchent habituellement pas l'usage du médicament, à moins qu'elles ne soient trop importantes. Par contre, il arrive que la codéine produise une réaction allergique avec de l'enflure, des démangeaisons et de la rougeur ; on devra alors en cesser l'emploi.

D'autres effets secondaires demandent qu'on consulte son médecin ; ce sont les tremblements, la confusion ou l'agitation, les hallucinations, une augmentation de la pression artérielle, de la rigidité musculaire, une perturbation du rythme cardiaque, des tintements dans les oreilles, une urine foncée, des selles pâles et une coloration jaune de la peau.

Si elle est employée à forte dose, la codéine peut provoquer un ralentissement parfois dangereux de la respiration ; les enfants et les personnes âgées sont particulièrement sensibles à cet effet.

Interactions médicamenteuses

La codéine verra ses effets de somnolence et de ralentissement de la respiration augmentés par les médicaments suivants : les sédatifs, les somnifères, les autres analgésiques, les antidépresseurs, les relaxants musculaires, l'hydroxyzine et les tranquillisants du type phénothiazine.

L'usage simultané de codéine et de Parnate, Nardil ou Marplan est risqué et devrait être précédé par l'administration de doses tests, plus faibles que la normale.

L'utilisation de codéine devra être suivie de près chez les personnes qui prennent des médicaments hypotenseurs, de la bromocriptine, du lévopoda, des dérivés nitrés, de la procaïnamide, de la quinine, des pénicillines et du métoclopramide.

Les anticholinergiques (employés comme antispasmodiques, antiparkinsonniens) et le Lomotil, s'ils sont pris en même temps que la codéine, peuvent causer une constipation grave.

Le kaolin, qu'on trouve dans le Kaopectate par exemple, diminuera l'absorption et l'effet de la codéine.

Précautions

La codéine peut causer de la somnolence et peut nuire à la conduite automobile ou à l'utilisation de machines demandant de l'attention ou de la précision. L'alcool augmente cet effet de somnolence.

L'utilisation de codéine présente un risque de tolérance et de dépendance ; on évitera d'en augmenter les doses ou de rapprocher les intervalles entre les prises ; on avertira son médecin si on semble avoir besoin de plus que les doses prescrites.

Toute douleur est mieux contrôlée si elle est traitée dès qu'elle se manifeste. Il est donc important d'administrer le médicament régulièrement dans les cas de douleur chronique, sans attendre que la douleur devienne très forte. Les doses de médicament requises sont alors plus faibles et le risque de tolérance diminué.

Si une dépendance se développe et qu'on arrête le médicament de façon abrupte, une réaction de sevrage pourra se manifester. Elle est caractérisée par des crampes abdominales, de la fièvre, des larmoiements, des reniflements, de l'agitation et de l'anxiété. On en diminuera l'ampleur en réduisant progressivement les doses dans les cas où le médicament a été employé pendant une longue période.

Si le médicament cause des nausées et des étourdissements, on pourra en réduire l'importance en prenant le temps de s'étendre un peu.

Il est inutile de dépasser 60 mg de codéine par dose, son effet n'étant pas alors plus grand.

Alternatives

On peut augmenter l'effet de la codéine et éventuellement en diminuer les doses en agissant sur les facteurs subjectifs de la douleur. Pour plus de détails, se référer au texte sur la douleur, page 730.

Si on l'utilise pour calmer la toux, on peut aider son action en appliquant les mesures suggérées en page 816.

Jugement global

La codéine est un analgésique efficace pour le soulagement des douleurs d'intensité faible ou modérée de diverses origines (même dans le cancer). Si elle est employée aux doses recommandées, elle possède relativement peu de risques ; on aura souvent avantage à l'utiliser en association avec l'AAS ou l'acétaminophène ; on peut alors diminuer le dosage de chacun de ces médicaments pour obtenir un effet valable et possiblement moins d'effets secondaires de la codéine. Chacune de ces associations possédera alors les avantages et les désavantages de la codéine et de l'AAS ou de l'acétaminophène. Voici un tableau qui fournit la composition des associations les plus courantes sur le marché :

Produits contenant de l'AAS :

		AAS(mg)	codéine	caféine	autre
Acetophen	222	375	8	30	
	282	375	15	30	
	282 MEP	350	15	30	200 mg méprobamate
	292	375	30	30	
Coryphen	325 cod. 30	325	30		
	650 cod. 30	650	30		
Veganin	325	8			162,5 mg acétaminophène

Produits contenant de l'acétaminophène :

	Acétaminophène	codéine	caféine
Rounox codéine 8	325	8	
Rounox codéine 15	325	15	
Rounox codéine 30	325	30	
Empracet 30	320	30	
Rounox codéine 60	325	60	
Empracet 60	300	60	
Tylenol codéine #4	300	60	
Tylenol codéine #1	300	8	15
Exdol 8	300	8	30
Atasol 8	325	8	30
Tylenol codéine #2	300	15	15
Tylenol #1 forte	500	8	15
Exdol 15	300	15	30
Atasol 15	300	15	30
Tylenol codéine #3	300	30	15
Exdol 30	300	30	30
Atasol 30	325	30	30

On considère habituellement que des doses de 8 mg de codéine sont inutiles ; elles augmentent le prix du médicament sans en augmenter l'efficacité. Par ailleurs, on réservera les doses de 15 mg aux personnes âgées ou aux gens dont le métabolisme est déficient.

La caféine souvent incluse dans les associations est inutile ; elle n'ajoute rien à l'effet analgésique. On l'y met pour contrer l'effet de somnolence de la codéine, mais on peut douter de sa capacité à jouer ce rôle, étant donné la faible quantité de caféine présente. Elle aurait par ailleurs la capacité d'accélérer et de potentialiser l'effet des analgésiques lorsqu'elle est présente à la dose minimale de 65 mg — et idéalement de 100 ou 200 mg (ce qu'aucun comprimé ne contient).

Pour plus de détails sur l'AAS ou l'acétaminophène, on se référera aux textes en pages 114 et 107.

Colchicine

Nom commercial :
Novocolchicine.

Ordonnance non requise

Indications thérapeutiques

La colchicine est un extrait de plante qui s'utilise pour le traitement des crises de goutte et moins souvent pour la prévention de ces crises.

Posologie habituelle

En cas de crise, le traitement doit être commencé le plus tôt possible, au stade même des signes précurseurs quand ils existent ; la dose d'attaque est de 1 mg et par la suite on prend une dose de 0,5 ou 0,6 mg aux heures jusqu'à ce que le soulagement survienne ou qu'apparaissent des signes d'intoxication, soit de la diarrhée, des nausées, des vomissements, une perte d'appétit et de la faiblesse. En aucun cas, on ne devrait dépasser 8 mg durant un même traitement. La douleur et l'enflure aux articulations diminuent en dedans de 12 heures et l'on observe généralement un soulagement total dans les 24 à 48 heures. Si un deuxième traitement est requis, on doit respecter un intervalle de 3 jours afin de réduire les risques d'intoxication. Les personnes qui connaissent la dose de médicament qui soulage habituellement leurs crises peuvent prendre entre la moitié et les deux tiers de cette dose au premier signe de crise, le reste étant alors pris à raison de 0,5 ou 0,6 mg aux 2 heures.

Pour la prévention des crises, le traitement varie de 0,5 ou 0,6 mg 4 fois par semaine à 0,5 ou 0,6 mg 2 fois par jour, selon l'effet obtenu.

Contre-indications

L'hypersensibilité à la colchicine est une contre-indication absolue, de même que la grossesse et probablement l'allaitement, puisque le médicament a eu des effets tératogènes chez les animaux. Les personnes âgées et les malades atteints de troubles hépatiques, cardiaques, gastro-intestinaux et rénaux devraient utiliser des dosages moindres à cause des risques de plus grande toxicité.

Effets secondaires possibles

Même aux dosages habituels, les nausées et la diarrhée sont fréquentes et à un degré moindre les vomissements, la faiblesse et la perte d'appétit ; si ces symptômes persistent après l'arrêt du médicament, il est préférable d'entrer en contact avec son médecin.

Des effets plus graves peuvent se produire pendant l'usage à long terme : dommages aux reins avec sang dans l'urine ou diminution du volume d'urine, atteintes de la moelle osseuse, avec tendance à faire des infections, ecchymoses faciles et maux de gorge à répétition. La faiblesse musculaire, l'urticaire et des éruptions cutanées sont aussi possibles. Une perte des cheveux peut se produire.

Interactions médicamenteuses

Les médicaments suivants peuvent accroître les risques de toxicité de la colchicine : les anticonvulsivants, les antituberculeux, les sulfamidés et un grand nombre de médicaments donnés contre le cancer. Les diurétiques peuvent diminuer l'effet de la colchicine. Elle peut diminuer l'absorption de la vitamine B_{12}, lors d'un usage prolongé. Les agents acidifiants (comme la vitamine C à forte dose) peuvent inhiber l'action de la colchicine.

Précautions

L'alcool diminue l'effet de la colchicine.

Quand on utilise la colchicine à long terme pour prévenir les crises, il est important de voir son médecin à intervalles réguliers.

Si l'on emploie ce médicament de façon préventive et que survient une crise, on augmente le dosage tel qu'indiqué dans la posologie, mais il faut revenir à son dosage de base aussitôt les symptômes disparus.

Alternatives

L'obésité, l'hypertension artérielle et la consommation excessive d'alcool sont souvent alliées à un taux élevé d'acide urique. Une perte de poids peut favoriser la diminution du taux sanguin de cet élément. Certains aliments sont reconnus pour faire augmenter le taux d'acide urique dans le sang et il vaudrait mieux éviter de les consommer : les anchois, les sardines, le foie, les rognons, les ris de veau, la cervelle, les tripes, le boudin, les poissons gras, les champignons, le chocolat et les vins de Bourgogne et de Champagne. Le jeûne peut aussi avoir le même effet. Le repos ne nuit certainement pas, au contraire. On devrait chercher à accentuer ses efforts sur ces facteurs pour diminuer l'incidence des crises de goutte.

Jugement global

La colchicine, malgré sa relative toxicité, s'avère un excellent médicament pour le soulagement de la douleur lors des crises aiguës de goutte. Il ne prévient pas la progression de l'arthrite goutteuse et n'exerce aucun effet sur le métabolisme de l'acide urique ; la combinaison probénécide-colchicine peut s'avérer utile pour le traitement de la goutte chronique qui se complique de crises épisodiques.

Contraceptifs oraux

> Noms commerciaux : voir
> le tableau.

Ordonnance requise

Indications thérapeutiques

On utilise les contraceptifs oraux surtout pour empêcher la grossesse. Les contraceptifs oraux produisent un taux constant d'hormones sexuelles dans le sang et empêchent ainsi le déclenchement du mécanisme de production de l'ovulation. Ils rendent aussi le mucus cervical plus épais, ce qui nuit à la pénétration des spermatozoïdes dans l'utérus ; de plus, ils ralentissent la descente de l'ovule dans les trompes de Fallope et modifient le milieu utérin, rendant ainsi l'implantation de l'ovule fécondé plus difficile. On les emploie parfois pour traiter l'endométriose, l'absence de menstruations et les menstruations douloureuses.

Posologie habituelle

Les contraceptifs oraux existent sous deux formes commerciales contenant soit 21 soit 28 comprimés. Dans les deux cas, les 21 premiers comprimés seulement contiennent les hormones œstrogéniques et progestatives responsables de l'action contraceptive.

Dans la formule conventionnelle de contraceptifs oraux, chacun des 21 comprimés contient une concentration fixe de l'une et l'autre des deux hormones. Les derniers contraceptifs mis sur le marché (Ortho 10/11, Ortho 7/7/7, Triphasil), renferment des quantités variables d'hormones, chaque couleur de comprimé comptant pour une concentration donnée d'œstrogène et de progestatif. On cherche ainsi à imiter le cycle menstruel normal (au cours duquel varie le ratio œstrogène-progestérone) et à réduire la quantité totale d'hormone absorbée à chaque mois.

Lors du premier cycle d'utilisation, on établit que le premier jour des menstruations compte pour le premier jour du cycle ; on commencera alors la première plaquette de contraceptifs au jour 5, pour prendre ensuite 1 comprimé à chaque jour. Lorsque l'on utilise les plaquettes contenant 28 comprimés, on absorbe 1 comprimé quotidiennement (21 contenant des hormones puis 7 contenant du sucre) et, une fois l'emballage terminé, on en commence un autre le lendemain. Avec les emballages de 21 comprimés, on prend un comprimé quotidiennement pendant 21 jours, puis on cesse pendant 7 jours, pour entamer une nouvelle boîte le 8e jour. Dans les deux cas on entamera un nouvel emballage toujours le même jour de la semaine, à toutes les 4 semaines, que les menstruations soient terminées ou non.

Les menstruations débutent habituellement 2 ou 3 jours après la fin des 21 comprimés d'hormones. Si elles ne se produisent pas pendant plus de deux cycles, on devrait consulter son médecin et passer un test de grossesse.

On devrait prendre l'anovulant à peu près toujours au même moment de la journée (par exemple au coucher), pour assurer une stabilité hormonale au niveau sanguin.

On aura soin de choisir un anovulant au plus faible dosage possible. Les anovulants contiennent presque tous un mélange d'œstrogène et de progestatif. Il existe deux œstrogènes synthétiques, le mestranol et l'éthynil estradiol (un peu plus puissant que le mestranol), et quatre progestatifs dont la puissance et l'activité varient et qui possèdent des effets similaires à ceux des œstrogènes ainsi que des effets androgéniques (virilisants). On évalue la force d'un anovulant selon les modifications qu'il provoque dans l'endomètre (l'utérus), certaines d'entre elles étant reliées à son action œstrogénique et d'autres à son action progestative.

Contre-indications

Elles sont de deux types : d'abord les contre-indications absolues, qui devraient interdire l'usage des contraceptifs oraux. Ce sont les suivantes :
— thrombophlébites, troubles thrombo-emboliques et maladie cérébro-vasculaire (actuels ou passés) ;
— perturbation marquée de la fonction hépatique ;
— cancer du sein connu ou soupçonné ;
— hémorragie génitale anormale dont on ignore la cause ;
— cancer de l'utérus ;
— grossesse et allaitement ;
— maladies coronariennes.
Certains autres états de santé représentent des contre-indications relatives qui n'empêchent pas nécessairement l'utilisation de la pilule, mais qui demandent un suivi médical plus attentif :
— le diabète qui est parfois considéré comme une contre-indication absolue, à cause du risque accru de complications cardio-vasculaires. Les femmes ayant fait un diabète durant une grossesse antérieure ainsi que celles qui ont des antécédents familiaux de cette maladie entrent aussi dans cette catégorie, à cause de la capacité que possède la pilule de diminuer la résistance au sucre et de précipiter un état diabétique ;
— l'hypertension artérielle, qui peut être aggravée ;
— un taux élevé de cholestérol ;
— les maladies cardiaques ;
— l'anémie à cellules falciformes ;

— l'obésité, les vraies migraines, l'asthme, l'épilepsie, la dépression, les varices, les calculs hépatiques et l'insuffisance rénale.

De plus, on ne recommande pas l'utilisation de la pilule chez les femmes de plus de 35 ans ou bien chez celles de plus de 30 ans et qui fument, à cause du risque accru d'effets secondaires.

Toutes les femmes qui présentent des contre-indications relatives devraient se soumettre à une évaluation médicale 3 mois après le début de la médication et, par la suite, aux 6 mois ou dès qu'elles soupçonnent une détérioration de leur état.

Effets secondaires possibles

Certains effets secondaires tels les nausées, étourdissements occasionnels, céphalées, douleurs aux seins et prise de poids se manifestent parfois en début d'utilisation des contraceptifs oraux. Ils disparaissent habituellement après 1 ou 2 cycles. On peut aussi rencontrer les effets suivants :

— une diminution du désir sexuel habituellement associé à la période ovulatoire ;

— un effet dépressif, lié à la progestérone ;

— l'apparition d'éruptions cutanées, de réactions d'hypersensibilité au soleil, de taches brunes au visage (pas nécessairement réversibles) ;

— une augmentation des vaginites, surtout à champignons ;

— parfois, de la rétention d'eau avec augmentation de poids ;

— à l'occasion, de l'acné ou son aggravation et de la peau grasse ;

— parfois une perte de cheveux, à cause de la trop grande quantité de progestérone et une augmentation de la pilosité ailleurs sur le corps ;

— une sensibilité aux seins ;

— une modification de la courbure de la cornée et peut-être une intolérance aux lentilles cornéennes ;

— une modification du flux menstruel — la plupart du temps une diminution ;

— des saignements légers entre les menstruations ; ils diminuent souvent après 3 mois d'utilisation mais s'ils persistent, on verra sans doute à changer de marque de pilule ;

— une aggravation de l'hypertension artérielle, du diabète et des migraines ; ces effets sont graves et peuvent nécessiter l'arrêt de la médication ;

— une perturbation de l'équilibre des lipides sanguins qui accroîtrait le risque de maladies cardio-vasculaires ; on ne connaît cependant pas la portée réelle de ces changements ;
— des maladies du foie et de la vésicule biliaire :
   — hépatite : avec une coloration jaune de la peau, une urine foncée, des selles pâles ;
   — tumeur bénigne : une douleur abdominale subite peut résulter de l'éclatement de cette tumeur ;
   — calculs communément appelés pierres à la vésicule : provoquent des difficultés après l'ingestion d'aliments gras ;
— des infections urinaires.

Le rapport sur les contraceptifs oraux produit par Santé et Bien-Etre Canada cite une étude qui a rapporté chez les utilisatrices d'anovulants une plus forte incidence de cancer de la peau, de la thyroïde et du système urinaire.

L'utilisation de la contraception hormonale augmente aussi la probabilité de thrombo-embolies, surtout lorsque d'autres facteurs de risque sont présents tels : le tabagisme chez les femmes de plus de 30 ans, l'appartenance au groupe sanguin 0 et un âge supérieur à 35 ans. Ces maladies résultent de la formation d'un caillot qui bloque une veine. Ils se produisent le plus souvent au niveau des jambes, mais peuvent atteindre plusieurs autres sites. Les symptômes suivants en laissent soupçonner la présence et exigent qu'on se rende à l'urgence :
— des crachats de sang ;
— un mal de tête prononcé et subit ;
— une douleur au niveau de la poitrine, de l'aine ou de la jambe (surtout au niveau du mollet) ;
— un essoufflement soudain inexpliqué ;
— une faiblesse soudaine dans une jambe ou un bras ;
— un changement soudain de la vue ;
— une perte de coordination.

Ces problèmes vasculaires sont assez rares, mais ils peuvent se produire dès le premier mois d'utilisation du contraceptif. Ils sont réversibles à l'arrêt du traitement.

Surtout après une utilisation prolongée de la contraception orale, bon nombre de femmes éprouvent de la difficulté à devenir enceintes. C'est le cas plus particulièrement des femmes qui décident d'avoir un premier enfant entre 30 et 34 ans, après plusieurs années d'utilisation de la pilule. Une étude menée par le Dr Martin Vessey à l'Université d'Oxford, révèle que 17,9 % de ces femmes n'avaient toujours pas conçu, 48 mois après avoir cessé les contraceptifs oraux. C'était le cas de 11,5 % des femmes du même groupe d'âge ayant jusque-là utilisé une autre méthode contraceptive. Après 72 mois (6 ans !), l'écart diminuait toutefois avec des proportions respectives d'infertilité de 12,7 % et de 10 %. Les femmes « irrégulières » avant la pilule sont particulièrement à risque.

On attribue maintenant à la pilule contraceptive des effets secondaires positifs. Ainsi, elle réduirait l'incidence de tumeurs bénignes au sein, de kystes ovariens, de cancers de l'utérus et des ovaires. Les femmes qui l'utilisent souffrent aussi moins souvent d'infections pelviennes (une réduction de 50 %), effet que l'on attribue à l'épaississement du mucus cervical qui crée une barrière efficace contre le sperme.

Interactions médicamenteuses

Les contraceptifs oraux peuvent modifier l'effet des médicaments suivants et nécessiter un ajustement de leur dosage : anticoagulants oraux, hypoglycémiants oraux et insuline, clofibrate, antihypertenseurs, théophylline et tamoxifène.

Les médicaments suivants peuvent diminuer l'effet des contraceptifs oraux : les barbituriques, certains tranquillisants (méprobamate, hydrate de chloral), la phénytoïne, la primidone, la carbamazépine, la rifampine et la phénylbutazone. On devrait probablement utiliser une méthode contraceptive additionnelle durant la période de traitement avec l'un ou l'autre de ces médicaments ou bien voir à ce que la force de l'anovulant soit augmentée s'il s'agit d'un traitement à long terme. C'est le cas aussi pour les traitements à long terme (plus de 10 à 14 jours avec certains antibiotiques (ampicilline, pénicilline V, tétracyline) et avec les sulfamidés (Septra, Bactrim)). Ces derniers, de même que l'acide valproïque, le kétoconazole et le méthotrexate, augmentent le risque d'effets toxiques sur le foie.

Les contraceptifs peuvent accroître les besoins d'acide folique, de vitamine B_6 et de vitamine B_{12}. On pourrait toutefois répondre à cette demande par une alimentation saine.

Des doses de vitamine C supérieures à 1 g par jour peuvent accroître le taux sanguin d'œstrogène.

L'huile minérale pourrait entraver l'absorption des contraceptifs oraux lorsqu'on la prend régulièrement.

Précautions

— La prescription d'anovulants devrait toujours être précédée d'un examen médical complet, lequel devrait comprendre les éléments suivants :

— *une histoire médicale* portant sur les antécédents menstruels de la femme, sur ses grossesses et sur la présence d'acné, de cancer, de diabète, d'épilepsie, de troubles hépatiques, d'hypertension artérielle, de migraines, d'anémie, de thrombophlébites, de fibromes et de dépression ;

— *un examen physique* durant lequel seront notés la pression artérielle, l'état vasculaire, le poids et la présence d'acné. Un examen des organes génitaux et des seins sera aussi fait ;

— *des examens de laboratoire* pourront aussi être ajoutés : cytologie vaginale, culture vaginale, examen du sang (pour mesurer en particulier le taux des lipides), recherche du sucre dans l'urine.

— L'utilisatrice devrait connaître les signes avant-coureurs des effets secondaires (voir cette rubrique précédemment), et contacter son médecin s'ils se produisent.

— La femme devrait arrêter l'usage des anovulants 1 mois avant de subir une intervention chirurgicale majeure.

— Une étude a démontré que l'exercice physique régulièrement pratiqué aidait à prévenir la formation de caillots sanguins, une des complications les plus fréquentes de la contraception orale.

— Il faut utiliser une méthode contraceptive additionnelle durant les 2 premières semaines d'utilisation ; cela est particulièrement important pour les préparations contenant une faible quantité d'hormones.

— La femme devrait attendre au moins 3 mois après l'arrêt des anovulants avant de devenir enceinte ; il semble y avoir plus de risques de malformations congénitales si la grossesse commence plus tôt.

— On ne devrait pas utiliser d'anovulants avant 2 semaines après un accouchement. On recommande généralement un délai de 3 ou 4 semaines pour une femme qui n'allaite pas. On peut toutefois commencer à les utiliser tout de suite après un avortement.

— La femme qui utilise les contraceptifs oraux devrait se soumettre à des examens aux 12 mois : mesure de la tension artérielle, examen des seins, de l'abdomen et des organes génitaux.

Alternatives

Voir le texte sur la contraception, page 710.

Jugement global

La composition des contraceptifs oraux a considérablement changé depuis leur apparition. On est parti de comprimés qui contenaient des doses faramineuses d'hormones, pour en réduire progressivement les concentrations et aboutir aux derniers comprimés mis sur le marché, beaucoup plus faibles mais tout aussi efficaces.

La pilule offre des avantages certains ; elle procure une sécurité à peu près absolue et permet une liberté qu'on ne connaissait pas avant sa création. Elle garantirait même une protection contre la maladie fibrokystique du sein et contre certaines pathologies de l'utérus. Elle n'en garde pas moins des risques d'utilisation dont la liste est suffisamment longue pour faire réfléchir. Peu de femmes résisteront cependant à la facilité qu'elle promet. Certains critères de choix devraient toutefois être respectés pour s'assurer un minimum de sécurité.

Ainsi, on évitera systématiquement l'utilisation de comprimés qui contiennent plus de 0,035 mg d'œstrogènes, à cause du plus grand risque de maladies thrombo-emboliques. On évitera aussi les comprimés dont l'activité progestative dépasse 1 (voir le tableau) étant donné qu'on y associe un plus grand risque d'hypertension et de maladies cardio-vasculaires. On s'assurera également de ne pas multiplier les risques d'utilisation de la pilule par la présence de facteurs aggravants : consommation de la cigarette, présence de contre-indications relatives (obésité, diabète...), âge supérieur à 35 ans.

Voici un tableau qui indique l'intensité de l'activité hormonale des divers contraceptifs oraux :

Intensité de l'activité hormonale des contraceptifs oraux [1]

	activité œstrogénique	activité progestative	activité androgénique
contraceptifs contenant 0,035 mg d'œstrogènes ou moins			
Brevicon 0,5/35	3	0-1	0-1
Brevicon 1/35	2	0-1	0-1
Demulen 30	1	3	2
Lœstrin 1,5/30	1	2	3
Min-Estrin	1	1	2
Min-Ovral	2	0-1	2
Ortho 0,5/35	3	0-1	0-1

Ortho 10/11	3	0-1	1
Ortho 7/7/7	3	0-1	1
Ortho 1/35	2	1	1
Triphasil	2	0-1	1
Triquilar	2	0-1	1

contraceptifs contenant
0,05 mg d'œstrogènes

Demulen 50	2	1-2	0-1
Norinyl 1/50	2	1	0-1
Norlestrin 1/50	3	1-2	0-1
Norlestrin 2,5/50	1	3	0-1
Ortho-Novum 1/50	2	1	0-1
Ovral	3	1-2	

contraceptifs contenant
plus de 0,05 mg d'œstrogènes

Enovid 10	+4	3	0
Enovid 5	+4	1-2	0
Enovid E	4	0-1	0
Norinyl 1/80	3	1	2
Norinyl 2	3	2	3
Ortho 2	3	2	3
Ortho 1/80	3	1	2
Ortho 5	4	+4	+4
Ortho 0,5	4	0-1	1
Ovulen	4	1-2	0

1. L'intensité augmente de 0 à 4. Tableau adapté de G. Lapierre, Les contraceptifs oraux, *Le Pharmacien*, juin 1985.

Malgré son amélioration, la contraception hormonale fait partie, avec le stérilet et la stérilisation, des moyens comportant plus de risques, si on les compare aux moyens comme le condom, le diaphragme et la méthode sympto-thermique. Ces moyens sont un peu moins efficaces, leur utilisation peut aussi nous demander de modifier notre pratique sexuelle... Peut-être avons-nous à y gagner ; nous avons certainement, en tout cas, avantage à y réfléchir et à considérer que notre approche de la contraception peut être variée et flexible.

En fait, on ne devrait pas concevoir la pilule comme un moyen contraceptif permanent : elle présente en effet beaucoup trop de risques d'utilisation, surtout après l'âge de 35 ans. La pilule peut permettre les avantages qu'offre une sécurité absolue mais par ailleurs une certaine expérience sexuelle et une meilleure connaissance de son corps donneront peut-être la possibilité d'envisager le recours à une autre méthode contraceptive. La contraception est en effet une des facettes de la vie sexuelle et il est important que la méthode que l'on choisit cadre avec le type de relation(s) que l'on vit. La pilule, en plus d'être sûre, est « invisible » : elle peut fournir la liberté nécessaire pour expérimenter et acquérir plus de familiarité avec son « être sexuel » et celui des autres. Par la suite, l'utilisation d'une autre approche se fait alors souvent plus facilement.

Corticostéroïdes topiques

Cette famille de médicaments comprend de nombreux produits :

Noms génériques	Noms commerciaux	faible	moyenne	forte	très forte
			Puissance		
Amcinonide	Cyclocort		0,1		
Bétaméthasone					
benzoate	Bebengel		0,025		
dipropionate	Propaderm			0,025	
	Diprolène, Diprosone				0,5
valérate	Betnovate, Betaderm, Celestoderm, Ectosone, Novobetamet, Valisone	0,05	0,1		
Buféxamac	Norfemac				
Clobétasol	Dermovate				0,05
Clobétasone	Eumovate				0,05
Désonide	Tridésilon	0,05			
Désoxymétasone	Topicort doux		0,05		
	Topicort			0,25	
Diflorasone	Florone			0,05	
Diflucortolone	Nerisone				0,1
Fluméthasone	Locacorten		0,03		
Fluocinolone	Fluoderm, Fluonide doux, Synalar, Synamol, Syn Care	0,01	0,025	0,2	

Fluocinonide	Lidemol, Lidex, Lyderm, Topsyn		0,01		0,05
Flurandrénolide	Drenison	0,025	0,05		
Halcinonide	Halog		0,025		0,1
Hydrocortisone	Barrière-HC, Cortate, Cortoderm, Emo-Cort, Unicort	0,5-1	2,5		
acétate	Anusol HC, Corticrème, Cortifoam, Dermaplex HC, Hy-Derm, Novohydrocort	0,5-1	2,5-5		
valérate	Westcort		0,2		
Méthylprednisolone	Medrol	0,25			
Triamcinolone	Aristocort, Kenalog, Mecort, Triaderm, Trianide	0,025	0,1	0,5	

Ordonnance requise

Indications thérapeutiques

Les corticostéroïdes topiques se présentent sous forme de lotions, crèmes, onguents et plus rarement sous forme de gels ; ils servent dans le traitement symptomatique de diverses dermatoses allergiques et inflammatoires comme l'eczéma, les dermatites de contact, l'intertrigo, le psoriasis, etc.

Posologie habituelle

Les diverses marques commerciales se présentent sous différentes concentrations ; plus le traitement risque d'être prolongé, mieux vaut — dans la mesure du possible — utiliser des concentrations faibles. De même, les lésions bénignes peuvent être soulagées par des concentrations moindres. Ces préparations s'emploient en application locale 3 fois par jour ; il ne faut utiliser chaque fois qu'une mince couche de médicament et masser soigneusement pour qu'il pénètre dans la peau. Les onguents ou pommades s'utilisent pour les lésions sèches qui ont besoin d'être ramollies, les lotions pour les affections qui touchent le cuir chevelu ou pour les lésions humides et suintantes et les crèmes pour toutes les autres indications.

Contre-indications

Les corticostéroïdes empêchent ou retardent la guérison des infections et des blessures ; il ne faut donc pas les employer s'il y a de l'infection locale, non plus qu'en cas de varicelle ou d'herpès.

Ces médicaments passent dans le sang et rejoignent le fœtus ; les femmes enceintes ne devraient donc pas les utiliser autrement que pour de très brèves périodes. On évitera aussi de les employer à long terme si l'on souffre de diabète, d'ulcère gastrique ou de tuberculose.

Effets secondaires possibles

Localement, les corticostéroïdes peuvent causer une sensation de brûlure, des démangeaisons, de l'irritation, une sécheresse de la peau, une augmentation de la croissance des poils, une éruption de type acné, une augmentation de la sensibilité aux effets du soleil, une décoloration de la peau et des télangiectasies (dilatations des petits vaisseaux superficiels) ; ces effets sont rares. Quand ils sont utilisés longtemps à forte concentration et sur de grandes surfaces, les corticostéroïdes peuvent provoquer dans l'organisme les mêmes effets qu'une corticothérapie par voie orale (voir le texte sur la prednisone, page 514.

Précautions

A cause des effets locaux possibles, il faut utiliser avec précaution les corticostéroïdes topiques dans la figure.

A moins d'indications précises à ce sujet, éviter les pansements sur les corticostéroïdes, car à ce moment l'absorption systémique est plus importante.

Les enfants traités à long terme doivent être suivis de très près par le médecin tout au cours de la thérapie.

Chez les personnes âgées, la peau plus mince permet plus facilement au médicament de passer dans le sang et d'avoir des effets systémiques ; une plus grande prudence s'impose donc.

Il n'est pas recommandable d'utiliser les corticostéroïdes topiques pour d'autres conditions que celle pour laquelle ils ont été prescrits ; en particulier, il ne faut jamais employer les préparations pour la peau dans les yeux, au risque de précipiter un glaucome ou de causer des cataractes.

On devrait généralement commencer un traitement par la préparation la plus faible possible, pour minimiser les risques d'effets secondaires.

Alternatives

La peau est la vitrine de l'organisme ; nombre d'affections cutanées ne sont que le signe de la mauvaise santé générale ; c'est donc sur les divers piliers de sa santé qu'il est logique de porter son action quand on veut améliorer la condition de sa peau ; voir à ce propos en troisième partie la page 633 et les suivantes, ainsi que le texte sur la peau en page 773.

Jugement global

Les produits dermatologiques à base de corticostéroïdes ont rapidement conquis la faveur des médecins ; comme ils procurent un soulagement symptomatique rapide dans la plupart des affections cutanées, souvent les médecins ne se formalisent même pas de poser un diagnostic. L'industrie pharmaceutique a bien compris la situation — et son intérêt ; elle a mis sur le marché une foule de préparations qui, en plus des corticostéroïdes, contiennent des antibiotiques et même des antifongiques (contre les champignons), de telle sorte que leurs produits s'adressent théoriquement à la totalité des affections cutanées ; or ces associations de médicaments sont condamnées par les spécialistes de la dermatologie, car leurs effets secondaires sont plus graves et plus nombreux (entre autres une augmentation des risques d'allergie et de résistance aux antibiotiques). Les corticostéroïdes seuls ou en association avec des antibiotiques ne procurent souvent qu'un soulagement des symptômes, sans s'adresser à la cause ; c'est un raccourci commode à court terme mais qui, à long terme, peut être dangereux. Par exemple, l'allergie qui se manifeste d'abord par des symptômes cutanés peut prendre d'autres formes, si l'exposition aux substances irritantes continue et se manifester par de l'asthme.

Pour un produit donné, il existe des différences de prix énormes entre les diverses marques commerciales et les plus chers ne sont pas nécessairement les plus efficaces. Dans l'immense majorité des cas, les médecins n'ont aucune raison particulière de prescrire un corticostéroïde par rapport à un autre, sinon qu'ils ont été plus perméables à la publicité de telle compagnie par rapport aux autres ; on remarque d'ailleurs beaucoup de phénomènes-mode, dans la popularité des divers corticostéroïdes (et malheureusement de beaucoup d'autres médicaments) et c'est là une tendance fâcheuse, car les derniers produits mis sur le marché sont très puissants (voir le tableau) et ne devraient généralement pas servir de première arme. Ils peuvent plus facilement produire des effets systémiques et on devrait les réserver aux cas graves. Les gens qui ont à faire un usage à long terme de ce médicament pourraient demander à leur pharmacien de les aider à trouver, parmi l'éventail des produits existants, la préparation qui leur convient le mieux quant à la concentration et au prix. Il arrive qu'une préparation ne fasse plus effet après une période d'utilisation ; un changement de produit peut alors s'avérer nécessaire.

Cortisporin

> Association de néomycine,
> polymyxine et
> hydrocortisone.

Ordonnance requise

Indications thérapeutiques

Le Cortisporin contient deux antibiotiques et un corticostéroïde ; il sert au traitement des infections de l'œil et de l'oreille externe lorsqu'elles sont accompagnées d'inflammation.

Posologie habituelle

Solution ophtalmique : 1 goutte dans l'œil atteint aux 3 ou 4 heures.
   Solution otique : 3 ou 4 gouttes dans l'oreille atteinte aux 3 ou 4 heures.

Contre-indications

Les personnes allergiques aux antibiotiques présents dans la solution et aux autres antibiotiques de cette famille (c'est-à-dire framycétine, kanamycine, gentamycine, tobramycine, amikacine, streptomycine) devraient éviter le Cortisporin. On devra aussi s'en passer lorsqu'il y a présence d'infection tuberculeuse ou fongique de l'œil ou de l'oreille, d'infection virale — entre autre varicelle ou herpès — de l'œil ou de l'oreille et de kératite dendritique. Certaines conditions demandent un suivi plus attentif : ce sont les cataractes, le glaucome à angle ouvert, l'otite moyenne récidivante, un tympan perforé et la présence d'infection purulente de l'œil ou de l'oreille.

On sait que les médicaments que contient ce mélange peuvent passer dans la circulation générale, mais on ne dispose pas de données sur leurs dangers éventuels au cours de la grossesse et de la période d'allaitement. On réservera donc l'usage du Cortisporin aux cas qui le nécessitent vraiment.

Effets secondaires possibles

Le Cortisporin occasionne habituellement peu d'effets secondaires à court terme. L'instillation des gouttes ophtalmiques peut provoquer une sensation transitoire de picotement. L'allergie aux antibiotiques reste possible et relativement fréquente ; elle se manifeste par de la rougeur, de l'enflure, des démangeaisons et nécessite l'arrêt du traitement.

L'utilisation à long terme d'un tel produit est plus problématique, à cause de la présence de l'hydrocortisone ; celle-ci passe dans la circulation et pourrait occasionner les effets secondaires attribués aux stéroïdes (voir la prednisone p. 514).

Précautions

Les gouttes ophtalmiques vont dans les yeux alors que les gouttes otiques servent au niveau de l'oreille. On évitera tout contact direct entre le site infecté et le bout de l'applicateur, ceci afin d'éviter la contamination.

Pour appliquer les gouttes dans les yeux, renverser légèrement la tête vers l'arrière, abaisser ensuite la paupière inférieure avec un doigt et instiller une seule goutte dans le coin interne de l'œil. Fermer les yeux et imprimer une légère pression sur les côtés du nez pendant 1 ou 2 minutes. Enlever l'excès de liquide — si c'est nécessaire — avec un tissu propre et répéter l'instillation si c'est indiqué. Il est nécessaire de respecter le délai recommandé entre les 2 instillations afin de permettre une bonne absorption du médicament.

Éviter d'utiliser une solution qui n'est pas claire ou qui a bruni.

Il est important de faire le traitement au complet (mais pas plus longtemps), en général entre 5 et 10 jours — et ensuite de détruire le reste de la solution.

Aviser son médecin si l'on ne note pas d'amélioration après 3 ou 4 jours de traitement.

Garder les solutions à la température de la pièce et à l'abri de la lumière.

On fera précéder l'instillation des gouttes ophtalmiques par l'application de compresses chaudes et humides qui activent la circulation et qui permettent une meilleure détoxification tout en nettoyant le site infecté.

On placera une ouate humectée de la solution dans le canal auditif après y avoir déposé les gouttes. On changera le coton quotidiennement.

Alternatives

On doit savoir que toutes les infections de l'œil ne demandent pas le recours à un antibiotique. Ainsi, celles qui se produisent à la suite d'un rhume ou d'une grippe sont généralement d'origine virale et disparaissent d'elles-mêmes. L'application de compresses humides constitue alors un traitement acceptable.

Jugement global

Le couplage antibiotique/anti-inflammatoire (ici l'hydrocortisone) est pratique trop courante et comporte plusieurs dangers et désavantages. Cette association peut en effet promouvoir la surinfection par des champignons ou des bactéries résistantes. L'utilisation prolongée d'hydrocortisone peut aussi entraîner une augmentation de la pression intra-oculaire chez certains individus ou un amincissement de la cornée. Elle devrait en fait être réservée aux cas où elle s'avère nécessaire — à cause de beaucoup d'inflammation — au lieu d'être utilisée de routine comme c'est le cas maintenant. En effet, l'antibiotique, en maîtrisant l'infection, viendra en même temps à bout de l'inflammation.

L'utilisation topique des deux antibiotiques du Cortisporin peut aussi — chez certaines personnes — rendre plus tard impossible le recours à ces antibiotiques qui servent parfois au traitement d'infections graves en milieu hospitalier. On devrait souvent lui préférer un autre traitement ; il en existe.

Cromoglycate

Noms commerciaux :
Fivent, Intal, Rynacrom.

Ordonnance requise

Indications thérapeutiques

Le cromoglycate est utilisé dans la prévention des crises d'asthme lorsqu'un mécanisme allergique est en cause. Il peut aussi s'avérer utile dans la rhinite et la conjonctivite allergiques. Il est plus particulièrement efficace chez les enfants. C'est un moyen préventif ; il ne possède pas d'efficacité durant une crise, étant donné le fait qu'il n'est pas bronchodilatateur.

Le cromoglycate s'emploie aussi pour les allergies intestinales (Nalcrom) ; mais ce texte ne concerne pas cette utilisation.

Posologie habituelle

On utilise en début de traitement 1 capsule 4 fois par jour en inhalation buccale à des intervalles de 4 à 6 heures. On ne dépassera pas 8 capsules par jour. L'efficacité n'est pas toujours immédiate et peut prendre jusqu'à 4 semaines avant de se manifester. Si une amélioration n'apparaît pas après ce délai, on doit interrompre le traitement.

Lorsque l'on emploie les cartouches pour administration nasale ou la solution nasale, la dose nécessaire est de 1 capsule ou 1 ou 2 inhalations dans chaque narine 4 fois par jour, aux 4 à 6 heures.

Les gouttes ophtalmiques s'emploient à raison de 1 ou 2 gouttes dans les yeux 4 fois par jour.

Une fois l'effet protecteur souhaité obtenu, on pourra diminuer les doses pour arriver à une dose d'entretien éventuellement moindre.

Contre-indications

On évitera le cromoglycate si l'on souffre de pneumonie ou si l'on y a déjà fait une réaction allergique. Les gens qui sont allergiques aux produits laitiers peuvent aussi être intolérants à certaines préparations en capsules qui contiennent du lactose.

Les personnes souffrant d'insuffisance rénale ou hépatique grave ne devraient prendre ce médicament que sous surveillance médicale stricte.

Les personnes souffrant de maladies cardiaques ou de maladie coronarienne devraient éviter l'emploi des aérosols de cromoglycate (Fivent, Rynacrom).

Les préparations pour administrations nasales peuvent ne pas être efficaces lorsqu'il y a présence de polypes nasaux. Toutes ces restrictions ne s'appliquent probablement pas à la solution ophtalmique (pour les yeux).

Ce médicament ne devrait probablement pas être utilisé durant la grossesse étant donné que ses effets sur le fœtus ne sont pas connus ; cependant on devra en évaluer les bénéfices relatifs en discutant avec son médecin.

Effets secondaires possibles

Les effets secondaires les plus courants sont l'irritation de la muqueuse buccale ou nasale, la toux, la congestion nasale, le larmoiement, les éternuements et une difficulté transitoire à respirer ; ces effets sont dus à sa présentation sous forme de poudre. D'autres effets, plus rares, peuvent demander une consultation de son médecin. Les plus courants sont l'apparition d'urticaire, de rougeurs, de démangeaisons, les maux de tête, la faiblesse ou les douleurs musculaires. Peuvent aussi se produire : des étourdissements, une difficulté, un grand besoin ou de la douleur à uriner, de la douleur aux articulations, des nausées et des vomissements. Parfois des réactions graves peuvent apparaître ; les signes suivants demandent une consultation médicale rapide : de la difficulté à avaler ou à respirer, une sensation de serrement à la poitrine, une enflure des yeux et des lèvres, des démangeaisons, une éruption cutanée et une respiration sifflante.

Les gouttes ophtalmiques peuvent produire une irritation locale qui, si elle dure, demandera un arrêt du traitement.

Interactions médicamenteuses

On ne connaît pas d'interactions à ce médicament.

Précautions

— On doit commencer ce traitement en dehors d'une période de crise ou au moins une semaine après la dernière crise.

— S'il se produit une attaque d'asthme sévère, il vaut mieux interrompre le traitement au cromoglycate, car la poudre peut augmenter les symptômes.

— Le cromoglycate peut permettre de réduire la quantité des autres médicaments antiasthmatiques ; cependant, dans le cas des corticostéroïdes, on devra prendre soin de ne *jamais* interrompre le traitement tout d'un coup, mais de le diminuer progressivement, sous supervision médicale.

— On ne devrait pas non plus cesser l'usage du cromoglycate de façon brusque ; il pourrait en résulter une augmentation des crises. On devra réduire graduellement les doses pendant 1 semaine, sous supervision médicale.

— Après l'utilisation de cromoglycate, il est bon de se gargariser la gorge pour réduire l'irritation et peut-être le mauvais goût.

— Il est important, pour chacune des formes utilisées, de bien lire le mode d'emploi inclus dans la boîte et de l'appliquer à la lettre.

— Si on utilise en plus un bronchodilatateur, on se servira d'abord de ce dernier, puis après un intervalle de 15 à 20 minutes, on s'administrera le cromoglycate.

— Les utilisateurs de verres de contact souples éviteront les gouttes de cromoglycate.

— On doit jeter un flacon de gouttes 4 semaines après l'avoir ouvert.

Alternatives

Voir le texte sur l'asthme, en page 688.

Jugement global

Le cromoglycate semble être un apport intéressant dans la prévention des crises d'asthme et de la rhinite allergique. On lui connaît relativement peu d'effets secondaires. On lui attribue cependant quelques rares cas d'altération du système de défense immunitaire, ce qui aurait conduit à des réactions anaphylactiques, à de la pneumonie, à de l'insuffisance cardiaque et à de l'urticaire... mais peu de données existent à ce propos.

Cyclobenzaprine

Nom commercial : Flexeril.

Ordonnance requise

Indications thérapeutiques

La cyclobenzaprine est un relaxant musculaire que l'on utilise pour soulager les spasmes des muscles de l'appareil locomoteur (ces muscles sont attachés aux os et servent à les mouvoir), lorsque ces spasmes ne sont pas d'origine neurologique.

Posologie habituelle

On prend généralement 20 à 40 mg par jour en 2 à 4 prises. On ne doit pas dépasser 60 mg par jour et le traitement durera de quelques jours jusqu'à un maximum de 2 ou 3 semaines.

L'effet maximal du cyclobenzaprine met généralement une semaine à se manifester, parfois plus...

Contre-indications

Certaines conditions interdisent l'usage de la cyclobenzaprine. Ce sont l'hyperthyroïdie, l'insuffisance cardiaque congestive, les troubles de la conduction et du rythme cardiaque, l'hypersensibilité au produit ou aux antidépresseurs et probablement la grossesse et l'allaitement. La rétention urinaire et le glaucome demandent qu'on se fasse suivre de plus près par son médecin si l'on décide d'utiliser ce médicament. On devra aussi observer un intervalle de 15 jours entre la prise de ce médicament et celle de Marplan, de Nardil et de Parnate, pour éviter une crise hypertensive. Enfin, on ne recommande pas son utilisation avant l'âge de 15 ans.

Effets secondaires possibles

Ils sont nombreux, les plus courants étant la somnolence, la sécheresse de la bouche, les étourdissements et la constipation. On a observé aussi les effets secondaires suivants, qui peuvent demander un arrêt du traitement : l'accélération cardiaque, la faiblesse, la désorientation, la confusion, la difficulté à uriner, la difficulté à respirer, une éruption cutanée, une sensation d'épaississement de la langue ou du visage et des perceptions auditives anormales. Il faut contacter son médecin si ces symptômes surviennent. Les désagréments suivants n'empêchent généralement pas la poursuite du traitement : un mauvais goût dans la bouche, des douleurs à l'estomac, de la diarrhée, des tremblements, de l'insomnie, l'embrouillement de la vue et de l'engourdissement ou des picotements aux extrémités. De plus, à cause de sa proche parenté avec l'amitriptyline, la cyclobenzaprine pourrait présenter les mêmes effets secondaires que celle-ci, bien que tous ne se soient pas manifestés en pratique (se référer au texte sur l'amitriptyline, page 132).

Interactions médicamenteuses

La cyclobenzaprine peut augmenter l'action et les effets secondaires des antiparkinsoniens, des antidépresseurs, de certains antispasmodiques, des tranquillisants, des somnifères, des narcotiques, des antipsychotiques, de certains antihistaminiques et décongestionnants, en fait de tous les médicaments ayant un effet sédatif. Par ailleurs, elle diminue possiblement l'effet de la guanéthidine et de la réserpine.

Précautions

La cyclobenzaprine peut causer de la sédation et rendre hasardeuses la conduite automobile et l'utilisation de machines demandant de l'attention et de la précision ; la consommation d'alcool augmente ses effets sédatifs. Ce médicament ne devrait pas être utilisé plus de 2 ou 3 semaines.

Alternatives

La cyclobenzaprine ne devrait jamais être utilisée comme seule thérapeutique pour soulager les spasmes musculaires. On l'alliera de préférence à du repos et aussi éventuellement à de la physiothérapie ou son équivalent. On pourra aussi ajouter les mesures qu'on applique au traitement de la douleur, voir page 730.

Jugement global

Bien que la cyclobenzaprine semble avoir une action sur les muscles, on ne sait pas trop si celle-ci est liée à l'effet tranquillisant, à l'effet relaxant musculaire ou bien à l'effet placebo du médicament... (bien qu'elle soit durant quelques jours plus efficace que le placebo). Le fait que le médicament mette plusieurs jours à manifester son plein effet, conjugué au fait que la cyclobenzaprine possède une liste impressionnante de contre-indications et d'effets secondaires parfois graves, laisse perplexe quant à son utilité réelle. C'est un médicament potentiellement dangereux qui ne présente pas suffisamment d'avantages thérapeutiques pour en justifier l'utilisation ; on lui préférera les approches non chimiques ou, si l'on tient à utiliser un médicament, d'autres relaxants musculaires potentiellement moins dangereux, mais dont l'efficacité reste aussi peu certaine...

Cyproheptadine

Nom commercial :
Periactin.

Ordonnance non requise

Indications thérapeutiques

La cyproheptadine est un antihistaminique que l'on utilise surtout pour son effet antipruritique ; il diminue la démangeaison associée à l'urticaire, l'allergie médicamenteuse, l'eczéma, la varicelle... On l'emploie aussi parfois pour son effet anti-allergique lorsque les voies nasales sont concernées : dans la rhinite, le rhume des foins, etc. La cyproheptadine possède un effet secondaire pour lequel elle se voit parfois prescrire : elle provoque un léger gain de poids, qui semble associé à une stimulation de l'appétit. À l'arrêt du traitement peut se produire une perte de poids, mais il semble que celui-ci ne retourne pas au seuil de départ. On y recourt aussi parfois dans le traitement de certains maux de tête (migraine, céphalée vasculaire ou histaminique).

Posologie habituelle

Chez l'adulte, on utilise 4 mg 3 fois par jour aux repas, avec un maximum de 20 mg par jour.

Aux enfants de 2 à 6 ans, on peut donner 2 mg 2 ou 3 fois par jour ; entre 6 et 12 ans, jusqu'à 4 fois par jour.

Lorsque l'on recherche l'effet de gain pondéral, le manufacturier suggère de limiter le traitement à 3 mois pour les enfants et à 6 mois pour les adultes... étant donné le peu de renseignements disponibles sur les effets à long terme de ce médicament(!).

Pour le traitement de la céphalée, le manufacturier recommande 4 mg au début du malaise, suivis de 4 mg 30 minutes plus tard. Il y a habituellement réponse en 1 ou 2 heures et on maintient le soulagement avec 4 mg aux 4 à 6 heures.

Contre-indications

La cyproheptadine ne devrait pas être employée si elle a déjà provoqué une réaction allergique. On devrait aussi être prudent si l'on souffre de glaucome, de rétention urinaire, d'ulcère gastro-intestinal avec rétrécissement ou obstruction des voies digestives, d'hypertrophie de la prostate et durant une crise d'asthme. Durant la grossesse, sa sécurité n'a pas été établie ; son usage durant l'allaitement n'est pas non plus recommandé ; elle réduit la sécrétion de lait et s'y retrouve présente. Les personnes âgées ne devraient pas l'employer et l'on ne devrait pas en donner aux nouveau-nés.

Effets secondaires possibles

Le plus fréquent est la somnolence. On peut aussi expérimenter des étourdissements, de la lassitude, de l'incoordination et de la faiblesse musculaire. Certaines personnes et plus particulièrement les enfants, pourront manifester de l'excitation avec insomnie, agitation, euphorie... pouvant aller jusqu'à des convulsions chez les individus susceptibles. On devra alors cesser le traitement. On peut aussi éprouver les effets suivants, mais ils apparaissent rarement : mal à l'estomac, nausées, vomissements, diarrhée, constipation, maux de tête, tremblements, irritabilité, vision trouble, allergie, sensibilité au soleil, malaises cardiaques, difficultés à uriner et mouvements involontaires au visage. Exceptionnellement, le médicament a provoqué de l'anémie et des problèmes au niveau de la moelle osseuse après un usage prolongé : il y a alors mal de gorge et fièvre. Dans tous ces cas, on doit cesser le traitement.

Interactions médicamenteuses

L'association de cyproheptadine et des médicaments suivants augmentera l'importance de leurs effets sédatifs respectifs : tranquillisants, antidépresseurs, somnifères, analgésiques, antispasmodiques (dicyclo-mine), Nardil, Parnate et Marplan.

Précautions

À cause de la possibilité d'expérimenter de la somnolence, on évitera l'utilisation de véhicules automobiles et de machines demandant de l'attention. L'alcool augmente l'effet de somnolence.

On devrait investiguer sérieusement tout manque d'appétit qui perdure, car ce peut être là un signe de maladie grave.

Alternatives

Pour les démangeaisons, voir le texte sur l'allergie, page 668.

Pour les maux de tête, voir le texte sur la douleur, page 730.

Jugement global

Comme antihistaminique, la cyproheptadine n'est ni pire ni meilleure que les autres ; ses fabricants cherchent cependant tous les moyens pour en promouvoir un usage étendu. Pour ce qui est de son utilisation comme stimulant de l'appétit, on peut s'interroger sur l'à-propos du recours à un produit chimique dans un tel cas.

D

Danazol

Nom commercial :
Cyclomen.

Ordonnance requise

Indications thérapeutiques

Le danazol est une hormone androgène (masculinisante) qui s'emploie dans le traitement de l'endométriose, de la maladie fibrokystique du sein et dans l'angio-œdème héréditaire, lorsque les autres approches de traitement se sont révélées inefficaces.

Posologie habituelle

Dans l'endométriose, on utilise entre 50 et 400 mg 2 fois par jour, selon la gravité de la maladie. On commence le traitement durant les menstruations et celui-ci durera au moins 3 à 6 mois.

Dans la maladie fibrokystique du sein, on prend entre 50 et 200 mg 2 fois par jour. On commence le traitement le premier jour des menstruations.

Contre-indications

On devra utiliser le danazol avec précaution si l'on a une fonction cardiaque, hépatique ou rénale déficiente ou si l'on présente des saignements génitaux de cause inconnue. On sera prudent aussi si l'on est atteint d'asthme, d'épilepsie, de migraine ou de diabète.

On n'utilisera le danazol ni au cours de la grossesse, ni pendant la période d'allaitement, à cause de ses effets masculinisants possibles.

Effets secondaires possibles

À cause de la baisse de sécrétion d'œstrogènes qu'il occasionne, le danazol peut amener une sécheresse et une sensation de brûlure au niveau de la muqueuse vaginale ou des saignements légers. Il peut aussi causer des rougeurs de la peau, des changements d'humeur, de la nervosité, de la sudation et des crampes musculaires. Ces effets sont considérés comme bénins par la gent médicale (!).

Plus préoccupants encore sont les effets masculinisants du médicament, surtout lorsque l'on sait qu'ils ne sont pas nécessairement réversibles. Les femmes peuvent ainsi voir leurs seins rapetisser, leur voix baisser, des poils pousser et plus rarement leur clitoris augmenter de volume. Peuvent aussi apparaître : de l'acné, la peau et les cheveux qui deviennent gras, un gain de poids, l'enflure des chevilles ou des jambes, des étoudissements, des maux de tête et des saignements de nez qui peuvent indiquer une hausse de la pression artérielle. Le médicament peut aussi exercer un effet toxique sur le foie et occasionner une jaunisse.

Lorsqu'il est pris pour l'endométriose, le danazol provoque la disparition des menstruations après 6 à 8 semaines de traitement. Cela est moins fréquent dans la maladie fibrokystique du sein ; la moitié des femmes expérimentent cet effet et un quart additionnel ont des menstruations irrégulières.

Interactions medicamenteuses

Le danazol modifie l'action des anticoagulants, des hypoglycémiants oraux et de l'insuline. Il pourra être nécessaire de modifier les doses de ces médicaments.

Précautions

On recommande une évaluation régulière de la fonction hépatique avant et pendant un traitement au danazol. On conseille aussi d'effectuer un test de grossesse avant de commencer le traitement, sauf si celui-ci débute durant les menstruations.

Les hommes qui prennent du danazol devront se soumettre à des examens du sperme à tous les 3 ou 4 mois.

On aura recours à une méthode contraceptive autre que la pilule au cours du traitement au danazol et l'on devra cesser celui-ci immédiatement si l'on soupçonne une grossesse.

L'apparition ou le développement de masses aux seins demande une évaluation rapide afin d'éliminer l'hypothèse d'un cancer.

Alternatives

Le Dr Catherine Kousmine rapporte, dans son livre *Soyez bien dans votre assiette jusqu'à 80 ans et plus*, deux des multiples cas de maladie fibrokystique du sein qu'elle a traités avec succès. Son approche est essentiellement alimentaire et cherche à éliminer de la diète tout ce qui est susceptible d'accroître la production et l'accumulation de toxines. Elle favorise une alimentation à base de fruits et de légumes frais, de céréales et d'huiles végétales ; elle recommande aussi d'éviter tous les aliments transformés. C'est une démarche qui mérite qu'on s'y attarde.

Jugement global

Le danazol est un médicament puissant qui supprime l'ovulation grâce à son action inhibitrice au niveau du cerveau. Il élimine par cela les douleurs endométriales, mais celles-ci reviennent assez souvent à la cessation du traitement… tout comme les kystes aux seins. On peut le considérer comme un médicament de dernier recours.

Diazépam

> Noms commerciaux :
> Apo-Diazépam, E-Pam,
> Méval, Néo-Calme,
> Novodipam, Rival,
> Valium, Vivol.

Ordonnance requise

Indications thérapeutiques

Le diazépam, ainsi que les médicaments suivants, font partie de la classe des benzodiazépines : alprazolam, bromazépam, chlordiazépoxide, clonazépam, clorazépate, flurazépam, lorazépam, oxazépam, témazépam et triazolam. Comme ils ont plus ou moins les mêmes caractéristiques, nous les décrirons en détail ici, nous limitant à en donner les caractéristiques plus spécifiques sous leur dénomination propre.

On utilise habituellement le diazépam et les autres benzodiazépines pour soulager les symptômes liés à l'anxiété et produire un effet calmant. On pourra ainsi améliorer les symptômes suivants : l'inquiétude excessive, la tension, l'irritabilité, une difficulté à se concentrer, l'agitation, l'insomnie, les tremblements, l'essoufflement, des palpitations, un rythme cardiaque irrégulier, des maux de tête, des douleurs abdominales ou thoraciques, des nausées, de la diarrhée ou un besoin d'uriner souvent. Malgré le fait qu'il soit surtout utilisé comme médication de jour, il peut aussi induire le sommeil lorsqu'on l'utilise à une dose un peu plus forte. Parfois aussi on se sert de l'effet de relaxation musculaire que provoque le diazépam et de son action anticonvulsivante (en injection, en cas d'urgence). Enfin le diazépam s'emploie à l'occasion pour faciliter le sevrage d'alcool.

Posologie habituelle

Le diazépam agit plutôt rapidement : son effet met entre 15 et 45 minutes à se produire.

La marge de dosage du diazépam est extrêmement large et peut varier beaucoup d'un individu à un autre. Il peut être utilisé à raison de 6 à 40 mg par jour. On l'a souvent employé en doses fractionnées à raison de 3 ou 4 fois par jour, mais il semble maintenant qu'une seule dose puisse être administrée au coucher et, éventuellement, une autre plus faible durant la journée. Une dose de 10 mg serait suffisante pour provoquer le sommeil.

Contre-indications

Les personnes souffrant de myasthénie grave ou de glaucome à angle fermé éviteront, dans la mesure du possible, le diazépam et les autres benzodiazépines. De même, les femmes enceintes (surtout pendant le premier trimestre de la grossesse) et probablement celles qui allaitent devraient s'en abstenir, à cause des effets possibles sur le fœtus ou le jeune enfant.

Ce médicament ne devrait jamais être donné aux enfants de moins de 6 ans.

Il est préférable d'éviter son emploi chez les personnes qui souffrent de schizophrénie ou de dépression ou qui ont des tendances en ce sens. On n'en recommande pas non plus l'emploi chez les personnes qui souffrent d'une maladie pulmonaire obstructive grave.

Effets secondaires possibles

Les effets les plus fréquents sont la somnolence, la fatigue, les étourdissements et l'incoordination des mouvements. Certains utilisateurs éprouvent aussi parfois une sensation de légèreté dans la tête ou des maux de tête, de la confusion, une sécheresse de la bouche, un goût amer, des nausées, de la constipation ou de la diarrhée, une vision embrouillée, de la dépression, de la douleur dans les articulations ou à la poitrine, de l'incontinence urinaire ainsi qu'une perturbation des menstruations et de la fonction sexuelle. Il est possible que des gens expérimentent des réactions paradoxales d'excitation, des poussées d'agressivité, d'hallucinations et de spasticité musculaire pouvant nécessiter l'arrêt du médicament.

Certaines recherches ont aussi montré que les benzodiazépines peuvent produire des troubles de mémoire. Ceci est particulièrement vrai du lorazépam, du témazépam, du triazolam, de l'oxazépam et de l'alprazolam.

On a enfin noté chez quelques personnes l'apparition de ce que l'on appelle la dyskinésie tardive qui est caractérisée par des mouvements involontaires au niveau de la langue et de la bouche ; ces symptômes ont toutefois disparu à l'arrêt de la médication.

Interactions médicamenteuses

Certains médicaments augmentent l'effet du diazépam et des autres benzodiazépines et pourraient occasionner un excès de sédation. Ce sont les autres sédatifs et somnifères, les antidépresseurs, les analgésiques narcotiques, le disulfiram, la cimétidine, la clonidine, le méthyldopa et les autres antihypertenseurs qui provoquent de la somnolence.

Les benzodiazépines diminueraient l'action du lévodopa : il est préférable d'éviter la prise simultanée de ces médicaments. Elles verraient aussi leur effet retardé par les antiacides.

L'isoniazide augmenterait l'effet du diazépam, alors qu'un autre antituberculeux, la rifampine, le diminuerait. On a noté un cas d'hypothermie résultant de l'absorption concomitante de lithium et de diazépam.

La prise simultanée de benzodiazépine (plus particulièrement de diazépam, de clonazépam, de clorazépate et de lorazépam) et d'antidépresseur, de halopéridol, de primidone ou de carbamazépine pourra avoir une action plus ou moins accentuée sur la tendance à faire des convulsions. Il faudra veiller à ajuster les doses en conséquence.

Les contraceptifs oraux pourraient modifier l'effet des benzodiazépines chez certaines personnes.

Précautions

— La cigarette et le café diminuent les effets du diazépam.
— Le diazépam peut provoquer de la somnolence et de l'incoordination motrice. Ce dernier effet nécessite parfois l'arrêt du traitement. On observe cependant que ces effets secondaires diminuent à la longue. Le diazépam peut rendre dangereuse l'utilisation de véhicules automobiles ou de toute autre machine exigeant de l'attention.
— L'alcool augmente l'effet de somnolence du diazépam.
— Les personnes âgées et les gens dont la fonction rénale ou hépatique est déficiente devraient utiliser des doses plus faibles de ce médicament ou bien lui en préférer un qui possède une durée d'action moins longue (lorazépam ou oxazépam par exemple), à cause des risques d'accumulation du diazépam.
— On observe assez souvent une réaction de sevrage lorsque l'on cesse l'administration du diazépam et des autres benzodiazépines. On croit maintenant qu'il faut avoir pris régulièrement du diazépam pendant au moins 3 mois pour que la réaction se produise. On sait aussi que plus le dosage est élevé, plus il y a de chances que la réaction de sevrage survienne et qu'elle soit prononcée. On croit également que les benzodiazépines les plus puissantes, c'est-à-dire l'alprazolam, le bromazépam, le lorazépam et le triazolam, occasionnent plus souvent ce problème. On recommande donc de limiter la prise de ces médicaments dans le temps (pas plus de quelques semaines) et de ne pas en absorber des doses trop élevées.

À cause de la longue durée d'action du diazépam, cette réaction de manque pourra se manifester plusieurs jours après l'arrêt du médicament lorsque l'on cesse brusquement d'en prendre. Si la réaction est mineure, des symptômes tels que de l'agitation, de l'anxiété, de la dépression, de l'insomnie, de l'irritabilité, des nausées, des palpitations, de la tension musculaire, des maux de tête apparaissent. Des réactions plus graves (dans moins de 20 % des cas tout de même) se caractérisent, en plus de ces symptômes, par l'apparition de confusion, de perceptions sensorielles anormales, d'état psychotique, de sursauts musculaires et de crises d'épilepsie. On peut toutefois amoin-

drir ou éliminer ces réactions désagréables en diminuant progressivement les doses absorbées quotidiennement. On procède de la façon
suivante :

— il est nécessaire, avant d'entreprendre une diminution du dosage d'un sédatif, de prévoir des solutions de rechange ainsi que
des personnes ou des groupes susceptibles de fournir un support ;
— on commence ensuite à réduire par étapes de 2 ou 3 jours la
quantité de médicament absorbée quotidiennement, en retranchant à chaque fois une proportion égale à 5 ou 10 % de la dose
antérieure. Ainsi, quelqu'un qui prend à tous les jours 40 mg de
diazépam verra sa dose quotidienne d'abord réduite à :

36 mg (40 mg - 10 %)
puis à 33 mg (36 mg - 10 %)
puis à 30 mg (33 mg - 10 %)
(… on se permet d'arrondir)
et ainsi de suite jusqu'à 0 mg.

L'abandon du médicament pourra nécessiter plusieurs semaines et
certaines étapes devront éventuellement être prolongées, advenant le
cas où des symptômes de sevrage se manifesteraient.

On préfère généralement, lorsque l'on cesse la prise d'un tel
médicament, l'administrer en 3 ou 4 prises au cours de la journée. On
réduira alors par exemple la dose du matin, puis celle du midi et du
souper, pour finalement éliminer une, puis deux,… puis toutes les
prises, en commençant par celles du milieu et ensuite du début de la
journée.

Alternatives

L'anxiété, la nervosité et la tension sont des symptômes. Ils existent à
des intensités différentes. L'anxiété qui peut être aidée par l'emploi
d'un tranquillisant s'appelle anxiété situationnelle ; elle se manifeste
en période de crise, par exemple lorsque l'on perd un être cher, quand
on doit déménager, lorsque l'on a à affronter une situation financière
difficile, un travail stressant… les exemples sont faciles à trouver. Une
nouvelle situation demande une adaptation et peut souvent susciter de
l'inquiétude… jusqu'à ce que l'on trouve un équilibre ou une solution
au problème. Un tranquillisant peut aider à traverser ces périodes difficiles ; il ne remplace cependant pas l'adaptation ou la solution du
problème ; il ne fait que masquer la situation difficile.

Parfois aussi, l'inquiétude et la tension s'accumuleront petit à petit et deviendront une angoisse diffuse et continue qui peut requérir
alors un traitement plus approfondi.

Il est certain qu'on aura avantage à trouver l'origine de la nervosité (ce n'est pas toujours évident) et à voir comment et dans quelle
mesure on peut corriger la situation. Certains outils peuvent être une
aide précieuse : une méthode de relaxation peut contribuer à maîtriser
la nervosité et donner le calme nécessaire pour stimuler une nouvelle
approche de la situation. Parfois, une thérapie psychologique sera
nécessaire et positive. Parfois aussi des changements dans le quotidien
(un meilleur partage des tâches ménagères, une pause au travail...)
joueront un rôle positif. En résumé, l'action directe sur le concret de
la vie ne sera jamais remplacée par une pilule et les outils mentionnés
précédemment peuvent aider à avoir plus de prise sur la vie et ses émotions et peuvent également aider à affronter les aléas du quotidien sans
« perdre les pédales ». Les médicaments, par contre, peuvent servir à
fuir et à « se mettre la tête dans le sable ».

Jugement global

L'utilisation des tranquillisants est sûrement controversée. Il est clair
que le diazépam et les autres tranquillisants qui lui sont apparentés
(clorazépate, chlordiazépoxide, oxazépam, lorazépam...) présentent
certains avantages lorsqu'on les compare aux barbituriques utilisés
antérieurement surtout à cause du fait qu'ils sont moins dangereux lors
d'ingestion massive. On peut cependant remettre en question leur
usage actuel, à cause de son ampleur. La publicité que les compagnies
adressent aux médecins leur suggère petit à petit qu'à peu près tout le
monde peut tirer avantage de l'usage de ce médicament : la femme à la
maison qui s'ennuie, la secrétaire surmenée, le jeune cadre débordé, le
patient souffrant d'angine ou d'ulcère, le vieillard oublié... et le
réflexe se développe de prescrire de façon de plus en plus générale du
diazépam. Or il semble que le diazépam et les autres benzodiazépines
(c'est ainsi qu'on appelle cette famille de tranquillisants) puissent soulager de façon plus efficace l'anxiété situationnelle ; c'est, en fait, le
type de pathologie qui est bien contrôlée par un placebo et un grand
nombre de médecins utilisent justement les benzodiazépines pour cet
effet, parce qu'il n'existe pas de solution spécifique qu'ils connaissent,

parce qu'ils se trouvent démunis et ne l'avouent ni à leurs patients ni à eux-mêmes.

Les benzodiazépines ne devraient pas être utilisées lorsque l'anxiété est causée par une dépression ou de la schizophrénie. De plus, on remet en question leur usage à long terme pour diminuer ou pour affronter l'angoisse générale face à la vie et on s'inquiète de la dépendance psychologique qui l'accompagne.

Bien sûr, l'usage des tranquillisants ne devrait pas empêcher le recours à d'autres approches, mais il reste aussi que certaines personnes vivent mieux malgré la présence de cette fameuse dépendance et, à ce moment, le recours à une aide chimique peut avoir de la valeur. C'est alors une solution que nous avons la liberté de choisir. Cependant, on se méfiera quand même de la tendance générale qui consiste à utiliser une médication comme premier recours ; il y a là le risque d'évacuer la signification de l'angoisse ou de l'anxiété qui sont des signaux d'alarme que nous envoie notre corps.

Diclofénac

Nom commercial : Voltaren

Ordonnance requise

Indications thérapeutiques

Le diclofénac possède une activité anti-inflammatoire et analgésique que l'on utilise dans le traitement de l'arthrite rhumatoïde et de l'ostéo-arthrite.

Posologie habituelle

La posologie est généralement de 25 à 50 mg 3 fois par jour, aux 8 heures, avec un maximum de 150 mg par jour.

On devrait avaler les comprimés sans les mâcher, au moment des repas ou avec un peu de nourriture.

Contre-indications

On ne devrait pas prendre de diclofénac si l'on a déjà fait une maladie de l'estomac ou de l'intestin.

On devra aussi user d'une grande prudence si l'on souffre d'épilepsie, de maladie de Parkinson, de psychose ou encore lorsque le foie ou les reins fonctionnent au ralenti.

Les personnes allergiques à l'AAS ou à un autre anti-inflammatoire seront sans doute allergiques au diclofénac.

Le diclofénac ne devrait pas être utilisé chez les enfants de moins de 14 ans. Les femmes enceintes et celles qui allaitent devraient aussi s'en abstenir. À cause de son effet antagoniste des prostaglandines (qui jouent un rôle important dans le déclenchement et le déroulement du travail), le diclofénac retarderait le travail. De plus, il traverse le placenta et passe dans le lait maternel.

Effets secondaires possibles

Le diclofénac peut engendrer des malaises abdominaux, des ballonnements, des nausées, une perte d'appétit, de la diarrhée, de la constipation, des étourdissements, des maux de tête, de la somnolence et de l'insomnie. Ces désagréments peuvent diminuer ou disparaître avec l'usage. S'ils demeurent incommodants, on devrait en parler au médecin.

D'autres symptômes laissent supposer un désordre plus grave. Le diclofénac, comme les autres anti-inflammatoires, est susceptible de produire de l'allergie, des problèmes gastriques graves, des anomalies sanguines, des problèmes hépatiques et rénaux ainsi que des problèmes aux yeux. Toute modification du volume urinaire, présence de sang dans les urines ou les selles, douleur au dos ou au ventre, apparition de rash ou d'ulcères à la bouche, fatigue avec tendance à faire des ecchymoses, jaunisse ou embrouillement de la vue, doivent rapidement être rapportés au médecin. Le diclofénac peut enfin aggraver l'angine et les troubles du rythme cardiaque.

Interactions médicamenteuses

Le diclofénac voit son effet amoindri par l'AAS et diminue celui de la chlorthalidone. On recommande la prudence avec les hypoglycémiants et les anticoagulants.

Précautions

Le diclofénac peut entraîner de la somnolence ; il est donc recommandé d'être prudent s'il faut conduire une automobile ou opérer une machine dangereuse. Cet effet de somnolence est augmenté par la plupart des médicaments du système nerveux et par l'alcool. L'alcool augmente aussi l'irritation gastrique.

Le diclofénac ayant un effet anti-inflammatoire, il risque de masquer les symptômes d'infections éventuelles.

Les personnes qui prennent du diclofénac pendant longtemps devraient périodiquement subir des analyses de laboratoire pour détecter les effets secondaires graves. On devra surveiller plus spécifiquement les fonctions hépatiques et rénales ainsi que le sang et les yeux.

On évitera de se coucher tout de suite après avoir avalé le médicament ; on respectera un intervalle de 20 minutes, afin de lui permettre de se rendre à l'estomac. On réduit ainsi le risque d'irritation de l'œsophage.

Alternatives

La plupart des formes d'arthrites évoluent par coup ; durant les périodes où la maladie est active, il est important de se reposer aux plans physique et émotif. Des traitements physiques — de la chaleur, des exercices de physiothérapie — peuvent aussi être fort utiles. En période de rémission, c'est une bonne pratique de voir à inclure dans sa vie de nombreux moments d'activité physique, pour conserver au maximum la mobilité de toutes ses articulations.

Pour d'autres mesures, voir le texte sur l'arthrite, page 683.

Jugement global

Le diclofénac est un médicament qu'on connaît peu ; absent de la scène américaine, il reste peu étudié. On le place cependant du côté des anti-inflammatoires puissants (indométhacine, phénylbutazone), qu'il faut utiliser avec prudence, en respectant scrupuleusement les contre-indications. Enfin, il est cher ! On peut se demander s'il s'agit d'une réelle innovation, par rapport à ce que l'on possédait déjà.

Dicyclomine

Noms commerciaux :
Bentylol, Formulex,
Lomine, Protylol,
Spasmoban, Viscerol.

Ordonnance non requise

Indications thérapeutiques

La dicyclomine est utilisée pour soulager les spasmes et l'hypermotilité gastro-intestinale dans des maladies comme l'ulcère gastrique, le côlon irritable, la diverticulite et la colite ulcéreuse.

Posologie habituelle

Les adultes peuvent prendre 10 ou 20 mg 3 ou 4 fois par jour ; on va parfois jusqu'à des doses de 40 mg 4 fois par jour. Les enfants peuvent recevoir 10 mg 3 ou 4 fois par jour et les bébés de plus de 8 semaines souffrant de coliques 2,5 à 5 mg 3 ou 4 fois par jour (en sirop) ; il faut cependant noter que plusieurs considèrent le recours à ce médicament avant l'âge de 3 mois comme risqué. La dicyclomine est plus efficace si elle est prise 1/2 à 1 heure avant les repas.

Contre-indications

On évitera l'emploi de ce médicament si l'on souffre de rétention urinaire, d'obstruction intestinale ou gastrique, de myasthénie grave, de reflux œsophagien et d'instabilité cardio-vasculaire. On l'utilisera avec précautions si l'on souffre de glaucome, d'hypertrophie de la prostate, de maladie cardiaque grave ou lors de la grossesse ; il n'existe en effet pas de données sur la sécurité du médicament durant cette période. On l'évitera aussi durant la période d'allaitement à cause de la possibilité d'inhibition de la lactation.

Effets secondaires possibles

Les plus fréquents sont de l'euphorie, des étourdissements, de la somnolence, une sensation de distension abdominale, parfois des nausées, de la constipation, un embrouillement de la vue, une éruption cutanée et de l'impuissance. On devra cesser le médicament si se produit une réaction d'excitation, si la constipation devient rebelle ou que s'installe de la rétention urinaire. Si l'on utilise une préparation contenant aussi du phénobarbital, celui-ci peut causer de l'accoutumance, à long terme.

Interactions médicamenteuses

La dicyclomine peut augmenter les effets secondaires des antidépresseurs, des antiparkinsoniens, de l'orphénadrine, des autres antispasmodiques, de certains antihistaminiques (souvent contenus dans les casse-grippe). Elle peut probablement diminuer l'effet des gouttes de pilocarpine utilisées dans les cas de glaucome. Les antiacides et les antidiarrhéiques en réduisent l'absorption ; on devrait respecter un intervalle de 1 ou 2 heures entre ces différents médicaments. La dicyclomine peut aggraver l'effet irritant des suppléments de potassium et aussi entraver l'action de la dompéridone et du métoclopramide.

Précautions

Si le médicament produit de l'assoupissement ou des étourdissements (ils sont plus fréquents avec les préparations contenant du phénobarbital), on évitera l'usage de machines ou de véhicules demandant de l'attention ou de la précision.

On ne devrait pas utiliser ce médicament plus de quelques jours sans être suivi par un médecin ; si on a à l'employer de façon chronique, on verra à faire évaluer régulièrement sa pression intra-oculaire.

À cause de la réduction de la sudation qu'elle provoque, la dicyclomine rend plus sensible aux températures élevées et peut précipiter un coup de chaleur chez les personnes sensibles.

Les personnes âgées sont plus susceptibles de développer des effets secondaires.

Alternatives

On croyait auparavant que toute l'activité du système gastro-intestinal échappait totalement au contrôle de la volonté. On sait maintenant qu'on peut apprendre à relâcher ces muscles, à défaire les spasmes qui en altèrent le bon fonctionnement ; l'apprentissage d'une technique de relaxation peut alors remplacer le médicament et ses effets secondaires possibles et constitue une mesure préventive face à ces symptômes qui comportent toujours une dimension psychologique ; en effet, le stress et l'angoisse provoquent dans l'organisme toutes sortes de « rétrécissements » qui, chez certains, atteindront le système digestif.

Jugement global

La dicyclomine et les autres antispasmodiques font partie des médicaments peu utiles qui peuvent être remplacés par de la détente et une meilleure hygiène de vie.

Diéthylpropion

> Noms commerciaux :
> Nobesine, Propion,
> Regibon, Tenuate, Tenuate
> Dospan.

Ordonnance requise

Indications thérapeutiques

On utilise le diéthylpropion pour aider à diminuer l'appétit au début d'un régime amaigrissant. Son emploi devrait toujours être accompagné d'une diète et devrait se limiter à une période ne dépassant pas 6 à 12 semaines.

Posologie habituelle

Si on utilise les comprimés de 25 mg, on doit habituellement en prendre un 3 fois par jour, une demi-heure avant les repas. On peut aussi se voir prescrire le comprimé à forme retard (75 mg) qu'il faut prendre au milieu de l'avant-midi ; comme son effet se prolonge toute la journée, on ne devrait jamais le prendre tard (après midi), car il peut causer de l'insomnie.

Contre-indications

On fera preuve de prudence dans l'utilisation de ce médicament si l'on souffre d'hyperthyroïdie, d'hypertension artérielle, d'une maladie cardio-vasculaire grave, d'artériosclérose avancée, d'angine, de glaucome, de même que si l'on est très agité ou si l'on est déjà sous traitement avec l'isocarboxazide, le Marplan, le Parnate ou le Nardil (et dans les 14 jours suivant l'arrêt de ces médicaments). On l'évitera aussi durant la grossesse, surtout au cours des 3 premiers mois, à cause de ses effets possibles sur le fœtus. On n'en connaît pas les effets sur le nouveau-né allaité.

Le diabète et l'épilepsie rendent son emploi plus risqué, de même qu'une tendance à abuser de drogues (il peut créer une dépendance).

Effets secondaires possibles

Les effets secondaires les plus courants sont les suivants : maux de tête, nervosité, étourdissements, insomnie, sécheresse de la bouche, embrouillement de la vision et urticaire. Peuvent aussi se produire, quoique plus rarement, des douleurs musculaires, des nausées, des crampes abdominales, de la constipation, une accélération ou une irrégularité du rythme cardiaque, une augmentation de la pression artérielle, des désordres menstruels, une diminution du désir sexuel, une perte de cheveux, de la douleur en urinant et une augmentation des crises épileptiques. Si ces effets se produisent, on devra contacter son médecin et probablement cesser le médicament. Une éruption cutanée ou de la confusion doivent aussi être rapportées.

Interactions médicamenteuses

Le diéthylpropion diminuerait l'effet antihypertenseur de certains médicaments employés à cet effet ; la guanéthidine, la clonidine et le méthyldopa seraient cependant les seuls à être affectés de façon appréciable. Aussi, s'il est utilisé de concert avec les médicaments notés dans les contre-indications, il peut produire une crise hypertensive.

On devrait éviter de prendre le diéthylpropion quelques jours avant une opération chirurgicale : s'il est utilisé en même temps que les anesthésiques généraux, il peut provoquer des troubles du rythme cardiaque.

Précautions

Ce médicament pouvant causer des étourdissements, on devra agir avec prudence si l'on a à conduire une automobile ou opérer une machine demandant de la précision.

Il faut savoir que le diéthylpropion peut causer une dépendance physique et psychologique, avec apparition d'une réaction de sevrage lorsqu'on l'arrête. Le sevrage se manifeste alors par de la fatigue, de la dépression et l'on peut en réduire l'importance en diminuant progressivement les doses. On ne devrait pas non plus chercher à augmenter les doses ; ce médicament perd la plupart du temps son efficacité après quelques semaines de traitement (environ 6) et il est inutile d'en augmenter la dose, car cela ne fait qu'accroître le risque de dépendance, sans en augmenter l'effet.

Alternatives

Le diéthylpropion ne devrait jamais être utilisé comme seul moyen pour perdre du poids, le seul résultat qu'il a étant de diminuer légèrement l'appétit. Moins manger, manger des aliments à plus faible teneur en calories, faire plus d'exercice physique, souvent aussi modifier son attitude face aux aliments restent les seuls moyens efficaces pour perdre du poids. Si l'on est trop gras, c'est qu'il y a des déficiences de ce côté et l'on a tout intérêt à procéder aux modifications qui s'imposent dans notre façon de vivre sans l'aide de médicaments, puisque ces modifications devront être permanentes si l'on ne veut pas réengraisser. Nous vous invitons à ce propos à consulter le texte sur l'obésité, en page 802.

Jugement global

Le diéthylpropion et tous les autres médicaments coupe-faim font partie de cette catégorie de médicaments dont l'existence n'est pas justifiée. D'une part, ils n'ont pas d'efficacité réelle appréciable ; il est prouvé que les gens qui les utilisent ne perdent que quelques onces par semaine de plus que ceux qui ne les utilisent pas. D'autre part, ils présentent un risque d'accoutumance et de dépendance que l'on ne peut nier. L'effet stimulant qu'ils provoquent et le sentiment dépressif qui suit souvent leur arrêt rendent leur usage hasardeux et délicat. On risque de se retrouver avec, en plus du problème d'obésité, un problème de dépendance médicamenteuse.

Diflunisal

Nom commercial :
Dolobid.

Ordonnance requise

Indications thérapeutiques

Le diflunisal est un médicament apparenté à l'AAS qui possède, comme lui, une activité analgésique et anti-inflammatoire. On l'utilise pour soulager la douleur et l'inflammation de l'ostéo-arthrite ou de l'arthrite rhumatismale. Il sert aussi comme analgésique dans les douleurs légères ou modérées (dentaires, menstruelles, gynécologiques, musculaires, etc.).

Posologie habituelle

La dose d'attaque est souvent de 1 g. Elle sera suivie de doses de 500 mg aux 12 heures. Les personnes âgées de plus de 70 ans et les gens qui ont une fonction rénale réduite recevront la moitié de ces quantités.

Les comprimés doivent être avalés entiers, avec un grand verre d'eau. On recommande de plus d'attendre 20 minutes avant de s'étendre, afin d'éviter une stase du comprimé au niveau de l'œsophage, avec l'irritation qui en découlerait.

Le diflunisal s'apparente dans ses contre-indications, effets secondaires, etc., au naproxen ; voir ce médicament, page 440. Il s'en distingue cependant par les points suivants :
— il occasionne plus souvent de la diarrhée ;
— il augmente la toxicité de l'indométhacine et possiblement de l'acétaminophène ;
— les antiacides en diminuent l'effet ;
— il interagit avec l'hydrochlorothiazide et le furosémide.

Jugement global

Le diflunisal est perçu par une partie du milieu médical comme une innovation, pas tant cependant pour son activité anti-inflammatoire qui est équivalente à celle du naproxen ou de l'ibuprofène, que pour son action analgésique qui est nettement supérieure à celles de l'AAS ou de l'acétaminophène seuls, s'approchant plutôt de leur association respective à 30 mg de codéine. On reconnaît aussi la commodité de la longue durée d'action du médicament.

Digoxine

Nom commercial :
Lanoxin.

Ordonnance requise

Indications thérapeutiques

La digitale, dont ce médicament est extrait, est un tonique cardiaque puissant qui s'emploie dans l'insuffisance cardiaque, c'est-à-dire lorsqu'il y a une baisse de la force des contractions du muscle cardiaque, surtout lorsqu'elle s'accompagne de troubles du rythme cardiaque. Elle s'utilise aussi dans le traitement de certaines arythmies cardiaques.

Posologie habituelle

Au début du traitement, les doses données sont assez importantes pour tenter d'atteindre une saturation rapide du muscle cardiaque ; par la suite, il s'agit de trouver la dose d'entretien la plus faible qui maintient l'effet désiré.

Il n'y a pas de dosage strict de la digoxine : la dose varie selon la gravité de l'insuffisance et selon les particularités métaboliques de la personne. Il faut surveiller attentivement les signes d'intoxication et prendre des électrocardiogrammes de temps à autre. On peut cependant dire que la dose habituelle est de 0,125 à 0,25 mg par jour en 1 prise.

Une fois la dose d'entretien trouvée, il est nécessaire de prendre son médicament très régulièrement aux heures fixées ; il ne faut jamais changer de sorte de digitale de sa propre initiative, car la durée d'action des diverses sortes n'est pas toujours la même. Si l'on oublie de prendre son médicament, il ne faut pas doubler la dose suivante, mais continuer tout simplement comme avant.

La digoxine peut être prise avec de la nourriture sans en diminuer l'effet.

Contre-indications

Les malades dont le rythme cardiaque est lent ne peuvent prendre de la digoxine, qui ralentit encore davantage ce rythme.

Plusieurs maladies cardiaques autres que l'insuffisance demandent une grande prudence lorsque l'on doit utiliser la digoxine.

Certaines personnes sont allergiques à la digoxine ; il se peut que l'emploi d'une digitale différente règle le problème, mais il se peut aussi que l'allergie subsiste. Cette médication est alors contre-indiquée.

Il ne faut pas prendre ce médicament durant les trois premiers mois de la grossesse. De plus, comme il passe dans le lait maternel, il risque d'affecter le nourrisson.

Les personnes atteintes d'emphysème ou d'autres maladies respiratoires graves, d'hypothyroïdie et de déficience rénale ou hépatique doivent en faire usage avec prudence, probablement à dose réduite.

C'est aussi le cas des personnes dont le taux sanguin de calcium, de magnésium ou de potassium s'est éloigné de la normale.

Effets secondaires possibles

Certains effets secondaires indiquent un surdosage : les premiers à se manifester peuvent être une perte d'appétit, des douleurs à l'estomac, des nausées et des vomissements. On trouve aussi la vision colorée en jaune, le mal de tête, les crampes, la fatigue musculaire ou générale et la confusion mentale. On peut aussi expérimenter des problèmes cardiaques comme le ralentissement exagéré du rythme cardiaque et les palpitations ainsi qu'une salivation augmentée ou une sécheresse de la bouche, de mauvais rêves, de la dépression, de la nervosité et des hallucinations ; il faut alors rapidement communiquer avec son médecin. Malheureusement, ces signes cardiaques ne sont pas toujours précédés des symptômes gastro-intestinaux. Une fois la dose mieux ajustée, ces symptômes disparaissent habituellement. Par contre, les troubles digestifs comme les nausées et vomissements, la perte d'appétit et la diarrhée peuvent indiquer un surdosage, mais aussi une intolérance à la digitale. La gynécomastie (l'augmentation de volume des seins chez les hommes) survient parfois à la suite de l'emploi de la digitale. L'allergie à ce produit se manifeste par des réactions cutanées ; il arrive aussi que certains malades développent des maladies du sang.

Les personnes âgées, de même que les gens qui suivent un régime amaigrissant, sont particulièrement susceptibles de souffrir de surdosage.

Interactions médicamenteuses

Certains médicaments diminuent l'action de la digoxine tandis que d'autres l'augmentent. Lorsque l'on a pris des médicaments quelconques dans les 2 semaines qui précèdent le début du traitement à la digoxine, il faut donc en aviser le médecin ; de même, celui-ci devra exercer une surveillance plus intense s'il est nécessaire de prendre quelque médicament que ce soit pendant le traitement à la digitale.

Voici les médicaments les plus susceptibles d'interagir avec la digoxine :

— les médicaments qui entraînent des pertes de potassium, notamment les diurétiques et la cortisone ; ils augmentent l'effet et la toxicité de la digitale ;

— les antiacides, le Kaopectate, le Questran, la néomycine, les laxatifs, la sulfasalazine et le métoclopramide diminuent son action ;

— la quinidine, la spironolactone, le triamtérène, la nifédipine, le diltiazem, le vérapamil et le calcium en injection augmentent ses effets ;

— le propranolol et les autres B-bloquants peuvent provoquer un ralentissement important du rythme cardiaque ;

— les antihistaminiques, les anticonvulsivants, les barbituriques, la phénylbutazone et les hypoglycémiants oraux augmentent le métabolisme de la digoxine et diminuent son effet ; lorsque l'on cesse leur emploi, une intoxication à la digitale peut se produire ;

— l'indométhacine peut demander qu'on ajuste les doses.

Précautions

— Même si vous vous sentez parfaitement bien, continuez à prendre régulièrement votre digoxine ; ce médicament requiert une ingestion régulière pour exercer ses effets.

— Si vous devez vous faire opérer, informez bien le chirurgien du traitement que vous suivez.

— Ne prenez aucun médicament (même ceux que vous pouvez acheter sans ordonnance) sans la permission expresse du médecin qui vous prescrit la digoxine.

— C'est une bonne idée de connaître la façon de prendre son pouls et de le mesurer de temps à autre ; si votre rythme cardiaque descend de plus de 10 battements par minute, ce peut être un signe que vous êtes en train de vous intoxiquer à la digoxine ; communiquez alors avec votre médecin.

— Il est recommandable de consommer très peu de thé, de café et de colas, à cause des effets de la caféine sur le cœur.

— La nicotine fournie par la cigarette peut causer une irritabilité du muscle cardiaque et rendre difficile l'interprétation des effets de la digoxine.

— Un dosage périodique du potassium dans le sang est à recommander, quand on utilise en même temps un diurétique.

— Du fait de la faible marge existant entre les doses thérapeutiques et les doses toxiques, les effets secondaires dus à un surdosage sont fréquents ; il est donc très important de ne jamais augmenter ou diminuer ses doses sans consultation de son médecin.

Jugement global

La digoxine est un médicament puissant et dangereux. Tous les spécialistes s'accordent pour dire qu'elle est souvent mal prescrite et qu'elle est fréquemment utilisée chez des patients qui n'en ont pas réellement besoin. En fait, seuls des médecins fort expérimentés devraient l'employer. À cause des dangers d'intoxication, il serait sans doute préférable de prescrire d'autres médicaments aux personnes fragiles et souvent malades, à celles aussi qui ont tendance à oublier de prendre leurs médicaments et aux personnes âgées.

Il existe maintenant des solutions de rechange à la digoxine dans le traitement de l'insuffisance cardiaque et son utilisation devient de plus en plus controversée.

Diltiazem

Nom commercial :
Cardizem.

Ordonnance requise

Indications thérapeutiques

Le diltiazem est utilisé principalement pour réduire la fréquence des crises d'angine et pour accroître la résistance à l'effort lorsque d'autres mesures ne sont pas efficaces. On l'emploie aussi dans le traitement de l'hypertension.

Posologie habituelle

Initialement, on prend 30 mg 3 ou 4 fois par jour. Les dosages quotidiens seront ajustés aux 2 jours et pourront atteindre jusqu'à 240 mg par jour.

Le diltiazem est un bloqueur calcique comme la nifédipine et le vérapamil. Nous référons le lecteur au texte sur ce dernier médicament (page 612) avec lequel il possède le plus d'affinités.

Il s'en distingue cependant par les points suivants :
— l'incidence d'effets secondaires serait moindre ;
— il n'existe pas d'études quant à un éventuel effet sur la tolérance au glucose. Cela n'en exclut pas l'éventualité ;
— la digoxine pourrait être associée plus facilement au diltiazem.

Dimenhydrinate

Noms commerciaux :
Apo-Dimenhydrinate,
Gravol, Nauseatol,
Novodimenate, Travamine.

Ordonnance non requise

Indications thérapeutiques

Le dimenhydrinate est utilisé dans la prévention et le traitement des nausées et vomissements associés au mal des transports. On l'utilise aussi parfois pour le traitement des nausées et vomissements reliés à la consommation d'autres médicaments, au mal des radiations et après une anesthésie ainsi que dans la maladie de Ménière.

Posologie habituelle

Pour prévenir le mal des transports, la dose pour un adulte est de 50 à 100 mg 1/2 heure avant le départ et cette dose peut être répétée aux 4 heures. À un enfant de 6 à 12 ans, on donnera entre 25 et 50 mg aux 6 à 8 heures, et à un enfant de 2 à 6 ans on donnera entre 12,5 et 25 mg aux 6 à 8 heures. Pour prévenir les effets secondaires des traitements par radiations, la dose est de 100 mg 1/2 à 1 heure avant le traitement puis 1 1/2 heure et 3 heures après le traitement, en suppositoire ou en injection.

Le dimenhydrinate est plus efficace s'il est pris de façon préventive plutôt qu'après le début des nausées ou vomissements.

Les comprimés sont bien absorbés et peu coûteux ; par contre, les suppositoires s'avéreront utiles dans le cas où l'on veut intervenir alors que les vomissements sont déjà commencés.

Contre-indications

On évitera d'utiliser le dimenhydrinate si on y a déjà fait une réaction allergique. Ce médicament est contre-indiqué chez les nouveau-nés et durant une crise d'asthme. On en fera usage avec précaution si l'on souffre de glaucome à angle fermé, d'hypertrophie de la prostate, d'ulcère peptique avec obstruction ou d'obstruction intestinale, d'insuffisance rénale, d'asthme et d'épilepsie. On évitera aussi de s'en servir en même temps que certains antibiotiques administrés en milieu hospitalier à cause de la plus grande incidence d'effets toxiques affectant l'oreille.

Il serait préférable de ne pas utiliser ce médicament durant la grossesse, son innocuité n'ayant pas été déterminée ; aussi, il diminue la lactation et passe dans le lait, rendant son utilisation non recommandée durant la période d'allaitement.

Effets secondaires possibles

L'effet secondaire le plus marqué est la sédation et il est assez fréquent ; l'accompagnent souvent des étourdissements, de la lassitude, de l'incoordination, de la faiblesse musculaire, de la sécheresse de la bouche, de la constipation, de la difficulté à uriner et un embrouillement de la vue. Certaines personnes, et plus particulièrement des enfants, pourront expérimenter une réaction paradoxale d'excitation, avec insomnie, agitation, euphorie... pouvant aller jusqu'à des convulsions chez les individus susceptibles. On devra alors cesser le traitement. On pourra aussi subir les effets suivants, mais ils apparaissent plus rarement : mal à l'estomac, perte d'appétit, nausées, vomissements, diarrhée, sensibilité au soleil, allergie, malaises cardiaques et mouvements involontaires du visage. Exceptionnellement, le médicament a provoqué un type d'anémie et des problèmes au niveau de la moelle osseuse après un usage prolongé ; on peut alors souffrir d'un mal de gorge et de fièvre, et l'on doit cesser le traitement.

Interactions médicamenteuses

L'association de dimenhydrinate et des médicaments suivants augmentera l'importance de leurs effets sédatifs respectifs : tranquillisants, antidépresseurs, somnifères, analgésiques, antispasmodiques (dicyclomine...), Nardil, Parnate et Marplan.

Précautions

À cause de l'effet possible de somnolence, l'on devra user de prudence dans l'utilisation de véhicules automobiles ou de machines demandant de la précision.

Les personnes âgées sont plus sensibles à cet effet ; les hommes âgés peuvent aussi développer une difficulté à uriner qu'ils devraient rapporter à leur médecin.

Les personnes souffrant de désordres convulsifs devraient utiliser ce médicament avec prudence ; il peut, en effet, y avoir une augmentation du risque de convulsions.

Alternatives

Les nausées et vomissements peuvent accompagner plusieurs situations et plusieurs maladies. Celles qu'on essaie de traiter sans l'aide du médecin sont habituellement liées soit à l'indigestion soit au mal des transports. Lorsqu'elles sont liées à l'indigestion, l'on ne devrait pas essayer d'enrayer les nausées ; leur origine est simple et un ou des épisodes de vomissements devraient réussir à éliminer les symptômes. Dans le mal des transports, il s'agit d'un désordre de l'équilibre. Certaines pratiques peuvent aider à diminuer le besoin de recourir à la médication, bien que son usage occasionnel ne présente pas de dangers réels. On devrait donc, au cours d'un voyage,

— prendre soin de toujours avoir quelque chose dans l'estomac ; donc, de préférence, absorber plusieurs repas légers riches en hydrates de carbones plutôt qu'un repas lourd ;

— éviter les graisses et les fritures ; même leur odeur peut être incommodante ;

— se détendre ; la nausée comporte souvent une composante psychogénique sur laquelle on peut jouer. La tension rend plus susceptible aux nausées alors que la détente accroît la sensation de bien-être et diminue le risque de vomissements.

Durant la grossesse, il est recommandable de suivre ces conseils ; il semble en effet qu'il existe un lien entre l'usage du dimenhydrinate et certaines malformations congénitales.

Jugement global

Le dimenhydrinate reste un médicament utile, mais dont l'usage ne devrait être qu'occasionnel. Des nausées ou des vomissements chroniques doivent être l'objet d'investigation pour en déterminer la cause et instaurer, si possible, un traitement plus spécifique.

Bien qu'on l'ait longtemps utilisé pour diminuer les vomissements postopératoires et dans la maladie de Ménière, il existe maintenant d'autres médicaments plus efficaces.

Si l'on a à utiliser le dimenhydrinate, on devrait savoir qu'il est commercialisé sous différents noms. Celui de Gravol est le plus connu, souvent aussi le plus cher, alors que les autres sont tout aussi efficaces à moindre coût.

Diphenhydramine

Noms commerciaux :
Allerdryl, Benadryl,
Insomnal, Nytol, Sominex,
Somnium, Benylin (associé
à d'autres produits).

Ordonnance non requise

Indications thérapeutiques

Le diphenhydramine s'utilise pour soulager les symptômes d'allergie affectant surtout les voies nasales, par exemple dans le rhume des foins et la rhinite allergique. Il est aussi efficace lorsque l'allergie atteint la peau : dans l'herbe à la puce, l'urticaire, l'allergie médicamenteuse, les piqûres d'insectes, les démangeaisons... On l'utilise également pour son effet tranquillisant, comme antitussif, contre le mal des transports et parfois chez certaines personnes âgées pour soulager les symptômes de parkinsonisme lorsqu'elles ne supportent pas les agents plus puissants.

Le diphenhydramine constitue aussi l'ingrédient principal de nombreux somnifères légers que l'on peut se procurer sans ordonnance.

Ce produit existe en lotion (Caladryl) et en pommade (Benadryl) pour application topique ; cet usage n'est pas recommandé, car il est susceptible de produire des réactions allergiques !

Posologie habituelle

Chez les adultes, on utilise entre 25 et 50 mg 3 ou 4 fois par jour. Aux enfants de 6 à 12 ans, on peut donner entre 12,5 et 25 mg 3 ou 4 fois par jour et à ceux de 2 à 6 ans, de 6,25 à 12,5 mg 3 ou 4 fois par jour. L'effet maximal se manifeste en 1 ou 2 heures.

Pour induire le sommeil, on se sert de 50 à 100 mg 20 à 30 minutes avant de se coucher.

Contre-indications

On évitera d'utiliser le diphenhydramine si on y a déjà fait une réaction allergique. Ce médicament est contre-indiqué chez les nouveaunés et durant une crise d'asthme. On en fera usage avec précaution si l'on souffre de glaucome à angle fermé, d'hypertrophie de la prostate, d'ulcère peptique avec obstruction ou d'obstruction intestinale, d'insuffisance rénale, d'asthme et d'épilepsie. On évitera aussi de s'en servir en même temps que certains antibiotiques administrés en milieu hospitalier à cause de la plus grande incidence d'effets toxiques affectant l'oreille.

Il serait préférable de ne pas utiliser ce médicament durant la grossesse, son innocuité n'ayant pas été déterminée ; aussi, il diminue la lactation et passe dans le lait, rendant son utilisation non recommandée durant la période d'allaitement.

Effets secondaires possibles

L'effet secondaire le plus marqué est la sédation et il est assez fréquent ; l'accompagnent souvent des étourdissements, de la lassitude, de l'incoordination, de la faiblesse musculaire, de la sécheresse de la bouche, de la constipation, de la difficulté à uriner et un embrouillement de la vue. Certaines personnes, et plus particulièrement des enfants, pourront expérimenter une réaction paradoxale d'excitation, avec insomnie, agitation, euphorie... pouvant aller jusqu'à des convulsions chez les individus susceptibles. On devra alors cesser le traitement. On pourra aussi subir les effets suivants, mais ils apparaissent plus rarement : mal à l'estomac, perte d'appétit, nausées, vomissements, diarrhée, sensibilité au soleil, allergie, malaises cardiaques et mouvements involontaires du visage. Exceptionnellement, le médicament a provoqué un type d'anémie et des problèmes au niveau de la mœlle osseuse après un usage prolongé ; on peut alors souffrir d'un mal de gorge et de fièvre, et l'on doit cesser le traitement.

Interactions médicamenteuses

L'association de diphenhydramine et des médicaments suivants augmentera l'importance de leurs effets sédatifs respectifs : tranquillisants, antidépresseurs, somnifères, analgésiques, antispasmodiques (dicyclomine...), Nardil, Parnate et Marplan.

Précautions

À cause du risque de somnolence, l'on devra éviter l'usage de véhicules automobiles et de machines demandant de l'attention ou de la précision. L'ingestion d'alcool pendant un traitement au diphenhydramine augmente considérablement cet effet.

On doit cesser l'usage de diphenhydramine 4 jours avant de subir des tests cutanés d'hypersensibilité, car il en modifie les résultats.

On ne devrait jamais utiliser d'antihistaminique durant une crise d'asthme.

Il faut savoir que l'efficacité de n'importe quel antihistaminique peut décroître à la longue et qu'il devient nécessaire de changer de produit après un certain temps.

Alternatives

Pour les problèmes d'allergie respiratoire ou cutanée, voir le texte sur l'allergie, page 668 ; pour ceux reliés à l'insomnie, voir page 766.

Jugement global

Le diphenhydramine est un antihistaminique efficace et possédant potentiellement plus d'effets secondaires que d'autres produits équivalents, bien que ces effets varient d'une personne à l'autre. De plus, il est coûteux. On préférera généralement essayer d'autres antihistaminiques moins coûteux et provoquant moins de somnolence avant de recourir au diphenhydramine. Utilisé comme somnifère à cause justement de cet effet de somnolence, le diphenhydramine, dans des recherches faites sur son activité, ne s'est pas avéré efficace pour induire le sommeil, ce que l'on attend de ce genre de médicament ; de plus, il perturbe le sommeil profond, ce qui rend la nuit moins reposante.

Diphénoxylate

> Nom commercial :
> Lomotil.

Ordonnance écrite requise

Indications thérapeutiques

Le diphénoxylate est utilisé comme aide dans le traitement de la diarrhée.

Posologie habituelle

Pour un adulte, on recommande de prendre de 2,5 à 5 mg 3 ou 4 fois par jour au début de la diarrhée puis de diminuer la dose à 2,5 mg 2 ou 3 fois par jour.

Aux enfants, on peut donner les quantités initiales suivantes, selon l'âge :
> 2 à 4 ans : 2 mg (4 ml) 3 fois par jour ;
> 5 à 8 ans : 2 mg (4 ml) 4 fois par jour ;
> 9 à 12 ans : 2 mg (4 ml) 5 fois par jour.

Il est préférable de ne pas utiliser les comprimés avant l'âge de 12 ans.

Il est recommandé de prendre le médicament avec de la nourriture s'il provoque de l'irritation de l'estomac.

Le traitement devrait être poursuivi de 24 à 36 heures avant de conclure à son inefficacité.

Contre-indications

On ne devra pas utiliser de diphénoxylate si l'on souffre de colite sévère, si la diarrhée provient d'un traitement aux antibiotiques, si l'on est affecté d'une jaunisse ou si l'on a déjà fait une allergie à ce produit.

Les conditions suivantes demandent que l'on se serve de ce médicament avec plus de précautions et probablement à plus faible dosage : les diarrhées provoquées par un agent infectieux ou par un empoisonnement, une maladie de la vésicule biliaire, une insuffisance hépatique ou respiratoire, de l'hypothyroïdisme, une obstruction urinaire, la déshydratation et le glaucome à angle fermé.

On évitera son emploi durant la grossesse et l'allaitement et chez les enfants de moins de 2 ans ; en effet, on ne connaît pas son action sur le fœtus, mais on sait qu'il passe dans le lait. Les jeunes enfants sont très sensibles à son action sur la respiration.

Effets secondaires possibles

Les effets secondaires les plus courants sont la somnolence et la constipation. On peut aussi expérimenter des nausées, des vomissements, des étourdissements, un embrouillement de la vue, de la fièvre et de la difficulté à uriner. Tous ces effets n'empêchent habituellement pas de continuer le traitement, à moins qu'ils ne s'aggravent ou qu'ils soient alliés à une sensation de ballonnement dans l'abdomen ; dans ce cas, on doit contacter immédiatement son médecin. On devrait aussi le consulter si se produisent des douleurs à l'estomac, une perte d'appétit, de l'œdème, des maux de tête, une réaction d'allergie (avec éruption cutanée et démangeaisons) ou des signes de surdosage (une respiration faible, de la léthargie, de l'excitation, des pupilles fermées et une perte de conscience).

Interactions médicamenteuses

Les médicaments suivants augmentent la somnolence et les risques de ralentissement de la respiration par le diphénoxylate : les anesthésiques, les antidépresseurs, les antihistaminiques, les tranquillisants et les médicaments contre l'épilepsie. S'il est employé en même temps que certains antihistaminiques, que les antidépresseurs, les antiparkinsoniens, la codéine et certains médicaments antispasmodiques (dicyclomine, propanthéline...), il peut survenir une paralysie intestinale.

Précautions

L'alcool augmente l'effet de somnolence du diphénoxylate.

Le diphénoxylate peut éventuellement induire une dépendance s'il est pris à forte dose ; bien que cet effet soit rare, l'on évitera d'en prendre plus que les quantités prescrites.

Il est possible que l'on développe une certaine tolérance à l'action de ce médicament ; on devrait consulter son médecin si l'on semble avoir besoin de doses plus fortes pour obtenir le même effet. Cele ne se produit cependant qu'après un usage prolongé.

On évitera de l'associer à d'autres médicaments pouvant causer de la dépendance ; de plus, l'on aura avantage à en réduire les doses progressivement après un usage prolongé.

Le diphénoxylate ne diminue pas nécessairement la perte de liquides et d'électrolytes qui accompagnent la diarrhée ; on préviendra la déshydratation en buvant beaucoup d'eau, de jus, d'eau de riz.

On devra recontacter son médecin si la diarrhée dure plus de cinq jours ou bien si l'on note l'apparition de fièvre ou de douleurs abdominales.

Chez les enfants, on observe une réponse variable et plus de risque de toxicité car les signes de déshydratation sont masqués par ce médicament.

Alternatives

Voir le texte sur la diarrhée, page 726.

Jugement global

Le diphénoxylate est un médicament utile et efficace qui soulage les symptômes de la diarrhée ; il n'en règle cependant pas la cause et devrait toujours être accompagné de mesures visant à contrer la déshydratation. Il a un effet constipant important.

Diprosalic

Association de
dipropionate de
bétaméthasone et d'acide
salicylique.

Ordonnance requise

Indications thérapeutiques

Le Diprosalic contient un anti-inflammatoire dérivé de la cortisone, la
bétaméthasone, et un agent qui favorise la desquamation de la peau
morte, l'acide salicylique. Il sert donc au traitement de maladies de
peau dans lesquelles on retrouve concurremment de l'inflammation et
une accumulation de kératine (couche cornée de la peau).

Posologie habituelle

On applique la pommade ou la lotion 2 fois par jour. On peut masser
légèrement pour faciliter la pénétration de la pommade dans la peau.

La lotion s'emploie sur le cuir chevelu et la pommade sur les autres zones cutanées.

Aux contre-indications, effets secondaires, précautions et interactions propres aux corticostéroïdes topiques, l'on doit ajouter ceux qui
concernent l'usage de l'acide salicylique. On consultera pour les premiers le texte de la page 235. Quant à l'acide salicylique, il faut savoir
que :

— on ne doit pas l'employer si on y est allergique ;

— ce médicament peut être responsable de divers effets secondaires : sensation de brûlure, démangeaisons, rougeur et desquamation exagérée ; si ces symptômes s'aggravent ou persistent, ils
doivent faire l'objet d'une consultation médicale et peuvent amener à l'abandon du traitement.

Jugement global

L'association médicamenteuse du Diprosalic peut avoir sa raison
d'être lorsque l'inflammation est accompagnée d'une forte accumulation de kératine. Comme toutes les associations fixes, elle manque cependant de souplesse et l'on ne devrait pas oublier que la bétamétha-

sone compte parmi les stéroïdes puissants que l'on doit utiliser avec circonspection uniquement lorsque les autres moins forts n'ont pas agi.

Dans la plupart des cas pour lesquels on emploie actuellement le Diprosalic, il serait suffisant de recourir à un stéroïde moins puissant, qu'on associera à l'acide salicylique si c'est nécessaire.

Dipyridamole

Noms commerciaux :
Apo-dipyridamole,
Persantine.

Ordonnance requise

Indications thérapeutiques

Lc dipyridamole a d'abord été employé comme traitement préventif des crises d'angine. On l'utilise maintenant pour son effet antiplaquettaire (il empêcherait dans une certaine mesure la formation de caillots) afin de prévenir l'apparition de complications thrombo-emboliques, la plupart du temps après un infarctus du myocarde ou un pontage coronarien.

Posologie habituelle

Pour le traitement préventif des crises d'angine, on prend généralement 50 mg 3 fois par jour. En prophylaxie des thrombo-embolies, les doses sont de 100 mg 4 fois par jour. Lorsqu'il est associé à l'aspirine, les doses descendent à 75 mg 3 fois par jour.

Le dipyridamole est mieux absorbé s'il est pris à jeun 1 heure avant le repas ou 2 heures après, avec un grand verre d'eau. Il sera cependant pris avec de la nourriture s'il cause de l'irritation gastrique.

Contre-indications

On devra utiliser le dipyridamole avec précautions dans les cas d'hypotension sévère.

On ne connaît pas les effets du médicament sur le fœtus ni sur le nouveau-né allaité.

Effets secondaires possibles

Le dipyridamole produit parfois des étourdissements, une sensation de légèreté dans la tête, des bouffées de chaleur, des maux de tête, des nausées ou des vomissements, une éruption cutanée et de la faiblesse. Ces symptômes n'empêchent habituellement pas la poursuite du traitement.

Des douleurs à la poitrine peuvent cependant être le signe d'une aggravation de l'angine et exigent une consultation médicale.

Interactions médicamenteuses

L'administration simultanée du dipyridamole et des médicaments suivants comporte un risque d'hémorragie : les anticoagulants, l'aspirine et les autres anti-inflammatoires ainsi que l'acide valproïque.

Précautions

À cause du risque d'étourdissement, on veillera à effectuer lentement les transitions d'une position à une autre.

Jugement critique

Le dipyridamole est un médicament dont l'utilisation est depuis toujours controversée. On le donne maintenant associé à l'aspirine — afin de réduire le risque de complications thrombo-emboliques chez les patients porteurs de prothèses valvulaires. On le prescrit aussi à la suite d'un infarctus du myocarde ou d'un pontage coronarien. Il n'a pas été démontré que l'association dipyridamole-aspirine soit d'une quelconque utilité : les résultats sont contradictoires, certains favorables et d'autres clairement négatifs.

On reconnaît cependant que le dipyridamole seul a peu ou pas d'effet thérapeutique.

Disopyramide

Noms commerciaux :
Norpace, Rythmodan.

Ordonnance requise

Indications thérapeutiques

Le disopyramide est un régulateur du rythme cardiaque qui s'emploie dans les arythmies (irrégularités des battements) et dans les tachycardies (rythme cardiaque trop rapide).

Posologie habituelle

La dose d'attaque est de 100 mg aux 6 heures ; si cela n'est pas suffisant, il est possible d'augmenter les doses à 150 ou 200 mg après quelques jours.

On doit prendre le disopyramide 1 heure avant le repas ou 2 heures après.

Quand une dose est oubliée, il vaut mieux la prendre dès que possible mais laisser faire si la dose suivante doit être prise dans les 4 heures.

Contre-indications

En cas d'allergie ou de réactions antérieures négatives au disopyramide de même que dans l'insuffisance cardiaque grave, il faut s'abstenir de prendre ce médicament. Les personnes ayant de la difficulté à uriner et les hommes dont la prostate est augmentée de volume peuvent voir leurs problèmes aggravés par le disopyramide. Le glaucome, certains troubles de conduction cardiaque, les maladies du foie et des reins, le diabète et la myasthénie grave demandent que ce médicament soit employé avec grande prudence, probablement à dose plus faible. Un excès ou un manque de potassium sanguin en augmentent la toxicité. Les femmes enceintes ou qui allaitent doivent s'en abstenir, à moins qu'il ne soit impossible de faire autrement.

Effets secondaires possibles

Les effets secondaires qui surviennent le plus souvent n'empêchent pas nécessairement la poursuite du traitement : la sécheresse de la bouche, du nez et des yeux, par exemple, qui peuvent durer quelques semaines ; on peut mâcher de la gomme sans sucre ou sucer des cubes de glace pour diminuer cet inconvénient. Un sentiment de grande fatigue peut s'installer. La flatulence (des gaz intestinaux), la constipation, les douleurs à l'estomac, les nausées, les maux de tête, l'insomnie et la baisse de la capacité sexuelle sont également possibles.

Ce médicament puissant peut causer des perturbations graves qu'il faut rapporter sans tarder au médecin. La difficulté à uriner est fréquente. Moins souvent, des gens font des réactions de type allergique, avec de l'urticaire, une éruption cutanée et des démangeaisons. Des douleurs à la poitrine peuvent survenir, ainsi que des étourdissements, de la confusion mentale, de la faiblesse musculaire, de l'œdème aux chevilles ou aux pieds, de l'essoufflement, des changements subits de rythme cardiaque et une augmentation rapide de poids. Très rarement, il arrive que des gens éprouvent des douleurs aux yeux (signe possible de glaucome), de la dépression, des troubles sanguins (avec fièvre et mal de gorge), de la jaunisse et de l'hypoglycémie ; ce dernier problème se traduit par de l'anxiété, des frissons, des sueurs, de l'apathie, des nausées, des tremblements, une faiblesse ou une fatigue inhabituelles.

Interactions médicamenteuses

Il faut faire preuve de prudence et souvent procéder à un ajustement des doses lorsque l'on doit prendre en même temps que le disopyramide l'un des médicaments suivants : la digoxine, un anticoagulant, un antidiabétique, l'insuline, le diltiazem, la lidocaïne, la procaïnamide, la quinidine, la tocaïnide, le propranolol et les autres B-bloquants et la pimozide. On ne doit jamais associer vérapamil et disopyramide ; il faut même respecter un intervalle de 48 heures avant ou de 24 heures après l'administration de vérapamil avant de donner le disopyramide.

La phénytoïne peut stimuler le métabolisme du disopyramide et ainsi diminuer son efficacité ; les barbituriques, la primidone et la rifampine donnent possiblement le même résultat. Les antiacides retardent l'absorption du médicament.

Il est important de corriger toute déficience de potassium avant d'instaurer un traitement au disopyramide ; son efficacité est en effet diminuée en cas d'hypokaliémie et sa toxicité est augmentée en cas d'hyperkaliémie.

Précautions

Il est important de prendre chaque dose aux heures indiquées et de poursuivre le traitement même si les symptômes sont disparus. Il ne faut jamais décider soi-même de cesser de prendre le disopyramide, car à l'arrêt de ce médicament, les troubles de rythme cardiaque risquent de recommencer.

Comme des étourdissements et même des pertes de conscience peuvent survenir sous l'effet de ce médicament, il peut être dangereux de conduire une automobile ou de la machinerie lourde. En changeant lentement de position (pour se lever, se coucher, etc.), on peut cependant éviter la plupart des étourdissements. L'alcool augmente l'éventualité de ces symptômes et il vaut donc mieux s'en abstenir.

Ce médicament diminue la sudation et peut réduire la tolérance à la chaleur et occasionner des malaises lors d'exercices vigoureux.

Des visites régulières au médecin sont nécessaires, car une surveillance étroite s'avère un atout majeur dans la prévention des effets secondaires graves ; en particulier, il est recommandable d'entrer immédiatement en contact avec son médecin en cas de syncope, d'essoufflement et de troubles oculaires ou urinaires.

Une évaluation des fonctions hépatique et rénale, une détermination de la pression intra-oculaire et une mesure du sucre et du potassium sanguins devront être faites avant d'instaurer un traitement au disopyramide. Ces examens pourront être répétés en cours de traitement, de même que l'électrocardiogramme.

La photosensibilisation est possible avec ce médicament ; il faut donc s'exposer avec prudence au soleil et aux lampes solaires.

Jugement global

Le disopyramide est un médicament utile dans certains cas graves ; à cause de ses effets indésirables importants, il s'avère nécessaire qu'un spécialiste en cardiologie suive de près l'évolution de ceux qui l'utilisent. La majorité des conseillers de *La lettre médicale* réserve le disopyramide aux patients qui ne peuvent tolérer la quinidine ou le procaïnamide.

Dompéridone

Nom commercial :
Motilium.

Ordonnance requise

Indications thérapeutiques

La dompéridone possède, comme le métoclopramide, une action régulatrice des muscles du tube digestif ; elle augmente le tonus du sphincter qui relie l'œsophage à l'estomac, facilite la vidange gastrique et permet une meilleure coordination des contractions gastriques et intestinales. On l'emploie dans les maladies où l'estomac se vide trop lentement et lorsque le contenu de l'estomac a tendance à remonter dans l'œsophage. Elle possède enfin une activité anti-émétique.

Posologie habituelle

La dompéridone se prend le plus souvent à raison de 10 mg (jusqu'à un maximum de 20 mg) 3 ou 4 fois par jour, 15 à 30 minutes avant les repas et au coucher.

Son activité se manifeste une quinzaine de minutes après l'ingestion.

Contre-indications

La dompéridone ne devrait pas être utilisée dans les cas d'hémorragie digestive et d'obstruction mécanique des voies digestives. On ne doit pas non plus l'employer si l'on y est allergique.

Son innocuité au cours de la grossesse et de la période d'allaitement étant incertaine, l'on préférera s'en abstenir.

Effets secondaires possibles

Les plus courants sont la sécheresse de la bouche, les maux de tête, la soif, l'irritabilité, les crampes abdominales, la diarrhée et parfois un rash. Ces symptômes demeurent généralement sans gravité. La dompéridone peut aussi occasionner des bouffées de chaleur, des désordres menstruels, un gonflement des seins et une production de lait, effets réversibles à la cessation du traitement. On a aussi noté quelquefois des tremblements et de la confusion mentale. Il importe alors d'interrompre le traitement.

Interactions médicamenteuses

Les antiacides, la cimétidine et la ranitidine diminuent l'absorption et donc l'effet de la dompéridone. Il faut espacer de deux heures la prise de ces médicaments.

L'administration concomitante de propanthéline, de dicyclomine et de Librax pourrait contrecarrer les effets de la dompéridone.

On ne connaît pas encore d'autres interactions à ce médicament, mais le fait qu'il modifie le fonctionnement du tube digestif pourrait perturber l'absorption d'un certain nombre d'autres médicaments, comme c'est le cas avec le métoclopramide.

Précautions

On sait que la dompéridone hausse le taux de prolactine (hormone responsable de la sécrétion du lait). On a parallèlement observé une augmentation de l'incidence de tumeurs des glandes mammaires chez des animaux, à la suite d'une administration chronique de ce genre de médicament. On recommande donc la prudence, plus particulièrement aux femmes déjà atteintes de cancer du sein.

Jugement global

La dompéridone est un médicament analogue au métoclopramide. On lui attribue cependant une plus faible incidence d'effets secondaires lors de traitements à long terme ; c'est pour cette raison que le Conseil consultatif de pharmacologie recommande le recours à la dompéridone si un traitement à long terme s'avère nécessaire. Il ne devrait cependant pas remplacer une démarche visant à éclaircir et à modifier les causes des problèmes digestifs.

Doxépine

Noms commerciaux :
Sinequan, Triadapin.

Ordonnance requise

La doxépine est un antidépresseur similaire à l'amitriptyline. Bien qu'elle partage la plupart des effets et caractéristiques de cette dernière, elle s'en distingue cependant par les points qui suivent.

Indications thérapeutiques

En plus d'être utilisée, comme l'amitriptyline, dans le traitement de la dépression, la doxépine sert parfois à soulager le prurit d'urticaires au froid et on lui attribue une certaine efficacité dans le traitement de l'ulcère peptique.

Posologie habituelle

On commence un traitement à la doxépine avec des doses de 50 à 75 mg par jour, doses qui pourront être augmentées progressivement jusqu'à 150 ou 200 mg par jour. On peut prendre le médicament soit en 3 ou 4 prises durant le jour, soit en une seule fois au coucher.

Effets secondaires possibles

L'intensité de certains effets secondaires serait moindre que ceux produits par l'amitriptyline : moins de sécheresse de la bouche, d'embrouillement de la vue, de constipation, de palpitations et de rétention urinaire. On a souvent affirmé que la doxépine est moins toxique pour le cœur que les autres antidépresseurs... ce qui semble maintenant beaucoup moins certain.

Pour plus de détails, nous référons les lecteurs au texte sur l'amitriptyline à la page 132.

Doxycycline

Nom commercial :
Vibramycin.

Ordonnance requise

Indications thérapeutiques

La doxycycline fait partie de la famille des tétracyclines et possède un spectre d'activité identique à ses congénères. On l'utilise cependant plus particulièrement dans le traitement de certaines affections génito-urinaires (surtout à *chlamydia*), dans quelques infections de la peau et dans la prévention de la « turista ».

Posologie habituelle

On doit généralement prendre une capsule de 100 mg aux 12 heures la première journée, puis 1 ou 2 capsules par jour, selon la gravité de l'infection.

La doxycycline doit être prise au moment des repas. Le lait n'interfère pas avec son activité.

La doxycycline partage les contre-indications, effets secondaires et interactions médicamenteuses de la tétracycline, bien qu'elle soit plus sûre pour les personnes qui ont une insuffisance rénale. On remarque aussi qu'elle occasionne moins de désordres gastro-intestinaux.

On observera à son égard les mêmes précautions qu'avec la tétracycline (voir page 578).

Jugement global

La doxycycline coûte environ 10 fois plus cher que la tétracycline et remplit les mêmes « fonctions » que cette dernière... Elle ne peut donc pas — en raison de son coût élevé — constituer un médicament de premier choix, à moins que sa commodité d'emploi (1 ou 2 prises quotidiennes) ne soit considérée comme un avantage net. On lui préférera la tétracycline, à moins de souffrir d'insuffisance rénale. Enfin, son utilisation comme prévention de la « turista » est plus que douteuse ; voir à ce sujet la page 728.

Dyazide

Association de 50 mg de triamtérène et de 25 mg d'hydrochlorothiazide.
Autres noms commerciaux :
Apo-Triazide,
Novotriamzide,
Pro-Triazide.

Ordonnance requise

Indications thérapeutiques

Ce médicament s'utilise dans le traitement des divers œdèmes et pour le contrôle de l'hypertension artérielle.

Posologie habituelle

La dose d'attaque pour le traitement de l'œdème est de 1 comprimé 2 fois par jour, à prendre aux repas pour diminuer les risques d'irritation gastrique. Quand l'œdème est résorbé, la dose d'entretien est de 1 comprimé par jour (le matin) ou tous les 2 jours.

Dans l'hypertension artérielle, on doit prendre 1 comprimé 1 ou 2 fois par jour ; d'après les effets obtenus, la dose est ensuite maintenue, diminuée ou augmentée, mais jamais à plus de 4 comprimés par jour.

Contre-indications, effets secondaires possibles, précautions et alternatives

Voir le triamtérène, page 598 et l'hydrochlorothiazide, page 332.

Jugement global

Cette combinaison de 2 diurétiques présente le désavantage majeur de toutes les combinaisons, c'est-à-dire une grande rigidité, au sens où il est impossible d'ajuster le dosage de chaque composante aux besoins de chaque patient.

Le Dyazide a été lancé pour tenter de répondre aux besoins de ceux qui ne pouvaient tolérer les diurétiques du groupe thiazide seuls, surtout parce qu'ils perdent trop de potassium dans leur urine. Il est pourtant assez facile d'éviter une hypokaliémie (un taux de potassium trop bas) en surveillant son alimentation (voir page 510 pour un tableau des aliments contenant beaucoup de potassium), alors qu'une hyperkaliémie dangereuse peut résulter de l'usage inopportun de ce médicament, notamment chez l'insuffisant rénal. Cette combinaison peut être utile seulement si l'on a déterminé auparavant les concentrations efficaces pour vous de chacun des produits qui la composent et qu'elles correspondent à celles contenues dans le Dyazide ; il est alors moins contraignant de prendre un seul médicament. Mais l'on ne devrait jamais recourir au Dyazide comme premier traitement ; en effet, cette association risque de présenter les effets secondaires propres à chacun des 2 médicaments qui la composent et éventuellement plus, puisque chacun des 2 constituants risque de potentialiser les effets secondaires de l'autre. Il n'y a donc aucune raison valable qui en fasse un des médicaments les plus prescrits au Québec.

E

Econazole

> Nom commercial :
> Ecostatin.

Ordonnance requise

L'éconazole est un médicament utilisé dans le traitement des infections à champignons affectant la peau ou la muqueuse vaginale.

Il possède un spectre d'activité similaire à celui du miconazole et l'on peut se référer au texte de la page 426 pour plus de détails quant à son emploi.

Ergotamine

> Noms commerciaux :
> Ergomar, Gynergène,
> Medihaler-Ergotamine.

Ordonnance requise

Indications thérapeutiques

On emploie l'ergotamine pour le soulagement de la migraine et des maux de tête d'origine vasculaire.

Posologie habituelle

On utilise 2 mg au premier signe de migraine suivis de 1 mg aux de-mi-heures, jusqu'à ce qu'un soulagement se produise. Si l'on emploie les comprimés sublinguaux, la dose est de 2 mg au début de la mi-graine suivie de 2 mg (l comprimé) aux demi-heures ; cette forme est moins efficace que les comprimés à avaler. Dans un cas comme dans l'autre, on ne devra pas dépasser 6 mg dans une journée et 10 mg dans une semaine.

Lorsque l'on se sert de l'inhalateur, on peut prendre une inhala-tion au début de la douleur, suivie d'une autre aux 5 minutes. Il est très important de ne pas dépasser 6 inhalations en 24 heures, ni d'utiliser le médicament plus de 5 jours sur 7. L'inhalateur ne devra jamais être employé en plus des comprimés ; on utilise l'un ou l'autre.

On pourra, lors d'une attaque subséquente, utiliser au premier signe de migraine le nombre de comprimés ou d'inhalations qui aura suffi à maîtriser la crise.

Dans certains produits, on trouve l'ergotamine en association avec d'autres substances sous forme rectale, que l'on peut prendre lorsque l'on ne tolère pas la forme orale.

Contre-indications

On ne recourra pas à l'ergotamine si on y a déjà fait une réaction aller-gique.

Si l'on souffre d'angine, d'hypertension artérielle, d'artério-sclérose, de problèmes veineux, d'insuffisance rénale ou hépatique, de fortes démangeaisons, d'ulcère gastrique, d'infection généralisée ou de malnutrition, on risque d'être plus sensible aux effets secondaires et l'on devrait se faire suivre de plus près par le médecin.

On évitera l'ergotamine durant la grossesse, à cause de son effet stimulant sur le muscle utérin. On ne l'emploiera pas durant la période d'allaitement non plus, étant donné qu'elle passe dans le lait maternel.

Effets secondaires possibles

À l'ergotamine sont associés des effets secondaires qui n'entraînent pas nécessairement l'interruption du traitement ; ce sont de la diarrhée, des étourdissements, des maux de tête, des nausées et des vomissements. D'autre part, l'apparition d'engourdissements, de pâleur, de bleuissement ou de froideur dans les mains et les pieds, de douleurs musculaires, de vomissements associés à des douleurs gastriques et d'un pouls faible laisse présager une intoxication et demande un arrêt du traitement. Un usage prolongé à forte dose peut conduire à l'ergotisme qui se manifeste par de la dépression, une perte d'appétit, de la somnolence et une augmentation paradoxale des migraines. Les effets suivants sont aussi considérés comme graves et demandent l'arrêt du traitement : des douleurs aux bras, aux jambes, au bas du dos, de fortes démangeaisons, de l'œdème, de la faiblesse dans les jambes, un ralentissement, une accélération ou une irrégularité du rythme cardiaque, une douleur au thorax, de l'anxiété ou de la confusion et un changement de la vision.

Interactions médicamenteuses

On évitera l'association de différents dérivés de l'ergot, leurs effets s'additionnant.

Précautions

Pour faciliter l'action de l'ergotamine, on veillera à s'étendre dans une pièce calme et sombre pour au moins 2 heures après la prise du médicament.

L'ergotamine doit être prise au premier signe de migraine, sinon elle peut facilement être inefficace.

On évitera l'usage concomitant d'alcool qui produirait une augmentation des maux de tête. On cherchera aussi à éviter la cigarette et l'exposition prolongée au froid qui accroissent tous les deux la vasoconstriction et le risque d'effets secondaires vasculaires.

L'apparition d'une infection peut provoquer le développement d'effets secondaires.

Lorsque l'on se sert de l'inhalateur, on réduira l'incidence d'irritation et d'infections de la gorge en se gargarisant après chaque inhalation ; en fait, l'inhalateur ne devrait pas être utilisé si l'on a déjà mal réagi à d'autres médications données sous cette forme.

Alternatives

La migraine est probablement reliée à un désordre du système de régulation de la vie végétative (toutes les fonctions d'entretien de l'organisme). Elle peut représenter un état de réactivité excessive ; le seuil de tolérance face à certains facteurs précipitants serait beaucoup plus bas chez les individus migraineux que chez les autres. Parmi ces facteurs, on trouve le stress psychologique (dépression, colère), les changements hormonaux (période menstruelle, anovulants), la présence de lumière éblouissante, les repas sautés, un manque ou un excès de sommeil, certains aliments (par exemple le chocolat, le fromage, le thé, le café, les colas, les mets chinois à cause du monoglutamate de sodium), les changements climatiques et certains médicaments (la réserpine, l'aminophylline, l'hydralazine, les vasodilatateurs...).

La première démarche à faire dans le traitement des migraines est certainement préventive : chercher à identifier les facteurs précipitants qui nous concernent et tenter de les éviter. Cette démarche peut être exigeante ; l'on ne fait pas toujours le lien entre la cause et l'effet, et elle peut nécessiter une aide thérapeutique de support (souvent psychologique). L'apprentissage d'une méthode de relaxation fournira souvent un outil préventif approprié qui facilitera éventuellement l'identification des causes et leur évitement.

Pour plus d'information sur la douleur et son traitement, voir le texte à la page 730.

Jugement global

L'ergotamine est souvent le médicament le plus efficace pour traiter les crises migraineuses après qu'elles ont débuté. On le préfère souvent aux analgésiques narcotiques dont l'action est moins spécifique et qui comportent plus de risques de dépendance physique et psychologique.

En plus des préparations d'ergotamine simple, on retrouve ce médicament dans plusieurs produits commerciaux associé à de la caféine, un antihistaminique, de la belladone ou un barbiturique. Ces produits comportent plus de risques d'effets secondaires, plus de contre-indications aussi, surtout ceux qui contiennent un antihistaminique, de la belladone et un barbiturique. De plus, leur utilisation rend impossible l'ajustement du dosage de chacun des ingrédients et oblige à l'ingestion inutile et potentiellement dangereuse de produits suscep-

tibles de provoquer beaucoup de somnolence. On préférera généralement utiliser l'ergotamine seule ou, à la rigueur, associée à la caféine
seule (car celle-ci facilite l'absorption de l'ergotamine).

Voici une liste des produits actuellement sur le marché :

	ergotamine	caféine	autres
Cafergot	1 mg	100 mg	
Cafergot PB	1	100	belladone et pentobarbital
Bellergal	0,3		belladone et phénobarbital
Bellergal spacetabs	0,6		,,
Ergodryl	1	100	diphenhydramine
Gravergol	1	100	dimenhydrinate
Megral	2	100	cyclizine
Wigraine	1	100	belladone

Pour avoir plus de renseignements sur ces mixtures, l'on se
référera aux textes concernant respectivement chacun des produits
ajoutés et l'on devra tenir compte des contre-indications, effets secondaires, interactions… reliés à chacun de ces composés !

Phénobarbital : page 489 ;
diphenhydramine : page 274 ;
dimenhydrinate : page 271 ;
cyclizine : analogue au dimenhydrinate, page 271 ;
pentobarbital : analogue au phénobarbital, page 489 ;
belladone : analogue au dicyclomine, page 261.

Erythrol (tétranitrate d')

Nom commercial :
Cardilate.

Ordonnance requise

Le tétranitrate d'érythrol fait partie de la famille des nitrates, qui s'emploient pour la prévention des crises d'angine. Ce médicament est à
peu près l'équivalent de l'isosorbide ; nous vous invitons à consulter le
texte sur ce médicament, en page 355.

Érythromycine

Noms commerciaux :
base : Érythromid,
Apo-Erythro-Base,
Erythromycin, E-Mycin.
estolate : Novorytho
estolate, Ilosone.
éthylsuccinate :
Apo-Erythro-Es, EES,
Erythrocine (comprimés
masticables),
Erythromycin-100 -200,
Novorythro éthylsuccinate.
stéarate : Apo-Erythro-S,
Erythromycine-250,
Novorythro stéarate,
Erythrocine.

Ordonnance requise

Indications thérapeutiques

L'érythromycine est un antibiotique qui s'emploie pour combattre à peu près les mêmes infections que la pénicilline ; c'est souvent le traitement de choix pour les gens allergiques à la pénicilline. Cet antibiotique — comme d'ailleurs tous les autres — devrait s'utiliser après un antibiogramme qui démontre la sensibilité du microbe en cause.

Posologie habituelle

Chez l'adulte, l'érythromycine s'emploie généralement à raison de 250 mg 4 fois par jour. L'érythromycine base et le stéarate doivent être pris 1 heure avant les repas ou 2 heures après. L'estolate et l'éthylsuccinate peuvent accompagner les repas.

L'érythromycine peut aussi être administrée en 2 ou 3 prises égales. On doit alors donner une dose un peu plus forte à chaque prise. Les doses pédiatriques seront réparties en 2, 3 ou 4 prises égales au cours de la journée.

Contre-indications

L'allergie à l'érythromycine est possible et s'avère une contre-indication formelle à son emploi. L'estolate est clairement contre-indiquée pendant la grossesse ; les conseillers de *La Lettre médicale* considèrent que les autres sels sont « probablement sans danger » au cours de cette période tout comme pendant l'allaitement.

Les maladies du foie constituent une contre-indication absolue à l'emploi de l'estolate d'érythromycine.

Effets secondaires possibles

L'allergie compte parmi les réactions à l'érythromycine ; elle se traduira par de l'urticaire, une éruption cutanée et des démangeaisons. Au niveau digestif, certaines personnes éprouvent des problèmes comme des nausées, des crampes d'estomac, des vomissements et parfois des douleurs dans la bouche et à la langue. La diarrhée est aussi possible. Ces effets n'empêchent généralement pas la poursuite du traitement.

Chez l'enfant, les réactions se produisent surtout avec l'éthylsuccinate et on lui préfère généralement l'estolate.

Comme avec tous les antibiotiques, une surinfection peut arriver, en particulier avec des champignons.

L'estolate d'érythromycine peut entraîner des lésions graves du foie, chez l'adulte ; elles se traduisent par une urine foncée, des selles pâles, des douleurs stomacales violentes, une fatigue excessive et de la jaunisse.

Précautions

Certaines formes liquides d'érythromycine doivent être conservées au réfrigérateur (mais pas congelées). S'en informer auprès de son pharmacien.

Il est important de prendre son ordonnance d'érythromycine au complet, même si les symptômes de l'infection disparaissent, sans quoi il y a danger de réactivation de cette infection ; un traitement adéquat doit durer dans nombre de cas au moins 10 jours. Par contre, s'il n'y a pas d'amélioration après 5 jours de traitement, mieux vaut reprendre contact avec son médecin.

Pour s'assurer d'un niveau constant d'érythromycine dans le sang, il faut ingérer chaque dose aux heures prescrites. Quand une dose est oubliée, la prendre à la place de la suivante et décaler celle-là d'une couple d'heures pour ensuite retourner à l'horaire habituel.

Les liquides acides nuisent à l'absorption de l'érythromycine ; il vaut donc mieux éviter de consommer des jus acides (orange, pample-mousse, etc.), des sodas et du vin dans l'heure qui suit l'ingestion d'érythromycine.

L'érythromycine qui se présente sous la forme de comprimés à mâcher doit être pulvérisée (par la mastication ou autrement) avant d'être avalée, tandis que les comprimés à enrobage entérique doivent être avalés entiers, sans être brisés ni mâchés.

Jugement global

Cet antibiotique devrait être réservé aux personnes allergiques à la pénicilline et aux cas où l'antibiogramme montre son efficacité. Les formes à enrobage entérique n'apportent généralement pas d'avan-tages et ne font qu'augmenter le prix. Quant à l'estolate d'érythromy-cine (Ilosone, Novorythro estolate), il n'y a rien qui justifie son emploi chez l'adulte, compte tenu de ses dangers et de la possibilité d'utiliser un autre type d'érythromycine. Il est par contre un bon choix chez l'enfant.

Érythromycine topique

Nom commercial : Staticin.

Ordonnance requise

Indications thérapeutiques

L'érythromycine en solution alcoolique (55 % d'alcool éthylique) s'emploie dans les cas d'acné. Elle agirait contre une bactérie présente dans les glandes sébacées et à la base des poils qui contribuerait au processus inflammatoire (formation de boutons).

Il s'agit d'un traitement symptomatique et non d'une cure.

Posologie habituelle

On applique la solution 2 fois par jour, matin et soir. La peau devrait être propre et sèche.

On pourra observer une amélioration après une période de 3 ou 4 semaines, mais l'effet optimal met généralement de 8 à 12 semaines à apparaître.

Contre-indications

À part l'allergie, on ne connaît pas de contre-indications à l'usage de ce médicament.

Effets secondaires possibles

Les solutions d'érythromycine risquent de produire le plus souvent de l'irritation et un assèchement de la peau, des démangeaisons, une sensation de brûlure ou de picotement et parfois de la rougeur.

Ces effets peuvent disparaître à l'usage et n'empêchent habituellement pas la poursuite du traitement.

Interactions médicamenteuses

On évitera d'utiliser les lotions d'érythromycine en même temps que d'autres produits irritants pour la peau : savons abrasifs, autres produits pour l'acné, solutions alcoolisées, isotrétinoïne...

Si l'on doit associer ce traitement à un autre (par exemple au peroxyde de benzoyle), on veillera à ne pas les appliquer en même temps.

Précautions

Bien agiter le flacon avant d'utiliser.

Éviter d'employer la lotion en fumant ou à proximité d'une flamme vive ; l'alcool est inflammable.

Éviter le contact avec les yeux et les muqueuses du nez ou de la bouche.

On ne devrait pas employer la lotion plus souvent que prescrit par le médecin.

Alternatives

Voir le texte sur l'acné, page 776.

Jugement global

L'érythromycine en solution alcoolisée est un moyen efficace de contrôle des acnés légères ou modérées. Elle n'est cependant pas un traitement curatif.

Elle peut être utilisée seule ou bien comme appoint à un traitement d'antibiotiques pris par la bouche ou encore associée à une autre préparation topique. Cela dépend en grande partie des habitudes du médecin traitant.

F

Fenfluramine

>Noms commerciaux :
>Ponderal, Pondimin.

Ordonnance requise

Indications thérapeutiques

On utilise la fenfluramine comme aide thérapeutique au début d'un régime amaigrissant. On suppose que ce médicament agit de plusieurs façons : d'abord il diminuerait l'appétit ; il semble aussi qu'il puisse augmenter l'utilisation du sucre et des graisses par les cellules et qu'en même temps il diminue l'absorption des graisses au niveau du système digestif.

Posologie habituelle

On commence le traitement avec 20 mg 3 fois par jour, pris 1 heure avant les repas. Cette dose peut être augmentée à raison de 20 mg par semaine jusqu'à une dose de 40 mg 3 fois par jour. Si, par contre, une tolérance se développe à cette dose (c'est-à-dire qu'on doit augmenter le dosage pour obtenir le même effet), on devra en cesser l'usage.

Contre-indications

L'allergie à la fenfluramine et l'utilisation de Parnate, de Nardil ou de Marplan empêchent le recours à la fenfluramine. On doit aussi s'en abstenir durant les 14 jours qui suivent un traitement avec l'un de ces trois médicaments. La présence des maladies suivantes rend l'utilisation de la fenfluramine plus risquée : hypertension modérée ou grave, glaucome, maladie cardio-vasculaire, toxicomanie et hyperthyroïdie. Le diabète, la dépression, les migraines et un état psychotique demandent aussi une plus grande prudence. On n'en recommande pas l'usage durant la grossesse, l'allaitement et avant l'âge de 12 ans.

Effets secondaires possibles

La fenfluramine peut produire un grand nombre d'effets secondaires. Les plus fréquents sont les suivants : somnolence, étourdissements, sécheresse de la bouche, parfois de la diarrhée surtout durant la première semaine de traitement, ce qui peut demander une diminution du dosage ou un arrêt du médicament. Peuvent aussi se produire des étourdissements, de la confusion, de l'incoordination, des maux de tête, de la dépression (ou son aggravation), de l'anxiété, de l'insomnie, de la fatigue ou de la faiblesse et des cauchemars. Parfois, l'on souffrira de nausées, de vomissements, de douleurs abdominales, de constipation, de palpitations, d'hypotension ou d'hypertension artérielle, d'évanouissements, de sudation exagérée, de frissons, d'embrouillement de la vision, d'envies fréquentes d'uriner, de douleurs en urinant, de modifications du désir et des réactions sexuelles, d'éruption cutanée, d'irritation des yeux, de fièvre, de douleur à la poitrine, de mauvais goût dans la bouche, de soif et de grincements de dents. Si certains de ces effets se produisent, on devra en parler à son médecin. L'apparition d'une éruption ou de confusion demandent, quant à eux, la cessation du traitement.

Interactions médicamenteuses

La fenfluramine augmente les effets de somnolence des tranquillisants, des somnifères, des analgésiques et des antidépresseurs. Elle peut aussi favoriser l'effet hypotenseur de la guanéthidine, de la clonidine, du méthyldopa, ou paradoxalement provoquer de l'hypertension. Elle peut enfin modifier les besoins en insuline.

On devrait éviter de prendre de la fenfluramine quelques jours avant une opération chirurgicale ; si elle est utilisée en même temps que les anesthésiques généraux, elle peut provoquer des troubles du rythme cardiaque.

Précautions

À cause de l'effet possible de somnolence, on devra user de prudence dans l'utilisation de véhicules automobiles ou de machine demandant de la précision. L'ingestion d'alcool pendant le traitement augmente la possibilité de cet effet de somnolence.

On devrait être conscient des risques d'accoutumance et de dépendance physique et psychologique reliés à ce médicament. À l'arrêt de la médication peut se produire une réaction de sevrage avec des symptômes d'irritabilité, de dépression et de modification du sommeil (surtout après un usage de plusieurs semaines). On peut réduire l'importance de ces effets en diminuant les doses progressivement. On évitera aussi d'augmenter la posologie en cours de traitement ; ce médicament perd la plupart du temps son efficacité après quelques semaines (environ 6) et il est inutile de chercher à en accroître le dosage, ce qui ne peut qu'augmenter le risque de dépendance, mais pas l'effet.

Alternatives possibles

La fenfluramine ne devrait jamais être utilisée comme seul moyen pour perdre du poids. Moins manger, manger des aliments à plus faible teneur en calories, faire plus d'exercice physique, souvent aussi modifier son attitude face aux aliments demeurent les seuls moyens permettant de perdre du poids. Si l'on est trop gras, c'est qu'il y a des déficiences de ce côté et l'on a tout intérêt à procéder aux modifications qui s'imposent dans sa façon de vivre sans l'aide de médicaments, puisque ces modifications devront être permanentes si l'on ne veut pas réengraisser. Nous vous invitons à consulter le texte sur l'obésité, en page 802.

Jugement global

La fenfluramine et tous les autres médicaments coupe-faim font partie de cette catégorie de médicaments dont l'existence n'est pas justifiée. D'une part, ils n'ont pas d'efficacité réelle appréciable ; il est prouvé que les gens qui les utilisent ne perdent que quelques onces par semaine de plus que ceux qui ne les utilisent pas. D'autre part, ils présentent un risque d'accoutumance et de dépendance qu'on ne peut nier ; on risque de se retrouver avec, en plus du problème d'obésité, un problème de dépendance médicamenteuse.

Fénoprofène

Nom commercial : Nalfon.

Ordonnance requise

Le fénoprofène est un médicament anti-inflammatoire et analgésique de la même famille que le naproxen ; nous vous référons au texte de la page 440 pour en connaître les effets secondaires, contre-indications, etc. Le fénoprofène a une activité analogue à celle du naproxen ; cependant, certaines personnes qui éprouvent beaucoup d'effets secondaires ou qui tirent peu de bénéfices de l'emploi de l'un peuvent être avantagées par un passage à l'autre. Le fénoprofène est aussi efficace que 1 g d'AAS 4 fois par jour et il cause moins d'irritation gastro-intestinale. On a cependant associé à son emploi une forte incidence d'effets toxiques rénaux qui demandent qu'on l'évite d'emblée si les reins sont le moindrement fragiles et qui en font un médicament qu'on ne choisira qu'en dernier recours. On peut douter de l'apport réel de ce médicament dans ce que l'on appelle « l'arsenal thérapeutique ».

La dose d'attaque du fénoprofène est de 600 mg 3 ou 4 fois par jour, à prendre 1/2 heure avant ou 2 heures après les repas avec un peu de lait ou de nourriture. Par la suite, la dose d'entretien est ajustée entre 300 et 600 mg 3 ou 4 fois par jour. Si après 2 semaines de traitement il n'y a pas déjà un commencement d'amélioration de l'arthrite, mieux vaut cesser tout de suite le traitement.

Fénotérol

Nom commercial : Bérotec.

Ordonnance requise

Le fénotérol est un médicament analogue au salbutamol qui s'emploie dans le traitement de l'asthme et de certaines autres maladies respiratoires obstructives. Il est cependant plus puissant que le salbutamol, une seule inhalation produisant le même effet que 2 inhalations de salbutamol, ce qui fait que l'abus donne plus rapidement des effets secondaires.

Le lecteur consultera la monographie du salbutamol pour de plus amples détails, page 547.

Fer

Le fer se présente sous la forme de différents sels ferreux :

nom générique	*noms commerciaux*
Ascorbate	Ascofer
Dicarboxylate	Intrafer
Fumarate	Fersamal, Néo-Fer 50, Novofumar, Palafer
Gluconate	Fergon, Fertinic, Novoferrogluc
Succinate	Cerevon
Sulfate	Fer-In-Sol, Fero-Grad, Fesofor, Novoferrosulfa, PMS Ferrous Sulfate, Slow-Fe.

Ordonnance non requise

Indications thérapeutiques

Les sels de fer s'emploient dans le traitement de l'anémie pour permettre à l'organisme de reconstituer les globules rouges dont il a besoin. Un tel traitement ne doit être entrepris que lorsque la cause de l'anémie est établie. Certains états, la grossesse par exemple, justifient une utilisation prophylaxique, étant donné que les besoins sont alors difficilement satisfaits par l'alimentation.

Posologie habituelle

Il est bon de procéder à un test de tolérance avant d'entreprendre le traitement. Par la suite, il faut d'abord prendre de faibles doses 3 fois par jour puis au bout d'une semaine aller à la pleine dose. Le traitement doit être continué tant que les analyses sanguines en démontrent le besoin.

Le fer est mieux absorbé s'il est pris à jeun, entre les repas. Par contre, s'il cause de l'irritation gastrique, on pourra le prendre à la fin du repas. Le lait, le thé, le café, les œufs, les céréales et le pain de blé entier peuvent nuire à son absorption et le fer devrait être administré 1 heure avant ou 2 heures après ces denrées. Les jus contenant de la vitamine C faciliteraient l'assimilation du fer.

Contre-indications

Les personnes atteintes d'hémosidérose et d'hémochromatose (2 maladies très rares) ne doivent pas prendre de suppléments de fer ; ces suppléments peuvent aussi aggraver l'anémie hémolytique. En cas d'ulcère gastro-intestinal, d'entérite ou de colite, les plus grandes précautions s'imposent.

Effets secondaires possibles

Les nausées, la constipation ou la diarrhée surviennent surtout au cours des traitements à long terme.

Interactions médicamenteuses

Les suppléments de fer diminuent l'absorption de la tétracycline. Eux-mêmes sont moins bien absorbés quand ils sont pris en même temps que les antiacides qui contiennent des sels d'aluminium ou de magnésie ; en séparant les prises de chaque médicament de 1 heure ou 2, l'on évite cet inconvénient.

Précautions

Les analyses de laboratoire pour déterminer l'origine de l'anémie doivent être faites avant d'entreprendre le traitement, car celui-ci peut en fausser les résultats.

La forme liquide peut tacher les dents ; on évitera cet inconvénient en mêlant la solution à de l'eau ou du jus et en la buvant avec une paille, en buvant un grand verre de jus après et en se brossant les dents avec du bicarbonate de soude si par inadvertance les dents ont été touchées.

L'utilisation continue de fortes doses de suppléments chez les nourrissons peut conduire au rachitisme.

Il faut tenir ce supplément hors de portée des enfants, car une forte dose peut s'avérer mortelle pour eux.

Les selles et l'urine peuvent devenir plus foncées quand on prend des suppléments de fer.

L'utilisation de doses élevées de fer peut accroître les besoins en vitamine E. D'éventuels suppléments de cette vitamine seront cependant pris à plusieurs heures d'intervalle.

Alternatives

L'anémie résulte d'un manque d'hémoglobine dans le sang, ce qui conduit à des difficultés d'oxygénation dans l'organisme. Cette condition peut être le résultat d'une foule de problèmes différents qui font que l'organisme manque de fer ; car le fer est un élément essentiel de la composition de l'hémoglobine. Il s'agit en général d'une perte excessive de sang (hémorragies digestives invisibles, menstruations trop abondantes, etc.), ou d'un manque dans l'alimentation associé à des besoins accrus (enfance, début des menstruations chez l'adolescente, grossesse, etc.).

Par son alimentation, on peut prévenir l'anémie ou la corriger quand elle n'est pas trop grave. Le tableau suivant indique les aliments les plus riches en fer.

Sources alimentaires de fer

	portion	fer (mg)
foie de veau frit	90 g (3 oz)	13,0
abricots séchés	250 ml (1 tasse)	8,6
foie de bœuf frit	90 gr	8,0
raisins secs	250 ml	6,1
haricots rognons cuits égouttés	,,	4,9
pruneaux cuits	,,	4,7
haricots de Lima cuits égouttés	,,	4,6
pois chiches cuits	,,	4,3
céréale All Bran	200 ml (3/4 tasse)	4,3
épinards cuits	250 ml	4,2
graines de tournesol écalées	125 ml (1/2 tasse)	4,1
amandes écalées entières	,,	4,0
mélasse *blackstrap*	15 ml	3,2
pois verts cuits (frais)	250 ml	3,0
bœuf haché grillé	90 gr	2,9
feuilles de betteraves cuites égouttées	250 ml	2,9

rôti de bœuf maigre	90 gr	2,7
jus de tomate	250 ml	2,3
fraises congelées	284 ml (1 boîte)	2,0
flocons d'avoine cuits	125 ml	1,9
choux de Bruxelles	250 ml	1,8
courge d'hiver cuite	,,	1,7
jus de pomme en conserve	,,	1,6
dinde	90 gr	1,6
brocoli cuit	180 gr (6 oz)	1,4
bleuets frais	250 ml	1,4
levure de bière	15 ml (1 c. à soupe)	1,4
poulet (poitrine)	90 gr	1,3
morue grillée (fraîche)	90 gr	0,9

Tiré de : Sharon Faelten, *Augmentez votre énergie* !, Montréal, Québec/Amérique, 1983.

Les besoins quotidiens moyens en fer sont de 18 à 20 mg ; pendant la grossesse et la lactation, ils sont augmentés à 30 à 60 mg et il faut, la plupart du temps, compléter l'apport nutritionnel par un supplément.

Jugement global

Les sels de fer permettent de corriger rapidement une anémie dont on a identifié et corrigé la cause, s'il y a lieu. Certains sels sont mieux tolérés que d'autres par différentes personnes ; il s'agit donc de trouver celui qui convient le mieux.

Certaines formules offertes sur le marché contiennent, en plus du fer, de la vitamine B_{12}, des vitamines diverses et d'autres suppléments ; elles sont plus coûteuses et la présence de ces divers produits risque de rendre le diagnostic plus difficile si l'anémie persiste. On n'en recommande pas l'utilisation.

Le fer peut s'administrer par injection quand une personne souffre de malabsorption ou d'intolérance gastro-intestinale trop importante.

Les comprimés à libération prolongée (Slow-Fe, Fero-Grad) sont absorbés de façon très irrégulière et souvent insuffisante.

Avant d'utiliser systématiquement des suppléments de fer pour prévenir l'anémie durant certaines périodes de la vie, on pourrait essayer d'en augmenter l'ingestion dans son alimentation.

Bien des gens qui ressentent ce qu'ils perçoivent comme des signes d'anémie — fatigue chronique, manque d'appétit, pâleur de la peau, irrégularité menstruelle, etc. — entreprennent de se soigner en achetant des suppléments de fer. Une abondante publicité ambiguë nous incite d'ailleurs à procéder ainsi. Nous confondons trop souvent une fatigue excessive ou d'autres symptômes vagues à l'anémie, alors qu'en réalité nous ressentons ces symptômes parce que nous sommes surmenés, stressés, que nous manquons d'exercice et que nous mangeons mal.

Fiorinal

Composition : AAS
330 mg, butalbital 50 mg,
caféine 40 mg. Le Fiorinal
C1/4 et le Fiorinal
C1/2 contiennent en plus
15 et 30 mg de codéine.

Ordonnance requise

Indications thérapeutiques

On utilise ces associations médicamenteuses pour calmer des douleurs d'intensité variable lorsqu'elles sont associées à de la tension.

Posologie habituelle

On prend 1 ou 2 capsules au début de la douleur, suivies d'une capsule aux 3 ou 4 heures, jusqu'à un maximum de 6 par jour.

Contre-indications

Les personnes ayant déjà fait une réaction allergique à l'un des composants ou à un autre barbiturique doivent s'abstenir de prendre ce médicament. Celles souffrant de porphyrie, d'une lésion à l'estomac ou à l'intestin, de diabète ou d'une blessure à la tête de même que les personnes qui prennent des anticoagulants oraux devraient aussi l'éviter. Certaines maladies ou conditions nécessitent une plus grande prudence lors de l'utilisation du Fiorinal ; ce sont les insuffisances hépatique, cardiaque, rénale ou respiratoire, l'asthme, l'hypotension artérielle, l'arthrite juvénile, le lupus érythémateux et la fièvre rhumatismale ; lors d'un traumatisme grave, les mêmes précautions s'imposent aussi.

Les femmes enceintes, celles qui allaitent et les enfants de moins de 16 ans ne devraient pas l'utiliser.

Effets secondaires possibles

Le Fiorinal cumule les effets secondaires de l'AAS et des barbituriques. Pour plus de détails, on se référera aux pages 114 et 489. Les préparations contenant de la codéine peuvent aussi provoquer les effets secondaires alliés à ce médicament ; voir page 220. Notons cependant les effets secondaires les plus courants : des nausées, des vomissements, des étourdissements, de la somnolence, des éruptions cutanées et un rétrécissement de la pupille. On doit ajouter la constipation pour les préparations contenant de la codéine.

Interactions médicamenteuses

Le Fiorinal cumule les interactions attribuées à l'AAS, aux barbituriques et, dans les préparations qui en contiennent, à la codéine.

Précautions

Le Fiorinal peut causer de la somnolence et entraver la bonne utilisation des véhicules automobiles et des machines requérant de l'attention ou de la précision ; l'alcool augmente cet effet de somnolence.

Ce médicament est susceptible de causer le développement d'une tolérance et d'une dépendance physique ou psychologique, ou les deux. On évitera d'en augmenter les doses ou de raccourcir l'intervalle entre les prises. On devrait contacter son médecin si on semble avoir à le faire.

Une interruption brusque de la médication après un usage prolongé peut produire une réaction de sevrage avec de la nervosité, de l'agitation, des spasmes musculaires, de l'insomnie, des nausées, des vomissements et de l'hypotension.

Le Fiorinal (à cause du butalbital qu'il contient) peut provoquer une baisse de l'efficacité des contraceptifs oraux ainsi qu'une augmentation des saignements entre les menstruations, s'il est utilisé régulièrement et à forte dose.

Les personnes âgées sont très sensibles à l'effet du butalbital et peuvent expérimenter une réaction paradoxale d'agitation.

Alternatives

Une bonne partie de l'effet analgésique du Fiorinal est sans doute liée à l'action sédative du butalbital et éventuellement de la codéine. On pourra diminuer le recours à une telle aide en apprenant à contrôler aussi bien la tension que la composante affective de la douleur. La relaxation et l'imagerie mentale peuvent être des moyens efficaces de contrôler les douleurs ; voir le texte sur la douleur, page 730.

Jugement global

Le Fiorinal est un médicament à risque ; il associe plusieurs ingrédients actifs possédant chacun un bon nombre d'effets secondaires et d'interactions possibles. De plus, à cause de la sensation de bien-être qu'il peut produire, il possède la capacité de causer une dépendance assez facilement. On devrait en éviter l'usage dans la mesure du possible.

Flunisolide

Nom commercial :
Rhinalar.

Ordonnance requise

La flunisolide est un corticostéroïde qui s'emploie, comme le béclométhasone, en aérosol pour administration par voie orale, pour le traitement d'entretien de l'asthme bronchique lorsque celui-ci résiste aux autres formes de traitement aux bronchodilatateurs.

L'aérosol pour les voies nasales sert au traitement des rhinites allergiques et dans certains états inflammatoires.

La flunisolide possède la majeure partie des caractéristiques du béclométhasone. Elle s'en distingue cependant par les points suivants :

— on l'administre seulement 2 fois par jour et non pas 3 ou 4 ;

— à part la mise en garde relative à l'utilisation simultanée des bronchodilatateurs, on ne connaît pas d'interactions médicamenteuses à la flunisolide ;

— la flunisolide posséderait une plus grande incidence d'effets secondaires. Les plus fréquents sont les maux de tête, les nausées et vomissements, un goût déplaisant dans la bouche et les infections des voies respiratoires.

Pour plus de détails, veuillez consulter le texte sur le béclométhasone, page 149.

Fluphénazine

Noms commerciaux :
Apo-Fluphénazine,
Modecate, Moditen,
Permitil.

Ordonnance requise

Le fluphénazine est un médicament de la famille des phénothiazines ; il reste le médicament de choix lorsque l'on a besoin d'un antipsychotique en injection à action prolongée.

Le fluphénazine possède les mêmes caractéristiques que la chlorpromazine. Pour plus de détails, nous référons les lecteurs au texte à la page 186. Le fluphénazine se distingue cependant de la chlorpromazine par les points suivants :

Posologie habituelle

Si on prend les comprimés, la dose d'attaque pour un adulte varie entre 2,5 et 10 mg par jour, en 3 ou 4 prises ; cette dose peut même être augmentée au-delà de 20 mg par jour. Une fois la période de crise contrôlée, la dose d'entretien se situe entre 1 et 5 mg par jour. Pour les personnes âgées, la dose d'attaque se situe entre 1 et 2,5 mg par jour. Dans le traitement par injection, les doses sont de 2 à 3 fois plus faibles.

Une fois que le traitement est établi avec l'un des produits, on s'en tiendra à ce produit.

Effets secondaires possibles

Si le fluphénazine présente potentiellement les mêmes effets secondaires que la chlorpromazine, il s'en distingue par la fréquence de leur incidence. Il est moins sédatif et crée moins d'hypotension que la chlorpromazine. Il occasionne aussi généralement moins d'embrouil-

lement de la vue, de constipation, de rétention urinaire et de sécheresse de la bouche. En contrepartie, l'on observe qu'il est plus souvent
responsable d'effets moteurs apparentés au parkinsonisme ; il provoque assez souvent un grand besoin de bouger.

Flurazépam

Noms commerciaux :
Apo-Flurazépam,
Dalmane, Novoflupam,
Somnol, Som-Pam.

Ordonnance requise

Indications thérapeutiques

Le flurazépam est de la même famille que le diazépam mais est utilisé
seulement pour induire et prolonger le sommeil.

Posologie habituelle

Une dose de 15 mg devrait habituellement suffire pour produire l'effet
hypnotique. Mais on doit parfois utiliser 30 ou même 60 mg pour arriver à un résultat. L'effet se manifeste de 30 à 60 minutes après avoir
pris le médicament. Lors d'une première utilisation, il arrive que l'effet ne survienne que 2 ou 3 jours après la première dose. On devrait attendre quelques jours avant de conclure à l'inefficacité du flurazépam.

Le flurazépam possède les mêmes contre-indications et effets secondaires que le diazépam ; il a comme principal désavantage la persistance d'un effet résiduel au réveil, le fameux *hang-over* qu'expérimentent un certain nombre d'utilisateurs.

À cause du fait qu'il séjourne longtemps dans l'organisme (quelques jours), il faut être prudent même quelques jours après en avoir
cessé l'absorption.

Précautions

Le flurazépam s'élimine extrêmement lentement de l'organisme et
s'accumule progressivement. Ainsi, après 8 jours d'utilisation, sa
présence dans le sang, le matin, est de 4 à 6 fois plus grande que le
premier jour. Bien qu'une certaine tolérance face à l'effet de sédation
résiduelle puisse se développer, elle n'est pas automatique et le fait que

le médicament soit toujours présent dans le sang oblige à rappeler son interaction avec les médicaments du système nerveux qui peut aggraver l'effet de sédation. Par conséquent, il faut prendre des précautions si l'on envisage l'utilisation de véhicules automobiles et de machines demandant de l'attention ; de plus, les gens qui ont pris du flurazépam dans les jours antérieurs et qui ont l'intention de conduire devraient s'abstenir d'alcool sous toutes ses formes.

Bien qu'elle soit plutôt rare, la somnolence résiduelle (le *hangover*) peut se produire. Si l'on en est affecté, l'on devra éviter l'utilisation de véhicules automobiles et de machines demandant de l'attention. L'alcool peut augmenter cet effet. L'effet du flurazépam et des autres benzodiazépines sur le sommeil est difficile à établir ; il semble que ces produits diminuent la durée du sommeil profond et du sommeil paradoxal (pendant lequel on rêve). On observe aussi souvent — surtout après un usage de plus de quelques semaines — un phénomène d'insomnie rebond si l'on cesse brusquement de prendre le médicament. Pour éviter que cela se produise, on aura avantage à diminuer progressivement les doses. L'on pourra éventuellement remplacer le flurazépam par une dose équivalente de diazépam qu'on réduira petit à petit tel qu'expliqué en page 255.

Alternatives

Voir le texte sur l'insomnie, page 766.

Jugement global

Bien que le flurazépam soit un hypnotique relativement sûr, par rapport à ceux que l'on utilisait auparavant, il reste qu'il peut quand même créer une certaine dépendance physique et psychologique, surtout lorsqu'on l'utilise de façon chronique. On essaiera, face à un problème d'insomnie, de considérer d'abord l'hygiène du sommeil et, si l'usage d'un hypnotique s'avère nécessaire, l'on visera à en limiter l'utilisation à quelques jours. À cause de sa propriété de s'accumuler dans l'organisme, l'on pourrait, si on a à l'utiliser de façon continue, le prendre de façon intermittente, 5 jours sur 7 par exemple.

Le flurazépam n'est pas un médicament de choix pour les personnes âgées ; il s'accumule et peut produire plus d'effets secondaires. On lui préférera souvent le lorazépam ou le triazolam, bien que ce dernier soit plus puissant.

Flurbiprofène

Noms commerciaux :
Ansaid, Froben.

Ordonnance requise

Le flurbiprofène est un médicament anti-inflammatoire et analgésique de la même famille que le naproxen, auquel nous vous référons en page 440 pour en connaître les effets secondaires, les interactions, etc. Le flurbiprofène a une activité analogue à celle du naproxen ; cependant, certaines personnes qui tirent peu de bénéfices de l'emploi de l'un peuvent être avantagées par un passage à l'autre. On soupçonne cependant que les effets d'irritation gastrique sont plus fréquents avec le flurbiprofène qu'avec le naproxen. On peut donc se demander si ce médicament constitue un apport réel dans ce que l'on appelle « l'arsenal thérapeutique ».

Dans les diverses formes d'arthrite, la posologie est habituellement de 150 à 200 mg par jour, répartis en 3 ou 4 prises. On doit parfois utiliser une dose d'attaque plus forte, de 250 à 300 mg par jour.

Contre les douleurs menstruelles et autres douleurs, la dose recommandée est de 50 mg 4 fois par jour.

Furosémide

Noms commerciaux :
Apo-Furosémide,
Furoside, Lasix,
Néo-Rénal, Novosémide,
Uritol.

Ordonnance requise

Indications thérapeutiques

Le furosémide est un diurétique (il provoque une augmentation de l'élimination d'eau par les reins) utilisé pour diminuer l'œdème associé à certaines maladies du cœur, du foie et des reins et pour contrôler l'hypertension artérielle surtout lorsque les reins fonctionnent mal.

Posologie habituelle

La dose d'attaque pour le traitement de l'œdème est de 20 à 80 mg ; selon l'effet obtenu, les doses suivantes données aux 6 heures devraient être maintenues, diminuées ou augmentées. Par la suite, la dose d'entretien est répartie en 1 à 3 prises quotidiennes. Souvent, ce médicament est donné de 2 à 4 jours par semaine, suivis de quelques jours de repos.

Pour le traitement de l'hypertension artérielle, on commence par des doses de 20 à 40 mg 2 fois par jour ; si un autre médicament est donné pour contrôler l'hypertension, il faut diminuer la dose de l'autre agent antihypertenseur de moitié au début du traitement au furosémide ; les doses des 2 médicaments sont ensuite ajustées pour arriver au meilleur résultat.

La durée d'action du furosémide est de 4 à 6 heures (pouvant aller jusqu'à 8 heures) ; il est donc recommandable de prendre la dernière dose plusieurs heures avant de se coucher, sans quoi il faudra se lever la nuit pour uriner.

Le furosémide se présente en comprimés, en solution orale et s'utilise aussi par voie intraveineuse.

Un délai de 1 ou 2 semaines peut être nécessaire avant de déterminer si ce traitement est efficace pour faire baisser la tension artérielle.

Contre-indications

L'arrêt complet de la fonction rénale qui se manifeste par une cessation de la production d'urine est une contre-indication stricte à l'emploi du furosémide. D'autre part, les gens qui ont une fonction hépatique déficiente, un diabète, une histoire de goutte ou de lupus ou encore une pancréatite pourront voir leur état s'aggraver ou devenir plus difficile à contrôler pendant ce traitement.

Des expériences faites sur l'animal en laboratoire montrent que le furosémide pourrait causer des malformations congénitales. On recommande donc aux femmes enceintes et à celles qui sont susceptibles de le devenir d'éviter ce médicament. On sait aussi qu'il passe dans le lait maternel et le fait que l'on ne connaisse pas réellement son effet sur le nouveau-né demande que l'on pèse bien les risques et les bénéfices avant d'y avoir recours. En fait, toute femme en âge d'avoir des enfants devrait éviter le furosémide.

L'utilisation des diurétiques pour maigrir est inutile et dangereuse.

Effets secondaires possibles

Le furosémide présente les mêmes dangers que tous les autres diurétiques (voir le texte sur l'hydrochlorothiazide, page 332). En plus, comme ce médicament agit extrêmement rapidement, il peut provoquer plus facilement une déshydratation importante et un débalancement des électrolytes du sang, ce qui se manifeste par de la faiblesse, des étourdissements, de la léthargie, des crampes dans les jambes, une perte d'appétit, des vomissements et de la confusion mentale. Surtout quand il est donné par voie intraveineuse, le furosémide peut entraîner une perte de liquide qui peut conduire au choc, avec chute dramatique de la pression artérielle et risque de formation de caillots sanguins.

Des symptômes bizarres sont parfois rapportés à la suite de l'ingestion de ce médicament : du tintement dans les oreilles, de la surdité passagère ou irréversible (surtout lorsqu'il est injecté rapidement à forte dose à des malades souffrant d'insuffisance rénale sévère), une disparition de la sensibilité à une partie du corps et un goût sucré.

Interactions médicamenteuses

Le furosémide présente des dangers quand il est utilisé en même temps que certains autres médicaments :

— certains antibiotiques donnés en injection, le captopril, la cimétidine, la pénicilline G, la rifampine, les sulfamidés : il y a risque de dommages aux reins ;

— les salicylates (l'aspirine) : à forte dose, leur toxicité est augmentée ;

— la cortisone : le danger de déficience en potassium est alors augmenté ;

— les médicaments contre la goutte, les hypoglycémiants oraux et l'insuline : leur efficacité est de beaucoup diminuée ;

— les autres agents antihypertenseurs : leur efficacité est augmentée et un ajustement des doses est nécessaire ;

— les anti-inflammatoires donnés contre l'arthrite et surtout l'indométhacine peuvent réduire l'activité du furosémide. Certains médicaments grand public, surtout les décongestionnants employés contre le rhume et les allergies peuvent avoir le même résultat ;

— l'hydrate de chloral, utilisé pour dormir, peut faire monter la pression, accélérer le pouls et causer des bouffées de chaleur ;

— les barbituriques, les narcotiques, les phénothiazines, les antidépresseurs peuvent aggraver l'hypotension ;

— l'usage de clofibrate : l'action des 2 médicaments de même que leurs effets secondaires sont augmentés ;
— la théophylline : ses effets peuvent être augmentés ;
— la phénytoïne peut diminuer l'absorption du furosémide ;
— les anticoagulants oraux : il faudra ajuster leur dosage après avoir vérifié le taux de prothrombine ;
— le lithium : il devient plus toxique et provoque de la faiblesse, de la diarrhée, des vomissements, de la léthargie et de l'incoordination musculaire.

Précautions

L'ajustement du dosage du furosémide est difficile et requiert une surveillance étroite de la part du médecin ; il doit nécessairement avoir recours à certaines analyses de laboratoire avant et pendant le traitement car, par ces analyses, il est possible d'éviter des effets secondaires graves. En particulier, il faut surveiller le niveau sanguin du potassium : trop ou trop peu de potassium peut entraîner divers symptômes. Quand en plus du furosémide un malade prend de la digitale, l'équilibre de son potassium peut être une question de vie ou de mort. Une liste des aliments qui fournissent beaucoup de potassium se trouve en page 510.

Si une diarrhée abondante ou des vomissements surviennent pendant ce traitement, il est recommandable d'entrer en contact avec son médecin, car ces 2 situations produisent un débalancement de l'équilibre de l'eau et du potassium et un haut risque d'effets secondaires graves.

La consommation d'alcool tout comme l'exercice physique violent et la grande chaleur peuvent causer des étourdissements chez les gens qui prennent du furosémide.

Alternatives

Voir le texte sur l'hypertension artérielle, page 747.

Jugement global

Dans l'hypertension artérielle, le furosémide agit moins bien que les thiazides, est plus dangereux et coûte généralement un peu plus cher. En fait, il ne devrait être réservé qu'aux malades atteints de maladies rénales ou à ceux pour qui les thiazides ne conviennent pas.

G

Gemfibrozil

Nom commercial : Lopid.

Ordonnance requise

Indications thérapeutiques

Le gemfibrozil est un proche parent du clofibrate et comme lui on l'utilise pour faire baisser les taux sanguins de cholestérol mais surtout celui des triglycérides.

Posologie habituelle

On prend habituellement 600 mg 2 fois par jour, 30 minutes avant le petit déjeuner et le souper, la dose maximale étant de 1 500 mg par jour.

Contre-indications

On ne doit pas utiliser le gemfibrozil dans les cas de cirrhose. On évaluera sérieusement les avantages de son emploi si l'on souffre d'insuffisance hépatique ou rénale ou de problèmes à la vésicule biliaire.

On ne doit utiliser le gemfibrozil ni durant la grossesse ni durant la période d'allaitement. Des expériences menées chez l'animal ont en effet démontré qu'il pouvait produire des effets néfastes graves (tumeurs et mort fœtale).

Effets secondaires possibles

Le gemfibrozil peut provoquer divers effets secondaires mineurs qui diminuent souvent avec le temps : malaises gastriques, flatulence, diarrhée, crampes ou douleurs aux muscles, vision trouble, maux de tête, éruption cutanée et vertiges. On devra cependant s'adresser sans tarder à un médecin si de la fièvre, un mal de gorge ou de fortes douleurs abdominales venaient à se produire ; ce dernier symptôme peut être associé à la formation de calculs communément appelés pierres à la vésicule biliaire.

Sa parenté chimique avec le clofibrate laisse supposer que les effets secondaires à long terme attribués à ce dernier pourraient aussi survenir avec le gemfibrozil, c'est-à-dire augmentation du taux de maladies du foie, de pancréatites et de décès d'origine non cardio-vasculaire.

Il arrive enfin que le gemfibrozil augmente légèrement le taux de glucose sanguin.

Interactions médicamenteuses

Le gemfibrozil augmenterait l'effet des anticoagulants.

Précautions

On devrait, avant d'entreprendre un traitement au gemfibrozil, subir une évaluation de la fonction hépatique et de la formule sanguine.

On devra aussi procéder, à intervalles périodiques, au dosage des lipides sanguins.

Ce médicament peut augmenter le taux de sucre sanguin et nécessiter un ajustement des doses d'insuline ou d'hypoglycémiants oraux.

Les femmes qui utilisent le gemfibrozil doivent avoir une méthode contraceptive sûre.

La prise de gemfibrozil ne peut, en aucun cas, remplacer le régime à faible teneur en lipides ; l'effet du médicament vient s'ajouter à celui de la diète.

Alternatives

On associe des taux élevés de lipides sanguins à un risque accru de maladies cardiaques, plus particulièrement à l'infarctus du myocarde. Il existe plusieurs types de lipides sanguins : le cholestérol est celui qui retient le plus l'attention et qui est le plus souvent incriminé comme agent pathogène. On distingue cependant différents cholestérols, le « bon » cholestérol (ou HDL) qui contribuerait à diminuer l'incidence des maladies coronariennes et le « mauvais » cholestérol (LDL) qui aurait l'effet inverse. On distingue aussi une autre fraction lipidique, les triglycérides dont le lien avec les maladies coronariennes est loin d'être clair, sauf, croit-on maintenant, chez les femmes ayant dépassé 50 ans. On essaie, lorsque le taux global de cholestérol est élevé, de le faire diminuer, mais surtout de garder une proportion élevée de « bon » cholestérol. Voici les différents facteurs qui contribuent à préserver cet équilibre :

— le maintien du poids idéal par l'adoption d'une alimentation pauvre en graisses ;

— l'activité physique, car elle contribue à la formation de « bon » cholestérol ;

— la consommation modérée d'alcool, pour la même raison, et parce qu'elle contribue à la baisse des triglycérides ;

— la réduction du stress, car celui-ci pourrait entraîner des microlésions des vaisseaux susceptibles de conduire à la formation d'athérosclérose ;

— le contrôle du diabète et de l'hypertension qui sont aussi des facteurs de risque des maladies cardio-vasculaires.

Ainsi, toute tentative de réduction du taux de lipides sanguins comporte d'abord et avant tout l'intégration de certains éléments d'hygiène de vie qui ne devraient pas être mis au rancart advenant le cas du recours au médicament. D'un autre côté, on commence aussi à douter de la fiabilité des dosages sanguins du cholestérol. Une étude menée en 1985 par le *College of American Pathologists* a révélé leur grande variabilité. Un échantillon de sang contenant la même concentration de cholestérol a été envoyé à 5 000 laboratoires pour en déterminer la concentration. Les résultats se sont échelonnés entre 222 et 334 mg/100 ml, selon le laboratoire et la technique utilisée. Le taux de cholestérol mesuré chez vous pourrait alors être soit beaucoup plus bas… soit plus élevé que le résultat communiqué. Il reste cependant difficile de tirer des conclusions pratiques d'une telle recherche.

Pour plus de détails, consulter le texte sur l'angine de poitrine, à la page 677.

Jugement critique

Le gemfibrozil est un médicament relativement jeune mais qui ne semble pas représenter un apport important au traitement des hyperlipidémies (taux sanguin trop élevé de cholestérol et de triglycérides). Ses risques d'utilisation au cours de la grossesse, sa propension à augmenter les calculs biliaires ainsi que sa parenté avec le clofibrate n'en font pas un médicament de choix.

Gentamycine

Nom commercial :
Garamycin.

Ordonnance requise

Indications thérapeutiques

La gentamycine est un antibiotique que l'on utilise sous forme de crème ou d'onguent dans le traitement d'infections superficielles de la peau et sous forme de gouttes dans le traitement d'otites et d'infections des yeux. On peut aussi s'en servir dans des infections systémiques ; elle est alors donnée en injection.

Posologie habituelle

La crème et l'onguent doivent être appliqués entre 3 et 6 fois par jour.

Les gouttes otiques (pour les oreilles) s'emploient à raison de 3 ou 4 gouttes aux 4 ou 8 heures. On instille une seule goutte ophtalmique dans chaque œil atteint à la même fréquence.

Contre-indications

L'allergie connue au médicament ou aux autres antibiotiques de la même classe (dont fait aussi partie la néomycine) constitue une contre-indication.

On ne devrait pas employer les gouttes otiques si le tympan est perforé.

Effets secondaires possibles

La gentamycine produit parfois une réaction d'hypersensibilité qui se manifeste par des démangeaisons, de la rougeur ou de l'irritation. Cette réaction pourra demander une interruption du traitement.

L'utilisation prolongée d'un antibiotique peut entraîner l'apparition d'infections fongiques.

Précautions

La crème et l'onguent sont appliqués sur la peau propre et sèche.

Dans l'impétigo, on doit enlever les croûtes avant d'utiliser l'onguent.

On devrait tenter d'éviter l'application de gentamycine sur de larges surfaces de peau, surtout si celle-ci est très endommagée. L'antibiotique est alors absorbé en plus grande quantité et il possède une forte toxicité pour l'oreille et le rein.

Alternatives

L'utilisation de la gentamycine, comme celle de tout autre antibiotique topique, provoque parfois l'apparition de résistance : les bactéries qui étaient au départ sensibles au médicament deviennent insensibles à son action et se multiplient. L'infection devient alors plus difficile à traiter. L'apparition de résistance limite aussi l'emploi de l'antibiotique dans d'éventuelles infections systémiques où il serait utile. C'est là le désavantage majeur de l'utilisation abusive des antibiotiques. Pour cette raison, on recommande de réserver le recours aux antibiotiques topiques aux cas où ils s'imposent et de recontacter son médecin si l'on ne constate pas d'amélioration après 5 à 7 jours. Les infections graves de la peau nécessitent la prise d'antibiotiques par la bouche, alors que les infections bénignes peuvent souvent se soigner à l'aide d'antibactériens.

Jugement global

La gentamycine est un antibiotique efficace, mais qui a le désavantage de produire assez souvent des réactions d'hypersensibilité, en plus de posséder une forte toxicité s'il est absorbé en grande quantité. On tentera d'en réduire l'utilisation au maximum.

Glyburide

Noms commerciaux :
Diabeta, Euglucon.

Ordonnance requise

Le glyburide appartient à la même classe de médicaments que le tolbutamide. Il possède les mêmes indications thérapeutiques, effets secondaires, mises en garde et solutions de rechange. On se référera donc au texte sur le tolbutamide, page 591. Il s'en distingue cependant par les points suivants :

— La dose quotidienne de glyburide ne devrait pas dépasser 20 mg. La plupart du temps, de 5 à 10 mg sont suffisants et peuvent être administrés en une dose, en même temps que le repas du matin ou du midi. Si plus de 10 mg sont nécessaires, le surplus sera administré après le repas du soir, mais jamais au coucher.

— Le glyburide n'entre pas en interaction avec les anticoagulants, les anti-inflammatoires, l'AAS, les sulfas, le chloramphénicol, le clofibrate, la guanéthidine, le Marplan, le Nardil et le Parnate. Il serait plus sûr pour les patients qui prennent ces médicaments.

— Son usage concomitant avec l'alcool n'entraîne pas les effets désagréables des autres hypoglycémiants.

H

Halopéridol

> Noms commerciaux :
> Apo-Halopéridol, Haldol,
> Novo-Péridol, Péridol.

Ordonnance requise

Ce médicament ressemble beaucoup aux phénothiazines et l'on pourra consulter le texte sur la chlorpromazine pour plus de détails, en page 186. Le halopéridol diffère cependant de cette dernière par les points suivants.

Posologie habituelle

La quantité de médicament requise pour produire l'effet recherché varie beaucoup selon le patient et la gravité de son état. On peut donner jusqu'à 100 mg par jour, bien que les doses habituelles se situent plus entre 1 et 6 mg, 2 ou 3 fois par jour. Dans le traitement des cas chroniques, l'effet du halopéridol n'est pas immédiat. Bien que l'on observe une amélioration de l'état du patient en début de traitement, il peut s'écouler plusieurs semaines (4, 5 ou 6) avant que le médicament n'atteigne son effet optimal. L'effet est plus rapide dans les cas de crise et peut se manifester en moins de 48 heures.

Effets secondaires possibles

Si le halopéridol présente les mêmes effets secondaires que la chlorpromazine, il s'en distingue par la fréquence de leur incidence. Il est moins sédatif et crée moins d'hypotension que la chlorpromazine. Il occasionne aussi généralement moins d'embrouillement de la vue, moins de constipation, de rétention urinaire et de sécheresse de la bouche. En contrepartie, on observe qu'il est plus souvent responsable d'effets moteurs apparentés au parkinsonisme, de besoin de bouger et de dyskinésie tardive.

Précautions

— Le médicament devrait être pris au moment des repas.
— Si l'on utilise la forme liquide, on doit la diluer avec du lait ou de l'eau, mais jamais avec du thé ou du café.

Jugement global

Le halopéridol est un antipsychotique puissant ; il est souvent considéré comme le médicament de choix dans le traitement des crises psychotiques ou maniaques.

Hydergine

> Association de mésylates
> de dihydrœrgocornine, de
> dihydrœrgocristine et de
> dihydrœrgokryptine.

Ordonnance requise

Indications thérapeutiques

On utilise ce médicament dans le traitement des symptômes associés au déclin des facultés mentales attribué par certains à l'insuffisance cérébro-vasculaire ou à l'artériosclérose cérébrale, mais le plus souvent d'origine inconnue, comme dans la maladie d'Alzheimer. Parmi les symptômes que l'on cherche à soigner figurent les étourdissements, la confusion, la dépression, l'instabilité émotive, etc.

Posologie habituelle

On se voit généralement prescrire 1 comprimé à prendre 3 ou 4 fois par jour. Le fabricant note que l'effet se manifeste graduellement et qu'il atteindrait son seuil d'efficacité après 3 ou 4 semaines. Après

8 semaines de traitement, l'on pourrait recourir au médicament au besoin seulement.

Contre-indications

On devra éviter ce médicament si le pouls est inférieur à 60 et si la pression artérielle est basse (systolique à moins de 100) ou si l'on a déjà fait une allergie à ce produit. Les personnes psychotiques ne devraient pas non plus prendre d'Hydergine. Celles qui souffrent d'insuffisance hépatique devront probablement recevoir des doses plus faibles.

Effets secondaires possibles

Les effets secondaires sont peu fréquents. On contactera cependant son médecin si se manifestent une éruption cutanée, des maux de tête, des étourdissements, un embrouillement de la vue, de la congestion nasale, des crampes abdominales, de la diarrhée, des nausées, des vomissements et une baisse d'appétit. Une diminution importante du rythme cardiaque ou de la pression sanguine pourront demander un arrêt de la médication.

Interactions médicamenteuses

L'Hydergine peut augmenter l'effet des médicaments antihypertenseurs et aussi l'effet de ralentissement cardiaque du propranolol, du métoprolol, du nadolol, du timolol et du digoxin.

L'Hydergine ne devrait pas être pris en même temps que d'autres dérivés de l'ergot.

Précautions

Les personnes traitées pour l'hypertension peuvent expérimenter plus facilement de l'hypotension en passant de la position couchée à la position assise ; elles devraient se lever lentement.

Alternatives

Les « désordres du comportement » associés au vieillissement sont peut-être liés en partie au vieillissement de l'organisme et, entre autres choses, à une mauvaise irrigation sanguine au niveau cérébral, mais d'autres facteurs restent à considérer qui sont d'ordre social, économique et environnemental. Font habituellement partie du tableau de la vieillesse la solitude, la pauvreté, l'isolement social ainsi qu'une alimentation déficiente. Or un organisme fonctionne bien dans la mesure où la personne est stimulée, où elle peut s'intégrer à un milieu et s'y sentir utile, dans la mesure où elle dispose de suffisamment de ressources pour bien s'alimenter et se distraire. Ce sont d'abord sur ces facteurs qu'il faudrait tenter d'agir, souvent en ayant recours à d'autres ressources que le personnel médical.

Jugement global

Ce médicament a toujours eu une utilité grandement discutée. Un panel d'experts de l'Académie nationale des sciences des Etats-Unis n'a pu le classer ni parmi les « produits efficaces », ni parmi les « produits probablement efficaces ». Un certain nombre d'études lui attribuent cependant une légère efficacité, sans pourtant réellement aboutir à une conclusion claire quant aux symptômes sur lesquels le médicament agirait ; ceux-ci varient d'une étude à l'autre et vont de la sociabilité à l'habileté à s'alimenter. Il semble que le médicament servirait plutôt à soigner la culpabilité du médecin qui le prescrit, son effet chez le patient se rapprochant de l'effet placebo.

Hydralazine

Nom commercial :
Apresoline.

Ordonnance requise

Indications thérapeutiques

L'hydralazine s'utilise pour le contrôle de l'hypertension artérielle modérée ou grave. Elle agit en relaxant la musculature des artérioles.
On l'emploie aussi parfois comme traitement d'appoint dans l'insuffisance cardiaque congestive.

Posologie habituelle

La dose d'attaque est de 10 mg 4 fois par jour pendant 2 à 4 jours, puis de 25 mg 4 fois par jour pour le reste de la semaine et par la suite de 50 mg 4 fois par jour pendant quelques semaines ; la dose d'entretien est alors ajustée selon les effets obtenus. En association avec d'autres médicaments hypotenseurs (comme les diurétiques), la dose nécessaire est beaucoup plus basse.

L'hydralazine prend plusieurs jours avant d'exercer tous ses effets.

Certains chercheurs ont noté que l'effet de l'hydralazine varie beaucoup selon qu'elle est prise avec ou sans nourriture. On devra, par conséquent, établir un horaire d'administration du médicament et le respecter scrupuleusement. On sait que l'hydralazine est mieux tolérée quand elle est ingérée aux repas, avec de la nourriture.

Contre-indications

L'hydralazine peut aggraver l'angine de poitrine et provoquer de nouveaux accidents cérébraux chez les personnes qui en ont déjà faits. Ce médicament ne doit pas être utilisé quand les reins sont gravement déficients ni lorsque l'on souffre de rhumatisme cardiaque. Des expériences de laboratoire ont montré que l'hydralazine causait des anomalies congénitales chez certains animaux ; l'on a aussi observé chez certains enfants nés de mères qui prenaient de l'hydralazine des troubles sanguins qui se sont toutefois résorbés en 1 à 3 semaines. On ne peut pas en recommander l'utilisation au cours de la grossesse. Il est aussi préférable de s'en abstenir pendant l'allaitement, étant donné que l'on ne possède pas d'informations quant à son utilisation.

Effets secondaires possibles

Beaucoup d'effets secondaires peuvent survenir surtout pendant les 2 premières semaines de traitement : maux de tête, diarrhée, perte d'appétit, congestion nasale et larmoiement, nausées et vomissements, étourdissements, faiblesse générale, engourdissements aux doigts et aux orteils, difficulté à respirer, palpitations, mauvais goût et sécheresse dans la bouche, anxiété ou dépression et crampes musculaires. Ils diminuent ou disparaissent souvent avec le temps. Cependant, si ces symptômes sont trop prononcés ou s'ils persistent, il pourrait être nécessaire d'arrêter le traitement. Une éruption cutanée généralisée, des ulcères à la peau, de la rétention de liquides et de l'œdème, une enflure des ganglions, un mal de gorge avec fièvre, des douleurs articulaires et des douleurs cardiaques sont des symptômes qui requièrent une consultation médicale immédiate et qui indiquent une incompatibilité probable à l'hydralazine.

Interactions médicamenteuses

L'hydralazine s'accommode mal de l'ingestion simultanée d'amphétamines et de décongestionnants ; en cas de grippe, rhume ou maladie des sinus, il faut donc éviter de prendre les médicaments vendus pour traiter ces conditions. On sait aussi que les anti-inflammatoires donnés dans l'arthrite (surtout l'indométhacine) peuvent diminuer l'effet de l'hydralazine.

Les antidépresseurs et les diurétiques peuvent augmenter l'effet hypotenseur de l'hydralazine.

Précautions

Il est nécessaire de se faire suivre régulièrement quand on utilise l'hydralazine ; et il ne faut jamais décider soi-même de cesser son emploi, car alors la pression artérielle pourrait rapidement monter à des niveaux dangereux. Même quand on se sent bien, il faut continuer de prendre le médicament ; il ne s'agit que d'un traitement symptomatique qui fait baisser la tension artérielle mais sans toucher la cause. Si l'on doit cesser le traitement, l'on prendra soin de diminuer les doses progressivement.

L'hydralazine détruit les vitamines du complexe B ; une alimentation variée écarte cependant, chez la plupart des gens, le danger d'en manquer. Certains patients doivent cependant prendre entre 100 et 200 mg de vitamine B_6 pour contrer l'engourdissement des doigts, des orteils et des lèvres (neuropathie périphérique).

L'hydralazine peut provoquer des étourdissements, surtout lors des changements rapides de position ; pour éviter cette difficulté, on peut se lever lentement ou faire quelques mouvements des jambes avant de se lever. La station debout prolongée peut aussi entraîner des étourdissements. La consommation d'alcool, la chaleur et l'exercice physique violent augmentent ce problème. Quand on commence à prendre l'hydralazine, il faut voir si l'on souffre de ce symptôme avant de conduire une auto ou de manipuler une machine dangereuse.

L'exposition au froid peut augmenter les risques d'angine chez les personnes prédisposées.

Le traitement à long terme requiert des examens périodiques du sang, de la fonction hépatique et du cœur (ECG).

Alternatives

Tout traitement d'hypertension devrait inclure un changement des habitudes de vie : alimentation, réduction du stress, activité physique, même lorsque l'on doit recourir à l'usage de médicament, comme dans les cas plus graves. Voir à cet effet le texte sur l'hypertension artérielle en page 747.

Jugement global

L'hydralazine est un médicament qui doit être réservé au traitement des hypertensions graves ; il ne faut jamais commencer le traitement d'un nouveau cas d'hypertension avec ce médicament. Il y a tout avantage à associer l'hydralazine à un autre médicament hypotenseur, de sorte que le dosage de chacun soit le moins élevé possible et que les effets secondaires soient moins importants. On le donne souvent en même temps qu'un bêta-bloquant et qu'un diurétique.

L'hydralazine améliore souvent la circulation sanguine rénale.

Hydrochlorothiazide

Noms commerciaux :
Apo-Hydrochlorothiazide,
Diuchlor-H, Esidrix,
HydroDiuril, Natrimax,
Néo-Codema,
Novohydrazide, Urozide.

Ordonnance requise

Indications thérapeutiques

Les diurétiques s'emploient beaucoup dans le traitement de l'hypertension artérielle, la plupart du temps avec d'autres médicaments dont ils augmentent l'efficacité. Ils s'utilisent aussi dans les maladies qui provoquent de l'œdème, en particulier dans l'insuffisance cardiaque. Certains médecins les prescrivent pour diminuer les symptômes prémenstruels.

Posologie habituelle

Pour diminuer l'œdème, l'hydrochlorothiazide s'utilise souvent à la dose de 50 à 100 mg 2 fois par jour jusqu'à ce que l'effet recherché soit obtenu ; par la suite, une dose quotidienne suffit ordinairement et même on doit l'omettre de temps en temps, ce qui diminue les risques d'effets secondaires. Dans l'hypertension artérielle, la dose quotidienne maintenant recommandée est de 25 ou 50 mg après le petit déjeuner. On s'entend pour dire qu'un apport quotidien supérieur à 50 mg n'a pas de résultat bénéfique sur la pression tout en augmentant sensiblement le risque d'effets secondaires.

L'hydrochlorothiazide se prend après les repas ; il est recommandé de ne pas ingérer la dernière dose plus tard que 18 h, sans quoi il pourrait être nécessaire de se lever la nuit pour uriner. Durant le traitement d'entretien, une dose unique le matin est généralement suffisante.

Dans le syndrome prémenstruel, les diurétiques s'emploient le matin pendant quelques jours avant le début de la menstruation.

Contre-indications

Les personnes allergiques aux sulfamidés éviteront aussi l'hydrochlorothiazide.

Les personnes atteintes de maladies rénales, hépatiques et pancréatiques graves risquent de voir leur état aggravé par ce médicament ; de même, les gens qui ont déjà fait du lupus érythémateux. Ceux qui souffrent de goutte peuvent avoir des crises plus fréquentes. Les diabétiques risquent d'avoir plus de problèmes à contrôler leur taux de sucre sanguin.

L'utilisation des diurétiques pour maigrir est illogique et dangereuse ; le poids perdu n'est que de l'eau qui sera reprise dans les jours qui suivent l'arrêt du médicament.

Ce médicament traverse la barrière placentaire et passe dans le lait maternel ; le fœtus ou le bébé pourraient donc en subir les effets. Bien que les études faites chez l'animal n'indiquent pas d'action négative, il n'existe pas de données sur ce qui se passe chez l'humain. On craint l'apparition d'effets secondaires semblables à ceux qui se produisent chez l'adulte et plus particulièrement les troubles sanguins et la jaunisse (dont on sait cependant qu'ils sont rares).

Effets secondaires possibles

L'utilisation d'un diurétique comporte des effets secondaires mineurs qui disparaissent généralement après quelque temps d'utilisation. Ainsi plusieurs personnes expérimentent de la fatigue, des étourdissements, de la nervosité, des maux de tête, une perte d'appétit, des nausées et vomissements, de la diarrhée ou des crampes sans qu'il soit nécessaire d'interrompre le traitement. D'autres y sont allergiques — ce qui se manifeste la plupart du temps par un rash cutané — et doivent cesser le traitement.

D'autres problèmes apparaissent parfois de manière plus insidieuse et pourraient avoir des conséquences néfastes. Ainsi, on observe que les thiazides provoquent un ensemble de désordres électrolytiques (de l'équilibre de divers sels nécessaires au fonctionnement de l'organisme). Le déficit en potassium est le plus connu et suscite bien des controverses. La plupart des utilisateurs de thiazides expérimentent une légère hypokaliémie (baisse de potassium dans le sang) dont on ne sait pas s'il faut la traiter médicalement ou non — à cause des effets secondaires possibles d'excès de potassium. Des recherches d'envergure ont montré qu'une déficience en magnésium ainsi qu'une alcalose (une baisse de l'acidité du sang) seraient associées au déficit en potassium et contribueraient à entretenir celui-ci. On émet maintenant l'hypothèse que les autres désordres métaboliques qui semblent associés à l'usage à long terme des thiazides découleraient de ces débalancements :

— une hausse des lipides sanguins qui se produit chez certains patients, surtout au cours de la première année d'utilisation ;
— l'aggravation d'un diabète préexistant et une moins bonne résistance au glucose ;
— une augmentation de l'acide urique sanguin, avec aggravation de la maladie chez les personnes atteintes de goutte ;
— une augmentation des accidents cardiaques chez les personnes présentant des anomalies de l'électrocardiogramme — les résultats des différentes études sont cependant contradictoires sur ce point.

Les personnes âgées seraient sensiblement plus susceptibles de développer ces désordres. On tente, en limitant les prises d'hydrochlorothiazide à 25 ou 50 mg par jour de réduire ces effets.

Un effet secondaire que l'on croyait rare, l'impuissance, toucherait un homme sur cinq avec, comme contrepartie féminine, une diminution de la lubrification vaginale.

Enfin on observe, quoique très rarement, une hépatite avec jaunissement de la peau et des yeux, une pancréatite ou une cholécystite qui se manifestent par de vives douleurs abdominales, des nausées et des vomissements. Les thiazides ont aussi rarement produit des désordres sanguins qui occasionnent des maux de gorge et de la fièvre ou une tendance à faire des bleus.

Interactions médicamenteuses

— Les thiazides potentialisent les effets des autres diurétiques.
— Les corticostéroïdes augmentent l'excrétion de potassium et donc la toxicité des thiazides.
— Les thiazides peuvent accroître la toxicité de la digitale et du lithium ; il faut, la plupart du temps, diminuer le dosage de ces médicaments.
— Les thiazides augmentent la destruction de la vitamine K et devraient être utilisés prudemment pendant un traitement aux anticoagulants qui ont un effet semblable.
— Les thiazides peuvent rendre plus difficile l'utilisation des hypoglycémiants oraux prescrits dans certains cas de diabète et ils peuvent exiger une augmentation du dosage des médicaments donnés pour la goutte.
— Le Parnate, le Nardil et le Marplan augmentent l'effet des thiazides en retardant leur élimination.
— Les analgésiques, les barbituriques, les phénothiazines et les antidépresseurs peuvent causer une baisse excessive de la tension artérielle.
— La cholestyramine (Questran) interfère avec l'absorption des thiazides et ceux-ci doivent être pris 60 minutes avant ou 4 heures après.
— Les anti-inflammatoires non stéroïdiens et surtout l'indométhacine peuvent partiellement empêcher l'activité des thiazides. Certains médicaments grand public et surtout les décongestionnants employés contre le rhume et les allergies peuvent avoir le même résultat.
— Le carbonate de calcium, lorsqu'il est utilisé comme antiacide, peut causer une hypercalcémie s'il est employé en même temps que les thiazides.
— L'usage concomitant de thiazides et de bicarbonate de sodium (la « petite vache ») peut amener une alcalose.

Précautions

— Les personnes allergiques aux sulfamidés peuvent aussi l'être aux thiazides qui ont une formule chimique fort semblable.

— Il est essentiel d'augmenter sa consommation de potassium quand on utilise ce type de diurétiques ; le tableau en page 510 indique quels aliments sont riches en potassium. *Il ne faut jamais* décider soi-même d'utiliser un supplément de potassium, qu'il soit « naturel » ou non étant donné que les surplus de potassium sont tout aussi néfastes que les carences. Le danger de manquer de potassium est particulièrement grand quand on prend de la digitale en même temps qu'un diurétique du groupe thiazide et demande que tous ces médicaments soient dosés avec précision.

— Lors des premières expositions au soleil, il faudrait être prudent car certaines personnes éprouvent une plus grande sensibilité à ses rayons.

— En cas de vomissements ou de diarrhée, les pertes de potassium peuvent être augmentées et précipiter l'hypokaliémie.

— On devrait connaître les signes d'hypokaliémie ; les premiers symptômes de ce dérangement sont les douleurs ou les crampes musculaires, la fatigue et la faiblesse, la soif, la sécheresse de la bouche, la somnolence, la diminution du volume urinaire, une accélération du rythme cardiaque, des nausées et vomissements. Les battements irréguliers du cœur et les palpitations indiquent déjà un degré plus avancé de manque et nécessitent l'intervention rapide d'un médecin.

— L'alcool peut entraîner des étourdissements lors des changements de position rapides, s'il est pris pendant un traitement aux thiazides.

— Si une personne adopte une diète pour maigrir tout en prenant des diurétiques, elle risque de présenter plus d'effets secondaires ; mieux vaut en parler à son médecin.

Alternatives

Tout traitement d'hypertension devrait inclure un changement des habitudes de vie : alimentation, réduction du stress, activité physique. On sait maintenant qu'il est possible de contrôler l'hypertension légère (et celle-ci compte pour une bonne part des hypertensions) en agissant à ces divers niveaux. On devrait réserver l'usage des médicaments aux cas plus graves et même dans ces cas tenter de modifier favorablement ses habitudes de vie. Nous suggérons aux lecteurs de consulter la rubrique sur l'hypertension artérielle (page 747) pour en savoir plus à ce sujet.

Jugement global

Les diurétiques du groupe thiazide ont été jusqu'ici le premier choix de traitement dans l'hypertension. On tend maintenant à recommander une approche plus souple étant donné que ces médicaments ne sont pas aussi inoffensifs qu'on l'avait d'abord cru. Les bêta-bloquants, le captopril ou le prazocin pourraient remplacer les thiazides dans certains cas… jusqu'à ce que l'on en connaisse les effets à long terme.

Le traitement de l'hypertension, même la forme bénigne, demeure cependant primordial et contribue à réduire considérablement l'incidence du nombre de complications. Dans les cas où l'hypertension est moyenne ou grave, les thiazides demeurent tout de même un choix thérapeutique dont les effets bénéfiques dépassent les effets toxiques. Dans les cas d'hypertension bénigne (lorsque la pression est à moins de 160/105), on devrait d'abord envisager les mesures non pharmacologiques suffisamment longtemps et sérieusement pour qu'elles aient le temps de produire leurs effets.

Hydrocodone

Noms commerciaux :
Hycodan, Robidone.

Ordonnance écrite requise

L'hydrocodone est un médicament analogue à la codéine. Il en partage les contre-indications, les effets secondaires possibles, les interactions médicamenteuses, les précautions à respecter lors de l'utilisation ainsi que les solutions de rechange concernant son usage antitussif. Pour plus de détails, on se référera au texte sur la codéine, page 220.

L'hydrocodone se différencie cependant par les éléments suivants.

Indications thérapeutiques

On utilise l'hydrocodone pour maîtriser la toux lorsque celle-ci ne produit pas de crachats et qu'elle n'est pas contrôlée par d'autres mesures.

Posologie habituelle

Si on a plus de 12 ans, on utilisera 5 mg d'hydrocodone après les repas et au coucher, avec un peu de nourriture. Les enfants de 2 à 12 ans peuvent recevoir jusqu'à la moitié de la dose adulte et les enfants de moins de 2 ans jusqu'au quart, la quantité exacte étant calculée d'après le poids.

Jugement global

L'hydrocodone est un médicament puissant qui sera utile si la toux n'est pas contrôlable par d'autres moyens.

En plus d'exister dans les produits mentionnés plus haut, il est commercialisé sous forme d'association dans les produits suivants : Hycomine, Hycomine S, Novahistex DH, Novahistine DH. On préférera généralement utiliser l'hydrocodone simple et, si nécessaire, ajouter un décongestionnant ou un antihistaminique, au besoin seulement.

Comme tout dérivé de la morphine, ce médicament possède un potentiel d'abus qui concerne plus particulièrement les personnes ayant des tendances toxicomanes. On peut aussi devenir dépendant physiquement du médicament, bien que ceci se développe généralement à la suite de l'utilisation de fortes doses. L'utilisation comme antitussif aux doses recommandées ne comporte généralement pas ces risques.

Hydroxyde d'aluminium

Nom commercial :
Amphojel

Ordonnance non requise

L'hydroxyde d'aluminium est l'un des deux composés de l'association d'antiacides qui constituent le Maalox. Nous vous référons au texte sur ce produit, page 382, pour ce qui concerne les indications thérapeutiques, les contre-indications, les effets secondaires et les mises en garde qui s'imposent. Certains éléments l'en différencient cependant. L'hydroxyde d'aluminium provoque de la constipation plutôt que de la diarrhée et il peut parfois causer des nausées. De plus, il a la propriété de ralentir le transit intestinal. Son usage prolongé peut induire une perte exagérée en phosphates se manifestant par des douleurs aux os, de la faiblesse et une perte de calcium dans les urines. En plus des interactions communes au mélange aluminium-magnésium, l'hydroxyde d'aluminium réagit de façon spécifique avec le diazépam pour augmenter son action et, avec l'indométhacine et le dicoumarol, pour diminuer leur activité.

Lorsqu'il est pris seul, l'hydroxyde d'aluminium doit être utilisé à dose plus élevée que lorsqu'il est associé à l'hydroxyde de magnésium. On devra ingérer 110 ml (7 cuillerées à soupe) 7 fois par jour lors d'un traitement continu d'ulcère. Pour un usage occasionnel, on recommande l'utilisation d'environ 20 ml chaque fois (une cuillerée à soupe et demie).

Les comprimés sont considérés comme moins efficaces. Toutefois, si on désire les utiliser, il faut bien les mâcher et les avaler avec beaucoup d'eau.

Il faut dire pour terminer que l'Amphojel contient beaucoup de sodium et qu'on devrait l'éviter si l'on doit respecter une diète à faible teneur en sel.

Hydroxyzine

Noms commerciaux :
Atarax, Multipax.

Ordonnance requise

Indications thérapeutiques

L'hydroxyzine est utilisée comme tranquillisant pour diminuer les symptômes d'anxiété, de tension et d'agitation. On l'emploie aussi comme antihistaminique pour soulager la démangeaison dans l'urticaire chronique et parfois pour réduire les nausées pré et postopératoires.

Posologie habituelle

Les adultes peuvent prendre de 25 à 100 mg 3 ou 4 fois par jour. Aux enfants de moins de 6 ans, on peut donner jusqu'à 12,5 mg aux

6 heures selon l'âge et le poids et, à partir de 6 ans, entre 12,5 et 25 mg aux 6 heures.

L'effet commence généralement de 15 à 30 minutes après l'ingestion du médicament et il dure environ 4 heures.

On peut aussi recevoir l'hydroxyzine en injection intramusculaire.

Contre-indications

On évitera de prendre de l'hydroxyzine si l'on y a déjà fait une réaction allergique et durant les 3 premiers mois de la grossesse. Elle devra par ailleurs être employée avec prudence si l'on souffre d'épilepsie.

L'hydroxyzine passe dans le lait maternel ; elle ne devrait probablement pas être utilisée durant la période d'allaitement.

Effets secondaires possibles

L'hydroxyzine produit peu d'effets secondaires ; la somnolence est le plus fréquent et elle diminue souvent à la longue. On note aussi de la sécheresse de la bouche et parfois des tremblements et des convulsions, à dose élevée. Rarement, l'on pourra souffrir d'étourdissements, d'urticaire ou d'allergie cutanée.

Interactions médicamenteuses

L'action sédative des tranquillisants, des antidépresseurs, des autres antihistaminiques, des analgésiques, des anesthésiques, de la clonidine et du méthyldopa est augmentée par l'hydroxyzine. Il peut être nécessaire d'augmenter le dosage de la phénytoïne et de diminuer celui des anticoagulants oraux.

Précautions

À cause de la possibilité de somnolence, l'on devrait éviter l'utilisation de véhicules automobiles et de machines demandant de l'attention et de la précision. L'alcool augmente cet effet.

La forme liquide devra être entreposée dans des bouteilles brunes.

Alternatives

Selon que l'hydroxyzine nous est prescrite pour son effet tranquillisant ou pour son effet antiallergique, on se référera aux textes sur la relaxation (page 650) ou sur les allergies (page 668).

Jugement critique

L'hydroxyzine est considérée comme le médicament de choix pour traiter la démangeaison associée à l'urticaire. Lorsque d'autres facteurs sont à l'origine de ces démangeaisons (dermite de contact, varicelle…), il n'est pas démontré que l'hydroxyzine agisse mieux que les autres antihistaminiques. Il est possible qu'une partie de son effet soit liée à la sédation qu'elle produit.

I

Ibuprofène

Noms commerciaux :
Amersol, Apo-Ibuprofen,
Motrin, Novo-Profen.

Ordonnance requise

L'ibuprofène est un médicament anti-inflammatoire et analgésique qui est de la même famille que le naproxen. Sauf en ce qui concerne la posologie, nous vous référons au texte sur ce médicament, page 440.

L'ibuprofène serait à peine moins efficace que le naproxen ; certaines personnes qui n'ont pas de bons résultats avec l'un ou qui éprouvent beaucoup d'effets secondaires réagissent mieux à l'autre. On s'entend généralement pour dire que l'ibuprofène est un peu moins irritant pour l'estomac que le naproxen.

La dose d'attaque de l'ibuprofène est de 1 200 mg à répartir en 3 ou 4 prises égales. Cette dose peut être augmentée jusqu'à un maximum de 2 400 mg par jour en phase aiguë ; par la suite, la dose d'entretien devrait se situer entre 800 et 1 200 mg par jour. Ce médicament peut être pris avec de la nourriture, du lait ou des antiacides. Ses effets devraient se manifester en dedans de 2 semaines.

S'il est utilisé comme analgésique (dans les douleurs menstruelles, à la suite d'une chirurgie dentaire, etc.), son effet met une heure à apparaître. On peut alors prendre entre 200 et 400 mg aux 4 à 6 heures, au besoin.

Imipramine

Noms commerciaux :
Apo-Imipramine,
Impril,
Novopramine,
Tofranil.

Ordonnance requise

L'imipramine est un antidépresseur similaire à l'amitriptyline. Il possède les mêmes indications thérapeutiques, posologie, contre-indications, interactions et précautions. Cependant, il produit habituellement moins de sédation que l'amitriptyline et ses effets secondaires sont un peu moins prononcés. On utilise parfois ce médicament chez les enfants de 6 à 12 ans qui souffrent d'énurésie ou qui ont des problèmes d'attention. On donne alors 25 mg 1 heure avant de dormir. On peut éventuellement augmenter la dose à 50 mg. Le « traitement » est parfois plus efficace si l'on en donne la moitié en fin d'après-midi et l'autre moitié au coucher. L'usage de l'imipramine à cet effet est fort discutable, entre autres à cause du fait qu'une intoxication est plus facilement grave chez les enfants.

Pour plus de détails sur ce médicament, on se référera au texte sur l'amitriptyline, page 132.

Indapamide

Nom commercial :
Lozide.

Ordonnance requise

Indications thérapeutiques

L'indapamide s'emploie dans le contrôle de l'hypertension artérielle et comme traitement d'appoint pour diminuer l'œdème dans l'insuffisance cardiaque congestive. Il possède une action diurétique et probablement un effet direct sur les vaisseaux périphériques.

Posologie habituelle

La dose de départ est habituellement de 2,5 mg par jour et pourra aller jusqu'à 5 mg par jour, en une seule prise.

On préférera prendre le médicament le matin afin de ne pas avoir à se lever la nuit pour uriner.

Contre-indications

On évitera l'indapamide dans les cas d'insuffisance rénale grave, ou lors de difficultés sévères à uriner. La présence de diabète, de goutte, de dysfonctionnement hépatique ou d'hyperuricémie (la concentration d'acide urique dans le sang est trop élevée) demandent une surveillance médicale étroite si l'on désire utiliser l'indapamide.

L'indapamide est un médicament qui ressemble aux diurétiques de la famille des thiazides. Il partagerait la plupart des effets secondaires de ces médicaments ainsi que leurs interactions avec les autres médicaments. Nous vous référons donc au texte sur l'hydrochlorothiazide à la page 332 pour plus de détails sur les effets secondaires, contre-indications et précautions à respecter. Comme les thiazides, l'indapamide peut occasionner une perte de potassium et d'autres problèmes métaboliques (tolérance au glucose, élévation de l'acide urique). Le fabricant soutient que son médicament a moins d'effet sur les lipides sanguins ; les études ne concordent cependant pas sur ce point. Il ne semble pas y avoir d'avantages à prendre ce médicament plutôt que l'hydrochlorothiazide ou un autre thiazide ; en effet, même si leur mode d'action est en partie différent, leur effet antihypertenseur semble équivalent. Par contre, l'indapamide a le désavantage d'être un nouveau médicament, avec tout ce que cela comporte d'inconnu quant aux effets à long terme et avec son « nouveau prix », 5 à 8 fois plus élevé que celui de l'hydrochlorothiazide.

Indométhacine

Noms commerciaux :
Apo-Indométhacin,
Indocid, Novométhacin,
Pro-Indo.

Ordonnance requise

Indications thérapeutiques

L'indométhacine s'emploie pour le traitement de la douleur et de l'inflammation causées par l'arthrite rhumatoïde, la spondylarthrite ankylosante, l'ostéoarthrite, l'arthrite psoriasique et la goutte.

Posologie habituelle

La dose d'attaque est de 25 mg 2 ou 3 fois par jour ; après une semaine, augmenter de 25 mg par jour si les résultats ne sont pas satisfaisants et répéter ce processus jusqu'à un maximum de 150 à 200 mg par jour. L'indométhacine est très irritante pour l'estomac ; aussi ne doit-elle jamais se prendre l'estomac vide ; le meilleur moment est donc aux repas, avec du lait ou un antiacide. On devrait aussi éviter de se coucher tout de suite après avoir avalé le médicament (l'on observera un intervalle de 20 minutes), afin de lui permettre de bien se rendre à l'estomac ; l'on réduit ainsi le risque d'irritation de l'œsophage. Pour limiter l'irritation gastrique, les médecins la prescrivent parfois sous forme de suppositoires de 100 mg qui s'administrent au coucher et parfois le matin en plus ; le traitement peut aussi être mixte — par voie orale et par voie rectale. Habituellement, on devrait noter une bonne amélioration de la condition après 5 ou 6 jours de traitement, mais le délai peut être plus long (jusqu'à un mois), plus particulièrement pour le traitement de la spondylarthrite, de l'arthrite rhumatoïde et de l'ostéoarthrite.

Dans le traitement des crises inflammatoires aiguës (goutte, bursite, tendinite), les doses initiales sont plus fortes et l'action peut se manifester plus rapidement.

Contre-indications

Ce médicament est contre-indiqué dans l'ulcère gastro-duodénal, la gastrite, la colite ulcéreuse, la diverticulite, les problèmes de coagulation du sang, l'insuffisance rénale et chez les personnes allergiques à l'indométhacine ou à l'acide acétylsalicylique. L'épilepsie, la maladie de Parkinson, la présence de déséquilibre émotif, des troubles des fonctions hépatique ou cardiaque demandent que l'on évalue sérieusement la nécessité de l'utilisation de ce médicament.

L'indométhacine ne doit pas s'utiliser — sauf exception — chez les enfants de moins de 14 ans. Les femmes qui sont enceintes ou qui allaitent devraient également s'en abstenir.

Effets secondaires possibles

Les effets secondaires de l'indométhacine sont très fréquents ; ils surviennent chez 35 à 50 % des utilisateurs. Ils peuvent être mineurs, comme la diarrhée, une perte d'appétit, une difficulté à digérer, des nausées et vomissements, des étourdissements ; cependant, si ces symptômes persistent ou sont trop graves, ils peuvent obliger à arrêter la médication. Par ailleurs, d'autres symptômes requièrent une consultation immédiate : du sang dans la bouche ou dans les selles, des selles noires, une vision embrouillée, de l'enflure et une augmentation de poids, une éruption cutanée et des démangeaisons, de la jaunisse, une pâleur extrême, une grande fatigue et de la dépression, de la confusion, des convulsions, des douleurs abdominales violentes, de la difficulté à respirer, des tintements d'oreille, du sang dans l'urine, une difficulté à uriner ou un besoin d'uriner souvent. Chez 25 à 50 % des gens qui utilisent l'indométhacine à long terme à plus de 100 mg par jour surviennent des maux de tête plus ou moins violents.

Un effet négatif insidieux serait l'accélération de la détérioration des articulations dans l'ostéoarthrite. Bien que l'on n'ait pas encore accumulé de preuve formelle de cet effet, le Dr N. Newman, de l'Hôtel-Dieu de Montréal, croit qu'il existe suffisamment de données pour s'inquiéter. D'autres auteurs croient qu'il suffirait de 3 ans pour aboutir à un effet perceptible.

Les suppositoires qui permettent d'éviter quelques désagréments stomacaux (mais pas les autres effets secondaires) peuvent provoquer des démangeaisons anales, de l'irritation et parfois des saignements et des fausses envies douloureuses.

Interactions médicamenteuses

Il est dangereux de consommer ce médicament en même temps que des anticoagulants, des diurétiques (surtout le furosémide et le triamtérène), des corticostéroïdes oraux, des hypoglycémiants oraux, d'autres anti-inflammatoires (surtout l'aspirine et le diflunisal), le probénécide et le lithium.

On devra aussi user de prudence si on doit l'associer à l'acide valproïque, au captopril, à la nifédipine et au vérapamil.

L'aspirine en diminuerait l'effet.

Précautions

L'indométhacine ne doit pas être utilisée indéfiniment ; il faut donc cesser ce traitement aussitôt que possible.

Des examens du sang, du foie, des reins ainsi que des examens des yeux doivent être faits périodiquement, pendant l'utilisation de ce médicament.

La conduite automobile et la manipulation de machines dangereuses doivent se faire avec prudence, surtout au début du traitement, car de la confusion mentale et de l'incoordination peuvent alors survenir. L'alcool peut aggraver les effets secondaires de l'indométhacine, plus particulièrement la somnolence et l'irritation gastrique.

L'indométhacine peut masquer les signes d'une infection et en rendre le diagnostic plus difficile.

Alternatives

Voir le texte sur l'arthrite, page 683.

Jugement global

Comme le dit le fabricant lui-même, « l'indométhacine n'est pas qu'un simple analgésique ; son emploi devrait être restreint... particulièrement aux cas qui ne répondent pas aux traitements classiques ». À cause de la gravité de ses effets secondaires, le traitement à l'indométhacine ne devrait être envisagé qu'après un insuccès de l'acide acétylsalicylique ou des autres anti-inflammatoires plus récents et du repos. Son emploi dans les cas de douleurs non spécifiques est à proscrire. Il semblerait par contre que les malades atteints de spondylarthrite ankylosante en tirent le plus de bénéfices.

Insuline

Ordonnance requise

Indications thérapeutiques

L'insuline est une hormone normalement produite par le pancréas ; elle sert au contrôle du glucose sanguin par l'organisme. Une sécrétion d'insuline insuffisante nécessite alors un apport externe.

L'insuline en injection sert à contrôler l'hyperglycémie liée à un diabète se déclarant habituellement avant l'âge adulte (avant 25 ans), chez des personnes présentant peu ou pas de production d'insuline. On l'utilise aussi pour contrôler un diabète habituellement maîtrisé par la diète ou les hypoglycémiants oraux, si apparaissent dans l'urine des corps cétoniques, ou bien lorsqu'un diabète lié à une grossesse ne disparaît pas avec l'instauration d'un régime alimentaire approprié.

Posologie habituelle

L'insuline est dosée en unités. Le nombre d'unités et le moment d'administration sont ajustés pour chaque patient, selon la stabilité de sa maladie, ses habitudes de vie, son activité physique habituelle et son alimentation.

On a longtemps admis qu'une injection quotidienne d'insuline était suffisante pour contrôler la glycémie. Des mesures plus fréquentes de la glycémie (le taux de sucre sanguin) infirment cependant cette affirmation et l'on tend maintenant, après une première étape de stabilisation au cours de laquelle on administre 1 ou 2 injections d'insuline par jour, à adopter un régime d'injections multiples (avec 3 ou 4 injections quotidiennes). On obtient ainsi un taux d'insuline plus proche de la normale et un meilleur contrôle du taux de sucre sanguin.

Les insulines sont d'origine animale (bœuf ou porc ou les deux) ou d'origine humaine (alors semi-synthétiques). Elles diffèrent par leur durée, leur rapidité d'action et le moment où se manifeste l'activité maximale (pic d'activité). On devra utiliser l'insuline qui nous a été prescrite, au dosage prescrit. Il est possible, si l'on doit changer de marque d'insuline, que le dosage doive être modifié. Ces manipulations devront être faites sous la supervision d'un médecin.

Voici un tableau qui résume les caractéristiques des principales insulines :

aspect		action (heures)			origine		
		début	pic	durée	bœuf/porc	porc	humaine
ACTION RAPIDE							
régulière	transparente incolore	1/2-1	2-4	5-7	Toronto Iletin Rég.	Iletin II Rég. Velosulin	Novolin Toronto, Velosulin humaine Humulin R
semi-lente	opaque blanche	1-3	2-8	12-16	Semi-lente, Iletin semi-lente		
ACTION INTERMÉDIAIRE							
NPH	opaque blanche	3-4	6-12	24-28	NPH, Iletin NPH	Iletin II	NPH Novolin NPH, Insulatard humaine, Humulin N
lente	opaque blanche	1-3	6-12	24-28	Lente, Iletin lente	Iletin II lente	Novolin lente
ACTION PROLONGÉE							
PZI	opaque blanche	4-6	14-24	36+	PZI, Iletin PZI		
ultralente	opaque blanche	4-6	18-24	36+	Ultralente, Iletin Ultralente		
INSULINES PRÉMÉLANGÉES							
	opaque blanche	1/2	4-8	24		Initard	Initard humaine
	opaque	1/2	4-8	24		Mixtard	Mixtard humaine

Tableau adapté de: KIDD, A. *et al.*, Counseling the diabetic shift worker, *Pharmacy Practice*, vol. I, n° 8.

Contre-indications

Il n'existe pas vraiment de contre-indications à l'usage de l'insuline, les effets secondaires désagréables pouvant être contrôlés par le recours à une préparation différente.

Effets secondaires possibles

— *Allergie* : l'allergie grave est très rare et demande alors une désensibilisation puis l'utilisation d'une insuline purifiée. Des réactions bénignes, plus fréquentes, sont habituellement contrôlées par l'utilisation d'une insuline plus purifiée ; elles peuvent aussi disparaître après un temps qui correspond souvent à la durée d'utilisation d'une première fiole ;

— *résistance immunologique* : elle aussi passablement rare, elle est caractérisée par un besoin quotidien de plus de 200 unités d'insuline sans qu'il y ait formation de corps cétoniques. Ce problème demande le recours à une insuline plus purifiée ;

— *lipodystrophie* : elle consiste en une altération du tissu adipeux normal au site d'injection. L'apparition de ce phénomène diminue l'absorption de l'insuline. On peut souvent l'éviter en changeant régulièrement le site d'injection ou bien en utilisant une insuline plus purifiée ;

— *l'hypoglycémie* est enfin un effet secondaire possible ; elle peut être reliée à un dosage mal ajusté, à un apport insuffisant d'aliments, à une instabilité de la maladie, à un exercice inhabituel... (voir le texte sur le diabète, page 720).

Précautions

En plus des mesures s'appliquant de façon générale aux diabétiques quant à l'hygiène, l'exercice physique et l'alimentation, on doit surveiller certains éléments lorsque l'on utilise l'insuline :

— il est préférable de réfrigérer l'insuline, même si celle-ci est stable à la température de la pièce (moins de 25°C) pour une durée de 18 à 24 mois. La réfrigération peut en effet ralentir la formation d'un précipité résultant de l'agrégation des particules en suspension ; cela se produit parfois. Les personnes qui voyagent peuvent généralement garder leur insuline à la température ambiante — par exemple dans leur valise — sans problème. On connaît moins la stabilité des solutions aux températures de 75 à 100° F, mais même autour de 100° F, l'insuline perdrait son activité après seulement 1 ou 2 mois ;

— on devrait jeter toute insuline qui a été soumise à des chaleurs excessives ou qui a gelé. On devrait aussi se débarrasser d'une insuline dont la date est passée ou qui change d'apparence ;

— on devra varier le site d'injection, au niveau de la cuisse, du bras, de la fesse ou de l'abdomen et respecter un intervalle d'un mois avant de revenir au même site d'injection. Cependant comme l'absorption peut varier d'un site à l'autre, les personnes atteintes de diabète instable auront plus de difficulté à ajuster leurs doses. On évitera d'injecter l'insuline dans un membre qui devra fournir un effort physique très intense, l'exercice augmentant la rapidité de l'absorption et les chances de réaction hypoglycémique.

Pour préparer une injection, on procédera de la façon suivante :
— utiliser une seringue stérile ;
— désinfecter le bouchon de caoutchouc avec de l'alcool ;
— faire entrer dans la seringue un peu plus d'air que celui correspondant au volume d'insuline requis ;
— mélanger l'insuline (sauf s'il s'agit de Toronto), non pas en agitant la fiole mais en la retournant à quelques reprises ;
— piquer l'aiguille au centre du bouchon et injecter l'air dans le vial ;
— retirer le poussoir en prenant soin que la fiole soit à l'envers et que l'aiguille soit complètement immergée dans la solution. Si des bulles apparaissent dans la seringue, les repousser dans la fiole. On ne doit jamais injecter une solution contenant des bulles ;
— retirer l'aiguille du bouchon ;
— si on doit utiliser deux types d'insuline, injecter dans chaque fiole la quantité d'air requise puis retirer la quantité d'insuline nécessaire en commençant par l'insuline régulière.

Pour administrer l'injection, on procédera de la façon suivante :
— désinfecter le site d'injection avec de l'alcool ; on peut aussi simplement bien laver à l'eau et au savon le site d'injection. Il se pourrait que l'alcool altère la protection naturelle de la peau et accroisse le risque d'infection ;
— saisir la peau entre le pouce et l'index, insérer l'aiguille dans le tissu sous la peau ;
— retirer le poussoir pour vérifier que l'on n'est pas dans un vaisseau sanguin. S'il vient du sang, on doit changer de site ;
— injecter lentement ;
— retirer l'aiguille et masser légèrement le site d'injection ;
— changer de site quotidiennement.

Quand on doit voyager, on doit tenir compte du décalage horaire et ajuster la dose d'insuline en conséquence. On consultera son médecin ou son pharmacien pour ce faire.

L'alcool augmente le risque d'hypoglycémie. Pour minimiser cet effet, on aura avantage à consommer de l'alcool avec modération et à le faire au moment des repas.

Toute modification des habitudes d'utilisation du tabac peut altérer les besoins en insuline et demander un ajustement des doses.

Les diabétiques qui prennent des bêta-bloquants doivent savoir que ces médicaments masquent les principaux symptômes de la réaction hypoglycémique.

On doit consulter son médecin en cas de fièvre, d'infection, de nausées et vomissements, car les besoins en insuline sont alors modifiés.

Alternatives

Le traitement du diabète ne se réduit pas à l'injection d'insuline. Il consiste également en l'observance de règles de vie et d'hygiène tout aussi importantes ; parfois leur application stricte peut permettre une diminution des doses ou même une interruption de l'insuline ; voir le texte sur le diabète, page 720.

Jugement global

La découverte de l'insuline a été un apport majeur à la durée et à la qualité de vie des diabétiques. Leur espérance de vie est passée de 5 à 50 ans, bien que les mortalités liées à cette maladie soient encore nombreuses. Il existe maintenant des insulines ayant subi une purification plus ou moins grande, les plus purifiées étant, bien sûr, les plus coûteuses.

Les insulines maintenant sur le marché sont toutes très pures, même celles qui proviennent de source animale mixte (bœuf/porc). Les diabétiques qui prennent ce type d'insuline et qui le tolèrent bien n'ont aucun avantage à changer pour l'insuline humaine. La tendance actuelle veut cependant que les nouveaux diabétiques reçoivent de l'insuline humaine, à cause du faible risque d'effets secondaires des insulines conventionnelles. L'histoire jugera de l'à-propos d'un tel choix.

Les personnes qui réagissent par des lipodystrophies, de l'allergie ou une résistance immunologique à l'insuline conventionnelle auront sans doute avantage à utiliser une insuline de porc (c'est l'hormone de bœuf qui est le plus susceptible d'occasionner des problèmes) ou une insuline humaine. L'insuline humaine représente enfin le meilleur choix lorsque l'on doit en recevoir de façon intermittente, par exemple au cours de la grossesse, lors de chirurgie, etc.

Ipratropium

Nom commercial :
Atrovent.

Ordonnance requise

Indications thérapeutiques

L'ipratropium sert à prévenir le spasme bronchique chez les personnes souffrant d'asthme ou de bronchite chronique.

Posologie habituelle

L'ipratropium en aérosol s'emploie à raison de 2 inhalations 3 ou 4 fois par jour, avec un intervalle d'au moins 4 heures entre chaque dose. On ne doit pas dépasser 12 inhalations en une journée.

L'effet commence à se manifester après 5 à 15 minutes pour atteindre son maximum après 1 1/2 à 2 heures.

Contre-indications

Les personnes souffrant de glaucome, d'hypertrophie de la prostate ou de rétention urinaire pourront être plus sensibles aux effets secondaires du médicament et devront se montrer vigilantes. Celles qui souffrent de troubles cardiaques devront aussi être prudentes.

Bien que des études menées chez les rongeurs n'aient pas démontré d'effet nocif sur le fœtus, l'on ne dispose pas de données quant à son emploi chez la femme au cours de la grossesse et de la période d'allaitement. La nécessité d'un éventuel traitement devra être bien évaluée.

On ne connaît pas l'innocuité de l'ipratropium chez les enfants de moins de 12 ans.

Effets secondaires possibles

Les effets secondaires les plus fréquents sont la sécheresse de la bouche et de la gorge, une saveur désagréable et des maux de tête. On peut remédier aux deux premiers en buvant un verre d'eau après l'administration du médicament. L'ipratropium pourrait occasionner de la difficulté à uriner, un embrouillement de la vue, de la congestion nasale, des tremblements, des nausées, des palpitations et une difficulté à expectorer. Ces effets devraient être rapportés au médecin.

Interactions médicamenteuses

Les antidépresseurs, les antihistaminiques, les antiparkinsoniens, les antispasmodiques, les relaxants musculaires, le Bellergal et l'atropine peuvent accroître les effets secondaires de l'ipratropium.

Précautions

L'ipratropium doit être administré sur une base continue, en prophylaxie et non pas seulement au besoin.

On ne doit jamais dépasser la posologie prescrite par le médecin, entre autre à cause du fait que le gaz dans lequel est dissous le médicament peut avoir à forte dose un effet toxique sur le système cardio-vasculaire.

Pour que l'effet de l'inhalateur soit maximal, il s'avère très important de suivre à la lettre la façon de procéder pour l'administration :
— bien agiter l'inhalateur ;
— tenir l'inhalateur de 5 à 10 cm (2 à 4 po) devant la bouche ouverte (ou utiliser un tube d'espacement cartonné) ; l'inhalateur doit être maintenu à la verticale et, par conséquent, l'on doit incliner légèrement la tête vers l'arrière durant l'utilisation ;
— expirer profondément, pour vider complètement les poumons ;
— en même temps que l'on appuie sur la boîte métallique, on inspire lentement et profondément, par l'embout de l'inhalateur ; on continue à maintenir l'inspiration et à retenir son souffle aussi longtemps que possible ;
— retirer l'inhalateur de la bouche en expirant lentement ;
— si une deuxième dose doit être administrée, attendre 1 minute et recommencer le processus.

Quand les bronches son encombrées de mucus, on devrait d'abord les dégager.

Alternatives

Plusieurs facteurs interviennent dans la fréquence et la gravité du bronchospasme : la présence d'éléments allergènes ou irritants dans l'air (poussière, cigarette, vapeurs), la présence de stress ou d'émotions perturbatrices, la fatigue, le froid, l'effort, les rhumes et les grippes. Apprendre à identifier et diminuer l'importance de ces facteurs peut permettre un usage réduit de médicaments et diminuer la fréquence des crises. Pour d'autres mesures possibles, voir le texte sur l'asthme, page 688.

Jugement global

On ne connaît pas encore précisément le rôle que pourra jouer l'ipratropium dans le traitement des maladies obstructives chroniques des bronches. Pour le moment, on le réserve aux personnes pour qui les autres médicaments disponibles n'agissent pas suffisamment, ou lorsqu'ils sont mal tolérés. Il semble aussi que l'ipratropium agisse mieux chez les personnes de plus de 40 ans.

Isosorbide (dinitrate d')

Noms commerciaux :
Apo-Isdn, Coronex,
Isordil, Novo-Sorbide.

Ordonnance requise

Indications thérapeutiques

L'isosorbide est un vasodilatateur et s'emploie dans l'angine de poitrine, soit pour le traitement des crises, soit pour leur prévention ; il diminuerait alors le nombre de crises et le besoin d'avoir recours à la nitroglycérine. On l'utilise aussi comme traitement d'appoint de l'insuffisance cardiaque congestive.

Posologie habituelle

En cas de crise d'angine, il faut utiliser une présentation sublinguale (à mettre sous la langue). Pendant que le médicament est sous la langue, il ne faut prendre aucune nourriture ni aucun liquide ; lorsque la douleur est disparue, cracher le reste du comprimé. L'isosorbide agit mieux quand la personne est debout ou assise. Si après 2 à 5 minutes les douleurs persistent, il est recommandé de prendre un autre comprimé et d'attendre 10 minutes encore avant d'en prendre un troisième ; si après ce dernier les douleurs sont encore présentes, il est préférable de communiquer tout de suite avec son médecin ou de se rendre à l'urgence de l'hôpital.

Les comprimés à avaler s'utilisent pour la prévention des crises d'angine ; ils sont inutiles en crise aiguë, car ils sont absorbés trop lentement. Les nitrates agissent mieux lorsqu'on les prend à jeun ; il faut cependant les prendre avec un grand verre d'eau. Ils s'emploient à raison de 5 à 30 mg 4 fois par jour mais les doses les plus efficaces sont de 20 à 50 mg aux 4 ou 6 heures.

Contre-indications

Pendant la grossesse et l'allaitement, il n'est pas prudent d'utiliser ce médicament. Les personnes ayant récemment souffert d'un infarctus du myocarde devraient aussi s'en abstenir. Les gens atteints d'hyperthyroïdie ou d'anémie sévère et ceux qui ont subi dans un passé récent un traumatisme crânien ou qui ont fait une hémorragie cérébrale nécessitent un suivi médical attentif. Le glaucome peut être aggravé ou précipité par les nitrates.

Effets secondaires possibles

Au début du traitement, certains effets surviennent qui disparaissent assez vite, la plupart du temps : des étourdissements, de la faiblesse, des bouffées de chaleur, des céphalées, des nausées et vomissements et des douleurs gastriques. Si ces malaises persistent, il peut être préférable d'arrêter le traitement. D'autres symptômes indiquent des réactions plus dangereuses : des éruptions cutanées qui peuvent signaler une allergie à ce médicament, l'embrouillement de la vue et la sécheresse de la bouche. Il peut enfin y avoir intoxication qui se manifeste d'abord par un bleuissement des lèvres, des ongles et de la paume des mains, puis par des étourdissements, des évanouissements, une sensation de pression à la tête, un souffle court, un rythme cardiaque irrégulier... Mieux vaut intervenir dès l'apparition des premiers signes.

Interactions médicamenteuses

Les médicaments contre l'asthme, contre la sinusite chronique et contre l'hypertension artérielle peuvent interagir avec l'isosorbide.

Précautions

— L'alcool augmente le nombre et l'intensité des effets secondaires de l'isosorbide.

— Les gens qui ont une tension artérielle basse risquent d'être très étourdis quand ils se lèvent rapidement ou quand ils se penchent.

— Si après quelques mois d'usage de l'isosorbide il faut l'arrêter, il est recommandé de procéder à un sevrage progressif, surtout si le médicament a été pris à dose élevée.

— Il arrive que le médicament perde de son efficacité après quelque temps d'utilisation. On recommande alors d'en interrrompre (graduellement) la prise pendant au moins une semaine, puis de recommencer le traitement. Ceci doit se faire sous surveillance médicale.

— Les comprimés sublinguaux doivent être conservés dans une bouteille de verre ambré hermétiquement fermée.

Alternatives

Voir le texte sur l'angine de poitrine, page 677.

Jugement global

Pour le traitement des crises d'angine, lorsque l'on emploie les comprimés sublinguaux, il n'y a aucun avantage à utiliser l'isosorbide par rapport à la nitroglycérine, beaucoup moins coûteuse et d'action plus rapide.

Pour la prévention des crises, lorsque l'on utilise les comprimés à avaler, ils devraient être employés à raison de 120 mg ou plus par jour pour être efficaces. Les doses les plus souvent prescrites de 5 ou 10 mg 4 fois par jour ne sont pas plus efficaces qu'un placebo ; c'est d'ailleurs pour cette raison que le *Food and Drug Administration* des États-Unis a placé ce médicament sur la liste des produits pour lesquels il n'existe pas d'efficacité démontrée. Il semblerait qu'à peine 5 % des malades qui utilisent l'isosorbide se le voient prescrire à dose efficace.

Isotrétinoïne

Nom commercial :
Accutane.

Ordonnance requise

Indications thérapeutiques

L'isotrétinoïne s'utilise principalement dans le traitement des cas d'acné grave que des cures plus conventionnelles n'ont pas réussi à améliorer. Il agit directement sur les glandes sébacées en inhibant leur sécrétion.

Posologie habituelle

La dose d'isotrétinoïne doit être individualisée et calculée à partir du poids. La dose d'entretien habituelle est généralement de 1 mg par kg par jour, en 2 prises.

L'isotrétinoïne se prend avec les repas.

Si une dose est oubliée, on doit la prendre dès qu'on le constate, à moins qu'il soit presque l'heure de la prochaine prise. On ne doit jamais doubler une dose.

Le traitement dure la plupart du temps entre 15 et 20 semaines. On devra, dans les cas où un second cycle de médication est requis, observer une période de latence de 8 semaines. Le médicament peut provoquer en début de traitement une aggravation de la maladie et son effet positif apparaît généralement après 1 ou 2 mois d'usage, pour atteindre le maximum d'efficacité après 4 ou 5 mois. Souvent, l'état de la peau va continuer à s'améliorer après la fin du traitement.

Contre-indications

On recommande d'éviter l'isotrétinoïne dans les cas suivants :
— diabète (soit personnel, soit chez d'autres membres de la famille) ;
— taux élevé de triglycérides (lipides du sang) ;
— obésité.

On doit s'en abstenir au cours de la grossesse, parce qu'il produit des malformations congénitales. On n'en recommande pas non plus l'utilisation au cours de la période d'allaitement : on ne sait pas s'il passe dans le lait maternel.

Effets secondaires possibles

Les effets secondaires les plus fréquents sont la sécheresse de la peau, les démangeaisons, la sécheresse du nez et de la bouche ainsi que les saignements de nez. On peut aussi expérimenter une sécheresse des yeux, des douleurs musculaires ou articulaires, une perte de cheveux, des maux de tête, d'estomac, de la fatigue, une desquamation de la paume des mains et de la plante des pieds et une augmentation de la sensibilité au soleil. Ces effets diminuent parfois et n'empêchent habituellement pas la poursuite du traitement.

On devra toutefois contacter son médecin dans les cas suivants : inflammation des yeux ou changements de la vision, inflammation des lèvres, maux de tête persistants, nausées et vomissements, diarrhée sévère, saignement des gencives et changements d'humeur. Ces symptômes peuvent indiquer la présence d'effets secondaires graves (opacification de la cornée, pseudotumeur cérébrale, maladie inflammatoire de l'intestin).

On sait aussi que ce médicament peut provoquer des crises d'arthrite goutteuse, une augmentation du glucose et des triglycérides sanguins, des problèmes d'ossification (à long terme) ainsi qu'une perturbation de la formule sanguine et de la fonction hépatique.

Interactions médicamenteuses

L'isotrétinoïne assèche la peau de façon draconienne ; il ne devrait jamais être utilisé en même temps que d'autres produits ayant la même action. On évitera donc toutes les préparations à appliquer sur la peau qui contiennent de l'alcool, du soufre, du résorcinol, du peroxide de benzoyle ou de l'acide salicylique. On évitera aussi les savons abrasifs et tous les cosmétiques médicamenteux.

On ne devrait pas prendre de suppléments de vitamine A, à cause du risque d'augmenter les effets toxiques de l'isotrétinoïne.

Précautions

Toute femme qui emploie l'isotrétinoïne devra s'assurer qu'elle n'est pas enceinte ; celle qui opte pour ce traitement doit utiliser une méthode contraceptive efficace pendant toute la durée du traitement et au moins un mois après sa fin.

On devra éviter les boissons alcoolisées ou en réduire la consommation au minimum, à cause du risque d'élévation exagérée du taux des triglycérides sanguins.

On s'abstiendra de donner du sang durant toute la période de traitement et au moins 30 jours après la fin de celui-ci, afin de réduire la possibilité qu'une femme enceinte reçoive du sang qui en contienne.

On réduira les périodes d'exposition au soleil à cause du risque de photosensibilité.

L'isotrétinoïne peut rendre difficile le port des lentilles cornéennes. On devra contacter son médecin si cela se produit et éventuellement utiliser un lubrifiant oculaire.

Certains examens devraient être effectués avant d'entreprendre un traitement : une formule sanguine complète ainsi qu'une détermination des lipides sanguins et de la fonction hépatique. Ces deux derniers examens devraient être repris après un mois de traitement.

Alternatives

Voir le texte sur l'acné, page 776.

Jugement critique

L'isotrétinoïne est un médicament de dernier recours. Il ne devrait être utilisé que dans les cas grave d'acné kystique ou nodulaire, lorsque l'on est *certain* que les autres traitements (antibiotiques, peroxyde de benzoyle…) ont échoué.

Il demande de plus que l'on observe scrupuleusement les mises en garde et les précautions reliées à son emploi. Ceci est particulièrement important pour les femmes en âge de procréer.

K

Kenacomb

Association de
triamcinolone, néomycine,
nystatine et gramicidine.

Ordonnance requise

Indications thérapeutiques

La crème et l'onguent Kenacomb servent au traitement des inflammations de la peau secondairement infectées par des bactéries ou des
champignons, comme par exemple la « dermite fessière ».

Posologie habituelle

On applique une mince couche de crème ou d'onguent aux régions affectées 2 ou 3 fois par jour.

Contre-indications

L'allergie à l'un des constituants représente une contre-indication à
l'usage du Kenacomb. Les lésions tuberculeuses, herpétiques et fongiques (sauf celles qui sont provoquées par le *candida*) aussi.

Effets secondaires possibles

L'hypersensibilité à la nystatine et à la gramicidine est très rare. La
néomycine, en plus d'occasionner parfois une réaction allergique —
avec des démangeaisons, de la rougeur, de l'irritation — possède une
assez forte toxicité si elle est utilisée longtemps et sur une grande surface de peau abîmée. Il peut même en résulter une perte d'ouïe. Le

triamcinolone est un corticostéroïde et est donc susceptible de provoquer les effets secondaires de ces derniers. Les lecteurs se rapporteront au texte sur les corticostéroïdes topiques, à la page 235, pour plus
de détails quant aux effets secondaires, précautions, etc.

Précautions

La crème et l'onguent sont appliqués sur la peau propre et sèche.
L'onguent s'utilise sur les lésions croûtées alors que la crème s'emploie sur les lésions moins sèches et même suintantes.

On devrait éviter d'appliquer le médicament sur de larges surfaces
de peau, surtout si celle-ci est très endommagée. Les antibiotiques et
le triamcinolone sont alors plus facilement absorbés et risquent de manifester leur toxicité.

Alternatives

L'utilisation des antibiotiques topiques provoque parfois l'apparition
de résistance : les bactéries qui étaient au départ sensibles au médicament deviennent insensibles à son action et se multiplient. L'infection
devient alors plus difficile à traiter. L'apparition de résistance limite
aussi l'emploi de l'antibiotique dans d'éventuelles infections systémiques où il serait utile. C'est là le désavantage majeur de l'utilisation
abusive des antibiotiques. Pour cette raison, on recommande de
réserver le recours aux antibiotiques aux cas où il s'impose et de recontacter son médecin si l'on ne constate pas d'amélioration après 5 à
7 jours. Les infections graves de la peau nécessitent la prise d'antibiotiques par la bouche, alors que les infections bénignes peuvent souvent
se soigner à l'aide d'antibactériens.

Jugement global

L'association d'antibiotiques, d'antifongiques et de corticostéroïdes a longtemps été considérée comme irrationnelle. Elle le
demeure encore dans bien des cas, mais peut s'avérer utile dans le traitement des inflammations de la peau secondairement infectées. Lorque
l'inflammation n'est pas sous-jacente à l'infection, on devrait s'en tenir à un agent antibactérien spécifique sans corticostéroïde, car ce dernier peut ralentir la guérison.

Kétoprofène

Nom commercial : Orudis.

Ordonnance requise

Le kétoprofène est un médicament anti-inflammatoire et analgésique de la même famille que le naproxen. Sauf pour la posologie, nous vous référons au texte sur le naproxen, page 440.

Posologie habituelle

Par voie orale, le kétoprofène s'utilise à la dose de 50 mg 3 ou 4 fois par jour. Même dans les maladies aiguës, il ne faut pas dépasser les 300 mg par jour. On peut le prendre avec de la nourriture, du lait ou des antiacides.

Pour tenter d'éviter une partie des effets secondaires gastro-intestinaux propres à cette catégorie de médicaments, le kétoprofène se présente aussi sous forme de suppositoires de 100 mg ; il ne faut pas en prendre plus de 2 par jour. Ces suppositoires peuvent provoquer des douleurs locales, des brûlures, des démangeaisons, des fausses envies d'uriner douloureuses et parfois des saignements.

Jugement global

Le kétoprofène n'est ni meilleur ni pire que le naproxen. Certaines personnes qui n'ont pas de bons résultats avec l'un réagissent mieux à l'autre.

L

Lévodopa

> Noms commerciaux :
> Larodopa ;
> avec carbidopa : Sinemet ;
> avec bensérazide : Prolopa.

Ordonnance requise

Indications thérapeutiques

La lévodopa sert au traitement des symptômes de la maladie de Parkinson mais n'arrête pas la progression de la maladie.

Posologie habituelle

Le dosage nécessaire pour obtenir des effets thérapeutiques est extrêmement variable. En règle générale, la lévodopa seule doit être donnée en quantités 5 fois supérieures à la lévodopa en association (avec carbidopa ou bensérazide).

Le début du traitement doit se faire lentement, avec augmentation graduelle du dosage ; ce n'est qu'après 6 à 8 semaines et parfois seulement après 6 mois que les effets complets du traitement se font sentir ; à partir de ce moment, il est recommandable de diminuer le dosage quotidien de 50 mg chaque mois pour arriver à trouver le dosage minimal pour l'effet optimal.

Il est important de prendre la lévodopa régulièrement, même quand les symptômes ont disparu ; en cas de dose oubliée, la reprendre au plus tôt à moins que la prochaine dose ne soit due dans les 2 prochaines heures ; à ce moment, laisser tomber la dose oubliée.

La lévodopa est fort irritante pour l'estomac mais voit son effet diminué par la prise de nourriture. On recommande donc de prendre le médicament à jeun et d'absorber de la nourriture quelque temps après (de 15 à 20 minutes) afin de minimiser l'irritation gastrique. Le café augmente l'effet d'irritation.

La découverte récente que les protéines entravent l'absorption de la lévodopa a amené certains médecins à prescrire une diète faible en protéines à leurs patients. Ceux-ci ne doivent absorber durant la journée que jus, café, thé, fruits, légumes et réserver leur ration de protéines pour le repas du soir. Ils expérimentent alors une bonne efficacité du médicament — et donc une mobilité accrue — tout au cours de la journée, pour voir celle-ci réduite considérablement au cours de la soirée. Si vous croyez que cette façon de faire vous convient, parlez-en à votre médecin.

Contre-indications

En cas d'hypersensibilité antérieure à ce médicament et de glaucome à angle fermé, la lévodopa est contre-indiquée. Les femmes qui désirent devenir enceintes ou qui commencent une grossesse devraient également s'en abstenir, car des expériences avec des animaux ont montré que des anomalies congénitales survenaient lorsque les femelles enceintes en consommaient. Il est aussi préférable de s'en abstenir pendant l'allaitement. En cas de maladies cardiaques, respiratoires, hépatiques et rénales, d'hypertension artérielle, de diabète, d'ulcère gastrique, de maladie endocrinienne, d'épilepsie, de troubles psychiatriques et de mélanome malin, une extrême prudence s'impose.

Effets secondaires possibles

Beaucoup d'effets secondaires résultent de l'emploi de la lévodopa et ils deviennent souvent assez encombrants. Les plus fréquents sont des nausées, une baisse de tension artérielle avec des évanouissements possibles, des troubles mentaux divers et des difficultés musculaires comme des mouvements involontaires, des contractions musculaires, des spasmes des paupières, de l'agitation et même des convulsions. Il est parfois possible de faire disparaître ces symptômes en diminuant le dosage. Moins souvent surviennent des épisodes de troubles du rythme cardiaque, de perte d'appétit, de difficulté à uriner et de vomissements. Des troubles sanguins sont aussi possibles : de l'anémie, une diminution des globules blancs et autres. Des hémorragies gastro-intestinales et des ulcères surviennent parfois, de même qu'une augmentation de la tension artérielle. Certains symptômes relativement fréquents et généralement sans gravité disparaissent habituellement d'eux-mêmes en quelques jours : l'anxiété, la diarrhée, la sécheresse de la bouche, la constipation, les bouffées de chaleur, les maux de tête, les cauchemars, l'insomnie et une grande fatigue. Il peut aussi arriver, à long terme, que les cheveux tombent plus vite qu'habituellement, que la voix devienne rauque et que l'on assiste au début d'odeurs corporelles désagréables ainsi que d'un mauvais goût dans la bouche accompagnés d'une coloration foncée de la salive ou de la sueur. Enfin, l'urine peut devenir rose à rouge et noircir quand elle séjourne quelque temps dans les toilettes. Ces derniers effets sont sans danger. Il existe enfin un dernier effet secondaire — celui-là pas toujours désagréable — une augmentation du désir sexuel.

Il arrive souvent, après une année ou plus de traitement, que l'effet du médicament s'affaiblisse et soit ponctué d'épisodes plus ou moins longs d'incapacité à faire un mouvement. On tente de remédier à cela — parfois avec succès — en fractionnant les doses.

Interactions médicamenteuses

Les autres antiparkinsoniens peuvent augmenter son efficacité mais certains d'entre eux peuvent accroître le risque de psychose : la procyclidine, la benztropine et le trihexiphénydile.

Les médicaments suivants diminuent ou peuvent diminuer l'effet de la lévodopa : le halopéridol, les phénothiazines, la vitamine B_6, les benzodiazépines et la phénytoïne.

La lévodopa associée au méthyldopa voit son action perturbée et de leur usage concomitant peut résulter l'apparition de psychose.

On ne devrait jamais prendre du Nardil, du Parnate ou du Marplan en même temps que la lévodopa car ceci peut provoquer une dangereuse crise d'hypertension et une hausse de la température corporelle ; on devra cesser l'usage de ces médicaments 14 jours avant de commencer un traitement à la lévodopa.

La lévodopa potentialise l'action des amphétamines, de l'éphédrine, et du phényléphrine. L'association de carbidopa (dans le Sinemet) diminue cet effet.

Les diabétiques traités aux hypoglycémiants oraux risquent d'avoir plus de difficulté à contrôler leur niveau de sucre pendant ce traitement.

Précautions

Il faut cesser de prendre la lévodopa pendant au moins 12 heures avant de recommencer avec une forme combinée.

Les effets sur le système neuromoteur étant nombreux, il faut s'assurer que l'on n'en souffre pas avant de conduire une automobile ou de manipuler de la machinerie lourde.

En changeant de position lentement (pour se lever, se coucher, etc.), il est possible de diminuer considérablement les étourdissements fréquents avec la lévodopa.

Quand on désire reprendre ses activités physiques après que les symptômes parkinsoniens ont commencé à disparaître, il faut procéder bien progressivement sans quoi le risque d'accident est augmenté. On recommande, une fois que les symptômes ont commencé à régresser, de pratiquer quotidiennement une forme d'activité physique afin d'activer le retour à une mobilité normale. Il est sans doute préférable d'être alors supervisé par un ou une physiothérapeute ou par un autre spécialiste.

La lévodopa est inactivée par la vitamine B_6 (pyridoxine) ; il est donc important d'éviter de prendre des suppléments de cette vitamine. Si vous prenez des suppléments multivitaminiques, vérifiez s'ils en contiennent. Dans certains cas, il faudra même diminuer la consommation des aliments riches en vitamine B_6, comme les avocats, les haricots et les pois, le thon, le foie de bœuf, l'avoine ; par contre, l'association de lévodopa avec la carbidopa empêche cette dégradation par la vitamine B_6.

Les tests de laboratoire — en particulier les tests d'urine — peuvent être modifiés par la lévodopa ; les diabétiques ne devraient donc pas changer leur dosage d'insuline à partir de ces seuls tests.

Si l'on doit subir une anesthésie générale, l'on préviendra le médecin que l'on utilise ce médicament.

Alternatives

Pour le traitement de la maladie de Parkinson, il semblerait que la relaxation avec imagerie mentale positive donne des résultats intéressants. Cette méthode permet de potentialiser les effets des traitements médicamenteux et d'ainsi arriver à abaisser les doses nécessaires et de diminuer les effets secondaires qu'ils produisent. On enseigne cette technique à bien des endroits et il existe aussi beaucoup de livres sur le sujet.

Jugement global

La lévodopa est un médicament utile pour redonner aux malades atteints de la maladie de Parkinson une vie plus normale ; ses nombreux effets secondaires possibles démontrent bien que c'est un médicament puissant qui requiert une attention médicale continue et vigilante. L'association avec la carbidopa (Sinemet) ou la bensérazide (Prolopa) sont des combinaisons fort logiques et très utiles, puisque ces substances permettent à la lévodopa de n'être pas altérée avant d'atteindre le cerveau, là où elle doit exercer son effet. Il est donc possible d'en prendre une quantité moindre pour obtenir le même effet thérapeutique et moins d'effets secondaires. Il arrive souvent que ce médicament ne soit plus efficace après quelques années d'usage. À cause de cela, on recommande de commencer le traitement au plus faible dosage possible et de maintenir celui-ci le plus bas possible : il semble que ce soit là une façon d'obtenir de la lévodopa un meilleur rendement.

Librax

> Association de 5 mg de
> chlordiazépoxide et de
> 5 mg de clidinium.

Ordonnance requise

Indications thérapeutiques

Le Librax est utilisé pour diminuer les spasmes et la sécrétion acide, entre autres lorsqu'ils accompagnent l'ulcère gastro-duodénal.

Posologie habituelle

On prend 1 ou 2 capsules 1/2 à 1 heure avant les repas et au coucher.

Contre-indications

On s'abstiendra de prendre le Librax si l'on a déjà démontré une réaction d'hypersensibilité à ce médicament, si l'on souffre de glaucome à angle fermé, de rétention urinaire, d'obstruction ou d'atonie des voies digestives et de colite ulcéreuse grave. On devra l'utiliser avec précautions si l'on souffre de glaucome à angle ouvert, de maladie cardiaque, de bronchite chronique, de hernie de l'œsophage, d'hypertrophie de la prostate et de myasthénie grave.

Le Librax ne devrait pas être utilisé durant la grossesse, à cause de la présence du chlordiazépoxide qui peut affecter le développement du fœtus. Le clidinium, en rendant la sécrétion de lait moins abondante, ne favorise certainement pas son usage durant la période d'allaitement.

Effets secondaires possibles

Le Librax cumule les effets secondaires du chlordiazépoxide (bien que celui-ci soit présent à très faible dose) et du clidinium. On se référera au texte sur le chlordiazépoxide pour ce qui s'y rapporte, page 179. Quant au clidinium, lui sont associés les effets suivants : sécheresse de la bouche, embrouillement de la vue, constipation, difficulté à uriner, impuissance, inhibition de la lactation. Certains symptômes peuvent signifier un dosage trop élevé et nécessiter l'arrêt de la médication : de la somnolence et des étourdissements ou bien de la confusion, de l'agitation, de l'incoordination, de la difficulté à respirer ou une grande faiblesse.

Interactions médicamenteuses

Le Librax possède théoriquement les mêmes interactions que le diazépam (voir page 252) ; leur importance devrait cependant être limitée à cause de la faible quantité de médicament présente. Par ailleurs, les médicaments suivants augmentent les effets secondaires du clidinium : les antidépresseurs, les antihistaminiques, les analgésiques narcotiques, l'orphénadrine, certains tranquillisants et les autres antispasmodiques. Le clidinium diminue probablement l'effet de la pilocarpine et s'il est pris en même temps que le halopéridol, il peut en résulter une augmentation de la pression intra-oculaire. Les antidiarrhéiques et les antiacides en diminuent l'absorption ; on devrait respecter un intervalle de 1 ou 2 heures entre ces différents médicaments. Le clidinium diminue l'absorption du kétoconazole et devrait être pris 2 heures après celui-ci.

Le clidinium peut aggraver l'effet irritant des suppléments de potassium et entraver l'action de la dompéridone et du métoclopramide.

Précautions

Si le médicament produit de l'assoupissement ou un embrouillement de la vue, on évitera l'usage de véhicules automobiles ou de machines demandant de l'attention et de la précision.

Les personnes âgées sont plus susceptibles au développement d'effets secondaires et devraient faire évaluer régulièrement leur pression intra-oculaire lors d'une utilisation prolongée.

À cause de la réduction de la sudation qu'il provoque, le Librax rend plus sensible aux températures élevées et peut précipiter un coup de chaleur chez les personnes sensibles.

Alternatives

On croyait auparavant que toute l'activité du système gastro-intestinal échappait totalement au contrôle de la volonté. On sait maintenant que l'on peut apprendre à relâcher ces muscles, à défaire les spasmes qui en altèrent le bon fonctionnement ; un apprentissage de la relaxation remplace alors le médicament et ses effets secondaires possibles et permet de prévenir ces symptômes qui comportent toujours une dimension psychologique ; en effet, le stress et l'angoisse provoquent dans l'organisme toutes sortes de « rétrécissements » qui, chez certains, atteignent le système digestif.

Jugement global

Le Librax et les autres antispasmodiques font partie des médicaments plus ou moins utiles, dont l'emploi peut souvent être remplacé par une meilleure hygiène de vie. Il s'agit aussi d'une association un peu bizarre, contenant une si faible quantité de tranquillisant que l'on se demande ce qu'il y fait, et un produit, le clidinium, pour lequel n'existe à peu près pas d'information pharmacologique (il est très peu cité dans les ouvrages « sérieux »). On ne se trompe probablement pas beaucoup en affirmant que son effet est en grande partie lié à l'effet placebo. D'ailleurs, le Librax fait partie de la liste de médicaments que le *Food and Drug Administration* des États-Unis juge « sans efficacité prouvée ».

Lindane

Noms commerciaux :
GBH, Kwellada.

Ordonnance non requise

Indications thérapeutiques

Le lindane (ou hexachloro-gamma-benzène) s'emploie dans les infestations par la gale, les poux de corps, les poux de pubis, les poux de tête et leurs lentes.

Posologie habituelle

Pour la *gale*, on utilise la crème ou la lotion ;
1) s'il y a des croûtes sur la peau, prendre un bain chaud ; bien s'assécher et laisser refroidir la peau avant d'appliquer le médicament ;
2) couvrir toute la peau, à partir du cou en descendant ;
3) laisser en place de 8 à 12 heures et se laver en profondeur ensuite ;
4) tous les vêtements possiblement contaminés doivent être lavés à l'eau très chaude ou nettoyés à sec ; la literie aussi doit être lavée à l'eau très chaude.

Pour les *poux de corps*, utiliser la crème ou la lotion :
1) couvrir du produit les régions du corps touchées ;
2) laisser en place environ 12 heures ;
3) se laver ensuite en profondeur ;
4) tous les vêtements possiblement contaminés doivent être lavés à l'eau très chaude ou nettoyés à sec.

Pour les *poux dans la tête ou au pubis*, on utilise le shampoing :
1) mouiller les cheveux ou les poils ;
2) appliquer le shampoing pour couvrir la région affectée ; employer de 15 à 30 ml (1/2 à 1 oz) de shampoing pour les cheveux courts ou mi-longs et jusqu'à 60 ml (2 oz) pour les cheveux longs ;
3) ajouter un peu d'eau à la fois tout en faisant mousser le shampoing ;

4) frotter pendant 4 minutes ;

5) bien rincer ;

6) passer les cheveux ou les poils au peigne fin, pour détacher les lentes, car elles ne sont pas tuées par le médicament.

Ce traitement devrait normalement suffire pour venir à bout de l'infestation ; s'il le faut, on peut le répéter après 7 jours, mais *une seule fois.*

Contre-indications

L'hypersensibilité au lindane est une contre-indication. Ce produit traversant la peau, il est absorbé dans le sang et traverse la barrière placentaire ; il faut donc éviter de l'employer pendant la grossesse et l'allaitement. Les jeunes enfants sont particulièrement susceptibles d'intoxication et il faut l'employer fort prudemment chez eux. Les enfants de moins de 2 ans atteints de la gale seront plutôt traités à l'Eurax (voir Alternatives).

Effets secondaires possibles

Localement, le lindane peut produire de l'irritation de la peau et causer une éruption de type allergique ; cela peut faire croire à une réinfestation, de telle sorte qu'il est recommandable de n'entreprendre un deuxième traitement que si des parasites vivants sont découverts. S'il pénètre en trop grande quantité dans l'organisme, le lindane peut causer une intoxication qui se traduit par de l'incoordination, des crampes musculaires, de la nervosité et de l'irritation, une accélération du rythme cardiaque, des vomissements et des convulsions. Il faut évidemment contacter son médecin si ces symptômes apparaissent.

Précautions

Le lindane est très irritant pour les muqueuses ; il faut donc éviter que le produit ne vienne en contact avec les yeux, le nez, la bouche et les muqueuses génitales ; si cela se produit, rincer au plus tôt avec beaucoup d'eau.

L'application d'autres crèmes, lotions ou huiles sur le corps peut augmenter l'absorption interne du lindane et est à déconseiller pendant le traitement. On peut cependant s'en servir une fois que celui-ci est terminé. On évitera l'application du lindane sur des lésions cutanées, celles-ci permettant une plus grande absorption du produit.

En cas d'infestation du pubis, les partenaires sexuels devraient aussi être traités. Dans les autres cas d'infestation, tous les membres de la famille devraient être bien examinés pour voir s'ils ne sont pas touchés eux aussi.

Après un traitement, il faut changer sa literie, ses vêtements et ses serviettes et n'utiliser que du linge lavé à l'eau très chaude ou nettoyé à sec.

Le peigne fin devrait être nettoyé au shampoing, après le traitement.

Des démangeaisons plus ou moins intenses peuvent persister une ou plusieurs semaines après le traitement. Elles proviennent d'une réaction d'hypersensibilité aux parasites, qui demeure même si ceux-ci ne sont plus présents. On pourra utiliser un antihistaminique pour les soulager.

Alternatives

Les pyréthrines, dérivés de fleurs, associées au butoxide de pipéronyl — dans le A-200 Pyrinate, le R&C, le RID — représentent une solution de rechange dans le traitement de l'infestation par les poux (poux de tête et de pubis). Les personnes allergiques au pollen manifestent parfois une intolérance à ce produit. On évitera d'inhaler le produit et on doit l'utiliser dans une pièce bien aérée. Une application de 10 minutes sur les cheveux ou la peau doit être répétée 7 à 10 jours plus tard.

Les enfants de moins de 2 ans atteints de gale seront traités avec l'Eurax, à raison de 2 applications à 24 heures d'intervalle suivies d'un bain.

Jugement global

Le lindane a longtemps été considéré comme le traitement le plus efficace des infestations par la gale et les poux, malgré sa forte toxicité. Une étude récente parue dans le *Archives of Dermatology* rapporte cependant qu'après un traitement conventionnel au lindane, une proportion de 30 % des lentes étaient toujours vivantes. Les conseillers de *La Lettre médicale* considèrent maintenant un produit dérivé de fleurs, les pyréthrines, comme le traitement de choix de l'infestation par les poux (poux de tête et de pubis). Pour ce qui concerne la gale, la pommade à base de crotamiton (Eurax) est maintenant considérée comme le meilleur choix thérapeutique par plusieurs auteurs, dont le *US Center for Diseases Control*.

Lithium

Noms commerciaux :
Carbolith, Duralith,
Lithane, Lithizine.

Ordonnance requise

Indications thérapeutiques

On utilise le lithium principalement dans le traitement et la prévention de la maladie maniaco-dépressive. Celle-ci se caractérise par une alternance d'épisodes accentués de dépression et de manie (avec agitation, irritabilité, grande activité, idées de grandeur…). Bien que l'utilisation du lithium ait d'abord été réservée surtout au contrôle de la phase maniaque de cette maladie, on lui reconnaît maintenant une valeur dans la prévention de l'épisode dépressif. Lors des crises de manie, on l'associe le plus souvent à une autre thérapeutique, parce que l'effet du lithium n'apparaît que 7 à 10 jours après le début du traitement. Le lithium est aussi employé en prévention des dépressions unipolaires (sans épisodes maniaques) récidivantes, et a parfois servi dans certains autres désordres psychiatriques tels la maladie schizo-affective ou l'agression incontrôlable et dans la prévention des migraines.

Posologie habituelle

La dose administrée lors de crises de manie se situe entre 1 200 et 1 800 mg par jour et peut aller jusqu'à 3 000 mg par jour. Elle doit être ajustée à chaque individu, selon l'effet observé et aussi selon des dosages sanguins réguliers. Dès qu'il y a amélioration, on diminuera la dose et celle-ci pourra se situer entre 600 et 1 500 mg par jour et devra être contrôlée par des dosages sanguins (voir *Précautions*). Les personnes âgées, les malades souffrant de dysfonctionnement rénal ou cardio-vasculaire et certaines personnes particulièrement sensibles au lithium se verront prescrire des doses beaucoup moindres et devront être suivies par leur médecin avec beaucoup d'attention.

Ce médicament est la plupart du temps administré en 3 prises quotidiennes, mais peut aussi être donné 1 fois par jour. Chacune de ces modalités comporte du pour et du contre.

Contre-indications

Certaines situations médicales demandent que l'on évite d'utiliser le lithium ou qu'on le fasse sous surveillance médicale très étroite. Il s'agit plus particulièrement des cas suivants :

— le premier trimestre de la grossesse, à cause de la possibilité de malformations cardiaques ;

— l'infarctus du myocarde récent. La présence d'autres problèmes cardiaques représente une contre-indication relative ;

— l'insuffisance rénale ou la rétention urinaire ;

— la déshydratation ou la présence d'infection grave ;

— l'allaitement, à cause de la toxicité du lithium pour le nouveau-né ;

— la maladie de Parkinson et l'épilepsie, parce qu'elles peuvent être aggravées.

On recommande aussi de bien peser le pour et le contre d'un recours éventuel au lithium dans les cas de dysfonctionnement de la thyroïde, dans le diabète, lorsqu'il y a schizophrénie ou lésion cérébrale organique ainsi qu'au cours des 2 derniers trimestres de la grossesse.

Effets secondaires possibles

Certains effets secondaires apparaissent en début de traitement et disparaissent habituellement assez rapidement : une perte d'appétit, des nausées, des vomissements, de la diarrhée et des douleurs à l'estomac. Certains autres pourront durer : des tremblements des mains, de la faiblesse musculaire et de la rigidité, de la fatigue, une soif exagérée, des envies d'uriner souvent, de la difficulté à se concentrer, des vertiges et de l'acné ; ils sont généralement tolérables. Cependant, on surveillera la réapparition ou l'aggravation de ces signes car ils peuvent indiquer un début d'intoxication. On devrait consulter son médecin rapidement si ces symptômes se présentent. Si on les néglige et que l'intoxication s'aggrave, on peut voir apparaître de la confusion, de la désorientation, des spasmes musculaires, un embrouillement de la vision, des tintements d'oreilles et l'intoxication peut évoluer jusqu'au coma et même jusqu'à la mort.

Le lithium peut provoquer d'autres effets dont il faudra discuter avec son médecin, s'ils apparaissent :
— un pouls anormal et des palpitations, de la difficulté à respirer ;
— de la confusion, des convulsions (surtout après 65 ans) ;
— une perte de contrôle de la vessie et de l'intestin ;
— une augmentation de poids, des démangeaisons, un éclaircissement des cheveux, un goût métallique, une aggravation du psoriasis, de l'enflure aux pieds, aux jambes ou au cou.

L'usage à long terme peut causer des dommages parfois graves aux reins, un dysfonctionnement de la thyroïde et du métabolisme du glucose et certains problèmes sanguins ; ces fonctions devraient être évaluées régulièrement par le médecin.

Interactions médicamenteuses

Quelques médicaments peuvent augmenter la toxicité du lithium : la plupart des diurétiques (pilules pour faire uriner), le méthyldopa, la tétracycline, l'indométhacine, le mazindole, la thioridazine, la phénytoïne et les anti-inflammatoires (naproxen, ibuprofène, piroxicam : on leur préférera l'aspirine). Le lithium de son côté augmente la toxicité de la carbamazépine.

Bien qu'il soit souvent employé en début de traitement d'épisodes aigus de manie avec le halopéridol, on sait que cette association a déjà causé des dommages neurologiques graves.

L'aminophylline, la théophylline, l'oxtriphylline, la caféine ainsi que le bicarbonate de sodium diminuent l'effet du lithium alors que celui-ci agira de la même façon vis-à-vis de la chlorpromazine.

Précautions

Tout traitement au lithium doit être précédé d'un examen médical complet incluant plus particulièrement une évaluation du fonctionnement du cœur, des reins, du sang et de l'équilibre des électrolytes (sodium, potassium, calcium, magnésium) ainsi que la prise de poids. Ces examens devront être répétés régulièrement tout au cours du traitement.

Le lithium possède une marge de sécurité très étroite, c'est-à-dire que l'écart entre la dose efficace et la dose toxique est faible. Le dosage du lithium sanguin permet d'évaluer si l'on se situe dans la « zone sûre », bien que l'on ait commencé à trouver des cas d'intoxication à l'intérieur de cette fameuse zone. Il n'en reste pas moins que l'on devra, par mesure de sécurité, se soumettre à ces tests 1 ou 2 fois par semaine en début de traitement, à tous les mois ou aux 2 mois pendant la première année, puis à tous les 3 mois.

Toute personne qui prend du lithium doit bien connaître les signes d'intoxication, car ceux-ci demeurent l'indice le plus fiable de la réponse au médicament. S'ils viennent à se manifester (voir *Précautions*), il faudra cesser de prendre le médicament et consulter son médecin. On doit savoir que les situations qui provoquent une perte d'eau prédisposent à l'intoxication : diarrhées ou vomissements sévères, forte sudation (par exemple après un exercice prolongé), utilisation de diurétiques, forte fièvre et une réduction de la consommation de sel. On devra dans ces situations faire preuve d'une vigilance accrue.

On veillera à consommer assez de liquides en buvant 8 à 10 grands verres d'eau par jour ; en fait, un excès et une carence d'eau s'avèrent aussi dangereux. On veillera de la même façon à s'assurer un apport régulier et suffisant de sodium (sel de table) en évitant les diètes pauvres en sel.

Pour diminuer les effets secondaires gastriques, on aura avantage à prendre le médicament au moment des repas.

On devrait éviter d'arrêter le lithium de façon abrupte, car il peut en résulter un épisode maniaque.

Pour qu'il soit efficace, le lithium doit être pris de façon continue ; ce n'est pas un médicament que l'on utilisera au besoin, mais régulièrement et la plupart du temps pendant de longues périodes.

Alternatives

Bien qu'elles demeurent pharmacologiques, on commence à entrevoir un certain nombre de solutions de rechange au recours au lithium dans la maladie bipolaire. Le recours à la carbamazépine en est une première… mais sans doute tout aussi potentiellement dangereuse. Certains cliniciens suggèrent d'associer le L-tryptophane — un acide aminé — à des doses de 12 g par jour, au lithium : il serait alors possible de diminuer la dose de ce dernier et ainsi d'en réduire les risques éventuels. On parle aussi du clonazépam, qui semble prometteur malgré certains doutes.

Ces deux dernières avenues nous semblent intéressantes.

Jugement global

Bien que l'on puisse critiquer l'utilisation de médicaments dans la maladie mentale et chercher à les remplacer par des mesures non chimiques, on doit cependant reconnaître que le lithium représente un apport dans le traitement de la maladie maniaco-dépressive. Il produit un effet calmant, a de plus l'avantage de provoquer peu de somnolence et il ne semble pas entraîner de dépendance. Le lithium a été pendant de nombreuses années le médicament le moins toxique qui réussissait à contrôler les personnes atteintes de psychose maniaco-dépressive — qu'on appelle maintenant « maladie bipolaire ». Il reste cependant un médicament délicat à utiliser et les dosages sanguins qui servent de guide pour en évaluer la sécurité — s'ils restent valables — ont démontré qu'ils ne sont pas infaillibles. Il faut le savoir et rester à l'affût des signes d'intoxication. On peut cependant s'interroger sur l'à-propos de ses autres usages et surtout sur le battage publicitaire qui a entouré sa promotion. On nous l'a présenté comme un médicament miracle pour empêcher la dépression ; le miracle ne s'est pas produit et, à l'inverse de ce que l'on nous a dit, le lithium n'est pas dépourvu d'effets secondaires éventuellement graves. S'il reste un médicament de première importance dans la maladie maniaco-dépressive, on lui préférera d'abord les thérapeutiques plus conventionnelles dans les autres indications, ne l'employant alors qu'en cas d'échec.

Lopéramide

Nom commercial :
Imodium.

Ordonnance non requise

Indications thérapeutiques

Le lopéramide agit sur les muscles intestinaux en réduisant leur motilité. Il soulage les crampes abdominales et la diarrhée. Il est recommandé dans le traitement de la diarrhée aiguë non spécifique, de la diarrhée chronique associée à une inflammation de la muqueuse intestinale et pour diminuer le volume des selles chez les personnes ayant subi une ablation d'une partie de l'intestin.

Posologie habituelle

Lors de diarrhée aiguë, on prend 2 capsules de 2 mg en début de traitement, puis 1 capsule après chaque selle liquide, jusqu'à un maximum de 16 mg (8 capsules) par jour.

Lors d'un traitement à plus long terme, on utilisera entre 2 et 4 capsules par jour, après que la crise soit maîtrisée.

Contre-indications

Une sensibilité connue au lopéramide est une contre-indication absolue, de même que la présence d'une colite grave et lorsque la diarrhée a été causée par un traitement aux antibiotiques. Les enfants de moins de 12 ans et les femmes enceintes ou qui allaitent ne devraient pas utiliser ce médicament.

On recommande aussi d'utiliser ce médicament avec prudence si l'on doit éviter la constipation, si l'on est déshydraté et si la diarrhée est causée par un organisme infectieux.

Effets secondaires possibles

L'effet secondaire le plus courant est la constipation et l'on devrait réduire les doses si cela se produit. On rencontre aussi parfois les symptômes suivants : de la somnolence, des étourdissements, des malaises abdominaux, des nausées, des vomissements, une fatigue exagérée et de la sécheresse de la bouche. S'il se produit une rougeur de la peau, une distension de l'abdomen ou si les symptômes cités plus haut perdurent ou s'aggravent, on devra en prévenir son médecin.

Précautions

Lors du traitement d'une diarrhée aiguë, si celle-ci ne s'est pas améliorée en dedans de 48 heures, on devra cesser de prendre le médicament et contacter son médecin pour qu'il établisse un traitement plus spécifique.

On devrait consulter un médecin si une fièvre de plus de 39 °C accompagne la diarrhée ou s'il y a du sang dans les selles.

Le lopéramide ne diminue pas nécessairement la perte de liquide et d'électrolytes qui accompagnent habituellement une diarrhée. On préviendra la déshydratation en buvant beaucoup d'eau, de jus et d'eau de riz.

Interactions médicamenteuses

Le lopéramide ne possède pas d'interactions connues avec d'autres médicaments.

Alternatives

Voir le texte sur la diarrhée, page 726.

Jugement global

Le lopéramide est un médicament efficace. On doit cependant l'utiliser avec prudence si l'on soupçonne une diarrhée d'origine bactérienne, car celle-ci peut s'aggraver lorsque l'on ne fait qu'en masquer les symptômes. Le lopéramide possède l'avantage de ne pas démontrer d'interactions avec des médicaments souvent utilisés (les antibiotiques, par exemple), à l'inverse des autres médicaments antidiarrhéiques (codéine et Lomotil). Son désavantage réside dans son coût élevé.

Lorazépam

> Noms commerciaux :
> Apo-Lorazépam, Ativan,
> Novo-Lorazépam,
> Pro-Lorazépam.

Ordonnance requise

Le lorazépam est un produit similaire au diazépam ; il est absorbé moins rapidement et séjourne moins longtemps dans l'organisme que ce dernier. Le lorazépam est par ailleurs plus puissant que le diazépam et serait, à cause de cela, plus susceptible de causer de la dépendance. Le lorazépam possède théoriquement les mêmes indications thérapeutiques que le diazépam, bien qu'on l'utilise surtout dans le traitement de l'anxiété et de l'insomnie. Il possède aussi les mêmes effets secondaires possibles, probablement aussi les mêmes interactions avec les médicaments (sauf avec la cimétidine) et l'alcool et l'on doit à son égard observer la même attention critique qu'avec le diazépam (voir page 252).

Après un usage prolongé (en général, plus de 3 mois), une réaction de sevrage peut se produire ; elle se manifeste alors dans les 24 heures suivant l'arrêt de la médication et de façon plus brusque qu'avec le diazépam. On recommande, lorsque l'on désire cesser de prendre du lorazépam, de changer pour une dose équivalente de diazépam ou de chlordiazépoxide, dont on diminuera l'apport graduellement tel qu'expliqué en page 255.

La posologie du lorazépam varie beaucoup d'un individu à l'autre ; elle s'étend de 1 à 6 mg par jour. On prend habituellement le lorazépam 2 ou 3 fois par jour. Son action met de 1 à 2 heures à se manifester et peut facilement durer jusqu'à 12 heures.

M

Maalox

> Association d'hydroxyde
> d'aluminium et
> d'hydroxyde de
> magnésium.
> Autres noms
> commerciaux : Diovol,
> Gelusil, Kolantyl Gel,
> Maalox TC, Mylanta-2,
> Neutralca, Univol.

Ordonnance non requise

Indications thérapeutiques

Le mélange d'hydroxydes de magnésium et d'aluminium est utilisé pour soulager les brûlures d'estomac. On s'en sert aussi pour soulager et promouvoir la guérison de l'ulcère gastrique et duodénal et pour soulager la douleur associée à la hernie hiatale et à l'œsophagite.

Posologie habituelle

Dans le traitement de l'ulcère gastrique et duodénal, on recommande une dose de 50 ml prise de façon régulière 1 heure et 3 heures après les repas et au coucher, avec un minimum de 7 doses par jour.

Pour soulager l'hyperacidité occasionnelle, des doses plus faibles suffisent d'ordinaire : de 10 à 20 ml (2 à 4 cuillerées à thé).

Pour le Mylanta-2-simple, le Maalox TC et le Diovol, 30 ml équivalent aux 50 ml habituels, ces produits étant plus concentrés.

On recommande l'utilisation des antiacides sous forme liquide plutôt qu'en comprimés ; leur effet se fait sentir plus rapidement et de plus les liquides font preuve de plus de stabilité. Si l'on désire toutefois employer les comprimés, il faut bien les mâcher et les avaler avec beaucoup d'eau.

Contre-indications

On ne devrait pas prendre ce médicament de façon continue en présence d'insuffisance rénale, à cause du risque d'alcalose urinaire et d'intoxication par les ions magnésium et aluminium.

On devrait l'utiliser avec précautions si l'on souffre d'obstruction gastrique ou intestinale et d'hémorroïdes.

On ne recommande pas l'utilisation d'antiacides au cours du premier trimestre de la grossesse, étant donné qu'une étude rétrospective a observé un lien avec des malformations congénitales. On considère cependant que l'utilisation occasionnelle au cours des deuxième et troisième trimestres est sûre, de même qu'au cours de la période d'allaitement.

Effets secondaires possibles

En général, l'usage occasionnel ne présente pas d'effets secondaires importants ; le mélange d'hydroxydes de magnésium et d'aluminium peut produire soit de la constipation, soit de la diarrhée. La présence d'hydroxyde d'aluminium entraîne parfois des nausées. Ce médicament peut aussi diminuer l'acidité urinaire et ainsi prédisposer aux infections urinaires et à certains problèmes rénaux, lorsqu'il est pris à forte dose pendant longtemps.

Précautions

On ne devrait pas utiliser d'antiacide sur une base régulière sans consulter un médecin. Des symptômes de douleur gastrique qui persistent devraient être l'objet d'une investigation parce qu'ils peuvent être le signe d'une pathologie plus grave qu'un dérangement passager.

On a avantage à prendre un antiacide 1 heure après les repas ; son effet se voit alors prolongé et peut durer jusqu'à 2 heures. Si on le prend à jeun, l'effet se terminera de 5 à 40 minutes après l'ingestion.

Le Diovol, le Gélusil, le Kolantyl, le Mylanta et l'Univol contiennent suffisamment de sodium pour que les personnes qui doivent restreindre leur apport de sel évitent ces produits. Le Maalox et le Neutralca sont, par ailleurs, acceptables de ce point de vue.

Interactions médicamenteuses

On ne devrait pas utiliser les antiacides en même temps que les comprimés enrobés entériquement (par exemple l'AAS enrobé, le bisacodyl), parce qu'ils dissolvent cet enrobage et annulent leur effet protecteur ; par le fait même, ils augmentent la vitesse d'absorption de ces médicaments.

Les antiacides diminuent l'absorption des médicaments suivants : la tétracycline, le fer, l'isoniazide, les barbituriques, certains tranquillisants, le propranolol, le digoxin, la chlorpromazine, les antiparkinsoniens, les anticoagulants, les antispasmodiques, la cimétidine, la ranitidine, le sulcrafate, le diflunisal et plusieurs diurétiques. On devrait respecter un intervalle de 1 heure entre la prise d'antiacides et de ces médicaments.

Alternatives

Voir le texte sur les malaises d'estomac et les antiacides, page 782, ainsi que celui sur les ulcères, page 828.

Jugement global

Parmi les antiacides, ceux contenant un mélange d'hydroxydes d'aluminium et de magnésium restent le choix le plus approprié, autant au point de vue de l'efficacité que de celui de l'innocuité. Bien que l'efficacité des antiacides ait longtemps été controversée et qu'il semble qu'une partie de leur effet soit reliée à l'effet placebo, il apparaît maintenant que leur utilisation à forte dose et au moins 7 fois par jour soit efficace dans le traitement de l'ulcère gastrique et duodénal. Ce traitement doit alors se faire sous surveillance médicale et durant une période de 7 à 8 semaines. Par contre, les antiacides ne sont jamais efficaces pour aider à digérer, bien que l'on associe souvent à tort malaise digestif et hyperacidité.

On ajoute parfois aux antiacides un produit contre les gaz, le siméthicone. C'est le cas du Maalox Plus et du Mylanta-2. Ces produits n'offrent aucun avantage, étant donné que le siméthicone n'a jamais réussi à démontrer une efficacité plus grande que celle du placebo.

Magaldrate

Nom commercial : Riopan.

Ordonnance non requise

Le magaldrate est un complexe de magnésium et d'aluminium qui, dans l'estomac, se transforme en hydroxyde d'aluminium hydraté et en magnésium. Il semble que son effet antiacide soit à peu près équivalent à celui du mélange d'hydroxydes de magnésium et d'aluminium (le Maalox et les produits équivalents). On considère que ses indications thérapeutiques, sa posologie, ses contre-indications et ses effets secondaires sont les mêmes que ceux du Maalox ; nous vous invitons donc à consulter le texte sur ce médicament, juste immédiatement avant celui-ci.

L'avantage majeur du magaldrate réside dans le fait qu'il contient peu de sodium et de potassium ; il serait alors particulièrement indiqué chez les personnes souffrant d'hypertension artérielle et chez celles devant suivre une diète pauvre en sodium.

Maprotiline

Nom commercial :
Ludiomil.

Ordonnance requise

La maprotiline est un antidépresseur similaire à l'amitriptyline ; voir le texte sur ce médicament, à la page 132, pour plus de détails.

Bien qu'elle possède la plupart des effets et des caractéristiques de l'amitriptyline, la maprotiline s'en distingue par les points qui suivent.

Indications thérapeutiques

On a jusqu'ici réservé la maprotiline strictement au traitement de la dépression.

Effets secondaires possibles

La maprotiline produit moins de sécheresse de la bouche, d'embrouil-lement de la vue, de constipation, de rétention urinaire, de palpitation et d'hypotension que l'amitriptyline. De plus, elle semble moins sou-vent responsable de psychose toxique. Elle serait pour ces différentes raisons plus sûre chez les personnes âgées. Elle occasionne cependant plus souvent l'apparition d'un rash cutané et serait responsable de crises convulsives.

Mazindol

> Nom commercial :
> Sanorex.

Ordonnance requise

Indications thérapeutiques

Le mazindol est utilisé comme aide temporaire au début d'un régime amaigrissant. Il doit nécessairement être associé à un régime faible en calories et ne devrait pas être pris plus de 6 à 12 semaines. Il agirait surtout en diminuant l'appétit, bien qu'il ait aussi un effet sur les taux sanguins de glucose et de triglycérides, ce qui pourrait contribuer à son effet.

Posologie habituelle

On emploie soit une dose de 1 mg (1/2 comprimé) 3 fois par jour avant les repas, ou bien 2 mg 1 heure avant le repas du midi.

L'effet du mazindole se manifeste en 30 à 60 minutes et dure de 8 à 15 heures. Il est sans doute préférable de ne pas en prendre après midi, afin d'éviter de souffrir d'insomnie.

Contre-indications

On évitera le mazindol si l'on souffre de glaucome, d'hyperthyroïdie, d'hypertension grave, de décompensation cardiaque, de pression vei-neuse élevée, de schizophrénie, d'urémie, d'ischémie cérébrale ou si l'on est très agité. On en évitera aussi l'usage après un infarctus du myocarde, si l'on a déjà fait une réaction allergique à ce type de médicaments et au cours d'un traitement avec le Parnate, le Marplan ou le Nardil, ou dans les 14 jours suivant l'arrêt de ces médicaments. On veillera à ne pas l'utiliser durant la grossesse ; il est lié à une augmentation des mortalités néo-natales et à des anomalies fœtales, s'il est pris à forte dose. On ne le donnera pas aux enfants de moins de 12 ans.

Le diabète et la tendance à abuser de drogues rendent son emploi plus risqué.

Effets secondaires possibles

À part l'occurrence d'une réaction allergique, les effets secondaires rencontrés ne demandent habituellement pas l'arrêt de la médication. Les plus fréquents sont de la nervosité, de l'agitation, de l'insomnie, de la constipation, de la sécheresse de la bouche et une accélération du rythme cardiaque. On peut aussi expérimenter, quoique moins fréquemment, de la diarrhée, des étourdissements, une sensation de légèreté dans la tête, des maux de tête, des nausées, une exagération de la sudation, de la faiblesse, des vomissements, des douleurs ou des crampes à l'estomac, un goût désagréable, de la dépression, un embrouillement de la vision, des picotements dans les mains et de la difficulté à uriner. On a observé de l'impuissance et des modifications du désir sexuel.

Interactions médicamenteuses

Le mazindol voit son effet stimulant augmenté par les autres médicaments stimulants et son effet coupe-faim amoindri par les phénothiazines. Il diminue l'effet antihypertenseur de la guanéthidine, de la clonidine et du méthyldopa et peut modifier les besoins en insuline.

On devrait éviter de prendre le mazindol quelques jours avant une opération chirurgicale ; s'il est utilisé en même temps que les anesthésiques généraux, il peut provoquer des troubles du rythme cardiaque.

Précautions

Ce médicament pouvant causer des étourdissements, on devra agir avec prudence si l'on a à conduire une automobile ou opérer une machine demandant de la précision.

Il faut savoir que le mazindol peut causer une dépendance physique et psychologique, avec apparition d'une réaction de sevrage lorsqu'on l'arrête. Le sevrage se manifeste alors par de la fatigue et de la dépression et l'on peut en réduire l'importance en diminuant progressivement les doses. On ne devrait pas non plus chercher à augmenter les doses ; ce médicament perd la plupart du temps son efficacité après quelques semaines de traitement (environ 6) et il est inutile d'en augmenter la dose, car cela ne fait qu'accroître le risque de dépendance, mais pas l'effet.

Alternatives

Le mazindol ne devrait jamais être utilisé comme seul moyen pour perdre du poids, son principal effet étant de diminuer légèrement l'appétit. Moins manger, manger des aliments à plus faible teneur en calories, faire plus d'activité physique, souvent aussi modifier son attitude face aux aliments restent les seuls moyens efficaces pour perdre du poids. Si l'on est trop gras, c'est qu'il y a des déficiences de ce côté et l'on a tout intérêt à procéder aux modifications qui s'imposent dans sa façon de vivre sans l'aide de médicaments, puisque ces modifications devront être permanentes si l'on ne veut pas réengraisser. Nous vous invitons à ce propos à consulter le texte sur l'obésité, à la page 802.

Jugement global

Le mazindol et tous les autres médicaments coupe-faim font partie de cette catégorie de médicaments dont l'existence n'est pas justifiée. D'une part, ils n'ont pas d'efficacité réelle appréciable ; il est prouvé que les gens qui les utilisent ne perdent que quelques onces par semaine de plus que ceux qui ne les utilisent pas. D'autre part, ils présentent un risque d'accoutumance et de dépendance qu'on ne peut nier. L'effet stimulant qu'ils provoquent et le sentiment dépressif qui suit souvent leur arrêt rendent leur usage hasardeux et délicat. On risque de se retrouver avec, en plus du problème d'obésité, un problème de dépendance médicamenteuse.

Médroxyprogestérone

Nom commercial : Provera.

Ordonnance requise

Indications thérapeutiques

La médroxyprogestérone est une hormone progestative de synthèse qui s'emploie dans le traitement de divers troubles de la menstruation liés à un débalancement hormonal. On l'ajoute maintenant assez régulièrement au traitement de remplacement à base d'œstrogènes durant la ménopause ; on croit ainsi réduire le risque de cancer de l'utérus. On l'utilise aussi parfois comme contraceptif injectable, même si cet usage n'est pas approuvé par le Bureau des aliments et drogues.

Enfin, on l'emploie dans certains cas de cancer.

Posologie habituelle

Pour les troubles menstruels et comme appoint aux œstrogènes donnés durant la ménopause, la dose est de 5 à 10 mg par jour pendant 5 à 10 jours à commencer entre le 16e et le 21e jours présumés du cycle.

Comme contraceptif, une injection de 150 mg (Depo-Provera) assure une protection durant 3 mois.

Dans le traitement du cancer, les doses varient de 200 à 400 mg par jour, de façon continue.

Il est préférable de prendre ce médicament toujours à la même heure avec de la nourriture, pour éviter les effets secondaires.

Contre-indications

La médroxyprogestérone peut causer des malformations congénitales si elle est prise pendant les 4 premiers mois de la grossesse ; il vaut mieux aussi ne pas l'employer pendant l'allaitement, étant donné que l'on n'en connaît pas réellement les effets sur le nouveau-né.

On évitera ce médicament si l'on y est hypersensible, si l'on a déjà eu des troubles de circulation (comme une thrombophlébite), si l'on souffre d'une maladie du foie, si l'on est possiblement atteinte d'un cancer du sein ou des organes génitaux et tant que la cause exacte d'une hémorragie vaginale n'a pas été établie. On hésitera aussi à y avoir recours si l'on est atteint d'asthme, d'insuffisance cardiaque, d'épilepsie, de migraine, d'un dysfonctionnement rénal ou si l'on a déjà fait une dépression, étant donné que le médicament peut aggraver toutes ces conditions.

Effets secondaires possibles

Certains effets secondaires considérés comme bénins peuvent survenir : des changements d'appétit, une augmentation ou une diminution de poids, de l'enflure aux chevilles et aux pieds, de la fatigue et de la faiblesse, aussi plus rarement de l'acné, une sensibilité aux seins, des nausées et une augmentation de la pilosité au visage et sur le corps. À la suite d'une appréciation personnelle de ces symptômes, l'on décidera de la poursuite ou non du traitement.

D'autres effets secondaires nécessitent une consultation médicale s'ils se produisent : une modification des menstruations (leur prolongement ou leur disparition, des saignements légers intermenstruels), de la dépression, une éruption cutanée, des démangeaisons, de la jaunisse et une sécrétion de lait. Ils peuvent exiger que l'on cesse le traitement.

Des effets secondaires graves peuvent se produire et demandent une consultation médicale rapide (le mieux est de se rendre à l'urgence) ; ainsi la médroxyprogestérone peut provoquer des troubles visuels qui se manifesteront par de la vision embrouillée ou double ou encore une perte partielle ou totale de la vue. Elle peut aussi induire la formation de caillots susceptibles de bloquer un vaisseau sanguin ; ceci peut se manifester par un mal de tête violent et subit, une difficulté à parler, une perte de coordination, un essoufflement subit sans raison et une douleur à la poitrine, à l'aine ou au mollet.

La médroxyprogestérone posséderait aussi certains effets sur le métabolisme : elle diminuerait la résistance au glucose et pourrait aggraver un diabète ; elle perturberait l'équilibre des lipides sanguins, favorisant théoriquement le risque de maladies cardiovasculaires.

On dispose aussi de données troublantes et controversées sur un lien possible entre l'hormone donnée en injection comme contraceptif et l'incidence de cancer. On a en effet observé une augmentation des cancers utérins chez des singes et des chiens traités avec cette hormone. Il est toutefois difficile d'étendre ces observations aux femmes.

L'hormone administrée seule possède aussi une activité anti-œstrogénique dont on suppose qu'elle pourrait accélérer l'atrophie vaginale, l'ostéoporose et l'athérosclérose qui accompagnent la baisse de sécrétion œstrogénique de la ménopause.

Utilisée comme contraceptif, la médroxyprogestérone fait habituellement disparaître les menstruations après quelques mois d'utilisation et leur retour peut se produire seulement plusieurs mois après la dernière injection (le fabricant est conservateur en disant 18 mois). On ne sait pas clairement si elle peut causer l'infertilité.

Interactions médicamenteuses

Ce médicament peut modifier l'action des anticoagulants ; son action est affectée par les corticostéroïdes et le phénobarbital.

Précautions

Pendant un traitement à long terme, il faut voir son médecin au moins aux 6 mois.
Il faut aviser son médecin le plus tôt possible :
— si les menstruations durent un temps anormalement long ;
— si les menstruations ne surviennent pas ;
— si l'on croit être enceinte.
Il est recommandable d'éviter de fumer pendant ce traitement.
On devrait passer un test Pap chaque année pendant un traitement à long terme.

Alternatives

Voir le texte sur la contraception, page 710.

Jugement global

Les hormones constituent un outil important dans la thérapie gynécologique ; elles sont cependant beaucoup trop souvent utilisées dans des efforts pour « normaliser » des cycles irréguliers, mais sans aucune pathologie sous-jacente ; avant d'entreprendre un traitement chimique pour régulariser son cycle menstruel, l'on devrait s'interroger sur l'importance que revêt dans notre cas une telle régularité et savoir que les cycles « normaux » existent plus souvent dans les livres que dans la réalité. Ceci est particulièrement vrai des adolescentes et des femmes en période de préménopause.
Certains médecins prescrivent la médroxyprogestérone pour le traitement du syndrome prémenstruel, même s'il n'existe aucune évidence de son efficacité pour cet usage.
Le Depo-Provera, qui sert de contraceptif injectable, est actuellement au cœur d'un chaud débat. Ce contraceptif est utilisé depuis de

nombreuses années chez des femmes des pays du Tiers-Monde et depuis quelque temps déjà plus près de nous chez des clientèles dites « à problèmes » (femmes en institutions psychiatriques, adolescentes « incapables » d'utiliser une autre forme de contraceptif...). Il est efficace, invisible et indolore. Il fait même disparaître vos menstruations ! Certains médecins le considèrent en fait comme LE contraceptif de la femme moderne qui n'a que faire de ce désagrément cyclique ! C'est une façon de voir et un côté de la médaille. L'autre, c'est l'inconnu, les effets secondaires « acceptables », la difficulté de prévoir le retour à la fertilité et surtout le risque d'effets secondaires graves.

Méfénamique (acide)

Nom commercial : Ponstan.

Ordonnance requise

Indications thérapeutiques

L'acide méfénamique possède une action analgésique et anti-inflammatoire. On l'utilise principalement dans le soulagement à court terme de douleurs mineures (douleurs menstruelles, dentaires...). On l'utilise parfois dans l'ostéoarthrite, lorsque les autres médicaments ne se sont pas montrés efficaces.

Posologie habituelle

La dose initiale est généralement de 500 mg et sera suivie de 250 mg aux 6 heures. On recommande de ne pas dépasser 7 jours de traitement.

Le médicament est pris de préférence aux repas. On devrait éviter de se coucher tout de suite après avoir avalé l'acide méfénamique — on observera un intervalle de 20 minutes — afin de lui permettre de bien se rendre à l'estomac ; on réduit ainsi le risque d'irritations de l'œsophage.

L'acide méfénamique partage les contre-indications, effets secondaires, etc., du naproxen (voir page 440). On lui reconnaît cependant une plus grande toxicité que ce dernier. Son usage est en effet limité par la forte incidence de diarrhée et par ses effets toxiques sur le rein. Ceci en fait donc un médicament à éviter dans la mesure du possible.

Mépéridine

Noms commerciaux :
Démérol, Péthidine.

Ordonnance écrite requise

La mépéridine est un médicament analogue à la morphine ; elle sert à soulager des douleurs aiguës moyennes ou importantes, par exemple à la suite d'une opération. Les lecteurs consulteront le texte sur la morphine à la page 435, pour en savoir davantage sur ce médicament.

La mépéridine se distingue cependant de la morphine par les points suivants :
— sa durée d'action est brève (2 ou 3 heures) ;
— on ne devrait jamais l'utiliser comme analgésique dans les douleurs chroniques. Elle sert exclusivement au traitement des douleurs aiguës et est administrée le plus souvent en injection, à raison de 50 à 150 mg aux 3 ou 4 heures ;
— elle occasionne moins souvent que la morphine de la constipation, de la rétention urinaire et des spasmes des voies biliaires ;
— elle provoque plus souvent une réaction d'hyperexcitabilité avec de l'agitation, de l'appréhension et des convulsions, ou encore une réaction d'hypotension ;
— on ne devrait jamais l'utiliser en même temps que les inhibiteurs de la mono-amine-oxydase. On devra aussi respecter une période d'attente de 21 jours après un traitement avec ces médicaments avant d'administrer la mépéridine. Le non-respect de cette contre-indication pourrait avoir une issue fatale.

Méprobamate

Noms commerciaux : Apo-Méprobamate,
Equanil, Méditran, Meprospan-400,
Miltown, Néo-Tran, Novomepro.

Ordonnance requise

Indications thérapeutiques

Le méprobamate est surtout utilisé pour diminuer la tension et l'anxiété. On s'en sert aussi parfois pour induire le sommeil.

Posologie habituelle

Pour les adultes, la dose efficace est de 400 mg prise 3 ou 4 fois par jour ; on ne doit pas dépasser les 2 400 mg par jour. La dose efficace contre l'insomnie est de 800 mg.

L'effet du méprobamate commence à se faire sentir 1 ou 2 heures après l'ingestion.

Contre-indications

Les gens ayant déjà fait une réaction allergique au méprobamate ou au carisoprodol ne devront pas prendre ce médicament. Les personnes souffrant d'insuffisance rénale ou hépatique n'utiliseront que des doses plus faibles, alors que celles souffrant d'épilepsie exigeront une surveillance médicale étroite ; le médicament peut, en effet, précipiter les crises épileptiques. Les femmes enceintes ne devraient jamais prendre de méprobamate tout au cours de leur grossesse. On retrouve aussi le méprobamate à forte concentration dans le lait maternel ; il est donc préférable de s'abstenir de l'utiliser durant la période d'allaitement. On ne devrait pas donner de méprobamate aux enfants de moins de 6 ans.

Effets secondaires possibles

Le méprobamate cause fréquemment des étourdissements, de la somnolence et de l'incoordination. Moins souvent, se manifesteront des maux de tête, de la difficulté à parler, de la faiblesse des membres, des nausées, des vomissements, de la diarrhée, de l'euphorie et de l'allergie (avec démangeaisons et urticaire) qui peuvent demander d'arrêter le médicament. On peut aussi trouver de l'hypotension et, chez les personnes prédisposées, des convulsions. Plus rarement pourront se produire un embrouillement de la vue, une accélération cardiaque ou des palpitations, une syncope, de l'excitation, une réaction allergique fatale, une altération de la moelle osseuse et du sang (on peut alors expérimenter des maux de gorge, de la faiblesse, une facilité à faire des bleus) ; toutes ces réactions sont graves et demandent que l'on arrête immédiatement de prendre ce médicament et que l'on consulte son médecin.

Interactions médicamenteuses

Le méprobamate augmente l'effet sédatif des autres tranquillisants, des somnifères, des antidépresseurs, des antihistaminiques et de certains antihypertenseurs comme la clonidine et le méthyldopa. Pris en même temps que les anticonvulsivants, le méprobamate peut modifier l'allure des crises convulsives ; on devra surveiller de près l'effet de cette combinaison.

Précautions

— De grandes quantités de café, de thé et de colas peuvent réduire l'action calmante de ce médicament.
— Le méprobamate peut causer de la somnolence et entraver la bonne utilisation des véhicules automobiles et des machines demandant de l'attention.
— L'effet sédatif est diminué quand il y a abus chronique d'alcool.
— L'alcool augmente l'effet de somnolence du méprobamate.
— Le méprobamate peut provoquer un phénomène de tolérance et une dépendance physique et psychologique, après un usage prolongé. On a observé ces effets même après l'arrêt de doses aussi peu élevées que 1,6 g par jour. Un arrêt brusque de ce médicament peut donc provoquer une réaction de sevrage qui se manifeste par de l'anxiété, de l'insomnie, des tremblements, des troubles gastro-intestinaux et éventuellement de la confusion, des hallucinations et des convulsions. Pour réduire ou éliminer cette réaction, l'on devra diminuer progressivement la dose de médicament absorbée, par étapes de 2 ou 3 jours, en retranchant à chaque fois une proportion égale à 5 à 10 % de la dose antérieure. Ainsi, une personne qui prend 1 600 mg par jour diminuera sa dose d'abord à environ 1 450 mg par jour pendant 2 ou 3 jours, puis à 1 300 mg, et ainsi de suite jusqu'à 0. On prendra soin, avant de passer à une nouvelle étape, d'être bien stabilisé et à l'aise à l'étape où l'on se trouve.

Alternatives

L'anxiété, la nervosité et la tension sont des symptômes. Ils existent à des intensités différentes. L'anxiété qui peut être aidée par l'emploi d'un tranquillisant s'appelle anxiété situationnelle ; elle se manifeste en période de crise, par exemple lorsque l'on perd un être cher, quand on doit déménager, lorsque l'on a à affronter une situation financière difficile, un travail stressant, etc. ; les exemples sont faciles à trouver. Une nouvelle situation demande une adaptation et peut souvent susciter de l'inquiétude... jusqu'à ce que l'on trouve un équilibre ou une solution au problème. Un tranquillisant peut aider à traverser ces périodes difficiles ; il ne remplace cependant pas l'adaptation ou la solution du problème ; il ne fait que masquer la situation difficile.

Parfois aussi, l'inquiétude et la tension s'accumuleront petit à petit et deviendront une angoisse diffuse et continue, qui peut requérir alors un traitement plus approfondi.

Il est certain que l'on aura avantage à trouver d'où provient la nervosité (ce n'est pas toujours évident) et à voir comment et dans quelle mesure on peut corriger la situation. Certains outils peuvent être une aide précieuse : une méthode de relaxation peut contribuer à maîtriser la nervosité et apporter le calme nécessaire pour stimuler une nouvelle approche de la situation. Parfois une thérapie psychologique sera nécessaire et positive. Parfois aussi des changements au niveau du quotidien (un meilleur partage des tâches ménagères, une pause au travail...) joueront un rôle positif. En résumé, l'action directe sur le concret de la vie ne sera jamais remplacée par une pilule et les outils mentionnés plus haut peuvent aider à avoir plus de prise sur la vie et ses émotions, peuvent aider à affronter les aléas du quotidien sans « perdre les pédales ». Les médicaments, par contre, peuvent servir à fuir et à « se mettre la tête dans le sable ».

Jugement global

Le méprobamate a depuis déjà plusieurs années été remplacé par des médicaments possédant moins de risques d'utilisation ; c'est à la famille des benzodiazépines qu'on recourt maintenant plutôt qu'au méprobamate lorsque l'on doit prendre un tranquillisant. D'ailleurs, le méprobamate perd son efficacité après un usage prolongé.

Mercodol Decapryn

Chaque ml contient :
hydrocodone : 0,33 mg ;
étafédrine : 3,33 mg ;
citrate de sodium : 40 mg ;
doxylamine : 1,2 mg ;
alcool 5 % ;
dans une base de tolu, de
thym et de menthol.

Ordonnance requise

Indications thérapeutiques

Le Mercodol Decapryn contient principalement un antitussif et un décongestionnant et servirait à maîtriser la toux et la congestion causées par le rhume.

Posologie habituelle

Les adultes peuvent prendre 1 cuillerée à thé (5 ml) aux 3 à 5 heures, sans dépasser 30 ml en 24 heures.

Aux enfants de 6 à 12 ans, on donnera entre 2,5 et 5 ml à la fois, aux 3 à 5 heures, mais sans dépasser les 15 ml par jour.

Quoique le manufacturier indique des doses pour les enfants de 1 à 6 ans, nous n'en recommandons pas l'utilisation.

Contre-indications

On ne devrait pas utiliser ce produit si l'on souffre des maladies suivantes : hyperthyroïdie, hypertension, diabète, troubles cardiaques, glaucome, troubles vasculaires périphériques. On ne devrait pas non plus s'en servir si l'on souffre d'insuffisance respiratoire ou de constipation.

Les femmes enceintes et celles qui allaitent doivent s'abstenir d'avoir recours à ce médicament.

Effets secondaires possibles

Le Mercodol Decapryn est susceptible de produire de la somnolence, des étourdissements, des nausées, de la nervosité, des palpitations et une élévation de la pression artérielle.

Interactions médicamenteuses

L'interaction la plus susceptible de se produire est l'intensification de la somnolence produite par les tranquillisants, antidépresseurs, analgésiques, antihistaminiques et relaxants musculaires.

Précautions

Le Mercodol Decapryn pouvant produire de la somnolence, l'on fera preuve de prudence si l'on doit manipuler des machines demandant de l'attention. L'alcool intensifie cette réaction.

Alternatives

Voir le texte sur le rhume et la grippe, en page 814.

Jugement critique

Le Mercodol Decapryn est un mélange farfelu dont pas un seul des ingrédients n'est présent à la dose efficace. Il est censé à la fois arrêter la toux et la faciliter, décongestionner et assécher les muqueuses. Son efficacité est peut-être surtout dépendante de son effet calmant et de sa forte concentration en sucre. On aura avantage, si l'on tousse, à utiliser autre chose.

Metformine

Nom commercial :
Glucophage.

Ordonnance requise

Indications thérapeutiques

La metformine sert à contrôler le taux de glucose sanguin chez certaines personnes diabétiques. On l'utilise lorsque le diabète s'est déclaré à l'âge adulte et qu'il ne peut être contrôlé par la diète et l'exercice physique seuls, lorsqu'il n'y a pas de production de corps cétoniques et quand l'emploi d'insuline s'avère impossible.

La metformine agirait surtout en diminuant l'absorption du glucose au niveau gastro-intestinal et en accroissant son utilisation au niveau des cellules.

Posologie habituelle

On prend entre 500 et 2 500 mg par jour en 3 doses séparées. La dose d'attaque est de 500 mg 3 fois par jour. Le médicament doit être pris au moment des repas.

Contre-indications

On ne devrait pas employer ce médicament si les conditions suivantes sont présentes :
— grossesse ou allaitement ; il pourrait en effet causer des malformations congénitales ;
— défaillances rénale, circulatoire, hépatique ou cardio-respiratoire ;
— si on a déjà souffert d'acidose lactique ou d'acidose cétonique ;
— avant une intervention chirurgicale ou certains examens : pyélographie (radiographie des reins) et angiographie (radiographie des vaisseaux sanguins) ;
— si le diabète est instable ou nécessite l'administration d'insuline.

Effets secondaires possibles

Les effets secondaires les plus fréquents sont les suivants : un goût métallique dans la bouche, de l'irritation gastrique, des nausées, des vomissements, de la diarrhée, des douleurs abdominales et parfois une diminution de l'appétit. On pourra éliminer une partie de ces effets secondaires en prenant le médicament au moment des repas. Une perte d'appétit et de poids suivies de l'apparition de nausées, d'hyperventilation et de malaises abdominaux persistants doivent faire redouter l'acidose, une complication rare de l'usage de la metformine. Les éruptions cutanées peuvent signaler une allergie à ce médicament.

Interactions médicamenteuses

On connaît peu les interactions de la metformine avec les autres médicaments. On sait cependant que certains médicaments diminuent son effet : les diurétiques (médicaments qui font uriner), la cortisone et ses dérivés, les contraceptifs oraux et l'acide nicotinique. Si la metformine est prise en même temps que d'autres hypoglycémiants oraux, ceux-ci produiront plus facilement de l'hypoglycémie. Celle-ci pourrait aussi être aggravée par la prise simultanée de sulfamidés (Septra, Bactrim), d'AAS, de phénylbutazone, de bêta-bloquants, de Nardil, de Parnate et de Marplan, de clofibrate et des médicaments antituberculeux. La metformine diminue l'effet du phenprocoumon.

Précautions

Le traitement du diabète avec la metformine devrait être réévalué périodiquement ; après que le poids normal a été atteint, on recommande de cesser brièvement son utilisation sous surveillance médicale, la stabilisation du taux de glucose sanguin pouvant souvent être obtenue par la diète seule.

On observe assez fréquemment l'établissement d'une résistance progressive au médicament, 6 à 12 % seulement des patients étant contrôlés plus de 6 ou 7 ans par ce traitement. Il se peut cependant que les malades chez qui les hypoglycémiants n'agissent plus puissent être contrôlés par une diète et de l'exercice physique seuls. On peut dans certains cas utiliser un autre hypoglycémiant avec succès.

Lorsque le médicament devient inefficace après un certain temps, il semble que cet échec soit surtout relié à une non-observance de la diète. Cela peut aussi être causé par une aggravation du diabète, un manque de fidélité au traitement, un dosage inadéquat ou par le développement d'une infection ou d'une autre maladie.

On devra procéder régulièrement à une évaluation du fonctionnement du foie, du système cardio-vasculaire, des yeux et du sang. La fonction rénale devra être testée aux 6 mois.

On mesurera aussi chaque année ou aux deux ans les taux sanguins de vitamine B_{12} et d'acide folique.

Alternatives

La diète et un programme d'exercice physique sont les deux éléments essentiels du contrôle du diabète qui se déclare à l'âge adulte. Le maintien du poids idéal représente d'ailleurs un moyen de prévenir l'apparition de cette maladie ; l'obésité et la malnutrition seraient en effet des facteurs précipitants importants du diabète. Le contrôle de la glycémie n'est toujours qu'un des éléments du traitement du diabète ; on doit considérer tout autant la normalisation du poids, l'évitement de l'apparition des corps cétoniques, la normalisation des lipides sanguins, etc., d'où l'importance énorme du respect de la diète et d'un exercice physique régulier, ces deux actions pouvant agir plus efficacement quand elles sont entreprises simultanément. Pour plus d'information, nous vous référons au texte sur le diabète, page 720.

Jugement global

L'utilisation de la metformine et des autres hypoglycémiants oraux ne devrait jamais constituer une première étape du traitement du diabète. La diète et l'activité physique, en occasionnant une perte de poids et en favorisant le métabolisme des sucres, constituent des actions essentielles et doivent nécessairement faire partie du traitement. Certains individus pourront avoir besoin d'y ajouter un hypoglycémiant, mais tout en respectant les deux points du traitement. En effet, le médicament seul a considérablement moins d'effet sur le taux de glucose sanguin que s'il est associé à la diète et à l'activité physique. Il perdrait aussi plus rapidement son effet lorsqu'il constitue la seule approche thérapeutique.

Il existe une controverse quant aux effets de l'utilisation à long terme des hypoglycémiants oraux ; en effet, une recherche a montré une augmentation significative des mortalités par accident cardio-vasculaire. Celles-ci ne seraient pas associées au diabète lui-même, mais plutôt au traitement. Une relation directe de cause à effet n'a cependant pas été établie et l'on doute maintenant de la validité des conclusions de cette étude. Il reste cependant qu'une assez forte proportion de personnes présentant des contre-indications à l'utilisation de ce genre de médicaments comptaient parmi les victimes ; il faut donc insister sur le respect de ces contre-indications afin de minimiser les risques. De toute façon, les hypoglycémiants oraux présentent incontestablement des risques d'utilisation, surtout chez les personnes âgées, et ne devraient être utilisés qu'en dernier recours.

Méthaqualone

Noms commerciaux :
Triador, Tualone.
En association avec le
diphenhydramine :
Mandrax.

Ordonnance requise

Indications thérapeutiques

La méthaqualone sert au traitement de l'insomnie en induisant le sommeil. On l'utilise aussi parfois durant le jour comme sédatif.

Posologie habituelle

Pour lutter contre l'insomnie, on prend généralement entre 150 et 300 mg une demi-heure avant d'aller se coucher, pour produire un sommeil qui dure entre 5 et 8 heures ; on devrait utiliser la plus petite dose efficace. Lorsqu'on l'emploie comme sédatif durant le jour, la dose est de 75 mg 3 fois par jour après les repas, avec une dose additionnelle au coucher. Les personnes âgées et les malades dont la fonction hépatique est déficiente devraient prendre des doses plus faibles. L'action débute de 20 à 30 minutes après l'absorption.

Contre-indications

Les personnes qui ont déjà fait une réaction allergique à la méthaqualone ne devraient pas employer ce médicament. Les femmes enceintes et les enfants de moins de 14 ans ne l'utiliseront pas non plus.

Effets secondaires possibles

Les effets secondaires les plus fréquents associés à la méthaqualone sont des maux de tête, des étourdissements, de la sédation pendant le jour, de la fatigue, du somnambulisme, une augmentation des rêves, des nausées, des vomissements, une perte d'appétit, de la diarrhée ou de la constipation et des anomalies du rythme cardiaque. On pourra aussi expérimenter une réaction allergique avec difficultés respiratoires, de l'excitation paradoxale ou de l'anxiété ; ces symptômes exigent un arrêt de la médication.

La méthaqualone a causé dans des cas rares une altération de la moelle osseuse qui se manifeste par de la faiblesse, une facilité à saigner et à faire des bleus et un mal de gorge. Ceci requiert un arrêt immédat de la médication.

Interactions médicamenteuses

La méthaqualone augmente l'effet sédatif des tranquillisants, des autres somnifères, des analgésiques, des antihistaminiques, des antidépresseurs, des neuroleptiques et de certains antihypertenseurs comme la clonidine ou le méthyldopa.

Précautions

L'alcool augmente l'action et la toxicité de la méthaqualone.

Ce médicament peut facilement créer de la dépendance et de la tolérance. On évitera d'en augmenter la prise en vue d'obtenir le même effet. On sait que la méthaqualone perd son efficacité après 1 ou 2 semaines de traitement continu et que l'arrêt brusque du médicament peut provoquer un syndrome de sevrage. Celui-ci se manifeste par de l'insomnie, de l'agitation, une augmentation des rêves et des cauchemars.

Pour réduire ou éliminer cette réaction, l'on devra diminuer progressivement la dose de médicament absorbée, par étapes de 2 ou 3 jours, retranchant chaque fois une proportion égale à 5 à 10 % de la dose antérieure. Ainsi une personne qui prend par exemple 300 mg par jour diminuera sa prise quotidienne d'abord à 270 mg par jour pendant 2 ou 3 jours, puis à 240 mg et ainsi de suite jusqu'à 0. On prendra soin, avant de passer à une nouvelle étape, d'être bien stabilisé et à l'aise à l'étape où l'on se trouve.

Alternatives

Voir le texte sur l'insomnie, page 766.

Jugement global

La méthaqualone a une réputation d'aphrodisiaque, réputation non méritée semble-t-il. Ce qui est plus certain, c'est la capacité qu'elle a de créer de la dépendance et une difficulté à retrouver un sommeil normal après aussi peu de temps que 2 semaines d'utilisation. Depuis la mise sur le marché des benzodiazépines, l'on n'a plus de raisons d'utiliser ce produit.

Méthocarbamol

> Nom commercial :
> Robaxin. Aussi présent
> dans : Robaxisal,
> Robaxisal C 1/4, Robaxisal
> C 1/2, Robaxacet.

Ordonnance requise dans présentations avec codéine

Indications thérapeutiques

On utilise le méthocarbamol pour le soulagement du spasme aigu des muscles squelettiques (ceux qui participent aux mouvements). On recommande habituellement qu'il soit associé à des analgésiques et à de la physiothérapie.

Posologie habituelle

On peut prendre pendant les premières 48 à 72 heures 1,5 g (3 comprimés) de méthocarbamol 4 fois par jour, puis diminuer à 2 comprimés 4 fois par jour. Pour le Robaxisal, on se limitera le plus souvent à 2 comprimés 4 fois par jour et dans les présentations contenant de la codéine à 1 ou 2 comprimés 4 fois par jour. Ces dosages s'appliquent aux adultes et aux enfants de plus de 12 ans.

Contre-indications

On évitera le méthocarbamol si l'on y a déjà fait une réaction allergique, ainsi que durant la grossesse et la période d'allaitement ; la sécurité du médicament durant ces périodes n'a pas été établie. On n'en recommande pas non plus l'usage avant l'âge de 12 ans.

Les personnes souffrant d'épilepsie et d'insuffisance rénale ne devront pas recevoir le médicament sous forme injectable. Celles qui sont atteintes d'insuffisance rénale ou hépatique recevront sans doute des doses plus faibles.

Effets secondaires possibles

Les effets secondaires les plus courants sont la somnolence, une sensation de légèreté dans la tête, des étourdissements, une sudation exagérée, une sécheresse de la bouche, une vision trouble, de la constipation, parfois des nausées et même des vomissements, de la lassitude ou des maux de tête. On les diminuera en réduisant la dose. Par ailleurs si on expérimente de la congestion nasale, de la fièvre, une réaction cutanée de type urticaire, une irrégularité du rythme cardiaque ou une conjonctivite, l'on devra cesser de prendre le médicament et contacter son médecin.

Le méthocarbamol peut colorer l'urine en brun, noir ou vert ; c'est là un effet sans gravité.

Interactions médicamenteuses

Le méthocarbamol peut augmenter l'effet sédatif des tranquillisants, des analgésiques, des antidépresseurs, des antihistaminiques et diminuer l'activité de la pyridostigmine utilisée dans le traitement de la myasthénie grave.

Précautions

Le méthocarbamol peut causer de la somnolence et nuire à la capacité de conduire un véhicule automobile ou de manœuvrer des machines demandant de la précision. L'alcool accroîtra cet effet.

Alternatives

Le méthocarbamol ne devrait jamais être utilisé comme seule thérapeutique pour soulager les spasmes musculaires. On le remplacera ou on l'alliera à du repos et aussi éventuellement à de la physiothérapie ou son équivalent. On pourra aussi s'inspirer des recommandations qui s'appliquent au traitement de la douleur, voir page 730.

Jugement global

Bien que le méthocarbamol semble avoir une action sur les muscles, l'on ne sait pas trop si celle-ci est liée à l'effet tranquillisant, à l'effet relaxant musculaire ou bien à l'effet placebo du médicament. Il semble qu'il soit plus efficace dans le traitement du spasme aigu et qu'il ne soit pas justifié de l'employer à long terme. C'est en fait un médicament dont l'activité est très limitée (après 4 ou 5 jours, il n'a pas plus d'effet qu'un placebo) et dont l'utilité semble douteuse.

Le méthocarbamol existe aussi en association avec l'AAS (Robaxisal), l'AAS et la codéine (Robaxisal C 1/4 et C 1/2) et avec l'acétaminophène (Robaxacet) ; il possède alors, ajoutées aux siennes, les caractéristiques de ces substances. On préférera généralement utiliser le relaxant musculaire et l'analgésique dans des comprimés différents ; on peut alors ajuster les dosages plus facilement.

Méthotriméprazine

Nom commercial :
Nozinan.

Ordonnance requise

Indications thérapeutiques

La méthotriméprazine est un médicament analogue à la chlorpromazine. On l'emploie à cause de son effet tranquillisant chez les patients agités ou hyperactifs, surtout si ces symptômes sont alliés à un état psychotique ou à une dépression grave. On l'utilise aussi comme analgésique (principalement en injection) pour diminuer la douleur, pour augmenter l'effet de l'anesthésie avant une opération, pour empêcher les vomissements ou pour induire le sommeil. La méthotriméprazine peut être utilisée par voie orale et aussi en injection.

Posologie habituelle

Lorsque le médicament est pris sous forme de comprimé comme agent antipsychotique, tranquillisant ou sédatif, les doses varient entre 6 et 25 mg par jour. Elles seront réparties en 3 prises, au moment des repas. Si l'on doit faire face à un état plus critique, la dose totale pourra augmenter à 50 ou même à 75 mg par jour en 2 ou 3 prises. Si l'on doit prendre plus de 100 ou 200 mg en début de traitement, ceci devra se faire en gardant le lit pour quelques jours (on doit habituellement être hospitalisé) et la médication est alors parfois donnée sous forme d'injection.

Le médicament peut mettre 2 à 3 semaines avant d'agir pleinement.

On se référera au texte sur la chlorpromazine à la page 186 pour plus de détails sur les effets secondaires, les contre-indications, les précautions, etc., car la méthotriméprazine partage ceux-ci avec son congénère. On lui attribue cependant un effet sédatif plus prononcé que la chlorpromazine. Elle produit aussi plus souvent une réaction d'hypotension, réaction à laquelle sont plus sensibles les personnes âgées.

Méthyldopa

Noms commerciaux :
Aldomet,
Apo-Méthyldopa,
Dopamet, Médimet,
Novomedopa.

Ordonnance requise

Indications thérapeutiques

Le méthyldopa s'emploie uniquement pour le traitement de l'hypertension artérielle, lorsqu'elle est modérée ou grave.

Posologie habituelle

Le traitement d'attaque est de 500 à 750 mg par jour en 2 ou 3 prises ; par la suite, l'ajustement se fait graduellement (en 2 à 4 semaines) pour arriver à un traitement d'entretien qui varie entre 500 et 2 000 mg par jour, en 2 à 4 prises. Chez l'insuffisant rénal et la personne âgée, on débute avec des doses plus faibles de 250 mg par jour.

L'effet antihypertenseur s'accompagne le plus souvent d'une rétention d'eau et de sodium que l'on corrige par l'ajout d'un diurétique.

Contre-indications

Les personnes qui ont souffert de maladie hépatique récente doivent éviter le méthyldopa. Pour les autres qui souffrent de dépression, d'une faiblesse hépatique (sans maladie active actuellement) ou rénale, de maladie de Parkinson, de maladie coronarienne et pour les personnes qui ont une histoire d'anémie hémolytique auto-immune ou de phéochromocytome, l'usage de méthyldopa pose certains risques qu'il faudra évaluer sérieusement.

Les effets du méthyldopa sur le fœtus et sur l'enfant nourri au sein ne sont pas connus ; on sait cependant que le médicament passe dans le lait maternel. On devra bien peser le pour et le contre du recours à ce médicament au cours de la grossesse.

Effets secondaires possibles

Les effets secondaires les plus fréquents du méthyldopa sont la somnolence, la sécheresse de la bouche et l'impuissance. S'ils ne diminuent pas avec le temps, ils pourront obliger à changer la médication. D'autres effets secondaires considérés comme bénins risquent aussi de se produire transitoirement : maux de tête, étourdissements (surtout au changement de position), diarrhée, troubles digestifs, congestion nasale, ralentissement du rythme cardiaque, augmentation du volume des seins et sécrétion de lait. On devra cependant prévenir son médecin si ces symptômes s'aggravent.

L'apparition d'un sentiment dépressif, d'insomnie, de cauchemars ou encore l'enflure des pieds et des chevilles demandent généralement une consultation médicale et éventuellement une modification du traitement.

D'autres effets secondaires sont d'emblée plus préoccupants : une fièvre inexpliquée souvent accompagnée de douleurs et de rigidité musculaire ou encore de maux de tête et de nausées : ce syndrome peut apparaître au cours du premier mois de traitement et demande son interruption. Il ne faut pas négliger non plus des symptômes comme l'inflammation des glandes salivaires, des signes d'allergie comme une éruption cutanée, un ralentissement du rythme cardiaque, une diarrhée grave avec douleurs abdominales, des vomissements abondants et douloureux. À plus long terme, certains patients peuvent développer une jaunisse ou souffrir de troubles sanguins (hémorragie, fatigue, mal de gorge, ecchymoses faciles) ou éprouver des douleurs aux articulations. Quand des symptômes de ce genre apparaissent, il est important de les rapporter au médecin et d'en discuter avec lui ; il se peut que ce soient des signes d'intolérance au médicament et qu'il faille songer à changer de médicament. Il est cependant important de ne pas décider soi-même d'arrêter un traitement aux agents hypotenseurs, car la tension artérielle pourrait rapidement remonter à des niveaux dangereux.

Interactions médicamenteuses

Beaucoup de médicaments peuvent modifier l'action du méthyldopa ou être affectés par son ingestion. Les catégories de médicaments les plus connues pour ces effets sont les antidépresseurs, les antiparkinsoniens, les anesthésiques, les autres antihypertenseurs, les anti-inflammatoires, le halopéridol, la méthotriméprazine, les barbituriques, les pilules pour maigrir et les décongestionnants. Le méthyldopa peut augmenter la toxicité du lithium. Le métabolisme du tolbutamide est modifié chez certains, avec comme résultat une augmentation de l'effet hypoglycémiant. Les anticoagulants voient aussi leur effet augmenté ; il devient alors important de réajuster leur dosage. En fait, avant de prendre quelque autre médicament que ce soit, même les médicaments qui s'achètent sans ordonnance, il faut en parler au médecin.

Précautions

Surtout au début, le méthyldopa peut causer de la somnolence et des étourdissements ; aussi vaut-il mieux être prudent avant de prendre le volant d'une automobile ou d'une machine quelconque ; l'alcool augmente le risque de ces effets secondaires, de même que les sirops et autres médicaments contre le rhume, la grippe et les sinusites.

La chaleur et une activité physique excessive peuvent augmenter la possibilité d'hypotension au changement de position.

Le méthyldopa ne guérit pas l'hypertension, mais la contrôle et doit être pris régulièrement même si tout semble bien aller ; on ne doit pas arrêter ce traitement sans en parler au médecin.

L'initiation d'un traitement de l'hypertension artérielle requiert un suivi médical attentif, surtout durant les premières semaines ; certaines analyses de laboratoire doivent être effectuées à tous les trimestres (bilirubine, formule sanguine, transaminases) et un test de Coombs aux 6 mois.

L'usage du tabac peut augmenter la pression artérielle chez les individus sensibles.

Avant toute intervention chirurgicale d'un médecin ou d'un dentiste, il est important de l'aviser que l'on prend du méthyldopa.

Alternatives

Tout traitement d'hypertension devrait inclure un changement des habitudes de vie : alimentation, réduction du stress, activité physique. On sait maintenant qu'il est possible de contrôler l'hypertension légère (et celle-ci compte pour une bonne part des hypertensions) en agissant à ces divers niveaux. On devrait réserver l'usage des médicaments aux cas plus graves et même dans ces cas tenter de modifier favorablement ses habitudes de vie. Nous suggérons aux lecteurs de consulter la rubrique sur l'hypertension artérielle (page 747) pour en savoir plus à ce sujet.

Jugement global

Le méthyldopa est un médicament efficace contre l'hypertension artérielle modérée ou grave. Il reste cependant un médicament que l'on ne devrait jamais utiliser comme premier traitement de cette maladie. Il existe en effet d'autres produits (diurétiques, bêta-bloquants, prazocin, etc.) qui semblent jusqu'ici plus acceptables et qui peuvent plus facilement être utilisés seuls. Le méthyldopa est généralement employé en association avec d'autres médicaments, lorsque ceux-ci ne sont pas suffisants.

Méthylphénidate

Nom commercial : Ritalin.

Ordonnance requise

Indications thérapeutiques

Le méthylphénidate est un stimulant du système nerveux qui paradoxalement s'emploie principalement pour le traitement symptomatique de l'hyperactivité chez les enfants. Chez les adultes, on l'utilise dans la narcolepsie.

Posologie habituelle

La dose d'attaque pour les enfants est de 5 à 10 mg 2 fois par jour avant le petit déjeuner et le déjeuner. À intervalles d'une semaine, on peut augmenter légèrement la dose selon l'effet obtenu ; il ne faut cependant pas dépasser 60 mg par jour.

La dose pour les adultes est de 20 mg le matin, 10 mg vers 11 heures et 10 mg vers 15 heures ; après cette heure, il y a risque d'interférence avec le sommeil.

Quand une dose est oubliée, la reprendre si l'on y pense dans l'heure qui suit, sinon la laisser tomber.

Si aucune amélioration n'est observée après un mois de traitement, il est préférable de l'interrompre.

Contre-indications

L'allergie, certains types de glaucome, le syndrome de la Tourette, les tics, l'hypertension artérielle grave ainsi que l'anxiété sévère et la grande tension nerveuse constituent des contre-indications à l'emploi de ce médicament. On ne doit pas l'employer non plus chez les enfants de moins de 6 ans. Dans les cas d'épilepsie, ce traitement requiert une attention particulière.

Aucune étude n'a été menée chez l'homme ni chez l'animal quant à son utilisation au cours de la grossesse. On recommande donc la prudence durant la grossesse et la période d'allaitement.

Effets secondaires possibles

Certains effets secondaires ne requièrent pas nécessairement l'arrêt du médicament : la perte d'appétit, la nervosité et l'insomnie sont les plus fréquents, mais l'on peut aussi trouver des étourdissements, de la somnolence, des maux de tête, des palpitations, des nausées et vomissements, des douleurs abdominales et, à long terme, une diminution de poids.

D'autres effets demandent une consultation médicale rapide et l'arrêt du médicament : des douleurs cardiaques, une augmentation significative de la tension artérielle, une éruption cutanée, des mouvements incontrôlés, une fièvre inexpliquée et des ecchymoses qui apparaissent facilement. Plus rarement, l'on peut souffrir de troubles de la vision, de convulsions, de changements graves de sa personnalité et d'une fatigue ou d'une faiblesse exagérées.

Chez les enfants surviennent surtout des douleurs abdominales, une perte de poids et possiblement, d'après plusieurs chercheurs, des troubles de croissance ainsi que des difficultés d'apprentissage.

Interactions médicamenteuses

Le méthylphénidate peut modifier l'activité de nombreux médicaments : les diurétiques employés dans l'hypertension, la guanéthidine, les anticonvulsivants, les anticoagulants, les antiasthmatiques, les phénothiazines, la phénylbutazone et les antidépresseurs. Il ne faut absolument pas le prendre en même temps ou dans les 2 semaines qui suivent un traitement avec le Parnate, le Nardil et le Marplan.

Précautions

— Il est important de ne pas dépasser les doses prescrites par le médecin ; ce médicament peut entraîner de la dépendance.
— Les médicaments pour la grippe, le rhume et les sinus que l'on peut se procurer sans ordonnance risquent d'interagir avec le méthylphénidate ; avant de les utiliser, il faut donc en parler au médecin.
— Avec ce médicament, certaines personnes sont étourdies ou deviennent moins alertes ; il est donc important de voir si c'est le cas avant de conduire une automobile ou de manipuler une machine dangereuse.
— Le traitement devrait être interrompu de temps à autre chez les enfants pour juger de l'opportunité de le continuer ou non. Certains médecins recommandent de l'arrêter durant les fins de semaines et pendant les périodes de vacances, pour minimiser les risques d'effets secondaires graves.
— Après un emploi assez prolongé, le sevrage devrait se faire progressivement sans quoi il y a risque de dépression nerveuse ; si celle-ci survient après l'arrêt du traitement, ainsi que se manifestent des troubles de comportement et une fatigue ou une faiblesse exagérées, il vaut mieux reprendre contact avec son médecin.
— Pendant ce traitement, il est utile de prendre la tension artérielle de temps à autre pour vérifier s'il n'y survient pas une élévation anormale.

Alternatives

Le traitement des enfants au méthylphénidate ne doit jamais empêcher le recours à d'autres mesures. Certes l'enfant hyperactif a des besoins spéciaux et demande beaucoup d'attention, mais il est possible d'obtenir de l'aide pour tenter de trouver des moyens adaptés à ses besoins ; on peut s'adresser à son C.L.S.C. ou au Centre de services sociaux de sa région pour connaître les ressources spécialisées dans ce domaine. Il est possible que des rencontres avec un thérapeute s'avèrent nécessaires. On peut aussi envisager de donner à l'enfant une diète spéciale développée par le Dr Benjamen Feingold ; la Société d'aide au développement affectif de l'enfant, 1181, de la Montagne, Montréal (514-861-1527), peut fournir des renseignements sur cette diète.

Jugement global

Le méthylphénidate est beaucoup trop souvent employé pour les enfants. En Suède, ce médicament est interdit ; le Dr Carl Kline, un expert de l'Université de la Colombie-Britannique, écrivait il y a quelques années que « si ce médicament était interdit, les enfants ne seraient pas privés d'une médication essentielle, mais les médecins seraient forcés de faire des diagnostics plus précis et de chercher des meilleurs moyens de s'occuper du comportement hyperactif d'un petit pourcentage de leurs jeunes patients ». D'ailleurs une recherche effectuée à l'Université McGill pendant 5 ans a montré que les enfants traités au méthylphénidate n'étaient pas mieux adaptés à long terme que ceux qui ne recevaient pas de médicament. Pour sa part Jacques Thiffault, spécialiste montréalais en psychomotricité, estime qu'il n'y a pas qu'une sorte d'hyperactivité et que certains enfants (entre 30 et 70 % selon les diverses recherches) ne retirent aucun bénéfice d'un traitement médicamenteux, alors que pour les autres, il peut être utile, mais à certaines conditions seulement [1].

Dans la dépression où il s'emploie à l'occasion, l'usage du méthylphénidate est un choix douteux ; quand il faut vraiment un médicament, les antidépresseurs tricycliques sont beaucoup plus efficaces.

---

1. Jacques THIFFAULT, *Les Enfants hyperactifs*, Montréal, Québec/Amérique, 1982.

Méthyprylone

Nom commercial :
Noludar.

Ordonnance requise

Indications thérapeutiques

La méthyprylone est un hypnotique non barbiturique qui s'emploie comme somnifère.

Posologie habituelle

Ce médicament se prend à raison de 300 mg une demi-heure avant le coucher. Son action se fait sentir 45 à 60 minutes après son absorption.

Contre-indications

Dans les maladies du foie et des reins, le métabolisme de la méthyprylone est perturbé, ce qui peut entraîner des effets graves.

On ne recommande pas l'utilisation de méthyprylone ni durant la grossesse ni durant l'allaitement, à cause de ses effets possibles sur le fœtus et le jeune enfant.

Effets secondaires possibles

Certains symptômes mineurs peuvent résulter de l'usage de cet hypnotique : de la diarrhée, des étourdissements, des maux de tête, des nausées et vomissements et surtout de la somnolence le matin. D'autres symptômes sont plus graves et requièrent une consultation avec le médecin : de l'excitation, une éruption cutanée, des ulcères dans la bouche et la gorge, des hémorragies ou ecchymoses et finalement un ralentissement du rythme cardiaque.

Précautions

La méthyprylone peut occasionner de la somnolence matinale ; si c'est le cas, on évitera de conduire une automobile ou de manipuler des machines demandant de l'attention. L'alcool augmente considérablement l'effet de somnolence.

Les hypnotiques sont très dangereux pour les enfants ; il faut prendre grand soin de les mettre hors de leur portée.

La méthyprylone entraîne une tolérance rapide ; il ne faut pas en augmenter les doses, car il peut en résulter de la dépendance tant physique que psychologique ; il faut plutôt chercher le moyen de n'en point prendre régulièrement. L'arrêt de ce médicament, après une période continue d'usage, doit se faire progressivement, sans quoi il y a risque de nombreux effets secondaires comme des hallucinations, des cauchemars, des tremblements, de la difficulté à dormir, etc. Pour réduire ou éliminer cette réaction, l'on devra diminuer progressivement la dose de médicament absorbée, par étapes de 2 ou 3 jours, en retranchant à chaque fois une proportion égale à 5 à 10 % de la dose antérieure. Ainsi une personne qui prend par exemple 300 mg par jour diminuera sa prise quotidienne d'abord à 270 mg par jour pendant 2 ou 3 jours, puis à 240 mg, et ainsi de suite jusqu'à 0. On prendra soin, avant de passer à une nouvelle étape, d'être bien stabilisé et à l'aise à l'étape où l'on se trouve.

L'alcool augmente l'action et la toxicité de la méthyprylone.

Interactions médicamenteuses

Les hypnotiques exerçant leur action au niveau du système nerveux, ils interagissent avec tous les médicaments qui affectent le système nerveux, soit les antihistaminiques, les barbituriques, les narcotiques, les sédatifs, les anticonvulsivants et les antidépresseurs. Il ne faut pas prendre d'hypnotiques en même temps que le Parnate, le Marplan et le Nardil.

Alternatives

Voir le texte sur l'insomnie, page 766.

Jugement global

La méthyprylone ne devrait plus être utilisée dans le traitement de l'insomnie, car même si le fabricant insiste dans sa publicité sur le fait que la méthyprylone n'est pas un barbiturique, elle présente en fait des dangers comparables d'accoutumance et de dépendance. Si l'on ne peut régler son problème d'insomnie en ayant recours à des solutions non médicamenteuses, l'on devrait plutôt utiliser un médicament du type benzodiazépine (flurazépam, diazépam, lorazépam, etc.).

Méthysergide

Nom commercial : Sansert

Ordonnance requise

Indications thérapeutiques

Le méthysergide est utilisé dans la prévention des maux de tête graves d'origine vasculaire, lorsqu'ils ne sont pas contrôlables par d'autres mesures. Le traitement est indiqué seulement si l'on fait plus de 2 crises de migraine par mois et que l'on n'arrive pas à les soulager une fois qu'elles sont commencées.

Le méthysergide n'est pas efficace pour le traitement d'une attaque après qu'elle soit commencée.

Posologie habituelle

Le traitement commence par un comprimé de 2 mg pris au coucher. La dose d'entretien est de 2 mg, 2 ou 3 fois par jour et ne devrait pas dépasser 6 mg par jour malgré ce que suggère le fabricant.

On prend le médicament au moment des repas ou avec du lait.

Le traitement ne devrait *jamais* se poursuivre pendant plus de 6 mois. Et l'on respectera un intervalle de repos sans méthysergide de 1 à 2 mois avant d'entreprendre un nouveau 6 mois de traitement.

Si après une période d'essai de 3 semaines, l'on ne note pas d'amélioration de son état, l'on cessera le médicament (progressivement).

Contre-indications

On ne devra pas prendre de méthysergide si on est allergique à l'ergot et ses dérivés, durant la grossesse (il peut provoquer les contractions) et pendant la période d'allaitement. De plus, si on souffre d'une maladie coronarienne, d'insuffisances hépatique ou rénale, d'hypertension sévère, de maladie vasculaire périphérique, d'ulcère gastrique, d'arthrite, d'infection, de durcissement des artères ou de maladie pulmonaire, on devra évaluer sérieusement la nécessité de ce traitement et si on le choisit, être suivi de près par un médecin compétent. On n'utilisera pas de méthysergide si on se sert déjà d'autres médicaments contenant de l'ergot pour traiter les crises. On le déconseille chez les enfants.

Effets secondaires possibles

Le méthysergide peut provoquer des effets secondaires graves ; il peut causer à la longue une fibrose, c'est-à-dire un durcissement des tissus, au niveau du cœur, des reins, du péritoine et des poumons. Il peut aussi induire une insuffisance vasculaire périphérique.

Les signes suivants, s'ils apparaissent, devront être immédiatement rapportés au médecin : de la douleur thoracique et une respiration difficile, de la difficulté ou de la douleur à uriner, des crampes dans les jambes, de la douleur au flanc ou à l'aine, de la soif exagérée, dc la fièvre, une perte de poids et une perte d'appétit, une pâleur, de l'engourdissement, une sensation de froid ou de la douleur dans les pieds et les mains, de l'enflure ou une coloration bleutée des pieds et des mains. On contactera aussi son médecin si l'on expérimente des démangeaisons, de l'engourdissement du visage, de la faiblesse aux jambes, de l'anxiété, dc la nervosité, de l'insomnie, des hallucinations, une sensation d'être à l'extérieur de son corps, des cauchemars, de l'excitation ou de la dépression, une modification de la vue et un changement du rythme cardiaque.

D'autres effets se produisent plus souvent et ne nécessitent généralement pas l'arrêt du médicament : ce sont des malaises à l'estomac, de la diarrhée, de la sédation, des nausées, des vomissements et des douleurs musculaires. On peut en réduire l'incidence en augmentant le dosage de façon progressive et en prenant le médicament aux repas.

Paradoxalement, l'usage prolongé des dérivés de l'ergot peut causer des maux de tête.

Plus rarement, l'on a observé une augmentation du poids corporel et une perte de cheveux.

Le surdosage provoque des nausées, des vomissements, de la diarrhée, de l'engourdissement des membres, un pouls faible, une instabilité de la pression artérielle, une pâleur et une froideur de la peau et, chez les enfants, de l'agitation.

Interactions médicamenteuses

Les effets toxiques du méthysergide s'ajoutent à ceux des autres dérivés de l'ergot ; l'on évitera leur association.

Précautions

On ne devra jamais prendre ce médicament en doses plus fortes que celles qui ont été prescrites ; et il est très important de ne pas prolonger le traitement au-delà de 6 mois ; l'incidence d'effets secondaires graves augmenterait alors beaucoup.

Si l'on oublie une dose, l'on ne devra pas l'ajouter à la suivante mais simplement la sauter.

Le médicament cause parfois de la somnolence qui peut entraver la conduite automobile ou des étourdissements si l'on passe rapidement de la position assise ou couchée à la position debout ; on les évitera en allant lentement. L'alcool augmente ces deux réactions.

La cigarette et une exposition prolongée au froid provoquent toutes deux une vasoconstriction et augmentent les effets secondaires vasculaires. On devrait chercher à les éviter.

Lors d'un usage prolongé de méthysergide, l'on devra se soumettre à un examen de la fonction rénale au début du traitement et à tous les 6 à 12 mois, pour dépister une fibrose rénale qui ne donnerait pas encore de symptômes. De plus, lorsque l'on cesse le traitement après un usage prolongé, l'on devra diminuer les doses progressivement pour éviter une recrudescence des maux de tête.

Si l'on souffre d'une infection en cours de traitement, l'on surveillera de plus près les effets secondaires ; l'on devient alors plus sensible à l'action de ce médicament.

Alternatives

La migraine est probablement reliée à un désordre du système de régulation de la vie végétative (toutes les fonctions d'entretien de l'organisme). Elle peut représenter un état de réactivité excessive ; le seuil de tolérance face à certains facteurs précipitants serait beaucoup plus bas chez les individus migraineux que chez les autres. Parmi ces facteurs, on trouve le stress psychologique (dépression, colère, etc.), les changements hormonaux (période menstruelle, anovulants, etc.), la présence de lumière éblouissante, les repas sautés, un manque ou un excès de sommeil, certains aliments (par exemple le chocolat, le fromage, le thé, le café, les colas, les mets chinois à cause du monogluta-mate de sodium), les changements climatiques et certains médicaments (la réserpine, l'aminophylline, l'hydralazine, les vasodilatateurs, etc.).

La première démarche à faire dans le traitement des migraines est certainement préventive : chercher à identifier les facteurs précipitants qui nous concernent et tenter de les éviter. Cette démarche peut être exigeante ; on ne fait pas toujours le lien entre la cause et l'effet et elle peut nécessiter une aide thérapeutique de support (souvent psychologi-que). L'apprentissage d'une méthode de relaxation fournira souvent un outil préventif approprié qui facilitera éventuellement l'identifica-tion des causes et leur évitement.

Jugement critique

Le méthysergide est un médicament plutôt dangereux ; il peut causer des effets secondaires graves à plus ou moins long terme. On devrait le considérer comme un médicament de dernier recours, que l'on uti-lise seulement après avoir essayé d'autres approches. Il existe aussi d'autres médicaments qui s'emploient pour la prévention des mi-graines : propranolol, cyproheptadine, clonidine, pizotyline, na-proxen, antidépresseurs, etc. ; ces produits présentent généralement moins de risques d'utilisation.

Métoclopramide

> Noms commerciaux :
> Maxeran, Reglan.

Ordonnance requise

Indications thérapeutiques

Le métoclopramide possède une activité régulatrice des muscles du tube digestif : il augmente le tonus du sphincter qui relie l'œsophage à l'estomac, facilite la vidange gastrique et permet une meilleure coor-dination des contractions gastriques et intestinales. On l'emploie dans les maladies où l'estomac se vide trop lentement et lorsque le contenu de l'estomac a tendance à remonter dans l'œsophage.

Posologie habituelle

Le métoclopramide s'utilise à des doses de 5 à 10 mg 3 ou 4 fois par jour, une demi-heure avant les repas ; la dose totale d'une journée ne doit pas dépasser 0,5 mg par kilo de poids corporel.

Lorsqu'on l'emploie contre le reflux gastro-œsophagien, on recommande, si l'apparition des symptômes est prévisible, de prendre le métoclopramide en doses uniques, à certains moments de la journée, par exemple avant le repas du soir, plutôt que pendant toute la journée.

Pour empêcher les nausées et vomissements fréquents dans la chimiothérapie du cancer, il peut être donné en injection intraveineuse quelques minutes avant le traitement.

Son action débute de 30 à 60 minutes après son ingestion.

Contre-indications

Les femmes enceintes ou qui allaitent devraient s'en abstenir, étant donné qu'on n'en connaît pas encore les effets sur le fœtus et le nourrisson.

Les gens qui prennent des antidépresseurs, qui souffrent d'hémorragie gastro-intestinale ou de phéochromocytome, les épileptiques et ceux qui ont des maladies rénales graves ne doivent pas utiliser ce médicament.

Le métoclopramide peut aggraver les symptômes de la maladie de Parkinson.

Les personnes âgées ou les jeunes enfants qui l'emploient doivent être suivis de très près.

Effets secondaires possibles

Pendant l'adaptation au médicament, certains troubles peuvent survenir ; les plus fréquents sont la somnolence, la fatigue et l'agitation. On peut aussi observer des maux de tête, des désordres gastro-intestinaux, l'enflure des seins et une production de lait, des désordres menstruels, de la dépression, une sécheresse de la bouche et une éruption cutanée. Ces symptômes disparaissent habituellement assez vite. Il arrive que surviennent, en particulier chez les enfants, des spasmes musculaires (torticolis, mouvements involontaires des yeux, etc.), de la confusion mentale, une somnolence marquée ou des tremblements exagérés ; il faut alors cesser le médicament. Des mouvements involontaires peuvent apparaître au visage, à la suite d'un traitement prolongé et même une fois que celui-ci est terminé ; les personnes âgées y sont plus enclines. Ces réactions ne sont pas toujours réversibles.

Interactions médicamenteuses

Les sédatifs, les tranquillisants, les narcotiques et les antihistaminiques peuvent augmenter la somnolence souvent produite par le métoclopramide. Les anticholinergiques, la morphine, la codéine et les autres narcotiques diminuent l'effet du métoclopramide.

Comme le métoclopramide modifie le fonctionnement du tube digestif, il peut affecter l'absorption de n'importe quel médicament pris par la bouche, ce qui peut obliger à modifier le dosage de ces médicaments. L'acétaminophène, la lévodopa et les tétracyclines sont ainsi absorbés plus vite, tandis que la digoxine et la cimétidine le sont plus lentement. L'alcool produit aussi son effet plus rapidement.

On devra rajuster les doses et l'horaire d'administration de l'insuline, l'absorption de la nourriture étant modifiée par le métoclopramide. Les phénothiazines et l'halopéridol augmentent le risque de réactions de tremblements.

Précautions

À cause de la somnolence et de la baisse de vigilance possibles avec le métoclopramide, il faut voir si l'on n'a pas ces effets avant de conduire une automobile ou de manipuler un appareil dangereux.

On sait que le métoclopramide hausse le taux de prolactine (hormone responsable de la sécrétion de lait). On a parallèlement observé une augmentation de l'incidence des tumeurs de la glande mammaire chez des animaux, à la suite d'administration chronique de ce genre de médicament. On recommande donc la prudence, plus particulièrement aux femmes déjà atteintes de cancer du sein.

Les aliments riches en tyramine devraient être évités, car, combinés au métoclopramide, ils peuvent causer une crise hypertensive ; ces aliments sont les fromages vieillis, le foie de poulet, l'avocat, la saucisse, la bière, la levure de bière, le vermouth, le Chianti, le chocolat et la crème sure. Cette mise en garde s'adresse seulement aux personnes qui souffrent d'hypertension.

Jugement global

Le métoclopramide est, avec la dompéridone, le médicament de choix dans le traitement des reflux gastro-œsophagiens. Son emploi serait cependant plus risqué chez les personnes âgées, surtout lorsqu'on l'utilise à long terme : ces dernières développent plus facilement le syndrome de dyskinésie tardive (mouvements incoordonnés des yeux, de la langue, du visage) qui n'est pas toujours réversible. Le Conseil consultatif de pharmacologie recommande par conséquent d'éviter une utilisation prolongée de ce médicament.

Métoprolol

> Noms commerciaux :
> Bétaloc, Lopresor.

Ordonnance requise

Indications thérapeutiques

On emploie le métoprolol pour baisser la tension artérielle et, dans l'angine de poitrine, pour diminuer la fréquence des crises. On l'utilise aussi après un infarctus du myocarde dans l'espoir de réduire le risque de rechute. Enfin, on donne parfois le métoprolol comme traitement préventif des migraines.

Posologie habituelle

Dans l'hypertension artérielle, la dose d'attaque est de 50 mg deux fois par jour, à augmenter progressivement pour arriver à une dose moyenne de 150 à 300 mg/jour. On peut juger de l'efficacité du traitement après une semaine.

Dans l'angine de poitrine, la dose recommandée varie entre 100 et 400 mg par jour, à atteindre progressivement.

On recommande de prendre le métoprolol après les repas ; il est alors mieux absorbé.

Contre-indications, effets secondaires possibles, interactions médicamenteuses

Voir le propranolol, page 534.

Le métoprolol se distingue du propranolol par certains points :
— il peut occasionner une légère augmentation de poids ;
— il a une action plus sélective au niveau du cœur lorsqu'on le prend à faible dose, c'est-à-dire à moins de 100 mg par jour ; il occasionne alors moins d'effets sur le plan pulmonaire, ce qui le rend plus acceptable aux personnes atteintes de bronchite chronique ou d'emphysème ;
— il a moins d'effets sur les vaisseaux sanguins en périphérie et entrave à un moindre degré la réaction à l'hypoglycémie, ce qui en ferait un médicament plus sûr chez les personnes sujettes à l'hypoglycémie ;
— il n'occasionnerait pas de hausse de lipides sanguins lorsqu'on l'utilise seul.

Métronidazole

Noms commerciaux :
Apo-Métronidazole,
Flagyl, Néo-Tric,
Novonidazol,
PMS Métronidazole.

Ordonnance requise

Indications thérapeutiques

Le métronidazole détruit les protozoaires, le *gardnerella vaginalis* et quelques autres bactéries. Il s'emploie entre autres dans le traitement de l'infection vaginale à *trichomonas*. Il ne faut pas entreprendre ce traitement sans que le microorganisme en cause ait été formellement décelé.

Posologie habituelle

Le métronidazole se présente sous forme de comprimés oraux, de comprimés vaginaux et de crème vaginale. Dans les cas de trichomonase vaginale, le partenaire sexuel masculin doit aussi être traité étant donné qu'il héberge fréquemment des microorganismes dans son urètre, même s'il n'éprouve aucun symptôme ; s'il n'est pas traité, il peut constituer une source de réinfection. Le traitement de la femme se fait par voie orale, à raison de 250 mg trois fois par jour par la bouche, pendant 7 à 10 jours. Pour diminuer les risques d'effets secondaires, une autre façon de procéder est de prendre huit comprimés de 250 mg en une dose unique ; le traitement est alors aussi efficace. La voie vaginale est aussi parfois utilisée en plus ; le traitement consiste à insérer un comprimé vaginal au coucher ou un applicateur de crème vaginale une ou deux fois par jour pendant 10 jours. Pour sa part, l'homme doit prendre les comprimés oraux de 250 mg deux fois par jour pendant 7 jours. Les comprimés oraux sont mieux tolérés quand ils sont ingérés avec les repas.

Pour les autres indications, le métronidazole est le plus souvent donné à raison de 250 mg trois fois par jour pendant 5 à 7 jours.

Contre-indications

Il faut éviter le métronidazole lorsqu'on est allergique à ce produit.

Le métronidazole entraîne des effets mutagènes chez les animaux ; il faut donc éviter à tout prix d'en prendre pendant le 1er trimestre de la grossesse ou quand une femme essaie de devenir enceinte ; plus tard dans la grossesse, on ne devrait y recourir qu'après avoir épuisé toutes les autres mesures. On aura alors recours au traitement de 7 à 10 jours.

Les personnes qui ont déjà eu des maladies du sang ou des troubles neurologiques (dont l'épilepsie) devraient éviter ce médicament. Celles dont la fonction hépatique est gravement atteinte s'en abstiendront aussi.

Le métronidazole passe dans le lait maternel et il vaut donc mieux l'éviter pendant la période d'allaitement.

Effets secondaires possibles

Le métronidazole a été, il y a quelques années, au centre d'une importante controverse aux États-Unis ; un groupe de consommateurs a mené une campagne importante pour en faire interdire la vente étant donné qu'il avait provoqué le cancer chez certains animaux. Même si le gouvernement américain s'est refusé à cette action, l'incertitude demeure sur ses possibilités d'avoir des effets cancérigènes ; des études subséquentes n'ont cependant pas confirmé les premières recherches.

Les effets secondaires graves sont rares avec le métronidazole ; quand ils surviennent, il faut contacter son médecin. L'allergie peut se manifester localement, par une augmentation de l'irritation vaginale, ou systémiquement par une éruption cutanée, de l'urticaire et des démangeaisons. Certaines personnes peuvent voir le nombre de leurs globules blancs diminuer, ce qui se traduit par une tendance à faire des infections et d'autres symptômes. Des atteintes nerveuses surviennent parfois, avec des engourdissements, des convulsions, une maladresse générale. Une infection de la bouche et de la langue peuvent se produire. Certaines femmes souffrent d'infection de la vessie ou d'une surinfection vaginale causée par des champignons ; d'autres ont plus de difficultés avec leurs hémorroïdes.

D'autres effets, moins graves, requièrent une consultation médicale seulement s'ils deviennent trop embêtants : goût métallique dans la bouche, baisse du désir sexuel, diarrhée, nausées, vomissements et perte d'appétit, constipation, sécheresse de la bouche et céphalées. L'urine devient souvent plus foncée pendant le traitement au métronidazole.

Interactions médicamenteuses

Le métronidazole augmente l'effet des médicaments anticoagulants. Il augmente considérablement l'action du disulfiram (Antabuse).

Précautions

Le traitement doit être suivi au complet même si les symptômes disparaissent. Quand une dose de médicament est oubliée, la reprendre dès que possible ; si on ne s'en souvient qu'au moment de la prise de la dose suivante, laisser tout simplement tomber cette dose.

Il vaut mieux s'abstenir de relations sexuelles durant le traitement, pour éviter les réinfections.

Le métronidazole peut causer de la somnolence ; il vaut donc mieux éviter de prendre en même temps des sédatifs.

Très souvent, ce médicament provoque des réactions assez prononcées à l'ingestion d'alcool : nausées, crampes d'estomac, vomissements, maux de tête et bouffées de chaleur ; mieux vaut donc éviter l'alcool ou si l'on tient à en prendre, y aller fort prudemment pour observer ses réactions.

Comme il arrive qu'un deuxième traitement soit nécessaire, on re-commande d'attendre de 4 à 6 semaines avant de recommencer avec le métronidazole et il est important que le médecin fasse faire un décompte des globules blancs avant ce nouveau traitement.

Alternatives

Même quand une infection vaginale s'est déjà installée, il est toujours utile d'appliquer les mesures générales qui peuvent aider à éviter les vaginites (voir page 831).

Jugement global

Malgré ses effets potentiellement cancérigènes et mutagènes, le métro-nidazole reste le traitement le plus efficace du trichomonas. L'infec-tion vaginale à trichomonas est parfois difficile à vaincre, avec ou sans métronidazole, et on gagnera à renforcer l'organisme par du repos, une alimentation saine et de l'exercice.

Le traitement au métronidazole par voie vaginale est beaucoup moins efficace que par voie orale ; il n'est même pas sûr qu'il ajoute quoi que ce soit au traitement oral, quand on le fait en même temps que celui-ci.

Miconazole

> Noms commerciaux :
> Micatin, Monistat.

Ordonnance requise

Indications thérapeutiques

Le miconazole est utilisé dans le traitement des infections à champi-gnons affectant la peau ou la muqueuse vaginale.

Posologie habituelle

Lorsqu'on traite une infection cutanée, on utilise la crème topique à raison d'une application deux fois par jour. Le traitement devra durer 15 jours s'il s'agit d'une infection à *candida* et 1 mois s'il s'agit de pieds d'athlète. On recommande habituellement de continuer le traitement deux semaines après que les lésions semblent guéries, pour détruire entièrement les champignons qui en étaient responsables.

Pour une infection vaginale, on emploiera un ovule vaginal ou un applicateur rempli de crème vaginale au coucher, durant 7 jours consécutifs. Il existe aussi un traitement de 3 jours qu'on utilise de la même façon, durant 3 jours consécutifs ; les doses sont alors plus fortes. On ajoute souvent une crème topique à appliquer à la vulve, 2 fois par jour, pour une durée de 10 jours. Lorsque l'infection est plus grave, on doit prolonger le traitement.

Contre-indications

On n'emploiera pas le miconazole si on y a déjà fait une réaction allergique.

Bien que le miconazole n'ait pas provoqué d'effets néfastes sur les enfants dont la mère l'avait utilisé, on recommande de bien évaluer la nécessité de son emploi par voie vaginale durant la grossesse. Dans les cas où on déciderait de s'en servir, il faudrait employer l'applicateur avec beaucoup de précautions, pour ne pas risquer de rompre la poche des eaux.

Effets secondaires possibles

Il se produit parfois une sensation de brûlure, des démangeaisons et de l'irritation qui ne nécessitent habituellement pas l'interruption du traitement. Si toutefois ces réactions duraient, on devrait en avertir son médecin et probablement cesser le traitement. L'emploi de la crème vaginale a aussi causé des crampes et des maux de tête, tous deux sans gravité. L'apparition d'une éruption cutanée peut être signe d'allergie et demande qu'on cesse l'utilisation du médicament.

Interactions médicamenteuses

Le miconazole ne possède pas d'interactions connues.

Précautions

On devra, autant dans le cas d'une infection vaginale que dans celui d'une infection cutanée, faire le traitement au complet sans sauter d'applications. Ainsi le traitement vaginal ne devra pas être interrompu au moment des menstruations. Par ailleurs, une infection cutanée qui ne s'est pas améliorée après 4 semaines de traitement nécessitera une nouvelle consultation médicale, pour réévaluer le diagnostic.

Lorsque l'on utilise la crème topique, on veillera à assurer une bonne pénétration du médicament en massant doucement.

On devra éviter à tout prix l'utilisation d'un bandage occlusif (saran, plastique, etc.) sur la région affectée ; en effet une telle mesure favoriserait la croissance des champignons.

Il faut éviter de mettre le miconazole en contact avec les yeux.

L'emploi de ce produit augmente les pertes vaginales ; si désiré, la femme peut alors utiliser des serviettes hygiéniques mais pas de tampons vaginaux.

Alternatives

En ne réservant l'emploi des corticostéroïdes locaux qu'aux problèmes importants pour lesquels il n'existe pas d'autre traitement possible, on s'éviterait nombre d'infections à champignons. L'humidité constitue aussi un facteur favorisant la croissance de ces microorganismes. Le port de vêtements serrés ou faits de fibres synthétiques, l'obésité — à cause de la formation de replis cutanés qui ne peuvent que devenir humides — peuvent aussi favoriser l'implantation de champignons. L'élimination de ces éléments contribue à prévenir les infestations. Quand l'infection existe, il s'agit de tenter d'assécher les lésions, car les champignons ont besoin d'humidité ; laisser les lésions à l'air, utiliser des vêtements de coton quand il s'agit d'endroits cachés et saupoudrer de poudre de zinc sont des mesures qui contribuent à l'assèchement et peuvent aider à la régression de l'infection.

Un débalancement hormonal peut aussi être en cause. Ainsi le diabète, la grossesse et la lactation peuvent amener une recrudescence d'infections à champignons. Pour les candidases vaginales, l'arrêt des contraceptifs oraux constitue souvent la solution du problème. L'acidification du vagin peut aussi aider à combattre l'infection ; c'est possible d'y arriver par des douches vaginales au vinaigre (2 c. à soupe de vinaigre/litre d'eau) ou au yogourt (2 à 3 c. à soupe de yogourt nature/litre). Une application vaginale de yogourt (le yogourt doit contenir de la culture *acidophilus* vivante) peut aussi aider à rétablir la flore bactérienne normale. Le port de culottes de coton est toujours à conseiller ; les culottes de nylon ou autres substances synthétiques ne permettent pas une aussi bonne aération.

Voir le texte sur les vaginites, page 831.

Jugement global

Le miconazole est un médicament efficace pour le traitement des infections fongiques et il présente relativement peu de risques. Il réussit à traiter, par exemple, une candidase vaginale en deux fois moins de temps que les médicaments utilisés auparavant (principalement la nystatine). On le trouve souvent pratique parce qu'il ne tache pas et est sans odeur. Il est cependant plus coûteux.

Minocycline

> Nom commercial :
> Minocin.

Ordonnance requise

Indications thérapeutiques

La minocycline fait partie de la famille des tétracyclines et possède un spectre d'activité identique à ses congénères. On l'utilise cependant plus particulièrement dans le traitement de l'acné et aussi dans certaines infection génito-urinaires.

Posologie habituelle

Chez l'adulte, la dose initiale est souvent de 200 mg, suivie de 100 mg 2 fois par jour aux 12 heures. Chez l'enfant, les doses sont plus faibles et calculées d'après le poids.

La minocycline peut être prise au moment des repas ou avec du lait.

La minocycline partage les contre-indications, cffcts secondaires et interaction médicamenteuses de la tétracycline (voir page 578), bien qu'elle soit plus sûre pour les personnes qui ont une insuffisance rénale. On remarque aussi qu'elle occasionne moins de désordres gastro-intestinaux. Il arrive par ailleurs — bien que rarement — qu'elle soit toxique pour le système nerveux central ; cela se manifeste par des étourdissements, de l'instabilité ou une sensation de vide dans la tête. Elle a déjà aussi été responsable d'une coloration anormale de la peau et des muqueuses.

On observera à son égard les mêmes précautions qu'avec la tétracycline.

Jugement global

La minocycline coûte dix fois plus cher que la tétracycline. Si son usage est parfois justifié — dans les cas d'insuffisance rénale et dans certains cas graves d'acné résistant à la tétracycline — elle ne constitue pas un premier choix de traitement... Sauf si les raisons de commodité (deux prises par jour) importent beaucoup.

Minoxidil

> Nom commercial :
> Rogaine.

Ordonnance requise

Indications thérapeutiques

Le minoxidil est un vasodilatateur puissant utilisé dans le traitement de l'hypertension qui est maintenant vendu en lotion comme thérapeutique de certaines formes de calvities. Les calvities d'origine auto-immune et les calvities héréditaires qui durent depuis moins de 10 ans sont plus susceptibles de répondre à ce traitement.

Posologie habituelle

On applique 1 ml de lotion 2 fois par jour, en partant du centre de la zone atteinte vers la périphérie. On ne doit pas dépasser ces quantités, quelle que soit la surface à traiter.

L'application doit être faite sur un cuir chevelu sec et on doit laisser sécher à l'air, sans utiliser de séchoir à cheveux.

La repousse met généralement de 4 à 6 mois à se manifester et les cheveux gagnés tomberont de 3 à 4 mois après la cessation du traitement.

Contre-indications

Les personnes allergiques au minoxidil, au propylène glycol ou à l'éthanol éviteront le médicament. La prudence veut aussi que celles qui souffrent de maladies cardio-vasculaires, d'hypertension ou qui présentent des lésions au cuir chevelu n'aient pas recours au minoxidil.

Enfin, le fabricant recommande que les femmes enceintes et celles qui allaitent n'utilisent pas le médicament.

Effets secondaires possibles

Les réactions les plus courantes sont locales et consistent en une rougeur et un assèchement de la peau le plus souvent bénins. Des démangeaisons peuvent cependant apparaître, de même qu'une sensation de brûlure ou d'autres signes d'irritation (ou d'allergie) plus ou moins graves. Il est préférable de consulter un médecin si ces symptômes apparaissent et durent. Le médicament pouvant être absorbé par la peau, il arrive qu'il produise des effets systémiques qui demandent généralement la cessation du traitement : étourdissements, douleurs à la poitrine, faiblesse, maux de tête, sensation de rougeur, engourdissements, rétention d'eau (qui se manifeste par de l'enflure aux pieds et aux jambes ou par une prise de poids), anomalies du rythme cardiaque et jaunisse. L'utilisation du médicament a parfois été reliée à l'apparition d'otites externes ainsi que de désordres de la vue et du goût.

Interactions médicamenteuses

Le fabricant souligne que le minoxidil pourrait aggraver les effets secondaires produits par la guanéthidine.

Précautions

Éviter le contact avec les yeux, le nez et la bouche.

Ne jamais utiliser plus que la quantité prescrite.

Les personnes qui utilisent le minoxidil devraient voir leur médecin régulièrement (certains médecins recommandent une visite mensuelle) afin d'évaluer leur pression artérielle, leur rythme cardiaque, leur poids et de subir un électro-cardiogramme.

Alternatives

À part l'hérédité, d'autres facteurs peuvent être en cause dans la chute de cheveux. Il y a tout d'abord le phénomène normal qui veut qu'on perde entre 75 et 100 cheveux par jour. Il y a problème lorsque la perte s'accélère. Chez les femmes, la contraception orale de même que la grossesse et la ménopause sont assez souvent en cause. L'utilisation de produits chimiques irritants (teintures, etc.), une maladie infectieuse, une fièvre et le stress peuvent aussi jouer un rôle déclenchant. Dans la plupart de ces cas, le phénomène est transitoire et se règle avec le temps. C'est lorsqu'il dure qu'on cherchera à l'éliminer plus activement. On essaiera bien sûr en premier lieu d'éliminer dans la mesure du possible ce qui pourrait constituer un élément déclencheur. Une avenue qui vaut ensuite peut-être la peine d'être examinée est la prise de suppléments vitaminiques, plus particulièrement les vitamines du complexe B et le zinc.

Jugement critique

La valeur marchande des actions à la Bourse du fabricant du Rogaine, Upjohn, a quadruplé en 2 ans — entre 1984 et 1986 — et la mise sur le marché de cette lotion qu'on voudrait miraculeuse y est pour beaucoup. Elle canalise en effet tous les espoirs de ceux qui perdent leurs cheveux. Pourtant nous sommes loin du miracle, et on pourrait s'étonner que la compagnie ait pu commercialiser avec tant de succès un produit qui possède un taux de succès aussi peu élevé. Celui-ci varie en effet considérablement d'une étude à l'autre. Les études les plus favorables rapportent que 8 % des utilisateurs arrivent à une repousse abondante, 31 % ont une repousse modérée, 36 % une repousse minimale alors que les 24 % restant y gagnent soit rien du tout (11 %) soit un fin duvet (13 %). D'autres études, plus récentes, notent un taux de réponse qui va de 20 à 40 % mais qui n'est acceptable esthétiquement que dans 10 % des cas. De plus, il faut de 4 à 6 mois de traitement (à raison de 60,00 $ à 75,00 $ par mois) avant de pouvoir juger de l'efficacité du traitement. Une découverte miraculeuse ? Pour la compagnie, assurément.

Il faut souligner que le minoxidil n'est pas du bonbon : il s'agit d'un vasodilatateur puissant et une fraction de 0,3 % à 4,5 % passe à travers la peau dans la circulation. Certains effets secondaires résultent de cette absorption, chez quelques individus probablement plus sensibles. On a aussi relevé une dizaine de mortalités survenues en cours de traitement. La plupart de ces morts résultaient de troubles cardiaques. Même si on n'a pu établir de lien de cause à effet entre ces événements et la prise de médicament, il faut tout de même recommander la prudence et engager le consommateur à respecter les contre-indications et les précautions d'utilisation.

Moduret

Association de 5 mg
d'amiloride et de 50 mg
d'hydrochlorothiazide.

Ordonnance requise

Indications thérapeutiques

L'amiloride et l'hydrochlorothiazide sont deux diurétiques qui s'emploient surtout dans le traitement de l'hypertension artérielle et de la rétention d'eau due à des problèmes cardiaques.

Posologie habituelle

La dose la plus fréquente est de 1 à 2 comprimés par jour ; on sait cependant qu'il est préférable de ne pas prendre plus de 50 mg d'hydrochlorothiazide par jour, ce qu'on trouve dans un comprimé. Il est préférable de prendre le Moduret tôt dans la journée avec les repas, au plus tard à 18h, sinon le risque de devoir se lever la nuit pour uriner est augmenté.

Contre-indications

Voir hydrochlorothiazide, page 332.

Effets secondaires possibles

La combinaison de deux médicaments augmente toujours les possibilités d'effets secondaires. Les plus fréquents avec le Moduret se situent au niveau du système gastro-intestinal : perte d'appétit, nausées et vomissements, ballonnement, brûlures d'estomac, crampes abdominales, constipation ou diarrhée. L'augmentation de l'élimination d'eau apporte aussi son cortège d'effets : sécheresse de la bouche et soif, brouillard visuel de temps à autre, inflammation des glandes salivaires, étourdissements et vertiges. La baisse de la tension artérielle est parfois trop prononcée et les changements brusques de position peuvent provoquer des vertiges. Tous ces symptômes ne durent habituellement pas ; s'ils persistent ou deviennent trop graves, il vaut mieux consulter son médecin. L'allergie aux deux médicaments qui composent le Moduret peut aussi survenir, donnant une éruption cutanée, des démangeaisons et de l'urticaire. La présence dans cette combinaison d'amiloride peut conduire à une rétention exagérée de potassium ; ceci se manifeste généralement par des symptômes comme la confusion mentale, des engourdissements aux lèvres, aux mains et aux pieds, des maux de tête importants, des troubles neuro-musculaires et de la somnolence. L'apparition de ces symptômes indique une intoxication qu'il ne faut pas tarder à soumettre aux soins de son médecin.

On ajoutera à ces effets ceux qu'on attribue à l'hydrochlorothiazide (voir p. 332).

Interactions médicamenteuses

Voir hydrochlorothiazide, page 332.

On doit ajouter aux interactions spécifiques à l'hydrochlorothiazide celles qui concernent l'amiloride.

Le captopril, le triamtérène, l'Aldactazide, le Dyazide, la spironolactone et les suppléments de potassium (en comprimés, naturels ou non, en liquide, en substitut de sel), s'ils sont pris concurremment au Moduret, risquent de conduire à une intoxication.

Le Moduret ne devrait pas être pris en même temps que le lithium à cause du risque de dommages rénaux graves. Certains médicaments qu'on peut se procurer sans ordonnance, comme les remèdes contre l'asthme, le rhume, la toux, la fièvre des foins et les troubles des sinus, peuvent aussi interagir avec le Moduret et en diminuer l'activité tout comme l'aspirine, les anti-inflammatoires prescrits contre l'arthrite et la cortisone et ses dérivés.

L'emploi chronique de laxatifs est susceptible d'interférer avec l'activité du Moduret.

Précautions

Dans le Moduret, l'amiloride a été additionnée à l'hydrochlorothiazide pour empêcher la déperdition trop grande de potassium, un des effets fréquents de la plupart des diurétiques. Il ne faut donc jamais prendre de supplément de potassium avec le Moduret.

Il est recommandé de se soumettre périodiquement à des analyses sanguines pendant un traitement à long terme afin de surveiller les taux de potassium.

La consommation d'alcool augmente la possibilité des vertiges.

Le Moduret, comme d'ailleurs tous les autres médicaments antihypertenseurs, ne guérit rien ; il ne fait que contrôler la tension artérielle le temps pendant lequel il est utilisé ; il est donc possible qu'il faille continuer ce médicament très longtemps. Il ne faut pas l'arrêter de soi-même, et il vaut mieux respecter le plus fidèlement possible les moments prescrits pour le prendre, pour éviter les fluctuations de tension artérielle. Quand une dose est oubliée, la prendre le plus tôt possible et ne la laisser tomber que si l'autre doit être prise dans les deux prochaines heures.

Alternatives

Voir le texte sur l'hypertension artérielle, page 747.

Jugement global

Le Moduret est le dernier-né de la série Aldactazide-Dyazide ; il essaie de supplanter ce dernier... qui a, il y a quelques années, fait une bouchée de son prédécesseur. Comme ces deux médicaments, le Moduret est une combinaison fixe de deux produits et ne devrait jamais représenter un premier choix de traitement de l'hypertension. En effet, toute combinaison fixe de deux médicaments enlève de la souplesse et diminue les possibilités d'individualiser le traitement pour répondre le mieux aux besoins de celui qui les prend. L'addition à un diurétique d'une substance permettant de retenir le potassium dans l'espoir d'éviter une trop grande déperdition de cet élément ajoute le risque de retenir trop de potassium ; en effet, il est possible de minimiser les pertes en potassium provoquées par les diurétiques par l'instauration progressive du traitement et par une diète qui en contient suffisamment.

Morphine

> Nom commercial :
> Cobram Sirop, Doloral,
> Morphitex, M.O.S., MS
> Contin, Roxanol, Statex.

Ordonnance écrite requise

Indications thérapeutiques

La morphine est un analgésique puissant et sert au soulagement des douleurs modérées à fortes, à court ou à long terme.

Posologie habituelle

La posologie varie énormément d'une personne à l'autre et d'une douleur à l'autre, selon qu'elle est aiguë ou chronique. La morphine peut être administrée par voie orale, en comprimés ou en sirop, par voie rectale en suppositoires et finalement en injection intramusculaire ou sous-cutanée. L'effet du médicament dure habituellement 4 heures et il doit être pris à cette fréquence lorsque l'on veut soulager une douleur chronique, comme dans le cancer. Il existe aussi des comprimés à action prolongée qu'on ne prend qu'aux 12 heures, et exceptionnellement aux 8 heures.

Contre-indications

On devra éviter la morphine dans les cas d'insuffisance respiratoire grave, de colite, de diarrhée provoquée par un empoisonnement ou de traumatisme crânien. On l'utilisera avec prudence et probablement à dosage plus faible si on manifeste un ralentissement des fonctions rénale, hépatique ou cardiaque, de l'hypothyroïdisme, de l'hypertrophie de la prostate et de la rétention urinaire de même que si on prend déjà des tranquillisants, des antidépresseurs et d'autres médicaments qui ralentissent le fonctionnement du système nerveux. On fera aussi montre de prudence si on souffre de maladie respiratoire (asthme, emphysème), de maladie de la vésicule biliaire et d'épilepsie.

La morphine est à éviter au cours de la grossesse et pendant la période d'allaitement.

Effets secondaires possibles

Les effets secondaires les plus fréquents associés à l'usage de la morphine sont les suivants : de la somnolence, des nausées, des vomissements, de la constipation, une sensation de légèreté dans la tête, des étourdissements, de l'hypotension, de la faiblesse et une augmentation de la sudation. Elle provoque parfois un embrouillement de la vision, de la difficulté à uriner, une perte d'appétit et des maux de tête. Toutes ces réactions n'empêchent habituellement pas l'usage du médicament, à moins qu'elles ne soient trop importantes. Par contre, il arrive que la morphine produise une réaction allergique avec de l'enflure, des démangeaisons et de la rougeur ; on devra alors en cesser l'emploi.

D'autres effets secondaires demandent qu'on consulte son médecin ; ce sont les tremblements, la confusion ou l'agitation, les hallucinations, une augmentation de la pression artérielle, de la rigidité musculaire, une perturbation du rythme cardiaque, des tintements dans les oreilles, une urine foncée, des selles pâles et une coloration jaune de la peau.

Si elle est employée à forte dose, la morphine peut provoquer un ralentissement parfois dangereux de la respiration ; les enfants et les personnes âgées sont particulièrement sensibles à cet effet.

Interactions médicamenteuses

La morphine verra ses effets de somnolence et de ralentissement de la respiration augmentés par les médicaments suivants : les sédatifs, les somnifères, les autres analgésiques, les antidépresseurs, les relaxants musculaires, l'hydroxyzine et les tranquillisants du type phénothiazine.

L'usage concomitant de morphine et des inhibiteurs de la monoamine oxydase (IMAO) est risqué et devrait être précédé par l'administration de doses tests, plus faibles que la normale.

L'utilisation de morphine devra être suivie de près chez les personnes qui prennent des médicaments hypotenseurs, de la bromocriptine, de la lévopoda, des dérivés nitrés, de la procaïnamide, de la quinine, des pénicillines et du métoclopramide.

Les anticholinergiques (employés comme antispasmodiques ou antiparkinsoniens) et le Lomotil, s'ils sont pris en même temps que la morphine, peuvent causer une constipation sévère.

Le kaolin, qu'on trouve dans le Kaopectate par exemple, diminuera l'absorption et l'effet de la morphine.

Précautions

— La morphine peut causer de la somnolence et ainsi nuire à la conduite automobile ou à l'utilisation de machines demandant de l'attention et de la précision ; l'alcool augmente cet effet de somnolence.
— Toute douleur est mieux contrôlée si elle est traitée dès qu'elle se manifeste. Il est donc important d'administrer le médicament régulièrement dans les cas de douleur chronique, sans attendre que la douleur devienne très forte. Les doses de médicament requises sont alors plus faibles et le risque de tolérance diminue.
— L'utilisation de morphine présente un risque de tolérance et de dépendance, qui sont, il importe de le souligner, deux phénomènes différents. La tolérance, c'est l'obligation d'augmenter les doses pour

un même effet. Elle entraîne nécessairement une dépendance physique qu'on peut régler en cessant progressivement le traitement — s'il y a lieu. La dépendance qu'on a toujours craint lorsqu'il est question de narcotiques tient plus au lien qui existe entre le médicament et une sensation de bien-être et n'accompagne pas nécessairement la dépendance physique. Il est possible d'éviter ce lien lorsqu'on administre le médicament régulièrement afin d'empêcher le douleur de se manifester. On élimine ainsi la douleur et ce qui l'accompagne, la recherche de drogue pour la soulager. Certaines personnes sont cependant plus à risque, avec ce genre de médicament, en particulier celles qui ont déjà eu un problème de toxicomanie avec d'autres drogues ou encore l'alcool. On ne devient pas toxicomane du jour au lendemain. Si une dépendance physique se développe, l'arrêt brusque du traitement pourra entraîner une réaction de sevrage. Celle-ci sera caractérisée par des crampes abdominales, de la fièvre, des larmoiements, des reniflements, de l'agitation et de l'anxiété. On peut l'éviter en diminuant progressivement les doses dans les cas où le médicament a été employé pendant une longue période.

— L'obligation d'augmenter les doses résulte souvent d'une plus grande douleur et pas nécessairement d'une tolérance ; cependant, on n'augmentera jamais la dose prescrite sans le consentement du médecin.

— La constipation est sans doute le plus rebelle des effets secondaires et devra la plupart du temps être traitée dès qu'elle se manifeste à l'aide de laxatifs qui fonctionnent par irritation, genre séné ou cascara, sans attendre qu'elle s'aggrave.

Alternatives

On peut augmenter l'effet de la morphine et éventuellement en diminuer les doses en agissant sur les facteurs subjectifs de la douleur. Pour plus de détails, voir le texte sur la douleur (page 730).

Jugement global

La morphine est un médicament puissant et utile qu'on réserve aux douleurs qui ne sont pas contrôlables autrement. On aura avantage à l'utiliser comme il se doit afin d'en retirer le plus grand bénéfice.

N

Nadolol

Nom commercial :
Corgard.

Ordonnance requise

Indications thérapeutiques

Le nadolol est surtout utilisé dans le traitement de l'hypertension et de l'angine. Il peut aussi servir en prévention après un infarctus du myocarde ou contre les attaques de migraines et dans certains problèmes thyroïdiens.

Posologie habituelle

Dans l'angine, on commence par prendre 40 mg par jour, qui pourront être augmentés tous les 3 ou 4 jours de 40 ou 80 mg. La dose quotidienne maximale est de 240 mg. Dans l'hypertension, on tolère des doses aussi élevées que 300 mg par jour.

Le nadolol peut être pris en une seule dose quotidienne.

Contre-indications, effets secondaires, interactions médicamenteuses, précautions

Voir le texte sur le propranolol, page 534.

Le nadolol se distingue cependant du propranolol par certains points :

— il pénètre moins dans le système nerveux central que les autres bêta-bloquants et occasionnerait moins de somnolence, de cauchemars, de nervosité, d'anxiété, de dépression et de confusion ;

— son effet n'est pas modifié par les barbituriques, la chlorpromazine, la cimétidine, les contraceptifs oraux, les hormones thyroïdiennes et la rifampine.

Naproxen

Noms commerciaux :
Apo-Naproxen, Naprosyn,
Naxen, Novonaprox ;
naproxen sodique :
Anaprox.

Ordonnance requise

Indications thérapeutiques

Le naproxen est un médicament anti-inflammatoire et analgésique qui a d'abord été employé dans diverses formes d'arthrite : la polyarthrite rhumatoïde, l'ostéo-arthrite et la spondylite ankylosante. C'est un médicament essentiellement symptomatique qui n'empêche pas les maladies de progresser et qui ne remplace donc pas les autres mesures mises en marche pour ralentir leur progression.

Le naproxen est maintenant utilisé pour soulager différents types de douleurs : douleurs menstruelles, douleurs associées à des chirurgies mineures (dentaires, gynécologiques, etc.), douleurs musculaires, goutte et céphalées vasculaires. S'il est employé comme analgésique, son effet met environ une heure à apparaître.

La compagnie Syntex, qui a d'abord lancé le Naprosyn, a par la suite mis sur le marché l'Anaprox, qui lui est à peu près identique (c'est un sel de sodium du naproxen). L'effet de ce médicament est le même que celui du premier ; il a cependant le désavantage de contenir du sodium et de coûter plus cher... Mais l'industrie a voulu dissocier les deux indications du médicament et en faire deux noms : le naproxen pour l'arthrite et l'Anaprox pour les douleurs. Pourtant les deux produits ont le même effet dans les deux indications.

Posologie habituelle

Dans les troubles arthritiques, le naproxen s'emploie d'abord à raison de 250 mg 2 fois par jour, pour ensuite ajuster la dose à un niveau moindre ou supérieur (mais sans dépasser 1 g par jour). Il peut être nécessaire de prendre ce médicament pendant 2 semaines avant de commencer à en ressentir les effets, qui mettront peut-être 2 autres semaines avant d'être complets. Si aucune amélioration ne s'est manifestée après 4 semaines de traitement, on devrait songer à un autre traitement.

On recommande d'instaurer le traitement avec des doses beaucoup plus faibles (la moitié) chez les patients âgés et plus faibles encore chez ceux qui ont plus de 80 ans.

Comme analgésique à court terme, le naproxen se prend souvent à raison d'une première dose de 500 mg suivie de prises de 250 mg aux 6 à 8 heures.

On évitera de se coucher tout de suite après avoir avalé le médicament (on observera un intervalle de 20 minutes), afin de lui permettre de bien se rendre à l'estomac. On réduit ainsi le risque d'irritation de l'œsophage.

Le naproxen se prend de préférence 30 minutes avant ou 2 heures après les repas avec un grand verre d'eau ; mais si le médicament produit de l'irritation à l'estomac, il vaut mieux l'ingérer avec un peu de nourriture, du lait ou un antiacide ; cela retarde un peu l'effet, mais sans en réduire l'intensité.

Contre-indications

On devrait éviter le naproxen ou l'utiliser avec d'infimes précautions si on souffre des pathologies suivantes :
— insuffisance rénale ou hépatique ;
— ulcère peptique actif ou ancien ;
— maladies cardiaques ;
— hypertension ;
— problèmes de coagulation du sang.

Il est possible que les gens allergiques à l'AAS ou à un autre anti-inflammatoire soient aussi allergiques au naproxen ; ils devraient donc être prudents.

Le naproxen a un effet antagoniste des prostaglandines, qui jouent un rôle important dans le déclenchement et le déroulement du travail, à l'accouchement ; son ingestion retarde donc le travail et nuit à l'accouchement. De plus, il passe dans le sang du fœtus et dans le lait maternel. Des études menées chez l'animal n'ont cependant pas démontré d'effets tératogènes chez le fœtus.

Effets secondaires possibles

L'adaptation au naproxen peut entraîner une myriade de troubles : brûlures d'estomac, nausées et vomissements, irritation dans la bouche, difficultés à digérer, douleurs abdominales, diarrhée, constipation, céphalées, somnolence, étourdissements, incoordination, confusion mentale, difficulté à se concentrer et sudation profuse. Si ces symptômes ne disparaissent pas en quelques jours ou s'ils sont trop intenses, ils peuvent nécessiter l'arrêt du naproxen. Des effets secondaires plus graves peuvent cependant survenir qui demandent un arrêt immédiat du traitement. L'ulcère gastro-intestinal est le plus connu et peut se manifester par des brûlures et douleurs à l'estomac et la présence du sang dans les selles. Une réaction allergique peut occasionner de la fièvre, des démangeaisons, de l'enflure des ganglions et de la difficulté à respirer. Une atteinte rénale est possible et peut se traduire par l'apparition de sang dans l'urine, une difficulté à uriner ou un besoin d'uriner souvent ou encore une diminution soudaine du volume urinaire. Un œdème risque de se produire (assez fréquent), ainsi que des tintements d'oreilles. Plus rarement apparaîtront des éruptions cutanées parfois graves, des lésions aux lèvres, une perte d'audition, des problèmes visuels, des convulsions, de la confusion, de la dépression, de la faiblesse musculaire, un mal de gorge, une tendance à faire des ecchymoses, un jaunissement de la peau et des yeux (atteinte hépatique) ou une ulcération de la bouche. Tous ces symptômes demandent une consultation médicale. Un effet négatif plus insidieux serait l'accélération de la détérioration des articulations osseuses dans l'ostéoarthrite ; bien qu'on n'ait pas encore accumulé de preuve certaine de cet effet, le Dr N. Newman, de l'Hôtel-Dieu de Montréal, croit qu'il existe suffisamment de données pour s'inquiéter. D'autres auteurs croient qu'il suffirait de 3 ans de traitement pour aboutir à un effet perceptible.

Interactions médicamenteuses

Le naproxen peut interagir avec les anticoagulants, l'aspirine, les hypoglycémiants oraux et le probénécide. Ce sont là les interactions les plus risquées.

Il faut aussi user de prudence si on veut utiliser le naproxen avec les diurétiques, le vérapamil, la nifédipine, le dipyridamole, le sulfinpyrazone, l'acide valproïque, le lithium et les sels d'or. Il faudra peut-être alors rajuster les doses.

De même, l'utilisation simultanée et à long terme de naproxen et d'acétaminophène peut accroître le risque d'effets rénaux toxiques.

Précautions

Le naproxen peut entraîner de la somnolence et d'autres difficultés de coordination ; il est donc recommandé d'être prudent s'il faut conduire une automobile ou opérer une machine dangereuse. Cet effet de somnolence est augmenté par la plupart des médicaments du système nerveux.

Ce médicament ayant un effet anti-inflammatoire, il risque de masquer les symptômes des infections qui peuvent survenir.

Les gens qui utilisent le naproxen et qui ont déjà fait des ulcères gastro-duodénaux doivent être très attentifs aux signes d'irritation gastrique toujours possible avec ce médicament.

Le naproxen sodique (Anaprox) contient 25 mg de sodium par comprimé ; les personnes qui suivent une diète sans sodium devraient rappeler ce fait à leur médecin.

L'alcool augmente l'irritation gastrique du naproxen.

Le naproxen peut exacerber l'asthme.

Les personnes prenant du naproxen devraient périodiquement subir des analyses de laboratoire pour détecter les effets secondaires graves. On devra surveiller plus spécifiquement les fonctions hépatique et rénale ainsi que le sang et les yeux.

Alternatives

La plupart des formes d'arthrite évoluent par crises ; durant les périodes où la maladie est active, il est important de se reposer physiquement et émotivement. Des traitements physiques — de la chaleur, des exercices de physiothérapie — peuvent aussi être fort utiles. En période de rémission, c'est une bonne pratique de voir à inclure dans sa vie de nombreux moments d'activité physique, pour conserver au maximum la mobilité de toutes ses articulations.

Pour d'autres mesures, voir le texte sur l'arthrite, page 683.

Jugement critique

On a par le passé recommandé de nécessairement recourir d'abord à l'aspirine avant d'utiliser le naproxen ou un autre anti-inflammatoire pour le soulagement de la douleur et de l'inflammation des différentes maladies arthritiques. On considère maintenant que le naproxen et les autres anti-inflammatoires non stéroïdiens constituent une première approche médicamenteuse valable ; reste l'argument prix : l'AAS demeure en effet beaucoup moins coûteux que les autres anti-inflammatoires. Pour ce qui est des risques d'utilisation du médicament, l'endommagement de la muqueuse gastrique reste une préoccupation... mais cela tient aussi pour l'AAS. Chez la personne âgée, la santé de la fonction rénale est primordiale et devra être évaluée régulièrement : c'est en effet là le site de problèmes aigus qui arrivent trop souvent. On pourrait sans doute en réduire l'incidence en respectant les contre-indications du médicament.

L'utilisation de l'effet analgésique du naproxen se révèle approprié dans nombre de situations. Le naproxen est relativement sûr à court terme et il permet parfois d'éviter la somnolence et la constipation associées à la codéine, dont il est une bonne solution de remplacement. De plus, comme les autres anti-inflammatoires, il est efficace dans les douleurs menstruelles.

Le naproxen n'est cependant pas une panacée, pas plus d'ailleurs que l'AAS n'est un produit anodin et exempt de risques.

Néosporine topique

> Association de polymyxine
> B, de néomycine et de
> bacitracine. Le
> Néo-Polycin contient aussi
> les mêmes produits.

Ordonnance requise

Cette association d'antibiotiques se présente sous différentes formes : aérosol, poudre, crème et onguent. Certaines personnes sont allergiques à l'un des constituants, surtout la néomycine ; il peut en résulter de l'irritation, une éruption cutanée, de l'enflure et des démangeaisons. Ce produit est analogue à la gentamycine ; nous conseillons donc de consulter le texte sur la gentamycine (page 323).

La plupart des cas pour lesquels on a habituellement recours à la néomycine pourraient être traités aussi efficacement sans l'emploi d'antibiotiques ; nous indiquons comment dans le texte sur les blessures légères (page 690).

Nicotinique (acide)

Noms commerciaux :
Niacine, Novoniacin.

Ordonnance non requise

Indications thérapeutiques

L'acide nicotinique est une vitamine du groupe B (B3) ; comme toutes les vitamines, elle est essentielle au bon fonctionnement de l'organisme. Une déficience grave en acide nicotinique conduit au pellagre. Les médecins prescrivent cette vitamine à dose élevée pour favoriser la circulation sanguine au cerveau, aux mains et aux pieds, de même que pour faire baisser le cholestérol sanguin.

Posologie habituelle

Pour le pellagre, une dose de 10 à 20 mg par jour est suffisante. Pour l'abaissement du cholestérol et l'augmentation de la circulation cérébrale, la dose d'attaque est de 100 mg 3 fois par jour ; cette dose est doublée de 4 à 7 jours plus tard puis encore augmentée à 1 000 mg 3 fois par jour, ce qui constitue la dose d'entretien. L'acide nicotinique est beaucoup mieux toléré quand il est pris avec de la nourriture.

L'action de l'acide nicotinique commence de 15 à 20 minutes après son ingestion et dure environ une heure.

On ne doit jamais dépasser une dose quotidienne de 6 000 mg.

Contre-indications

En cas d'hémorragie, d'ulcère gastro-duodénal actif, d'insuffisance hépatique, d'hypotension artérielle, de diabète, de glaucome, de maladie cardiaque ischémique et de goutte, l'acide nicotinique à forte dose est contre-indiqué. On n'a pas établi la sécurité des doses élevées d'acide nicotinique pendant la grossesse ; il passe dans le lait maternel, pendant l'allaitement.

Effets secondaires possibles

À faible dose, l'acide nicotinique n'a aucun effet secondaire ; c'est dans les traitements à forte dose que ces effets peuvent survenir : bouffées de chaleur, démangeaisons, éruption et sécheresse de la peau, mal de tête, nausées et vomissements, picotements aux mains et aux pieds et irrégularités du rythme cardiaque. L'acide nicotinique peut aussi perturber le métabolisme du sucre, précipiter des crises d'asthme chez les gens susceptibles, provoquer de l'irritation ou des ulcères gastriques, amener des troubles du rythme cardiaque, susciter une réaction allergique, aggraver la goutte ou avoir un effet toxique sur le foie.

Interactions médicamenteuses

L'acide nicotinique peut augmenter l'effet de certains antihypertenseurs et causer une hypotension (méthyldopa, propranolol, guanéthidine). Il faut alors ajuster les doses de ces médicaments.

L'acide nicotinique peut diminuer l'effet des antidiabétiques en augmentant le taux de sucre sanguin ; on devra probablement augmenter les doses d'insuline ou d'hypoglycémiants oraux ou modifier la diète.

Une dose de 300 mg d'aspirine, prise avant chaque dose d'acide nicotinique, pourrait minimiser l'effet secondaire de rougeur cutanée.

Précautions

L'alcool pris avec de fortes doses d'acide nicotinique peut causer une baisse excessive de la pression artérielle.

La nicotine contenue dans le tabac peut causer une constriction des vaisseaux sanguins, effet opposé à celui de l'acide nicotinique ; le tabac peut donc réduire l'efficacité de l'acide nicotinique.

Lorsque l'acide nicotinique est utilisé dans le contrôle du taux de cholestérol sanguin, les doses doivent être augmentées progressivement, sans jamais dépasser une hausse de plus de 2,5 g en 1 mois. On réduit ainsi le risque d'effets secondaires graves.

L'utilisation à forte dose de l'acide nicotinique doit être accompagnée de contrôles du glucose et de l'acide urique sanguin tous les 3 ou 6 mois.

Alternatives

On associe des taux élevés de lipides sanguins à un risque accru de maladies cardiaques, plus particulièrement à l'infarctus du myocarde. Il existe plusieurs types de lipides sanguins : le cholestérol est celui qui retient le plus l'attention et qui est le plus souvent incriminé comme agent pathogène. On distingue cependant différents cholestérols, le « bon » cholestérol (ou HDL) qui contribuerait à diminuer l'incidence des maladies coronariennes et le « mauvais » cholestérol (LDL) qui aurait l'effet inverse. On distingue aussi une autre fraction lipidique, les triglycérides, dont le lien avec les maladies coronariennes est loin d'être clair, sauf de plus en plus chez les femmes de plus de 50 ans. On essaie, lorsque le taux global de cholestérol est élevé, de le faire diminuer, mais surtout de garder une proportion élevée de « bon » cholestérol. Voici les différents facteurs qui contribuent à préserver cet équilibre :

— le maintien du poids idéal par l'adoption d'une alimentation pauvre en graisses ;

— l'activité physique, car elle contribue à la formation de « bon » cholestérol ;

— la consommation modérée d'alcool, pour la même raison, et parce qu'elle contribue à la baisse des triglycérides ;

— la réduction du stress, car celui-ci pourrait entraîner des microlésions des vaisseaux susceptibles de conduire à la formation d'athérosclérose ;

— le contrôle du diabète et de l'hypertension, qui sont aussi des facteurs de risque des maladies cardio-vasculaires.

Ainsi, toute tentative de réduction du taux de lipides sanguins comporte d'abord et avant tout l'intégration de certains éléments d'hygiène de vie, qui ne devraient pas être oubliés si l'on a recours aux médicaments. D'un autre côté, on commence aussi à douter de la fiabilité des dosages sanguins du cholestérol. Une étude menée en 1985 par le College of American Pathologists a révélé leur grande variabilité. Un échantillon de sang contenant la même concentration de cholestérol a été envoyé à 5 000 laboratoires pour en déterminer la concentration. Les résultats se sont échelonnés entre 222 et 334 mg/100 ml, selon le laboratoire et la technique utilisée. Le taux de cholestérol mesuré chez vous pourrait alors être soit beaucoup plus bas… ou plus élevé que le résultat communiqué. Il reste cependant difficile de tirer des conclusions pratiques d'une telle recherche.

Pour plus de détails pratiques, consulter le texte sur l'angine de poitrine et la crise cardiaque (page 677).

Jugement global

L'acide nicotinique est utilisé par nombre de gens comme supplément vitaminique pour aider à régler divers problèmes ; à des dosages inférieurs à 100 mg par jour, il n'en résulte aucun effet secondaire ni danger. Employé à plus forte dose pour contrôler les taux sanguins de cholestérol et de triglycérides, il en est tout autrement... assez pour que plusieurs personnes refusent le médicament à cause de ses effets secondaires désagréables (rougeurs, malaises gastro-intestinaux, etc.). Ce médicament peut cependant représenter pour les personnes qui le tolèrent une solution valable, surtout lorsqu'il est associé à un autre hypocholestérolémiant.

Nifédipine

Nom commercial : Adalat.

Ordonnance requise

Indications thérapeutiques

La nifédipine est utilisée principalement pour réduire la fréquence des crises d'angine et pour accroître la résistance à l'effort lorsque d'autres mesures ne sont pas efficaces. On l'emploie aussi dans le traitement de l'hypertension.

Posologie habituelle

Le traitement commence avec la prise d'une capsule de 10 mg 3 fois par jour. Cette dose peut être augmentée tous les 3 jours et le traitement se continue à raison de 10 à 20 mg 3 fois par jour. Toutefois, des cas plus graves peuvent demander jusqu'à 120 mg par jour, fractionnés en 3 ou 4 prises. On ne doit cependant pas dépasser ce plafond.

Les capsules ne doivent pas être écrasées, et on les prendra une heure avant les repas ou deux heures après avec un grand verre d'eau. Si on oublie de prendre le médicament, on devrait le faire aussitôt qu'on s'en souvient, sauf si on est à moins de 2 heures de la prochaine prise ; à ce moment, laisser tomber la dose oubliée.

Contre-indications

On évitera la nifédipine si on souffre d'hypotension sévère et si on y a déjà fait une réaction allergique. On l'utilisera avec précaution (en connaissant bien les signes d'effets secondaires graves et en étant suivi de près par un médecin) si on présente une sténose aortique sévère, une insuffisance rénale, hépatique ou cardiaque et si on souffre de problèmes de circulation cérébrale. Une étude hollandaise souligne qu'elle ne devrait pas être utilisée dans l'angine instable, car elle augmente la mortalité.

On l'évitera durant la grossesse — elle produit des malformations lorsqu'elle est donnée à des animaux gravides — et durant la période d'allaitement.

Effets secondaires possibles

Les effets secondaires suivants sont assez fréquents : étourdissements, sensation de légèreté et de chaleur, rougeur cutanée, maux de tête et nausées. Ils n'empêchent habituellement pas la poursuite du traitement et diminuent souvent à la longue. La constipation, la nervosité, les changements d'humeur, les tremblements, la faiblesse, les crampes à l'estomac, l'enchifrènement et la fatigue comptent aussi parmi les effets secondaires bénins.

Par ailleurs, l'apparition des symptômes suivants demande l'intervention rapide du médecin : difficulté à respirer, irrégularité du rythme cardiaque, douleurs à la poitrine, évanouissements, enflure des chevilles ou des pieds ainsi que l'apparition d'une éruption cutanée.

Enfin, certaines études ont montré que la nifédipine pouvait altérer la tolérance au glucose et manifester un effet diabétogénique. Bien que toutes les études ne s'entendent pas à ce sujet, la prudence exige qu'on surveille le taux de glucose sanguin.

Interactions médicamenteuses

L'emploi de la nifédipine en association avec des bêta-bloquants produit parfois des effets bénéfiques, mais il peut aussi causer de l'hypotension, de l'insuffisance cardiaque ou des arythmies ; les patients utilisant ces deux types de médicaments devraient être suivis de près par leur médecin. Les personnes prenant des antihypertenseurs ou des nitrates demanderont elles aussi une attention médicale particulière, les effets de ces médicaments s'additionnant ; les doses devront être ajustées en conséquence. Ses effets sur la digoxine, les anticoagulants, les antiarythmiques, le sulfinpyrazone, la quinine, la phénytoïne, la cimétidine et le furosémide devront être surveillés. Les anti-inflammatoires (surtout l'indométhacine), les décongestionnants et les médicaments pour maigrir pourraient diminuer l'efficacité de la nifédipine.

Précautions

La nifédipine peut causer de l'hypotension qui se manifeste par des étourdissements lorsqu'on passe de la position couchée ou assise à la position debout ; on veillera à effectuer ces transitions lentement. L'alcool et l'exercice violent peuvent aggraver cette réaction de façon dangereuse.

Après un usage de nifédipine de plusieurs semaines, on recommande de ne pas cesser de prendre le médicament de façon brusque mais plutôt en diminuer les doses de façon progressive, sous surveillance médicale.

Alternatives

Tout traitement d'hypertension devrait inclure un changement des habitudes de vie : saine alimentation, réduction du stress, activité physique. On sait maintenant qu'il est possible de contrôler l'hypertension légère (et celle-ci compte pour une bonne part des hypertensions) en agissant sur ces éléments. On devrait réserver l'usage de médication aux cas plus graves et nécessairement y allier ces mêmes actions.

Voir le texte sur l'angine (page 677) et sur l'hypertension (page 747).

Jugement global

La nifédipine est un médicament assez récent. Elle a d'abord servi au traitement de l'angine pour lequel elle semble offrir une solution de rechange valable aux bêta-bloquants et aux nitrates à longue durée. Son introduction dans la thérapeutique de l'hypertension est plus récente et semble prometteuse pour les gens qui ne tolèrent ni les bêta-bloquants ni les diurétiques. Il reste cependant que ce médicament est jeune et qu'on n'en connaît pas encore les effets à long terme. En fait, si les bêta-bloquants ont été les médicaments du début des années 80 dans le domaine cardio-vasculaire, les bloqueurs calciques (dont la nifédipine) semblent maintenant vouloir prendre leur part du marché. Ils sont d'ailleurs déjà en étude comme traitement préventif des migraines, dans le syndrôme de Raynaud, dans l'asthme et dans les douleurs menstruelles. Apport réel à la science médicale ou rentabilisation d'un investissement ? Sans doute un mélange (plus ou moins équilibré) des deux.

Nitroglycérine

Noms commerciaux :
Nitro-Bid, Nitrogard SR,
Nitrol, Nitrostat,
Nitrostabilin, Nitrong,
Tridil.

Ordonnance non requise

Indications thérapeutiques

La nitroglycérine s'emploie dans la prévention et le traitement des douleurs angineuses, dans l'artériosclérose des artères coronariennes. C'est un vasodilatateur puissant.

Posologie habituelle

La nitroglycérine se présente sous plusieurs formes : en comprimés sublinguaux stabilisés ou non, en aérosol buccal, en comprimés bucco-gingivaux, en comprimés à avaler et en onguent.

Comprimés sublinguaux : c'est la forme la plus courante, la moins chère et le plus souvent la plus efficace. Les comprimés sont déposés sous la langue où ils se dissolvent lentement ; il ne faut ni les mâcher, ni les avaler, ni boire ou manger en même temps. Ils s'utilisent préventivement, avant de monter un escalier ou de faire un effort par exemple ; leur effet dure alors généralement de 30 à 60 minutes ; mais le plus souvent, les gens y ont recours lorsqu'ils éprouvent une douleur cardiaque. Voici comment procéder alors :

1) quand la douleur commence, s'asseoir et attendre quelques minutes ; souvent, la douleur s'en va d'elle-même, surtout si on réussit à garder son calme ;

2) si la douleur persiste après 3 ou 4 minutes, mettre un comprimé de nitroglycérine sous la langue, pencher sa tête en avant et respirer profondément ;

3) si après 1 à 5 minutes la douleur persiste, prendre un deuxième comprimé ;

4) si la douleur continue après 5 minutes, en prendre un dernier ;

5) si la douleur se poursuit encore après quelques minutes ou si elle semble différente des autres fois, il faut se rendre immédiatement à l'urgence de l'hôpital ;

6) lorsque la douleur est disparue, on peut cracher le reste du comprimé qu'on a encore dans la bouche.

Comprimés bucco-gingivaux : (Nitrogard SR) ils doivent être placés sur la gencive, sous la lèvre supérieure. Le médicament est alors libéré dans la bouche et absorbé par la muqueuse. Son action débute de 1 à 3 minutes après sa mise en place, comme les comprimés sublinguaux, et dure tant que le comprimé demeure intact sous la lèvre supérieure, c'est-à-dire entre 1 et 6 heures. Il peut être recraché si des effets secondaires se manifestent. On peut donc utiliser cette forme pharmaceutique en remplacement des comprimés oraux ou sublinguaux. Si un comprimé ne réussit pas à soulager une douleur angineuse en cinq minutes, utiliser un comprimé sublingual. Ne pas recourir à un second comprimé bucco-gingival. Les comprimés bucco-gingivaux ne doivent pas être placés sous la langue ni manipulés avec celle-ci. Si on en avale un par mégarde, en placer un autre sous la lèvre supérieure 1 heure plus tard.

Comprimés oraux : les comprimés actuellement en vente sont à action retard et sont habituellement pris aux 8 heures, pour prévenir les crises. En cas de crise, il ne faut pas compter sur eux car ils mettent trop de temps à agir (30 minutes en moyenne). Les comprimés oraux agissent mieux à jeun ; donc il est préférable de les prendre 1 heure avant ou 2 heures après les repas, avec un grand verre d'eau. Les comprimés ou capsules à action retard ne doivent jamais être coupés ou mâchés.

Onguents : l'onguent s'utilise pour prévenir les crises d'angine. On dispose pour son administration de papier gradué qui sert d'abord à mesurer l'onguent, puis à l'étendre (sans masser ni frotter) en couche régulière sur la peau sur une surface de 5 à 7 cm (toujours la même surface). On commence généralement par une application de 1 cm qui sera augmentée d'autant graduellement chaque fois jusqu'à ce que l'on note l'apparition de maux de tête. On utilise l'onguent aux 8 heures. La nitroglycérine est très bien absorbée à travers la peau ; il est préférable d'enlever l'onguent mis la fois précédente avant de s'administrer une nouvelle dose ; on peut changer d'endroit chaque fois, pour éviter les irritations cutanées. Si l'onguent est appliqué par une autre personne, elle devrait porter des gants, pour éviter d'en absorber une partie. Il faut étendre l'onguent également puis le laisser agir, sans masser.

Aérosol buccal : l'aérosol buccal est une solution de rechange aux comprimés sublinguaux et comme ceux-ci il s'administre sous la langue, en suivant le même procédé. Il peut servir à prévenir l'apparition de crises angineuses ou bien à les soulager.

Contre-indications

Pendant la grossesse et l'allaitement, il n'est pas prudent d'utiliser régulièrement ces médicaments. Les personnes ayant récemment souffert d'un infarctus du myocarde devraient aussi s'en abstenir. Les gens atteints d'hyperthyroïdie ou d'anémie sévère et ceux qui ont subi dans un passé récent un traumatisme crânien ou qui ont fait une hémorragie cérébrale nécessitent un suivi médical attentif. Le glaucome peut être aggravé ou précipité par la nitroglycérine.

Effets secondaires possibles

Au début du traitement, certains effets surviennent qui disparaissent assez vite, la plupart du temps : des étourdissements, de la faiblesse, des bouffées de chaleur, des céphalées, des nausées et vomissements et des douleurs gastriques. Si ces malaises persistent, il peut être préférable d'arrêter le traitement. D'autres symptômes indiquent des réactions plus dangereuses : des éruptions cutanées qui peuvent signaler une allergie à ce médicament, l'embrouillement de la vue et la sécheresse de la bouche. Il peut enfin y avoir intoxication, qui se manifeste d'abord par un bleuissement des lèvres, des ongles et de la paume des mains, puis par des étourdissements, des évanouissements, une sensation de pression à la tête, un souffle court et un rythme cardiaque irrégulier. Mieux vaut intervenir dès l'apparition des premiers signes.

Interactions médicamenteuses

Il ne faut pas prendre d'onguent de nitroglycérine en même temps qu'un nitrate (voir page 355 pour les noms de commerce).

Les médicaments contre l'hypertension artérielle et contre l'asthme ainsi que les antidépresseurs peuvent accentuer les effets secondaires de la nitroglycérine. Les décongestionnants peuvent en diminuer l'effet.

Précautions

La nitroglycérine sublinguale est un médicament très volatile, qui requiert des attentions particulières pour conserver toute son efficacité :
— conserver ses comprimés dans le contenant original, en verre ;
— enlever de l'intérieur de la bouteille toute étiquette ou coton qui pourrait absorber une partie du médicament ;
— ne jamais garder dans une bouteille qui contient aussi d'autres médicaments ;
— refermer vite la bouteille dès qu'un comprimé en a été retiré ;
— surveiller attentivement la date d'expiration de la nitroglycérine et ne pas l'utiliser quand la date est passée ;
— garder loin du soleil, de la chaleur et de l'humidité (pas au réfrigérateur, sauf dans le cas de l'onguent) ;
— jeter le médicament 3 mois après avoir entamé la bouteille, lorsqu'il s'agit de comprimés non stabilisés (Nitroglycérine de Parke & Davis). Avec les comprimés stabilisés, la sensation de picotement peut être moins marquée. Le Nitro de Lilly, le Nitrostat et le Nitrostabilin sont stabilisés et peuvent se garder un an après l'ouverture de la bouteille.

On croit qu'une tolérance (une dose donnée est moins efficace après un certain temps) aux effets de la nitroglycérine peut se développer, si celle-ci est prise régulièrement (en comprimés oraux ou en onguent). L'effet d'un comprimé sublingual ne serait pas affecté par ce phénomène.

Quand une personne a pris de la nitroglycérine orale ou cutanée pendant quelques semaines, elle ne doit pas arrêter brusquement le médicament au risque d'avoir des crises d'angine plus fréquentes.

L'alcool peut augmenter les effets secondaires de la nitroglycérine.

Alternatives

Voir le texte sur l'angine, page 677.

Jugement global

La nitroglycérine sublinguale demeure le médicament de choix dans le traitement des crises d'angine. L'aérosol buccal peut remplacer les comprimés pour les gens qui ont de la difficulté à les manipuler ; l'aérosol coûte cependant le double des comprimés.

Les comprimés oraux à action soutenue sont moins fiables : ils sont souvent mal absorbés et fournissent un taux sérique de médicament qui est généralement trop faible.

L'onguent n'est utile que dans la prévention des crises. Sa biodisponibilité est probablement plus grande que celle des nitrates pris par la bouche, étant donné que le principe actif atteint la circulation sans être passé par le foie, où il est inactivé. Son effet débute en général après 15 à 30 minutes et dure au moins 3 à 4 heures, parfois jusqu'à 7 heures. On ne dispose cependant que de quelques rares études bien contrôlées sur l'efficacité comparée de l'onguent et des nitrates à longue action. Certains malades trouvent l'onguent peu pratique, car il est salissant.

Norfloxacine

Nom commercial :
Noroxin.

Ordonnance requise

Indications thérapeutiques

La norfloxacine est un nouvel antibiotique qui sert principalement au traitement des infections urinaires, mais aussi d'autres infections : blennorragie et infections de la prostate ainsi que des voies respiratoires.

Posologie

Dans le traitement des infections des voies urinaires, la dose recommandée est de 400 mg deux fois par jour aux 12 heures pendant 7 à 10 jours. Un traitement de 3 jours peut être suffisant chez les femmes qui souffrent d'une cystite aiguë non compliquée. Il peut s'étendre sur plusieurs semaines chez les gens qui font des infections à répétition.

Le médicament doit être pris 1 heure avant ou 2 heures après les repas, avec beaucoup d'eau.

Contre-indications

Les personnes allergiques à l'acide nalidixique ne doivent pas prendre de norfloxacine. Celles qui ont déjà fait des convulsions et celles qui souffrent d'insuffisance rénale grave devraient faire l'objet d'une surveillance médicale étroite.

On ne connaît pas les effets de ce médicament sur le fœtus ou sur le nouveau-né allaité ; on considère cependant qu'il est contre-indiqué au cours de ces périodes à cause de ses effets toxiques sur l'animal en croissance.

La norfloxacine est contre-indiquée chez les enfants et les adolescents dont la croissance n'est pas terminée.

Effets secondaires possibles

Les effets secondaires les plus courants sont la nausée, les vomissements et les douleurs abdominales. Viennent ensuite les maux de tête, une sensation de légèreté dans la tête, des étourdissements, de la somnolence, de l'insomnie et un changement du goût. Ces effets n'empêchent généralement pas la poursuite du traitement, à moins qu'ils ne deviennent trop incommodants. L'apparition d'une éruption cutanée nécessite parfois une consultation médicale. On surveillera de toute façon tout symptôme inhabituel comme la faiblesse, la fatigue, les raideurs articulaires, la jaunisse et l'œdème, car même s'ils ne font pas partie des effets secondaires connus du médicament, on les trouve associés à d'autres produits de la même famille chimique.

Interactions médicamenteuses

Étant donné que la norfloxacine est un médicament jeune, on en connaît encore peu les interactions. On sait que le probénécide en diminue l'élimination. On ne recommande pas de l'utiliser en même temps que les antiacides.

Les personnes qui prennent des anticoagulants devront être suivies de près si elles ont à prendre la norfloxacine ; la parenté de celle-ci avec l'acide nalidixique laisse croire à une possibilité d'interaction, bien qu'on n'en ait pas observé jusqu'à maintenant.

Précautions

Comme tous les traitements antimicrobiens, il est important de mener le traitement à terme, afin d'éviter les récurrences.

On recommande de boire beaucoup d'eau avec ce médicament.

Le médicament cause parfois de la somnolence, auquel cas il faudra se montrer prudent dans la conduite automobile et la manipulation de machines demandant de l'attention.

Alternatives

Voir le texte sur les cystites, page 759.

Jugement global

La norfloxacine, comme tous les nouveaux médicaments, suscite de l'enthousiasme. Elle démontre une bonne efficacité ; peu de bactéries y sont résistantes. Il est toutefois malheureux que le fabricant l'annonce en soulignant surtout le traitement de 3 jours : il y a là risque d'une mauvaise utilisation, avec l'apparition de résistances bactériennes. En fait les antibactériens utilisés classiquement dans les cystites devraient demeurer un premier choix, et on aurait avantage à ne pas risquer d'altérer l'efficacité de la norfloxacine en l'utilisant à toutes les sauces ; on la réservera donc aux cas plus difficiles à traiter. Le coût du médicament est d'ailleurs à lui seul un frein qui pourrait s'avérer efficace.

Nystatine

Noms commerciaux :
Mycostatin, Nadostine,
Nilstat, Nyaderm.

Ordonnance requise

Indications thérapeutiques

La nystatine s'emploie pour traiter les infections à *candida* impliquant la peau, les muqueuses vaginale et buccale, l'œsophage et l'intestin.

Posologie habituelle

Dans le traitement d'une infection vaginale, on utilise 1 applicateur rempli de crème vaginale ou 1 ovule 1 ou 2 fois par jour pour un minimum de 14 jours. Dans le cas d'infections récidivantes, on devra parfois prolonger le traitement. On ajoute souvent une crème topique à appliquer à la vulve pour toute la durée d'utilisation du médicament.

Dans le cas des infections cutanées, on emploie une crème ou un onguent, qu'on doit appliquer en grande quantité 1 à 4 fois par jour sur les régions affectées jusqu'à ce que la guérison soit complète. On note généralement une nette amélioration de la condition dans les 24 à 72 heures suivant le début du traitement, mais on doit nécessairement continuer l'application pendant 14 jours. S'il s'agit d'une infection des pieds ou de lésions particulièrement moites, l'on utilise en plus la poudre, qu'on applique tous les jours généreusement dans les bas et les chaussures ou sur les lésions.

La candidase buccale (le muguet) demande l'utilisation de la suspension orale à raison de 1 ml 4 fois par jour. On doit garder la suspension dans la bouche 1 minute avant de l'avaler. Certains médecins prescrivent les comprimés vaginaux à laisser dissoudre dans la bouche, au lieu d'avoir recours à la solution, étant donné que le temps de contact avec le médicament est alors prolongé.

Finalement, on peut traiter les infections intestinales avec les comprimés oraux qu'on prend à raison de 1 ou 2 comprimés 3 fois par jour, selon la gravité de l'infection.

Contre-indications

On n'utilisera pas la nystatine si on y a déjà fait une réaction allergique. On ne connaît pas d'effets néfastes à la nystatine au cours de la grossesse. Les conseillers de *La Lettre médicale* la considèrent comme « probablement sûre ». Si on devait l'utiliser à ce moment, il faudrait employer l'applicateur avec beaucoup de précautions, pour ne pas risquer de rompre la poche des eaux.

Effets secondaires possibles

On observe parfois une irritation locale lors de l'utilisation vaginale ou topique ; celle-ci est habituellement sans gravité. Une dose élevée des comprimés a déjà occasionné des nausées, des vomissements ou de la diarrhée.

Interactions médicamenteuses

On ne connaît pas d'interactions à ce médicament.

Précautions

On devra, autant dans le cas d'une infection vaginale que dans celui d'une infection cutanée, faire le traitement au complet sans sauter d'applications. Ainsi le traitement vaginal ne devra pas être interrompu au moment des menstruations. Par ailleurs, une infection cutanée qui ne s'est pas améliorée après 4 semaines de traitement nécessitera une nouvelle consultation médicale, pour réévaluer le diagnostic.

Lorsqu'on utilise la crème topique, on veillera à assurer une bonne pénétration du médicament en massant doucement.

On devra éviter à tout prix l'utilisation d'un bandage occlusif (saran, plastique, etc.) sur la région affectée ; en effet une telle mesure favoriserait la croissance des champignons.

Il faut éviter de mettre la nystatine en contact avec les yeux.

L'emploi de ce médicament augmente les pertes vaginales ; si désiré, la femme peut alors utiliser des serviettes hygiéniques mais pas de tampons vaginaux.

Alternatives

Pour les candidases vaginales, l'arrêt des contraceptifs oraux constitue souvent la solution du problème. L'acidification du vagin peut aussi aider à combattre l'infection ; c'est possible d'y arriver par des douches vaginales au vinaigre (2 c. à soupe de vinaigre/litre d'eau) ou au yogourt (2 ou 3 c. à soupe de yogourt nature/litre). Une application vaginale de yogourt (le yogourt doit contenir de la culture acidophilus vivante) peut aussi aider à rétablir la flore bactérienne normale. Le port de culottes de coton est toujours à conseiller ; les culottes de nylon ou autres substances synthétiques ne permettent pas une aussi bonne aération. Voir aussi le texte sur les vaginites, page 831 .

Jugement global

La nystatine est un médicament efficace et valable pour le traitement des infections à *candida*. On la remplace souvent maintenant par le miconazole et le clotrimazole pour traiter les infections vaginales ; ces médicaments sont un peu plus efficaces ; le traitement est alors moins long… mais d'un coût plus élevé. La nystatine demeure cependant le médicament de choix pendant la grossesse.

O

Œstrogènes

*Œstrogènes
conjugués/estérifiés*
Noms commerciaux :
C.E.S., Climestrone,
Estromed, Néo-Estrone,
Prémarine.

Œstrogènes de synthèse

Nom générique	Noms commerciaux :
chlorotrianisène	Tace
diéthylstilbœstrol	Stilbœstrol
éthinylœstradiol	Estinyl
œstradiol	Estrace, Delestrogen, Néo-Diol
œstrone	Œstrilin, Ogen

Ordonnance requise

Indications thérapeutiques

L'œstrogène est une hormone sexuelle féminine sécrétée par l'ovaire. On l'utilise aussi comme médicament. Les hormones sont alors le plus souvent extraites de l'urine de juments enceintes ; c'est le cas des œstrogènes conjugués ou estérifiés. D'autres sont entièrement synthétisés en laboratoire.

On emploie les œstrogènes conjugués/estérifiés en remplacement des hormones sexuelles naturelles au cours de la ménopause ou encore à la suite de l'ablation des ovaires. On cherche, ce faisant, à réduire les bouffées de chaleur, l'atrophie et la sécheresse de la muqueuse vaginale ainsi qu'à stopper ou ralentir l'ostéoporose ; tous ces symptômes sont associés à la baisse de sécrétion des hormones sexuelles au moment de la ménopause.

Les œstrogènes sont parfois donnés pour retarder la progression de certains cancers avancés de la prostate ou du sein.

Posologie habituelle

Pour la ménopause (naturelle ou chirurgicale) les doses varient de 0,3 à 1,25 mg par jour pendant 21 à 25 jours chaque mois suivis d'une période de 5 à 7 jours sans médicament ; il faut trouver la dose la plus faible qui procure le soulagement des symptômes. On associe maintenant souvent une hormone progestative en fin de cycle à l'œstrogène (le plus souvent, de la médroxyprogestérone, à raison de 5 ou 10 mg par jour pendant 10 jours). Dans le traitement du cancer, les doses sont très élevées, allant jusqu'à 10 mg 3 fois par jour.

Pour éviter les nausées, les œstrogènes peuvent être pris aux repas ou immédiatement après.

Contre-indications

Les personnes atteintes de maladies graves du foie ne doivent pas prendre d'œstrogènes. Quand une femme a déjà fait un cancer du sein ou de l'utérus ou qu'il y a une histoire familiale de ces maladies, il faut aussi s'en abstenir. De même, les femmes qui ont déjà fait des caillots ou des embolies et celles qui souffrent d'hémorragie vaginale dont on ignore la cause ne devraient pas utiliser les œstrogènes. Ces médicaments peuvent causer des anomalies congénitales chez les bébés des femmes qui en ont pris pendant la grossesse ; une femme doit donc s'assurer qu'elle n'est pas enceinte avant de commencer ce traitement.

Les maladies suivantes peuvent être aggravées par les œstrogènes : le diabète, l'endométriose, l'épilepsie, l'hypertension artérielle et la dépression. La nécessité du traitement devra être évaluée sérieusement si on souffre d'asthme, d'insuffisance cardiaque, rénale ou hépatique, de migraines, de porphyrie, de fibromes utérins, de maladies bénignes du sein et d'hypercalcémie.

Effets secondaires possibles

Pour les effets à long terme, voir le texte sur la ménopause (page 785).

En cours de traitement aux œstrogènes, le risque de faire un caillot sanguin est augmenté et peut avoir des conséquences graves ; cela se traduit alors par des douleurs subites à la poitrine, aux organes génitaux ou aux jambes, particulièrement aux mollets ; par un mal de tête subit et violent ; par une difficulté à parler, une perte de coordination, une perte ou un changement subit dans la vision ou par un essoufflement soudain ; dans tous ces cas, il faut communiquer rapidement avec son médecin ou se rendre à l'urgence de l'hôpital. On ne devra pas négliger non plus une douleur dans la région du foie, qui peut provenir de la présence de tumeurs bénignes au foie, qui éclatent parfois spontanément.

Sans revêtir la même urgence, d'autres effets secondaires peuvent requérir une consultation médicale : des changements dans les saignements vaginaux, une augmentation de la tension artérielle, des bosses aux seins, un état dépressif, une éruption cutanée inexpliquée, des pertes vaginales qui changent de nature, de la jaunisse et de la rétention d'eau (qui se traduit par une augmentation de poids de plus d'un kilo par semaine).

Certains symptômes peuvent aussi apparaître en début de traitement puis disparaître ; s'ils s'aggravaient ou persistaient, il serait préférable d'en parler au médecin : des crampes abdominales, une perte d'appétit, des nausées, une tension aux seins, une augmentation ou une diminution notables du désir sexuel, de la diarrhée, des étourdissements, une chute des cheveux, des vomissements, un œdème léger et de l'irritabilité.

Interactions médicamenteuses

Les œstrogènes peuvent présenter des interactions avec les médicaments suivants, ce qui nécessitera un ajustement des doses respectives : la cortisone et ses dérivés, les anticoagulants oraux, les hypoglycémiants oraux, l'insuline, les antihypertenseurs, la bromocriptine, la carbamazépine, la phénytoïne, la primidone, la rifampine, le tamoxifène et la vitamine C à forte dose.

Certains médicaments accroissent l'effet de toxicité hépatique des œstrogènes ; ce sont le dantrolène, l'acétaminophène (usage chronique à forte dose), le kétoconazole, l'acide valproïque, les sulfamidés et plusieurs médicaments donnés contre le cancer.

L'utilisation chronique d'huile minérale peut entraver l'absorption des œstrogènes.

Les œstrogènes peuvent augmenter les besoins en acide folique et en pyridoxine.

Précautions

On doit cesser la prise d'œstrogènes 1 mois avant une intervention chirurgicale et si on doit être immobilisé, à cause du risque accru de problèmes vasculaires graves.

L'usage du tabac augmenterait les risques de complications cardio-vasculaires et accélérerait l'ostéoporose.

On ne devrait jamais utiliser d'œstrogènes seuls, à cause du risque de cancer de l'utérus. De la progestérone devra y être associée en fin de cycle.

L'utilisation d'hormone demande qu'on se soumette à un examen médical annuel ou bisannuel.

On ne devrait pas utiliser les œstrogènes pour traiter la nervosité ou la sécheresse de la peau étant donné qu'ils ne sont pas efficaces contre ces symptômes. Les œstrogènes peuvent rendre la peau plus sensible aux rayons du soleil et des lampes solaires.

Lorsqu'on cesse un traitement aux œstrogènes, on doit veiller à le faire progressivement afin d'éviter une recrudescence brutale des bouffées de chaleur.

Alternatives

Voir le texte sur la ménopause, page 785.

Jugement global

L'hormonothérapie de la ménopause naturelle demeure controversée. Lors de son introduction en thérapeutique, on la prônait comme moyen de diminuer les bouffées de chaleur et l'atrophie vaginale, qu'elle contrôle d'ailleurs efficacement. Avec les années, on s'est aperçu que les avantages qu'elle présente sont toutefois contrebalancés par un risque non négligeable, celui de contracter plus souvent un cancer utérin. On croit maintenant contourner ou diminuer ce danger en associant aux œstrogènes un progestatif (en général, la médroxyprogestérone). On donne aussi les œstrogènes afin de limiter les ravages de l'ostéoporose. S'il est vrai que le processus de décalcification se voit retardé (et non pas annulé) par les hormones œstrogéniques — ce qui est appréciable — il est également vrai qu'on introduit un nouveau médicament, la progestérone, dont on ne connaît pas vraiment les effets secondaires à long terme. On commence cependant à douter de son effet sur les lipides sanguins et sur la pression sanguine. On devra donc continuer à choisir les risques que l'on accepte de courir, et découvrir quels sont les éléments qui contribuent le plus, pour chacune d'entre nous, à assurer une qualité de vie appréciable.

Œstrogènes vaginaux

Noms commerciaux :
Diénœstrol, DV Crème,
Œstrilin, Prémarine.

Ordonnance requise

Les œstrogènes s'emploient sous forme de crème vaginale principalement dans le traitement symptomatique de la vaginite survenant après la ménopause et après certains types de chirurgie gynécologique. Dans les années qui suivent la ménopause, la muqueuse vaginale s'amincit considérablement et devient fragile ; au cours des rapports sexuels, si la lubrification n'est pas suffisante, il en résulte une irritation plus ou moins importante.

Les œstrogènes employés dans le vagin sont rapidement absorbés dans le courant sanguin et ils y agissent de la même façon que les œstrogènes pris par voie orale ; nous renvoyons donc les lectrices au texte sur les œstrogènes (page 461) pour connaître les contre-indications, effets secondaires possibles, interactions médicamenteuses et précautions concernant ces produits.

Posologie habituelle

Les œstrogènes vaginaux se présentent sous forme de crème ou de comprimés vaginaux. Ils s'emploient de façon cyclique, c'est-à-dire pendant une période allant de 10 à 21 jours par mois suivis d'une période de repos. Au début du traitement, on emploie de 2 à 4 g de crème par jour en 1 ou 2 applications ; par la suite, il s'agit de trouver la dose la plus basse qui fournira l'effet recherché. On suggère parfois l'utilisation de 1 g de crème 1 à 3 fois par semaine, 3 semaines par mois. La crème s'emploie de préférence au coucher, pour lui permettre un meilleur contact avec toute la muqueuse vaginale ; il peut être utile de porter une serviette hygiénique pour absorber les sécrétions qui sont alors augmentées.

Alternatives

Les femmes qui souffrent de sécheresse vaginale peuvent utiliser un lubrifiant hydrosoluble comme le K-Y, qui ne présente aucun danger. Les crèmes vaginales contraceptives peuvent aussi jouer le même rôle. Par ailleurs, il semble bien que les femmes qui ont une activité sexuelle régulière et épanouissante éprouvent moins souvent ce genre de difficultés ; quand l'excitation sexuelle est suffisante, la lubrification ne manque pas, quel que soit l'âge, même s'il y a eu interruption de cette activité pendant un temps plus ou moins long.

Jugement global

Tout comme pour les œstrogènes de remplacement pris par la bouche, les œstrogènes vaginaux présentent des risques. Ces dangers sont cependant moins grands :

— si le traitement est discontinu (entre 10 et 21 jours de traitement par mois) ;

— si les doses d'œstrogènes employées sont faibles ;

— si le traitement est poursuivi pour des périodes courtes.

Orciprénaline

> Nom commercial :
> Alupent.

Ordonnance requise

L'orciprénaline est un médicament de la même classe que le salbutamol. Il possède les mêmes indications, effets secondaires, précautions, etc. ; donc, pour plus de détails voir le texte sur le salbutamol (page 547).

La posologie habituelle de l'orciprénaline est de 20 mg 3 ou 4 fois par jour pour les adultes et les enfants de plus de 9 ans ; pour les enfants de 6 à 9 ans, la dose est de 10 mg 3 ou 4 fois par jour.

L'inhalateur s'emploie à raison de 2 ou 3 inhalations toutes les 3 ou 4 heures ; on ne le recommande pas pour les enfants de moins de 12 ans.

L'orciprénaline peut produire un peu plus de stimulation cardiaque que le salbutamol. Sa durée d'action est aussi un peu plus courte.

Orphénadrine

Noms commerciaux :
Disipal, Norflex,
Norgesic, Norgesic Forte.

Ordonnance non requise

Indications thérapeutiques

On utilise l'orphénadrine pour le soulagement du spasme aigu des muscles squelettiques (ceux qui sont liés aux mouvements). On recommande habituellement de l'associer à des analgésiques et de la physiothérapie. On emploie parfois l'orphénadrine dans la maladie de Parkinson.

Posologie habituelle

Pour un adulte, on emploie 100 mg 2 fois par jour. Si on oublie de prendre une dose, on peut le faire si on est à plus d'une heure de la prochaine dose, sinon on laisse faire.

Lorsque l'orphénadrine est associée à l'AAS et à la caféine, dans le Norgesic et le Norgesic Forte, on peut prendre 2 comprimés 2 ou 3 fois par jour du premier produit ou 1 seul du second à la même fréquence.

Contre-indications

On ne doit pas prendre d'orphénadrine dans les cas suivants : obstruction de la vessie, de l'intestin ou de l'estomac, hypertrophie de la prostate, myasthénie grave, glaucome et achalasie.

Les doses devront sans doute être réduites si on souffre d'insuffisance rénale ou hépatique, de troubles du rythme cardiaque ou de ralentissement du système nerveux central.

On ne connaît pas les effets de l'orphénadrine sur le fœtus ou le nouveau-né. On recommande donc la prudence.

Effets secondaires possibles

Les effets secondaires les plus courants sont la sécheresse de la bouche, la difficulté à uriner, un embrouillement de la vue, la somnolence, les maux de tête, les tremblements, la constipation et les étourdissements. On note aussi parfois des crampes abdominales, de la diarrhée, des nausées et vomissements, de la difficulté à dormir et de la nervosité. Une réduction de la dose diminue l'importance de ces symptômes.

L'apparition de fièvre, de congestion nasale, d'enflure au visage, d'un mal de gorge, de facilité à faire des ecchymoses, d'anomalies du rythme cardiaque, d'évanouissements et d'hallucinations demandent une interruption du traitement et une consultation médicale rapide. Ces effets sont toutefois rares.

Interactions médicamenteuses

L'orphénadrine peut augmenter les effets secondaires des antidépresseurs, des antispasmodiques, des antiparkinsoniens, de certains antihistaminiques, des tranquillisants, des analgésiques et des autres relaxants musculaires.

Précautions

L'orphénadrine peut causer de la somnolence et des étourdissements et réduire la capacité de conduire une automobile ou de manœuvrer des machines demandant de l'attention. L'alcool augmente cet effet de somnolence.

Un usage prolongé de l'orphénadrine demande des vérifications des fonctions rénale et hépatique et de la formule sanguine ; des altérations de ces fonctions ont été reliées à l'utilisation de ce médicament.

Alternatives

L'orphénadrine ne devrait jamais être utilisée comme seule thérapeutique pour soulager les spasmes musculaires. On lui préférera ou lui associera du repos et aussi éventuellement de la physiothérapie ou son équivalent. On pourra aussi s'inspirer des recommandations qui s'appliquent au traitement de la douleur (voir à la page 730).

Jugement global

Bien que l'orphénadrine semble avoir une action sur les muscles, on ne sait trop si celle-ci est liée à l'effet tranquillisant, à l'effet relaxant musculaire ou bien à l'effet placebo du médicament. Il semble qu'elle soit plus efficace dans le traitement des spasmes aigus et qu'il ne soit pas justifié de l'employer à long terme. C'est en fait un médicament dont l'activité est très limitée (après 4 ou 5 jours, elle n'a pas plus d'effet qu'un placebo).

L'orphénadrine existe aussi en association avec de l'AAS et de la caféine sous les noms de Norgesic et Norgesic Forte. L'analgésique augmenterait l'efficacité du relaxant musculaire. Les personnes qui ne tolèrent pas l'AAS devraient éviter ces produits et associer l'acétaminophène à l'orphénadrine. Cette manière de faire permet de toute façon un meilleur ajustement des doses.

Oxazépam

Noms commerciaux :
Apo-Oxazépam,
Novoxapam, Oxpam,
Serax, Zapex.

Ordonnance requise

L'oxazépam est un dérivé direct du diazépam. Il est absorbé moins rapidement que le diazépam et séjourne moins longtemps dans l'organisme que celui-ci. Cette dernière propriété en fait un médicament de choix pour les personnes âgées et les malades dont le foie fonctionne au ralenti. Il possède théoriquement les mêmes indications thérapeutiques que le diazépam, mais on ne l'utilise ni comme relaxant musculaire ni comme anticonvulsivant ; comme son action met de 2 à 4 heures à se manifester, ce n'est pas un hypnotique de premier choix. L'oxazépam partage les effets secondaires du diazépam, bien qu'il occasionne moins souvent incoordination motrice, fatigue et faiblesse. L'oxazépam se distingue du diazépam, sur le plan des interactions médicamenteuses, par le fait que son action est indépendante de celles de la cimétidine et du disulfiram.

On doit observer à son égard les mêmes précautions qu'avec le diazépam. Après un usage prolongé, une réaction de sevrage peut aussi se produire ; elle se manifestera alors dans les 24 heures qui suivent l'arrêt du traitement. On recommande, lorsqu'on désire cesser de prendre de l'oxazépam, de changer pour une dose équivalente de diazépam ou de chlordiazépoxide, dont on diminuera l'apport graduellement tel qu'il est expliqué à la page 255.

La marge posologique de l'oxazépam varie beaucoup d'un individu à l'autre et s'étend de 10 à 90 mg par jour. On peut prendre l'oxazépam 3 ou 4 fois par jour. Son action met généralement de 60 à 90 minutes à se manifester.

Pour plus de détails, se référer au texte sur le diazépam (page 252).

Oxtriphylline

Noms commerciaux :
Apo-Oxtriphylline,
Choledyl, Chophylline,
Novotriphyl, Rouphylline,
Théophylline Choline.

Ordonnance non requise

L'oxtriphylline est un sel de théophylline et possède les mêmes indications, effets secondaires et mises en garde que cette dernière. L'effet de 100 mg d'oxtriphylline est équivalent à celui de 64 mg de théophylline. Pour plus de détails, nous vous invitons donc à consulter le texte sur la théophylline (page 581).

Oxyphenbutazone

Nom commercial :
Oxybutazone.

Ordonnance requise

L'oxyphenbutazone est un dérivé de la phénylbutazone qui a exactement les mêmes caractéristiques (indications, effets secondaires, etc.)

que ce médicament, mais elle est plus coûteuse. La compagnie Ciba-Geigy, qui avait mis au point ce médicament, l'a retiré du marché à cause des pressions exercées par les consommateurs de nombreux pays. Si votre médecin veut vous donner de l'oxyphenbutazone, vous pouvez lui demander de vous prescrire à la place de la phénylbutazone, qui aura les mêmes effets mais vous coûtera beaucoup moins cher. Nous vous référons au texte sur la phénylbutazone (page 494) pour avoir tous les détails concernant ce médicament.

P

Parafon Forte

Association de
chlorzoxazone et
d'acétaminophène.

Ordonnance non requise

Indications thérapeutiques

Le Parafon Forte associe un relaxant musculaire, le chlorzoxazone, à un analgésique, l'acétaminophène, et sert à soulager des spasmes aigus des muscles squelettiques (ceux qui sont liés aux mouvements). On recommande habituellement qu'il soit associé à de la physiothérapie.

Posologie habituelle

Le Parafon Forte se prend à raison de 2 comprimés 3 ou 4 fois par jour.

Contre-indications

Il est sans doute préférable d'éviter le Parafon Forte si on souffre d'insuffisance hépatique. On sera prudent dans les cas de ralentissement dans le fonctionnement des reins ou du système nerveux central. Les personnes à tendance allergique font souvent une allergie à ce médicament et devraient probablement l'éviter.

On ne connaît pas les effets du Parafon Forte sur le fœtus et le nouveau-né. On recommande donc la prudence.

Effets secondaires possibles

Les effets secondaires les plus courants sont la somnolence et les étourdissements. Peuvent aussi se produire de la sécheresse de la bouche, de la difficulté à uriner, un embrouillement de la vue, des maux de tête, des tremblements, de la constipation, des crampes abdominales, de la diarrhée, des nausées et des vomissements, de la difficulté à dormir et de la nervosité. Ces effets sont considérés comme bénins.

L'apparition de fièvre, de congestion nasale, d'enflure au visage, d'un mal de gorge, de facilité à faire des ecchymoses, d'anomalies du rythme cardiaque, d'évanouissements et d'hallucinations demande une interruption du traitement et une consultation médicale rapide. Ces effets sont toutefois rares.

Interactions médicamenteuses

Tous les médicaments qui produisent de la somnolence risquent d'accroître cet effet secondaire ; mentionnons entre autres les tranquillisants, analgésiques, antidépresseurs, antispasmodiques et antihistaminiques.

Précautions

Le Parafon Forte peut causer de la somnolence et nuire à la capacité de conduire un véhicule automobile ou de manœuvrer des machines demandant de l'attention. L'alcool accroîtra cet effet.

Alternatives

Beaucoup de spasmes musculaires peuvent être soulagés par des mesures locales (froid-chaleur, massage, etc.). Lorsqu'on l'emploie, le Parafon Forte ne devrait jamais être utilisé comme seule thérapeutique pour soulager les spasmes musculaires. On l'associera à du repos et aussi éventuellement à de la physiothérapie ou son équivalent. On pourra aussi s'inspirer des recommandations qui s'appliquent au traitement de la douleur (page 730).

Jugement global

Bien que le Parafon Forte semble avoir une action sur les muscles, on ne sait pas trop si celle-ci est liée à l'effet tranquillisant, à l'effet de relaxation musculaire ou à l'effet placebo du médicament. On sait toutefois qu'après 4 ou 5 jours, l'efficacité n'est pas plus grande que celle d'un placebo. Tout traitement prolongé est donc injustifié.

Pénicilline

Il existe plusieurs types de pénicillines ; les plus couramment prescrites sont la pénicilline G et la pénicilline V.
Noms commerciaux de la pénicilline G :
Mégacilline, Novopen-G, Penioral, P-50.
Noms commerciaux de la pénicilline V : Apo-Pen VK, Ledercillin VK, Nadopen V, Novopen-VK, Pénicilline VK, Pen-Vee, PVF, V-Cillin K, VC-K.

Ordonnance requise

Indications thérapeutiques

La pénicilline s'emploie dans les infections provoquées par des microorganismes sensibles à cet antibiotique. Dans les infections légères ou moyennes comme la pharyngite ou la pneumonie, le traitement se fait par voie orale ; dans les infections aiguës, il s'entreprend par injection. Il est toujours préférable d'utiliser la pénicilline après qu'une culture bactérienne démontre qu'une bactérie est en cause et qu'elle est sensible à la pénicilline.

Posologie habituelle

Les doses de pénicilline se calculent en unités ou en mg ; 200 000 unités équivalent à 125 mg. Selon les sortes de pénicilline, selon l'âge et le poids du patient et suivant le type d'infection, les doses varient énormément. Il est cependant toujours important d'essayer de les prendre aux heures indiquées pour maintenir dans le sang le niveau le plus constant possible. Quand une dose est oubliée, la prendre aussitôt qu'on s'en rend compte ; si elle a été complètement manquée, la prendre à la place de la dose suivante et ingérer cette dernière 2 ou 3 heures plus tard pour ensuite revenir à l'horaire régulier.

La pénicilline G est mieux absorbée l'estomac vide ; elle se prend donc 1 heure avant ou 2 heures après les repas, avec un grand verre d'eau. La pénicilline V peut être prise aux repas sans que son effet soit tellement modifié.

Contre-indications

Les personnes allergiques à quelque type de pénicilline que ce soit ne devraient pas en prendre. Les gens allergiques aux anesthésiques locaux réagiront aussi à la pénicilline G injectable. Les maladies des reins de même que les maladies gastro-intestinales (plus particulièrement la colite) constituent des contre-indications à la pénicilline. On sait que la pénicilline traverse le placenta. On aura donc avantage à bien peser les avantages et désavantages d'un tel traitement, que les consultants de *La Lettre médicale* considèrent cependant comme « probablement sans danger ». Les femmes qui allaitent devraient s'en abstenir, à moins qu'il ne soit possible de faire autrement ; la pénicilline passe dans le lait maternel et peut causer des effets secondaires au nourrisson, en particulier le rendre allergique à ce médicament ou provoquer des diarrhées.

Effets secondaires possibles

L'allergie est la réaction la plus fréquente à la pénicilline. Dans le traitement oral, cela se traduit le plus souvent par de l'urticaire, une éruption cutanée, du prurit et parfois une difficulté respiratoire ; il peut arriver que des personnes développent des réactions plus généralisées allant jusqu'au choc, mais cela survient surtout à la suite de l'injection de ce médicament. Certaines personnes tolèrent mal la pénicilline et souffrent de nausées, de vomissements ou de diarrhée ; ce dernier

phénomène est relativement fréquent, étant donné que la flore intestinale est modifiée par l'ingestion des antibiotiques et qu'il s'ensuit un
déséquilibre à ce niveau. Ces désordres gastro-intestinaux n'empêchent généralement pas la poursuite du traitement. Il faut cependant
contacter son médecin rapidement si ceux-ci s'aggravent ou surviennent après la cessation du traitement, ce qui peut être le signe d'une colite. L'ingestion régulière de yogourt pendant un traitement à la pénicilline peut aider à prévenir cette complication.

Les surinfections — les infections par un autre microorganisme,
le plus souvent un champignon — surviennent parfois dans les usages
prolongés de la pénicilline.

Il arrive que certaines personnes souffrent d'une décoloration ou
au contraire d'une accentuation de la couleur de la langue ; celle-ci retrouve sa couleur normale dès l'arrêt du traitement.

Interactions médicamenteuses

Les autres antibiotiques — chloramphénicol, érythromycine et tétracycline — et les sulfamidés diminuent l'efficacité de la pénicilline, alors
que le probénécide en augmente l'effet. La pénicilline V diminue l'efficacité de la pilule contraceptive : on recommande l'utilisation d'une
méthode contraceptive de remplacement au cours d'un traitement à
long terme.

Précautions

Il est important de poursuivre jusqu'au bout son traitement à la pénicilline même si les symptômes sont disparus, sans quoi il y a risque
que l'infection reprenne un peu plus tard, les bactéries n'ayant pas été
complètement détruites. Un traitement à la pénicilline dure généralement environ 10 jours. Si quelques jours après le début de la thérapie
il n'y a pas d'amélioration des symptômes ou même la situation semble s'aggraver, ce peut être le signe d'une résistance à la pénicilline et
il est alors recommandable de contacter son médecin.

Pour garder toute son efficacité, la pénicilline sous forme liquide
se conserve mieux au réfrigérateur (mais sans la congeler). Certaines
formes se gardent cependant à la température de la pièce : on vérifiera
auprès de son pharmacien.

La pénicilline G étant plus sensible à l'effet des acides, il est
préférable de ne pas consommer de jus acides (orange, pamplemousse,
etc.) dans l'heure qui suit une dose de ce médicament. Ce type de péni-

cilline peut aussi modifier certains tests urinaires chez les diabétiques, enlevant toute valeur à leurs résultats.

Jugement global

La pénicilline est l'antibiotique le moins cher et aussi celui qui présente le moins d'effets secondaires ; c'est un médicament qui peut être extrêment utile dans les infections à microorganismes sensibles à son activité. Par malheur, les médecins l'utilisent très mal, dans des infections à virus comme le rhume par exemple, où elle n'est d'aucune utilité ; une étude récente estime qu'au Canada, seulement 41 % des traitements aux antibiotiques semblent justifiés, alors que 22 % sont « discutables ». Cette surutilisation fait que de plus en plus de microorganismes développent la capacité de résister à l'action des antibiotiques, avec comme résultat que lorsqu'on en a vraiment besoin, ils ne sont plus aussi souvent efficaces.

La pénicilline est « l'antibiotique des maux de gorge ». On ne devrait cependant pas en accepter une prescription à moins que le médecin ait effectué un test de dépistage des streptocoques qui ne sont responsables que de 20 % des maux de gorge. Les autres (soit 80 %) sont d'origine virale et on ne dispose d'aucun traitement médicamenteux à leur endroit.

La pénicilline V est mieux absorbée que la pénicilline G. Il faut surtout éviter d'entreprendre le traitement avec les autres antibiotiques quand il s'agit d'une infection qui pourrait répondre à la pénicilline.

Les injections de pénicilline permettent de hâter le traitement de quelques heures, mais elles ne sont pas plus efficaces que la voie orale, sauf dans les cas où le malade vomit et dans le traitement de certaines maladies transmissibles sexuellement, cette voie d'administration permettant de donner une dose énorme d'un seul coup.

Pentaérythritol (tétranitrate de)

Nom commercial :
Péritrate.

Ordonnance requise

Le pentaérythritol fait partie de la famille des nitrates ; nous vous référons au texte sur l'isosorbide (page 355) pour tous les détails qui le concernent.

Le pentaérythritol est parfois prescrit sous une forme à action lente (Péritrate SA) ; il faut alors veiller à ne pas briser, écraser ou mâcher le comprimé. On sait cependant que ces comprimés à action prolongée sont très souvent à peu près pas absorbés, ou bien ils le sont de façon très irrégulière. On leur préférera généralement les comprimés ordinaires.

Le pentaérythritol est souvent associé au phénobarbital ; il risque alors de présenter les effets secondaires du phénobarbital, en plus des siens propres (voir page 489 pour les effets possibles du phénobarbital).

Pentazocine

Nom commercial : Talwin.

Ordonnance requise

Indications thérapeutiques

Le pentazocine est un médicament similaire à la morphine. On l'utilise pour calmer la douleur, lorsqu'elle est d'intensité moyenne ou forte. On s'en servira par exemple après une opération, durant le travail, après un accouchement, une chirurgie dentaire ou bien avant une opération, pour induire l'anesthésie. On l'emploie soit en injection (intramusculaire, sous-cutanée ou intraveineuse), soit sous forme de comprimé à prendre par la bouche.

On ne le recommande pas dans les douleurs chroniques.

Posologie habituelle

Lorsqu'on utilise les comprimés, la dose est de 50 mg toutes les 3 ou 4 heures, pour produire une analgésie continue ; cette dose peut cependant s'élever jusqu'à 100 mg toutes les 3 ou 4 heures. Ce médicament s'avère beaucoup plus efficace lorsqu'il est donné en injection.

Contre-indications

On devrait éviter l'usage de pentazocine ou l'utiliser avec grand soin si on souffre de dépression respiratoire, d'asthme bronchique, d'une obstruction respiratoire quelconque ou d'une prédisposition aux perturbations psychologiques. On devrait aussi probablement l'éviter si on souffre d'un traumatisme crânien, d'une augmentation de la pression intra-crânienne, d'une maladie inflammatoire intestinale, si on doit subir une chirurgie des voies biliaires ou si on a fait un infarctus du myocarde. De même, un dysfonctionnement hépatique ou rénal demande une attention particulière.

On doit aussi savoir que le pentazocine est contre-indiqué si on utilise des narcotiques de façon régulière et qu'une tolérance a pu se développer (morphine, mépéridine, méthadone, codéine ou propoxyphène) ; son usage peut alors provoquer une réaction de sevrage qui se manifeste par des crampes abdominales, de la température, du larmoiement, des reniflements, de l'agitation et de l'anxiété. On évitera cette réaction en diminuant progressivement les doses de narcotique, puis en instaurant le traitement au pentazocine une fois les autres narcotiques éliminés. On devra respecter un intervalle de deux jours entre les deux types de médicaments. Mais on ne recommande pas généralement une telle substitution.

Il ne faut pas donner de pentazocine aux enfants de moins de 12 ans, et il vaut mieux procéder avec précaution si on doit en prendre durant la grossesse.

Effets secondaires possibles

Les effets secondaires les plus fréquents du pentazocine sont les suivants : de la somnolence, des nausées, des vomissements, des étourdissements, de l'euphorie et des maux de tête. Ils sont habituellement sans gravité. Peuvent aussi se manifester de la constipation, de la faiblesse, de l'insomnie, un embrouillement de la vue, des variations dans la pression artérielle (hypo ou hypertension), une accélération du rythme cardiaque, et plus rarement une perte d'appétit, de la diarrhée, des frissons et peut-être des problèmes sanguins. La plupart de ces effets peuvent se produire aux doses données habituellement, mais la fréquence de leur incidence augmente avec la dose reçue.

Si les réactions suivantes se développent, on devra avertir son médecin et probablement cesser la médication : une éruption cutanée, un essoufflement sans raison, de la difficulté à uriner, des douleurs à l'estomac, des cauchemars ou de la confusion, de l'excitation, des hallucinations, de la dépression, des tintements dans les oreilles et des selles rouges ou noires.

Interactions médicamenteuses

Le pentazocine augmente les effets des médicaments suivants : les anesthésiques (chez le dentiste, par exemple), les tranquillisants, les somnifères, les antihistaminiques et les antidépresseurs. L'usage concomitant de pentazocine et d'un inhibiteur de la mono-amine-oxydase (IMAO) est risqué et devrait être précédé par l'administration de doses tests, plus faibles que la normale.

L'utilisation de pentazocine devra être suivie de près chez les personnes qui prennent des médicaments hypotenseurs, de la bromocriptine, de la lévodopa, des dérivés nitrés, de la procaïnamide, de la quinidine, du lomotil, des pénicillines et du métoclopramide.

Précautions

Si on doit utiliser le pentazocine, on fera bien de tenir compte de la somnolence qu'il peut produire et éviter l'utilisation de véhicules ou de machines demandant de l'attention.

On devra aussi respecter l'intervalle entre les prises et la dose prescrite, pour éviter le développement de tolérance (une obligation d'augmenter les doses pour obtenir le même effet) et de dépendance physique et psychologique ; on avertira son médecin si on semble avoir besoin de plus que les doses prescrites. Il est important de souligner ici que tolérance et dépendance sont deux phénomènes différents. La tolérance, c'est-à-dire l'obligation d'augmenter les doses pour un même effet, entraîne nécessairement une dépendance physique qu'on peut régler en cessant progressivement le traitement. La dépendance qu'on a toujours craint lorsqu'il est question de narcotiques tient au lien qui existe entre ce genre de médicaments et une sensation de bien-être ; elle n'accompagne pas nécessairement la dépendance physique. Il est possible d'éviter ce lien lorsqu'on administre le médicament régulièrement afin d'empêcher la douleur de se manifester. On élimine alors la douleur et ce qui l'accompagne, la recherche de drogue pour la soulager. Certaines personnes sont cependant plus à risque, avec ce genre de médicaments, en particulier celles qui ont déjà eu un problème de toxicomanie avec d'autres drogues ou encore l'alcool. On ne devient pas toxicomane du jour au lendemain.

Toute douleur est mieux contrôlée si elle est traitée dès qu'elle se manifeste. Il est donc important d'administrer le médicament régulièrement, sans attendre que la douleur devienne très forte. Les doses de médicament requises sont alors souvent plus faibles et le risque de tolérance diminué.

Si on développe une dépendance et qu'on arrête la médication de façon abrupte, une réaction de sevrage pourra se manifester, avec des symptômes similaires à ceux du sevrage des narcotiques (voir les contre-indications). On peut éviter cette réaction en réduisant progressivement les doses, tel qu'on l'a indiqué à la page 255.

Les effets de l'alcool sont augmentés par le pentazocine.

Alternatives

Le pentazocine est employé pour soulager des douleurs importantes, pour lesquelles il peut être valable de recourir à une aide chimique. On pourra cependant en augmenter l'effet et en réduire l'usage en agissant sur les facteurs subjectifs de la douleur. Nous vous invitons à ce propos à consulter le texte sur la douleur (page 730).

Jugement global

Alors qu'il semble évident que le pentazocine donné en injection a une bonne efficacité contre la douleur moyenne ou forte, il est beaucoup moins clair que ce même médicament donné par la bouche a une action valable qui en justifie les effets secondaires et le risque de dépendance. En effet, 50 mg de pentazocine auraient à peu près le même effet analgésique que 60 mg de codéine ou que 650 mg d'AAS (2 aspirines). L'impression qu'on peut avoir de sa plus grande efficacité serait reliée à son effet tranquillisant, qui joue plus sur la perception de la douleur que sur la douleur elle-même ; on peut apprendre à obtenir le même effet sans médicament.

Le pentazocine n'est pas un médicament de choix pour le soulagement de douleurs chroniques, étant donné qu'il possède des effets secondaires psychiques désagréables qui surviennent plus souvent qu'avec les autres analgésiques narcotiques. De plus son effet est bref, ce qui comporte un plus grand risque de tolérance à l'effet antidouleur.

Percodan

Composition : oxycodone HCl 4,5 mg, oxycodone terphthalate 0,38 mg, AAS 325 mg, caféine 32 mg. Le Percodan-Demi contient la moitié des sels d'oxycodone et la même quantité des autres ingrédients.

Ordonnance écrite requise

Indications thérapeutiques

Le Percodan contient un dérivé de la codéine et est employé pour soulager les douleurs aiguës d'intensité moyenne, par exemple dans les blessures, les dislocations, les fractures, les névralgies et après une opération ou un accouchement. Il est moins efficace contre les douleurs chroniques surtout à cause de la brièveté de son effet. Le Percodan agit probablement sur la perception de la douleur et aussi sur la réaction émotive à la douleur.

Posologie habituelle

À cause du risque de dépendance et de tolérance, on devrait utiliser la dose efficace la plus faible. D'ordinaire, 1 comprimé pris à des intervalles de 4 à 6 heures suffit pour un adulte.

Aux enfants de plus de 12 ans, on donnera 1 comprimé de Percodan-Demi, et aux enfants de 6 à 12 ans, un demi-comprimé de Percodan-Demi.

Les personnes âgées devraient d'abord employer le Percodan-Demi.

Contre-indications

L'usage du Percodan devra être évité si on y a déjà fait une réaction allergique, si on souffre d'insuffisance respiratoire grave ou si on a subi un traumatisme crânien. On devra l'utiliser avec prudence et probablement à un dosage plus faible si on manifeste un ralentissement des fonctions rénale, hépatique ou cardiaque, de l'hypothyroïdie, de l'hypertrophie de la prostate et de la rétention urinaire, ou si on prend déjà des tranquillisants, des antidépresseurs et autres médicaments du système nerveux. On fera aussi montre de prudence si on souffre de maladie respiratoire (asthme, emphysème, etc.), de colite, de maladie de la vésicule biliaire et d'épilepsie. Finalement, on évitera l'usage de Percodan durant la grossesse (surtout les 3 premiers mois) et pendant la période d'allaitement. On l'évitera aussi si on souffre d'une allergie à l'AAS ou que l'AAS nous est contre-indiqué d'une façon ou d'une autre (voir page 116).

Effets secondaires possibles

Les effets secondaires les plus fréquents sont des étourdissements, des maux de tête, de la faiblesse, des nausées, des vomissements et de la constipation. Il peut aussi se produire une altération de la vision, une modification de l'humeur, parfois paradoxalement de l'agitation et de la nervosité, aussi de l'hypotension, surtout si le médicament est pris à forte dose. Peuvent également survenir les effets secondaires associés à l'usage de l'AAS (voir page 117).

Un surdosage sera caractérisé par des selles rouges ou noires, un rythme cardiaque lent, des bruits de clochettes dans les oreilles, des douleurs à l'estomac, de la difficulté à uriner, une somnolence extrême, une sensation de froid sur la peau, des étourdissements, une faiblesse inhabituelle et de l'enflure des jambes et des chevilles.

On appellera un médecin si on expérimente de la difficulté à respirer, de l'enflure, une éruption cutanée et des démangeaisons ; il peut s'agir d'une allergie à l'AAS.

L'oxycodone peut aussi provoquer des symptômes qui demandent une consultation du médecin : tremblements, confusion, agitation, hallucinations, augmentation de la pression artérielle, rigidité musculaire, perturbation du rythme cardiaque, tintements dans les oreilles, urine foncée, selles pâles ou coloration jaune de la peau.

Interactions médicamenteuses

L'oxycodone augmente l'effet des autres analgésiques narcotiques, des anesthésiques généraux (avant une opération), des antidépresseurs, des tranquillisants et des somnifères. Le Percodan possède en plus les interactions liées à l'AAS (voir page 118).

Les anticholinergiques (employés comme antispasmodiques, anti-parkinsoniens) et le Lomotil, s'ils sont pris en même temps que le Percodan, peuvent causer une constipation sévère.

L'usage concomitant de Percodan et d'IMAO est risqué et devrait être précédé par l'administration de doses tests, plus faibles que la normale.

L'utilisation de Percodan exige de la prudence de la part des personnes qui prennent déjà des médicaments hypotenseurs, de la bromocriptine, de la lévodopa, des dérivés nitrés, de la procaïnamide, de la quinidine, des pénicillines et du métoclopramide.

Précautions

On prendra ce médicament de préférence avec de la nourriture ou du lait pour réduire l'irritation gastrique et les nausées.

L'efficacité est meilleure si le médicament est pris au premier signe de douleur.

À cause du risque de somnolence, on devra éviter l'utilisation de machines ou de véhicules demandant de l'attention et de la précision. L'alcool augmente cet effet de somnolence.

Pour éviter le développement de la tolérance (une obligation à augmenter les doses pour obtenir le même effet) et de la dépendance physique et psychologique, on devra respecter l'intervalle entre les prises ainsi que les doses prescrites ; on avertira son médecin si on semble avoir besoin de plus que les doses prescrites.

Si on développe une dépendance et qu'on arrête la médication de façon abrupte, une réaction de sevrage pourra se manifester, caractérisée par des crampes abdominales, de la fièvre, du larmoiement, de l'agitation et de l'anxiété. On en diminuera l'ampleur en réduisant progressivement les doses à l'arrêt.

Alternatives

Le Percodan est utilisé pour soulager des douleurs importantes, pour lesquelles il peut être valable de recourir à une aide chimique. On pourra cependant en augmenter l'effet et en réduire l'usage en agissant sur les facteurs subjectifs de la douleur. On se référera au texte sur la douleur (page 730) pour des suggestions permettant d'y arriver.

Jugement global

Le Percodan est un médicament puissant et efficace, qui possède la contrepartie de pouvoir créer une dépendance physique et psychologique. On ne doit l'utiliser que lorsque la douleur le justifie et essayer d'en restreindre l'usage à de courtes périodes. Ce médicament n'est d'ailleurs pas recommandé dans la douleur chronique.

L'oxycodone est aussi commercialisée en association avec l'acétaminophène et la caféine (dans les mêmes proportions que dans le Percodan) sous le nom de Percocet et Percocet-Demi, pour les personnes chez qui l'AAS est contre-indiqué. Il possède alors les contre-indications et les effets secondaires de l'acétaminophène, plutôt que ceux de l'AAS (voir page 107).

Peroxyde de benzoyle

Noms commerciaux :
Acetoxyl, Acne Aid,
Alquam X, Benoxyl,
Benzac W, Benzagel,
Clearasil BP Plus,
Dermoxyl, Desquam X,
Dry and Clear Acne
Medicat., H$_2$Oxyl,
Oxyderm, Oxy-5, Panoxyl,
Propa PH, Topex,
Vetoxyl, Xerac BP 5.
Associé au soufre :
Acnomel BP, Loroxide,
Persol, Sulfoxyl.

Ordonnance non requise pour le 2,5 et le 5 %

Indications thérapeutiques

Le peroxyde de benzoyle sert au traitement de l'acné de gravité moyenne ou légère. Il possède une activité antibactérienne et a un effet sur la formation des pustules. Il faciliterait aussi la dissolution des comédons.

Posologie habituelle

Le peroxyde de benzoyle est disponible en crème, en gel et en lotion, aux concentrations de 2,5, 5, 10 et 20 %. On l'applique d'abord 1 ou 2 fois par jour et, à la longue, jusqu'à 4 fois par jour.

On commencera de préférence en utilisant le médicament aux concentrations les plus faibles, afin de diminuer le risque d'irritation.

Contre-indications

On évitera le recours à ce médicament si on y est allergique. On évitera aussi de l'appliquer sur une peau sensible et inflammée.

Il n'existe aucune information quant aux effets du peroxyde de benzoyle sur le fœtus et le nouveau-né allaité ; on évaluera donc les avantages réels d'un tel traitement au cours de la grossesse et de l'allaitement.

Effets secondaires possibles

L'application de peroxyde de benzoyle peut provoquer une sécheresse et une rougeur de la peau ainsi qu'une sensation de chaleur et des picotements. On peut réduire ces effets en allongeant progressivement le temps de contact du médicament avec la peau (voir précautions). Si ces effets s'aggravent ou persistent ou encore qu'une irritation apparaît, on devra contacter son médecin et sans doute interrompre le traitement.

Interactions médicamenteuses

Le peroxyde de benzoyle ne devrait pas être utilisé — à moins d'indication contraire de la part du médecin — en même temps que d'autres produits pour l'acné ou que d'autres médicaments ayant un effet irritant pour la peau.

Précautions

Les personnes à la peau sensible auront avantage à allonger progressivement le temps de contact du médicament avec la peau ; celui-ci pourrait être de 2 heures pendant 2 ou 3 jours, puis de 4 heures, enfin de 8 heures.

Ce médicament peut décolorer les poils et les vêtements.

Si on ne note aucune amélioration après 4 à 6 semaines de traitement, on devrait contacter son médecin.

Alternatives

Voir le texte sur l'acné, à la page 773.

Jugement critique

Le peroxyde de benzoyle est un produit efficace et irritant. On a cru pendant quelques années qu'il était suffisamment sécuritaire pour qu'on offre les concentrations à 2,5 et 5 % en vente libre. On pense maintenant revenir à une pratique plus restrictive car un certain nombre d'études ont démontré qu'il provoque des cancers de la peau chez les souris ; on ne sait pas encore si le même phénomène pourrait se produire chez les humains. La prudence est donc de mise pour le moment.

Phénazopyridine

Noms commerciaux :
Phenazo, Pyridium,
Pyronium.

Ordonnance non requise

Indications thérapeutiques

La phénazopyridine est un analgésique urinaire qui s'utilise pour le traitement symptomatique des troubles urinaires comme la douleur, les brûlures ou le besoin fréquent d'uriner. Ces symptômes peuvent être causés par une infection, un traumatisme, une chirurgie ou résulter d'une endoscopie ou du passage d'un cathéter (une sonde). Son action analgésique localisée peut réduire ou éliminer le besoin d'un analgésique systémique ou de narcotiques. Ce n'est ni un antibiotique ni un sulfa et son action antibactérienne est à peu près nulle.

Posologie habituelle

Le meilleur moment pour prendre la phénazopyridine est le repas. La dose est de 100 ou 200 mg 3 fois par jour. Son action commence à se faire sentir 1 à 2 heures après l'absorption et persiste de 3 à 5 heures.

Contre-indications

Les gens allergiques à ce médicament devraient s'abstenir de l'utiliser, de même que ceux qui souffrent d'hépatite ou de maladie des reins. Il vaut aussi mieux ne pas en prendre pendant la grossesse et l'allaitement.

Effets secondaires possibles

Le jaunissement des yeux ou de la peau peut indiquer une accumulation du produit dans l'organisme par suite d'une diminution de la capacité d'excrétion rénale. Des étourdissements et des maux de tête surviennent parfois, de même que des crampes d'estomac, des coliques ou de la difficulté à digérer. Rarement, certaines personnes manifestent de la photosensibilité, c'est-à-dire qu'elles réagissent violemment à une exposition au soleil. De l'anémie et de l'insuffisance rénale peuvent aussi survenir.

Précautions

Ce produit colore l'urine en rouge orangé ; les vêtements mis en contact avec cette urine peuvent être tachés.

Les tests urinaires pour le contrôle du diabète sont altérés par la phénazopyridine ; il ne faut donc pas s'y fier.

Ce médicament devrait la plupart du temps s'utiliser en même temps qu'un autre traitement, étant donné qu'il ne s'attaque qu'aux symptômes sans affecter leur cause.

Interactions médicamenteuses

À ce jour, on ne connaît pas de médicaments qui interagissent avec la phénazopyridine.

Alternatives

Voir le texte sur les cystites, à la page 759.

Jugement global

La phénazopyridine est un analgésique urinaire efficace qui soulage les symptômes. On ne doit pas compter sur ses effets bactéricides pour détruire les microbes qui causent une infection urinaire et quand il y a effectivement une telle infection, il est important d'entreprendre un traitement adéquat avec des antibiotiques ou des sulfas pour éviter que l'infection ne devienne chronique et qu'elle n'envahisse les reins. La phénazopyridine permet alors de soulager en attendant que l'antibiotique contrôle l'infection.

La phénazopyridine est aussi vendue en association avec des agents antibactériens (AzoGantrisin, Azo-Mandélamine, Azotrex).

Phénobarbital

> Noms commerciaux :
> Eskabarb, Gardénal,
> Nova-Phéno.

Ordonnance requise

Indications thérapeutiques

Le phénobarbital est maintenant surtout utilisé pour prévenir l'apparition de crises épileptiques partielles et les crises tonico-cloniques généralisées (Grand Mal). On l'a aussi employé pour diminuer la tension et l'anxiété et plus rarement pour aider à induire le sommeil ; on se sert maintenant plutôt des benzodiazépines (diazépam et cie). On y recourt parfois pour faciliter le sevrage d'autres barbituriques. Enfin, on l'utilise parfois en injection pour contrôler des crises convulsives aiguës.

Posologie habituelle

Comme sédatif, un adulte peut prendre de 15 à 30 mg 2 ou 3 fois par jour et un enfant 2 mg/kilo 3 fois par jour.

Comme anticonvulsivant, la dose pour les adultes est de 50 à 100 mg 2 ou 3 fois par jour ou encore de 100 à 200 mg en une seule prise au coucher ; pour les enfants, la dose moyenne peut aller de 15 à 50 mg 2 ou 3 fois par jour.

Ce médicament s'emploie aussi en injection.

Contre-indications

On ne devrait pas recourir au phénobarbital si on y a déjà fait une réaction allergique ou si on est atteint de porphyrie. On devra l'utiliser sous surveillance médicale stricte si on souffre d'une forme quelconque d'insuffisance respiratoire, de diabète non stabilisé ou d'œdème, si on vient de subir un traumatisme grave ou si on souffre de fortes douleurs, de maladie cardiaque, rénale ou hépatique, d'hypotension artérielle ou d'hémorragie. On en déconseille l'usage tout au long de la grossesse à cause de la possibilité de malformations, et plus spécifiquement en fin de grossesse à cause de la dépendance qu'il peut développer chez le nouveau-né et des hémorragies qu'il peut provoquer chez la mère et l'enfant à l'accouchement ; s'il faut vraiment l'utiliser en fin de grossesse, on pourrait amoindrir le risque par l'ingestion de vitamine K durant le dernier mois de la gestation. Un groupe de chercheurs de l'Université de Sherbrooke attribue plusieurs des malformations congénitales à une déficience en zinc qui serait fréquente chez les femmes enceintes épileptiques ; un des chercheurs recommande à ses patientes d'en absorber jusqu'à deux fois la dose habituellement recommandée. Une femme qui doit prendre du phénobarbital ne devrait pas allaiter son enfant.

Effets secondaires possibles

Les effets secondaires les plus courants sont la sédation, la léthargie, les étourdissements, l'incoordination motrice, un ralentissement des fonctions nerveuses, et plus rarement de l'anxiété, des maux de tête, des nausées, des vomissements et de la diarrhée ou de la constipation. Il arrive que se produise une réaction paradoxale d'excitation et de la confusion surtout chez les enfants et chez les personnes âgées ; ces symptômes nécessitent l'arrêt de la médication. Des réactions cutanées de gravité variable peuvent survenir : de la photosensibilité, de l'allergie se manifestant par des rougeurs, de l'œdème et de l'urticaire ; ceci se produit surtout chez les asthmatiques et chez les gens qui ont des tendances allergiques. Peuvent aussi survenir — mais rarement —

d'autres réactions cutanées qui précèdent souvent une réaction grave : une jaunisse accompagnant une hépatite ou des dermatites, qui nécessitent un arrêt du traitement. On a déjà observé de l'anémie et d'autres désordres du sang qui se manifestent par de la fièvre, des maux de gorge et une facilité à faire des bleus ; on doit cesser de prendre le médicament dans ces cas. Un usage à long terme a déjà occasionné de l'ostéomalacie ou du rachitisme qui se manifeste par des douleurs osseuses, de la faiblesse musculaire et une perte de poids.

Interactions médicamenteuses

Le phénobarbital et les autres barbituriques augmentent l'effet sédatif des tranquillisants, des somnifères, des antihistaminiques et de la mépéridine. Ils diminuent les effets des anticoagulants, du métoprolol, du propranolol, des antidépresseurs, des contraceptifs oraux et des œstrogènes, de la cortisone et ses dérivés, de la digoxine, de la doxycycline, du halopéridol, du métronidazole, des phénothiazines, de la quinidine, de la théophylline, du chloramphénicol et des autres anticonvulsivants. L'usage simultané de phénobarbital avec d'autres antiépileptiques demande donc un ajustement précis des doses. La pyridoxine et la rifampine diminuent l'effet des barbituriques alors que l'acide valproïque et le chloramphénicol l'intensifient. Le Parnate, le Nardil, le Marplan et le disulfiram en prolongent l'effet et augmentent ainsi le risque d'effets toxiques. Enfin les antidépresseurs et plusieurs antipsychotiques abaissent le seuil convulsif et peuvent nécessiter une augmentation de la dose de l'anticonvulsivant.

Précautions

— Le phénobarbital cause souvent de la somnolence et demande qu'on y réfléchisse avant de conduire une automobile ou d'utiliser des machines demandant de la précision.
— L'alcool accroît l'effet de somnolence du phénobarbital.
— Le phénobarbital peut provoquer une tolérance et une dépendance physique et psychologique ; on évitera d'en augmenter les doses de soi-même ; on doit aussi savoir que la marge de sécurité de ce médicament est étroite ; la dose toxique n'est pas beaucoup plus élevée que la dose thérapeutique.
— On évitera de cesser brusquement un traitement au phénobarbital, surtout si celui-ci a été prolongé ; on s'exposerait à l'apparition d'une réaction de sevrage caractérisée par de la nervosité, des cauchemars,

de l'agitation, des spasmes musculaires, de l'insomnie, des nausées, des vomissements et de l'hypotension artérielle ; la réaction peut aller jusqu'aux hallucinations, au délire et aux convulsions si les doses thérapeutiques étaient élevées.

— Les personnes âgées et les malades dont la fonction hépatique est déficiente devraient s'en tenir à la moitié de la dose habituelle.

— Les femmes épileptiques enceintes ou pouvant le devenir devraient consulter leur médecin pour évaluer les risques d'utilisation du phénobarbital par rapport au risque de cesser cette médication ; des malformations congénitales semblent reliées à l'usage du phénobarbital ; par contre, l'apparition de crises épileptiques en cours de grossesse peut s'avérer tout aussi dangereuse pour le fœtus.

— Au cours d'un usage prolongé, le médecin devrait procéder, à intervalles réguliers, à des évaluations de la fonction hépatique et de la formule sanguine.

— Chez les enfants prenant du phénobarbital de façon continue, on devra rajuster la dose lorsqu'ils atteignent la puberté ; leur métabolisme change alors et il y a augmentation du risque d'accumulation et d'intoxication.

Jugement global

Le phénobarbital représente un choix valable dans le traitement de l'épilepsie. Par ailleurs comme tranquillisant, il est maintenant remplacé par les benzodiazépines qui présentent moins de potentiel d'intoxication, moins de risques de dépendance physique et moins d'interactions avec d'autres médicaments.

Phentermine

Noms commerciaux :
Fastin, Ionamin.

Ordonnance requise

Indications thérapeutiques

On utilise le phentermine pour aider à diminuer l'appétit au début d'un régime amaigrissant. Son emploi devrait toujours être accompagné d'une diète appropriée et devrait se limiter à une période ne dépassant pas 6 à 12 semaines.

Posologie habituelle

Le phentermine se prend à raison de 15 à 30 mg le matin à 10h ; son action se fait sentir pendant 12 heures.

Contre-indications

Les personnes qui souffrent des maladies suivantes ne devraient pas prendre ce médicament : l'hypertension artérielle, une maladie cardio-vasculaire grave, l'hyperthyroïdisme, le glaucome ou un état d'agitation. Celles souffrant de diabète l'utiliseront avec précaution. On devra aussi éviter ce médicament si on y a déjà fait une réaction allergique, ou si on doit prendre du Marplan, du Nardil ou du Parnate ; on laissera alors un intervalle de 14 jours entre les deux traitements. Les femmes enceintes et les enfants de moins de 12 ans devraient s'abstenir de prendre le phentermine.

Effets secondaires possibles

Les effets secondaires les plus courants sont la nervosité, l'euphorie, l'irritabilité, l'insomnie, la sécheresse de la bouche, la constipation et des maux de tête. D'autres symptômes pourront apparaître ; ce sont des palpitations, une accélération cardiaque, une élévation de la pression artérielle, une réaction allergique, une modification du cycle menstruel et du désir sexuel, de l'impuissance et de l'agitation ; leur aggravation pourra demander une interruption du traitement. Celui-ci devra aussi être cessé si une éruption cutanée ou de la confusion apparaissent.

Interactions médicamenteuses

Le phentermine peut diminuer les effets de certains antihypertenseurs : la guanéthidine, le méthyldopa, l'hydralazine et la réserpine.

On devrait éviter de prendre le phentermine quelques jours avant une opération chirurgicale ; en effet, s'il est utilisé en même temps que les anesthésiques généraux, il peut provoquer des troubles du rythme cardiaque.

Alternatives

Voir le texte sur l'obésité, page 802.

Précautions et jugement global

Voir le texte sur le diéthylpropion, page 263.

Phénylbutazone

> Noms commerciaux : Alka
> Butazolidine,
> Alkabutazone, Alka phénil,
> Alka Phénylbutazone,
> Anevral,
> Apo-Phénylbutazone,
> Butazolidine, Butone,
> Deca-butazone,
> G-Butazone,
> Intrabutazone, Néo-Zoline,
> Novobutazone, Phénylone
> Plus.

Ordonnance requise

Indications thérapeutiques

La phénylbutazone est un agent anti-inflammatoire et analgésique puissant qu'on emploie pour soulager les douleurs de la spondylite ankylosante et les crises de goutte.

Posologie habituelle

La dose d'attaque est de 300 à 600 mg par jour en plusieurs prises pendant 2 ou 3 jours ; par la suite, il faut réduire le traitement à la dose la plus faible possible, mais toujours moins de 400 mg par jour. Dans la goutte, la dose d'attaque est de 400 mg ; le traitement se poursuit par des doses de 100 mg aux 4 heures durant environ 4 jours ou jusqu'au contrôle des symptômes. Le traitement devrait être cessé au plus tôt, ne dépassant généralement pas une semaine. La phénylbutazone ne doit jamais être prise l'estomac vide ; donc, l'ingérer avec de la nourriture ou du lait. Plusieurs présentations de phénylbutazone sont déjà combinées à un anti-acide.

L'action de la phénylbutazone se manifeste de 3 à 4 heures après son absorption.

Contre-indications

Les gens souffrant d'anémie, de maladie thyroïdienne, de néphrite chronique, d'hypertension artérielle, de problèmes digestifs graves (en particulier d'ulcères), d'insuffisance rénale, hépatique ou cardiaque sévère et de pancréatite doivent l'utiliser avec beaucoup de précautions. L'œdème est également une contre-indication à l'usage de ce médicament. On ne devra pas non plus l'employer si on est allergique à d'autres médicaments (plus particulièrement à l'AAS). Lorsqu'on a plus de 60 ans, on ne devrait jamais l'utiliser plus d'une semaine à la fois et à dose faible, car à cet âge, les effets toxiques graves se manifestent beaucoup plus souvent.

Les enfants de moins de 14 ans et les femmes enceintes ou qui allaitent ne doivent pas prendre la phénylbutazone.

Effets secondaires possibles

La phénylbutazone est un des médicaments anti-inflammatoires les plus toxiques ; elle peut entraîner à peu près tous les effets secondaires possibles, dont certains extrêmement graves (y compris la mort). La diarrhée, les nausées et vomissements, les céphalées, l'irritabilité ou au contraire la somnolence, la confusion mentale et les tremblements sont des symptômes qui peuvent apparaître au début puis disparaître assez vite ; s'ils sont trop importants ou persistent, il vaut mieux consulter son médecin. D'autres symptômes requièrent une consultation rapide, car ils peuvent indiquer une réaction grave : du sang dans l'urine ou les selles (ou des selles noires), des douleurs violentes à l'estomac, de la jaunisse, une éruption cutanée et des démangeaisons, de la difficulté à respirer, des troubles visuels ou acoustiques, une grande fatigue, de la dépression, de l'œdème avec gain de poids et un mal de gorge ; la phénylbutazone peut en effet provoquer une rétention d'eau et de sel et, plus rarement, l'ulcération de l'estomac, des perturbations sanguines graves et de l'allergie qui entraînent tous ces symptômes. La phénylbutazone diminue aussi la captation de l'iode par la thyroïde ; on a rapporté des cas de goitre et de myxœdème à la suite de son emploi. D'autres effets sont encore possibles ; il ne faut pas hésiter à prendre contact avec son médecin quand survient quelque chose d'anormal pendant le traitement à la phénylbutazone.

Interactions médicamenteuses

La phénylbutazone peut accentuer les effets des anticoagulants, des hypoglycémiants oraux, de l'insuline, des sulfamidés, de la phénytoïne, de la pénicillamide et des autres médicaments anti-inflammatoires. Elle diminuerait les effets de la digoxine et des contraceptifs oraux quand elle est utilisée à long terme. La phénylbutazone interagit probablement aussi avec d'autres médicaments ; il est donc important de ne jamais décider soi-même de prendre quelque médicament que ce soit (prescrit ou non), de mentionner au médecin tous les médicaments qu'on utilise déjà et en cas de maladie nouvelle, d'informer les médecins qu'on prend déjà de la phénylbutazone.

Précautions

Le mal de gorge, surtout accompagné de fièvre, est un des premiers signes d'une atteinte sanguine grave ; si ce symptôme survient, il faut contacter son médecin. Il faut savoir qu'un des effets secondaires graves peut se développer en moins d'un mois et que son apparition est soudaine.

Le traitement à la phénylbutazone requiert une surveillance médicale étroite, qui exige des examens de laboratoire au moins toutes les 2 semaines ; si le médecin ne demande pas ces examens, lui en parler ou changer de thérapeute.

Il faut diminuer sa consommation de sel pendant le traitement à la phénylbutazone ; voir à ce sujet la page 750 pour connaître les aliments qui en contiennent le plus.

Il est préférable de ne pas conduire d'automobile ou de machine lourde tant qu'on n'est pas sûr de ne pas réagir par de la somnolence ou de la confusion à l'ingestion de phénylbutazone. L'alcool risque d'augmenter l'effet de somnolence.

La phénylbutazone peut causer de la photosensibilité ; il faut donc prendre garde quand on s'expose au soleil ou aux lampes solaires.

L'acide acétylsalicylique (l'aspirine) et l'alcool risquent d'aggraver les troubles d'estomac, pendant le traitement à la phénylbutazone.

Quelques jours ou même quelques semaines après l'arrêt du traitement, il est encore possible que surviennent des effets secondaires liés à la phénylbutazone : des ulcères dans la bouche, un mal de gorge inexpliqué, une tendance à saigner ou à faire des ecchymoses, une fatigue ou une faiblesse inusitées ; il est alors nécessaire de reprendre contact avec son médecin.

Alternatives

Voir le texte sur l'arthrite, à la page 683.

Jugement global

La phénylbutazone ne devrait s'employer que dans les maladies articulaires aiguës quand les autres traitements moins dangereux ne fonctionnent pas et que la douleur ou l'incapacité sont graves ; de plus, le traitement devrait être le plus court possible, excédant rarement une semaine à la fois. Les fabricants de phénylbutazone nous préviennent d'ailleurs de « bien peser, dans chaque cas, les avantages à retirer du traitement et les risques qu'il comporte ». Il existe actuellement aux États-Unis un effort, parmi des associations de consommateurs, pour faire retirer du marché ce médicament ainsi que son proche dérivé, l'oxyphenbutazone, à cause du nombre de décès qui lui seraient reliés. Ils ont d'ailleurs été bannis en 1984 en Angleterre et en Norvège.

Dans le but d'éviter une partie des troubles gastriques, beaucoup de présentations de phénylbutazone sont déjà combinées à un antiacide ; même si de cette façon les symptômes gastriques sont moins fréquents, il n'est pas sûr que les complications à ce niveau soient pour autant évitées.

Ainsi qu'on peut le constater au début de ce texte, il existe une foule de présentations de phénylbutazone ; il faut cependant savoir que les plus prescrites sont souvent les plus chères ; ainsi, la Butazolidine est dix fois plus coûteuse que certaines autres marques, pour une efficacité identique ; on peut toujours demander à son pharmacien de substituer au médicament prescrit par le médecin un équivalent moins cher.

Phénytoïne

Nom commercial :
Dilantin.

Ordonnance requise

Indications thérapeutiques

La phénytoïne s'utilise pour la prévention des convulsions, surtout dans les crises épileptiques tonico-cloniques (ce qu'on appelait « Grand Mal ») et dans les crises partielles.

Posologie habituelle

Pour les adultes, le traitement d'attaque est de 100 mg 3 fois par jour ; si après une semaine cette dose n'est pas suffisante pour empêcher les crises, elle peut être augmentée jusqu'à un maximum de 600 mg par jour. Une fois la dose idéale trouvée, elle peut être prise une seule fois chaque jour, de préférence avec un repas.

Pour les enfants, le médicament se présente sous forme de sirop. La dose efficace se situe entre 4 et 8 mg/kilo de poids par jour, en 2 ou 3 prises.

Contre-indications

Ce médicament ne doit pas s'employer dans le Petit Mal épileptique, car il pourrait causer des convulsions généralisées.

Les maladies graves du sang, des reins et du foie, dont l'alcoolisme avancé, peuvent rendre dangereux l'emploi de la phénytoïne ; en cas d'hypotension ou d'insuffisance cardiaque sévère, il faut aussi être très prudent dans l'emploi de ce médicament, de même que dans les cas de malfonctionnement de la thyroïde.

La grossesse présente un problème particulier. On a longtemps associé la phénytoïne à l'apparition de malformations congénitales. On n'est plus aussi certain de la relation de cause à effet, et on croit maintenant qu'il faut en plus tenir compte d'autres facteurs, dont la maladie elle-même. Une équipe de chercheurs de l'Université de Sherbrooke va même jusqu'à attribuer plusieurs de ces malformations à une déficience en zinc qui serait fréquente chez les femmes enceintes épileptiques. Un des chercheurs recommande à ses patientes d'en absorber jusqu'à deux fois la dose habituellement recommandée. Une chose reste cependant certaine : le risque accru d'hémorragies du nouveau-né dans les 24 heures qui suivent la naissance. L'administration de vitamine K au cours du dernier mois de grossesse pourrait réduire ce risque. On sait par ailleurs que les crises convulsives peuvent être dangereuses pour la mère et pour l'enfant. Il s'agit donc d'évaluer les risques respectifs d'apparition de crises et d'effets secondaires dans chacun des cas.

Effets secondaires possibles

La couleur de l'urine peut changer avec l'emploi de la phénytoïne et devenir rose, rouge ou brun-rouge, ce qui est normal. Certaines difficultés d'adaptation au médicament peuvent survenir, comme des nausées et des vomissements, de la constipation, de la somnolence, de la faiblesse musculaire, de la difficulté à parler, des tremblements et de l'excitation ; ces troubles disparaissent d'ordinaire assez vite ; sinon, il faut les rapporter au médecin. Par contre, certains effets secondaires signalent ou une intolérance, ou un dosage trop élevé ; il faut alors en parler au médecin au plus tôt. Ces troubles sont : de l'enflure et des hémorragies des gencives, des mouvements involontaires des yeux, du bredouillement, des pertes d'équilibre, de l'incoordination et des étourdissements, des céphalées, de l'insomnie et de la confusion. Il faut aussi rapporter à son médecin toute éruption cutanée, même bénigne, des hémorragies ou des ecchymoses qui se produisent sans raison apparente et qui sont accompagnées d'un mal de gorge et d'une enflure des ganglions et enfin la jaunisse (avec des selles pâles, un jaunissement de la peau et des yeux, une urine très foncée). À long terme, la phénytoïne entraîne parfois une croissance exagérée des poils faciaux et corporels (pour les hommes et les femmes), une hypertrophie des gencives qui peuvent en venir à recouvrir presque totalement les dents et un durcissement des traits ainsi que de l'acné. Elle peut aussi causer une insuffisance dans l'absorption du calcium au niveau des os.

Interactions médicamenteuses

La phénytoïne interagit avec un grand nombre de médicaments. Elle diminue l'effet de la cortisone et de ses dérivés, de la carbamazépine, du digoxin, du disopyramide, de la doxycycline, des œstrogènes, du furosémide, de la lévodopa, de la quinidine et de la théophylline (effet réciproque). Elle diminue aussi l'efficacité des contraceptifs oraux.

Les anticoagulants, le chloramphénicol, la cimétidine, le disulfiram, l'isoniazide, la phénylbutazone et les sulfas peuvent en augmenter l'effet et la toxicité.

Lorsqu'elle est prise avec des antipsychotiques ou des antidépresseurs, on peut assister à une baisse du seuil convulsif.

La phénytoïne interfère avec l'action des médicaments suivants : l'acétaminophène, les antiacides, les hypoglycémiants, l'insuline, les barbituriques, le primidone, la lévothyroxine, la lidocaïne, le propranolol et les autres bêta-bloquants, la nifédipine, le vérapamil, le sulfinpyrazone, l'acide valproïque et la vitamine D.

La phénytoïne augmente la destruction d'acide folique (une vitamine) dans l'organisme ; il ne faut cependant pas tenter de prendre de suppléments de cette vitamine, car il y a alors danger de précipiter des convulsions. Par contre, la consommation d'aliments qui en contiennent beaucoup aide à assurer à l'organisme un approvisionnement suffisant. Les aliments qui en contiennent le plus sont les légumes dont le feuillage est vert foncé, les carottes, les jaunes d'œuf, les abricots, les citrouilles, les avocats, les fèves, la farine de blé entier, les cantaloups et le foie.

Précautions

— Il peut être assez long avant de trouver le dosage qui convient le mieux ; cette période d'ajustement requiert l'exécution périodique de certaines analyses sanguines.
— La phénytoïne peut provoquer de la somnolence et, par conséquent, il est important de voir si on éprouve cet effet avant de conduire une automobile ou de manœuvrer une machine dangereuse ou délicate.
— L'utilisation de sédatifs pendant ce traitement peut s'avérer dangereuse, car une forte somnolence risque de résulter de cette combinaison.
— Il faut à tout prix éviter la consommation d'alcool.
— La phénytoïne peut altérer le taux de sucre dans le sang et rendre plus difficile le contrôle du diabète.
— Quand ce médicament a été employé pendant de nombreuses semaines, il est important de ne pas l'arrêter d'un coup, car le risque est alors plus grand d'avoir à nouveau des convulsions (voir Alternatives) et même de précipiter une crise convulsive grave.
— Le brossage fréquent des dents, le massage des gencives et le nettoyage fréquent des dents par un dentiste peuvent aider à lutter contre les troubles qui surviennent fréquemment aux gencives avec la phény-

toïne. Les personnes de moins de 16 ans sont plus sujettes à ces désagréments.

— Les femmes en âge de procréer devraient choisir une méthode contraceptive autre que la pilule, ou bien s'assurer que l'anovulant qu'elles prennent contient au moins 0,05 mg d'œstrogènes (éthinyl estradiol)… avec les risques cardio-vasculaires que cela comporte.

— On ne devra pas changer de marque de médicament car elles ne sont pas toutes absorbées de façon équivalente. Cette réserve n'exclut en aucune façon l'usage de génériques : elle indique simplement qu'il faut être fidèle à une marque quelle qu'elle soit. On ne devra pas non plus interchanger sans rajustement les capsules de 100 mg ou 30 mg pour des comprimés de 50 mg ou pour la suspension.

— On s'assurera de subir en début de traitement une analyse sanguine complète, ainsi qu'une évaluation du fonctionnement du foie. La fonction thyroïdienne devra aussi être évaluée au cours des premiers mois de traitement, et des dosages sanguins d'acide folique et de vitamine D devront être effectués lors d'un traitement à long terme.

Alternatives

Les épileptiques auraient intérêt à s'observer attentivement, par exemple en notant systématiquement les circonstances qui entourent leurs crises ; ils peuvent ainsi arriver à découvrir certains facteurs qui provoquent ces crises et par la suite tenter de les éviter. Ils peuvent aussi, quand ils n'ont pas fait de crises pendant au moins trois ans, tenter, avec l'aide de leur médecin, de diminuer progressivement leur médication sur une période de 6 à 8 semaines. Si on prend plus d'un médicament anticonvulsivant, on retirera un médicament à la fois, tout en respectant un intervalle d'observation d'un mois avant de commencer le retrait du second.

Par le biofeedback, certains épileptiques arrivent à modifier leurs ondes cérébrales pour écarter les crises imminentes ; c'est là une voie fort prometteuse.

Jugement global

La phénytoïne a moins d'effets sédatifs que le phénobarbital. Elle peut souvent, avec ou sans phéno, aider à contrôler la presque totalité des crises d'épilepsie. Son usage requiert cependant un suivi médical attentif, même si tout a l'air d'aller pour le mieux.

Certains hydantoïnes se présentent en combinaison fixe avec du phénobarbital ; cette présentation peut être utile une fois que le dosage idéal a été trouvé, si elle concorde avec les besoins du patient ; par contre, elle ne devrait jamais être employée comme traitement d'attaque.

Pilocarpine

Noms commerciaux :
Isopto Carpine,
Miocarpine, Ocusert Pilo
20 et 40, Pilopine HS,
P.V.Carpine.

Ordonnance non requise

Indications thérapeutiques

La pilocarpine s'emploie dans le traitement de certains types de glaucomes.

Posologie habituelle

Les concentrations de pilocarpine varient de 0,5 à 4 %. On commence généralement un traitement avec les concentrations les plus faibles (0,5 ou 1 %).

Une goutte doit être mise dans chaque œil atteint 4 fois par jour. Voici comment procéder :
1) bien se laver les mains ;
2) avec le majeur, presser le coin intérieur de l'œil et avec l'index de la même main, écarter la paupière pour ouvrir l'œil ;
3) renverser la tête en arrière et instiller la goutte de solution dans l'œil ;
4) fermer l'œil et le garder fermé pendant 1 ou 2 minutes ;
5) répéter la même opération avec l'autre œil si le traitement doit aussi s'y faire.

Quand une dose est oubliée, la reprendre au plus tôt, à moins que la dose suivante arrive dans moins d'une heure ; à ce moment, laisser tomber la dose oubliée.

L'action de la pilocarpine débute de 15 à 30 minutes après l'instillation et persiste de 4 à 8 heures.

Contre-indications

L'allergie à la pilocarpine constitue un empêchement à son emploi. L'asthme, la conjonctivite et l'inflammation de l'iris demandent une utilisation empreinte de prudence. Il vaut mieux ne pas utiliser ce produit pendant la grossesse, étant donné qu'on n'en connaît pas les effets sur le fœtus.

Effets secondaires possibles

Des effets locaux peuvent survenir. Ils n'empêchent pas cependant la poursuite du traitement, à moins qu'ils persistent ou qu'ils soient trop importants : une vision embrouillée ou moins bonne et de la douleur aux yeux sont relativement fréquents, alors que plus rarement on peut souffrir de maux de tête, d'irritation des yeux et de contractions involontaires des paupières.

Dans des cas rares, une trop grande absorption par l'organisme conduit à des signes d'intoxication : des tremblements musculaires, des nausées et vomissements, de la diarrhée, de la difficulté à respirer ou du sifflement respiratoire, une augmentation inhabituelle de la sudation et de la salivation. Des signes d'allergie (enflure, rougeur) peuvent aussi se produire. Dans tous ces cas, il faut contacter au plus tôt son médecin.

Interactions médicamenteuses

L'atropine, les anticholinergiques, les amphétamines, les corticostéroïdes et les phénothiazines peuvent diminuer l'effet de la pilocarpine, bien que seule l'interaction avec l'atropine ophtalmique a probablement de l'importance.

Précautions

Il faut s'assurer que la vision s'est bien éclaircie avant de conduire une automobile ou d'entreprendre des tâches qui requièrent une bonne vision. Ceci s'applique plus particulièrement la nuit.

Il est important de se soumettre à un examen périodique des yeux, pendant ce traitement.

Après un usage prolongé, une tolérance peut se produire et alors la pilocarpine semble perdre sa capacité de réduire la pression interne de l'œil. Le transfert à un autre médicament pour une courte période de temps permettrait de restaurer l'efficacité de la pilocarpine.

Le traitement à la pilocarpine doit être suivi régulièrement, même si la maladie semble bien contrôlée. Le glaucome est en effet une maladie silencieuse. Elle n'en reste pas moins redoutable lorsqu'elle est non contrôlée, car elle attaque sournoisement la vision qu'elle réduit progressivement.

Le gel (Pilopine HS) peut être gardé au réfrigérateur ou à la température de la pièce. Toute portion inutilisée devra être jetée après 8 semaines si le médicament a été gardé à la température de la pièce.

Jugement global

La pilocarpine est un médicament utilisé depuis longtemps qui présente peu de dangers et est fort efficace ; c'est un bon premier choix dans la plupart des cas de glaucome.

Pindolol

Nom commercial : Visken.
Associé à
l'hydrochlorothiazide :
Viskazide.

Ordonnance requise

Indications thérapeutiques

Le pindolol est un agent bêta-bloquant utilisé seul ou en association avec un diurétique dans le traitement de l'hypertension artérielle, et parfois dans la prévention des crises d'angine.

Posologie habituelle

La dose d'attaque est de 5 mg au petit déjeuner et de 5 mg au souper pendant 1 semaine ou 2 ; si les résultats ne sont pas suffisants, cette dose peut être doublée puis encore augmentée à 15 mg 2 fois par jour après 1 ou 2 autres semaines.

Quand la dose d'entretien quotidienne totale ne dépasse pas 20 mg, elle peut être prise en une seule fois le matin au petit déjeuner. De toute façon, la dose quotidienne ne devrait jamais dépasser 60 mg.

Une diminution de la tension artérielle se produit généralement en moins d'une semaine, à la suite de ce traitement.

Contre-indications, effets secondaires possibles et autres renseignements

Voir le texte sur le propranolol, page 534.

Le pindolol se distingue du propranolol sur certains points :
— il ralentit moins le rythme cardiaque ;
— il occasionne moins souvent des problèmes circulatoires périphériques (extrémités froides, picotements, etc.) ;
— il provoquerait plus de cauchemars et de troubles du sommeil ;
— il peut occasionner une légère augmentation de poids ;
— son effet n'est pas modifié par les barbituriques, la chlorpromazine, la cimétidine, les contraceptifs oraux, les hormones thyroïdiennes et la rifampine.

Quant au Viskazide, il conjugue les effets et risques du pindolol et de l'hydrochlorothiazide. On hésite maintenant à donner l'hydrochlorothiazide comme traitement des hypertensions légères à cause des effets métaboliques importants associés à ce produit. L'association de deux produits en un seul comprimé ne devrait jamais représenter une première étape de traitement, chaque substance pharmacologique demandant un ajustement individuel.

Piroxicam

Nom commercial : Feldène.

Ordonnance requise

Le piroxicam est un anti-inflammatoire de synthèse qui s'emploie surtout dans la polyarthrite rhumatoïde. Il possède les mêmes contre-indications, effets secondaires et autres caractéristiques que le naproxen (voir page 440). Il en diffère par sa posologie, qui est de 20 mg une fois par jour. Son efficacité se fait sentir de 4 à 5 heures après son ingestion, mais un taux sanguin stable n'est atteint qu'après 7 à 12 jours. Ce médicament doit nécessairement être pris avec de la nourriture.

Des accidents mortels ont déjà été rapportés relativement à son emploi, surtout chez des personnes âgées qui l'ont utilisé malgré la présence d'ulcère ou de saignements gastro-intestinaux. Il a provoqué des hémorragies gastro-intestinales graves. Malgré sa commodité d'emploi, le piroxicam est un médicament dont la marge de sécurité est faible. On ne devrait pas prendre plus de 20 mg par jour, car sa toxicité croît alors rapidement sans que l'effet thérapeutique en soit accru. On recommande de plus aux personnes âgées de plus de 70 ans de recourir à un autre produit.

Potassium

liquide :	K-10, Kaochlor, KCi, Kaon, Kay-Ciel, Potassium Rougier, Roychlor, Royonate.
poudres :	Kato, K-Lor, K-Lyte/Cl, Neo-K.
comprimés/capsules :	Apo-K, Kalium Durules, Kaon, K-Long, K-Med, Micro-K, Novolente K, Slow-K, Slow-Pot 600, Wel-K.
comprimés effervescents :	K-Lyte, Potassium Sandoz.

Ordonnance non requise

Indications thérapeutiques

Le potassium s'utilise sous diverses formes comme supplément ; les informations données ici ne s'appliquent pas à l'iodure de potassium, prescrit par les médecins dans certaines maladies.

Le potassium est très souvent administré pour compenser les pertes de cet électrolyte entraînées par la consommation de plusieurs médicaments, en particulier la plupart des diurétiques.

Posologie habituelle

Le potassium est très irritant pour le tube digestif et doit nécessairement être pris pendant ou après les repas, avec beaucoup de liquide.

Les formes liquides, les poudres et les comprimés effervescents devront être totalement dissous dans un demi-verre d'eau ou de jus et bus lentement en 5 ou 10 minutes.

Sous quelque présentation que ce soit, l'activité du potassium se calcule en milliéquivalents (m Eq) ; les médecins donnent environ 20 m Eq par jour comme dose d'entretien et de 40 à 100 m Eq par jour quand le diagnostic d'hypokaliémie (la déficience en potassium) est posé. Dans le cas du Slow-K, le supplément de potassium le plus prescrit, cela implique 3 comprimés par jour de dose d'entretien et entre 5 et 12 comprimés par jour comme traitement.

Contre-indications

Le potassium est éliminé par les reins, donc lorsque ceux-ci ne fonctionnent pas bien, il peut s'accumuler dans l'organisme et provoquer une intoxication. De même, dans les cas de déshydratation, de coup de chaleur ou de brûlure grave, les reins sont surchargés et ne peuvent plus disposer du potassium. Les personnes souffrant d'une maladie du tube digestif supérieur — œsophage, estomac et duodénum — doivent absolument prendre le potassium sous forme liquide et souvent on lui préfère des ajustements diététiques.

L'administration de potassium devra se faire avec le plus grand soin chez les patients souffrant de problèmes cardiaques.

On ne connaît pas les effets de ce médicament sur le fœtus.

Effets secondaires possibles

Deux sortes de complications peuvent survenir à la suite de l'ingestion de potassium :

1) celles reliées à l'effet irritant sur le tube digestif, qui se manifestent par des nausées, de la constipation ou parfois de la diarrhée, des douleurs ou des malaises abdominaux et des vomissements. Le tube digestif peut aussi saigner, ce qui se traduira par des hémorragies ou par des selles noires. Si ces symptômes apparaissent, il faut arrêter la prise de ce médicament ;

2) celles reliées à l'hyperkaliémie, c'est-à-dire l'accumulation de potassium dans l'organisme, qui provoquent des battements irréguliers du cœur, de la confusion mentale, de l'anxiété, de la fatigue ou une faiblesse inhabituelles, des engourdissements des doigts ou des orteils et de la difficulté à respirer. Le développement d'une hyperkaliémie est assez souvent insidieux, les

symptômes n'apparaissant qu'au moment où l'intoxication est avancée. Ceci s'applique plus particulièrement aux personnes âgées.

Lors d'un usage à long terme, le potassium en comprimés retard peut réduire l'absorption de vitamine B_{12} et ainsi provoquer une anémie chez certains individus.

Interactions médicamenteuses

Tous les médicaments qui irritent le tube digestif, comme l'aspirine et les laxatifs, ne devraient pas être consommés simultanément au potassium.

Le triamtérène, l'amiloride, la spironolactone et le captopril — souvent prescrits contre l'hypertension — empêchent l'excrétion du potassium et peuvent provoquer une intoxication due à un excès de cet électrolyte. Les médicaments qui ralentissent le fonctionnement du tractus gastro-intestinal risquent de retarder la progression du potassium dans le tube digestif, accroissant par le fait même son action irritante ; on compte parmi ces substances les médicaments donnés pour les « estomacs nerveux » (dicyclomine, propanthéline, Librax, etc.), les tranquillisants, les antidépresseurs et les antihistaminiques (donnés contre les allergies et qui entrent souvent dans la composition des remèdes contre le rhume).

Pris concurremment avec la digoxine, on devra surveiller étroitement les dosages de ces médicaments, afin d'éviter l'hyperkaliémie. Ces précautions concernent aussi les patients qui prennent de la quinidine.

Précautions

L'ingestion régulière de potassium requiert des tests sanguins périodiques, pour prévenir les intoxications. Une première évaluation doit habituellement se faire après 4 semaines de traitement, puis à intervalles plus ou moins rapprochés, selon les résultats.

Si vous utilisez des substituts de sel, vérifiez s'ils contiennent du potassium. Il faut éviter d'utiliser concurremment les substituts de sel et les suppléments de potassium à cause du risque d'hyperkaliémie. Il arrive que le recours aux substituts de sel soit suffisant pour contrer un manque de potassium. Dans le cas contraire, il faudra évaluer l'apport en potassium sous forme de sel et le compléter avec les suppléments médicinaux. Certains mets préparés en industrie contiennent aussi du potassium ; celui-ci est alors ajouté comme agent de saveur, épaississant ou pour d'autres fins ; on en trouve en particulier dans les gelées de fruits, les confitures, les soupes, les bonbons mous, les gélatines et dans quelques assaisonnements ; on lira donc attentivement la liste des produits contenus dans les diverses préparations afin d'éviter celles qui contiennent une forte concentration de potassium... souvent associée à un taux fort en sodium et en sucre.

L'alcool, le sucre et la caféine font baisser les réserves en potassium, de même que les diètes pour maigrir ; l'alcool peut aussi intensifier l'irritation gastrique produite par les suppléments de potassium.

Une évaluation périodique de la condition générale et du niveau de potassium dans le sang est essentielle pour s'assurer un traitement sécuritaire et efficace.

Alternatives

La grande majorité des gens pourraient répondre à leurs besoins en potassium par l'alimentation ; voir à la page qui suit un tableau qui fournit une liste d'aliments à teneur élevée en potassium.

Non seulement une diète riche en aliments à teneur élevée en potassium aide à prévenir les déficits, mais elle semble posséder une influence bénéfique — en association avec d'autres facteurs — sur l'hypertension (voir p. 747). Il est en réalité très rarement justifié de prendre un supplément potassique — sauf lorsqu'un diurétique est associé à la digitale — étant donné qu'il est relativement facile de consommer régulièrement les aliments mentionnés plus haut. On évaluera avec le médecin (par les tests sanguins) si on arrive à maintenir un niveau satisfaisant de cet électrolyte.

Les médecins trouvent plus facile de prescrire du potassium que d'expliquer quels aliments consommer ; d'ailleurs à part du jus d'orange et des bananes (qui ne sont pas les meilleures sources de potassium), ils seraient bien embêtés, pour la plupart, de nommer *un* aliment qui en contienne beaucoup.

Jugement global

Le potassium — le Slow-K en particulier — est un des médicaments les plus prescrits au Québec ; beaucoup de médecins le prescrivent automatiquement quand ils ont à donner certains autres médicaments. Or l'immense majorité des gens — sauf peut-être ceux qui utilisent en même temps la digitale et un diurétique — pourraient trouver dans leur

Sources alimentaires de potassium [1]

	portion	potassium (mg)
Avocat 9 cm	1	2 742
Avocat 8 cm	1	1 715
Farine de soya dégraissée	250 ml (1 tasse)	1 675
Abricots séchés	250 ml	1 575
Raisins secs	,,	1 330
Dattes dénoyautées	,,	1 220
Cantaloup 10 cm	1/2	965
Pruneaux cuits	250 ml	930
Fèves rognons égouttées	250 ml	915
Fèves blanches égouttées	250 ml	790
Pois verts cassés	250 ml	780
Fèves de Lima	250 ml	755
Banane (18 à 20 cm)	1	650
Jus de pomme	250 ml	635
Panais cuits	250 ml	620
Epinards cuits	250 ml	615
Rhubarbe cuite	250 ml	585
Amandes écalées	125 ml	580
Jus de légumes	250 ml	565
Courge d'hiver en purée	250 ml	560
Tomate 5 ou 6 cm	1	550
Graines de tournesol écalées	125 ml	535
Sardines à l'huile	7 moyennes	530
Jus d'orange frais	250 ml	525
Pomme de terre au four	1	500
Filets d'aiglefin	90 gr (3 oz)	475
Farine de blé entier	250 ml	470
Jus d'orange reconstitué	250 ml	445
Lait écrémé	250 ml	430
Jus de pamplemousse (bte)	250 ml	425
Bœuf haché	1 boulette 90 gr	405
Saumon (steak)	90 gr	400
Navets cuits	250 ml	400
Carottes crues râpées	250 ml	395
Lait entier	250 ml	390
Lait de beurre	250 ml	370
Betteraves cuites	250 ml	370
Morue grillée (fraîche)	90 gr	365
Patate sucrée bouillie	1	360
Orange 6 cm	1	360
Foie de porc	90 gr	360
Foie de bœuf	90 gr	340
Dinde rôtie	90 gr	330

1. Sharon FAELTEN, *Augmentez votre énergie*, Montréal, Québec/Amérique, 1983.

alimentation le potassium dont ils ont besoin. Quand ils n'y arrivent pas, le potassium en élixir à 10 % est probablement la forme la plus facilement absorbée et la moins coûteuse. Les comprimés sont fréquemment associés à la production d'ulcères dans l'intestin ; pour les gens qui souffrent de constipation chronique, cette présentation est à proscrire.

Prazosine

Nom commercial :
Minipress.

Ordonnance requise

Indications thérapeutiques

La prazosinc cst un agent antihypertenseur qu'on utilise seul ou en association avec d'autres médicaments dans le traitement des divers types d'hypertension artérielle. On l'emploie aussi parfois comme traitement d'appoint dans la maladie cardiaque congestive.

Posologie habituelle

Le traitement à la prazosine doit être entrepris très progressivement sans quoi le risque de syncope est très élevé. On débute avec 0,5 à 1 mg le soir au coucher ; dès le lendemain, la posologie est continuée à 0,5 ou 1 mg 2 ou 3 fois par jour ; cette dose est augmentée au moins trois jours plus tard et ainsi de suite jusqu'à ce que l'effet désiré soit atteint ; à chaque nouvelle étape, la première dose devra être prise au coucher. Il ne faut cependant pas dépasser les 20 mg par jour, comme dose totale. L'effet de la prazosine se fait habituellement sentir de 1 à 14 jours après le début du traitement.

Contre-indications

L'allergie à la prazosine est possible et constitue une contre-indication absolue. Les gens souffrant de maladie coronarienne devraient être orientés vers un autre traitement. Ceux qui souffrent d'angine ou d'insuffisance rénale devront être particulièrement prudents. Il est recommandable d'éviter la prazosine durant la grossesse et l'allaitement, étant donné qu'on ignore les effets qui pourraient en résulter pour le fœtus ou le nourrisson. Des études menées sur des animaux gravides n'ont cependant pas montré de résultats néfastes.

Effets secondaires possibles

La syncope avec perte de conscience est l'effet secondaire le plus grave de la prazosine ; il se produit souvent lors de l'administration de la première dose et on peut en diminuer l'incidence en prenant cette première dose au coucher. D'autres effets sont également assez fréquents : de l'œdème des membres inférieurs, des étourdissements (surtout lorsqu'on passe de la position couchée à la position assise), des palpitations (qui peuvent précéder une syncope), des nausées, de la somnolence, des maux de tête, de la sécheresse de la bouche, de la faiblesse et de la fatigue. Ces symptômes disparaissent habituellement d'eux-mêmes avec le temps ou en diminuant le dosage de la prazosine. D'autres effets peuvent aussi apparaître mais beaucoup plus rarement : une diminution de la libido, des sueurs, des saignements de nez, une augmentation de poids, de la congestion nasale, des engourdissements et des picotements aux mains et aux pieds, une vision embrouillée, de la diarrhée ou de la constipation, une perte d'appétit, des douleurs à la poitrine allant parfois jusqu'à l'angine, une éruption cutanée avec démangeaisons, des douleurs à l'estomac et une incapacité à retenir son urine.

Interactions médicamenteuses

Les diurétiques et les autres agents antihypertenseurs interagissent avec la prazosine ; il faut généralement diminuer leur dosage quand on les prend en même temps que ce médicament.

Les décongestionnants contenus dans certains médicaments donnés contre le rhume ou les allergies et les anti-inflammatoires (surtout l'indométhacine) pourraient réduire l'effet antihypertenseur de la prazosine.

Précautions

Dans le traitement de l'hypertension, il est toujours indiqué de suivre une diète sans sel et de perdre du poids quand on est obèse ; la fidélité à la diète sans sel est particulièrement importante pour augmenter l'efficacité de la prazosine.

Ce médicament, comme tous les antihypertenseurs, ne constitue pas un traitement curatif de l'hypertension mais un moyen de la contrôler et de la maintenir à un niveau acceptable ; le traitement doit donc être poursuivi indéfiniment, même en l'absence de quelque symptôme que ce soit. Les fluctuations de tension doivent être évitées si possible, aussi faut-il tenter de prendre ses médicaments aux heures prescrites ; si l'on oublie une dose, la reprendre au plus tôt à moins que l'heure de la prochaine dose arrive en moins d'une heure ; à ce moment, laisser tomber la dose oubliée.

La tension artérielle doit être prise régulièrement pendant un traitement aux antihypertenseurs ; si la tension baisse trop ou augmente trop, ce peut être un signe qu'il faut rajuster les doses de médicaments.

Les personnes dont la fonction rénale est altérée devront nécessairement recevoir des doses plus faibles.

Dans les 24 heures qui suivent le début du traitement ou dans les 24 heures après une augmentation du dosage de la prazosine, il vaut mieux s'abstenir de conduire un véhicule moteur à cause des dangers de syncope. Même plus tard, le danger persiste cependant, mais il est diminué si l'on prend soin d'effectuer lentement les changements de position, comme se lever, s'asseoir. L'alcool, la grande chaleur et l'exercice physique violent augmentent les risques de syncope, de vertiges et d'étourdissements.

Alternatives

Tout traitement d'hypertension devrait inclure un changement des habitudes de vie : alimentation, réduction du stress et activité physique. On sait maintenant qu'il est possible de contrôler l'hypertension légère (et celle-ci compte pour 75 % des cas) en agissant sur ces éléments. On devrait réserver l'usage de médication aux cas les plus graves et nécessairement y allier ces actions (voir le texte sur l'hypertension, page 747).

Jugement global

La prazosine représente une option intéressante dans le traitement de l'hypertension. Il semble en effet qu'elle possède relativement peu d'effets secondaires sérieux à part le risque de syncope lors de l'administration d'une première dose ou au moment de l'augmentation des prises. Il est possible d'éviter cette crise, comme nous l'avons vu plus haut. La prazosine pourrait donc servir avantageusement certains groupes de patients : ceux dont la fonction rénale est déficiente, ceux qui ont une maladie bronchique. Elle n'aurait pas non plus les effets métaboliques néfastes des diurétiques (hydrochlorothiazide, chlorthalidone, etc.) et contrairement à ce qu'on croyait auparavant, son effet antihypertenseur serait des plus acceptables. Elle reste cependant un traitement relativement coûteux.

Prednisone

Noms commerciaux :
Apo-Prednisone,
Deltasone,
Novoprednisone, Winpred.

Ordonnance requise

Indications thérapeutiques

La prednisone est un dérivé de la cortisone (corticostéroïde) qui s'utilise dans les maladies où les glandes cortico-surrénales ne réussissent pas à produire suffisamment de leurs hormones. Par ailleurs, la prednisone s'emploie beaucoup plus souvent pour une multitude de conditions comme l'arthrite, les maladies du collagène, les maladies de peau, les allergies, les affections respiratoires et les troubles du sang ; dans toutes ces maladies, les corticostéroïdes diminuent les processus inflammatoires et procurent un soulagement symptomatique rapide ; ils ne s'attaquent cependant jamais au processus pathologique lui-même.

Posologie habituelle

Dans les affections aiguës, de fortes doses peuvent s'employer pendant de courtes périodes ; après quelques jours, il faut cependant réduire le dosage ou interrompre graduellement le traitement.

Dans les affections chroniques, le traitement doit être commencé à faible dose puis progressivement augmenté, pour tenter de trouver le dosage minimal pour lequel les résultats recherchés seront obtenus. Il est alors préférable de prendre les corticostéroïdes en dose unique le matin vers 8h ; c'est aussi une bonne pratique de concentrer les doses tous les 2 jours, pour permettre aux glandes cortico-surrénales de continuer leur travail.

La prednisone peut être irritante pour l'estomac ; il est donc préférable de la prendre avec de la nourriture ; si malgré tout vous avez de la difficulté à digérer, vous ressentez des brûlures ou des douleurs, parlez-en à votre médecin.

Contre-indications

En général, les corticostéroïdes ne devraient pas s'employer chez les gens souffrant de tuberculose active, d'ulcère gastro-duodénal, de diabète, d'hypertension artérielle grave, de troubles psychiatriques graves, d'ostéoporose, de myasthénie, d'insuffisance rénale grave et d'infections aiguës (bactériennes, virales ou à champignons). De plus, les personnes qui ont des antécédents de maladie thrombo-embolique ne devraient pas les utiliser. Pendant la grossesse et l'allaitement, les corticostéroïdes atteignent le fœtus et le bébé et peuvent causer des troubles de croissance.

Effets secondaires possibles

Tout traitement aux corticostéroïdes (dont la prednisone) diminue la résistance à l'infection, ralentit la guérison et peut rendre plus difficile de déceler un début d'infection. Plus le traitement est prolongé, plus cet effet sera marqué. Cependant, prise pendant peu de temps, la prednisone peut ne causer que des effets secondaires sans gravité : de la difficulté à digérer, une augmentation d'appétit et de poids, de la nervosité, de l'euphorie et de l'insomnie. Si ces effets persistent, il est préférable d'en parler au médecin. On contactera d'ailleurs ce dernier sans tarder si la vue diminue ou s'embrouille, si un besoin fréquent d'uriner ou de la soif se manifestent, si une éruption cutanée apparaît ou qu'on éprouve des perturbations mentales (hallucinations par exemple) ou de la dépression.

À moyen et à long terme, les douleurs abdominales peuvent s'aggraver jusqu'à l'ulcère, de l'acné et d'autres troubles de peau peuvent apparaître, la peau peut devenir plus mince et fragile, se marbrer de lignes bleutées, devenir plus susceptible aux ecchymoses ; de la faiblesse musculaire peut se développer et une pancréatite (avec des nausées et vomissements) peut apparaître. Une perturbation des mécanismes glandulaires peut se développer et occasionner des troubles menstruels, un arrondissement du visage, une accélération de la décalcification osseuse (avec des douleurs aux jambes) et une aggravation du diabète. Enfin l'équilibre sodium/potassium peut se voir perturbé, ce qui se manifeste par de l'œdème aux pieds et aux jambes, une augmentation de la pression sanguine, un gain de poids, de la faiblesse, des crampes ou des irrégularités du rythme cardiaque. Tous ces débalancements devront être rapportés au médecin.

La prednisone peut retarder la croissance chez l'enfant.

Interactions médicamenteuses

L'utilisation concomitante de prednisone et de digoxine, de potassium ou de diurétiques est risquée et demande un suivi étroit. La prednisone peut augmenter la concentration de glucose sanguin et ainsi diminuer l'effet de l'insuline ou des hypoglycémiants oraux.

L'effet de la prednisone peut se voir diminué par l'administration de barbituriques, d'antiépileptiques, d'antituberculeux, d'oxyphenbutazone et de phénylbutazone.

L'utilisation concomitante de prednisone avec l'un ou l'autre des médicaments suivants peut aussi demander qu'on modifie l'administration d'un ou des deux médicaments : contraceptifs oraux et œstrogènes, hormones thyroïdiennes, salicylates (et autres anti-inflammatoires), anticoagulants et antispasmodiques.

Tout antiacide devrait être pris 1 heure après ou 2 à 3 heures avant la prednisone.

Les antidépresseurs peuvent exacerber certains effets secondaires de la prednisone.

Précautions

— Les corticostéroïdes masquent les signes d'infection, sans cependant les empêcher ; en cas de malaises, il faut donc porter une attention spéciale à tous ses symptômes et en faire part au médecin.
— Les corticostéroïdes provoquent une déperdition plus ou moins importante de potassium ; il est donc prudent de consommer régulièrement des aliments qui en contiennent beaucoup (voir page 510 pour une liste de ces aliments). Ils provoquent aussi une augmentation du métabolisme des protéines et leur utilisation prolongée pourra nécessiter un plus grand apport protidique. Les besoins en acide folique peuvent aussi être exacerbés.

— L'ajout de supplément de calcium et de vitamine D pourra être nécessaire (et devra être accompagné d'exercice) afin de diminuer l'ostéoporose associée aux traitements à long terme.

— De même le passage d'une administration quotidienne à un régime alterné tous les deux jours doit se faire graduellement.

— Durant les périodes de stress, les besoins en corticostéroïdes sont augmentés et il se peut qu'une augmentation de leur dosage soit nécessaire pour obtenir les mêmes effets.

— La consommation d'alcool augmente les risques de difficultés à l'estomac.

— L'anesthésie générale peut amener un effondrement de la tension artérielle chez les gens traités aux corticostéroïdes ; il faut donc prévenir les médecins ou dentistes qu'on utilise ce médicament quand on doit subir une anesthésie.

— Il ne faut jamais se faire vacciner pendant un traitement aux corticostéroïdes ; le risque de déclencher la maladie contre laquelle on se fait immuniser est alors plus grand.

— Les corticostéroïdes diminuent peut-être l'efficacité des stérilets et augmentent probablement les risques d'infection pelvienne inhérents à cette méthode contraceptive.

— Il ne faut jamais arrêter de soi-même un traitement aux corticostéroïdes ; comme ces médicaments remplacent les hormones habituellement produites par les glandes surrénales, celles-ci sont au repos pendant le traitement et peuvent demander un laps de temps plus ou moins long avant de recommencer à fonctionner normalement. Le sevrage des corticostéroides doit être très progressif et suivi de près ; d'ailleurs, il arrive que des dépressions et même des psychoses surviennent pendant cette période. Certains symptômes peuvent indiquer que le sevrage est trop rapide : des douleurs au ventre ou au dos, des étourdissements ou pertes de conscience, de la fièvre, des douleurs musculaires ou articulaires, des nausées et vomissements, une perte d'appétit et de poids, un essoufflement, une fatigue ou une faiblesse inhabituelles ; il faut alors communiquer avec son médecin.

— Si pour une raison ou une autre il faut passer de la prednisone à un autre corticostéroïde en cours de traitement (ou l'inverse), il faut savoir que les dosages ne sont pas équivalents de l'un à l'autre ; voir à ce propos le tableau fourni un peu plus loin.

Jugement global

Les corticostéroïdes ont été accueillis par les médecins comme une panacée ; dans une foule de conditions, ils permettent en effet un soulagement rapide, qui est cependant bientôt accompagné de la kyrielle d'effets secondaires qu'ils entraînent. Aussi avant de les utiliser faut-il peser attentivement le pour et le contre ; et si on décide de prendre des corticostéroïdes quand il n'y a finalement pas d'autre voie thérapeutique possible, une surveillance médicale très étroite s'avère nécessaire : la posologie doit être attentivement individualisée, les nombreuses contre-indications bien respectées, les effets secondaires constamment relevés. En particulier, on doit mesurer la tension artérielle et le poids régulièrement, durant un traitement à long terme. Même la façon de terminer le traitement requiert des soins attentifs. C'est donc un médicament qui exige des médecins une compétence qu'ils ne possèdent malheureusement pas tous.

Quand un traitement aux corticostéroïdes est indiqué, il faut tenter de s'en tenir au plus bas dosage et à une durée de traitement la plus courte possible.

Dans beaucoup d'affections localisées (musculaires, articulaires, etc.), la cortico-thérapie a avantage à être faite par injection. Quand la voie orale est indiquée, la prednisone est le médicament de choix.

L'industrie pharmaceutique a mis sur le marché une foule de corticostéroïdes qui ont avec la prednisone plus de ressemblance que de différences. Voici la liste des plus courants :

Nom générique	Dose correspondant à 5 mg de prednisone	Noms commerciaux
Bétaméthasone	0,5 mg	Betnelan Célestone
Cortisone	25 mg	Cortone
Dexaméthasone	0,75 mg	Decadron Deronil Dexasone Hexadrol
Hydrocortisone	20 mg	Cortef Hydrocortone
Méthylprednisolone	4 mg	Medrol
Triamcinolone	4 mg	Aristocort Kenacort

Primidone

Noms commerciaux :
Apo-Primidone, Mysoline,
Sertan.

Ordonnance requise

Indications thérapeutiques

La primidone est employée pour la prévention des crises épileptiques tonico-cloniques généralisées ou partielles ; elle peut aussi être utile dans les crises myocloniques.

Posologie habituelle

Le traitement doit être instauré de façon graduelle. La dose de départ avant 8 ans est de 50 mg et après 8 ans, de 100 à 125 mg. Elle progressera à chaque semaine de la façon suivante :

	8 ans et plus	*moins de 8 ans*
3 premiers jours	100 à 125 mg au coucher	50 mg au coucher
3 jours suivants	100 à 125 mg matin et soir	50 mg matin et soir
3 jours suivants	100 à 125 mg 3 fois par jour	100 mg 2 fois par jour
pour atteindre,		
le 10e jour	250 mg 3 ou 4 fois par jour	125 à 250 mg 3 ou 4 fois par jour

La dose adulte ne devra pas dépasser 2 g par jour et celle des enfants de moins de 8 ans 1 g par jour.

Si on utilise la suspension, bien agiter avant de l'administrer et mesurer la dose très précisément.

Contre-indications

On n'utilisera pas la primidone si on a déjà souffert de porphyrie, si on y est allergique ou si on est allergique au phénobarbital. Elle doit s'employer très prudemment chez les personnes souffrant d'insuffisance hépatique ou rénale et de maladie respiratoire ainsi que chez les enfants hyperactifs.

On devra évaluer la nécessité du traitement durant la grossesse ; son utilisation est probablement associée à des malformations congénitales (bien que ceci ne soit pas clairement établi). Une équipe de chercheurs de l'Université de Sherbrooke va même jusqu'à attribuer plusieurs de ces malformations à une déficience en zinc, qui serait fréquente chez les femmes enceintes épileptiques. Un des chercheurs recommande à ses patientes d'en absorber jusqu'à deux fois la dose habituellement recommandée. Un autre risque d'utilisation durant la grossesse est celui d'hémorragie et de troubles de la coagulation chez le nouveau-né ; on pourrait l'amoindrir par l'administration de vitamine K durant le dernier mois de gestation. L'épilepsie et l'augmentation du risque de crises si on cesse le médicament sont aussi préjudiciables à la formation du fœtus ; on devra en discuter avec son médecin et si on décide d'interrompre le traitement, ceci devra être fait progressivement pour éviter une recrudescence des crises.

Effets secondaires possibles

La primidone cause assez souvent de la somnolence et une sensation de lourdeur qui peuvent diminuer après quelque temps. On peut aussi expérimenter des étourdissements, des troubles de la vision, des nausées, des vomissements, une diminution de l'appétit, de l'irritabilité, de la nervosité et des problèmes de coordination qui n'empêchent pas nécessairement le traitement. Par contre, on devra contacter son médecin si se manifestent de l'allergie (une réaction cutanée), de l'enflure des paupières, de l'excitation, une faiblesse ou une fatigue très grandes (elles peuvent laisser supposer une anémie ou une autre anomalie grave au niveau du sang). Peuvent aussi apparaître de l'impuissance, de l'œdème, de la soif et un besoin d'uriner souvent ; il faut alors en parler à son médecin.

Interactions médicamenteuses

La primidone se transforme partiellement en phénobarbital après son absorption ; elle réagit alors avec les autres médicaments comme le ferait le phénobarbital, auquel nous vous référons pour plus de détails, page 489.

Précautions

— La primidone peut provoquer de la somnolence et rendre inapte à l'utilisation de véhicules automobiles et de machines demandant de la précision. L'alcool augmente cet effet et peut aussi diminuer son efficacité.
— Pendant un traitement à la primidone, il faut procéder à une évaluation de la formule sanguine ainsi qu'à des dosages sanguins de primidone et de phénobarbital tous les 6 mois.
— À cause des changements métaboliques survenant à la puberté, il est probable qu'un rajustement de la dose soit nécessaire à cette période.
— On évitera d'interrompre subitement un traitement à la primidone, à cause de la possibilité de réaction de sevrage. Toute interruption de traitement devra se faire progressivement sur plusieurs semaines et sous la surveillance d'un médecin.

Alternatives

Les épileptiques auraient intérêt à s'observer attentivement, par exemple en notant systématiquement les circonstances qui entourent leurs crises ; ils peuvent ainsi arriver à découvrir certains facteurs qui provoquent ces crises et par la suite tenter de les éviter. Ils peuvent aussi, quand ils n'ont pas fait de crises pendant une période assez longue — trois ans par exemple — tenter, avec l'aide de leur médecin, de diminuer progressivement leur médication pour essayer de s'en passer complètement.

Par le biofeedback, certains épileptiques arrivent à modifier leurs ondes cérébrales pour écarter les crises imminentes ; c'est là une voie fort prometteuse.

Jugement global

La primidone n'est pas un médicament de premier choix dans le traitement de l'épilepsie ; on l'emploie habituellement si la phénytoïne ou le phénobarbital n'arrivent pas à contrôler les crises.

Prochlorpérazine

Nom commercial :
Stemetil.

Ordonnance requise

Le prochlorpérazine est un médicament de la famille des phénothiazines qu'on emploie souvent pour soulager les nausées. Le prochlorpérazine possède les mêmes caractéristiques que la chlorpromazine. Pour plus de détails, nous renvoyons le lecteur au texte à la page 186.

Le prochlorpérazine se distingue cependant de ce médicament par les points suivants.

Posologie habituelle

La posologie du prochlorpérazine varie selon la sensibilité de la personne traitée et la gravité de son état. Elle se situe habituellement entre 15 et 40 mg par jour, mais peut atteindre 100 à 150 mg dans les cas de crises. Sous forme de suppositoires, les doses ne dépasseront pas 20 à 50 mg par jour. On peut aussi le recevoir en injection, mais cette forme s'utilise surtout en milieu hospitalier.

Si on doit l'administrer à un enfant, on respectera les maxima suivants, selon le poids de l'enfant :

9 à 14 kilos	2,5 à 5 mg/jour	max.	7,5 mg/jour
14 à 18 kilos	5 à 7,5 mg/jour	max.	10 mg/jour
18 à 39 kilos	7,5 à 10 mg/jour	max.	15 mg/jour

Effets secondaires possibles

Si le prochlorpérazine présente potentiellement les mêmes effets secondaires que la chlopromazine, il s'en distingue par la fréquence de leur incidence. Il est moins sédatif et crée moins d'hypotension que la chlorpromazine. Il occasionne aussi généralement moins d'embrouillement de la vue, moins de constipation, de rétention urinaire et de sécheresse de la bouche. En contrepartie, on observe qu'il est plus souvent responsable d'effets moteurs apparentés au parkinson et au besoin de bouger.

Proctosedyl

Association
d'hydrocortisone, de
framycétine et d'autres
produits.

Ordonnance requise

Indications thérapeutiques

Le Proctosedyl s'utilise pour le traitement symptomatique de la douleur et de l'inflammation des hémorroïdes et autres lésions anales ainsi que pour le soulagement des démangeaisons anales.

Posologie habituelle

En phase aiguë, les suppositoires s'emploient le matin, le soir et après chaque selle ; par la suite, l'utilisation d'un suppositoire par jour est ordinairement suffisante.

L'onguent s'emploie à la même fréquence. Il faut bien laver et assécher l'anus avant d'appliquer abondamment l'onguent.

Contre-indications

L'hydrocortisone contenue dans le Proctosedyl est en partie absorbée et passe dans le sang ; on n'en connaît pas les effets sur le fœtus ou sur l'enfant nourri au sein. On recommande donc d'éviter un usage chronique aux femmes enceintes et à celles qui allaitent. Une utilisation occasionnelle est sans doute acceptable.

L'hydrocortisone ne doit pas s'employer chez une personne qui souffre d'une infection systémique.

L'hypersensibilité connue à l'un des constituants constitue une contre-indication à l'emploi du Proctosedyl.

Effets secondaires possibles

Localement, les effets secondaires sont rares ; il arrive cependant qu'une sensation de brûlure apparaisse.

L'hydrocortisone administrée à long terme et à forte dose peut entraîner des effets systémiques graves (voir prednisone, page 514).

Précautions

Le Proctosedyl peut être gardé à des températures de 7 à 30 ^{o}C.

Il n'est pas recommandable d'entreprendre un traitement sans avoir vu le médecin qui devrait procéder à un examen attentif avant de prescrire le médicament ; en effet, l'hydrocortisone peut accélérer l'évolution de certaines maladies préexistantes.

Les enfants ne doivent pas employer le Proctosedyl, à moins d'être suivis de près par le médecin.

Alternatives

Voir le texte sur les hémorroïdes, page 743.

Jugement global

Le Proctosedyl est un traitement essentiellement symptomatique qui soulage, mais n'empêche pas les hémorroïdes d'évoluer et de s'aggraver ; son emploi ne peut donc être curatif. La présence de l'antibiotique (framycétine) est dans la plupart des cas superflue et constitue un élément additionnel susceptible de créer une sensibilisation inutile.

Procyclidine

Noms commerciaux :
Kemadrin, Procyclid.

Ordonnance requise

Indications thérapeutiques

La procyclidine est utilisée dans le traitement des symptômes de la maladie de Parkinson et pour contrer les effets secondaires des neuroleptiques (trifluopérazine, halopéridol, etc.).

Posologie habituelle

La dose d'attaque est de 2,5 mg 3 fois par jour ; si cette dose n'est pas suffisante, elle peut être doublée après 5 ou 6 jours ; la dose d'entretien se situe entre 2,5 et 5 mg 3 fois par jour, avec une dose occasionnelle au coucher ; certains malades peuvent cependant ne pas tolérer cette dose au coucher. Les personnes âgées sont généralement plus sensibles à ce médicament ; il vaut mieux alors débuter avec des doses plus faibles.

La procyclidine est mieux absorbée quand elle est prise aux repas ; il est préférable de ne pas en ingérer dans l'heure qui suit la prise d'antiacides et d'antidiarrhéiques, car l'absorption en sera moins bonne.

L'action de la procyclidine débute de 1 à 2 heures après son ingestion et peut persister 24 heures. Une utilisation régulière pendant 2 à 3 semaines peut cependant s'avérer nécessaire avant d'arriver à une activité optimale.

Contre-indications

L'allergie à ce médicament, le glaucome à angle fermé et l'obstruction duodénale constituent des contre-indications absolues à l'emploi de la procyclidine.

Les hommes qui souffrent d'hypertrophie prostatique et qui ont une certaine difficulté à uriner de même que les personnes souffrant d'instabilité cardiaque, de myasthénie, d'insuffisance rénale ou hépatique, d'hypertension artérielle, d'obstruction intestinale, de même que les gens prédisposés au glaucome doivent utiliser la procyclidine avec beaucoup de précautions.

On ne connaît pas la sécurité de ce médicament durant la grossesse et on sait qu'il peut inhiber la lactation ; on n'en recommande donc pas l'usage pendant ces périodes.

Effets secondaires possibles

Les effets les plus fréquents sont de la difficulté à uriner, une sécheresse de la bouche qui peut aller jusqu'à de la difficulté à parler, des nausées, des céphalées, une vision embrouillée, de la nervosité et de la désorientation, des malaises gastriques et de la somnolence. Plus rarement, des gens souffrent de constipation, de vomissements, d'euphorie, d'étourdissements, d'engourdissements aux doigts, d'apathie et de tendance dépressive. Les effets secondaires suivants demandent de contacter son médecin : de la douleur aux yeux, de la confusion, une éruption cutanée ou bien un accroissement des effets secondaires habituels avec en plus une difficulté à respirer, des modifications de l'humeur ou du comportement ; ces symptômes laissent supposer une intoxication.

Interactions médicamenteuses

Tous les médicaments dépresseurs du système nerveux — barbituriques, antihistaminiques, analgésiques, hypnotiques, sédatifs et autres — peuvent combiner leurs effets avec la procyclidine et provoquer des réactions secondaires importantes. La procyclidine diminue l'effet de la chlorpromazine. Les antiacides et les suspensions anti-diarrhéiques peuvent diminuer l'absorption et l'effet de la procyclidine. Il faut respecter un intervalle d'une heure entre ces différents médicaments. Prise concurremment à la primidone, la procyclidine peut produire une sédation excessive. Les patients souffrant de désordres mentaux traités aux phénothiazines ou à la réserpine risquent de voir augmenter leur psychose. Enfin, la procyclidine peut accroître l'effet de la lévodopa mais en même temps augmenter le risque de psychose.

Précautions

Certains des effets secondaires de la procyclidine peuvent rendre dangereuses la conduite automobile ou la manipulation de machinerie lourde ; la consommation d'alcool risque d'accentuer ces effets. La tolérance à la chaleur est diminuée avec ce médicament ; aussi faut-il faire attention aux coups de chaleur lors de l'exercice physique violent ou de l'exposition prolongée au soleil ou à la chaleur ; les saunas sont aussi à éviter.

Un usage prolongé peut provoquer le glaucome ; un examen périodique des yeux est donc important.

Si on doit interrompre la prise du médicament après un usage prolongé, on réduira progressivement les doses pour éviter la recrudescence des symptômes. Une façon de procéder consiste à diminuer la dose quotidienne par étapes de 10 % tous les 2 ou 3 jours, en veillant à ce qu'il y ait stabilisation à chacune des étapes. On recommande de se faire suivre par son médecin pendant le sevrage.

Alternatives

Pour le traitement de la maladie de Parkinson, il semblerait que la relaxation avec imagerie mentale positive donne des résultats intéressants. Cette méthode permet d'augmenter la puissance des effets des traitements médicamenteux et ainsi d'arriver à diminuer les doses nécessaires ainsi que les effets secondaires qu'ils produisent. On enseigne cette technique à bien des endroits et il existe aussi beaucoup de livres sur le sujet.

Jugement global

La procyclidine comme d'ailleurs tous les anti-parkinsoniens actuellement disponibles ne constitue qu'un traitement symptomatique.

En procyclidine peut être utile dans les cas de parkinson légers à modérés ; dans les cas plus sévères, on devra rajouter d'autres substances médicamenteuses. On ne devrait pas l'employer pour des périodes qui dépassent 3 à 6 mois. Habituellement, la procyclidine soulage plus efficacement la rigidité que les tremblements.

L'utilisation de la procyclidine pour réduire les effets secondaires des tranquillisants majeurs est une pratique discutable ; dans la plupart des cas, il suffirait de réduire le dosage de ces produits pour en diminuer les effets secondaires, au lieu d'ajouter un autre médicament qui lui aussi risque d'entraîner ses propres inconvénients. Quand le traitement à la procyclidine s'avère nécessaire, on recommande de faire un essai d'interruption du traitement après environ 3 mois, car il arrive souvent que les symptômes extra-pyramidaux disparaissent après cette période.

Prométhazine

Noms commerciaux :
Histantil, Phénergan.

Ordonnance non requise

Indications thérapeutiques

On emploie la prométhazine surtout pour son effet antiémétique, contre les nausées et les vomissements de diverses étiologies, ainsi que pour son effet sédatif ; elle calme et peut entraîner un sommeil léger. La prométhazine possède aussi une activité antiallergique qu'on utilise contre la fièvre des foins et les allergies se manifestant au niveau de la peau, avec enflures et démangeaisons.

Posologie habituelle

Chez l'adulte, la prométhazine s'emploie à la dose de 20 à 100 mg par jour, fractionnée en 3 ou 4 prises, en réservant la plus forte pour le moment du coucher. Les doses pédiatriques sont calculées selon le poids de l'enfant ; elles vont de 0,125 mg à 0,5 mg par kilo de poids corporel, administrées 3 ou 4 fois par jour. Ainsi, un enfant de 10 kg pourra recevoir de 1,25 à 5 mg 3 ou 4 fois par jour. On ne doit jamais donner de prométhazine aux enfants de moins de 2 ans.

Ce médicament est aussi offert en suppositoires, lorsque la prise par la bouche est impossible. Aux enfants de 6 à 12 ans, on peut alors donner de 25 à 75 mg par jour et s'ils ont moins de 6 ans, 12,5 à 25 mg par jour.

En milieu hospitalier, on choisit parfois d'injecter le médicament.

Contre-indications

L'utilisation de la prométhazine est risquée dans les cas suivants : crise d'asthme, rétention urinaire, hypertrophie de la prostate, coma et glaucome à angle étroit. Elle devra aussi comporter des précautions si on souffre d'une maladie cardio-vasculaire, d'hypertension, d'insuffisance hépatique, de troubles respiratoires, d'ulcères avec obstruction ou de maladie de la moelle osseuse.

La prométhazine est tout à fait contre-indiquée chez les enfants de moins de 2 ans, à cause de son lien possible avec des morts subites.

Son utilisation durant la grossesse serait possible, mais on recommande d'en cesser l'usage une ou deux semaines avant l'accouchement. Il est sans doute préférable de s'en abstenir aussi durant la période d'allaitement.

Effets secondaires possibles

On rencontre assez fréquemment de la somnolence, de l'embrouillement de la vue, de la sécheresse de la bouche et parfois des étourdissements qui n'empêchent pas nécessairement la prise du médicament. Les effets secondaires suivants demandent cependant une consultation médicale : la sensibilité au soleil, de l'agitation, des désordres de la coordination, des cauchemars, une dépression de la moelle osseuse (se manifestant par de la fièvre, un mal à la gorge et une faiblesse extrême) ou une jaunisse (ces deux derniers désordres sont très rares).

L'aggravation de la sédation, des problèmes respiratoires et une accélération cardiaque peuvent être dus à des doses trop fortes.

Si elle est utilisée à long terme, la prométhazine peut produire les mêmes effets que les autres phénothiazines ; voir à ce propos le texte sur la chlorpromazine, page 186.

Interactions médicamenteuses

Les médicaments suivants augmentent l'intensité des effets secondaires de la prométhazine : la clonidine, le méthyldopa, les tranquillisants, les phénothiazines, les analgésiques narcotiques, les antidépresseurs, les antispasmodiques, les antihistaminiques, le halopéridol, le métoclopramide, la quinidine et les médicaments donnés pour contrer l'effet de la thyroïde. La prométhazine peut bloquer l'effet de la lévodopa et de l'épinéphrine.

Précautions

À cause de la forte possibilité de somnolence, on évitera l'usage de véhicules automobiles et de machines demandant de l'attention ou de la précision.

On n'utilisera pas la prométhazine chez les enfants sans l'avis du médecin, surtout s'ils souffrent d'une maladie aiguë (grippe, maladie contagieuse, etc.) à cause de leur plus grande susceptibilité à développer des spasmes lorsqu'ils reçoivent ce médicament.

On évitera l'utilisation de la forme topique de ce médicament (la crème), à cause du risque plus élevé de développer une réaction d'hypersensibilité.

La prométhazine peut fausser les résultats des tests de grossesse et d'allergie ou lors de la détermination du groupe sanguin ; on en arrêtera l'usage 3 ou 4 jours avant de subir ces examens.

Alternatives

On consultera les textes suivants, selon l'effet que l'on recherche : les allergies, page 668 ; l'insomnie, page 766 ; et le dimenhydrinate pour les nausées, page 271.

Jugement global

La prométhazine n'est un médicament de choix ni pour diminuer les symptômes d'allergie, ni pour contrôler les nausées et les vomissements ; elle provoque beaucoup plus de somnolence que d'autres médicaments aussi efficaces. Elle peut avoir une certaine utilité comme sédatif léger, entre autres à cause du fait qu'elle ne produit pas de dépendance. On devra cependant éviter son usage à long terme, à cause des risques d'effets secondaires qui lui sont liés.

La prométhazine est également commercialisée en association avec d'autres produits, avec ou sans codéine (Phénergan Expectorant Simple, avec codéine, VC Simple, VC avec codéine) ; l'Académie nationale des sciences des États-Unis qualifie ces associations d'impropres, les effets secondaires qui peuvent en découler étant beaucoup plus nombreux que pour la prométhazine seule.

Propanthéline

> Noms commerciaux :
> Banlin, Novo-Propanthil,
> Pro-Banthine, Propanthel.

Ordonnance non requise

Indications thérapeutiques

La propanthéline diminue la motilité gastro-intestinale et urinaire. On l'utilise dans le traitement de l'ulcère gastrique, de diverses formes de gastrites, de spasmes des voies digestives ou rénales, de diverticulite, etc. Elle peut aussi diminuer la salivation.

Posologie habituelle

La propanthéline s'emploie à raison de 15 mg 3 fois par jour 30 minutes avant les repas et de 30 mg au coucher. Pour les personnes âgées, la moitié de ces doses suffit généralement.

Contre-indications

On devrait éviter la propanthéline si on souffre de glaucome, d'obstruction des voies digestives, de maladie cardiaque grave, d'obstruction de la vessie, d'atonie intestinale, de colite ulcéreuse grave, de myasthénie grave, de reflux œsophagien et probablement durant la grossesse ; la sécurité du médicament n'a pas été établie pour cette période. On ne devrait pas utiliser ce médicament chez les jeunes enfants.

Les personnes âgées et les gens souffrant d'une maladie pulmonaire chronique, d'insuffisance cardiaque, hépatique ou rénale, d'hyperthyroïdie, d'hypertension artérielle ou d'hypertrophie de la prostate devront se faire suivre de près par leur médecin et probablement prendre de plus faibles doses.

Effets secondaires possibles

Les effets secondaires les plus fréquents sont la sécheresse de la bouche, une sensation de ballonnement, des étourdissements, des maux de tête et une vision embrouillée. Apparaissent aussi parfois des nausées et des vomissements, une altération du sens du goût, de la constipation, une augmentation du pouls et de la pression sanguine ou encore de l'hypotension, de l'impuissance ou une diminution de la lactation. On observe rarement une réaction d'excitation ou de confusion qui demande l'arrêt de la médication. De la même façon, l'apparition de douleurs aux yeux, une difficulté à uriner, une constipation rebelle ou une réaction allergique demandent l'interruption du traitement.

Interactions médicamenteuses

La propanthéline augmente les effets secondaires des médicaments suivants : les antidépresseurs, les analgésiques narcotiques, l'orphénadrine, certains antihistaminiques (plusieurs casse-grippe en contiennent), les antiparkinsoniens, les autres antispasmodiques, certains tranquillisants, la disopyramide et la procaïnamide. Si elle est administrée en même temps que le halopéridol, il peut y avoir augmentation de la pression intra-oculaire. Elle diminue probablement l'effet de la pilocarpine. Les antiacides et les antidiarrhéiques en diminuent l'absorption ; on devrait respecter un intervalle de 1 ou 2 heures entre ces différents médicaments. La propanthéline diminue l'absorption du kétoconazole et devrait être prise 2 heures après celui-ci.

La propanthéline peut aggraver l'effet irritant des suppléments de potassium et entraver l'action de la dompéridone et du métoclopramide.

Précautions

Si le médicament produit de l'assoupissement ou un embrouillement de la vue, on évitera l'usage de véhicules automobiles ou de machines demandant de l'attention ou de la précision.

Les personnes âgées sont plus susceptibles aux effets secondaires du médicament.

Les gens souffrant de rétention urinaire pourront éviter en partie l'aggravation de leur problème en urinant après chaque prise de médicament.

À cause de la réduction de la sudation qu'elle provoque, la propanthéline rend plus sensible aux températures élevées et peut causer un coup de chaleur chez les personnes sensibles.

La propanthéline diminue la lactation.

La propanthéline ne devrait pas être employée sans consultation médicale ; si on a à l'utiliser de façon continue, on verra à faire évaluer régulièrement sa pression intra-oculaire.

Alternatives

On croyait auparavant que toute l'activité du système gastro-intestinal échappait totalement au contrôle de la volonté. On sait maintenant qu'on peut apprendre à relâcher ces muscles, à défaire les spasmes qui en altèrent le bon fonctionnement ; l'apprentissage d'une technique de relaxation peut alors remplacer la propanthéline et ses effets secondaires possibles et permettre de prévenir ces symptômes qui comportent toujours une dimension psychologique ; le stress et l'angoisse provoquent dans l'organisme toutes sortes de « rétrécissements » qui, chez certains, touchent le système digestif.

Jugement global

La propanthéline et les autres antispasmodiques font partie des médicaments plus ou moins utiles dont l'utilisation peut souvent être remplacée par de la détente et une meilleure hygiène de vie.

La propanthéline est aussi commercialisée en association avec le phénobarbital ou le thiopropazate ; ces combinaisons fixes sont considérées par le *Food and Drug Administration* des États-Unis comme « n'ayant pas fait la preuve de leur efficacité ».

Propoxyphène

Noms commerciaux :
Darvon, Frosst 642,
Novopropoxyn.

Ordonnance écrite requise

Le propoxyphène est un médicament analogue à la codéine et sert lui aussi à soulager la douleur de faible ou moyenne intensité lorsqu'elle n'est pas soulagée par l'AAS.

Le propoxyphène partage la plupart des caractéristiques de la codéine. Les lecteurs sont donc invités à consulter le texte consacré à ce médicament, à la page 220.

Les traits suivants distinguent cependant le propoxyphène de son congénère :

— la posologie (voir plus bas) ;

— le propoxyphène augmente la toxicité de la carbamazépine et l'effet des anticoagulants oraux ;

— l'usage de tabac diminue l'effet du médicament ; le fait de cesser de fumer pourra demander une réduction des doses absorbées.

Posologie habituelle

Le propoxyphène existe sous deux formes, le chlorhydrate (HCl) ou le nafsylate (Darvon-N) ; 65 mg de chlorhydrate ont le même effet que 100 mg de nafsylate. On peut prendre des doses de 65 mg de chlorhydrate ou de 100 mg de nafsylate jusqu'à 4 fois par jour, à des intervalles de 4 à 6 heures. Il est important de respecter cet intervalle pour diminuer le risque de tolérance qui amène à augmenter graduellement la consommation.

Jugement global

Malgré sa grande popularité, le propoxyphène n'est pas un analgésique de choix. En effet, 65 mg du produit sont à peine aussi efficaces que 2 comprimés d'AAS (650 mg d'aspirine). L'impression qu'on a qu'il est plus efficace serait liée à son effet légèrement euphorisant, lequel réduit les effets affectifs de la douleur, mais sans réduire la douleur elle-même ; on peut obtenir exactement le même effet en se relaxant. Le propoxyphène peut causer une dépendance physique et psychologique qui n'est certainement pas souhaitable et qui n'est absolument pas justifiée par la puissance de ce produit. La plupart du temps, on devrait plutôt prendre de l'AAS ou de l'acétaminophène seuls, ou encore une association d'un de ces deux produits à un peu de codéine. Le gouvernement des États-Unis est venu à un cheveu de retirer le propoxyphène du marché il y a quelques années, à cause de ses dangers et du fait qu'il est facilement remplaçable par d'autres médicaments beaucoup moins dangereux et autant sinon plus efficaces.

Propranolol

Noms commerciaux :
Apo-Propranolol,
Détensol, Indéral,
Novopranol, PMS
Propranolol.

Ordonnance requise

Indications thérapeutiques

Le propranolol est un agent bêta-bloquant qu'on emploie pour diminuer la fréquence des crises d'angine de poitrine, pour limiter la fréquence des rechutes des infarctus du myocarde, pour traiter certaines arythmies cardiaques, pour contrôler l'hypertension artérielle et pour prévenir les crises de migraine. On l'utilise aussi parfois dans le traitement de l'anxiété et de certains troubles de la thyroïde.

Posologie habituelle

Dans l'angine, la dose d'attaque est de 10 à 20 mg 3 ou 4 fois par jour ; par la suite, on peut augmenter cette dose en attendant de 3 à 7 jours entre chaque changement pour atteindre un maximum de 320 mg par jour.

Dans les arythmies, la dose est de 10 à 30 mg 3 ou 4 fois par jour.

Dans l'hypertension artérielle, la dose d'attaque est de 40 mg 2 fois par jour ; on peut ensuite augmenter progressivement cette dose pour arriver à 160 à 320 mg par jour (ou plus).

Dans la migraine, on commence le traitement avec 40 mg 2 fois par jour pour ensuite augmenter graduellement jusqu'à une dose totale de 80 à 240 mg par jour.

Dans la prévention des rechutes d'infarctus du myocarde, on prend généralement 180 à 240 mg par jour, en quelques absorptions.

Comme adjuvant au traitement de l'anxiété, on prendra 10 à 80 mg en dose préventive, 30 à 90 minutes avant un événement anxiogène.

Dans la thyrotoxicose, les doses sont de 10 à 40 mg 3 ou 4 fois par jour.

Le propranolol se prend en 2, 3 ou 4 fois par jour. Il existe aussi des comprimés à libération progressive qui permettent une seule prise quotidienne.

Le propranolol devrait être pris après les repas : son absorption est alors meilleure.

Si vous oubliez de prendre votre médicament, attendez tout simplement au prochain moment où vous devez en prendre et ne doublez pas votre dose.

L'action du médicament débute après 1 heure, atteint son maximun dans les 4 heures et persiste de 6 à 8 heures.

Contre-indications

L'allergie au propranolol ou à un autre bêta-bloquant, la défaillance cardiaque et un rythme cardiaque inférieur à 45 interdisent l'utilisation du propranolol.

Les maladies suivantes demandent une utilisation prudente : les allergies, l'asthme, l'emphysème, la bronchite, le diabète, la dépression, l'insuffisance cardiaque, l'hyperthyroïdie, la myasthénie, l'insuffisance hépatique ou rénale et les problèmes circulatoires aux pieds et aux mains.

Des études menées chez l'animal ont montré qu'il provoque chez le fœtus un certain degré de toxicité. Chez l'humain les résultats sont contradictoires, certains d'entre eux indiquant des problèmes chez le nouveau-né, alors que d'autres en font le médicament de choix lorsque l'hypertension se déclare au cours de la grossesse. Si on doit utiliser le propranolol au cours de la grossesse, on exigera un suivi sérieux.

Le propranolol passe dans le lait maternel. Il n'existe pas de données sur ses effets sur le nouveau-né, mais on pourrait s'attendre à observer des problèmes respiratoires, de l'hypoglycémie et un ralentissement cardiaque.

Effets secondaires possibles

L'utilisation de propranolol comporte une kyrielle d'effets secondaires possibles qui théoriquement n'empêchent pas la poursuite du traitement, mais qui peuvent se révéler désagréables, quand ils se produisent. Il arrive que ceux-ci disparaissent ou diminuent après quelque temps d'utilisation. Les plus fréquents sont :
— la fatigue, la somnolence, une moins bonne tolérance à l'exercice ;
— les nausées, la diarrhée ;
— une sécheresse des yeux, de la bouche, de la peau ;
— un ralentissement du rythme cardiaque (il faut toutefois communiquer avec son médecin rapidement si celui-ci diminue à moins de 50 battements par minute) ;
— une baisse de libido ou de l'impuissance.
Peuvent aussi se produire, bien que moins souvent :
— des dérangements d'estomac, de la constipation ;
— la chute des cheveux ;
— des maux de tête, de l'anxiété, de l'insomnie, de la nervosité et des cauchemars.

Par contre, un certain nombre de symptômes requièrent une consultation médicale rapide : de la confusion mentale, des hallucinations, un début de dépression, de la difficulté à respirer, une éruption cutanée, une fièvre inexpliquée avec mal de gorge, un rythme cardiaque très lent (moins de 50 battements par minute), des saignements anormaux et une facilité exagérée à faire des ecchymoses, une maladie de Peyronie (difficulté et douleur à l'érection) et enfin un ralentissement général.

Le propranolol et les autres bêta-bloquants possèdent enfin une action non perceptible sur le métabolisme des lipides qui n'en est pas moins préoccupante : il hausse le taux des lipides sanguins. Bien qu'on ne connaisse pas les répercussions réelles de cet effet, on sait qu'un tel changement augmente généralement les risques de certaines maladies cardiaques.

Interactions médicamenteuses

Associé à d'autres médicaments contre l'hypertension artérielle, le propranolol peut provoquer une chute de tension trop importante. C'est particulièrement le cas lorsqu'on ajoute le prazocin à un traitement de bêta-bloquants : le risque de syncope est alors particulièrement élevé. De fortes doses de diltiazem, de nifédipine ou de vérapamil ajoutées au bêta-bloquants pourront occasionner une chute de tension elles aussi (quoique pas aussi dramatique), mais les doses habituellement prescrites n'occasionnent généralement pas de problèmes.

L'association de bêta-bloquants aux inhibiteurs de la monoamine oxydase (Nardil, Parnate et Marplan) peut provoquer une crise hypertensive ; ces médicaments ne devraient pas avoir été utilisés dans les deux semaines qui précèdent le début du traitement au propranolol.

Avec la clonidine, on exercera une grande prudence si on doit interrompre le traitement : on devra réduire graduellement les doses de propranolol, puis celles de clonidine.

Avec la digoxine, on pourra observer un ralentissement important du rythme cardiaque.

Certains médicaments diminuent l'effet du propranolol : l'indométhacine (et dans une moindre mesure les autres anti-inflammatoires), les barbituriques, les extraits thyroïdiens, la rifampine ainsi que la théophylline, l'oxtriphylline et l'aminophylline, données dans l'asthme (l'effet est réciproque avec la théophylline et ses congénères). D'autres médicaments en augmentent l'activité : la cimétidine, la chlorpromazine et les contraceptifs oraux.

Enfin le propranolol peut augmenter l'effet de l'insuline et des hypoglycémiants oraux et peut masquer les signes d'hypoglycémie.

Il faudra dans tous ces cas veiller à rajuster progressivement les doses administrées.

On ne devrait pas prendre de médicaments accessibles sans ordonnance tels les produits contre le rhume et la grippe ou les médicaments contre l'asthme, car ils interfèrent avec l'action des bêta-bloquants.

Précautions

— L'interruption brusque du propranolol peut entraîner des conséquences graves — jusqu'au décès — surtout lorsqu'il est donné contre l'angine ; aussi ne faut-il jamais cesser de le prendre sans en parler avec le médecin. Un retrait graduel sur une période de 2 semaines prévient les risques d'exacerbation d'angine ou d'attaque cardiaque.

— Les gens qui prennent ce médicament et qui doivent subir une anesthésie générale font souvent une chute prolongée de pression artérielle ; en cas d'opération, il faut en parler explicitement à ses médecins.

— Quand on commence à prendre ce médicament, il ne faut pas conduire une automobile ou utiliser un appareil dangereux avant d'avoir l'assurance qu'il ne cause pas d'étourdissements ou de somnolence. Ce symptôme survient plus fréquemment au changement brusque de position.

— Il est important de bien se couvrir les mains et les pieds quand on doit s'exposer au froid, car le risque d'engelure est considérablement augmenté.

— C'est une excellente idée de prendre son pouls chaque jour et d'aviser son médecin si le rythme cardiaque baisse de plus de 10 battements par minute.

— Quand on utilise le propranolol, il faut se faire suivre régulièrement par un médecin compétent et familiarisé avec ce type de médicaments.

— Le propranolol est un traitement essentiellement symptomatique qui risque de devoir être pris toute la vie, dans le cas de l'hypertension artérielle, puisqu'il n'agit absolument pas sur les causes de cette maladie.

— La nicotine contenue dans le tabac peut diminuer l'efficacité du propranol.

Alternatives

Le propranolol agit en empêchant l'adrénaline d'exercer ses effets ; or la production d'adrénaline est augmentée, au niveau des glandes surrénales, chez les personnes qui sont stressées. Par conséquent toutes les mesures qui peuvent aider à diminuer le niveau de stress devraient être utiles ; nous vous référons à ce propos à la page 650 pour la description de quelques moyens destinés à cet effet ; de plus, le texte sur l'hypertension artérielle (page 747) fournit des indications sur les mesures à prendre pour diminuer sa tension artérielle ; enfin, le texte sur l'angine de poitrine (page 677) donne des renseignements sur cette maladie.

Jugement global

Le propranolol et les autres agents bêta-bloquants sont des médicaments fort puissants. Ils constituent un progrès certain dans le traitement de nombreux angineux et ils représentent souvent une solution de rechange valable à l'intervention chirurgicale. Dans l'hypertension artérielle, ils constituent souvent un traitement de choix chez les personnes de moins de 40 ans ; ils sont beaucoup moins efficaces après 60 ans.

Leurs effets secondaires de fatigue, d'impuissance, et la hausse possible des lipides sanguins rendent cependant leur utilisation désagréable pour un grand nombre de personnes. Dans la migraine, ils constituent une approche « préventive » souvent moins toxique que les autres.

Pseudoéphédrine

Noms commerciaux :
Congestac, Eltor,
Pseudofrin, Robidrine,
Sudafed, Sudodrin.

Ordonnance non requise

Indications thérapeutiques

La pseudoéphédrine est utilisée comme décongestionnant du nez, des sinus et des trompes d'Eustache.

Posologie habituelle

Les adultes et les enfants de 12 ans et plus peuvent prendre 60 mg 3 ou 4 fois par jour ou bien un comprimé à action prolongée de 120 mg toutes les 12 heures. Les enfants de 6 à 12 ans peuvent recevoir 30 mg 3 ou 4 fois par jour et ceux de 2 à 6 ans 15 mg 3 ou 4 fois par jour.

On recommande de consulter son médecin avant d'administrer ce médicament aux enfants de moins de 2 ans.

L'action du médicament se manifeste de 30 à 60 minutes après son ingestion.

Contre-indications

On devrait éviter ce médicament si on souffre de maladie coronarienne avancée ou d'hypertension grave. La présence de maladies cardio-vasculaires, d'hypertension moyenne ou légère, de glaucome, de diabète, d'hyperthyroïdie et d'hypertrophie prostatique devraient inciter à la prudence.

La pseudoéphédrine retarde la croissance du fœtus chez l'animal ; on ne sait pas s'il en est de même chez l'humain, mais on recommande la prudence, donc d'éviter ce médicament au cours de la grossesse. La pseudoéphédrine passe dans le lait maternel et pourrait occasionner des effets secondaires chez le nouveau-né.

Effets secondaires possibles

La pseudoéphédrine peut occasionner de la nervosité, de l'insomnie et, plus rarement, des étourdissements, des maux de tête, des tremblements, de la faiblesse, de la pâleur, des nausées, de la transpiration, une accélération du rythme cardiaque et de la difficulté à uriner. Ces effets n'obligent habituellement pas à la cessation du traitement, à moins de se prolonger indûment ou de s'aggraver. L'apparition de convulsions, d'hallucinations et de troubles du rythme cardiaque ou un ralentissement de la respiration peuvent être le signe d'une intoxication et il faut alors arrêter de prendre le médicament.

Interactions médicamenteuses

La pseudoéphédrine peut diminuer l'efficacité des antihypertenseurs et des diurétiques et surtout des différents bêta-bloquants.

On ne devrait jamais l'employer en même temps que le Parnate, le Nardil et le Marplan, ni dans les 14 jours suivant l'interruption d'un traitement avec ces médicaments ; il pourrait en résulter une crise hypertensive.

L'emploi de digoxin, de lévodopa, de nitrates, d'hormones thyroïdiennes et de tout autre médicament qui produit une stimulation du système nerveux (par exemple les coupe-faim et la théophylline) rendent l'utilisation de pseudoéphédrine risquée.

Précautions

On évitera de prendre la pseudoéphédrine en soirée, à cause de la possibilité de souffrir d'insomnie.

Les comprimés à action prolongée ne doivent être ni écrasés ni mastiqués.

Alternatives

Voir le texte sur le rhume et la grippe, à la page 814.

Jugement global

La pseudoéphédrine est un médicament qui soulage efficacement la congestion du nez ou des sinus. On n'est pas sûr de son effet pour la décongestion des trompes d'Eustache, comme dans l'otite. On l'associe parfois à un antihistaminique lorsque la congestion est d'origine allergique ; dans tous les autres cas, on préférera l'utiliser seule.

Q

Quinidine

Noms commerciaux :
Apo-Quinidine, Biquin,
Cardioquin, Novoquinidin,
Quinaglute, Quinate,
Quinidex.

Ordonnance requise

Indications thérapeutiques

La quinidine — à ne pas confondre avec la quinine employée dans la malaria ou contre les crampes nocturnes — s'utilise dans le traitement de certains troubles du rythme cardiaque.

Posologie habituelle

Avant de commencer le traitement, il est important d'essayer une faible dose pour voir si l'on est allergique à ce médicament. S'il n'y a pas d'allergie, le traitement peut être commencé le lendemain à la dose de 12 mg/kilo de poids qui peut être fractionnée en 3 ou 4 prises. Par la suite, selon le rythme cardiaque, on passera à la dose d'entretien, qui est extrêmement variable et peut aller de 100 à 800 mg par jour.

La quinidine agit mieux quand elle est prise avec un grand verre d'eau 1 heure avant ou 2 heures après les repas ; si elle cause des troubles d'estomac, il est possible de changer l'eau pour du lait ou de la prendre avec un peu de nourriture.

L'action de la quinidine se fait sentir 1 heure après son ingestion.

Contre-indications

L'allergie à la quinidine est relativement fréquente et empêche son utilisation. Les personnes qui souffrent d'asthme ou d'emphysème y seraient plus sensibles. On ne devrait pas l'employer pendant le premier trimestre de la grossesse. L'intoxication à la digitale, le bloc cardiaque complet et certains troubles sévères de conduction cardiaque interdisent l'utilisation de la quinidine.

Les maladies suivantes demandent une grande prudence : l'insuffisance hépatique ou rénale, la myasthénie grave, certains problèmes sanguins (thrombocytopénie), l'hyperthyroïdie, les infections aiguës, le psoriasis et un manque de potassium sanguin.

Effets secondaires

Des étourdissements, des sueurs froides, de la détresse respiratoire et un état de choc sont des signes de réaction grave à la quinidine ; ils requièrent un traitement rapide. D'autres effets graves sont aussi possibles : des troubles visuels ou auditifs, des maux de tête, de la faiblesse, des vertiges, des troubles gastro-intestinaux, une éruption cutanée, une aggravation du psoriasis et des hémorragies. L'hypotension sévère avec parfois des syncopes est assez fréquente.

Quelques effets moins graves sont possibles, qui n'obligent pas nécessairement à cesser le traitement : un goût amer dans la bouche, de la diarrhée, des bouffées de chaleur avec démangeaisons, une perte d'appétit et des crampes ou des douleurs abdominales.

Interactions médicamenteuses

Prise en même temps que les anticoagulants et les anticholinergiques, la quinidine et ces médicaments augmenteront respectivement leur activité.

L'acétazolamide, les diurétiques de type thiazide et le bicarbonate de soude (notamment contenu dans des antiacides comme l'Alka-Seltzer et les Rolaids) augmentent la toxicité de la quinidine. D'autres antiacides en diminuent l'absorption et par conséquent l'efficacité. Le phénobarbital, la rifampine, la primidone et la phénytoïne diminuent sa durée d'action.

La cimétidine et le carbonate de calcium donnés concurremment peuvent obliger à un ajustement des doses.

La quinidine peut augmenter l'effet de la digitale ; quant au propranolol, il peut aussi provoquer un ralentissement excessif du cœur.

Précautions

Il est très important de prendre régulièrement ses doses de quinidine et de n'en pas modifier soi-même le dosage ; si une prise est oubliée, la reprendre quand on y pense dans les 2 heures, mais la laisser tomber par la suite ; ne jamais doubler une dose.

Les comprimés à longue action ne devraient pas être brisés ou écrasés.

Avant de prendre quelque autre médicament que ce soit (y compris ceux qu'on peut obtenir sans ordonnance), il est important d'en parler à son médecin.

Il est préférable d'éviter ou de consommer avec modération le thé, le café, les colas et les jus d'agrumes.

La nicotine du tabac peut avoir un effet irritant sur le cœur.

Jugement global

La quinidine est un médicament utile dans le traitement de certaines arythmies cardiaques. Elle est cependant fort toxique et requiert une attention médicale suivie.

Les préparations à désintégration lente sont à déconseiller ; l'absorption de quinidine est souvent irrégulière.

R

Ranitidine

Nom commercial : Zantac.

Ordonnance requise

Indications thérapeutiques

Ce médicament empêche la sécrétion d'acide chlorhydrique par l'estomac et est utilisé dans le traitement des ulcères gastriques et duodénaux et des autres maladies où il faut diminuer la sécrétion acide de l'estomac.

Posologie habituelle

En phase aiguë, la ranitidine se prend à raison de 150 mg 2 fois par jour, matin et soir. Des recherches récentes montrent cependant qu'une dose unique de 300 mg prise au coucher serait tout aussi efficace. Le traitement dure généralement de 6 à 8 semaines, même lorsque les symptômes sont disparus, ce qu'ils font d'ailleurs après environ une semaine de traitement.

À la suite de la thérapie de la phase aiguë, on poursuit généralement un traitement d'entretien d'une durée variable ; on utilise alors une dose de 150 mg au coucher.

La ranitidine est en fait une copie qui se veut améliorée de la cimétidine (voir le texte sur ce médicament, page 196). Elle semble d'ailleurs offrir par rapport à cette dernière certains avantages... que l'usage se chargera de confirmer ou d'infirmer :
— l'incidence des effets secondaires est moindre qu'avec la cimétidine, surtout en ce qui concerne les effets sur le système nerveux ;
— son plus grand avantage réside cependant dans le fait qu'elle possède moins d'interactions avec les autres médicaments : la

seule connue à ce jour implique le kétoconazole, un antifongique (donné contre les infections à champignons).

Il est cependant encore trop tôt pour considérer la ranitidine comme exempte de risque. Pour le moment, le prix reste difficile à digérer...

S

Salbutamol

> Noms commerciaux :
> Novosalmol, Ventolin.

Ordonnance requise

Indications thérapeutiques

Le salbutamol est utilisé dans le traitement de l'asthme, de la bronchite chronique et de l'emphysème pour soulager la constriction des voies respiratoires et ainsi diminuer la toux, la sensation d'étouffement, la respiration douloureuse et éventuellement l'accélération cardiaque, dans les cas les plus graves.

Posologie habituelle

Le salbutamol s'administre de préférence en inhalateur, à raison de 1 ou 2 inhalations toutes les 4 à 6 heures. On ne devrait pas dépasser 8 inhalations par 24 heures ; augmenter la dose est inutile et dangereux et peut produire une accélération du rythme cardiaque ou, paradoxalement, un spasme des bronches. On peut aussi le prendre en comprimés de 2 ou 4 mg 3 ou 4 fois par jour aux repas ; administré de cette façon, on note généralement une incidence accrue des effets secondaires.

L'action du salbutamol en inhalateur débute de 5 à 6 minutes après l'administration et dure de 3 à 6 heures. En comprimés, le début de l'action est un peu plus lent ; celle-ci dure de 4 à 8 heures.

Contre-indications

On hésitera avant d'utiliser le salbutamol si on souffre d'hypertension artérielle, de diabète, de thyrotoxicose, de troubles des fonctions rénale et hépatique ou bien avant une anesthésie. De plus, les personnes souffrant d'arythmies ou d'insuffisance cardiaque ne devraient utiliser que l'inhalateur en procédant très prudemment.

La sécurité de ce médicament n'ayant pas été établie durant la grossesse et l'allaitement, il ne devrait pas être utilisé dans ces circonstances.

Effets secondaires possibles

L'administration de salbutamol en inhalateur aux doses recommandées ne comporte habituellement pas d'effets secondaires. Ceux-ci sont cependant plus fréquents lorsque de plus fortes doses s'avèrent nécessaires. On peut alors observer une augmentation plus ou moins prononcée de la fréquence cardiaque et des tremblements des doigts et des mains. Il peut aussi se produire de l'hypertension artérielle, des nausées, des vertiges, des brûlures d'estomac, une difficulté à uriner, des maux de tête et des problèmes de sommeil. Une aggravation de ces symptômes demande une consultation médicale.

L'usage de l'inhalateur provoque parfois une irritation de la bouche et de la gorge ou un mauvais goût dans la bouche. On pourra minimiser ces effets en rinçant bien la bouche avec de l'eau chaque fois qu'on utilise l'inhalateur.

Interactions médicamenteuses

On devrait éviter l'usage concomitant des antidépresseurs, de l'indométhacine, des antihypertenseurs, des anesthésiques et de la digitale.

Précautions

L'utilisation chronique de l'inhalateur conduit parfois à l'apparition de tolérance (on doit augmenter les doses pour avoir le même effet) ; on doit alors non pas augmenter les doses mais abandonner l'usage de l'aérosol et consulter son médecin pour recevoir un nouveau médicament.

Pour que l'effet de l'inhalateur soit maximal, il s'avère très important de suivre à la lettre la façon de procéder pour l'administration :
— bien agiter l'inhalateur ;
— tenir l'inhalateur 5 à 10 cm devant la bouche ouverte (ou utiliser un tube d'espacement cartonné) ; l'inhalateur doit être mainte-

nu à la verticale et par conséquent l'on doit incliner légèrement la tête vers l'arrière durant l'utilisation ;

— expirer profondément, pour vider complètement les poumons ;

— en même temps que l'on appuie sur la boîte métallique, l'on inspire lentement et profondément, par l'embout de l'inhalateur ; on continue à maintenir l'inspiration et à retenir son souffle aussi longtemps que possible ;

— l'inhalateur de la bouche en expirant lentement ;

— si une deuxième dose doit être administrée, l'on doit attendre 1 minute et recommencer tout le processus.

Quand les bronches sont encombrées de mucus, on devrait d'abord les dégager.

Lorsque l'on doit utiliser des corticostéroïdes en inhalation après le salbutamol, il est préférable d'attendre au moins 15 minutes entre les deux inhalations, afin de limiter l'effet toxique du véhicule gazeux.

On devrait se soumettre régulièrement à une vérification de la fréquence et de la régularité cardiaques ainsi que de la pression artérielle.

Alternatives

Plusieurs facteurs interviennent dans la fréquence et la gravité du bronchospasme : la présence d'éléments allergènes ou irritants dans l'air (poussière, cigarette, vapeurs, etc.), la présence de stress ou d'émotions perturbatrices, la fatigue, le froid, l'effort, les rhumes et les grippes. Apprendre à déceler et diminuer ces facteurs peut permettre un usage modéré de médicaments et réduire l'incidence des crises. Pour d'autres mesures possibles, voir le texte sur l'asthme, page 688.

Jugement global

Le salbutamol en inhalateur, de par son début d'action rapide, sa puissance et son emploi relativement facile, s'avère un médicament utile pour traiter le bronchospasme aigu et prévenir les crises d'asthme liées à l'activité physique. L'utilisation de l'inhalateur convient habituellement aux personnes qui souffrent de crises d'asthme occasionnelles et moins souvent aux asthmatiques chroniques, sauf comme traitement d'appoint, ou encore si la pathologie est assez facilement contrôlable. On l'associe souvent à d'autres médicaments lors de traitements à long terme, avec l'espoir de diminuer les effets secondaires.

Septra

Association de 80 mg de
triméthoprime et de
400 mg de
sulfaméthoxazole. Vendu
aussi sous les noms de :
Apo-Sulfatrim, Bactrim,
Novotrimel, Protrin,
Roubac.

Ordonnance requise

Indications thérapeutiques

Le Septra est composé de deux antibactériens, dont un sulfamidé. Il s'emploie surtout dans les infections urinaires chroniques et dans des infections des voies respiratoires supérieures et des oreilles impliquant des bactéries sensibles à son action.

Posologie habituelle

Pour les infections majeures, la dose adulte normale se situe autour de 2 comprimés réguliers ou 1 comprimé DS matin et soir, à prendre 1 heure avant ou 2 heures après les repas avec un grand verre d'eau. Le traitement est le plus souvent de 10 jours. Les cystites non récurrentes peuvent cependant être traitées par une seule dose de 6 comprimés réguliers ou 3 comprimés DS. La dose pour les enfants est calculée selon le poids et le genre d'infection.

Contre-indications

Les personnes allergiques aux sulfas ne devraient pas employer ce médicament. Les personnes hypersensibles au furosémide, à l'hydrochlorothiazide, au chlorthalidone, au tolbutamide, au chlorpropamide, à l'acétohéxamide et à l'acétazolamide, ainsi que celles qui ont une « nature allergique » peuvent aussi ne pas tolérer le Septra. Pour les gens atteints de maladie rénale ou hépatique, ce médicament peut présenter des dangers. Il est également préférable de s'en abstenir pendant la grossesse ou l'allaitement, à moins qu'il n'existe pas de solution de remplacement. Il existe en fait un risque de jaunisse chez le

nouveau-né — faible — et certains auteurs parlent du potentiel tératogène du triméthoprime.

Effets secondaires

Les sulfas ont assez souvent des effets secondaires plus ou moins
graves. Parmi les effets graves, il faut noter l'allergie, qui se traduit le
plus souvent par des démangeaisons et divers types d'éruptions cutanées. On peut aussi observer une hypersensibilité au soleil. Des douleurs aux muscles et aux articulations sont aussi possibles, de même
que de la difficulté à avaler ou un mal de gorge. Des troubles sanguins
apparaissent parfois, qui se manifestent par de la pâleur, un mal de
gorge, une facilité à faire des bleus et à saigner et par de la fièvre.
D'autres symptômes, fatigue ou faiblesse exagérées, de la jaunisse, du
sang dans l'urine, de la rétention d'eau, des douleurs au bas du dos,
des hallucinations et des tintements d'oreille demandent, comme les
premiers, une consultation médicale. Les sulfas, comme la plupart des
autres médicaments antibactériens, peuvent aussi causer une surinfection par d'autres microorganismes.

Parmi les effets secondaires moins graves qui disparaissent habituellement d'eux-mêmes, on note la diarrhée, les étourdissements, les
céphalées, la perte d'appétit, les nausées et vomissements, les douleurs
abdominales ou à l'estomac, la flatulence et la constipation ; si ces
symptômes persistent ou deviennent trop embêtants, il peut être nécessaire de cesser le médicament.

Interactions médicamenteuses

Les sulfamidés peuvent modifier l'activité des anticoagulants, des anticonvulsivants et des hypoglycémiants oraux, ainsi que voir leur effet
perturbé par le PABA.

Les médicaments suivants peuvent aggraver la toxicité des sulfas
si ceux-ci sont pris pendant longtemps : l'acétaminophène à forte
dose, les anticonvulsivants, les anticancéreux, les antituberculeux, la
colchicine, l'estolate d'érythromycine, le kétoconazole, le méthyldopa, les phénothiazines, la phénylbutazone et la quinidine.

L'usage concomitant de diurétiques, d'isotrétinoïne, de tétracyclines et de trétinoïne peut augmenter le risque de réactions d'hypersensibilité au soleil.

On croit aussi que l'utilisation à long terme de Septra diminuerait l'efficacité des contraceptifs oraux.

Précautions

Il est très important de boire beaucoup d'eau pendant un traitement aux sulfas, environ 9 à 10 grands verres par jour, ce qui diminue sensiblement l'incidence des effets secondaires.

Si après quelques jours de traitement il n'y a pas de progrès, il faut reprendre contact avec son médecin, car les microorganismes peuvent résister à ce médicament et alors il peut être nécessaire d'utiliser une autre démarche. Même si les symptômes disparaissent, il est important de prendre tous les médicaments prescrits. Durant les traitements prolongés, il faut voir régulièrement le médecin qui devrait effectuer des prises de sang pour vérifier les effets du Septra sur le sang.

En cas d'oubli d'une dose du médicament, la prendre au plus tôt ; si la prise suivante arrive bientôt, la décaler de 3 ou 4 heures.

Les sulfas provoquent fréquemment une grande photosensibilité ; il est donc nécessaire d'être prudent quand on s'expose au soleil et il est recommandable de se mettre à l'abri dès que des signes de réaction apparaissent : rougeur rapide, enflure et boursouflures.

Jugement global

Le Septra, comme tous les autres sulfamidés, est un médicament précieux pour lutter contre certaines infections rebelles ; mais son usage présente de nombreux risques, ce qui fait qu'il ne devrait jamais être utilisé à la légère et qu'il exige toujours une surveillance médicale étroite.

Sofracort

Contient : framycétine et
dexaméthasone.

Ordonnance requise

Le Sofracort est un produit analogue au Cortisporin, et on se référera pour plus de détails au texte de la page 239.

Spiramycine

Nom commercial :
Rovamycin.

Ordonnance requise

Indications thérapeutiques

La spiramycine possède un spectre d'activité analogue à celui de l'éry-thromycine, mais pénètre mieux certains tissus, notamment au niveau de la bouche. Elle représente une solution de rechange valable pour les infections localisées à ce niveau, surtout lorsqu'elles demandent une concentration élevée de médicament.

Posologie habituelle

La spiramycine est le plus souvent donnée à raison de 6 à 9 millions d'unités par jour (4 à 6 capsules « 500 » par jour) en 2 ou 3 prises séparées. Les cas plus graves pourront demander jusqu'à 10 capsules dans une journée.

Les doses d'enfants sont calculées d'après le poids :

poids :	*capsules « 250 » :*
15 kg	3 capsules par jour
20 kg	4 capsules par jour
30 kg	6 capsules par jour

Les doses seront réparties en 2 ou 3 prises séparées.

La spiramycine peut être absorbée avec de la nourriture. On dimi-nue ainsi le risque d'irritation gastrique.

Contre-indications

L'allergie à la spiramycine constitue la contre-indication majeure à son emploi.

Son innocuité au cours de la grossesse n'est pas garantie par le fabricant, malgré le fait que certains auteurs la considèrent comme sécuritaire. Nous recommandons la prudence et une évaluation stricte des avantages d'un traitement éventuel au cours de cette période.

Effets secondaires possibles

La spiramycine est généralement plutôt bien tolérée, mais comme tous les antibiotiques, peut produire une allergie. Celle-ci se manifesterait par un rash et des démangeaisons. Elle est aussi susceptible d'engendrer des douleurs et des malaises abdominaux, des nausées, des vomissements et de la diarrhée qui ne sont habituellement pas suffisamment graves pour interrompre le traitement. Comme avec tous les antibiotiques, une surinfection peut arriver, en particulier avec des champignons.

Interactions médicamenteuses

On ne connaît pas d'interactions à la spiramycine.

Précautions

Il est important de prendre son ordonnance de spiramycine au complet, même si les symptômes de l'infection disparaissent, sans quoi il y a danger de réactivation de l'infection. Par contre, s'il n'y a pas d'amélioration après 3 ou 4 jours de traitement, mieux vaut recontacter son médecin.

Pour s'assurer un niveau constant de spiramycine dans le sang, il faut ingérer chaque dose aux heures prescrites. Quand une dose est sautée, la reprendre au plus tôt ; si elle est complètement oubliée, la prendre à la place de la suivante et décaler celle-là de quelques heures pour ensuite retourner à l'horaire habituel.

Jugement global

La spiramycine représente dans certains cas une solution de rechange valable à l'érythromycine. Elle est cependant considérablement plus coûteuse que certaines formes d'érythromycine.

Spironolactone

Noms commerciaux :
Aldactone, Novospiroton,
Sincomen.

Ordonnance requise

Indications thérapeutiques

La spironolactone est un diurétique surtout employé dans le traitement de l'hypertension artérielle, parfois pour lutter contre l'œdème. Une des caractéristiques de ce diurétique est de ne pas entraîner de perte de potassium dans les urines, contrairement à la plupart des autres diurétiques.

Posologie habituelle

Ce médicament s'utilise à la dose de 25 à 50 mg 1 à 4 fois par jour sans dépasser 100 mg par jour. Comme il a tendance à être irritant pour l'œsophage et l'estomac, il est mieux toléré aux repas, pris en même temps que les aliments. La dernière dose s'ingère ordinairement pas plus tard que 18h, pour éviter d'avoir à se lever la nuit pour uriner.

L'effet maximum de la spironolactone se fait habituellement sentir après 3 à 5 jours. Un traitement continu pendant 2 à 3 semaines peut cependant être nécessaire pour déterminer l'efficacité de la spironolactone sur la pression artérielle.

Pour trouver la dose optimale de spironolactone, il faut compter quelques semaines pendant lesquelles des consultations régulières avec son médecin seront nécessaires, car celui-ci devrait prélever du sang à quelques occasions pour connaître exactement les niveaux de potassium et de sodium en circulation, lesquels risquent d'être perturbés par ce médicament.

Contre-indications

Les maladies rénales et hépatiques rendent l'utilisation de la spironolactone risquée.

Certaines personnes sont allergiques à ce médicament et doivent s'en abstenir.

Les malades qui font de l'hyperkaliémie (qui ont trop de potassium dans le sang) ne devraient pas prendre ce médicament. Ceux qui souffrent de diabète devront faire l'objet d'une plus grande surveillance.

La spironolactone passe dans le sang du fœtus et dans le lait maternel ; on n'en recommande pas l'utilisation au cours de la grossesse et de la période d'allaitement étant donné qu'on en ignore les répercussions.

Effets secondaires possibles

Au début du traitement, la spironolactone entraîne une augmentation importante de l'élimination d'urine ; il arrive souvent aussi que les personnes qui en prennent se sentent fatiguées. D'autres symptômes peuvent apparaître qui n'empêchent pas forcément la poursuite du traitement, à moins qu'ils soient trop sévères ou persistants : la diarrhée, des étourdissements, de la somnolence, des nausées et vomissements, de la nervosité. Par contre, si les troubles suivants apparaissent, il vaut mieux consulter son médecin : confusion mentale, éruption cutanée, engourdissements aux lèvres, aux mains ou aux pieds, maux de tête importants, troubles neuro-musculaires ; la plupart de ces symptômes peuvent être l'indication d'une rétention trop grande de potassium dans l'organisme, ce qui peut entraîner des effets désastreux si on n'agit pas assez rapidement (on sait que l'hyperkaliémie apparaît à des degrés plus ou moins prononcés chez 26 % des utilisateurs). Il arrive aussi que des signes de manque de sodium se manifestent, comme la sécheresse de la bouche, une soif exagérée, de la faiblesse et de la somnolence.

À long terme, la spironolactone peut entraîner chez l'homme de la gynécomastie (une augmentation de volume des seins) et de l'impuissance, et chez la femme, de la sensibilité aux seins, une baisse de la tonalité de la voix, des troubles menstruels et une augmentation de la croissance des poils, au visage en particulier. Des rats de laboratoire ont souffert de cancer par suite de l'ingestion de ce médicament ; certains cancers du sein ont aussi été rapportés chez des femmes qui prenaient de la spironolactone, sans qu'une relation de cause à effet ait cependant été établie.

Interactions médicamenteuses

Le captopril, le triamtérène, l'Aldactazide, le Dyazide, le Moduret et les suppléments de potassium (en comprimés, naturels ou non, en liquide, en substitut de sel), s'ils sont pris concurremment à la spirono-lactone, risquent de conduire à une intoxication.

La spironolactone potentialise les effets des autres diurétiques et de plusieurs antihypertenseurs ; c'est d'ailleurs la plupart du temps un effet recherché. Elle diminue l'activité des anticoagulants. La spirono-lactone ne devrait pas être prise en même temps que le lithium à cause du risque de dommages rénaux graves. Certains médicaments qu'on peut se procurer sans ordonnance, comme les remèdes contre l'asth-me, le rhume, la toux, la fièvre des foins et les troubles des sinus peuvent aussi interagir avec la spironolactone et en diminuer l'action, tout comme l'aspirine et les anti-inflammatoires souvent prescrits pour l'arthrite. La cortisone et ses dérivés peuvent diminuer l'effet de la spironolactone et obliger à un réajustement des doses.

L'emploi chronique de laxatifs est susceptible d'interférer avec l'activité de la spironolactone.

Précautions

— Il ne faut jamais prendre de supplément de potassium ou de médi-caments qui en contiennent en même temps que la spironolactone. Il n'est pas nécessaire de réduire sa consommation de sel ni d'augmenter sa consommation d'aliments riches en potassium, comme c'est recom-mandé avec les autres diurétiques.
— L'alcool risque d'augmenter les effets secondaires de ce médica-ment.
— En cas de diarrhée ou de vomissements abondants, il est important de contacter son médecin, car les risques de déséquilibre potassium-sodium sont alors beaucoup plus importants.
— Il est recommandé de se soumettre périodiquement à des analyses sanguines pendant un traitement à long terme, afin de surveiller les taux de potassium.
— Il ne faut prendre aucun autre médicament (y compris ceux qu'on achète sans ordonnance) sans en parler à son médecin.
— Si la spironolactone est utilisée pour l'hypertension artérielle, on devra probablement l'utiliser pendant de longues périodes même quand il n'y a aucun symptôme ; la spironolactone ne guérit pas l'hy-pertension (aucun médicament ne le fait d'ailleurs), elle ne contribue qu'à maintenir la pression artérielle à un niveau moins élevé. Et même si tout va pour le mieux, il faut tout de même voir son médecin pério-diquement, pour qu'il puisse ajuster les doses de médicament au ni-veau le plus approprié.

Alternatives

Il est rarement possible de venir à bout des hypertensions graves par des voies non médicamenteuses ; par contre, ces diverses mesures que nous suggérons en page 747 peuvent faire que l'hypertension soit plus facilement contrôlable par une plus petite quantité de médicaments, ce qui constitue un avantage incontestable.

Jugement global

La spironolactone est un antagoniste de l'aldostérone (une hormone produite par les glandes cortico-surrénales), qui est effectivement augmentée dans certains types d'hypertension grave, en particulier ceux qui sont consécutifs à certaines maladies rénales ; elle devrait être réservée à ces cas relativement rares, étant donné que son activité anti-hypertensive est moindre que celle des autres antihypertenseurs et qu'elle possède des effets secondaires plus désagréables. Elle est aussi plus coûteuse.

Certains médecins utilisent la spironolactone à raison de 25 mg trois fois par jour pendant 3 ou 4 jours contre le syndrome prémenstruel ; cet usage peut à la longue entraîner une certaine dépendance aux diurétiques et faire qu'en dehors des périodes d'ingestion du médicament, la femme soit effectivement plus enflée et prenne plus de poids qu'avant. Nous indiquons, en page 798, une solution de rechange au traitement par les diurétiques du syndrome prémenstruel. On peut aussi diminuer sa consommation de sel et de liquides durant les 7 à 10 jours qui précèdent les menstruations.

Sulcrafate

Nom commercial :
Sulcrate.

Ordonnance requise

Indications thérapeutiques

Le sulcrafate s'utilise dans le traitement de l'ulcère gastro-duodénal. Il forme une barrière protectrice au niveau de la muqueuse et empêche les enzymes digestifs, la bile et l'acide chlorhydrique de s'attaquer aux parois du tube digestif ; il ne possède pas d'action antiacide.

Posologie habituelle

On doit prendre 1 g 4 fois par jour 1 heure avant chaque repas et au coucher.

Bien que la guérison de l'ulcère duodénal puisse survenir de 2 à 4 semaines après le début du traitement, les médecins conseillent souvent le traitement pendant 8 à 12 semaines, même si son utilisation au-delà de 8 semaines n'est pas recommandée. Dans le traitement de l'ulcère gastrique, si aucune amélioration n'apparaît après 6 semaines, on envisagera une démarche différente.

Contre-indications

Bien qu'on ne connaisse pas de contre-indications claires à l'emploi de ce médicament, on évitera cependant son usage durant la grossesse et si on a moins de 18 ans ; la sécurité de ce produit n'a pas encore été établie pour ces périodes.

Effets secondaires possibles

Les effets secondaires sont assez rares. La constipation est le plus fréquent. On peut aussi expérimenter des nausées, de la diarrhée, des malaises à l'estomac, de l'indigestion, de la sécheresse de la bouche, une réaction cutanée, des démangeaisons, des douleurs au dos, des étourdissements, de la torpeur et des vertiges.

Interactions médicamenteuses

Les antiacides diminuent probablement l'effet du sulcrafate s'ils sont administrés en même temps ; on évitera donc d'en prendre 30 minutes avant et 1 heure après l'ingestion de sulcrafate.

Le sulcrafate interfère avec l'absorption des tétracyclines, de la phénytoïne et des vitamines A, D, E et K et probablement de la warfarine ; en les prenant 1 heure avant, on s'assure de leur absorption.

La cimétidine diminue probablement l'effet du sulcrafate.

Précautions

La disparition des symptômes après le traitement ne signifie pas nécessairement la guérison totale de l'ulcère, et les précautions générales de règle dans l'ulcère continuent à être nécessaires.

Alternatives

Voir le texte sur les ulcères, page 828.

Jugement global

Le sulcrafate, bien qu'il soit utilisé au Japon depuis de nombreuses années, n'est approuvé que depuis peu aux États-Unis et au Canada. On possède assez peu de données sur son innocuité, et en particulier concernant son usage à long terme (plus de 8 semaines) de telle sorte que plusieurs médecins recommandent l'utilisation de traitements plus conventionnels (antiacides et cimétidine, entre autres). Par contre, il démontre une efficacité certaine dans le traitement de l'ulcère gastrique ou duodénal et semble posséder peu d'effets secondaires ; il présente aussi l'avantage d'être plus simple d'emploi que les antiacides.

Il est possible que le fait que le sulcrafate ait été mis sur le marché par une petite compagnie ne disposant pas d'une armée de vendeurs explique que ce médicament soit resté un peu dans l'ombre. En effet, le marché du « traitement de l'ulcère » avait été pris d'assaut peu avant par les quelque 900 représentants de la firme Smith Kline & French qui répandait la « bonne nouvelle » de son produit Tagamet, sans laisser beaucoup d'espace à ses compétiteurs.

Sulfacétamide

> Noms commerciaux :
> AK-Sulf, Bleph-10,
> Isopto-Cetamide, Sulamyd
> sodique, Sulfex.

Ordonnance requise

Indications thérapeutiques

On utilise le sulfacétamide dans le traitement des infections superficielles de l'œil et parfois comme traitement d'appoint de certaines infections traitées par voie systémique.

Posologie

Solution ophtalmique : instiller 1 ou 2 gouttes dans l'œil atteint toutes les 1, 2 ou 3 heures.

Pommade ophtalmique : appliquer 1 à 2 cm d'onguent toutes les 6 heures.

Contre-indications

Les personnes allergiques au furosémide, à l'hydrochlorothiazide, au chlorthalidone, au tolbutamide, au chlorpropamide, à l'acétohexamide, à l'acétazolamide et aux autres sulfas pourraient ne pas tolérer le sulfacétamide.

On ne connaît pas d'effets néfastes à ce médicament lorsqu'il est employé au cours de la grossesse ou de la période d'allaitement. On le réserve cependant aux cas où il s'avère nécessaire.

Effets secondaires possibles

L'irritation transitoire — avec sensation de brûlure et picotement — est l'effet secondaire le plus fréquent. Il arrive qu'elle nécessite l'interruption du traitement, surtout lorsqu'elle s'accompagne d'enflure, de rougeur ou d'autres signes d'irritation.

Interactions médicamenteuses

Le sulfacétamide est incompatible avec les sels d'argent. On ne devrait donc pas utiliser ces deux médicaments concurremment.

Précautions

On évitera tout contact direct entre l'endroit infecté et le bout de l'applicateur, afin d'éviter la contamination.

Pour appliquer les gouttes dans les yeux, renverser légèrement la tête vers l'arrière, abaisser ensuite la paupière inférieure avec un doigt et instiller une seule goutte près du coin interne de l'œil. Fermer les yeux et imprimer une légère pression sur les côtés du nez pendant une ou deux minutes. Enlever l'excès de liquide — si c'est nécessaire — avec un tissu propre et répéter l'instillation si c'est indiqué. Il est nécessaire de respecter le délai recommandé entre les deux instillations afin de permettre une bonne absorption du médicament.

Éviter d'utiliser une solution qui n'est pas claire ou qui a bruni.

Il est important de faire le traitement au complet (mais pas plus longtemps) — en général entre 5 et 10 jours — et ensuite de détruire le reste de la solution.

Aviser son médecin si l'on ne note pas d'amélioration après 3 ou 4 jours de traitement.

Garder la solution au frais — entre 8 et 15 $^{\circ}$C — et à l'abri de la lumière.

Faire précéder l'instillation des gouttes et de la pommade ophtalmique par l'application de compresses chaudes et humides qui activent la circulation et permettent une meilleure détoxication tout en nettoyant l'endroit infecté.

Jugement global

Lorsqu'il y a réellement infection superficielle de l'œil et qu'elle est causée par des bactéries, le sulfacétamide représente un traitement valable et peu coûteux. On aura toujours avantage à y associer l'usage local de compresses.

Sulfadiazine d'argent

Nom commercial :
Flamazine.

Ordonnance requise

Indications thérapeutiques

Le sulfadiazine d'argent sert principalement au traitement et à la prévention des infections et des brûlures des deuxième et troisième degrés. Son activité antibactérienne peut aussi être utile au niveau des ulcères aux jambes, des greffes et des blessures.

Posologie habituelle

On applique la crème 1 ou 2 fois par jour. On utilise généralement entre 3 et 5 mm de crème. Les brûlures doivent être propres et débarrassées des débris qui s'y seraient accumulés. On peut ensuite recouvrir d'un pansement ou laisser à l'air libre.

Contre-indications

Les personnes allergiques aux sulfamidés ne devraient pas utiliser le sulfadiazine d'argent.

On ne connaît pas les effets du médicament sur la formation du fœtus. Il faut donc recommander la prudence. Le médicament est cependant clairement contre-indiqué aux femmes enceintes à terme et aux nouveau-nés de moins de 2 mois.

Effets secondaires possibles

Le sulfadiazine d'argent occasionne parfois de la douleur, de la démangeaison et une sensation de brûlure au moment de l'application. Il a déjà provoqué des éruptions cutanées qui n'ont toutefois pas nécessité l'interruption du traitement.

Lorsque le médicament est appliqué sur de larges surfaces de peau, il est susceptible de produire les effets secondaires des sulfamidés donnés par la bouche. On a quelquefois observé des anomalies du sang. Les lecteurs se rapporteront au texte sur le Septra (page 550) pour plus de détails.

Précautions

L'application du médicament sur les brûlures doit se faire à l'aide d'un gant ou d'une spatule stérile.

On ne devrait pas interrompre le traitement tant que le risque d'infection existe.

Un tube ou un pot d'onguent ne peut servir qu'à une seule personne, et tout surplus devrait être jeté. On devra aussi se débarrasser d'un onguent qui a noirci.

Le sulfadiazine d'argent peut noircir au soleil ; on devra donc recouvrir les régions exposées.

L'utilisation prolongée du médicament produit parfois une surinfection à champignon. Tout retard de guérison devrait être soumis à l'évaluation d'un médecin.

Jugement global

Le sulfadiazine d'argent est considéré par plusieurs comme le médicament de choix pour le traitement topique des brûlures du deuxième et du troisième degré. On devrait d'ailleurs le réserver à ces cas afin de réduire le risque de développer inutilement des souches de bactéries résistantes au médicament.

Les brûlures moins graves pourront bénéficier des indications données à la page 692.

Sulfasalazine

> Nom commercial :
> Salazopyrin.

Ordonnance requise

Indications thérapeutiques

La sulfasalazine s'emploie dans différentes maladies inflammatoires de l'intestin. Elle peut servir au traitement ou à la prévention des rechutes, selon la pathologie présente. On l'utilisera donc dans le traitement de la phase aiguë de la colite ulcéreuse et de la maladie de Crohn et dans la prévention des rechutes de colite.

Posologie habituelle

Le traitement des épisodes aigus se fait à raison de 3 ou 4 g par jour répartis en 4 prises. On commencera habituellement avec des doses plus faibles (plus ou moins 1 g par jour) qui seront augmentées progressivement.

Le traitement de maintien nécessite généralement 2 g de sulfasalazine par jour, répartis en 4 prises. Le médicament doit être avalé avec un grand verre d'eau et peut être pris après les repas s'il provoque de l'irritation gastrique.

Chez l'enfant, on calcule la dose nécessaire d'après le poids. Elle se situe généralement entre 40 et 60 mg par kg par jour en traitement initial pour descendre à 30 mg par kg par jour en phase de maintien.

Contre-indications

On ne devrait pas administrer la sulfasalazine aux enfants de moins de 2 ans, à cause du risque de précipitation des problèmes hépatiques. On ne doit pas non plus prendre de sulfasalazine si on démontre une allergie aux médicaments suivants : sulfas, furosémide, chlorthalidone, hydrochlorothiazide, acétazolamide, hypoglycémiants oraux et aspirine.

On hésitera aussi à l'utiliser si on souffre d'insuffisance hépatique ou rénale, d'obstruction intestinale ou hépatique, de certaines maladies sanguines et de déficience d'enzyme G6 PD.

On considère habituellement que le médicament peut être donné au cours de la grossesse, le risque d'atteinte hépatique fœtale étant à peu près inexistant. On pourrait aussi le prendre durant la période d'allaitement sauf si le nouveau-né démontre une déficience de l'enzyme G6 PD.

Effets secondaires possibles

La sulfasalazine produit assez souvent de la diarrhée, des nausées, une perte d'appétit, des étourdissements, des maux de tête, dont l'incidence diminue généralement après quelque temps d'utilisation et n'empêche pas la poursuite du traitement.

Elle peut aussi produire des effets plus graves : réaction allergique, augmentation de la sensibilité au soleil, douleurs aux articulations, difficulté à avaler, brûlure de la peau et des muqueuses, fièvre, hépatite, grande fatigue, mal de gorge accompagné de facilité à faire des ecchymoses, douleur au bas du dos et sang dans les urines. Tous ces symptômes demandent une consultation médicale rapide.

Le médicament produit aussi parfois une infertilité chez les hommes traités pendant plus de 2 mois. Celle-ci est toutefois réversible à la cessation du traitement.

Interactions médicamenteuses

La sulfasalazine peut modifier l'effet des anticoagulants, des anticonvulsivants, des hypoglycémiants oraux, de la digoxine et demander un ajustement des doses de ces médicaments.

La sulfasalazine peut aussi diminuer l'absorption de l'acide folique et du fer ; on devra par conséquent espacer de 2 heures la prise de ces médicaments et de la sulfasalazine.

Précautions

On recommande de subir une analyse de la formule sanguine et une analyse d'urine avant d'instaurer un traitement à la sulfasalazine et de répéter ce test mensuellement si on doit se soumettre à un traitement prolongé.

Il est important de boire beaucoup (1 à 1,5 litre d'eau par jour) afin d'assurer un bon drainage rénal et de réduire le risque de problèmes à ce niveau.

La sulfasalazine peut donner une coloration orange à l'urine ; c'est là un effet sans gravité.

Si l'irritation gastrique perdure malgré l'administration du médicament après les repas, on pourra encore fractionner les doses et les absorber à intervalles plus courts (toutes les 2 heures par exemple). La dernière absorption du soir et celle du matin devraient être données à moins de 8 heures d'intervalle.

Les comprimés entériques doivent être avalés complets, sans les briser ou les mâcher et ne doivent pas être pris avec du lait. Il semble d'ailleurs que ceux-ci ne soient pas mieux tolérés que les comprimés ordinaires (ils sont censés l'être) ; il n'y aurait donc pas d'avantage à payer plus pour rien.

L'amélioration de l'état de santé met généralement entre 2 à 3 semaines à se manifester dans les cas de colite ulcéreuse. Certains médecins préfèrent à cause de ce délai utiliser des stéroïdes (prednisone) en début de traitement pour ensuite donner de la sulfasalazine. Dans la maladie de Crohn, le délai peut être plus long et on considère qu'il faut abandonner le traitement si celui-ci n'a pas produit d'amélioration notoire après 4 mois.

Alternatives

Nous laisserons les auteurs de *Les Maladies de l'environnement*, les Dr G. T. Lewith et J. N. Kenyon, présenter leur point de vue sur ces deux maladies. Ces deux médecins pratiquent ce qu'on appelle l'écologie clinique, qui s'intéresse aux effets du milieu sur la santé. Ils observent qu'une bonne proportion des maladies « inexpliquées » que nous connaissons — dont font partie la colite et la maladie de Crohn — peuvent être comprises plus facilement lorsqu'on les considère comme étant le résultat d'hypersensibilité à des éléments de notre environnement (au sens large) : fumées, colorants, additifs, solvants, aliments, etc. Certains de ces éléments semblent en effet perturber l'équilibre immunologique chez certaines personnes prédisposées et l'inciter à « s'auto-détruire ». Lewith et Kenyon écrivent : « La maladie de Crohn peut être soulagée par un retrait diététique. Le Dr Hunter, de Cambridge, affirmait récemment qu'environ 75 % des malades souffrant de cette maladie avaient fait des progrès à l'occasion d'un retrait diététique. Les observations faites dans les cas de colite ulcéreuse conduisent aux mêmes conclusions. Il est intéressant de noter que le cromoglycate de sodium (un médicament antiallergique à usages multiples) se révèle efficace pour contrôler la colite dans près de 70 % des cas. » La démarche thérapeutique consiste alors à éliminer totalement un certain nombre d'aliments de la diète, et à observer la réaction. On ne peut malheureusement pas établir d'équation fixe entre certains aliments donnés et ces maladies. Même si certains aliments se révèlentt être plus souvent en cause (et les produits laitiers le seraient...), la démarche doit être individualisée.

Pour en savoir plus, nous conseillons les deux ouvrages suivants :

G. T. Lewith et N. J. Kenyon, *Les Maladies de l'environnement*, Montréal, Québec/Amérique, 1986.
S. Faelten *et al.*, *The Allergy Self-Help Book*, Rodale Press, 1983.

Jugement critique

La sulfasalazine a été jusqu'ici le seul médicament qui réussit (à part la prednisone) à contrôler dans une certaine mesure les symptômes de la colite et de la maladie de Crohn. Elle n'en possède pas moins une assez forte incidence d'effets secondaires plus ou moins graves qui la rendent souvent désagréable et parfois dangereuse à utiliser. Elle demeure cependant utile.

L'industrie a maintenant mis sur le marché une des deux molécules qui composent la sulfasalazine — l'acide 5-aminosalicylique (nom commercial : Asacol) — et espère ainsi réduire l'incidence des effets secondaires graves et des allergies qui sont surtout reliées à l'autre moitié, le sulfa. L'avenir dira si elle a raison...

Sulfinpyrazone

Noms commerciaux :
Antazone, Anturan,
Apo-Sulfinpyrazone,
Novopyrazone, Zynol.

Ordonnance requise

Indications thérapeutiques

Ce médicament est un agent uricosurique, c'est-à-dire qu'il provoque l'excrétion dans l'urine de l'acide urique et aide ainsi à prévenir les crises d'arthrite goutteuse. Depuis quelques années, il s'emploie aussi chez certains malades atteints de maladie cardiaque pour tenter d'éviter les embolies.

Posologie habituelle

Pour la prévention des embolies cardiaques, les doses sont de 600 à 800 mg par jour tandis que pour la prévention des crises de goutte, la dose varie de 200 à 400 mg par jour ; selon les effets obtenus, la dose devrait cependant être ajustée au plus bas niveau possible, entre 200 jusqu'à un maximum de 800 mg par jour en prises fractionnées. On préfère généralement commencer à faible dose (100 ou 200 mg par jour) et augmenter le dosage aux 3 ou 4 jours, si nécessaire.

Dans l'une et l'autre des indications, la sulfinpyrazone constitue un traitement préventif qu'il faut continuer à prendre même quand il n'y a aucun symptôme. Il est important de maintenir la sulfinpyrazone à un taux sanguin le plus constant possible, en prenant bien fidèlement son médicament aux heures indiquées. Quand une dose est oubliée, la reprendre le plus tôt possible, mais si la dose suivante doit être prise dans les 2 heures qui suivent, laisser tomber la dose en retard. Dans les crises aiguës de goutte, il est souvent nécessaire d'entreprendre une autre forme de traitement ; l'ingestion de sulfinpyrazone doit cependant être poursuivie. Ces crises peuvent d'ailleurs être plus fréquentes dans les premiers mois de traitement ; on recommande donc l'absorption simultanée de colchicine ou d'anti-inflammatoire au cours de cette période.

Contre-indications

Les gens qui ont déjà réagi négativement à la sulfinpyrazone ou à la phénylbutazone ne devraient pas prendre ce médicament. Les personnes atteintes d'une maladie des reins ou du foie, d'une maladie sanguine ou d'un ulcère gastro-duodénal (même guéri) devraient également s'en abstenir ou l'utiliser à faible dose.

On ne connaît pas les effets de ce traitement sur le fœtus ou sur le nouveau-né, mieux vaut donc l'éviter pendant la grossesse et l'allaitement.

Effets secondaires possibles

Il faut cesser la sulfinpyrazone quand survient une éruption cutanée, du sang dans les selles (ou des selles noires), du sang dans l'urine, des difficultés ou des douleurs à la miction (en urinant), des douleurs au bas du dos, de la jaunisse, un mal de gorge avec fièvre, des hémorragies ou ecchymoses sans raisons apparentes. Ce médicament peut aussi provoquer de l'hyper ou de l'hypothyroïdie, des pierres aux reins et une faiblesse ou une fatigue inexplicables.

Par ailleurs, des nausées et vomissements ainsi que des douleurs à l'estomac peuvent apparaître en début de traitement et disparaître par eux-mêmes après quelques jours ; si ces symptômes persistent ou deviennent trop graves, il vaut mieux communiquer avec son médecin.

Interactions médicamenteuses

La sulfinpyrazone réagit avec beaucoup de médicaments, en particulier les salicylates (l'aspirine), les anticoagulants, les diurétiques, l'insuline, les hypoglycémiants oraux, les anticonvulsivants, le dipyridamole, les médicaments contre le cancer, la nifédipine, le vérapamil, les sulfas et la nitrofurantoïne ; avant de prendre quelque nouveau médicament que ce soit, il est donc nécessaire d'en parler avec son médecin traitant.

Précautions

Il faut éviter de prendre de l'aspirine pendant le traitement à la sulfin-pyrazone.

Pour diminuer les dangers d'irritation gastrique, il est préférable de prendre ce médicament avec du lait ou de la nourriture ; si les douleurs d'estomac persistent, il peut être indiqué de le prendre avec un antiacide.

Pour éviter les pierres aux reins, il est essentiel de boire beaucoup, au minimum 10 à 12 verres de liquide par jour ; l'alcool n'est cependant pas un liquide à recommander, car sa présence dans le sang diminue considérablement l'effet de la sulfinpyrazone. De grandes doses de vitamine C peuvent augmenter les risques de calculs rénaux. Il est également bon de maintenir son urine alcaline, pour prévenir ce risque ; pour ce faire, la consommation d'eau de Vichy peut être utile, de même que l'abstention de jus de fruits qui acidifient l'urine. On peut mesurer son alcalinité à l'aide d'un papier indicateur et adapter sa diète en conséquence ; le pH de l'urine devrait se situer autour de 6 à 7.

Comme les effets secondaires de la sulfinpyrazone peuvent être très graves et que les gens qui utilisent ce médicament ont généralement à le faire pour de très longues périodes, il est fort important qu'ils se fassent suivre régulièrement par un médecin compétent qui devrait, de temps à autre, faire passer un test sanguin pour y vérifier certains des effets du traitement.

Alternatives

Pour des raisons qu'on ignore encore, les cerises et le jus de cerises non seulement préviennent, mais encore procurent un soulagement rapide des crises de goutte, chez certaines personnes. Quelques grosses cerises chaque jour seraient suffisantes.

L'obésité, l'hypertension artérielle et la consommation excessive d'alcool sont souvent alliées à un taux élevé d'acide urique. Une perte de poids peut favoriser la diminution du taux sanguin de cet élément. Certains aliments sont reconnus pour faire augmenter le taux d'acide urique dans le sang et il vaudrait mieux éviter de les consommer : les anchois, les sardines, le foie, les rognons, les ris de veau, la cervelle, les tripes, le boudin, les poissons gras, les champignons, le chocolat et les vins de Bourgogne et de Champagne. Le jeûne peut aussi faire augmenter le taux d'acide urique dans le sang. Le repos ne nuit certainement pas, au contraire. On devrait d'abord chercher à travailler sur ces facteurs pour diminuer l'incidence des crises de goutte.

Jugement global

La sulfinpyrazone constitue un moyen efficace de prévenir les crises de goutte chez bon nombre de personnes atteintes de cette maladie ; il faut cependant poursuivre ce traitement indéfiniment. Non seulement ce traitement prévient-il la formation de nouveaux dépôts, mais il mobilise et stimule l'excrétion de l'acide urique déjà présent dans les tissus et procure ainsi une plus grande mobilité des articulations et un plus grand confort pour la personne atteinte.

Quant à la prévention des embolies chez les malades souffrant d'angine, les expériences ne sont pas encore assez avancées pour pouvoir porter un jugement définitif sur la pertinence de ce traitement ; on doute même de son à-propos, à cause du peu de sérieux des méthodes expérimentales utilisées à ce jour.

Sulindac

Nom commercial : Clinoril.

Ordonnance requise

Le sulindac est un médicament anti-inflammatoire et analgésique qui s'emploie surtout pour le traitement de diverses formes d'arthrite. C'est un médicament de la même famille que l'indométhacine, dont nous vous invitons à consulter la description en page 345. Le sulindac semble moins puissant que l'indométhacine et provoque plus d'effets secondaires au foie. Ceux-ci surviennent le plus souvent entre la première et la huitième semaine de traitement et demandent obligatoirement un retrait du médicament.

La dose d'attaque habituelle est de 150 mg 2 fois par jour, à prendre avec de la nourriture ; cette dose peut ensuite être réduite ou augmentée selon les résultats obtenus ; il ne faut pas dépasser 200 mg 2 fois par jour.

Sultrin

Association de 3,7 % de N
benzoylsulfanilamide, de
3,42 % de sulfathiazol, de
2,86 % de sulfacétamide et
de 0,64 % d'urée.

Ordonnance requise

Indications thérapeutiques

Le Sultrin est une crème vaginale à base de sulfamides qui s'utilise dans le traitement d'infections du vagin et du col utérin causées par des organismes sensibles à son action. Il est la plupart du temps employé dans les « vaginites non spécifiques ».

Posologie habituelle

On injecte dans le vagin le contenu d'un applicateur matin et soir durant 4 à 6 jours, puis on peut diminuer à un demi-applicateur pour terminer les 10 jours de traitement.

Contre-indications

On n'emploiera pas le Sultrin si on a déjà fait une réaction allergique aux médicaments de type sulfas, aux diurétiques et aux hypoglycémiants oraux.

Effets secondaires possibles

On expérimente parfois un malaise local et une sensation de brûlure à l'utilisation de ce produit. Si ces symptômes persistent, ils requièrent l'arrêt du traitement. De même l'apparition d'éruptions cutanées demande qu'on interrompe le traitement.

Interactions médicamenteuses

Les sulfas entrant dans la composition du Sultrin sont peu ou pas absorbés par le sang et n'interagissent donc pas avec les autres médicaments.

Précautions

Il est important de faire le traitement au complet, même pendant les menstruations et même si on pense être guérie avant la fin.

Durant la grossesse, l'utilisation d'un applicateur peut présenter certains dangers ; on suivra les recommandations de son médecin.

On ne recommande pas l'emploi de tampons durant la période de traitement ; ceux-ci absorbent une partie du médicament. Par contre on aura avantage à porter une serviette, car le médicament peut tacher.

Alternatives

Voir le texte sur les vaginites, page 831.

Jugement global

Le Sultrin sert la plupart du temps à soigner des vaginites dites non spécifiques. Or on arrive maintenant à identifier la plupart des microorganismes responsables ; les deux plus courants sont le *gardnerella vaginalis* — qui demande un traitement au métronidazole — et le *chlamidia* — qui nécessite l'emploi de la tétracycline. On ne devrait plus à notre époque accepter un diagnostic vague de vaginite non spécifique, car certaines d'entre elles peuvent avoir des conséquences désastreuses. On devrait toujours exiger qu'une culture soit faite lorsqu'on présente une vaginite.

En fait, le Sultrin est un médicament d'une utilité douteuse. D'une part, il produit assez souvent des réactions d'hypersensibilité, et d'autre part, on doute de son efficacité ; la plupart des microorganismes responsables des vaginites ne sont pas sensibles à ces sulfas. Aux États-Unis, le Comité consultatif sur les agents anti-infectueux et les médicaments topiques déclare qu'il n'est efficace ni contre le *candida albicans* ni contre le *trichomonas*, ni contre le *gardnerella vaginalis*. De plus, le degré d'acidité qui règne au niveau du vagin ne serait pas approprié pour une action valable de ce médicament. On pense aussi que le pus et les débris cellulaires accompagnant l'infection rendraient difficile aux sulfas l'accès à la muqueuse sur laquelle ils doivent agir.

T

Tedral

Composition :
Comprimé : 180 mg de
théophylline, 48 mg
d'éphédrine et 25 mg de
phénobarbital. Élixir :
88,65 mg de théophylline,
18 mg d'éphédrine et 6 mg
de phénobarbital par
15 ml ; contient 11 %
d'alcool.

Ordonnance requise

Le Tedral est surtout prescrit pour son effet bronchodilatateur. Celui-ci dépend de la présence de théophylline et d'éphédrine qui relaxent tous deux le muscle bronchique. Le phénobarbital viserait à diminuer l'effet secondaire de nervosité produit par les deux premiers. Nous vous invitons à consulter les textes sur ces différents produits pour connaître les contre-indications, effets secondaires et autres renseignements utiles sur ce médicament, en pages 581 et 489.

L'éphédrine, en plus de son action sur les bronches, peut produire de l'accélération cardiaque, de l'hypertension artérielle, de la rétention urinaire et de la nervosité, ce qui en fait un médicament non recommandable. Quant au phénobarbital, il peut provoquer de la somnolence, alors que son effet tranquillisant n'est pas toujours requis. Il pourrait de plus accroître le taux d'élimination de la théophylline et rendre plus difficile son dosage sanguin.

Globalement, l'association fixe de plusieurs substances médicamenteuses dans un même médicament n'est pas recommandée ; il n'est pas possible d'augmenter le dosage d'un des produits actifs sans augmenter aussi celui des autres, avec le risque d'effets secondaires que cela comporte. On a donc avantage à utiliser la théophylline seule et si l'association d'autres antiasthmatiques devient nécessaire, il en existe d'autres moins dangereux que l'éphédrine.

Témazépam

Nom commercial : Restoril.

Ordonnance requise

Le témazépam fait partie de la famille des benzodiazépines, comme le diazépam. Il sert exclusivement à provoquer le sommeil, bien qu'il possède théoriquement les mêmes effets que son congénère.

Posologie habituelle

On utilise des doses de 15 à 30 mg à prendre au coucher. L'effet se manifeste en 25 à 30 minutes. Il est préférable de ne pas dépasser 15 mg chez les personnes âgées.

Le témazépam possède les mêmes effets secondaires que le diazépam, à la différence qu'il provoquerait moins souvent de la faiblesse et de la fatigue, mais plus souvent des étourdissements et une sensation de légèreté dans la tête.

Il partage aussi avec le diazépam les interactions avec les médicaments et l'alcool (voir diazépam, page 252).

Précautions

Bien qu'elle soit plutôt rare, la somnolence résiduelle (le fameux *hang-over*) peut se produire. Si on en est affecté, on devra éviter l'utilisation de véhicules automobiles et de machines demandant de l'attention. L'alcool peut augmenter cet effet.

L'effet du témazépam et des autres benzodiazépines sur le sommeil est difficile à établir ; il semble que ces produits diminuent la durée du sommeil profond et du sommeil REM. On observe aussi souvent — surtout après un usage de plus de quelques semaines — un phénomène rebond d'insomnie si l'on cesse brusquement de prendre le médicament. Pour éviter que cela se produise, on aura avantage à diminuer progressivement les doses. On pourra éventuellement remplacer le témazépam par une dose équivalente de diazépam qu'on réduira petit à petit tel qu'il est expliqué à la page 255.

Jugement critique

Si les solutions non médicamenteuses à l'insomnie (voir page 766) ne se révèlent pas efficaces, le témazépam pourrait représenter une solution de rechange acceptable. Il séjourne moins longtemps dans l'organisme que le flurazépam et son effet est moins fugace que celui du triazolam. On recommande néanmoins de le considérer comme une solution temporaire à cause du risque de dépendance.

Terbutaline

Nom commercial :
Bricanyl.

Ordonnance requise

La terbutaline est un médicament de la même classe que le salbutamol. Elle possède les mêmes indications, effets secondaires, dangers d'utilisation... donc se référer au texte sur le salbutamol, à la page 547.

La posologie habituelle de la terbutaline est de 1 ou 2 inhalations 3 ou 4 fois par jour, selon les besoins. En comprimés, la dose adulte est de 2,5 à 5 mg 3 fois par jour ; pour les 12 à 15 ans, elle est de 2,5 mg 3 fois par jour et pour les moins de 12 ans, de 1,25 à 2,5 mg 3 fois par jour.

L'inhalateur de la terbutaline possède un tube d'espacement qui le rend plus facile à utiliser que les autres inhalateurs.

Terfénadine

Nom commercial : Seldane.

Ordonnance non requise

Indications thérapeutiques

La terfénadine est indiquée pour soulager les symptômes des allergies saisonnières impliquant surtout les voies nasales ainsi que les symptômes des allergies cutanées.

Posologie habituelle

La terfénadine est vendue en comprimés et en sirop.

Les adultes et les enfants de plus de 12 ans prendront 60 mg (1 comprimé ou 2 cuillerées à thé) matin et soir.

Les enfants de 7 à 12 ans peuvent recevoir 30 mg (1/2 comprimé ou 1 cuillerée à thé) matin et soir et ceux de 3 à 6 ans, 15 mg (1/2 cuillerée à thé) matin et soir.

Contre-indications

On évitera ce produit si on y a déjà fait une réaction allergique. On l'évitera aussi autant que possible au cours de la grossesse et de la période d'allaitement, étant donné qu'on n'en connaît pas les effets sur le fœtus et sur le nouveau-né ; des études faites chez l'animal laissent toutefois supposer qu'il existe des effets nocifs.

Effets secondaires possibles

Ils sont peu fréquents et peuvent diminuer à l'usage. Les plus communs sont les suivants : sédation, étourdissements, lassitude, incoordination et faiblesse musculaire. Certaines personnes, et plus particulièrement les enfants, pourront expérimenter une réaction paradoxale d'excitation, avec insomnie, agitation et euphorie... pouvant aller jusqu'à des convulsions chez les individus susceptibles. On devra alors cesser le traitement. On pourra aussi souffrir des effets suivants, mais ils apparaissent plus rarement : sécheresse de la bouche, vision embrouillée, maux d'estomac, perte d'appétit, nausées, vomissements, diarrhée, constipation, sensibilité au soleil, malaises cardiaques, difficulté à uriner et mouvements involontaires au visage. Exceptionnellement, ce médicament a provoqué de l'anémie et des problèmes au niveau de la moelle osseuse après un usage prolongé ; surviennent alors un mal de gorge et de la fièvre, et on doit cesser le traitement.

Interactions médicamenteuses

L'association de la terfénadine et des médicaments suivants augmentera l'importance de leurs effets sédatifs respectifs : tranquillisants, antidépresseurs, somnifères, analgésiques, antispasmodiques (dicyclomine), Nardil, Parnate et Marplan.

Précautions

On ne devrait jamais utiliser un antihistaminique durant une crise d'asthme.

On doit cesser l'usage de la terfénadine 4 jours avant de subir des tests cutanés d'hypersensibilité, car il en modifie les résultats.

Après quelques semaines ou quelques mois d'utilisation, l'effet de n'importe lequel des antihistaminiques risque de décroître ; il est alors utile de changer de produit après un certain temps.

Le fabricant recommande de ne pas utiliser la terfénadine pendant plus d'une semaine.

Alternatives

Voir le texte sur les allergies, page 668.

Jugement critique

La terfénadine possède un avantage certain sur les antihistaminiques plus anciens : elle ne provoque que rarement de la somnolence. C'est une qualité qu'apprécieront sûrement tous ceux qui étaient assommés par la saison des allergies. L'envers de la médaille reste le coût, lui aussi « nouveau ».

Tétracycline

> Noms commerciaux :
> Achromycine V,
> Apo-Tetra, Medicycline,
> Néo-Tétrine, Novotétra,
> Tétracyne, Tetrex.

Ordonnance requise

Indications thérapeutiques

La tétracycline est un antibiotique qui possède une activité contre un grand nombre de microorganismes pathogènes. On l'emploie fréquemment dans l'acné pustuleuse et dans le traitement de plusieurs types d'infections, particulièrement celles qui touchent les bronches et le système génito-urinaire. C'est d'ailleurs le traitement de choix du *chlamydia*.

Posologie habituelle

Le traitement se fait à raison de 250 à 500 mg 4 fois par jour ; dans les infections très graves, cette dose peut être doublée tandis que dans l'acné, elle est ramenée à 1 ou 2 prises par jour. La durée du traitement dépend de l'agent pathogène en cause mais s'étend généralement entre 7 et 15 jours. Si après 5 ou 6 jours de traitement il n'y a pas d'amélioration des symptômes, il faut réévaluer la nécessité de son emploi.

Lorsqu'elle est utilisée dans les cas d'acné sévère, le délai d'action est passablement long ; et le traitement doit être poursuivi souvent pendant des mois ou des années.

La tétracycline doit se prendre sur un estomac vide (plus de 1 heure avant ou 2 heures après les repas), avec un grand verre d'eau.

Contre-indications

Les femmes enceintes ou qui allaitent et les enfants de moins de 8 ans ne doivent pas prendre cet antibiotique qui décolore de façon permanente les dents chez les nouveau-nés, les nourrissons et les jeunes enfants. Les personnes allergiques à la tétracycline et celles qui ont des antécédents d'hypersensibilité au soleil doivent aussi s'en abstenir. En cas d'insuffisance rénale ou hépatique, la toxicité du médicament est augmentée de beaucoup et peut occasionner une aggravation de ces déficiences.

Effets secondaires possibles

La tétracycline est irritante pour le système digestif et peut causer des nausées et vomissements, de l'irritation gastrique et de la diarrhée. Le traitement à la tétracycline se complique parfois d'une surinfection (à *candida albicans* le plus souvent), ce qui peut donner des symptômes à la bouche et la gorge (irritation, muguet, etc.), aux intestins (entérocolite), à l'anus et aux organes génitaux (démangeaisons, pertes vaginales). La tétracycline peut causer une décoloration jaunâtre permanente des dents des enfants ; de plus, elle peut entraîner une sensibilité accrue au soleil, avec une susceptibilité extrême aux coups de soleil. Il arrive également qu'elle affecte la production du sang et provoque de l'anémie. Une allergie à la tétracycline peut survenir et se manifester par de l'urticaire ou d'autres signes du genre.

Interactions médicamenteuses

Les suppléments de fer, de magnésium et de calcium ainsi que les antiacides empêchent la tétracycline d'agir ; par ailleurs, la tétracycline diminue l'efficacité de la pénicilline ; elle diminue aussi, prise à long terme, l'efficacité des contraceptifs oraux.

Précautions

Il vaut mieux éviter les expositions au soleil ou aux lampes solaires pendant un traitement à la tétracycline.

Il est important de prendre fidèlement chaque dose de médicament aux heures indiquées, pour s'assurer un niveau constant de tétracycline dans l'organisme ; de plus, le traitement doit être poursuivi assez longtemps pour permettre de détruire toutes les bactéries, le plus souvent pour un minimum de 10 jours.

Il est important de boire beaucoup d'eau lors de l'ingestion du médicament et l'on ne devrait pas se coucher immédiatement après. On évitera ainsi que le médicament reste coincé au niveau de l'œsophage où il peut provoquer des ulcérations.

Il faut éviter de consommer des produits laitiers et des antiacides dans l'heure qui précède ou qui suit l'ingestion de tétracycline.

Certaines personnes ont eu des réactions sévères (certaines fatales) par suite de l'utilisation de tétracycline dont la date était périmée.

Jugement global

Comme les fabricants le disent eux-mêmes, « on recommande... de faire des cultures et des épreuves de sensibilité aux tétracyclines pour déterminer la sensibilité des organismes responsables de l'infection. Le traitement ne devrait pas être commencé avant que toutes les analyses bactériologiques nécessaires n'aient été effectuées. » Si cette règle était suivie, les tétracyclines ne seraient pas utilisées si souvent et les bactéries n'auraient pas développé un tel degré de résistance à cet antibiotique.

Il existe plusieurs dérivés de la tétracycline qui sont plus coûteux, ont plus souvent d'effets secondaires et ne présentent pas habituellement d'avantages marqués sur les tétracyclines communes ; aussi, quand cet antibiotique doit être utilisé, est-il bon de demander au médecin de le prescrire d'après le nom générique « tétracycline », ce qui permet au pharmacien de fournir une marque moins chère et tout aussi efficace. Quand on commence un traitement avec un type de tétracycline (oxytétracycline ou autre), il ne faut pas changer à un autre.

Quand une infection résiste à une tétracycline ou quand des effets secondaires trop importants empêchent de poursuivre le traitement, il ne sert habituellement à rien de passer à une autre tétracycline, car les effets dans l'organisme seront les mêmes.

Il existe des formes topiques de tétracycline pour le traitement de l'acné ; elles sont inefficaces et non recommandées.

Théophylline

Noms commerciaux :
Elixophyllin,
PMS-Théophylline,
Pulmophylline, Quibron
T/SR, Respbid,
Somophyllin T,
Somophyllin 12,
Théochron, Théo-Dur,
Théolair.

Ordonnance non requise

Indications thérapeutiques

La théophylline est utilisée pour le traitement et la prévention des crises dans l'asthme bronchique, et pour le traitement des maladies obstructives chroniques. Elle produit une relaxation des bronches, d'où une plus grande capacité respiratoire.

Posologie habituelle

La marge de sécurité de la théophylline est relativement faible, et les doses efficaces et toxiques varient grandement d'un individu à l'autre. C'est la raison pour laquelle les doses doivent être évaluées pour chaque individu et contrôlées par des dosages sanguins réguliers. On préfère aussi généralement instaurer graduellement un traitement prolongé afin de réduire l'incidence d'effets secondaires. Les doses initiales habituelles sont de 4 mg/kg donnés toutes les 8 ou 12 heures. On pourra les augmenter tous les 3 jours de 2 ou 3 mg/kg par jour jusqu'aux maxima suivants :

enfants de 1 à 9 ans :	19,2 mg/kg par jour ;
enfants de 9 à 16 ans :	14,4 mg/kg par jour ;
adultes fumeurs :	14,4 mg/kg par jour ;
adultes non fumeurs :	9,6 mg/kg par jour.

Les personnes qui souffrent de maladie hépatique, de décompensation cardiaque ou de cœur pulmonaire ne devront pas recevoir plus de 400 mg par jour.

Les comprimés retard sont maintenant les plus utilisés et doivent être pris toutes les 8 ou 12 heures. Les comprimés ordinaires et l'élixir demandent une administration plus fréquente.

Contre-indications

La théophylline ne devrait probablement pas être utilisée par les gens souffrant d'ulcères gastro-intestinaux ou de gastrite. Les personnes âgées, les gens qui sont atteints de maladies cardiaques (arythmie, insuffisance cardiaque congestive) et de maladies rénale ou hépatique feront l'objet d'une attention particulière et devront prendre des doses plus faibles que la normale. C'est aussi le cas lors de pneumonie et d'infection virale aiguë.

La théophylline traverse le placenta et passe dans le lait maternel. On doit en éviter l'usage si on allaite son enfant. Il est aussi préférable d'en éviter l'emploi au cours de la grossesse étant donné qu'elle peut produire des signes toxiques chez le nouveau-né. On ne connaît pas son potentiel tératogène chez l'humain.

Effets secondaires possibles

Les effets secondaires mineurs suivants peuvent apparaître : perte d'appétit, nausées, maux d'estomac, vomissements, diarrhée ou constipation, maux de tête et irritabilité. On peut les éviter en commençant graduellement le traitement à la théophylline. Ces effets devraient disparaître à la longue. S'ils persistent, cela pourrait signifier que le dosage de théophylline est trop élevé ; il faut alors consulter son médecin pour l'ajuster.

Les symptômes suivants peuvent être signe d'une intoxication : de la confusion, des tremblements, des problèmes de sommeil, des étourdissements, de la rougeur au visage, une augmentation de la production d'urine, une accélération de la respiration, du pouls et du rythme cardiaque, une fatigue inhabituelle, la présence de sang dans les selles, des vomissements et des convulsions. Il faut alors voir un médecin rapidement.

Interactions médicamenteuses

L'allopurinol (aux doses de 600 mg et plus par jour), la cimétidine, l'érythromycine, les bêta-bloquants et le vaccin antigrippal augmentent l'effet de la théophylline. La phénytoïne, la carbamazépine, le phénobarbital (plus de 100 mg par jour) et la rifampine en diminuent l'effet.

La théophylline potentialise les effets des autres médicaments antiasthmatiques et diminue ceux du lithium.

Précautions

Les effets secondaires qui indiquent un surdosage (nausées, vomissements, agitation, irritabilité, confusion, soif et envie d'uriner souvent) apparaissent habituellement brusquement et ne doivent pas servir de repère pour juger si la dose de théophylline est appropriée ; ils constituent un signal d'alarme. La seule façon de contrôler le dosage consiste à se soumettre une ou deux fois par année à un dosage sanguin de théophylline. Ces dosages deviendront particulièrement importants si on arrête de fumer en cours de traitement ; on aura sans doute alors à diminuer la quantité de médicament pour obtenir un même effet et pour éviter une intoxication.

On doit aussi savoir qu'on court un plus grand risque d'intoxication lorsqu'on utilise simultanément plusieurs présentations de théophylline ; il est plus facile alors d'augmenter les doses « sans s'en apercevoir ».

On s'expose à des effets imprévisibles quand on emploie les suppositoires ; ils démontrent une absorption très irrégulière.

Les différentes marques de théophylline ne sont pas équivalentes : on devrait donc s'en tenir à une seule marque après stabilisation des doses.

On croit que l'utilisation de théophylline chez l'enfant pourrait être associée à l'apparition de sentiments dépressifs et à des troubles d'apprentissage.

Si le médicament cause des étourdissements ou de la somnolence, on évitera d'utiliser des machines ou des véhicules demandant de l'attention.

On devrait de préférence prendre ce médicament à jeun. Par contre s'il produit de l'irritation gastrique, on peut l'ingérer après les repas ; le temps d'absorption se verra alors prolongé.

On ne devrait pas casser, couper, mâcher ou broyer les comprimés retard.

La cigarette et la marijuana diminuent l'effet de la théophylline ; le thé, le café et les colas peuvent augmenter la nervosité causée par ce médicament.

Les changements alimentaires peuvent modifier l'action de la théophylline. Ainsi une diète riche en protéines et faible en hydrates de carbone ou la consommation régulière d'aliments cuits sur le charbon de bois diminuent la concentration sanguine du médicament. L'inverse est vrai d'un régime riche en hydrates de carbones et pauvre en protéines.

Alternatives

Différents moyens préventifs peuvent être utilisés pour réduire la fréquence des crises ; ils peuvent aussi servir durant les crises et aider à les contrôler. Pour plus de détails, on se référera au texte sur l'asthme, page 688.

Jugement global

Même si la théophylline est souvent le médicament de choix dans le traitement de l'asthme chronique et d'autres formes de bronchospasmes, il reste que c'est un produit susceptible de provoquer des effets secondaires importants ; pour cette raison, il ne devrait jamais être pris sans l'avis et la surveillance d'un médecin et on devrait autant que possible en éviter l'usage chez les enfants. Si toutefois son administration à un enfant s'avère nécessaire, certaines présentations restent à éviter ; on ne devrait pas utiliser les suppositoires dont l'absorption est très irrégulière ni la plupart des élixirs qui contiennent une forte quantité d'alcool (jusqu'à 20 %).

Un traitement de l'asthme devrait toujours inclure, en plus des médicaments, des thérapeutiques non chimiques et la recherche de moyens de prévenir les crises.

Thioridazine

Noms commerciaux :
Apo-Thioridazine,
Mellaril, Novoridazine,
PMS-Thioridazine.

Ordonnance requise

La thioridazine est un médicament de la famille des phénothiazines qui possède les mêmes contre-indications, effets secondaires possibles et interactions que la chlorpromazine ; elle requiert les mêmes précautions et mérite le même jugement global que cette dernière. Pour plus de détails, nous renvoyons le lecteur au texte sur la chlorpromazine, page 186. Par ailleurs, elle se distingue de ce médicament par les points suivants.

Indications thérapeutiques

À l'inverse de la chlorpromazine, la thioridazine n'est pas utile pour contrôler les nausées et vomissements.

Posologie habituelle

La quantité de médicament requise pour produire l'effet recherché varie beaucoup selon l'âge du patient et selon la gravité de son état. Des doses de 10 mg administrées 3 fois par jour servent à calmer une légère agitation, alors que jusqu'à 400 mg par jour pourront être employés sans hospitalisation si l'état est plus grave. Pour les personnes âgées, 25 mg 3 fois par jour est une dose convenable. Pour les enfants entre 2 et 12 ans, l'on calcule les doses selon leur poids corporel (0,5 à 3 mg/kg/jour) et l'on évite de l'administrer aux enfants de moins de 2 ans.

Interactions médicamenteuses

On préférera avoir recours à un autre antipsychotique lorsqu'il y a des antécédents de maladie cardio-vasculaire, étant donné que c'est à la thioridazine qu'on associe plus particulièrement les complications qui touchent ce système. On attribue aussi à ce médicament une plus forte incidence de problèmes d'éjaculation et de troubles visuels graves. Ces derniers surviennent occasionnellement avec un usage quotidien de 800 mg et plus du médicament et peuvent entraîner la cécité.

La thioridazine par ailleurs est un des antipsychotiques qui occasionnerait le moins de problèmes ressemblant au parkinson.

Thyroxine

Noms commerciaux :
Eltroxin, Synthroid.

Ordonnance requise

Indications thérapeutiques

La thyroxine est une hormone thyroïdienne de synthèse qui s'utilise quand il faut suppléer à une production d'hormone insuffisante par la glande thyroïde.

Posologie habituelle

La dose d'attaque est le plus souvent de 0,1 mg par jour, qui peut être augmentée après 2 semaines de 0,05 mg par jour chaque semaine ou toutes les 2 semaines. Les doses d'entretien habituelles sont de 0,1 à 0,2 mg par jour.

Le patient âgé, cardiaque ou celui dont l'hypothyroïdie est ancienne commencera un traitement avec des doses plus faibles : 0,025 à 0,05 mg par jour.

L'effet de la thyroxine met 1 ou 2 semaines à se manifester. L'état d'équilibre n'est atteint cependant qu'après 4 ou 6 semaines chez la plupart des personnes ; celles dont l'état d'insuffisance thyroïdienne est ancien peuvent y mettre jusqu'à 6 mois.

La thyroxine doit être prise le matin, 30 minutes avant le petit déjeuner. La nourriture en diminue considérablement l'absorption.

Contre-indications

Les personnes qui ont souffert d'infarctus récent et celles qui ont des troubles majeurs du rythme cardiaque ne devraient pas prendre de thyroxine. De même, celles qui sont atteintes d'insuffisance de l'hypophyse ou des cortico-surrénales devraient d'abord chercher à rééquilibrer ces fonctions avant d'entreprendre une thérapie thyroïdienne.

Une femme qui souffre d'une déficience thyroïdienne doit continuer son traitement hormonal au cours de la grossesse et de la période d'allaitement. Quoiqu'elle demeure habituellement la même, la dose sera de préférence réévaluée toutes les 3 semaines au cours des premiers mois.

Effets secondaires possibles

Les effets secondaires résultent la plupart du temps de doses trop fortes ; en ajustant mieux la dose, ils devraient disparaître. Diarrhée, maux de tête, insomnie, irritabilité, intolérance à la chaleur et sudation exagérée, palpitations, tremblements, perturbations du cycle menstruel, augmentation de l'appétit et perte de poids sont les symptômes les plus fréquents d'un dosage mal adapté. Certains symptômes requièrent une consultation médicale rapide : des douleurs à la région du cœur, des battements de cœur rapides ou irréguliers, de l'essoufflement et une éruption cutanée ; ils peuvent signaler une allergie ou une atteinte du cœur.

Interactions médicamenteuses

La thyroxine peut augmenter les effets des stimulants (éphédrine, amphétamines, méthylphénidate), des anticoagulants (et produire des hémorragies), des antidépresseurs et de la digoxine. Elle peut diminuer les effets des barbituriques, des médicaments contre le diabète et des corticostéroïdes. L'aspirine prise en grande quantité et de façon continue ainsi que la phénytoïne augmentent l'effet de la thyroxine. La cholestyramine (Questran) peut réduire l'absorption de la thyroxine ; cette dernière doit être absorbée 1 heure avant ou 4 heures après la cholestyramine.

Précautions

Certains aliments diminuent l'effet des hormones thyroïdes ; ces aliments sont tous les légumes de la famille du chou, les fèves soya et le navet.

Les personnes souffrant de maladies cardio-vasculaires (angine de poitrine, hypertension artérielle, etc.) peuvent voir leur état s'aggraver avec l'emploi de la thyroxine ; aussi faut-il commencer le traitement plus lentement et augmenter les doses prudemment, dans ces cas.

Les personnes souffrant de diabète verront peut-être leur état s'aggraver. Celles qui présentent des problèmes d'absorption intestinale demanderont une plus grande attention dans l'ajustement des doses.

Si le traitement à la thyroxine est donné pour suppléer à une déficience de la glande thyroïde, il y a de fortes chances que ce traitement doive être poursuivi toute la vie ; il ne faut donc jamais l'arrêter de soi-même sans avis médical.

Les personnes traitées à la thyroxine peuvent être incommodées par la chaleur et développer une tolérance au froid ; il faut donc surveiller les engelures durant l'hiver.

Pendant un traitement à long terme à la thyroxine, il faut se soumettre à des examens de fonctionnement de la thyroïde : ceux-ci doivent être faits tous les 3 mois au cours de la première année, puis annuellement.

Les malades affectés d'une atteinte des artères coronaires peuvent voir augmenter leurs crises d'angine durant l'activité physique intense.

Alternatives

Il semble qu'une déficience en vitamine A nuise au bon fonctionnement de la glande thyroïde ; on trouve beaucoup de vitamine A dans l'huile de foie de morue, le foie, les carottes, les légumes jaunes et verts, les œufs, le lait et les produits laitiers, la margarine et les fruits jaunes.

Jugement global

La thyroxine ne devrait être employée que comme thérapie de remplacement dans les cas où il est prouvé que la glande thyroïde ne fonctionne pas bien ; c'est alors un traitement efficace et inoffensif s'il est correctement suivi. Il est à espérer qu'on ne la prescrive plus pour des symptômes vagues ou encore pour aider à maigrir. En fait toute prescription de thyroxine devrait être précédée d'une évaluation sérieuse (qui comporte plusieurs tests) de la fonction thyroïdienne. Les résultats des tests étant assez délicats à interpréter, il est préférable de consulter un spécialiste.

Timolol

Noms commerciaux :
Blocadren, Timoptic.

Ordonnance requise

Indications thérapeutiques

Le timolol en comprimés est un agent bêta-bloquant qu'on emploie dans le traitement de l'hypertension et pour prévenir les crises d'angine. On l'utilise aussi dans les arythmies, pour prévenir l'apparition de migraines et dans certains problèmes thyroïdiens.

En gouttes, on l'emploie localement pour diminuer la tension à l'intérieur de l'œil ; il est surtout utilisé dans le contrôle du glaucome chez les personnes dont la tension intra-oculaire est trop élevée.

Posologie habituelle

Comme antihypertenseur et antiangineux, on prend généralement 10 mg 2 fois par jour comme dose initiale. La dose de maintien se situe la plupart du temps entre 20 et 40 mg par jour et atteint à l'occasion 30 mg 2 fois par jour.

Dans la prévention des migraines, on commence le traitement de la même façon et on peut aller jusqu'à prendre 30 mg par jour (10 le matin et 20 le soir).

Lorsqu'on utilise les gouttes, la dose d'attaque est de 1 goutte de solution à 0,25 % dans l'œil atteint 2 fois par jour ; si cela n'est pas suffisant, le dosage à 0,50 % peut être employé 2 fois par jour. Souvent la prise d'une seule dose par jour de l'une ou l'autre concentration peut suffire.

L'effet du timolol commence 20 minutes après sa prise et peut durer jusqu'à 24 heures.

Le timolol est un médicament très proche du propranolol et on consultera le texte de la page 534 pour des renseignements additionnels. Nous poursuivrons ici en ne considérant que la forme ophtalmique.

Contre-indications

Certaines personnes manifestent de l'allergie au timolol. On ne connaît pas encore les effets possibles du timolol sur la femme enceinte. Il faut être très prudent chez les gens en insuffisance cardiaque ou qui souffrent d'asthme, à cause des effets généraux liés aux agents bêta-bloquants (dont le timolol fait partie).

Effets secondaires possibles

Localement, le timolol peut donner une sensation de brûlure et provoquer du larmoiement et un brouillard visuel. L'absorption d'une trop grande quantité de timolol peut aussi causer des symptômes généraux, bien que ce soit assez rare : maux de tête, ralentissement du pouls, hypotension, syncopes, hallucinations, aggravation de l'asthme et de l'hypoglycémie, confusion mentale, fatigue, faiblesse et difficulté à respirer.

Il peut de plus, parce qu'il est absorbé par la circulation générale, occasionner les effets secondaires propres aux bêta-bloquants décrits en page 536.

Interactions médicamenteuses

Le timolol intensifie l'action de la pilocarpine, de l'adrénaline et de l'acétazolamide.

On croit aussi que le timolol ophtalmique pourrait partager certaines interactions du médicament systémique et plus particulièrement son action antagoniste de l'insuline et des hypoglycémiants oraux.

Précautions

Il est important de n'instiller que le nombre de gouttes prescrites dans chaque œil. Si on doit en instiller plus d'une, il fait respecter un intervalle de 1 minute entre chacune. On gardera alors les yeux fermés en imprimant une légère pression à la base du nez pour lui permettre d'être absorbée ; on est alors prêt à instiller la suivante.

Les gens qui utilisent le timolol sont par définition susceptibles de souffrir de glaucome ; leur tension intra-oculaire doit être régulièrement prise pour surveiller les effets du traitement. De plus, ils doivent surveiller attentivement les contre-indications de tous les médicaments qu'ils peuvent avoir à prendre, car nombre d'entre eux risquent d'aggraver le glaucome.

Une baisse d'efficacité du timolol peut s'observer après plusieurs mois de traitement ; il est alors possible de reprendre le traitement après un arrêt de 3 mois.

Jugement global

Le timolol représente une amélioration importante par rapport aux autres traitements du glaucome ; ses effets secondaires sont moindres alors que son efficacité est excellente.

Quant au timolol en comprimés, il est difficile de voir quels avantages il offre par rapport au propranolol dont il est un proche parent.

Tolbutamine

Noms commerciaux :
Apo-Tolbutamide,
Mobenol, Novobutamide,
Orinase.

Ordonnance requise

Indications thérapeutiques

Le tolbutamide sert à contrôler l'hyperglycémie (la trop grande présence de sucre dans le sang) liée à un diabète de type adulte de gravité moyenne ou légère, surtout lorsque celui-ci date de moins de 10 ans et qu'il ne peut être contrôlé par la diète ou l'exercice physique seuls.

Le tolbutamide agit en stimulant la production d'insuline par le pancréas, probablement aussi en augmentant l'utilisation de l'insuline par les cellules et finalement en agissant à plusieurs étapes du métabolisme des glucides.

Posologie habituelle

La dose quotidienne ne devrait pas dépasser 3 000 mg. On administre en 2 ou 3 prises la dose minimale pouvant contrôler la glycémie. On doit habituellement ajuster la dose sur une période de 1 ou 2 semaines.

Contre-indications

Le tolbutamide ne devrait pas être utilisé :
— dans les formes graves de diabète ;
— lorsque le diabète est instable ou dépendant de l'insuline ;
— lorsqu'il y a acidose ou formation de corps cétoniques ;
— chez les personnes qui ont déjà manifesté une intolérance aux sulfas ou aux diurétiques de la famille de l'hydrochlorothiazide ;
— durant la grossesse, à cause des risques tératogènes ;
— avant une intervention chirurgicale, chez les brûlés.

Son utilisation demandera un suivi plus attentif dans les cas suivants :
— insuffisance hépatique ou rénale ;
— insuffisance hypophysaire, surrénalienne ou thyroïdienne ;
— fièvre ;
— malnutrition.

Effets secondaires possibles

Le tolbutamide et les produits analogues produisent parfois des réactions allergiques transitoires caractérisées par des éruptions cutanées, des démangeaisons et une fièvre légère. Elles ne nécessitent habituellement pas l'arrêt du traitement sauf si elles persistent. Le tolbutamide peut aussi causer de la photosensibilité ou des désordres gastro-intestinaux (diarrhée, nausées, perte d'appétit) ; on évitera ces derniers en prenant le médicament au moment des repas. Le tolbutamide possède aussi chez certaines personnes un léger effet diurétique.

Des effets secondaires plus graves, mais aussi plus rares, peuvent se manifester et demandent qu'on arrête le traitement. Ainsi une coloration foncée de l'urine ou une décoloration des selles peuvent indiquer le développement d'une hépatite. La fatigue, la faiblesse, la fièvre, le mal de gorge et les ecchymoses spontanées peuvent laisser supposer une diminution de la fabrication des globules sanguins par la moelle osseuse et de l'anémie. On a aussi observé une diminution du fonctionnement de la thyroïde lors de traitements à long terme.

L'hypoglycémie (voir page 722) est aussi un effet secondaire possible et elle est liée soit à un dosage mal ajusté du médicament, soit à un apport insuffisant d'aliments, soit à un exercice inhabituel. Les personnes âgées y sont plus sujettes et en réduiront l'incidence en respectant un horaire fixe de repas. Elle se produit aussi plus facilement chez les personnes ayant une alimentation déficiente et peut arriver subitement après 2 à 15 mois de traitement. Elle est alors difficile à traiter.

Interactions médicamenteuses

Les médicaments suivants augmentent l'effet du tolbutamide et les risques d'hypoglycémie : les anticoagulants coumariniques, les salicylates (dont l'AAS) et les autres anti-inflammatoires, les sulfas (utilisés dans le traitement d'infections), la phénylbutazone, le chloramphénicol, la guanéthidine, le Marplan, le Parnate, le Nardil, le probénécide et le clofibrate. D'autres en diminuent l'effet : les phénothiazines, les diurétiques, l'acétazolamide, la cortisone et ses dérivés, la thyroxine, la phénytoïne, les œstrogènes, la rifampine et le sulfinpyrazone.

Le tolbutamide augmente l'effet des barbituriques et des sulfas en ralentissant leur élimination.

Le fenfluramine, le mazindole et les bêta-bloquants peuvent eux aussi demander un ajustement des doses du tolbutamide. De plus, les bêta-bloquants peuvent masquer les signes d'hypoglycémie et l'utilisation concomitante de ces médicaments présente donc des risques.

Précautions

— Le traitement du diabète avec les hypoglycémiants oraux devrait être réévalué périodiquement ; on recommande de cesser brièvement leur utilisation sous surveillance médicale, la stabilisation du taux de glucose sanguin pouvant souvent être obtenue par la diète et l'exercice physique, après que le poids normal a été atteint.
— On observe assez fréquemment l'établissement d'une résistance progressive au médicament, 6 à 12 % seulement des patients étant contrôlés plus de 6 ou 7 ans par ce traitement. Il se peut cependant que les malades chez qui les hypoglycémiants n'agissent plus puissent être contrôlés par une diète et de l'exercice physique seuls. On peut dans certains cas utiliser un autre hypoglycémiant avec succès.
— Lorsque le médicament devient inactif après un certain temps, il semble que cet échec soit surtout relié à une non-observance de la diète. Cela peut aussi être causé par une aggravation du diabète, un

manque de fidélité au traitement, un dosage inadéquat ou par le développement d'une infection ou d'une autre maladie.

— À cause des risques d'atteinte de la moelle osseuse, de jaunisse et de ralentissement de la fonction hépatique, on devra évaluer ces fonctions au moins une fois par année en cours de traitement.

— Pour éviter l'irritation gastrique, on prendra le tolbutamide au moment des repas.

— L'usage concomitant de tolbutamide et d'alcool peut provoquer une réaction d'intolérance à l'alcool avec nausées et vomissements. Cet effet est cependant plus fréquent avec d'autres hypoglycémiants.

— L'absorption du tolbutamide varie selon qu'il est fabriqué par une compagnie ou une autre ; on devrait donc toujours utiliser la même marque commerciale.

Alternatives

La diète et un programme d'exercice physique sont les deux éléments essentiels du contrôle du diabète qui se déclare à l'âge adulte. Le maintien du poids idéal représente d'ailleurs un moyen de prévenir l'apparition de cette maladie ; l'obésité et la malnutrition seraient en effet des facteurs précipitants importants du diabète. Le contrôle de la glycémie n'est toujours qu'un des éléments du traitement du diabète ; on doit considérer tout autant la normalisation du poids, l'évitement de l'apparition des corps cétoniques, la normalisation des lipides sanguins, etc., d'où l'importance énorme du respect de la diète et d'un exercice physique régulier, ces deux actions pouvant agir plus efficacement quand elles sont entreprises simultanément. Pour plus d'information, nous vous référons au texte sur le diabète, page 720.

Jugement global

L'utilisation du tolbutamide et des autres hypoglycémiants oraux ne devrait jamais constituer une première étape du traitement du diabète. La diète et l'activité physique, en occasionnant une perte de poids et en favorisant le métabolisme des sucres, constituent des actions essentielles et doivent nécessairement faire partie du traitement. Certains individus pourront avoir besoin d'y ajouter un hypoglycémiant, mais tout en respectant les deux premiers points du traitement. En effet, le médicament seul a considérablement moins d'effet sur le taux de glucose sanguin que s'il est associé à la diète et l'activité physique. Il perdrait aussi plus rapidement son effet lorsqu'il constitue la seule démarche thérapeutique.

Il existe une controverse quant aux effets de l'utilisation à long terme du tolbutamide et des produits apparentés ; en effet, une recherche a montré une augmentation significative des mortalités par accident cardio-vasculaire. Celles-ci ne seraient pas associées au diabète lui-même, mais plutôt au traitement. Une relation directe de cause à effet n'a cependant pas été établie et on doute maintenant de la validité des conclusions de cette étude. Il reste cependant qu'une assez forte proportion de personnes présentant des contre-indications à l'utilisation du tolbutamide comptaient parmi les victimes ; il faut donc insister sur le respect de ces contre-indications afin de minimiser les risques. De toute façon, les hypoglycémiants oraux présentent incontestablement des risques d'utilisation surtout chez les personnes âgées et ne devraient être utilisés qu'en dernier recours.

Chez les personnes atteintes de troubles rénaux, le tolbutamide s'avérerait être le moins dommageable parmi les hypoglycémiants oraux.

Tolmétine

Nom commercial :
Tolectin.

Ordonnance requise

La tolmétine est un médicament anti-inflammatoire, antipyrétique et analgésique apparenté à l'indométhacine, dont nous vous invitons à consulter la monographie à la page 345. La tolmétine est plus puissante, comme anti-inflammatoire, que l'aspirine mais moins que l'indométhacine et que la phénylbutazone. Certaines personnes qui ont de la difficulté à tolérer l'un ou qui en obtiennent peu de résultats réagissent parfois mieux à l'autre. On a cependant observé avec la tolmétine une forte incidence de réactions allergiques graves, qui apparaissent surtout lors de la reprise d'un traitement interrompu. Celles-ci se manifestent par de la détresse respiratoire, un collapsus circulatoire et de l'urticaire.

La dose d'attaque de la tolmétine est de 400 mg 3 fois par jour à prendre avec un peu de lait ou de nourriture ou un antiacide ; on suggère de prendre une de ces doses au coucher et une autre le matin au réveil. Par la suite, le dosage peut être ajusté selon les effets obtenus ; la dose totale ne devrait jamais dépasser les 2 000 mg par jour, fractionnés en 4 prises.

On note généralement les effets de la tolmétine en moins d'une semaine.

La tolmétine diffère des autres anti-inflammatoires de sa catégorie en ce qu'elle ne modifie pas le temps de prothrombine lorsqu'on l'associe aux anticoagulants de type warfarine ; elle agit cependant sur une autre composante de la coagulation et son association aux anticoagulants nécessite aussi un suivi étroit.

Trétinoïne

Noms commerciaux :
StieVAA, Vitamin A Acid.

Ordonnance requise

Indications thérapeutiques

Le trétinoïne est un dérivé synthétique de la vitamine A qui diminue la formation des comédons et qu'on utilise pour cet effet dans le contrôle de l'acné. On l'emploie aussi parfois dans d'autres problèmes, dont le psoriasis.

Posologie habituelle

Le trétinoïne se présente sous forme de crème, de gel ou de lotion qu'on applique une fois par jour, le soir au coucher.

La peau devra être propre et sèche avant d'appliquer le trétinoïne. On recommande d'attendre 30 minutes après s'être lavé ou rasé avant de l'employer.

Le traitement peut provoquer en début de traitement une aggravation de l'acné, mais on devrait observer des effets positifs au bout de 2 ou 3 semaines.

On recommande une période d'utilisation d'au moins 3 mois ; c'est le temps qu'il faut avant d'observer l'effet maximal du médicament.

Contre-indications

On hésitera à employer les crèmes à base de trétinoïne si on souffre d'eczéma ou si l'on est brûlé par le soleil. On ne connaît pas les risques d'utilisation du trétinoïne au cours de la grossesse et de la période d'allaitement.

Effets secondaires possibles

Le trétinoïne est irritant pour la peau et peut occasionner de la rougeur, des picotements, une sensation de chaleur et une desquamation. Ces effets diminuent habituellement avec le temps. On devra cependant contacter le médecin si ces réactions s'aggravent ou si la coloration de la peau change.

Interactions médicamenteuses

Les diverses préparations de trétinoïne ont une action irritante sur la peau ; on devrait éviter de les utiliser en même temps que les autres produits asséchants utilisés dans l'acné : lotions, gels, savons, etc.

Il arrive que ce médicament soit utilisé en alternance avec un autre produit (souvent à base de peroxyde de benzoyle ou d'antibiotique). On ne devra jamais les appliquer au même moment.

Précautions

On évitera de laver trop souvent (plus de 2 ou 3 fois par jour) les régions atteintes et l'on utilisera pour le faire un savon neutre.

On recommande de fuir le plus possible les expositions prolongées au soleil, au vent et au froid ; le trétinoïne augmente la sensibilité de la peau. Si l'on doit s'exposer au soleil, l'on veillera à utiliser une crème de type écran solaire.

Alternatives

Voir le texte sur l'acné, page 776.

Jugement global

Le trétinoïne est un produit efficace et passablement irritant, qui semble avoir sa place dans le contrôle de l'acné. Il n'est cependant pas un traitement curatif. Il peut être utilisé seul ou bien associé à d'autres produits (antibiotiques, peroxyde de benzoyle) ; cela dépend en grande partie des habitudes du médecin traitant.

Une nouvelle mode thérapeutique veut qu'on utilise le trétinoïne pour la prévention du vieillissement de la peau... Effet du marketing ou d'une efficacité réelle ? Pour le moment, rien ne vaut encore la prévention « naturelle » ; voir à ce propos à la page 774.

Triamtérène

Nom commercial :
Dyrenium.

Ordonnance requise

Indications thérapeutiques

Ce diurétique (qui augmente l'élimination urinaire) a la caractéristique de ne pas provoquer de pertes en potassium. Seul, il est utilisé pour lutter contre la rétention d'eau survenant dans certaines maladies ; en association avec d'autres médicaments, il est employé dans le traitement de l'hypertension artérielle.

Posologie habituelle

La dose habituelle est de 50 à 100 mg 1 ou 2 fois par jour. Le triamtérène est irritant pour l'estomac et doit être pris avec le repas ou avec du lait. Il est préférable d'ingérer la dernière dose au souper, car l'élimination urinaire qu'il provoque risque d'obliger à se lever la nuit s'il est pris en soirée.

Dans l'œdème, la dose d'entretien est de 100 mg par jour ou aux 2 jours, à prendre le matin.

Le triamtérène peut donner une coloration bleutée à l'urine ; ce n'est pas dangereux.

Si vous oubliez de prendre une dose du médicament, vous pouvez réparer votre erreur dans les heures qui suivent ; mais si vous n'êtes qu'à quelques heures de la prochaine prise, laissez faire et ne doublez pas la dose suivante.

L'efficacité maximale du triamtérène, quant à l'élimination de liquide, se fait sentir après 2 ou 3 jours ; l'effet antihypertenseur pour sa part s'exercera pleinement souvent après 2 à 3 semaines.

Contre-indications

Les maladies rénales et hépatiques rendent l'utilisation du triamtérène risquée.

Certaines personnes sont allergiques à ce médicament et doivent s'en abstenir.

Les malades qui font de l'hyperkaliémie (qui ont trop de potassium dans le sang) ne devraient pas prendre ce médicament. Ceux qui souffrent de diabète ou de goutte devront faire l'objet d'une plus grande surveillance, étant donné que le médicament peut aggraver ces conditions.

L'œdème dont souffrent certaines femmes enceintes ne doit jamais être corrigé par un diurétique, sauf quand il est causé par une maladie qui survient en même temps que la grossesse ; même alors, on ne connaît pas l'effet du triamtérène sur le fœtus ; on sait toutefois qu'il traverse le placenta et aussi qu'il se retrouve dans le lait maternel.

Les diurétiques ne doivent jamais être utilisés dans le seul but de faire maigrir ; ils ne provoquent en effet qu'une perte d'eau et non de graisse et peuvent avoir des effets dangereux.

Effets secondaires possibles

L'utilisation du triamtérène compte des effets secondaires mineurs comme une irritation gastro-intestinale, des maux de tête et des étourdissements qui disparaissent souvent après quelque temps d'utilisation. Le médicament peut aussi accroître la sensibilité aux rayons du soleil et rendre hasardeux les bains de soleil, qu'ils soient artificiels ou non, ou occasionner une réaction allergique plus ou moins grave.

À plus long terme, les inconvénients suivants peuvent survenir :
— de l'hyperkaliémie, résultant de l'accumulation de potassium dans l'organisme ; cela se traduit par de la sécheresse de la bouche, de la soif, des battements irréguliers du cœur, des crampes ou douleurs musculaires, des nausées et vomissements, de l'engourdissement des mains, des pieds ou des lèvres, une fatigue exagérée, un pouls faible et des changements d'humeur brusques ; plus rarement, le malade peut avoir la langue rouge et irritée, souffrir d'un mal de gorge et de fièvre ou présenter des

saignements et des hématomes sans raisons. Il faut rapidement consulter le médecin quand ces symptômes surviennent ; les personnes âgées sont plus susceptibles de développer ce type de réaction ;

— une perte de sodium qui se traduit par de la sécheresse de la bouche, un manque d'énergie, de la somnolence et parfois de la diarrhée, des étourdissements ou des maux de tête ; là encore, il faut vite consulter le médecin.

Existe aussi le risque de complications rénales qui se manifesteraient par de vives douleurs aux flancs. On a déjà rencontré des cas d'anémie chez les femmes enceintes et les personnes souffrant de cirrhose, mais c'est une complication rare.

Interactions médicamenteuses

Le captopril, le Dyazide, le Moduret, la spironolactone, l'Aldactazide et les suppléments de potassium, s'ils sont pris concurremment au triamtérène, risquent de conduire à une intoxication. Le triamtérène potentialise les effets de plusieurs antihypertenseurs et des autres diurétiques : c'est d'ailleurs la plupart du temps un effet recherché. Le triamtérène ne devrait pas être pris en même temps que l'indométhacine ou le lithium, à cause du risque de dommages rénaux graves. S'il est prescrit concurremment aux médicaments contre la goutte et le diabète, il pourra être nécessaire d'ajuster les doses de ces derniers étant donné que le triamtérène est susceptible d'aggraver légèrement ces maladies. Certains médicaments qu'on peut se procurer sans ordonnance comme les remèdes contre l'asthme, le rhume, la toux, la fièvre des foins et les troubles des sinus, peuvent aussi interagir avec le triamtérène et en diminuer l'action.

Le triamtérène employé avec la digitale demande un suivi rigoureux.

La cortisone et ses dérivés peuvent diminuer l'effet du triamtérène et obliger à un rajustement des doses.

Précautions

— Il ne faut pas prendre de suppléments de potassium et il est recommandable d'éviter les aliments qui en contiennent beaucoup (voir le tableau page 510 pour une liste de ces aliments).

— Les vomissements ou la diarrhée peuvent perturber l'équilibre interne des liquides et minéraux ; il est alors nécessaire de se surveiller attentivement pour voir si des signes de déséquilibre n'apparaissent pas (voir « effets secondaires »).

— Il faut l'utiliser avec prudence quand on a des antécédents de calculs rénaux.

— Il ne faut pas réduire d'un coup sa consommation de sel sans en discuter avec son médecin.

— Il est recommandé de se soumettre périodiquement à des analyses sanguines pendant un traitement à long terme, afin de surveiller le taux de potassium et dépister d'éventuelles anomalies sanguines.

— Quand une personne a pris du triamtérène pendant longtemps, il se peut que le métabolisme du potassium soit modifié ; aussi est-il préférable de ne pas cesser d'un coup ce médicament, mais de procéder à un sevrage progressif.

Alternatives

Voir le texte sur l'hypertension artérielle, page 747.

Jugement global

Le triamtérène est rarement utilisé seul, étant donné qu'il n'est pas le médicament de premier choix pour venir à bout de l'œdème et qu'il est considéré inefficace dans le traitement de l'hypertension. Il devrait être réservé aux malades qui éliminent trop de potassium avec les autres diurétiques et qui n'arrivent pas à combler leur déficit par leur alimentation. Il sera alors utilisé en association avec un autre diurétique.

Triazolam

　　　Nom commercial : Halcion.

Ordonnance requise

Indications thérapeutiques

Le triazolam est un produit de la famille des benzodiazépines et s'apparente beaucoup au diazépam (voir le texte sur ce médicament, page 252). Comme le flurazépam, il sert exclusivement à provoquer le sommeil ; il peut mieux convenir aux personnes qui souffrent de somnolence matinale avec le flurazépam, car il est éliminé plus rapidement. Son effet est cependant trop court pour certaines personnes, qui s'éveillent après seulement quelques heures de sommeil.

Posologie habituelle

On utilise des doses de 0,125, 0,25 ou 0,5 mg au coucher. L'effet du triazolam se manifeste d'ordinaire moins d'une demi-heure après l'ingestion.

Contre-indications

Les personnes qui ont des antécédents de glaucome, celles qui souffrent de myathénie grave et les jeunes de moins de 18 ans ne doivent pas utiliser ce médicament, non plus que les femmes enceintes ou qui allaitent ; il peut en effet produire des malformations congénitales surtout durant les trois premiers mois de la grossesse.

Si l'on souffre de maladie du foie ou des reins, l'on emploiera un dosage moins élevé, pour réduire les risques d'intoxication.

Effets secondaires possibles

Bien que relativement peu souvent (si on compare avec le flurazépam), le triazolam peut produire de la somnolence matinale, qui s'accompagne parfois de fatigue, d'étourdissements, d'incoordination des mouvements et de maux de tête. On lui associe cependant plus souvent l'apparition d'anxiété diurne qui serait liée à la courte durée d'action du médicament. On a aussi observé quelques cas de dépersonnalisation, de dépression, de paranoïa, d'hallucinations et de confusion qu'on a associés à l'emploi de fortes doses (1 mg) et qui ont eu pour conséquence le retrait du médicament aux Pays-Bas. Un malade qui avait pris du triazolam est mort d'un problème hépatique.

On attribue finalement au triazolam les mêmes effets secondaires qu'au diazépam (voir page 254).

Interactions médicamenteuses

Le triazolam possède les mêmes interactions que le diazépam (voir page 255).

Précautions

Bien qu'elle soit plutôt rare, la somnolence résiduelle (le fameux *hang-over*) peut se produire. Si on en est affecté, on devra éviter l'utilisation de véhicules automobiles et de machines demandant de l'attention. L'alcool peut augmenter cet effet.

L'effet du triazolam et des autres benzodiazépines sur le sommeil est difficile à établir ; il semble que ces produits diminuent la durée du sommeil profond et du sommeil REM (pendant lequel se produisent les rêves). On observe aussi souvent — surtout après un usage de plus de quelques semaines — un phénomène rebond d'insomnie si on cesse brusquement de prendre le médicament. Pour éviter que cela se produise, on aura avantage à diminuer progressivement les doses. On pourra éventuellement remplacer le triazolam par une dose équivalente de diazépam qu'on réduira petit à petit, tel qu'on l'a expliqué à la page 255.

Alternatives

Voir le texte sur l'insomnie, page 766.

Jugement global

Le fabricant a misé sur la plus faible incidence de somnolence matinale pour répandre l'usage du triazolam. Il a en grande partie réussi. Le triazolam est maintenant un des « best-sellers » du monde pharmaceutique. Il reste pourtant un médicament puissant et qui créerait de ce fait plus facilement une dépendance. Certaines études ont aussi montré que l'effet du triazolam diminue après deux semaines d'utilisation. Il y a là le risque d'être tenté d'augmenter le dosage et de voir apparaître les effets secondaires plus rares mais plus graves dont il a été question plus haut, effets qui ont d'ailleurs forcé le retrait du médicament aux Pays-Bas et font remettre en question son usage en Angleterre et en Belgique. On peut aussi le remettre en question sans attendre une condamnation officielle.

Trifluopérazine

Noms commerciaux :
Apo-Trifluopérazine,
Novoflurazine, Solazine,
Stelazine, Terfluzine,
Triflurine.

Ordonnance requise

Indications thérapeutiques

La trifluopérazine est un médicament de la famille des phénothiazines qui possède les mêmes contre-indications, effets secondaires possibles et interactions que ces médicaments ; elle requiert aussi les mêmes précautions et mérite le même jugement global que ces derniers. Pour plus de détails, nous renvoyons les lecteurs au texte sur la chlorpromazine (page 186).

Par ailleurs, la trifluopérazine se distingue de ce médicament par les points suivants.

Posologie habituelle

La quantité de médicament nécessaire varie beaucoup selon la gravité de l'état qu'on cherche à soigner et les réactions au médicament. La posologie habituelle varie entre 4 et 20 mg par jour, fractionnée en 2 ou 3 prises. On observe un intervalle de 2 à 3 semaines avant que l'effet optimal du médicament se manifeste, bien qu'on puisse noter dès le début du traitement une amélioration de l'état psychologique.

La trifluopérazine s'administre aux repas.

Effets secondaires possibles

Si la trifluopérazine présente potentiellement les mêmes effets secondaires que la chlorpromazine, elle s'en distingue dans la fréquence de leur incidence. Elle est moins sédative et crée moins d'hypotension que la chlorpromazine. Elle occasionne aussi généralement moins d'embrouillement de la vue, moins de constipation, de rétention urinaire et de sécheresse de la bouche. En contrepartie, on observe qu'elle est plus souvent responsable d'effets moteurs apparentés au parkinson et au besoin de bouger.

Triméthoprim

Nom commercial :
Proloprim.

Ordonnance requise

Indications thérapeutiques

Le triméthoprim est un antibactérien le plus souvent utilisé dans le traitement des infections non compliquées des voies urinaires. On l'emploie aussi parfois en traitement préventif de ces mêmes infections.

Posologie habituelle

Le traitement le plus courant consiste à prendre 100 mg 2 fois par jour toutes les 12 heures, pendant 10 jours.

En prophylaxie, la dose est de 100 mg par jour, au coucher.

Le médicament doit être pris de préférence à jeun, avec un grand verre d'eau.

Contre-indications

Le triméthoprim nc devrait pas être donné aux personnes qui souffrent d'une anémie liée à un déficit en acide folique. Les gens dont la fonction rénale ou hépatique est altérée devraient prendre une dose réduite de ce médicament.

Le triméthoprim provoque des malformations chez le fœtus des rongeurs. Bien que des problèmes analogues n'aient pas été relevés chez l'humain, on sait que le médicament traverse le placenta et qu'il se retrouve dans le sang du fœtus ; on recommande donc de s'en abstenir dans la mesure du possible au cours de la grossesse. Il est aussi préférable de l'éviter au cours de l'allaitement, étant donné qu'il se retrouve dans le lait.

Effets secondaires possibles

Le triméthoprim occasionne parfois des maux de tête, des démangeaisons ou une éruption cutanée, un mauvais goût dans la bouche, des nausées, une perte d'appétit, une diarrhée et des douleurs à l'estomac.

Tous ces symptômes n'entravent pas théoriquement la poursuite du traitement, à moins qu'ils deviennent trop incommodants.

L'apparition d'un mal de gorge, de faiblesse, de pâleur, d'une tendance à faire des bleus, le bleuissement des ongles, des lèvres ou de la peau et de la difficulté à respirer laissent supposer un problème plus grave et demandent l'intervention rapide du médecin. Ces réactions sont toutefois rares.

Interactions médicamenteuses

La carbamazépine, la colchicine, l'oxyphenbutazone, la phénylbutazone, la phénytoïne, la rifampine, les sulfas, l'acide valproïque, le triamtérène et les médicaments anticancéreux donnés concurremment accroissent le risque d'effets secondaires graves.

Précautions

Le triméthoprim, surtout lorsqu'il est administré à long terme, cause parfois une déficience en acide folique. Une alimentation riche en folate pourrait prévenir cette complication. On veillera donc à intégrer dans son alimentation quotidienne certains des aliments suivants : foie et viande de bœuf, de veau ou de porc, asperges, épinards, carottes, choux, haricots verts et pommes de terre.

Si après quelques jours de traitement, il n'y a pas de progrès, il faut recontacter son médecin, car les microorganismes peuvent résister à ce médicament et alors il peut être nécessaire d'utiliser un autre médicament.

Même si les symptômes disparaissent, il est important de poursuivre le traitement jusqu'au bout.

Durant les traitements prolongés, il faut voir le médecin régulièrement, qui devrait effectuer des prises de sang pour vérifier les effets du triméthoprin sur le sang.

En cas d'oubli d'une dose, la prendre au plus tôt ; si la prise suivante arrive bientôt, la décaler de 5 ou 6 heures.

Alternatives

Voir le texte sur les cystites, page 759.

Jugement global

Le triméthoprim représente une voie de traitement des cystites, peut-être surtout pour les personnes allergiques aux sulfamidés ou qui supportent mal l'ampicilline. Il a aussi l'avantage, comme le Septra ou le Bactrim, de n'être pris que deux fois par jour.

Trimipramine

Nom commercial :
Surmontil.

Ordonnance requise

La trimipramine est un antidépresseur similaire à l'amitriptyline. Elle possède les mêmes indications thérapeutiques, posologie, contre-indications, etc., quoique tout cela puisse varier d'une personne à l'autre. Bien que la publicité affirme que la trimipramine cause peu d'effets secondaires, il n'a pas été démontré qu'elle possède quelque avantage sur les autres antidépresseurs... beaucoup moins coûteux. On se référera au texte sur l'amitriptyline pour plus de détails, page 132.

Trinalin

Association d'azatidine et
de pseudoéphédrine.

Ordonnance requise

Indications thérapeutiques

Le Trinalin associe un antihistaminique et un décongestionnant et sert principalement à décongestionner les voies nasales supérieures lorsque la congestion comporte une composante allergique.

Posologie habituelle

L'adulte et l'enfant de plus de 12 ans prendront une dragée 2 fois par jour toutes les 12 heures.

Le médicament ne devrait pas être administré aux enfants de moins de 12 ans.

L'azatidine est un médicament analogue à la cyproheptadine. Les lecteurs se reporteront donc au texte à la page 247 pour ce qui est des contre-indications, effets secondaires, etc. On consultera également la monographie de la pseudoéphédrine qui est aussi présente dans le médicament.

Jugement global

Le Trinalin est un médicament qui peut avoir une bonne efficacité dans la congestion des voies respiratoires lorsque celle-ci comporte une composante allergique. Cette association médicamenteuse n'est cependant ni pire ni meilleure que les autres associations antihistaminique-décongestionnant qui existent en nombre considérable sur le marché. Son utilisation dans le rhume non allergique est d'une utilité douteuse à cause de la présence de l'antihistaminique qui a pour effet d'épaissir les sécrétions.

V

Valproïque (acide)

> Noms commerciaux :
> Depakene, Epival
> (divalproex).

Ordonnance requise

Indications thérapeutiques

On utilise l'acide valproïque dans le traitement de certaines formes d'épilepsie pour réduire l'incidence des crises.

Posologie habituelle

La dose nécessaire est calculée selon le poids corporel. On commence le traitement avec 15 mg/kg/jour. Cette dose peut être augmentée à raison de 5 à 10 mg/kg/jour chaque semaine jusqu'à ce qu'on obtienne un contrôle des crises ; l'activité optimale du médicament peut mettre 2 semaines à se manifester. Si la dose quotidienne totale dépasse 250 mg, elle devra être divisée en plusieurs prises à ingérer aux repas, afin de réduire les risques d'irritation gastrique. Pour un adulte, les doses peuvent aller de 750 à 2 000 et même 3 000 mg par jour.

On ne devra pas briser la capsule, sans quoi il y risque d'inflammation de la bouche.

Quand on le prend une fois par jour, si on oublie une dose, on peut la prendre dès qu'on s'en souvient dans la mesure où la prochaine dose est à un intervalle de plus de 6 heures, sinon, laisser tomber cette dose.

Contre-indications

On ne prendra pas d'acide valproïque si on y est allergique. On essaiera aussi de l'éviter si l'on souffre de maladies sanguine, hépatique ou rénale, à cause du risque plus grand de complications graves. En présence de retard mental ou de maladie cérébrale organique, il semble aussi y avoir une possibilité plus grande d'effets secondaires.

L'usage d'acide valproïque au cours du premier trimestre de la grossesse est associé à des malformations congénitales. On sait par ailleurs que les crises convulsives peuvent être dangereuses pour la mère et pour l'enfant. Il s'agit donc d'évaluer les risques respectifs d'apparition des crises et d'effets secondaires dans chaque cas. On pourra préférer un autre médicament au cours de cette période.

Effets secondaires possibles

Les complications les plus fréquentes sont la diarrhée, les nausées, les vomissements et les malaises gastro-intestinaux ; la nouvelle forme d'acide valproïque, le divalproex, permettrait de réduire ces problèmes. On peut aussi expérimenter des perturbations du cycle menstruel, de la constipation, de la somnolence, des tremblements, des étourdissements, de la faiblesse, des maux de tête, de l'insomnie, une augmentation de la salivation, un gain de poids, une perte de cheveux ou de l'énurésie. Ces effets n'empêchent généralement pas de continuer le traitement. Par contre, on devra contacter son médecin si une réaction allergique cutanée se manifeste, si la peau ou les yeux deviennent jaunes (problème hépatique), si les malaises gastro-intestinaux ou d'incoordination motrice s'aggravent (pancréatite, surdosage ou intolérance), si se développe une tendance à faire des bleus facilement (problème au niveau du sang) ou si on devient agité, agressif, dépressif ou psychotique.

L'acide valproïque a causé de la stérilité à des animaux mâles, lorsqu'on leur a administré à fortes doses ; on ne connaît pas d'effet équivalent chez l'homme.

Interactions médicamenteuses

Les médicaments suivants peuvent augmenter l'effet de somnolence de l'acide valproïque : les anesthésiques, les antidépresseurs, les antihistaminiques, les tranquillisants et les somnifères. Le phénobarbital et la primidone voient leurs effets et leur toxicité augmentés ; les dosages devront être ajustés en conséquence.

Si l'acide valproïque est donné avec la phénytoïne, on devra se faire suivre de près ; il peut y avoir augmentation des crises épileptiques ou, au contraire, intensification de l'action et de la toxicité de chacun des médicaments. Son association avec l'AAS, la warfarine, le dipyridamole et le sulfinpyrazone est aussi délicate ; il peut en résulter des problèmes de coagulation.

La carbamazépine diminue l'effet de l'acide valproïque et les antiacides l'augmentent. Les antidépresseurs et les neuroleptiques peuvent abaisser le seuil convulsif et demander un ajustement des doses.

Précautions

Avant de commencer un traitement avec l'acide valproïque, on devra s'assurer de subir les tests suivants : vérification de la fonction hépatique et rénale, formule sanguine et évaluation du temps de coagulation. Ces tests devront ensuite être répétés régulièrement ; la fonction hépatique sera obligatoirement évaluée tous les 2 mois durant les 6 premiers mois et le temps de coagulation avant toute intervention chirurgicale. Ceci est particulièrement important si on utilise aussi d'autres médicaments anticonvulsivants.

L'acide valproïque peut modifier les résultats des tests urinaires qui servent à déterminer les taux de cétone.

Si le médicament provoque de la somnolence, il peut nuire à la conduite automobile et à la manipulation de machines demandant de l'attention.

Si on doit discontinuer le traitement à l'acide valproïque, il faut le faire graduellement, pour réduire les risques de précipiter une crise.

Alternatives

Les épileptiques auraient intérêt à s'observer attentivement, par exemple en notant systématiquement les circonstances qui entourent leurs crises ; ils peuvent ainsi arriver à découvrir certains facteurs qui provoquent ces crises et par la suite tenter de les éviter. Ils peuvent aussi, quand ils n'ont pas fait de crises pendant une période assez longue, trois ans par exemple, tenter, avec l'aide de leur médecin, de diminuer progressivement leur médication pour essayer de s'en passer complètement.

Par le biofeedback, certains épileptiques arrivent à modifier leurs ondes cérébrales pour écarter les crises imminentes ; c'est là une voie fort prometteuse.

Jugement global

L'acide valproïque est un anticonvulsivant efficace ; on avait espéré lors de son introduction qu'il ne possède pas les effets secondaires graves des autres médicaments antiépileptiques, mais on a vite déchanté. Effectivement, les effets toxiques sont moins fréquents, mais ils sont souvent graves. Il peut entraîner des lésions hépatiques sérieuses qui se sont même avérées mortelles chez quatre personnes qui l'utilisaient en association avec d'autres anticonvulsivants. On préférera de façon générale recourir à des médicaments plus anciens ou, si on l'utilise (dans les cas où les médicaments classiques ne sont pas efficaces), on se soumettra régulièrement aux tests requis pour dépister toute anomalie.

Vérapamil

Nom commercial : Isoptin.

Ordonnance requise

Indications thérapeutiques

Le vérapamil permet une augmentation de l'apport de sang et d'oxygène au cœur ; il s'avère souvent efficace pour réduire la fréquence des crises d'angine et pour accroître la tolérance à l'effort. On l'utilise aussi soit en capsules, soit en injection intraveineuse (dans les urgences) pour régulariser le rythme cardiaque. Il peut enfin servir au traitement de l'hypertension.

Posologie habituelle

On commence le traitement à raison de 80 mg 3 ou 4 fois par jour 1 heure avant ou 2 heures après les repas. Cette dose peut être augmentée progressivement jusqu'à 480 mg par jour. Dans les cas de cardiomyopathie, la dose pourra aller jusqu'à 720 mg. Lors d'un traitement chronique, on doit cependant assez souvent diminuer les doses après quelque temps, le médicament ayant tendance à s'accumuler.

L'effet du médicament met généralement de 24 à 48 heures avant de se manifester.

Si l'on oublie de prendre le médicament, on devra le faire aussitôt que l'on s'en rend compte, sauf si l'on est à moins de 2 heures de la prochaine prise.

Contre-indications

On ne devra pas employer le vérapamil après un infarctus du myocarde, si l'on souffre d'insuffisance cardiaque moyenne ou grave, d'hypotension grave, lors d'un état de choc d'origine cardiaque, de ralentissement cardiaque et dans certains troubles de la conduction cardiaque. On l'évitera si l'on y a déjà fait une réaction allergique. Les doses devront être réduites de 30 % si l'on souffre d'insuffisance hépatique. Les femmes enceintes et celles susceptibles de le devenir devront bien peser le pour et le contre de l'emploi du vérapamil ; on a en effet démontré que le vérapamil possède une action tératogène chez les animaux ; ce potentiel n'a pas été étudié chez l'humain.

Effets secondaires possibles

La constipation est l'effet secondaire qui se produit le plus souvent. Elle n'oblige habituellement pas à l'arrêt du traitement pas plus que les effets suivants : des étourdissements, une sensation de légèreté dans la tête, une sensation de chaleur accompagnée de rougeur, des maux de tête, des nausées, de la nervosité, de la faiblesse, des tremblements, des crampes à l'estomac, de l'enchifrènement et de la fatigue. Par ailleurs, l'apparition des symptômes suivants demande l'intervention rapide du médecin : de la difficulté à respirer, un ralentissement ou une irrégularité du rythme cardiaque, des douleurs à la poitrine, des évanouissements et une éruption cutanée. Une enflure des chevilles et des pieds sera aussi rapportée au médecin.

Certaines recherches ont montré que le vérapamil pouvait altérer la tolérance au glucose et manifester un effet diabétogénique. Bien que toutes les études ne s'entendent pas à ce sujet, on devra rester prudent et surveiller les concentrations de glucose sanguin.

Interactions médicamenteuses

L'emploi de vérapamil en association avec des bêta-bloquants produit parfois des effets bénéfiques, mais il peut aussi causer de l'hypotension, de l'insuffisance cardiaque ou des arythmies ; les patients utilisant ces deux types de médicaments devront être suivis de très près.

L'emploi de vérapamil associé à de la quinidine ou de la procaïnamide a déjà provoqué de l'hypotension et un ralentissement cardiaque grave ; on veillera à faire ajuster les doses pour éviter ces réactions.

On devra aussi faire ajuster les doses du digoxin, de la warfarine, du dicoumarol, d'AAS et d'autres anti-inflammatoires non stéroïdiens et de la phénytoïne, lorsqu'ils sont pris en même temps que le vérapamil. Ceci est particulièrement important pour le digoxin qui pourrait causer une intoxication.

Les personnes prenant des antihypertenseurs ou des nitrates verront le vérapamil augmenter la puissance de ces médicaments et elles devront être suivies de plus près, pour évaluer l'importance de cet effet.

On ne doit jamais prendre de disopyramide 48 heures avant et 24 heures après le vérapamil.

Précautions

— Le vérapamil peut causer de l'hypotension qui se manifestera par des étourdissements lorsqu'on passe de la position couchée ou assise à la position debout ; on veillera à effectuer ces transitions lentement. L'alcool et l'exercice violent peuvent aggraver cette réaction de façon dangereuse.

— Si le vérapamil ralentit le rythme cardiaque à moins de 50 battements par minute, on devra contacter son médecin.

— Après un usage de vérapamil pendant plusieurs semaines, on ne devrait pas cesser de prendre ce médicament de façon brusque, mais plutôt en diminuer les doses progressivement.

— On devra se soumettre à une évaluation régulière de sa pression sanguine et de sa fonction hépatique, ainsi qu'à une estimation de la concentration du glucose sanguin.

— On veillera à augmenter sa consommation d'aliments riches en fibres et son apport d'eau afin de réduire la gravité de la constipation si elle se produit.

Alternatives

Tout traitement d'hypertension devrait inclure un changement des habitudes de vie : alimentation, réduction du stress et activité physique. On sait maintenant qu'il est possible de contrôler l'hypertension légère (et celle-ci compte pour une bonne part des hypertensions) en agissant sur ces éléments. On devrait réserver l'usage de médication aux cas plus graves et nécessairement y allier ces mêmes actions.

Voir le texte sur l'angine, page 677 et sur l'hypertension, page 747.

Jugement global

Le vérapamil est un médicament assez récent ; il a été mis sur le marché au Canada en 1981-1982. Il a d'abord servi au traitement de l'angine pour lequel il semble offrir une solution de rechange valable aux bêta-bloquants et aux nitrates à longue durée. Il est maintenant devenu un médicament de choix dans le traitement d'urgence des arythmies. Son introduction dans la thérapeutique de l'hypertension est plus récente et semble prometteuse pour les gens qui ne tolèrent ni les bêta-bloquants ni les diurétiques. Il reste cependant que ce médicament est jeune et qu'on n'en connaît pas encore vraiment les effets à long terme.

En fait, si les bêta-bloquants ont constitué *le* traitement médicamenteux du début des années 80 dans le domaine cardio-vasculaire, les bloqueurs calciques (dont le vérapamil) semblent maintenant vouloir leur enlever une part du marché. Ils sont d'ailleurs déjà en étude comme traitement préventif des migraines, dans le syndrome de Raynaud, dans l'asthme, les douleurs menstruelles, etc.

Apport réel à l'arsenal thérapeutique ou rentabilisation d'un investissement ?... Sans doute un mélange (plus ou moins équilibré) des deux.

Vitamines et minéraux

Ordonnance non requise

Indications thérapeutiques

Les vitamines et les minéraux jouent dans l'organisme un rôle important. Ils s'allient aux autres éléments de l'alimentation (protéines, glucides et graisses) pour assurer l'équilibre et le bon fonctionnement de nos tissus et organes ; ils permettent une utilisation optimale des éléments nutritifs et contribuent à la formation ainsi qu'à la bonne santé des tissus (os, dents, muscles, etc.) ; ils représentent en fait un des facteurs essentiels de l'équilibre énergétique de notre corps.

Bien qu'on admette généralement qu'on puisse trouver ces éléments dans une alimentation équilibrée, on les utilise souvent sous forme de comprimés, capsules… comme supplément alimentaire, pour s'en assurer un apport minimal. On les emploie à plus forte dose pour traiter une carence (mais cela reste rare) et maintenant de plus en plus pour contrer les effets désastreux du stress, de la pollution et aussi pour soigner un éventail impressionnant de maladies. Nous n'entrerons pas ici dans les détails de ces indications qui pourraient faire l'objet d'un ouvrage entier. Nous soulignerons surtout leur utilisation comme supplément alimentaire.

Certaines circonstances plus spécifiques justifient habituellement l'utilisation d'un supplément de vitamines et minéraux ; elles sont détaillées en page 647. Nous y ajouterons les suivantes :
— les nouveau-nés allaités au sein devront recevoir de la vitamine D dès leur première semaine de vie. Ceux qui sont nourris au lait « humanisé » n'ont pas besoin de suppléments, les formules fournissant les rations nécessaires ;
— les enfants présentant des difficultés à s'alimenter et ne se développant pas de façon satisfaisante pourront prendre des vitamines du complexe B.

Posologie habituelle

Le tableau suivant donne, pour chacune des vitamines et des sels minéraux, ce qui devrait constituer l'apport moyen quotidien pour la population en général. Ces chiffres s'appuient sur les normes admises par l'Académie nationale des sciences des États-Unis, qui spécifie à leur endroit différents points qui nous semblent importants :
— ces chiffres constituent une moyenne et ne représentent pas nécessairement les besoins individuels d'une personne donnée. On peut aussi considérer qu'ils se situent au-delà des besoins de la majorité de la population ; une personne pourrait consommer moins que les quantités recommandées sans nécessairement souffrir de déficience, mais le risque de déficience croît à mesure que l'on s'éloigne des normes ;
— les quantités de nutriments recommandées représentent les besoins présumés d'une population *en santé*. Les prématurés et les personnes souffrant de maladie chronique ou qui prennent des médicaments ont probablement des besoins nutritionnels différents ;

	0-1 an	*1-3 ans*	*4-11 ans*	*hommes*
Vit. A (u.i.)	2000-2100	2000	2500-3500	5000
Vit. D (u.i.)	400	400	400*	200
Vit. E (u.i.)	5	10	30	30
Vit. C (mg)	35	45	45	50-60
Thiamine (mg)	0,3-0,5	0,7	0,7-0,9	1,4
Riboflavine (mg)	0,4-0,6	0,8	1-1,4	1,6
Niacine (mg)	6-8	9	11-16	18
Vit. B_6 (mg)	0,3-0,6	0,9	1,3-1,6	1,8-2,2
Acide folique (mg)	30-45	100	200-300	400
Vit. B_{12} (mg)	0,5-1,5	2	2,5-3	3
Calcium (mg)	360-540	800	800	800-1200
Phosphore (mg)	240-360	800	800	800-1200
Magnésium (mg)	50-70	150	200-250	350
Fer (mg)	10-15	15	10**	10
Zinc (mg)	3-5	10	10	15
Iode (mg)	40-50	70	90-120	150

	femmes	*grossesse*	*allaitement*
Vit. A (u.i.)	4000	+1000	+2000
Vit. D (u.i.)	200	+200	+200
Vit. E (u.i.)	30		
Vit. C (mg)	50-60	+20	+40
Thiamine (mg)	1,1	+0,4	+0,5
Riboflavine (mg)	1,3	+0,3	+0,5
Niacine (mg)	14	+2	+5
Vit. B_6 (mg)	1,8-2	+0,6	+0,5
Acide folique (mg)	400	+400	+100
Vit. B_{12} (mg)	3	+1	+1
Calcium (mg)	800-1200	+400	+400
Phosphore (mg)	800-1200	+400	+400
Magnésium (mg)	300	+150	+150
Fer (mg)	10	+30-60	+30-60
Zinc (mg)	15	+5	+10
Iode (mg)	150	+25	+50

Les + signifient que ces quantités doivent être ajoutées aux quantités de base.
* Jusqu'à 18 ans.
** De 11 à 18 ans : 18 mg.

— une alimentation saine et variée représente la meilleure façon de s'assurer d'un apport suffisant des divers nutriments. Les nutriments dont les besoins ont été établis et qui sont indiqués dans le tableau ne forment en effet qu'une partie de ce dont l'organisme a besoin pour fonctionner de façon optimale.

L'utilisation routinière de suppléments multi-vitaminiques semble donc plus ou moins justifiée. Par ailleurs, le recours à un apport additionnel d'un certain nombre de ces nutriments pourrait avoir du sens dans certains cas spécifiques. Les besoins gagneraient alors à être évalués précisément par une personne compétente, au lieu de tenter de les combler en ne se fiant qu'aux affirmations d'une publicité de plus en plus vigoureuse.

Effets secondaires

Les vitamines et les minéraux employés aux doses ci-haut mentionnées n'occasionnent habituellement pas d'effets secondaires. On a cependant observé les réactions suivantes à la suite de l'utilisation de préparations contenant plusieurs vitamines B : de l'urticaire, de l'œdème, des démangeaisons et une dermatite. On sait aussi que la prise à forte dose d'une vitamine peut entraîner un débalancement des autres éléments.

Précautions

— Certaines vitamines, en l'occurrence les vitamines A, D et E, peuvent s'accumuler et provoquer des intoxications si elles sont utilisées à forte dose. Ceci est particulièrement important pour la vitamine D : la marge de sécurité entre la dose requise et la dose toxique est particulièrement mince, surtout chez les jeunes enfants. L'intoxication se manifeste par une perte d'appétit, des nausées, des vomissements, de la diarrhée, de la soif, un besoin d'uriner souvent et une augmentation du taux de calcium sanguin. On devra tenir compte des quantités contenues dans le lait et les aliments, et ne jamais donner plus que la quantité recommandée plus haut en supplément. Pour ce qui est de la vitamine A, une dose de 25 000 à 50 000 u.i. par jour prise pendant une période de plus de 8 mois peut s'avérer toxique pour un adulte ; l'intoxication se manifeste par de la sécheresse de la peau et des démangeaisons. Peuvent aussi apparaître, entre autres signes, de la fièvre et une irritation de la bouche.

— La vitamine C peut, à des doses aussi faibles que 1 g par jour, occasionner des diarrhées.

— Le zinc peut aussi causer des effets néfastes ; une dose de 220 mg a déjà provoqué des nausées et des vomissements, alors que cette même quantité prise deux fois par jour pendant 7 jours a causé une anémie secondaire à une érosion gastrique chez une jeune fille qui prenait ce minéral pour l'acné.

— Si on souffre d'insuffisance rénale, on devra éviter la prise de magnésium.

— La vitamine B_6 interfère avec l'action du L-dopa (un médicament donné contre la maladie de Parkinson) si elle est prise à des doses supérieures à celles recommandées. On croit aussi qu'elle peut nuire à la lactation.

— L'utilisation d'acide folique peut masquer la présence d'anémie pernicieuse ou de déficience en vitamine B_{12}.

Jugement global

Les médecins ont beaucoup critiqué l'usage de suppléments de vitamines et de minéraux, qu'ils soient employés comme complément à l'alimentation ou dans le traitement de pathologies plus spécifiques ; ils n'attribuent à ce traitement que la valeur d'un effet placebo. On continue par ailleurs à accumuler des données qui obligent à nuancer ce jugement et à admettre que cette science du traitement par les vitamines pourrait avoir une valeur et occuper une plus grande place dans les pratiques thérapeutiques. Pour une discussion plus détaillée sur ce thème, nous vous référons à la page 647.

W

Warfarine

Noms commerciaux :
Athrombin K, Coumadin,
Warfilone.

Ordonnance requise

Indications thérapeutiques

La warfarine est un anticoagulant ; elle empêche le sang de coaguler.
Elle s'emploie dans certaines conditions pathologiques impliquant le
cœur ou la circulation sanguine pour prévenir la formation de caillots
dans les vaisseaux sanguins ; elle ne peut cependant dissoudre les caillots déjà formés.

Posologie habituelle

Les doses de warfarine nécessaires pour obtenir l'effet désiré varient
d'une personne à l'autre et doivent être ajustées à l'aide d'un test sanguin appelé le temps de prothrombine.

La plupart du temps, on préfère commencer un traitement de warfarine avec des doses quotidiennes de 10 à 15 mg pendant 2 à 4 jours.
Par la suite, la dose d'entretien se situe entre 2 et 10 mg par jour.

L'effet anticoagulant de la warfarine débute 24 à 36 heures après
la première dose et il peut persister 4 à 5 jours après l'arrêt du médicament.

Contre-indications

La warfarine ne doit pas être employée par les personnes qui ont subi
récemment ou qui s'apprêtent à subir une intervention chirurgicale,

non plus que par les malades souffrant de maladies sanguines, d'ulcères gastro-intestinaux ou d'autres conditions susceptibles de provoquer des hémorragies. Ainsi, un accouchement ou un avortement récent, des hémorragies menstruelles abondantes, l'insertion récente d'un stérilet ou une diarrhée sévère peuvent aboutir à des pertes sanguines importantes, quand on prend des anticoagulants.

Les femmes enceintes devraient éviter ce médicament ; pendant le premier trimestre il peut provoquer des malformations congénitales et pendant toute la grossesse être la cause d'une hémorragie chez la mère ou chez le fœtus. La warfarine passe dans le lait maternel et le nouveau-né peut alors faire des hémorragies plus facilement.

L'allergie à ce médicament est possible ; une telle réaction en interdit l'usage subséquent.

Les personnes souffrant de troubles rénaux ou hépatiques sérieux, de diabète, de maladies infectueuses ou de perturbations de la flore intestinale, d'hypertension modérée ou grave et celles qui ont un cathéter à demeure devront être suivies de plus près pendant un tel traitement.

Effets secondaires possibles

L'adaptation au traitement peut entraîner des gonflements d'estomac, des gaz, une vision embrouillée, la chute des cheveux, une baisse d'appétit ou des crampes abdominales ; habituellement ces symptômes disparaissent d'eux-mêmes et ne requièrent pas l'arrêt du traitement. Par contre, d'autres symptômes peuvent indiquer une réaction plus grave et demandent une consultation médicale rapide : de la diarrhée, des signes d'allergie comme les démangeaisons ou de l'urticaire, un mal de gorge accompagné de fièvre et de frissons, une faiblesse ou une fatigue inhabituelles, un jaunissement des yeux, une urine foncée ou l'enflure des pieds. Certains malaises indiquent la possibilité d'une hémorragie interne : de la douleur ou de l'enflure abdominale ou les deux, des douleurs au dos, des selles noires ou qui contiennent du sang, une urine brouillée ou teintée de sang, de la constipation, une toux avec expectorations sanguines, des étourdissements, un mal de tête important ou durable et des vomissements qui contiennent du sang ou des granules semblables à du café. Dans tous ces cas, il est important de contacter son médecin.

Des gencives qui saignent trop facilement pendant le brossage des dents, des pertes de sang exagérées à l'occasion d'une coupure, des ecchymoses (des bleus) qui surviennent sans raison, des saignements de nez ou des menstruations inhabituellement importantes peuvent aussi être l'indice d'un surdosage de warfarine.

Un effet secondaire rare mais grave peut survenir en début de traitement, principalement au niveau des seins, des fesses, des cuisses, des pieds ou du pénis ; cet effet se manifeste par l'apparition de points rouges, d'ecchymoses douloureuses ou de bulles sur la peau qui demandent qu'on voie son médecin rapidement, car ces problèmes peuvent être suivis d'une gangrène ou d'une nécrose des tissus.

Interactions médicamenteuses

Un très grand nombre de médicaments modifient l'action de la warfarine de façon significative ; avant d'utiliser quelque médicament que ce soit (prescrit ou non) pendant ce traitement, il est donc important d'en parler à son médecin.

Les médicaments suivants augmentent l'activité de la warfarine : l'acide méfénamique, l'acide nalidixique, l'acide valproïque, l'allopurinol, l'amiodarone, les antidépresseurs, l'aspirine, la chlorpromazine, la cimétidine, le clofibrate, le danazol, le dipyridamole, le disulfiram, l'érythromycine, le gemfibrozil, l'hydrate de chloral, les hypoglycémiants oraux, l'indométhacine et plusieurs autres anti-inflammatoires, l'isoniazide, le méthyldopa, le métronidazole, la nifédipine, l'oxyphenbutazone, le phénylbutazone, la quinine, la quinidine, le sulfinpyrazone, les sulfas (dont le Septra et le Bactrim), les tétracyclines, les stéroïdes anabolisants, les extraits thyroïdiens, le vérapamil, les vitamines A et E et le vaccin contre la grippe.

Les médicaments suivants en diminuent l'activité : les barbituriques, la carbamazépine, le cholestyramine, la vitamine C à forte dose, les œstrogènes, le méprobamate, le glutéthimide, la primidone, la rifampine et la spironolactone.

La warfarine perturbe l'effet des hypoglycémiants oraux.

Les corticostéroïdes, les contraceptifs oraux, le disopyramide et la phénytoïne peuvent perturber l'activité de la warfarine.

Les laxatifs et les antiacides doivent être pris plusieurs heures avant ou une heure après la warfarine pour ne pas entraver son absorption.

Précautions

— Toute personne qui a des antécédents de maladie thrombo-embolique personnels ou familiaux devra se soumettre à une évaluation de protéine C. Une carence de protéine C prédisposerait à la nécrose.

— Il faut respecter religieusement les dosages prescrits et ne jamais les modifier de son propre chef. Quand une dose est oubliée, la reprendre au plus tôt, mais ne jamais prendre deux doses en même temps, car les risques d'hémorragie sont alors augmentés de beaucoup.

— Pendant quelque maladie que ce soit, l'action de la warfarine peut être modifiée ; il est alors important de se faire suivre de plus près et de surveiller attentivement l'apparition des signes d'hémorragie.

— Il est important que le médecin fasse faire des tests sanguins à intervalles périodiques, pour vérifier l'efficacité du traitement.

— Quand on consulte un médecin ou un dentiste, il faut toujours le prévenir si on utilise ce médicament ; d'ailleurs beaucoup de personnes portent sur elles, en cas d'accident, une carte disant qu'elles prennent des anticoagulants ; c'est là une pratique fort recommandable.

— Il est préférable d'éviter la pratique des sports violents (de contact surtout) ou les activités qui pourraient provoquer des blessures ; en cas de chute, il est recommandable de communiquer avec son médecin, à cause des dangers d'hémorragie interne.

— Le brossage des dents devrait se faire avec une brosse à poil doux ; quant au rasage, il est préférable d'utiliser un rasoir électrique pour éviter les blessures.

— L'alcool peut modifier l'effet de la warfarine ; il est donc préférable de s'en tenir à un ou deux verres et seulement de façon occasionnelle.

— Les changements diététiques importants peuvent modifier l'action de la warfarine ; il faut donc éviter de se mettre à la diète ou prévenir son médecin en cas de perte d'appétit.

— L'arrêt subit de la warfarine n'est pas recommandable ; le sevrage devrait s'étaler sur 3 ou 4 semaines.

— Il est préférable d'éviter de manger en trop grande quantité les aliments riches en vitamine K qui peuvent réduire l'efficacité de ce traitement (le chou, le chou-fleur, le poisson, le foie, les épinards, le brocoli et le bacon, en particulier).

— Ce traitement peut donner une couleur rouge orangée à l'urine alcaline ; si cette coloration disparaît lorsqu'on ajoute du vinaigre, c'est le signe qu'il s'agit bien d'un effet du médicament et non de traces de sang dans l'urine.

Jugement global

Le traitement aux anticoagulants peut être utile dans certaines maladies ; il requiert cependant un suivi médical fort attentif et de nombreuses précautions, car ses effets secondaires peuvent être graves.

Références de la deuxième partie

AMES, R.P., « The Effects of Antihypertensive Drugs on Serum Lipids and Lipoproteins », *Drugs*, vol. 32, 1986, p. 260-278.

ANDERSON, J. W. *et al.*, « Fiber and Diabetes », *Diabetes Care*, juil.-août 1979, p. 369-377.

ARIS-JILWAN, N., « Objectifs de l'auto-contrôle », *Plein Soleil*, été 1985, p. 16-17.

BLACK, J. *et al.*, « Antipsychotic Agents ; A Clinical Update », *Mayo Clin. Proc.*, vol. 60, 1985, p. 777-789.

BURACK, R. et F. FOX, *The 1976 Handbook of Prescription Drugs*, Pantheon 1976.

CARMICHAEL, J. et S. W. SHANKEL, « Effects of NSAI Drugs on Prostaglandine and Renal Function », *Am. Journ. Med.*, juin 1985, n° 78, p. 992-997.

CARON, D., « L'auto-contrôle glycémique en 1986 : les outils disponibles », *Plein Soleil*, automne 1986, p. 22-23.

CHIASSON, J. L., « La pompe à insuline : traitement de choix ou outil de recherche », *Plein Soleil*, automne 1986, p. 15-18.

COMFORT, Alex, « The Myth of Senility », *Postgraduate Medicine*, mars 1979.

CONN, H. F., *Current Therapy*, Saunders, 1983.

CROOG, S. H. *et al.*, « The Effects of Antihypertensive Therapy on the Quality of Life », *New England Jour. Med.*, vol. 314, 1986, p. 1657-1664.

CROOK, W. G., *The Yeast Connection*, Professional Books, 1986.

DAVID, C., « La ménopause », *La Presse*, 28 fév. 1987, p. D6.

DE GRAMONT, M., « L'affaire Depo-Provera », *Châtelaine*, nov. 1986, p. 137-148.

DELGADO-ESCUETA, A. V. *et al.*, « The Treatable Epilepsies », *New England Jour. Med.*, 30 juin 1983, p. 1576-1579.

ERESHEFSKY, L. *et al.*, « Lithium Therapy of Manic Depressive Illness », *Drug Intelligence and Clinical Pharmacy*, juil.-août 1979.

EYTON, A., *Le régime F plan fibre*, Stanké, 1983.

FAELTEN, S., *The Complete Book of Minerals for Health*, Rodale Press, 1981.

FIELD, M. J. et J. R. LAWRENCE, « Complications of Thiazide Diuretic Therapy », *Medical Journal of Australia*, n° 144, juin 1986, p. 641-644.

FORAND, C., « Stratégies nouvelles dans le traitement de patients maniaco-dépressifs », *Courrier Médical*, 14 août 1984.

GELENBERG, A., « Antidepressants in the general hospital », *CMA Journal*, 9 juin 1979.

GOODMAN and GILMAN, *The Pharmacological Basis of Therapeutics*, Macmillan, 1980.

GOSSEL, T. A., « Blood Glucose Self-Testing Products », *U.S. Pharmacist*, mars 1986, p. 91-96.

GRAEDON, Joe, *The People's Pharmacy*, St Martin's Press, 1976.

GRAEDON, Joe and Teresa, *The People's Pharmacy 2*, Avon, 1980.

GRAEDON, Joe, *The New People's Pharmacy*, Bantam, 1985.

GUYATT, G. H., « The Treatment of Heart Failure », *Drugs*, vol. 32, 1986, p. 538.

HALLE, J. P., « Les injecteurs d'insuline : conseils pratiques », *Plein Soleil*, automne 1986, p. 19-21.

HART, F. D. et E. C. HUSKISSON, « NSAI Drugs Current Status and Rational Therapeutic Use », *Drugs*, n° 27, 1984, p. 232-255.

JOHNSON, T. et S. GOLDFINGER, éd., *The Harvard Medical School Health Letter Book*, Warner Books, 1981.

JOHNSTONE, G. J., « Practical Management of Benzodiazepines Withdrawal », *Can. Pharm. Jour.*, nov. 1983, p. 459-463.

KAPLAN, N., « Initial Treatment of Adult Patients With Essential Hypertension », *Pharmacotherapy*, vol. 5 n° 4, juil.-août 1985, p. 195-200.

KAPLAN, N., « Newer Antihypertensives Agents », *Postgrad. Med.*, jan. 1983, p. 213-222.

KAPLAN, N., « Alternating Monotherapy is the Prefered Treatment », *Pharmacotherapy*, juil.-août 1985, p. 195-200.

KASTRUP, Erwin, éd., *Facts and Comparisons*, Updated Monthly pages for sept. 83, J.B. Lippincott.

KATCHER, B. S., L. Y. YOUNG et M. A. KIMBLE KODA, *Applied Therapeutics* ; *The Clinical Use of Drug*, Applied Therapeutics Inc., 1983.

KIDD, A. *et al.*, « Counselling the Diabetic Shift-Worker », *Pharmacy Practice*, vol. 1 n° 8, p. 27-32.

KIRSNER, J. B. et R. G. SHORTEN, « Recent Development in Non Specific Inflammatory Bowell Disease », *New England Jour. Med.*, n° 306 (14), 1982, p. 837-845.

KNOBEN, James E. *et al.*, *Handbook of Clinical Drug Data*, Drug Intelligence Publications, 1979.

KOUSMINE, C., *Soyez bien dans votre assiette jusqu'à 80 ans et plus*, Primeur Sand, 1985.

KOVANEN, P. T., « Le contrôle du cholestérol », *La Recherche*, déc. 1985, p. 1472-1480.

LANGFORD, H. G., « Potassium in Hypertension », *Postgrad. Med.*, jan. 1983, p. 227-231.

LASSEPAS, M. R., « Platelet Inhibitors for TIAS : A Review of Prospective Drug Trials Results », *Postgrad. Med.*, vol. 75, 1984, p. 52-62.

LATOUR, R., *Actualité pharmacologique de la médication contraceptive*, Éducation permanente, U. de M..

LAUVER, D., « Irregular Bleeding in Women », *Am. Jour. Nurs.*, mars 1983, p. 396-401.

LECHAT, Paul *et al.*, *Dictionnaire des médicaments principaux*, Masson, 1982.

LEWIS, A. J., *Modern Drug Encyclopedia*, Yorke Medical Books, 1981.

LEWIS, J. H., « Hepatic Toxicity of NSAI Drugs », *Clin. Pharm.*, n° 3, mars-avril 1984, p. 128-136.

LEWITH, T. et J. N. KENYON, *Les Maladies de l'environnement*, Éd. Québec/Amérique, 1986.

LIEBMAN, B., *Nutrition Action*, juin 1985, p. 8-9.

LONG, James W., *The Essential Guide To Prescription Drugs*, Harper & Row, 1977.

MARSHALL, C. W., *Vitamins and Minerals : help or harm ?*, Stephen Barret Ed., 1983.

MATA HARI, « La maladie de Parkinson », *L'Impatient*, n° 94, p. 18-20.

MCKENNEY, J. M., « Alternative Pharmacological Approaches to the Initial Management of Hypertension », *Drug Intelligence Clin. Pharm.*, sept. 1985, p. 629-641.

MCKENNEY, J. M. *et al.*, « Use of Antihypertensive Agents in Patients With Glucose Intolerance », *Clin. Pharm.*, (4) nov.-déc. 1985, p. 649.

MILLER, R. et D. GREENBLATT, *Handbook of Drug Therapy*, Elsevier.

MILLS, G. A. et J. R., HORN, « B-blocquers and Glucose Control », *Drug Intel. Clin. Pharm.*, vol. 19, 1985, p. 246-251.

MOAMAI, N., « Placebo-antidépresseurs et psychothérapie », *Courrier Médical*, 12 fév. 1985, p. 30.

MODELL, W., *Drugs of Choice 82-83*, Mosby Company, 1982.

MONGEAU, S., « À propos de la cortisone », *Dimanche-Matin*, 10 juil. 1983, p. B27.

MONIER, D., « Insuline 85 », *Plein Soleil*, été 1985, p. 27-35.

MOSER, M., « Stepped-Care Treatment of Hypertension », *Postgrad. Med.*, jan. 1983, p. 199-209.

MUNROE, W. P. *et al.*, « Systemic Effects Associated With the Ophtalmic Administration of Timolol », *Drug Intel. Clin. Pharm.*, vol. 19, 1985, p. 85-89.

NISKER, J. A. *et al.*, « Cigarette Smoking and Bone Loss During Hormone Replacement After Menopause », *New England Jour. Med.*, 27 mars 1986, p. 854.

NORTELOWITZ, M. et M. WARE, *Stand Tall*, Trial Publishing, 1982, p. 207.

NYREN, O. *et al.*, « Absence of Therapeutic Benefit From Antiacids or Cimetidine in Non Ulcer Dyspepsy », *New England Journal Medical*, n° 314, fév. 1986, p. 339-343.

OWEN, R. T. et P. TYRER, « Benzodiazepine Dependency : A Review of the Evidence », *Medical Progress*, mai 1984, p. 53-68.

PELLETIER, D. et G. DESMARCHAIS, « Diurétiques et potassium ; utilisation et suivi », *Le Médecin du Québec*, nov. 1984, p. 61-67.

PIRART, J., « N'épargnez aucune peine pour éviter l'hypoglycémie prolongée », *Plein Soleil*, été 1985, p. 13-15.

PLUNKETT, E. R., « Contraceptive Steroids, Age and the Cardiovascular System », *Am. Jour. Obst. Gyn.*, 15 mars 1982, p. 747-750.

POLIQUIN, M., « Auto-contrôle et régime alimentaire », *Plein Soleil*, été 1985, p. 19-23.

PRADAL, Henri, *Dictionnaire critique des médicaments*, Éditions du Couloir de Gaube-Sarl, 1979.

PUTTLE, C. B., « Drug Management of Pain in Cancer Patients », *Can. Medical Association*, n° 132, 1985, p. 121-134.

QUINN, N. P., « Anti-Parkinsonnian Drugs Today », *Drugs*, n° 28, 1984, p. 236-262.

RICHARDSON, J. W. *et al.*, « Antidepressants : A Clinical Update for Medical Practitioners », *Mayo Clin. Proc.*, n° 59, 1984, p. 330-337.

RIGG, L. A. *et al.*, « Absorption of Œstrogens from Vaginal Creams », *Medical Intelligence*, 26 jan. 1978, p. 195-197.

RILEY, T. L. et E. W. MASSEY, « Managing the Patient With Parkinson's Disease », *Postgrad. Med.*, sept. 1980, p. 85-92.

RIVEY, M. P. *et al.*, « Dipyridamole : A Critical Evaluation », *Drug Intel. Clin. Pharm.*, nov. 1984, p. 869.

ROSENBERG, H., *The Book of Vitamin Therapy*, Perigee Books, 1980.

RUDOYER, M. *et al.*, « Second Generation Antidepressants », *Psychiatric Clinics of North America*, vol. 7 n° 3, sept. 1984, p. 519-533.

SHEALEY, T., « Surviving Sinus Season », *Prevention*, sept. 1986, p. 123-140.

SHEARMAN, R. P., « Oral Contraceptive Agents », *Med. Journ. Australia*, 17 fév. 1986, p. 201-205.

SCHNECK, D. W., « Calcium Entry Blockers », *Rational Drug Therapy*, mai 1985.

SHOENFELD, Y. et SCHWARTZ, R. S., « Immunologic and Genetic Factors in Auto-Immune Diseases », *New England Jour. Med.*, 18 oct. 1984, n° 311, p. 1019-1027.

SIMEON, J. G. *et al.*, « Recent Developments in the Use of Antidepressant and Anxiolytic Medications », *Psychiatric Clinic of North America*, vol. 8 n° 4, déc. 1985, p. 893-905.

STANASZEK, W. F., « Current Approaches to Management of Potassium Deficiency », *Drug Intelligence Clin. Pharm.*, 1985, vol. 19, p. 176-184.

WARD, M. et M. BLATMAN, « Drug Therapy in the Elderly », *American Family Physician*, février 1979.

WEBER, M. L. *et al.*, *Guide thérapeutique pédiatrique*, PUM, 1986.

WIENER, J. M., « Psychopharmacology in Childhood Disorders », *Psychiatric Clinics of North America*, vol. 7 n° 4, déc. 1984, p. 831-843.

WIKSTRAND, J., « Initial Therapy for Mild Hypertension », *Pharmacotherapy*, vol. 6, n° 2, mars-avril 1986, p. 64-72.

WOLFE, S. et C. COLEY, *Pills that Don't Work*, Public Citizen's Health Research Group, 1981.

WOUNG, L. et M. A. KIMBLE, *Applied Therapeutics for Clinical Pharmacists*, Applied Therapeutics Inc., 1975.

WREN, B. G. et L. B. BROWN, « A Double-Blind Trial With Clonidine and a Placebo to Treat Hot Flushes », *Med. Jour. Aust.*, 31 mars 1986, p. 369-370.

WONG, J., « Antipsychotic Induced Extrapyramidal Side Effects », *Can. Pharm. Jour.*, jan. 1985, p. 9-15.

YALE, J. F., « Auto-contrôle des glycémies ; aspects technologiques », *Info-diabète*, jan. 1987.

Ouvrages collectifs :

AMA Drug Evaluations, John Wiley & Sons, 1980.

Compendium des produits et spécialités pharmaceutiques, Association pharmaceutique canadienne, 1981 et 1987.

Contraceptifs oraux ; Rapport 1985, Santé et Bien-Être Social Canada, p. 60.

Dossier d'information sur le Depo-Provera, Fédération du Québec pour le planning des naissances, jan. 1986.

Evaluations of Drug Interactions, American Pharmaceutical Association, 2nd Ed. and Supp., 1976 et 1978.

Home Pharmacy, Consumer Guide, 1979.

Lettre de renseignements, Direction générale de la protection de la santé, 21 août 1985.

Le contrôle des naissances, Presses de la santé, 1980.

Manual of Medical Therapeutics, Little, Brown and Co., 1986.

Present Knowledge in Nutrition, Nutrition Reviews, The Nutrition Foundation, 1984.

The Medicine Show, Consumer Reports Books, 1980.

The Physicians' and Pharmacists' Guide to your Medicines, The United States Pharmacopeial Convention, Ballantine Books 1981.

USP Drug Information, 1983, 1986 et 1987.

Using Your Medicines Wisely : a Guide for the Elderly, National Institute on Drug Abuse, U.S. Dept. of Health and Human Services, 1979.

Revues systématiquement analysées :

La Lettre médicale, 1979 à 1987.
Le Pharmacien, 1983 à 1987.
Medical Post, 1980 à 1987.
Québec Pharmacie, 1983 à 1987.
The Medical Letter, 1977 à 1983.

Troisième partie

D'autres voies que les médicaments

Chapitre premier

QUELQUES MESURES GÉNÉRALES TOUJOURS UTILES

Avant la médecine allopathique occidentale, de nombreuses autres approches de la maladie ont existé. Pour la plupart, elles favorisaient deux types d'action possible, face à une maladie : le renforcement du malade pour l'aider à mener à bien son combat contre la maladie et l'intervention thérapeutique proprement dite, pour tenter de subjuguer le processus pathologique. La médecine moderne n'a retenu que le deuxième volet de l'action thérapeutique. Or, dans la majorité des problèmes qui sont soumis aux médecins, le processus pathologique n'est pas clair, les symptômes ne traduisent pas encore une atteinte organique typique d'une maladie définie : ils ne rendent compte que du combat qui est en train de se livrer mais non de l'agresseur. L'utilisation de médicaments risque, dans les circonstances, de faire plus de mal que de bien ; par exemple, l'aspirine fait diminuer la température due à la fièvre ; cependant il semble bien que cette augmentation de la température est un moyen pour l'organisme d'empêcher la multiplication des microorganismes qui l'infectent.

Même quand une personne est atteinte d'une maladie bien caractérisée qui bénéficie d'une intervention médicamenteuse, il ne faudrait pas croire que tous ses besoins soient comblés par les médicaments. La maladie est une rupture d'équilibre, de l'équilibre interne certes, mais aussi de l'équilibre dans ses relations avec les autres et avec son environnement. Pour tenter de favoriser le plus possible le rétablissement du malade, il devient nécessaire de l'assister dans ses efforts pour se renforcer et pour retrouver son équilibre ; « traiter la maladie comme un simple malfonctionnement physico-chimique nie le fait que de nombreux maux qui se présentent comme des maladies somatiques sont principalement dus à des ruptures au niveau de la personne, de la famille ou de la société », notent Brody et Sobel.

Chaque fois qu'une personne envisage le recours aux médicaments, c'est le signe qu'elle souffre d'une quelconque façon : elle éprouve de la douleur, elle est affectée d'une éruption cutanée, elle rencontre une difficulté dans le fonctionnement d'un organe, elle est anxieuse, etc. Cette personne ne se sent pas bien dans sa peau et souhaiterait modifier la situation : son propre fonctionnement ou celui de son entourage. Cette personne a peut-être besoin d'un médicament ; il se peut aussi que le médicament ne soit pas nécessaire, mais qu'il s'avère utile ; il est enfin possible qu'il soit totalement inutile et même nocif. Quelle que soit la situation, il est certainement toujours indiqué de prévoir d'autres mesures que les simples médicaments, pour tenter de hâter le retour à l'équilibre. De toute façon, ces mesures n'empêcheront pas les médicaments d'agir, au contraire même elles pourront contribuer à renforcer leurs effets ; dans bien des cas, elles permettent de les remplacer plus vite et plus souvent qu'autrement, elles pourraient les remplacer dès le début à l'avantage du malade.

Il n'est pas dans notre intention de procéder à une classification des maladies ou des médicaments pour établir d'autorité les cas où il faudrait ou ne faudrait pas utiliser de médicaments ; c'est à chacun de juger de sa situation et de décider ; les renseignements que nous fournissons sur chaque médicament, en deuxième partie, devraient aider à faire ce choix. Ce n'est pas non plus l'objet de ce livre de fournir des instructions complètes sur chacune des mesures qu'il est possible d'envisager pour compléter ou remplacer le traitement médicamenteux. Nous nous contenterons plutôt de fournir quelques indications sommaires sur les voies qui s'ouvrent à celles et ceux qui veulent mettre de leur côté toutes les chances pour liquider leur maladie ou leurs malaises au plus tôt. La plupart des actions proposées se situent à un niveau général, en ce sens qu'elles ne sont pas orientées vers une maladie mais visent les facteurs qui contribuent presque toujours à précipiter la maladie. Ces actions devraient aider dans l'immédiat ; tout au moins respectent-elles la règle d'or des Anciens de *primum non nocere*, avant tout ne pas nuire ; et même plus, elles s'intègrent fort bien dans une démarche préventive.

Cinq types d'action nous semblent mériter la plus grande attention :
1) l'écoute de ses besoins et des signes qu'en donne le corps ;
2) le soulagement du stress ;
3) le renforcement de la volonté de guérir ;
4) le renforcement de l'organisme ;
5) la résolution des conflits.

L'écoute de ses besoins : quand nous nous laissons prendre dans le tourbillon de la vie et que nous sommes sollicités d'un côté ou de l'autre, nous avons tendance à vouloir étouffer notre corps et à faire taire les symptômes. Or aucun malaise n'est absolument gratuit et en particulier dans la maladie, nous devrions apprendre à connaître notre corps et à écouter ses réactions pour mieux nous guider dans nos actions thérapeutiques.

Le soulagement du stress : la médecine reconnaît de plus en plus l'importance du stress dans la genèse d'un grand nombre de maladies. Le stress chronique peut causer, par suite du débalancement hormonal qu'il engendre, de l'hypertension artérielle et une augmentation du débit cardiaque ; des maladies cardio-vasculaires en résultent souvent. Le stress cause également une augmentation de sécrétion de l'acide gastrique, ce qui peut entraîner la formation d'ulcères gastro-duodénaux. Le principal effet du stress, cependant, est probablement de diminuer les défenses immunitaires de l'organisme, le rendant ainsi moins apte à résister aux agressions extérieures, qu'elles soient chimiques, bactériennes ou autres.

Le Dr Thomas H. Holmes et ses associés, de l'école de médecine de l'Université de Washington, ont établi une liste d'événements qui provoquaient du stress auxquels ils ont attribué une valeur entre 10 et 100, selon le degré de stress ; ils ont ensuite étudié un groupe de soldats de l'armée américaine ; parmi ceux qui avaient accumulé plus de 300 points dans l'année, 49 % ont été touchés par la maladie dans les deux années suivantes tandis que seulement 9 % de ceux qui cumulaient moins de 200 points ont été affectés.

Certes, la solution idéale aux problèmes de stress consiste à éviter les situations qui le provoquent ; mais cela n'est pas toujours réalisable, à court terme en tout cas. Et quand la maladie s'est déjà installée, il faut agir vite. Le Valium et les autres tranquillisants soulagent le stress, mais ils entraînent des effets secondaires inopportuns, au moment où il s'agit de rassembler toutes ses forces pour retrouver sa santé. Par contre, une multitude d'autres méthodes sans de tels effets sont disponibles pour diminuer le stress.

Le renforcement de la volonté de guérir : les histoires de guérisons absolument inespérées ne manquent pas. Des gens atteints de maladies graves et parfois étiquetées incurables par la médecine réussissent à s'en sortir par toutes sortes de moyens, qu'il s'agisse de jeûne, de traitements médicaux, de pèlerinages, etc. Le point commun à ces guérisons : la volonté de guérir.

Le pouvoir de l'esprit sur les maladies physiques est reconnu par la médecine psychosomatique ; même des cancérologues comme le Dr Carl O. Simonton lui accordent une importance fondamentale. La grande majorité des médecins ont tendance à sous-estimer ce facteur, sans doute parce qu'on n'en connaît pas encore le mécanisme exact. Mais ce qu'on ignore n'en existe pas moins ; à preuve cet effet placebo dont on n'arrive pas souvent à cerner la mécanisme d'action, mais qui n'en a pas moins de résultats.

La sagesse populaire attribue beaucoup de valeur au « moral » d'un malade ; quand on a un bon moral, on a des chances de s'en sortir ; à l'inverse, celui ou celle qui abandonne, qui se laisse aller, dégringole rapidement. René Dubos raconte l'histoire de sa première femme qui avait contracté une tuberculose pendant sa jeunesse et qui en était apparemment guérie ; pendant la guerre, elle était si désespérée des atrocités qu'elle voyait et entendait qu'elle en perdit le goût de vivre ; sa tuberculose se réactiva et eut finalement raison d'elle.

Même dans les situations apparemment les plus désespérées, le fait de s'accrocher à la vie et de tenir à retrouver la santé exerce sûrement des effets. D'ailleurs, l'organisme humain jouit de capacités absolument étonnantes pour se sortir de ces situations ; encore faut-il vouloir s'en sortir.

Le renforcement de l'organisme : la maladie n'est probablement jamais le fruit du hasard. Chaque jour nous venons en contact avec de multiples microbes — nous en hébergeons même un bon nombre dans notre corps — sans que nous développions pour autant les infections qu'ils peuvent causer. La maladie, infectieuse ou autre, est toujours le résultat d'un déséquilibre : nous ne pouvons plus résister aux agressions auxquelles nous sommes constamment exposés parce que ces agressions sont trop grandes ou trop nombreuses, ou parce que nous sommes trop faibles pour leur tenir tête.

On ne connaît pas exactement tous les éléments qui fournissent à un organisme le plus de potentiel pour résister à la maladie ; une alimentation équilibrée jusque dans ses micro-éléments (vitamines et minéraux), une certaine force physique et de bonnes réserves d'énergie sont certainement des facteurs physiques importants. Mais il y a peut-être plus ; par exemple, il se peut que les besoins en certains nutriments, la vitamine C en particulier, dépassent de beaucoup les exigences normales. Il s'agit là d'un domaine encore peu exploré. En attendant, il n'est certainement pas nocif et fort probablement utile d'adopter, en cas de maladie, des comportements dits de santé pour ce qui touche l'alimentation, l'exercice physique, le repos et l'abstention de cigarette, d'alcool et de caféine. La maladie s'est installée à l'occasion d'une faiblesse, elle se retirera ou tout au moins sera tenue en respect si l'organisme retrouve sa force, son équilibre.

La résolution des conflits : les situations conflictuelles, surtout celles où la personne se sent démunie et sans ressources, sont génératrices de stress. En situation de stress aigu, l'abondance dans le sang des hormones corticostéroïdes qui résulte du stress affaiblit les mécanismes de défense de l'organisme ; de plus, les forces de l'organisme sont alors mobilisées pour faire face à la situation conflictuelle alors qu'au même moment, il faudrait qu'elles se concentrent ailleurs, pour lutter efficacement contre le processus pathologique qui atteint l'organisme. Là encore, la sagesse populaire a saisi depuis longtemps l'importance de libérer le malade de ses préoccupations ; sans doute faut-il aller plus loin encore et se rendre compte que lorsqu'on n'est pas bien dans sa tête, on ne peut l'être dans son corps. Un psychiatre notait récemment qu'il ne voyait jamais d'athlètes en consultation.

Chapitre 2

QUAND ON VEUT INTERROMPRE UN TRAITEMENT MÉDICAMENTEUX

Toute personne qui consomme des médicaments régulièrement a probablement été tentée un jour ou l'autre de dire « Bon, ça suffit », et de tout laisser de côté. Les raisons d'une telle décision peuvent être multiples : on éprouve des effets secondaires désagréables, ou au contraire on se méfie du « bien-être » apparent en craignant les effets secondaires à long terme, souvent plus sournois ou encore on ne se sent pas malade et on comprend mal la raison d'être de toute cette chimie dans sa vie. On peut aussi avoir entendu parler de solutions du côté des médecines alternatives, de nouvelles ou d'anciennes façons de traiter dont on nous a vanté les mérites et l'absence d'effets néfastes. Alors on hésite, on est tenté de tout balancer, mais... car il y a en effet un mais. Une question se pose, heureusement, et il importe d'y répondre avant de décider quoi que ce soit : « Est-il dangereux d'interrompre un traitement médicamenteux ? » À cette question, on ne peut que répondre : « Oui et non. » Tout dépend du traitement et de la personne. Tout dépend aussi de la façon dont on cesse de prendre la médication.

Spécifions d'abord que nous entendons par « traitement médicamenteux » l'usage *régulier* à plus ou moins long terme d'une substance médicamenteuse. On pense par exemple aux antihypertenseurs, aux hypoglycémiants oraux, à la cortisone, aux médicaments donnés contre le glaucome, aux anti-inflammatoires donnés dans l'arthrite, etc. On exclut alors un médicament pris de façon occasionnelle ou pour quelques jours, lors d'un épisode isolé.

Dans les faits, le retrait d'un médicament peut avoir trois effets :
1) la réapparition de la pathologie pour laquelle le médicament était pris ;

2) la manifestation d'une hyper-réactivité du ou des systèmes sur lesquels le médicament avait une action, qui se traduit alors par ce qu'on appelle « le syndrome de retrait » ;

3) la disparition d'un nombre plus ou moins important d'effets secondaires provoqués par le médicament.

La pathologie

Presque tous les médicaments ont un effet palliatif et non un effet curatif ; on peut dire en d'autres termes que la plupart du temps ils ne guérissent rien. La grande majorité des médicaments ont un effet de remplacement temporaire et doivent être pris sur une base continue pour produire leur action. Ils aident à l'amélioration du fonctionnement déficient de l'organisme, en compensant pour ce qui fait défaut, sans toutefois amener la restauration d'un état normal. C'est le cas par exemple des médicaments donnés dans l'hypertension, le diabète, le glaucome, les maladies cardiaques, l'asthme, etc. Le médicament vient pallier une lésion ou un défaut de fonctionnement, qu'il améliore pour le temps où on le retrouve dans l'organisme, mais son effet cesse lorsqu'on ne l'y retrouve plus. Une autre catégorie de médicaments, ceux-là dits symptomatiques, ont eux aussi un effet temporaire, avec la différence qu'on y a le plus souvent recours afin d'atténuer des symptômes incommodants sans toutefois prétendre influencer les divers mécanismes fonctionnels de l'organisme. On peut considérer que l'aspirine et les autres analgésiques employés pour réduire la douleur ou l'inflammation en font partie. Il faut cependant dire que la marge est parfois mince entre ces deux catégories de substances.

Le fait que la plupart des médicaments aient d'abord une activité palliative laisse prévoir qu'on devra, lors d'une interruption de traitement, faire face à la même pathologie, qui aura peut-être même évolué et empiré, ou si on est chanceux ou que l'on a mis en œuvre en parallèle des moyens préventifs ou curatifs, sera restée stationnaire ou aura régressé. Nous y reviendrons plus loin.

Les conséquences d'un tel geste ne sont pas généralisables. On peut cependant dire qu'il est d'autant plus risqué que la pathologie que le médicament était destiné à traiter était grave. Ainsi, un glaucome avancé qu'on ne tente plus de contrôler peut précipiter une cécité. La cessation d'anticoagulants pourra prédisposer à une embolie, celle de thyroxine amener à la longue un débalancement de tout l'organisme, l'arrêt de tranquillisants laissera ressurgir la vieille anxiété, l'interruption des anti-inflammatoires pourra ramener les douleurs arthritiques, etc.

On comprend facilement ce que risquer la cécité peut avoir de dramatique et l'avantage de la médication est alors suffisamment clair pour qu'on y soit fidèle. Il faut cependant admettre que dans un grand nombre de cas, il s'avère plus difficile d'évaluer clairement l'efficacité réelle du traitement, son effet sur la pathologie sous-jacente et par conséquent les risques et les avantages d'une interruption de traitement.

Il est important de souligner que même si un traitement médicamenteux est inutile ou même dangereux, cela n'implique pas qu'on puisse l'interrompre impunément du jour au lendemain. Il peut dans un certain nombre de cas exister des précautions à respecter malgré tout, une transition à faire.

Le retrait

Le médicament, s'il est pris depuis un certain temps, peut avoir créé un état de dépendance, c'est-à-dire un besoin d'y recourir continuellement au risque de se trouver mal. C'est le cas bien connu des narcotiques... mais les narcotiques ne sont pas les seules substances capables de produire cet effet. Il y en a d'ailleurs peut-être plus qu'on ne croit.

On ignore les mécanismes précis du développement de la dépendance. On pense cependant que le médicament pourrait, dans certains cas, occasionner une hypersensibilité des récepteurs d'un organe ou d'un système donné. Ce serait par exemple le cas des tranquillisants, qui, en bloquant les stimuli au niveau du système nerveux, calment, atténuent les réactions... pour autant qu'ils sont présents en quantité suffisante dans l'organisme. Leur retrait laisse alors un « vide », un désordre, comme dans n'importe quelle situation où on retire subitement un frein ou un modérateur ; cela se manifestera — dans le cas qui nous intéresse — par une hyperactivité, de la nervosité, des sueurs, de l'insomnie et d'autres symptômes.

En général, les symptômes de retrait d'un médicament donné sont à l'inverse de ses effets pharmacologiques. Ainsi, les narcotiques donnés pour diminuer la douleur et qui entraînent un ralentissement des fonctions du système nerveux central occasionnent une réaction de sevrage qui se manifeste par des tremblements, de l'anxiété et d'autres signes d'hyperexcitabilité. L'interruption brusque des bêta-bloquants — qui ont pour effet de ralentir le cœur — peut provoquer une accélération dangereuse du rythme cardiaque. Celle des nitrates donnés en prévention des crises d'angine pourra les précipiter...

L'intensité du phénomène de retrait est généralement liée à deux phénomènes : la durée d'utilisation et la dose de médicament employé. Plus un médicament a été utilisé longtemps et à dosage élevé, plus il est susceptible de provoquer des symptômes de sevrage, et plus ceux-ci pourront être importants. On peut cependant éviter ces symptômes de retrait en diminuant progressivement la médication sur une période plus ou moins longue. En agissant ainsi, on ne modifie cependant pas le risque de réapparition de la pathologie sous-jacente.

Pour éviter de s'exposer inutilement, voici un certain nombre de lignes directrices qui permettent de procéder au sevrage avec sécurité :

— Ne pas interrompre brusquement et sans avis médical un traitement qui a été suivi sur une base régulière. Cela pourrait dans certains cas avoir des conséquences désastreuses sur la santé et la vie.

— Les médicaments suivants sont reconnus pour occasionner un syndrome de retrait et doivent être retirés progressivement : les sédatifs-hypnotiques, les antidépresseurs, les neuroleptiques, le lithium, les analgésiques narcotiques, la cortisone, les bêta-bloquants, les nitrates et les anticonvulsivants.

Il est possible que d'autres substances aient aussi la capacité d'entraîner une telle réaction sans qu'on l'ait encore décelée. Ainsi on n'a eu la confirmation de cet état de chose pour les tranquillisants du type benzodiazépine qu'après une vingtaine d'années d'utilisation. Malgré les approbations officielles, la prudence demeure toujours de mise.

— L'interruption d'un traitement médicamenteux devra nécessairement être précédée par l'instauration de solutions de rechange sérieuses. Celles-ci peuvent varier d'un cas à l'autre, mais on peut dire qu'elles reviennent en général à l'application de certains principes d'hygiène de vie, soit :

— l'adoption d'une alimentation saine et modérée, faite d'aliments frais, qui inclut principalement les légumes et les fruits frais, les céréales (blé, riz, seigle, millet, etc.), la volaille et le poisson en quantité modérée. On s'efforcera d'exclure les stimulants (café, thé, cola), les aliments transformés, les aliments vides (sucre, farine blanche), le sel et l'alcool ;

— la réduction des éléments de stress : l'apprentissage d'une méthode de relaxation, le choix d'activités qui font plaisir et la réduction des sources de stress — quand c'est possible — demeurent des actions primordiales ;

— la pratique régulière d'exercice physique : non seulement elle contribue à réduire le stress, mais l'activité physique peut avoir des vertus stimulantes et agir favorablement sur le taux de sucre sanguin, sur la force du système cardio-vasculaire, sur la vitalité en général...

Vivre de cette façon implique souvent des changements qu'il n'est pas nécessairement faciles d'intégrer, car ils touchent à nos attitudes, à notre culture et à des habitudes souvent profondément ancrées. Cependant ils aboutissent parfois à des résultats étonnants et permettent plus souvent qu'on le pense la restauration de fonctions qu'on croyait à jamais perdues.

C'est seulement une fois que le fonctionnement de l'organisme s'est rapproché de la normale qu'on peut commencer à réduire les doses des médicaments utilisés. Dans la plupart des cas, cette réduction devra être acceptée et supervisée par un médecin. Si le médecin qui vous a prescrit le traitement n'accepte pas de vous aider, vous pouvez en chercher un autre. L'interruption du médicament sera le plus souvent progressive et dans bien des cas devra être accompagnée d'une évaluation stricte du bon fonctionnement de l'organisme.

Les divers changements qu'il faut introduire dans sa façon de vivre peuvent s'entreprendre seul, mais pour certains il est plus facile de s'y engager avec une aide extérieure. Il existe maintenant bon nombre de spécialistes de la santé versés en alimentation, en relaxation, etc., qui peuvent vous guider dans cette démarche par des cours ou des consultations individuelles. On trouve aussi beaucoup d'excellents ouvrages sur le sujet. Nous vous recommandons :

pour l'alimentation :

Le bonheur du végétarisme, Danièle Starenkyj, Orion 1977.

Diet for a Small Planet, 10th Anniversary Edition, Frances Moore Lappé, Ballantine, 1982.

The Pritikin Program for Diet & Exercise, Nathan Pritikin et Patrick Mc Grady, Bantam Books, 1980.

Soyez bien dans votre assiette jusqu'à 80 ans et plus, Catherine Kousmine, Tchou, 1980.

pour la réduction du stress :

Le pouvoir de se guérir ou de s'autodétruire, Kenneth Pelletier, Québec/Amérique, 1984.
Sensory Awareness, Charles Brooks, Felix Morrow, 1986.
The Mind-Body Effect, Herbert Benson, Berkley Books, 1979.

pour l'exercice :

The Pritikin Program for Diet & Exercise, Nathan Pritikin et Patrick Mc Grady, Bantam Books, 1980.
Les guides *Vivre en forme* publiés par le Marathon international de Montréal.

Chapitre 3

DES SOLUTIONS DE REMPLACEMENT

En situation de maladie, devant des malaises chroniques ou lors d'un processus d'apprentissage de soi, de sensibilisation et de prévention, trois catégories de mesures pourraient être envisagées :

1) celles qui sont immédiatement applicables parce qu'elles ne requièrent aucune expertise particulière ;

2) celles qu'on peut s'approprier assez rapidement grâce à l'aide d'une personne-ressource ou d'un livre ;

3) celles qui requièrent toujours l'aide d'experts, mais se situent en dehors du champ de pratique de la médecine traditionnelle (allopathique).

Ces diverses mesures ne sont pas mutuellement exclusives, au sens où il s'agirait de choisir entre l'une ou l'autre ; elles peuvent se compléter, elles peuvent également, sauf exception, s'appliquer en même temps qu'un traitement médical, le remplacer complètement ou s'y substituer progressivement.

Nos trois catégories ne sont pas rigides ; en effet, certaines des mesures proposées peuvent être assez facilement disponibles pour certaines personnes tandis qu'elles exigeront un long apprentissage pour d'autres ; selon les circonstances, nous pouvons être plus ou moins ouverts, plus ou moins préparés à l'utilisation de certaines techniques. De plus, il faut bien comprendre que nous n'avons pas dressé une liste exhaustive de tout ce qui pourrait aider à garder ou à récupérer sa santé ; nous n'avons retenu que les mesures les plus accessibles ou les plus connues. L'intérêt croissant pour les médecines douces et pour l'approche holistique ou globale suscite une véritable explosion d'approches nouvelles dont quelques-unes réussiront sans doute à résister à l'épreuve du temps, en même temps qu'elle remet à l'ordre du jour des façons de soigner parfois fort anciennes qui ont déjà fait leurs preuves dans d'autres cultures.

Les mesures immédiatement applicables

L'alimentation : lorsqu'un animal souffre d'une maladie aiguë, il cesse de manger ; c'est son instinct qui le guide. De notre côté, nous avons appris à ignorer nos instincts ; d'ailleurs, la nourriture remplit chez nous tellement de fonctions étrangères à la satisfaction des besoins de notre corps qu'il y a de fortes chances que nous gavions nos malades d'aliments ; nous leur manifestons ainsi notre attachement, notre solidarité, etc. Mais il n'est pas sûr qu'ainsi nous leur rendions service ; surtout quand la maladie est liée au type de consommation alimentaire ou à sa quantité. Lors d'une maladie aiguë, la faim disparaît d'ailleurs souvent ; pourquoi insister alors ? Mieux vaut ne pas manger ou se contenter d'aliments faciles à digérer ; et comme la consommation totale est considérablement réduite, aussi bien faire des efforts pour rechercher la meilleure qualité, c'est-à-dire des fruits et légumes frais, des céréales de grain entier, des poissons ou viandes maigres cuits sans gras. Par contre, il est important de bien s'hydrater ; l'eau de source, les jus de fruits et les tisanes conviennent parfaitement alors que l'alcool, les eaux gazeuses, le thé et le café sont à éviter.

L'organisme possède toujours des réserves énergétiques suffisantes pour survivre pendant une période plus ou moins prolongée ; cependant, on ne peut en dire autant des vitamines et minéraux, dont quelques-uns ne s'accumulent pas et qui, dans certains cas, étaient déjà quelque peu déficients avant même la maladie. La vitamine C et la vitamine A seraient particulièrement importantes dans le processus de guérison, ce qui voudrait dire qu'il en faudrait davantage qu'en temps ordinaire. Dans certains types de maladies, il semblerait aussi que des vitamines ou des minéraux spécifiques auraient un rôle privilégié à jouer dans la guérison ; ainsi, les vitamines du complexe B seraient importantes dans les maladies du système nerveux, le calcium et la vitamine D quand les os sont touchés, le magnésium quand il y a atteinte des nerfs ou des muscles, le fer quand il y a perte de sang, le zinc dans les maladies de peau.

Lorsqu'une personne est aux prises avec un malaise ou un dysfonctionnement chronique, son appétit n'est pas touché, la plupart du temps. Par contre, il se peut fort bien que son alimentation soit un des facteurs qui contribuent à son état actuel. Il peut donc s'avérer fort utile d'analyser ses habitudes alimentaires et d'y apporter, au besoin, les modifications qui s'imposent [1].

Les suppléments de vitamines et de minéraux : les avis sont extrêmement partagés sur l'opportunité ou non de compléter par des suppléments les vitamines et minéraux fournis par la diète. Le Dr Jonathan Wright, un praticien de l'école holistique, croit que « les suppléments sont toujours nécessaires pour une bonne santé » ; d'après lui, « s'il y a des exceptions à cette règle, ce pourrait être pour quelqu'un qui vit dans la grande nature, à des milliers de milles de toutes les sources de pollution de l'air et de l'eau. Ces polluants augmentent nos besoins en nutriments qui jouent un rôle de désintoxication, comme la vitamine E et la vitamine C. Si cette même personne faisait pousser elle-même sa propre nourriture à partir d'un sol fertile et non vidé de ses micro-éléments, si elle la mangeait toujours fraîche, son besoin de suppléments serait encore moindre. Si enfin elle passait la plupart de son temps en plein air à travailler physiquement fort, son besoin diminuerait encore. »

Il faut bien admettre que notre nourriture est de plus en plus transformée, ce qui entraîne la perte d'une partie des substances qui s'y trouvaient à l'état de traces ; toutes ces manipulations se traduisent aussi par l'addition aux aliments d'un nombre de plus en plus important de substances qui ne devraient pas s'y trouver habituellement ; plusieurs de ces substances sont toxiques pour l'organisme et ajoutent ainsi aux agressions qui viennent de l'air et de l'eau souvent contaminés.

À mesure que la science progresse dans sa capacité d'analyser l'organisme humain, elle révèle les différences énormes qui existent d'un individu à l'autre dans son fonctionnement interne ; de telle sorte que les besoins de chaque individu ne sont pas exactement les mêmes ; or les diètes « normales » nous assurent d'un minimum de chaque nutriment essentiel, mais ce minimum est parfois insuffisant pour certains individus. La médecine reconnaît depuis longtemps des maladies de carence vitaminique ou minérale — la pellagre, le béri-béri, l'anémie ou le rachitisme, par exemple ; elle a établi des minima qui permettraient d'éviter ces carences, mais elle ne s'est pas préoccupée de chercher les doses qui assureraient un fonctionnement optimal. La

---

1. Voir à ce sujet *Vivre en santé*, de Serge Mongeau, aux Éditions Québec/Amérique, p. 89 et suiv.

médecine ortho-moléculaire, qui tente d'obvier à cette carence de la médecine traditionnelle, s'impose progressivement par ses succès dans le traitement d'une foule de malaises grâce à des doses massives de vitamines ou de minéraux ; son approche démontre clairement que les besoins en nutriments sont fort variés et ne sont pas toujours satisfaits par une alimentation qui répond aux normes diététiques modernes. Comme le souligne W. E. Granger dans la revue *Le Pharmacien*, « l'avenir des vitamines pourrait se révéler passionnant. Il se pourrait aussi qu'il se développe lentement. Savants et médecins poursuivent d'importants travaux de recherche sur le plan individuel mais il est douteux que les grandes firmes pharmaceutiques donnent lieu à des développements d'envergure. Comme le soulignent la plupart des fabricants, ce domaine ne présente aucune rentabilité. Actuellement il existe peu de protection au Canada en faveur de ceux qui font des expériences avec les vitamines. Les compagnies n'ont donc pas intérêt à investir de grosses sommes dans la recherche pour s'apercevoir une fois l'objectif atteint, que n'importe qui peut leur dérober le fruit de leur expérience. »

Dans l'introduction à un livre sur les vitamines, Sharon Faelten écrit qu'« évidemment, il est rare que des Américains souffrent de ce que les médecins appellent des déficiences « cliniques » en vitamines — qui surviennent lorsqu'il reste très peu d'une vitamine dans le corps et qu'apparaissent des signes que les médecins peuvent identifier à l'examen. Mais pour les déficiences sous-cliniques, c'est une autre histoire ; il n'y a pas de signes apparents, mais la déficience vous ennuie en causant des problèmes comme la fatigue ou une vilaine peau. Et les déficiences sous-cliniques sont fréquentes. » Sharon Faelten identifie ensuite les groupes de personnes particulièrement exposées :

— *les femmes enceintes*, qui ont des besoins nutritifs accrus ;

— *les femmes utilisant des contraceptifs oraux*, car ces médicaments augmentent la destruction de certaines vitamines, surtout du groupe B ;

— *les femmes ménopausées*, à cause des débalancements hormonaux qui surviennent à cette période ;

— *les personnes âgées*, qui mangent moins et absorbent moins bien tous les nutriments ;

— *les personnes à la diète*, qui consomment moins d'aliments ou ont une diète quelque peu débalancée ;

— *les gens qui sont malades ou qui ont subi une intervention chirurgicale*, car la convalescence requiert des quantités importantes de vitamines ;

— *les gens qui subissent un stress important*, car alors plusieurs vitamines sont nécessaires en quantité plus grande ;

— *les personnes qui consomment beaucoup d'aliments tout préparés*, car ces aliments ont perdu une bonne part de leur valeur alimentaire ;

— *les gens qui prennent des médicaments*, car divers médicaments nuisent à l'absorption de certaines vitamines (dans la partie qui concerne les médicaments spécifiques, nous indiquons les mesures à prendre avec les catégories de médicaments les plus susceptibles d'entraîner une déficience vitaminique).

Le débat sur les suppléments est loin d'être terminé ; pour notre part, nous ne serions actuellement pas prêts à recommander l'utilisation systématique de suppléments comme mesure préventive ; même dans les cas où une personne ressent des symptômes, nous recommanderions d'abord qu'elle procède à un examen attentif de ses habitudes de vie et tout particulièrement de son alimentation pour tenter d'y découvrir l'origine de ses problèmes ; une fois cela fait et si des malaises subsistaient, il serait temps de songer à des suppléments. Par contre, nous n'écartons pas la prise de suppléments pour ces périodes de la vie où la demande en vitamines et minéraux est augmentée.

L'exercice physique : notre corps a été fait pour la vie dans la nature ; pour les longues marches, pour des courses occasionnelles, pour de nombreuses activités manuelles. Notre espèce a survécu parce que, en particulier, notre corps était bien adapté aux défis de la nature ; mais depuis à peine quelques centaines d'années, nous avons totalement modifié notre environnement et nos relations avec celui-ci ; cependant, notre corps a conservé les mêmes caractéristiques qu'avant, les mêmes besoins aussi ; et comme nous ne lui donnons plus l'occasion de travailler autant, il devient vite dysfonctionnel, s'atrophie et n'arrive plus à répondre à nos besoins, quand à l'occasion nous exigeons davantage de lui.

Les activités de conditionnement physique exercent diverses influences sur la santé. Les gens qui font régulièrement de l'exercice physique notent qu'ils se sentent mieux, qu'ils ont plus d'énergie et que souvent ils requièrent moins de sommeil ; ces mêmes gens perdent fréquemment les surplus de graisse qu'ils avaient et améliorent leur force musculaire et leur souplesse. Plusieurs en retirent également d'importants bénéfices psychologiques, comme une plus grande confiance en eux, une plus grande auto-suffisance, moins d'anxiété et de tendances dépressives.

En se mettant à faire de l'exercice, nombreux sont les gens qui adoptent en même temps un style de vie plus conforme à la santé : ils cessent de fumer, diminuent leur consommation d'alcool et abandonnent leurs mauvaises habitudes alimentaires.

Il y a finalement fort peu d'individus, dans notre société, qui ont naturellement un régime de vie tel que leur corps travaille suffisamment pour se maintenir en bonne forme. Même les gens qui occupent un travail qui requiert beaucoup d'efforts physiques exercent la plupart du temps des tâches spécialisées qui ne nécessitent la contribution que de certains groupes musculaires de leur corps. Aussi voit-on souvent des hommes de métier aux bras puissants qui exhibent un ventre semblable à celui d'une femme enceinte de 7 ou 8 mois.

L'exercice est nécessaire pour plusieurs raisons :

1) pour équilibrer le rapport consommation-dépense d'énergie ; avec l'alimentation riche en calories que nous avons, cet équilibre est souvent rompu, ce qui conduit à l'obésité ;

2) pour permettre le développement et le fonctionnement des organes internes, comme le cœur et les intestins ;

3) pour développer les différents muscles de l'organisme et nous donner un meilleur contrôle sur notre corps ;

4) pour maintenir la souplesse des diverses articulations.

Pour sa santé, chacun devrait examiner le type de vie qu'il mène et voir à compléter par des exercices appropriés les manques qu'il y détecte. Chacun arrivera sans doute à un programme différent, ce qui est normal. Le critère final devrait être le bien-être qui en découle.

À court terme, il est toujours possible de chercher systématiquement à marcher davantage ; la digestion, le sommeil et la relaxation s'en trouvent vite améliorés.

Une technique de relaxation : le stress entraîne une diversité de changements physiologiques dans l'organisme, qui le mettent en situation de « fuite ou d'attaque », selon les circonstances ; or dans nos sociétés, bien souvent ni l'une ni l'autre de ces réponses — le combat ou la fuite — n'est appropriée ; nous nous retrouvons alors avec un organisme prêt à quelque chose qui n'arrive pas. C'est cette préparation à vide qui à la longue devient dommageable.

Il y a quelques années, Walter R. Hess a découvert un mécanisme qui déclenchait des processus physiologiques inverses de ceux du stress ; il a nommé ce mécanisme *relaxation response*. Il s'agit d'un ensemble inné et intégré de changements physiologiques. Ce mécanisme peut être mis en marche par des moyens psychologiques ; la plupart des techniques de relaxation comme le training autogène, le yoga et la méditation transcendantale produisent leurs effets relaxants par la voie de ce mécanisme. Certains facteurs se retrouvent dans toutes ces techniques :

— on veille d'abord à s'installer confortablement, dans une position créant le moins de tension possible. On peut soit s'étendre ou bien s'asseoir sur une chaise ou un fauteuil confortable. On prend soin aussi de détacher les vêtements serrés, d'enlever ses souliers ;

— on cherche à créer un environnement calme, dans lequel les stimulations sont réduites, pour éviter les distractions et faciliter la concentration : fermer la radio et la télé, décrocher le téléphone. Parfois des bruits de fond, s'ils sont réguliers, ne nuisent pas ;

— chacune des méthodes de relaxation utilise la concentration et se donne pour y arriver un support, une sorte de point d'appui. Celui-ci varie, selon les approches : il peut être un mantra (mot ou phrase que l'on répète), un mouvement, un son, un point lumineux, une région du corps. Par la concentration sur une seule chose, on se libère des préoccupations extérieures, on arrête le flot de leur stimulation ;

— un élément clé de la relaxation réside dans l'attitude de passivité : la personne qui se détend devient un observateur passif. Elle accepte de ne pas se servir de son esprit d'analyse ou de jugement. Elle cherche à se fixer sur son point de concentration, à l'observer, mais avec une espèce d'indifférence. Par exemple, si des pensées ou des images distrayantes se présentent, elle en prendra conscience, puis avec douceur et patience, les écartera, pour revenir au point de concentration, autant de fois qu'il le faut. Cette neutralité ne s'obtient pas nécessairement rapidement, elle est souvent à contre-courant de notre façon de faire habituelle et peut demander un certain entraînement. C'est d'ailleurs pour cette raison qu'on aura souvent avantage à procéder de façon progressive ; on commencera par de courtes périodes de relaxation, plusieurs fois par jour, pour les allonger petit à petit. On augmentera ainsi progressivement sa capacité de se détendre et de se concentrer.

B. Gunther, dans *Sense Relaxation*, nous propose de procéder de la façon suivante : après s'être installé confortablement dans un environnement calme,

— fermer les yeux, et suivre le fil de ses pensées pendant une minute ;

— s'en détacher progressivement ;

— observer en même temps comment on se sent, à la minute présente : suis-je nerveux(se), triste, confortable, préoccupé(e)… sans porter de jugement sur ce qu'on découvre ;

— porter attention sur ses pieds et sans les bouger, sentir ce sur quoi ils reposent, la sensation qui existe au point d'appui, la sensation qui existe aussi dans tout le pied, dans chacun de ses orteils, le dessus du pied, la cheville ; puis le mollet, son point d'appui (si on est couché), le genou, la cuisse, les fesses et leur point d'appui ; le bassin, le ventre, le dos et son point d'appui, la poitrine, les épaules, les bras, les poignets, les mains, les doigts, et leurs points d'appui ; finalement le cou, la tête et son point d'appui, le visage (la bouche, les yeux, le nez, le front, les joues), les oreilles. On prendra de 15 à 20 secondes à chacun des points proposés pour sentir, expérimenter cette région du corps (c'est différent de « penser à ») ;

— observer quelle est la perception globale qu'on a de son corps, laisser la respiration se faire, sans essayer de la modifier ;

— si on désire prolonger la relaxation, on peut le faire, par exemple en observant sa respiration, mais sans la modifier ;

— puis on prendra à nouveau le temps d'observer comment on se sent, d'abord les yeux fermés, puis les yeux ouverts, de se resituer dans l'espace, de réveiller progressivement son corps et son esprit en s'étirant, en bâillant ;

— une fois bien réveillé(e), bien resitué(e), on pourra reprendre ses activités.

L'apprentissage d'une méthode de relaxation est une forme d'entraînement qui demande qu'on y mette un peu de temps pour arriver à atteindre plus facilement et plus rapidement un état de détente. D'après l'expérience de Benson, qui a beaucoup travaillé sur le sujet, avec la pratique, la relaxation survient vite sans grand effort ; très rares sont les gens qui n'y parviennent pas. La grande majorité de ceux qui pratiquent cette technique se sentent relaxés et libérés de leur anxiété pendant l'exercice et souvent pendant tout le reste de la journée, comme s'ils avaient pratiqué un exercice violent, mais sans la fatigue physique. Les changements physiologiques qui expliquent cette sensation sont une baisse sensible du métabolisme basal et du rythme respiratoire.

Des techniques qu'on peut s'approprier

« Une nouvelle science d'auto-régulation psychosomatique est en voie de se former, réunissant les techniques et la sagesse des anciennes pratiques de méditation, les principes de la théorie de l'apprentissage ainsi que de la modification du comportement et enfin la technologie sophistiquée pour la mesure des processus physiologiques », écrit David S. Sobel ; il poursuit en disant que « les premiers résultats suggèrent que nous avons énormément sous-estimé la capacité des êtres humains de contrôler volontairement leurs états intérieurs ». Cette nouvelle science aux multiples visages et manifestations se déploie rapidement et s'implante dans tous les milieux. C'est là un phénomène heureux, car ces diverses approches mettent le sujet au centre de l'intervention : c'est la personne elle-même qui doit acquérir un certain corps de connaissances et qui pourra ensuite les utiliser elle-même au moment désiré. Il s'agit donc d'un moyen concret de démédicalisation et même de déprofessionnalisation. Mais comme le souligne un spécialiste en médecine psychosomatique, le Dr John R. Goyeche, « suivre une thérapie de ce genre comme patient ou comme thérapeute, c'est d'abord accepter d'entrer dans un processus de changement. Or ce genre d'implication est menaçant tant pour le patient que pour le thérapeute, et c'est pour cela que ces méthodes rencontrent beaucoup de résistance chez les professionnels de la santé. » Pour sa part, Herbert Ladd, directeur du Département de recherche de l'Institut de réadaptation de Montréal, croit que « la réticence des médecins est due au fait que le succès du traitement dépend entièrement du malade et que le clinicien voit sa participation réduite ».

Selon la méthode choisie, il peut être nécessaire de recourir aux services d'un professionnel, d'un expert ou tout au moins d'une personne qui maîtrise bien la technique ; mais plus ou moins rapidement l'« apprenti » peut fonctionner seul ; sans être devenu un expert, il possède assez d'informations pour répondre à ses besoins les plus courants.

L'éventail des approches disponibles est vaste ; chacune répond à des besoins plus ou moins différents et préconise des méthodes particulières. Toutes ces approches ont donné d'excellents résultats avec certaines personnes et de beaucoup moins bons avec d'autres. Il est donc souhaitable, quand on veut emprunter l'une de ces voies, d'essayer de trouver celle qui nous convient le mieux ; cela implique de développer notre sensibilité face à nos besoins et à nos façons de fonctionner. Quand on se connaît assez bien, on peut déjà s'orienter vers des approches qui ont plus de chances de nous convenir ; et en cours de route, on peut aussi mieux juger de ses réactions et de la pertinence des actions entreprises. La quête de la santé doit conduire à un mieux-être ; si une approche ne semble pas nous aider, il ne faut pas hésiter à changer.

L'être humain est un tout ; nos états d'âme, nos sentiments, nos conflits se traduisent par des altérations de notre fonctionnement physiologique et à plus ou moins long terme s'inscrivent dans notre corps. Ce dernier porte d'ailleurs souvent les marques de nos conflits antérieurs ; nous pouvons y retrouver aisément les cicatrices des blessures physiques déjà subies, mais le corps porte aussi des marques et résidus des blessures émotives. Diverses approches corporelles nous permettent d'avoir accès au plus profond de notre être ; aussi une certaine prudence dans le choix de nos guides s'impose-t-elle. Le foisonnement des nouvelles approches, l'engouement qu'elles suscitent et l'absence de contrôle permettent à quiconque de s'intituler « thérapeute » ; il est donc possible d'y rencontrer le meilleur et le pire. D'ailleurs, même parmi les gens les plus compétents, il y a de fortes chances que tous ne nous conviennent pas aussi bien ; et comme plusieurs recherches l'ont montré, dans ce domaine, c'est le « guide » qui importe souvent plus que la technique ou l'approche sur laquelle il se fonde.

La liste des approches que nous présentons n'est pas exhaustive ; et nous n'avons pas l'intention de donner des renseignements complets sur celles que nous recensons ; nous souhaitons seulement fournir une idée générale de chaque méthode et en faire ressortir les particularités, pour faciliter l'orientation générale des lecteurs[2].

Les approches de relaxation sont fmi les plus populaires, on trouve *la relaxation progressive*, qui est une technique par laquelle la personne apprend à contrôler totalement le degré de contraction de ses muscles volontaires. Grâce à cette méthode, mise au point par Jacobson, on peut arriver à relaxer les muscles de tout le corps, ce qui conduit à des changements physiologiques contraires à ceux qui surviennent pendant le stress. La technique est simple et peut se pratiquer seul(e), une fois qu'on l'a apprise.

---

2. La deuxième partie du *Dictionnaire pratique des médecines douces* (Québec/Amérique, 1981) fournit de bonnes indications sur certaines approches décrites ici ainsi que sur de nombreuses autres.

Le training autogène (ou autorelaxation) est une méthode thérapeutique qui a été développée par le Dr J. H. Schultz. Elle permet de contrôler progressivement la tension musculaire puis les fonctions respiratoire, circulatoire, cardiaque et digestive, fonctions qu'on croyait uniquement involontaires. L'apprentissage se fait avec l'aide d'un spécialiste, certaines étapes pouvant s'avérer délicates ou contre-indiquées. Une fois l'apprentissage fait, on peut cependant facilement utiliser cette technique seul(e).

Le biofeedback est une des techniques de relaxation les plus jeunes ; elle permet d'acquérir le contrôle sur certaines fonctions organiques qu'on croyait involontaires. Nos pensées influencent le déroulement des processus biologiques qui surviennent dans notre corps ; il s'agit d'essayer d'arriver à identifier quelles pensées exercent quelles influences pour ensuite volontairement évoquer ces pensées dans le but d'affecter les processus biologiques visés. Des gens arrivent ainsi à élever la température d'une partie de leur corps, à faire baisser leur tension artérielle, à ralentir leur rythme cardiaque, à modifier les ondes électriques de leur cerveau. Les appareils plus ou moins sophistiqués utilisés pour l'acquisition de ce contrôle servent à mesurer la fonction qu'on veut toucher ; nous pouvons alors savoir immédiatement si nos pensées exercent bien l'effet désiré ; si nous sommes branchés sur un appareil qui mesure la tension artérielle, par exemple, nous voyons immédiatement les effets de nos pensées sur la pression, nous en avons un *feedback* ; et nous pouvons trouver quel type de pensée produit le mieux l'effet désiré.

Peut-être à cause de l'appareillage technologique qui en fait une approche bien de notre siècle, le biofeedback connaît une grande vogue ; beaucoup d'appareils sont maintenant offerts pour auto-utilisation. Il semble cependant qu'ils soient beaucoup moins sensibles que les appareils des laboratoires, aussi est-il recommandé d'apprendre la technique avec de bons appareils avant de passer aux appareils moins perfectionnés, qui peuvent cependant être amplement suffisants pour la pratique régulière du biofeedback.

Toutes ces approches de relaxation, plus ou moins sophistiquées, peuvent contribuer grandement au traitement de plusieurs maladies : on pense aux migraines, gastrites, hypertension, insomnie, asthme, maladies de peau, etc. Elles permettent même parfois d'éviter le recours à un traitement médicamenteux.

Le yoga est bien davantage qu'une thérapie ; c'est presque toute une philosophie de vie, qui vise à une intégration harmonieuse de l'esprit, de l'âme et du corps. « Un des objectifs du yoga est d'encourager une hygiène et une santé positive », constatent les auteurs d'un rapport sur le yoga ; « la santé positive ne veut pas seulement dire l'absence de maladie, mais une sensation joyeuse et énergique de bien-être, avec des hauts niveaux de résistance générale et la capacité de développer avec succès une immunité contre des agents agressants spécifiques... L'attitude du yoga à l'égard du problème de la maladie, comme à l'égard de n'importe quoi d'autre, est qu'une personne doit se renforcer elle-même plutôt que de perdre son temps à éliminer tel ou tel facteur agressant. » Le yoga n'est pas uniquement cette gymnastique exotique spectaculaire qu'on nous montre à l'occasion ; il s'agit d'une approche qui implique le corps, par l'adoption de certaines positions et pratiques respiratoires ainsi que par l'adhésion à certaines règles alimentaires particulières ; l'esprit y est également mis à contribution par la méditation.

La réflexologie est une forme de massage très localisé qui permettrait d'influencer, à partir de certaines régions superficielles du corps, les diverses parties de l'organisme. Il semble que sur la plante des pieds, à l'intérieur des mains et à l'oreille externe, nous possédions des zones réflexes dont la stimulation activerait la circulation des organes correspondants. D'autres théories tentent d'expliquer ce phénomène, mais aucune ne fait l'unanimité ; par contre, les témoignages d'efficacité abondent. Il existe des cartes qui décrivent les diverses correspondances entre les régions du pied, de la main ou de l'oreille et les organes internes. La technique de massage utilisée est simple et peut s'apprendre facilement.

Le shiatsu est une technique à mi-chemin entre l'acupuncture et le massage ; les Américains l'appellent aussi « acupressure ». Il s'agit d'exercer une forte pression à divers points de l'organisme pour obtenir des effets salutaires à des endroits parfois fort éloignés du point de pression. Les points comprimés sont situés sur la trajectoire des méridiens de l'acupuncture. Comme l'explique un expert du shiatsu, Pedro Chan, « le shiatsu n'apporte jamais la guérison » ; il s'agit simplement d'une méthode qui peut aider à soulager des malaises ou des symptômes ou qui peut servir de moyen préventif. Ce type de massage ne doit s'auto-appliquer que quelques minutes à la fois ; s'il n'y a pas d'amélioration rapide, il est préférable de recourir à une autre méthode.

Le shiatsu peut être utilisé pour soulager les maux de dents, les céphalées, les vertiges, le rhume, etc. Certaines personnes s'en disent fort satisfaites. Les praticiens expérimentés s'en servent pour traiter une certain nombre de maladies ; en fait, ils pourraient obtenir sensiblement les mêmes résultats que les acupuncteurs.

Les gymnastiques nouvelles postulent toutes que le corps est le miroir des émotions, qu'il possède une mémoire au sens où les conflits et difficultés antérieurement vécus s'y traduisent par des adaptations souvent dysfonctionnelles. En travaillant le corps, on remue le psychisme ; pour guérir le corps, il faut souvent tenir compte du psychisme.

L'anti-gymnastique de Thérèse Bertherat est l'une des approches les plus connues, à cause du succès de ses deux livres *Le corps a ses raisons* et *Courrier du corps* (Seuil, 1976 et 1980). Bertherat est partie des enseignements de la kinésithérapeute Mézières et a mis au point une méthode qui peut se pratiquer en groupe ou individuellement ; comme elle l'écrit elle-même, « les mouvements d'anti-gymnastique sont destinés à vous faire prendre conscience d'une expérience nouvelle : ce que c'est que d'aller bien. Ils vous apprennent à vous mouvoir avec aisance et avec votre grâce naturelle quand vous n'êtes pas retenu par les tensions de votre musculature postérieure. Ils ne doivent pas vous donner un moment de bien-être — le temps de les faire — mais vous permettre d'intégrer votre nouvelle liberté de mouvement dans tous les gestes que vous faites tous les jours... L'anti-gymnastique n'est donc pas un soulagement, mais un travail, assez sournois dois-je dire, qui bouscule. Il peut mener vers un de mieux-en-mieux-être, mais le chemin par lequel on y accède n'est pas court et droit. »

L'eutonie (du grec *eu* : bien et *tonos* : tension) a été mise au point par Gerda Alexander. Il ne s'agit pas d'une gymnastique à proprement parler, puisque la méthode n'enseigne pas de mouvements structurés ; on y invite plutôt les gens à prendre contact avec leur tonus musculaire par l'attention aux différentes sensations corporelles, à explorer et découvrir les différentes couches de leur organisme. D'après G. Alexander, les parties du corps qui ne sont pas bien ressenties, dont on perd conscience, logent souvent des tensions qu'il est important de reconnaître et qu'on peut arriver petit à petit à dénouer. Le travail d'eutonie cherche à retrouver le sens de la totalité du corps et de ses possibilités, pour ainsi accéder à une mobilité, une liberté et une santé plus grandes.

Moshe Feldenkrais fait lui aussi intervenir le mouvement ; il aide à découvrir des moyens d'élargir la mobilité de l'individu. En développant la conscience de son corps et de ses possibilités, l'élève accède à une plus grande confiance en lui-même ; il devient plus capable d'affronter les difficultés de la vie.

En fait, toutes ces approches favorisent une connaissance sensible du corps, en accroissent la mobilité et la souplesse et permettent d'utiliser le corps et ses ressources avec un déploiement minimal d'énergie.

La phytothérapie, ou médecine par les plantes, existe depuis toujours ; même les animaux connaissent d'instinct certaines plantes qui peuvent leur être utiles en cas de maladie. La vie dans nos villes nous a éloignés des plantes et par la suite de cette forme de thérapeutique, mais nombreux sont ceux qui y reviennent. Beaucoup d'extraits végétaux facilement accessibles — la menthe, le tilleul, la camomille, le plantain, etc. — sont fort utiles pour le soulagement de petits malaises courants. Les tisanes de toutes sortes, en particulier, remplacent fort avantageusement d'autres boissons chaudes comme le thé et le café sans avoir leurs inconvénients. Il existe également plusieurs maladies chroniques pour lesquelles la médecine offre très peu ; les personnes qui en souffrent tirent un certain soulagement de l'emploi régulier d'extraits végétaux. Une mise en garde s'impose cependant : les produits végétaux contiennent des substances pharmacologiquement actives — c'est la raison de leur efficacité — et peuvent donc entraîner des intoxications ; aussi ne faut-il pas en abuser ni s'entêter devant des résultats négatifs.

Le jeûne est utilisé comme mesure préventive — certaines personnes jeûnent pour des périodes plus ou moins longues à intervalles réguliers — et comme mesure d'appoint lors d'une maladie. D'après Shelton, « dans le jeûne, le corps utilise tout ce dont il peut se passer, afin de préserver l'intégrité des tissus essentiels. Les choses inutiles et moins essentielles sont sacrifiées en premier lieu » […] « l'autolyse serait un processus strictement contrôlé et non laissé au hasard. Seuls les tissus non essentiels seront digérés et leurs composants seront transportés à travers le corps pour nourrir les tissus vitaux. »

L'abstention de nourriture pendant quelques jours ne présente aucun danger, à condition de bien s'hydrater. Cependant, il y a tout intérêt à recourir à l'aide d'une personne renseignée quand on veut prolonger son jeûne, ne serait-ce que pour s'éviter des désagréments inutiles et en faire une expérience positive. La capacité de jeûner est probablement inscrite dans nos gènes ; les premiers humains devaient pouvoir jeûner pendant des périodes assez prolongées, quand ils n'arrivaient pas à trouver de quoi se mettre sous la dent. Des expériences faites avec des animaux montrent d'ailleurs que ceux qu'on soumet à des périodes de jeûne répétées vivent beaucoup plus longtemps que les animaux qui mangent à leur faim.

Les médecines alternatives

Le système de soins officiels au Québec est sous l'emprise idéologique de la médecine allopathique ; en effet, sauf exception, seuls les traitements dispensés par les médecins sont défrayés par la Régie de l'assurance-maladie et surtout la loi réserve aux seuls médecins (ou aux personnes travaillant sous leur surveillance) le droit de poser des gestes en vue de guérir les malades. Cette situation ne découle pas de la supériorité de l'approche médicale par rapport aux autres approches, mais plutôt du pouvoir que possèdent les médecins dans notre société et du monopole qu'ils ont réussi à établir. Avant le début du siècle, la médecine était une approche parmi les autres ; les médecins ont réussi à se faire octroyer des pouvoirs par l'État et ils ont rapidement éliminé presque toute concurrence. Mais depuis quelques années, la situation a commencé à changer ; le monopole médical est de plus en plus contesté.

Au Québec, la critique de la médecine n'a jamais été tellement bien organisée ; ce sont des individus isolés et marginaux qui, à différents moments, ont osé adresser des reproches à la médecine ; leur voix a vite été étouffée ou tout simplement ignorée. L'insatisfaction face à la médecine croît rapidement ; comme ceux qui perdent confiance en la médecine ne sont pas, pour la plupart, à l'intérieur du système de soins, nous assistons au développement d'une sorte de médecine alternative, de multiples médecines parallèles faudrait-il dire plutôt, puisque le mouvement est loin d'être homogène. Les gens cherchent d'autres moyens de régler leurs problèmes de maladies ou d'arriver à la santé ; nous en sommes à une phase d'exploration, avec un foisonnement étonnant d'approches les plus diverses s'appuyant tantôt sur le psychisme, tantôt sur l'une ou l'autre des thérapies corporelles, tantôt sur le spiritualisme. Il faudra sans doute un certain temps avant que nous arrivions à départager ce qui, dans tout cela, peut nous aider véritablement de ce qui n'est qu'autre forme d'exploitation.

La médecine « holistique » : aux États-Unis, l'insatisfaction face à la médecine est aussi très grande, probablement plus qu'ici encore car les soins n'ayant pas été socialisés (par l'assurance-maladie), l'accès aux soins est si coûteux qu'il en devient prohibitif pour de nombreux secteurs de la population. Mais contrairement à ce qui se passe ici, beaucoup de critiques proviennent de l'intérieur même de la médecine, d'une certaine proportion de médecins qui trouvent absolument inadaptée la médecine officielle telle qu'enseignée et pratiquée.

À mesure que s'est articulée la critique de la médecine est apparu le besoin de créer une solution de rechange ; c'est de cette volonté de corriger les défauts de la médecine officielle qu'est née la médecine dite « holistique », qui vient du mot grec *holos*, signifiant « tout », « global ». Comme l'écrit le Dr James S. Gordon, « dans les dernières années la médecine holistique en est venue à caractériser une approche de la personne considérée comme un tout dans son environnement total ainsi qu'une variété de pratiques de soins et de promotion de la santé. Cette approche […] favorise une appréciation des patients en tant qu'êtres à dimensions mentales, émotionnelles, sociales et spirituelles aussi bien que physiques. Elle respecte leur capacité de se guérir eux-mêmes et les considère comme des partenaires actifs dans les soins de santé, au lieu de les voir comme des sujets passifs. Cette approche […] se développe pour corriger nos tendances à réduire la médecine et les soins de santé au traitement de maladies, à ignorer l'influence majeure des contextes familial, social et économique sur la santé et la maladie et à confondre le malade avec sa maladie. »

La médecine holistique n'est pas une spécialité au même titre que la pédiatrie ou la psychiatrie, par exemple. C'est plutôt un esprit, une approche particulière de la médecine qui souhaite intégrer beaucoup de connaissances portées à notre attention par des disciplines périphériques à la médecine ; alors que le courant dominant en médecine rejette *a priori* tout ce qui n'entre pas dans ses schémas explicatifs et qui ne peut s'expliquer « rationnellement ». L'approche holistique est jeune ; aussi n'est-elle pas encore parfaitement définie ; elle est en pleine évolution et ceux qui s'en réclament poursuivent leur cheminement.

L'homéopathie est une méthode thérapeutique qui a été développée en Allemagne au début du XIXe siècle par le Dr Samuel Hahnemann. Très populaire en France — plus de 10 000 médecins s'en réclament aujourd'hui — l'homéopathie a connu ses heures de gloire aux États-Unis avant d'être étouffée par la médecine allopathique. Elle revient progressivement à la mode et se répand actuellement au Québec sous l'influence de quelques laboratoires homéopathiques européens.

Les homéopathes soignent par des médicaments ; mais ils ne recherchent pas les mêmes résultats que les allopathes. L'homéopathie voit dans le symptôme l'indication que l'organisme réagit, combat une agression quelconque ; c'est donc un excellent signe et il n'est pas question de faire disparaître ce symptôme, au contraire même il s'agit d'aider l'organisme à mieux poursuivre sa lutte. Les médicaments homéopathiques sont des substances qui, données à forte dose à une personne bien portante, provoquent habituellement les symptômes manifestés dans la maladie actuelle ; ingérées par une personne malade en quantité infinitésimale, elles viennent lui prêter main-forte en intensifiant la réaction de l'organisme pour l'aider à terminer le combat au plus tôt. Ces médicaments ne sont donc pas destinés à combattre une maladie, mais à aider la personne ; deux malades souffrant de la même maladie recevront des remèdes différents, parce qu'ils sont fondamentalement différents et manifestent des symptômes différents qui traduisent une façon particulière de lutter contre cette agression. Avant de prescrire un médicament, les homéopathes doivent procéder à un long interrogatoire et à un examen attentif, car chaque symptôme doit être considéré dans leur thérapie.

Les substances de base qui servent à la préparation des médicaments homéopathiques proviennent des trois règnes — animal, végétal et minéral. Ces substances sont diluées puis dynamisées (on agite les solutions pour les potentialiser) et elles sont employées aux différentes dilutions (exprimées en termes de CH). Le choix de la dilution dépend de différents facteurs, mais surtout du niveau auquel on désire intervenir. Les dilutions les plus basses (5 à 7 CH) servent surtout lorsque le problème est essentiellement physique, alors qu'on utilise des dilutions plus hautes (9, 12, 15, etc.) à mesure que les symptômes psychiques prennent de l'importance. Les dilutions sont presque illimitées, ce qui fait qu'à un moment donné on n'y retrouve plus de la matière originelle ; paradoxalement, ce sont ces dilutions qui s'avèrent les plus puissantes et qui doivent être manipulées avec le plus grand soin.

L'ostéopathie a été fondée à la fin du siècle par un médecin américain, le Dr Andrew Taylor Still. D'après le *Dictionnaire pratique des médecines douces*, « la clef de voûte des principes de l'ostéopathie repose sur le '' système neuro-musculaire-osseux ''. Ce qui renvoie à l'interaction dynamique des nerfs, des muscles et de leur enveloppe fibreuse ou fascia, et des os. Si les ostéopathes savent, comme les généralistes, que les désordres de l'organisme ne s'expliquent pas exclusivement par ce complexe particulier, ils pensent néanmoins que pour soigner certaines affections, il faut commencer par la correction des déséquilibres, lésions ou tensions du système neuro-musculaire-osseux. »

Même si l'ostéopathe considère la colonne vertébrale comme d'une grande importance dans l'origine de nombreuses affections, il ne se limite pas à la palpation de cette région, pour son diagnostic ; il procède aussi à un examen général et complète parfois par des analyses plus poussées. Quant au traitement, même s'il a tendance à privilégier les manipulations *douces* (un bon ostéopathe ne fait jamais de manipulations dangereuses), il n'hésite pas à recourir à d'autres approches thérapeutiques (allopathie, homéopathie, etc.) quand il en perçoit le besoin.

L'ostéopathie ne se limite pas au traitement des affections qui ont leur siège dans la structure musculo-squelettique ; elle est souvent efficace dans les maladies dites fonctionnelles ou les maladies chroniques ; l'organisme est *un* et tout dérangement à un niveau peut se répercuter ailleurs...

La médecine orthomoléculaire ou mégavitaminothérapie est une approche relativement nouvelle dans laquelle le praticien essaie de fournir à l'organisme toutes les substances qui favorisent un fonctionnement moléculaire optimal. Dans certains cas, cela se traduit par l'administration massive de certaines vitamines ou de certains minéraux ; dans d'autres, des quantités modérées suffisent ; il arrive même souvent que de simples modifications de la diète permettent de combler les besoins, soit en augmentant la consommation d'aliments riches en l'élément jugé manquant, soit en retranchant certains aliments qui contiennent des substances empêchant l'absorption de l'élément déficient.

La médecine orthomoléculaire est très mal vue dans les milieux dits scientifiques, ce qui n'empêche que quelque 2 000 médecins d'Amérique du Nord traitent leurs patients de cette façon depuis parfois plus de 20 ans ; mais comme l'explique Meldon Kahan, « l'histoire de la médecine montre que, sauf exception, cela prend de nombreuses années avant que de nouvelles approches soient adoptées. Ce serait trop demander de s'attendre à ce que des professionnels qui ont été entraînés et qui ont pratiqué selon une certaine approche acceptent un système thérapeutique fondamentalement différent... Les problèmes de santé menacent la société et une approche comme la thérapie orthomoléculaire qui a permis de traiter avec succès des millions de patients mérite des études objectives, bien conçues et scientifiques. »

Les oligo-éléments: en France, l'attention s'est surtout portée sur les oligo-éléments, « les éléments minéraux que l'on trouve dans les organismes vivants, animaux et végétaux, en quantité tellement infime qu'on s'est longtemps demandé s'il ne s'agissait pas d'impuretés », écrit Cécile Baudet ; comme elle l'explique, « l'intérêt de l'oligothérapie est de répondre à divers troubles qui ne trouvent pas de remèdes en médecine officielle : ça ne tourne pas rond, ce n'est pas la forme, des petits signes apparaissent qui ne relèvent d'aucune maladie précise. Les bilans restent bons, les analyses ne décèlent rien... pourtant, ça ne va pas. Les migraines succèdent à la fatigue, le manque de tonus va de pair avec des troubles digestifs, le cœur semble s'affoler pour rien, etc. En fait, ces ratés dans notre état de santé sont le signe avant-coureur de tendances évolutives vers des maladies bien précises, tendances appelées *diathèses* par le Ménétrier : ''une diathèse s'inscrit entre la santé et la maladie. Elle traduit un état de déséquilibre qui succède à l'équilibre naturel et qui précède la lésion. Elle est donc un dysfonctionnement qui perturbe le fonctionnement organique et qui mène progressivement au désordre et à la dégénérescence.'' »

L'acupuncture est sans doute l'approche exotique qui a le plus attiré l'attention, à tel point que la médecine officielle n'a pu l'ignorer ; pour désamorcer la menace à son pouvoir que pouvait constituer l'acupuncture, elle en a intégré quelques applications mineures, comme son utilisation pour l'anesthésie dans certaines interventions chirurgicales. L'acupuncture est beaucoup plus que cela ; c'est une approche globale, holistique : « plutôt que d'isoler et de traiter un symptôme médical spécifique, le problème est vu comme une manifestation générale de l'individu. La thérapie de l'acupuncture implique la personne totale, et l'acupuncteur d'expérience traite le patient, pas la maladie », écrit David E. Bresler.

La médecine chinoise perçoit la maladie comme un déséquilibre dans l'énergie vitale d'un individu. L'acupuncture agirait en intervenant sur l'énergie qui circule dans l'organisme ; comme cette énergie emprunte des chemins nommés méridiens (il y en a douze disposés de chaque côté du corps), l'acupuncteur renforce cette énergie en stimulant les points d'acupuncture situés le long des méridiens ; on compte près d'un millier de ces points répartis sur le corps.

Beaucoup de gens ont peur de la douleur qui pourrait résulter de l'utilisation des aiguilles d'acupuncture ; il faut savoir que ces aiguilles sont beaucoup plus fines que celles utilisées pour les injections — en fait, elles sont parfois de la grosseur d'un cheveu ; de plus, elles ont une extrémité arrondie, ce qui leur permet de ne pas couper les tissus, mais de les écarter ; il n'en résulte qu'une sensation brève de picotement.

L'acupuncture est réputée pour son efficacité dans les maladies chroniques ; en particulier, les acupuncteurs remportent beaucoup de succès dans le traitement des douleurs musculo-squelettiques, de l'ostéoarthrite et des névralgies variées comme certaines céphalées.

Les thérapies corporelles prennent différentes formes et visent divers objectifs ; mais dans l'ensemble, comme l'écrit Robert Frager, « si nous assumons que tous les processus mentaux et physiques font partie d'un système unique où tout est interrelié, il devient évident que n'importe quelle approche de thérapie corporelle qui améliore de façon significative un aspect du fonctionnement physique a de fortes chances d'apporter d'importantes améliorations à la santé globale. Même si l'existence d'une composante psychosomatique dans la maladie ''physique'' est maintenant généralement admise, on en accepte encore difficilement le corollaire évident — qu'il y a une composante ''somato-psychique'' au fonctionnement psychologique. Ce qui signifie que la tension mentale ou émotionnelle est virtuellement toujours en corrélation avec la tension physique et que le fait de soulager la tension dans une région quelconque aura tendance à alléger la tension et à faciliter un fonctionnement plus efficace dans les autres régions.» Dans une série sur les thérapies nouvelles réalisée à Radio-Canada, un témoignage illustre admirablement bien ce propos :

Q. — A.B., vous avez été amenée à faire une thérapie en bioénergie. Est-ce que vous pouvez nous dire quelles sont les circonstances, pourquoi vous avez fait cette démarche ?

R. — J'ai fait cette démarche-là pour plusieurs raisons mais en particulier parce que j'étais toujours malade, j'avais toujours la grippe, j'avais des problèmes digestifs, j'avais des infections et des problèmes dont on ne trouvait pas les causes.

Q. — Médicalement parlant ?

R. — Ah oui, j'étais toujours malade et je trouvais ça pénible de toujours être malade. Je me disais : « Il me semble que ce n'est pas moi, ça. Comment ça se fait que je suis toujours au lit ? Je n'ai pas été comme ça quand j'étais jeune. Qu'est-ce qui est en train de se passer pour toujours me voir comme une personne alitée ? » C'est une image que je trouvais assez épouvantable. Et c'en était rendu à un point que, ne sachant pas ce qui se passait et pourquoi j'étais toujours malade et comme on ne trouvait pas non plus la cause de toutes ces maladies-là, j'en étais presque à avoir comme besoin d'une plus grosse maladie. Je me souviens très bien qu'à un moment donné, j'étais à l'hôpital parce qu'on faisait des examens qui étaient très douloureux comme des gastroscopies, des choses comme ça, et tout à coup j'ai eu comme un flash que, ma foi, si je continuais comme ça, j'aurais besoin de quelque chose comme un cancer ou un diabète ou une grosse affaire pour pouvoir dire : « Oh ! C'était donc ça, c'était ça qui se préparait ! » Puis à ce moment-là, je pense que ça m'aurait soulagée de penser que tous mes malaises, toute ma perte d'énergie, toute ma fatigue, c'était ou bien mon cancer ou bien mon diabète ou je ne sais pas quoi.

Q. — À ce moment-là, vous aviez une confirmation extérieure à partir d'un diagnostic ?

R. — Oui. Et ça me dispensait peut-être de me poser d'autres questions.

Q. — Alors, pourquoi à partir de phénomènes qui sont purement somatiques, pourquoi vous en êtes venue à une thérapie ?

R. — C'est que précisément, un jour, j'étais à l'hôpital et j'ai eu la certitude que ce n'était pas là que j'allais trouver la réponse, parce que ça faisait trop de fois que j'allais voir le médecin, que j'allais à l'hôpital. C'était très clair dans mon esprit : « Mais qu'est-ce que tu fais ici ? » Alors là je me suis dit, si la réponse n'est pas ici, elle doit être ailleurs et j'ai commencé à réaliser aussi que finalement je me protégeais beaucoup principalement des douleurs, je veux dire des émotions difficiles, et que peut-être que moi qui vivais des choses, finalement des événements qu'on aurait pu qualifier de très difficiles à vivre, je m'arrangeais pour ne pas les sentir. Et je pense qu'il y avait quelque chose là qui me chicotait. J'avais perdu mon père sans m'en apercevoir. Mon père est mort et c'est comme si je ne m'en suis pas aperçue, qu'il est mort.

Q. — Vous ne sentiez pas vos émotions à ce moment-là ? Vous étiez coupée de vos émotions ?

R. — En quelque sorte, oui. Je me trouvais très bonne. Je me disais : « Mon Dieu, c'est extraordinaire, je viens de perdre mon père, je n'ai pas tellement envie de pleurer, je ne ressens pas tellement de douleur, ça doit être parce que j'étais tout à fait prête à ce qu'il meure. » Et je n'avais pas réalisé, à ce moment-là, qu'en me coupant de ces douleurs-là qui me faisaient très peur — enfin je pense que je ne me sentais pas assez forte pour les aborder — je n'avais pas réalisé que je me coupais aussi des plaisirs et des passions et puis des choses plus douces, plus tendres et puis plus réconfortantes aussi.

Q. — Comment vous en êtes venue à la bio-énergie ? Pourquoi la bio-énergie dans votre esprit ? Est-ce qu'il y a une question de hasard, parce que vous savez, il y a plusieurs approches, alors pourquoi avoir retenu celle-ci plutôt qu'une autre ?

R. — La bio-énergie, parce que, d'abord, j'étais convaincue qu'il se passait quelque chose au niveau de mon corps ; ce n'était pas pour rien que j'étais malade. Pourquoi mon corps se rendait disponible à ce que je sois malade ? Pourquoi ça venait s'accrocher sur moi, cette grippe-là, ou pourquoi cette infection-là, ça venait s'agripper après moi ? Ça passait à côté du voisin, pourquoi ça venait sur moi ? »

Il existait, en 1982, plus de 250 types de thérapies recensées aux États-Unis, dont un grand nombre utilisent le corps comme « point de départ » ; chaque année, de nouvelles font leur apparition, dérivées des anciennes pour la plupart. Les thérapies les plus courantes se répartissent sommairement en trois catégories :

— *les thérapies visant à provoquer une plus grande relaxation :* les différentes formes de massage entrent dans cette classe ;

— *les thérapies qui cherchent à améliorer le fonctionnement musculo-squelettique* ; ainsi le *rolfing*, ou intégration structurale, se fait en dix séances de massages centrés sur différentes régions du corps pendant lesquelles le thérapeute essaie de rétablir la mobilité des tissus conjonctifs, qui entourent les os et les muscles. L'*intégration fonctionnelle* est pratiquée par les disciples de Feldenkrais ; le sujet apprend à redécouvrir la totalité de son corps et à rajuster sa posture souvent déformée par les expériences vécues ;

— *les psychothérapies corporelles* ; dans la foulée des travaux de Wilhelm Reich se sont développées plusieurs thérapies impliquant l'analyse et le toucher ; la *bio-énergie* de Lowen en est certainement la plus populaire. Au Québec, Aimé Haman a mis au point l'*abandon corporel*, technique qui tente de diminuer au maximum l'intervention de la pensée consciente pour permettre au corps de s'exprimer pleinement.

Chapitre 4

QUE FAIRE FACE À QUELQUES MALADIES ET MALAISES COURANTS

L'allergie

Le nombre de personnes affectées par une forme ou l'autre d'allergie est considérable ; plus de cinquante pour cent de la population serait touchée, mais heureusement pas toujours au même degré. Certaines gens éprouvent des symptômes tout au long de l'année tandis que d'autres (la plupart en fait) ne sont atteintes qu'occasionnellement, au contact de l'herbe à la puce par exemple. D'ailleurs, l'origine allergique de divers troubles n'est pas toujours décelée. En fait, environ 10 % des gens souffriraient d'une forme d'allergie assez grave pour les amener à consulter un médecin. Il semble que d'année en année, le nombre de personnes touchées augmente ; peut-être s'agit-il là d'un autre effet des multiples formes de pollutions auxquelles nous sommes exposés ; celles-ci nous mettraient en contact avec des substances plus nombreuses souvent plus susceptibles de susciter de l'allergie. On suppose que ce bombardement saturerait en quelque sorte la capacité d'adaptation de l'organisme et pourrait par le fait même affaiblir nos mécanismes de résistance face à ces agents agresseurs.

Les mécanismes de l'allergie

L'allergie est une réaction d'intolérance de l'organisme à une substance étrangère. Cette réaction peut prendre différentes formes et se traduit par divers symptômes au niveau de la peau, des voies respiratoires supérieures, des poumons, du système digestif et même du système nerveux. L'asthme, la fièvre des foins, l'urticaire et divers troubles intestinaux sont des maladies en bonne part causées par l'allergie. Dans certains autres cas de réaction très violente, c'est tout l'organisme qui entre en choc.

Quand une substance étrangère pénètre dans l'organisme — par la peau, par les poumons ou dans les aliments — la plupart du temps il n'y a aucune réaction ; mais chez les personnes susceptibles, cette substance déclenche une réaction de défense et la production d'histamine. Celle-ci provoque une dilatation des vaisseaux et une congestion locales qui se traduisent souvent par de l'œdème (de l'enflure). La substance irritante devient ce qu'on appelle un antigène ; l'organisme essaie de s'en débarrasser en produisant un anticorps. Après quelque temps, la substance étrangère est détruite, mais l'anticorps demeure dans l'organisme. Lors d'un deuxième contact avec cette substance, les anticorps sont prêts à réagir ; ils s'unissent à cette substance jugée indésirable pour former un complexe qui provoquera la libération d'histamine par des cellules spécialisées du sang. C'est l'histamine qui provoque par la suite l'ensemble des réactions allergiques.

Pour développer une allergie à un produit, il faut avoir été mis en contact avec lui au moins deux fois ; il est cependant possible que le premier contact se soit fait à l'insu de la personne. Ceci arrive parfois dans le cas des médicaments ; ainsi, la viande contient souvent des résidus d'antibiotiques utilisés dans l'alimentation des animaux et ces traces de médicaments pourraient être suffisantes pour sensibiliser quelqu'un, de telle façon que la première fois qu'il prendra ce médicament, le mécanisme d'allergie sera déjà enclenché.

Les allergènes possibles sont fort nombreux ; dans les aliments, le lait de vache, les œufs, le porc, certains fruits de mer, la volaille et certaines céréales sont les plus puissants. Parmi les éléments transportés par l'air, la poussière, les pollens de diverses plantes ou de certains arbres, les plumes, les desquamations animales et certains types de moisissures provoquent souvent une réaction d'hypersensibilité. Moins fréquemment, on devient allergique à des médicaments, à des insectes (et à leurs piqûres) et à certains agents chimiques (détersifs, cosmétiques...).

On ignore pourquoi les uns réagissent à telle substance et les autres non ; il est cependant certain que la tendance allergique est héréditaire ; on n'hérite pas de ses parents de la susceptibilité à telle substance spécifique, mais bien de la tendance à faire de l'allergie. D'après R. Hamburger, un enfant a 29 % de chances d'être allergique si un de ses parents souffre d'allergies, 47 % si ses deux parents sont allergiques, et 13 % si aucun des parents n'est allergique. Quels que soient les antécédents familiaux, l'allaitement au sein s'avère une des mesures les plus efficaces pour empêcher les nourrissons de devenir allergiques ; l'allaitement pendant les six premiers mois de la vie permettrait de diminuer de moitié le risque d'apparition d'allergie. Les parents qui souffrent d'allergie et qui veulent éviter le même sort à leurs enfants auraient aussi tout intérêt à prendre certaines mesures préventives :

— éliminer de la demeure familiale les facteurs irritants potentiels, et en premier lieu la fumée de cigarette. Les animaux domestiques constituent aussi souvent des risques importants, en particulier les chats ;

— à défaut d'allaitement maternel, donner au nourrisson un lait hypoallergique ;

— retarder l'introduction des aliments solides, et quand ils sont commencés, ne les intégrer qu'un à la fois, pour voir si le nourrisson les tolère bien.

Certaines situations favorisent l'apparition de réaction allergique, peut-être parce qu'elles diminuent les capacités d'autodéfense de la personne ; ainsi un rhume, une activité physique excessive ou un stress émotionnel intense sont souvent à l'origine d'une crise. Même si on ne connaît pas toujours la substance responsable, on cherchera à éviter ces situations qui peuvent provoquer une réaction allergique.

Le diagnostic

Il est relativement facile de savoir qu'une personne souffre d'une maladie allergique quand elle présente des symptômes typiques comme la fièvre des foins ou l'eczéma ; par contre, il semble qu'un nombre croissant de personnes souffre de formes atypiques d'allergies mieux définies par le terme « réactions d'intolérance » ; celles-ci sont souvent dues à une surchage de stimulations demandant une adaptation de l'organisme. Les Dr G. T. Lewith et J. N. Kenyon (voir la référence à la fin de ce texte) ont identifié parmi les aliments souvent responsables de telles saturations la farine blanchie, le sucre, l'alcool et le café. Ces réactions d'intolérance seraient à la source d'affections aussi diverses que l'arthrite, la colite, les maux de tête, des troubles d'apprentissage, des maladies mentales et plusieurs autres problèmes. De toute façon, que l'allergie soit typique ou non, c'est souvent fort difficile d'arriver à déterminer de manière précise quelle substance est en cause.

Les médecins pratiquent beaucoup de cutiréactions au Québec. Grâce à ce test, le malade est mis en contact avec un présumé allergène et sa réaction est mesurée ; si celle-ci est forte, le médecin décrète qu'il y a allergie à cette substance. La cutiréaction se fait par scarification (une petite égratignure sur laquelle une goutte de liquide contenant l'allergène est frottée) ou par injection dans la peau. La fiabilité de ce test n'est pas très grande ; qu'on en juge d'après ces faits :

— les gens qui ne souffrent d'aucune allergie ont très souvent des cutiréactions positives ;

— les réactions ne sont pas les mêmes selon le site d'injection (sur le bras, l'abdomen ou ailleurs) ;

— presque toutes les personnes allergiques ont des réactions positives à l'extrait de poussière, aux plumes et aux champignons aéroportés.

Nombre d'éminents spécialistes en allergie préviennent régulièrement les autres médecins des réserves qu'il faudrait manifester à l'égard de ce test ; mais dans un mode de pratique où les médecins sont d'autant plus payés qu'ils posent d'actes, c'est un test trop rentable pour qu'on le laisse tomber si facilement !

Avec un peu d'astuce et de persévérance, il est la plupart du temps possible d'arriver à identifier la substance irritante ; d'après la saison, l'endroit où les symptômes sont apparus, la régularité avec laquelle ils reviennent, etc. Parfois, il faut chercher longtemps, écarter pendant quelques jours les animaux domestiques, supprimer les oreillers de plume, habiter dans une autre maison, s'absenter du travail, etc.

Les allergies alimentaires sont sans doute les plus difficiles à découvrir, car parfois les aliments mettent quelques jours à provoquer une réaction ; et comme chaque jour nous consommons plusieurs aliments, l'identification du ou des coupables s'avère problématique. En plus, les tests cutanés sont peu utiles dans les allergies gastro-intestinales. Un spécialiste de l'allergie, le Dr J. C. Breneman, a établi le tableau suivant à partir de ses patients :

Aliment	Proportion de patients sensibles (en %)
œufs	93,0
porc	64,0
oignons	54,0
volaille	34,8
lait	24,7
café	21,7
oranges	19,0
maïs	14,5
fèves	14,5
noix	14,5
pommes	8,7
tomates	8,7
pois	5,8
chou	5,8

À cette liste, il faut sans doute ajouter les fruits de mer, auxquels maintes personnes sont allergiques.

Si déjà on possède quelques indices qui incriminent l'un de ces aliments (ou un autre, car certaines personnes sont aussi allergiques à des aliments non mentionnés dans cette liste), il est possible d'essayer de les éliminer de sa diète pour quelques jours (un minimum de 5) et de voir l'effet qui en résulte. Il est aussi possible de ne consommer que quelques aliments très peu susceptibles de provoquer des allergies et d'ensuite réintroduire un à un les aliments douteux, en laissant s'écouler cinq jours entre chaque nouvel aliment ; cet intervalle permettra d'identifier l'aliment responsable d'une réaction, s'il y a lieu. Les aliments hypoallergéniques sont le bœuf, le seigle, le soya, le riz, les cerises, les pêches, les abricots, les betteraves et les épinards.

Beaucoup de médicaments peuvent causer de l'allergie ; aussi, même si le médecin ou le pharmacien n'a pas fourni d'avis en ce sens, c'est un élément auquel il faut songer quand on cherche à identifier la cause d'une réaction allergique.

Les traitements

Le meilleur remède reste encore d'éviter les contacts avec la substance à laquelle une personne est allergique. Par exemple, il est possible d'atténuer la fièvre des foins qui survient à la fin de l'été si on s'empresse de couper les mauvaises herbes avant qu'elles produisent leur pollen ; cette mesure est d'autant plus efficace qu'elle est entreprise collectivement, comme c'est le cas dans le territoire de la Ville de Montréal qui oblige les propriétaires à détruire l'herbe à poux sur leur terrain. À cette période de l'année, il faut éviter les promenades dans la nature (surtout le matin, quand la quantité de pollen dans l'air est le plus élevée), fermer les fenêtres de la maison et même, quand c'est possible, songer à se doter d'un système d'air climatisé ou d'un purificateur d'air (tous n'ont cependant pas la même valeur) ; il est important de changer fréquemment les filtres des appareils de chauffage et de climatisation. Si l'air de la maison est très sec, l'emploi d'un humidificateur peut s'avérer utile. Même si on n'arrive pas à éliminer totalement de son environnement les substances responsables de son allergie, on peut tenter de diminuer les contacts avec les principaux allergènes comme la poussière, les pollens, les poils et desquamations d'animaux, car lorsqu'une personne allergique à une substance commence une réaction allergique, elle réagit également souvent aux autres substances hautement allergéniques.

Pour attirer le moins possible les abeilles et les guêpes, les personnes allergiques à leurs piqûres auraient intérêt à porter des vêtements blancs, verts ou beiges et à éviter l'emploi d'eau de Cologne et de parfum.

Comme les symptômes de l'allergie sont causés par un taux élevé d'histamine dans le sang, un moyen logique d'atténuer ces symptômes serait d'arriver à neutraliser l'histamine ; l'industrie pharmaceutique a développé à cet effet un grand nombre de médicaments antihistaminiques, sur lesquels nous reviendrons plus loin. Par ailleurs, des recherches récentes montrent que la vitamine C exerce aussi un tel effet ; des chercheurs du *Methodist Hospital* de Brooklyn ont trouvé que le taux de vitamine C dans le sang était inversement proportionnel au taux d'histamine, c'est-à-dire que plus le taux de vitamine C était bas, plus celui de l'histamine était élevé. En donnant des doses massives de vitamine C aux sujets qui en avaient peu dans le sang, ils faisaient rapidement diminuer leur taux d'histamine et disparaître presque tous leurs symptômes en l'espace de trois jours. Une dose de 500 mg par jour suffirait. La vitamine C agit beaucoup mieux quand une partie de son apport provient des fruits citrins, qui fournissent des bioflavonoïdes fort utiles à son absorption.

La cigarette et les aliments qui contiennent beaucoup d'additifs contribuent à détruire la vitamine C de l'organisme, rendant ainsi plus susceptible aux effets de l'histamine.

Lorsque c'est la peau qui est touchée, les compresses d'eau fraîche aident à soulager la démangeaison. On peut également appliquer sur l'enflure de la glace ou un pansement imbibé d'une solution glacée de sels d'Epson (15 cc de sels dissous dans un litre d'eau ; l'eau doit être chaude pour dissoudre le sel et ensuite refroidie). Une lotion qui contient de la calamine peut aider à soulager la démangeaison. On peut aussi prendre des bains d'eau tiède contenant de la fécule de maïs ou encore du bicarbonate de soude. Dans le cas spécifique de l'herbe à la puce, la sève de plantain appliquée localement fournit un soulagement rapide en même temps qu'elle empêche les lésions de s'étendre.

Le recours aux médecins

En présence d'une réaction allergique qui survient subitement et qui semble progresser rapidement (à la suite d'une piqûre d'insecte par exemple), il faut consulter rapidement un médecin ou se rendre à l'urgence d'un hôpital ; la médecine dispose de traitements très efficaces dans ces cas.

Face aux problèmes d'allergie chronique, les médecins recommandent fréquemment le traitement aux injections de désensibilisation. On les utilise surtout pour le traitement de la fièvre des foins, mais parfois aussi pour d'autres allergies courantes. Il s'agit alors de se soumettre à des injections répétées de la substance à laquelle on est allergique. De cette façon, on cherche à initier la production de nouveaux anticorps qui viendront empêcher les anciens de s'en prendre à la substance allergénique, quand il y aura contact avec elle. On obtiendrait ainsi une réaction moins forte ; très rarement, il serait possible d'arriver à éliminer pour de bon l'allergie. À la lumière de quelques expériences sérieuses, il faut cependant s'interroger sur la valeur d'un tel traitement, qui est tout de même très exigeant pour le malade. Une équipe de spécialistes américains a procédé, il y a quelques années, à une recherche sur des enfants sensibles à l'herbe à poux. Pendant cinq ans, le Dr Vincent J. Fontana et ses collaborateurs ont donné à un groupe d'enfants des injections de désensibilisation tandis qu'ils injectaient à un groupe témoin de l'eau ; d'après les chercheurs, même si les injections d'allergène peuvent avoir eu quelques effets bénéfiques sur quelques enfants, ces effets n'étaient pas plus grands que chez ceux qui ne recevaient que les injections d'eau !

À court terme et pendant une crise, les médecins prescrivent fréquemment des antihistaminiques. Il existe des dizaines de préparations antihistaminiques ; il n'y en a aucune qui convienne parfaitement à tout le monde, aussi faut-il que chacun trouve celle qui lui est la mieux adaptée. La meilleure façon d'y arriver est de demander à son médecin quatre ou cinq ordonnances de produits différents, chacune pour une semaine, et de les essayer un après l'autre jusqu'à ce que celui qui convient le mieux soit trouvé. Les antihistaminiques ont souvent des effets secondaires désagréables comme la somnolence et les maux d'estomac ; ces problèmes sont aggravés par la consommation d'alcool. La plupart des antihistaminiques peuvent aussi provoquer une sécheresse de la bouche, une vision trouble et dans quelques rares cas de l'hyperactivité. Pendant l'utilisation de ce type de médicaments, il n'est pas recommandé de manipuler de la machinerie dangereuse ou de conduire une automobile, aussi la meilleure heure pour les prendre est-elle juste avant de se coucher. Les antihistaminiques peuvent nuire à la production de lait chez la mère qui allaite ; ils passent aussi dans le lait et peuvent provoquer des réactions graves chez le nourrisson.

Les antihistaminiques se divisent en cinq classes principales :

Les alkylamines, qui produisent relativement peu d'effets secondaires, le plus courant étant la somnolence. Pour plus de détails, se référer au texte sur le chlorphéniramine, en page 183.

	dose adulte	*dose enfant*
chlorphéniramine		
Chlortripolon et	2 à 4 mg 3 ou	6 à 12 ans : 2 mg 3-4 f/j
autres	4 fois par jour	2 à 6 ans : 1 mg 3-4 f/jr ;
bromphéniramine		
Dimetane	4 mg aux 4 à 6 heures	6 à 12 ans : 2 mg aux 4 à 6 heures 2 à 6 ans : 1 mg aux 4 à 6 heures
dexchlorphéniramine		
Polaramine	1 à 2 mg 3 ou 4 fois par jour	moins de 12 ans : 0,15 mg/kg par jour en 4 doses
tripolidine		
Actidil	2,5 mg 3 ou 4 fois par jour	6-12 ans : 1,25 mg 3-4 f/jr moins de 6 ans : 0,3 à 0,6 mg 3 ou 4 fois par jour

Les éthylediamines, qui causent généralement plus de somnolence et d'étourdissements que les alkylamines et un peu d'irritation gastrique.

tripélenamine
    Pyribenzamine   25-50 mg aux 4-6 hres   enfants : 25-50 mg 3-4 f/j
                            ou 100 mg 2-3 f/jr   nourrissons : 10-20 mg ''
pyrilamine
    Neo-Antergan   25 à 50 mg 3 fois par jour

Dérivé de l'éthanolamine, le diphenhydramine produit plus de somnolence que les produits mentionnés plus haut ; se référer à la page 274 pour plus de détails.

diphenhydramine
    Benadryl et autres   25 à 50 mg 3 ou   6 à 12 ans : 12,5 à 25 mg
                            4 fois par jour   3 ou 4 fois par jour
                                          2-6 ans : 6,25 à 12,5 mg
                                          3 ou 4 fois par jour

Les phénothiazines, qui doivent être employés avec beaucoup de prudence compte tenu du vaste registre de leurs effets ; voir le texte sur la prométhazine, page 527.

prométhazine
    Phénergan   12,5 mg 4 fois par jour   2 ans et + : 6,25-12,5
                            ou 25 mg au coucher   3 fois par jour ou
                                            25 mg au coucher
triméprazine*
    Panectyl   2,5 mg 4 fois par jour   3 à 12 ans : 2,5 mg
                                            3 fois par jour

*Surtout utilisé contre les démangeaisons.

Produits divers

cyproheptadine (voir page 247)
    Periactin   4 mg 4 fois par jour   6 à 14 ans : 4 mg aux
                                          8 à 12 heures
                                          2 à 6 ans : 2 mg aux
                                          8 à 12 heures

astémizole (voir page 145)

Hismanal	10 mg 1 fois/jour	6-12 ans : 5 mg 1 f/jr
terfénadine		
Seldane	60 mg 2 fois/jour	7-12 ans : 30 mg 2 f/jr
		3-6 ans : 15 mg 2 f/jr

azatidine *

Optimine	1 à 2 mg 2 f/jr	non recommandé pour enf.
hydroxyzine (voir page 339)		
Atarax	25 à 100 mg 3 fois par jour	6 à 12 ans : 12,5 à 25 mg aux 6 heures jusqu'à 6 ans : 12,5 mg max. aux 6 heures
clemastine		
Tavist	1 à 3 mg 2 fois par jour	5-12 ans : 0,5-1,5 mg 2 f/jr 2-5 ans : 0,25-0,75 mg 2 f/jr

*Proche parent de la cyproheptadine.
Adapté de *AMA Drug Evaluation*, John Wiley & Sons, 1980.

Il existe aussi de nombreux mélanges, associant un ou plusieurs antihistaminiques à un décongestionnant, un bronchodilatateur, parfois un antitussif, parfois aussi un analgésique. L'association à un décongestionnant n'est recommandée que dans les cas où la congestion nasale est si importante qu'elle nuit au sommeil ou s'avère source de grands malaises. Les décongestionnants suivants peuvent être utiles :

	dose pour un adulte	6-12 ans
pseudoéphédrine	60 mg 3-4 fois par jour	30 mg 3-4 fois par jour
phénylpropanolamine	25-50 mg 3-4 f/jr	12,5-25 mg 3-4 f/jr.

Il faut cependant noter que les décongestionnants oraux risquent d'aggraver certaines maladies ; voir à ce propos le texte sur la pseudoéphédrine, page 539.

On évitera dans la mesure du possible les produits contenant 3 ingrédients ou plus ; ceux-ci sont alors rarement en quantité suffisante et en conséquence ils deviennent souvent inutiles. On évitera aussi les capsules à libération prolongée, pour les raisons mentionnées en page 50.

Les antihistaminiques sont généralement décevants dans le traitement des allergies gastro-intestinales et dans l'asthme.

Quand aucun antihistaminique ne réussit à soulager, le médecin peut encore prescrire, pour les allergies respiratoires, des corticostéroïdes en aérosols qui s'utilisent par voie nasale (voir page 149) ; existe également le cromoglycate, qui peut être utilisé pour prévenir l'apparition de réactions allergiques, respiratoires, oculaires ou digestives (voir page 242).

Pour en savoir plus

Les maladies de l'environnement, George T. Lewith et Julian N. Kenyon, Québec/Amérique, 1986.
The Allergy Self-Help Book, S. Faelten et al., Rodale Press, 1983.

L'angine de poitrine et la crise cardiaque

Le cœur est un organe musculaire qui sert à propulser le sang dans les artères pour en assurer la distribution dans tout l'organisme. Comme tous les autres muscles, le muscle cardiaque reçoit lui-même du sang qui lui fournit l'oxygène et les autres éléments essentiels à son bon fonctionnement. Un manque temporaire d'oxygène au niveau du muscle cardiaque se traduit par des douleurs qu'on appelle angine ; si le manque d'oxygène est trop long — dans le cas d'un blocage complet d'une artère par exemple — c'est l'infarctus du myocarde (du muscle cardiaque), c'est la crise cardiaque, qui requiert des soins d'urgence.

Une personne sur quatre meurt de crise cardiaque, au Québec ; c'est la cause de mortalité la plus importante chez nous et dans la plupart des pays industrialisés. Il y a bien des raisons à cela ; la médecine nous dit qu'un taux de cholestérol sanguin trop élevé, de l'hypertension artérielle, la cigarette et la sédentarité constituent des facteurs de risque importants. On pourrait traduire en disant que cette maladie nous affecte parce que nous mangeons mal, nous sommes trop stressés et nous ne bougeons pas assez ; et tout cela parce que nous vivons dans une société de consommation, où l'intérêt premier n'est pas le bonheur et l'harmonie, mais le profit. Que de choses à changer avant d'arriver à transformer la situation ! En attendant, comme plusieurs d'entre nous se trouvent un jour aux prises avec ce problème, comment s'en tirer le mieux possible ? Car dans la plupart des cas la première crise cardiaque n'est pas mortelle ; et selon la conduite qu'on adoptera ensuite, les chances de survie seront plus ou moins importantes.

Une crise cardiaque ou la présence d'artériosclérose coronarienne avancée ne signifient pas l'invalidité, comme trop de gens ont tendance à le croire ; la personne qui accepte de se prendre en main et de se refaire une santé a toutes les chances de réussir. Il suffit d'une part de constater que l'organisme est une structure vivante qui évolue constamment et qui peut retrouver son équilibre, si on lui fournit des conditions adéquates. Cette foi en sa capacité de guérir est essentielle. D'autre part, il faut procéder à une analyse critique sévère de sa façon de vivre et des facteurs qui ont pu conduire à l'état actuel. Une recherche en Israël a montré que les malades atteints d'infarctus qui identifiaient bien les éléments de leur comportement antérieur ayant pu aboutir à leur maladie étaient ceux qui récupéraient le plus rapidement, par rapport à ceux qui avaient tendance à jeter le blâme sur des facteurs extérieurs comme la malchance ou les pressions sociales.

Des mesures préventives

Chez certaines personnes, l'infarctus arrive sans avertissement, sans qu'il y ait eu de douleurs auparavant ; mais pour la plupart des gens, des douleurs plus ou moins fréquentes sont survenues, surtout reliées à l'effort, et qui auraient dû les alerter ; par malheur, nous oublions souvent d'écouter notre corps. En fait, l'angine est un moindre mal ; dans cette pathologie, les artères coronariennes (qui alimentent le muscle cardiaque) sont rétrécies à cause de l'artériosclérose, mais elles laissent encore passer assez de sang pour alimenter le cœur. Ce n'est que lorsque les angineux exigent trop de leur cœur que leurs artères ne suffisent plus à la tâche, ce qui provoque les douleurs caractéristiques de l'angine. S'ils en prennent les moyens, la plupart de ces gens arriveront à mener une vie à peu près normale.

Les crises d'angine surviennent souvent dans les situations de stress ; une façon de s'aider à en diminuer la fréquence consiste à reconnaître dans quelles circonstances arrivent les crises et quels moyens il est possible de prendre pour éviter ces occasions. On peut souligner ici que les repas lourds et difficiles à digérer constituent un facteur de stress, et qu'on y associe une recrudescence de crises angineuses. Les diverses techniques de relaxation — yoga, méditation et autres (voir page 650) permettent souvent d'abaisser le niveau de base de stress d'une personne et la rendent moins susceptible de réagir négativement quand elle est exposée à de nouveaux facteurs de stress. Un autre avantage de la pratique régulière de ces techniques serait d'abaisser le taux de cholestérol sanguin ; une recherche a en effet montré que des personnes qui ont pratiqué deux fois par jour une technique de relaxation ont obtenu au bout d'un an une diminution de 4 à 35 % de leur cholestérol sanguin, alors que le groupe témoin maintenait son cholestérol au même niveau.

L'alimentation joue un rôle important dans l'artériosclérose. Pour empêcher les artères coronariennes de poursuivre leur rétrécissement, il est prudent d'adopter une diète qui contient peu de gras et peu de cholestérol. L'unanimité n'est pas encore faite sur l'influence du cholestérol dans l'infarctus ; un groupe d'experts réunis par le *National Institute of Health* des États-Unis en 1985 a cependant estimé qu'une réduction de 10 % du cholestérol moyen réduirait de 20 % le nombre de décès par crise cardiaque. La plupart des spécialistes dans le domaine pensent que le cholestérol ingéré dans les aliments augmente le cholestérol sanguin. Ce sont surtout les industries de la viande, des œufs et des produits laitiers qui continuent à entretenir la confusion. De toute façon, il n'y a aucun risque à retrancher de sa diète les aliments riches en cholestérol ; d'ailleurs, ce n'est pas seulement le cholestérol qu'il faut diminuer, mais toutes les *substances grasses*. Une alimentation trop riche en gras non saturés est aussi dangereuse qu'une alimentation riche en gras saturés, qui contiennent beaucoup de cholestérol. Le surplus de gras arrive, via le système digestif, dans le sang où il enrobe les globules rouges ; ceux-ci s'agglutinent alors et circulent beaucoup plus difficilement dans les capillaires, ces tout petits vaisseaux sanguins. Il en résulte un manque d'oxygène en plusieurs endroits de l'organisme qui ne serait pas étranger aux diverses maladies dégénératives. Le *National Heart, Lung and Blood Institute* des États-Unis recommande aux gens qui veulent diminuer leur cholestérol sanguin les mesures suivantes :

— Mangez plus de légumes, de fruits, de céréales entières et de féculents.

— Optez pour le poisson, le poulet et les parties de viande les plus maigres et n'en prenez que des portions modérées.

— Enlevez le gras des viandes avant de les cuire.

— Enlevez la peau du poulet avant de le manger.

— Mangez moins d'abats comme le foie, les rognons, la cervelle, etc.

— Évitez les mets commerciaux préparés avec du lard, de l'huile de coco ou du shortening.

— Mangez moins de saucisse grasse, de bacon et de viande préparée pour les sandwiches.

— Employez du lait écrémé ou semi-écrémé.

— Mangez des fromages à basse teneur en gras ou mangez de plus petites portions de fromage régulier.

— Consommez moins de crème, de crème glacée et de beurre.

— N'achetez que du yogourt à faible teneur en gras.

— Évitez les aliments frits dans le gras d'animal ou dans le shortening.

— Mangez moins d'œufs, et tout particulièrement moins de jaunes d'œufs.

Le son d'avoine serait particulièrement efficace pour diminuer le cholestérol ; d'après des expériences menées par le Dr James Anderson, une demi-tasse de son d'avoine par jour amènerait une diminution de 10 % du cholestérol sanguin ; l'effet du son d'avoine est aussi grand que celui de la cholestyramine prise à dose modérée, le médicament jugé le plus efficace pour baisser le cholestérol. On croit aussi qu'il serait opportun d'augmenter sa consommation de fibres de cellulose ; les grains entiers (riz, blé concassé, avoine, etc.), les fruits et légumes crus et le son en contiennent beaucoup. En adoptant une alimentation riche en fibres et pauvre en graisses, on diminue son taux de cholestérol et surtout on en modifie la nature, car on augmente la proportion des HDL (*High Density Lipoproteins*) par rapport aux LDL (*Low Density...*), ce qui semble être le facteur le plus important de protection contre l'artériosclérose.

Sur le plan alimentaire, plusieurs recherches indiquent une nouvelle voie, bien que cette avenue soit encore largement controversée. On pense en effet que le poisson, dont l'huile contient de l'acide eicosapentanoïque et d'autres constituants, aurait un rôle protecteur contre la maladie coronarienne. Ainsi, une étude qui a duré 20 ans et qui a porté sur 1000 Hollandais a montré que le fait de consommer un ou deux repas de poisson (ou de fruits de mer) par semaine diminuait de 50 % l'incidence de la mortalité par maladie coronarienne. D'autres études n'apportent pas de résultats aussi spectaculaires, mais ne devraient pas à notre avis empêcher de considérer positivement cette hypothèse.

L'effet sur le taux de cholestérol d'un changement de diète peut être long à se manifester ; il faut donc se montrer persévérant.

L'exercice physique — surtout les exercices dits aérobies, c'est-à-dire ceux qui exigent un apport important d'oxygène comme la marche rapide, le ski de fond, la natation, la course à pied ou la bicyclette rapide — permettent le développement du muscle cardiaque et des artères qui l'irriguent. La plupart des personnes qui souffrent d'angine — au moins 9 sur 10 — retireraient de grands bénéfices d'un programme adapté de conditionnement physique ; il faut cependant procéder avec prudence et entreprendre ce programme sous surveillance médicale. Si votre médecin vous déconseille un tel programme ou ne se dit pas capable de vous conseiller à ce sujet, consultez un centre spécialisé en cardiologie. De toute façon, il faudrait éviter l'exercice violent fait irrégulièrement et sous des températures extrêmes (trop chaud ou trop froid). Après une crise cardiaque, le cœur est plus fragile et tout programme d'exercices doit être instauré bien progressivement, avec une assistance professionnelle. On n'insistera jamais assez sur l'importance d'un tel programme après une crise cardiaque ; trop de gens se considèrent comme des invalides après cette maladie, alors qu'un tel programme les aide à reprendre leurs activités et souvent à être plus actifs qu'avant ; il y a beaucoup de victimes d'infarctus du myocarde qui courent des marathons dans les années qui suivent leur crise.

Au niveau de la circulation sanguine elle-même, directement affectée par la crise cardiaque, les changements provoqués par l'entraînement sont énormes. Le système nerveux s'ajuste et donne des impulsions moins fréquentes au cœur, qui bat moins vite et diminue d'autant la pression artérielle. Le cœur apprend à pomper un plus grand volume de sang à chaque pulsion ; il peut ainsi répondre à une plus grande demande d'oxygène en travaillant moins. Les divers muscles du corps développent leur capacité d'extraire davantage d'oxygène du sang et exigent ainsi moins du cœur.

La cigarette est absolument contre-indiquée dans l'angine de poitrine ; des recherches récentes montrent aussi que les angineux qui se trouvent en contact avec la fumée produite par d'autres personnes ont plus souvent des crises d'angine. Après un infactus, il n'y a pas d'échappatoire, il faut arrêter de fumer. Et même si après une certaine période d'abstinence on reprend la cigarette, il ne faut pas se décourager, mais essayer de nouveau.

L'hypertension artérielle est souvent associée à l'angine ; quand c'est le cas, il peut être nécessaire de prendre des médicaments antihypertenseurs tant que les autres mesures n'ont pas commencé à faire diminuer la pression artérielle ; car l'hypertension exige un travail considérable du cœur. La caféine contenue dans le café, le thé, les colas, le chocolat et certains médicaments peut augmenter la tension artérielle et favoriser l'apparition de crises. L'obésité est un autre facteur de travail supplémentaire pour le cœur ; chaque déplacement requiert en effet plus de travail musculaire et par conséquent un apport plus considérable de sang.

Les traitements médicaux

Les chirurgiens cardiaques recommandent souvent une intervention chirurgicale pour l'angine ; il faut savoir que ce type d'opération est fort controversé et est loin d'être utile dans toutes les circonstances. Avant de s'y soumettre, il est recommandable de consulter plus d'un médecin, de s'informer beaucoup et de bien réfléchir. Le Dr Julian M. Whitaker, directeur d'une clinique de traitement des maladies du cœur, écrit pour sa part : « J'ai complètement perdu cette confiance totale que la plupart des médecins accordent aux médicaments et à la chirurgie et j'ai décidé d'utiliser un peu plus de bon sens pour traiter les patients atteints de maladies dégénératives (comme l'artériosclérose). » En plus d'une diète pauvre en gras et de l'exercice physique, il recommande l'emploi de suppléments de vitamines et de sels minéraux. Une jeune personne en santé qui consomme des aliments naturels riches en vitamines et en minéraux n'a probablement pas besoin de tels suppléments ; mais pour des gens malades qui ont toujours eu une diète déficiente et qui consomment des aliments de plus en plus raffinés, dénaturés ou artificiellement cultivés, le Dr Whitaker recommande des suppléments. Il donne à ses patients des vitamines C et E à forte dose et des doses normales de vitamines A, B complexe et D. Plusieurs recherches ont démontré qu'effectivement la vitamine C contribuait à diminuer le taux de cholestérol sanguin. Quant aux minéraux, il prescrit un supplément qui contient surtout du sélénium, du chrome et du zinc. Des recherches récentes laissent voir que le magnésium aiderait à prévenir les spasmes des artères coronariennes.

Si malgré toutes ces diverses mesures des douleurs continuent à se produire, il est possible d'avoir recours aux médicaments. Il existe de nombreux médicaments pour soulager les douleurs quand les crises d'angine surviennent ; la nitroglycérine à prendre sous la langue demeure certainement le moins coûteux et le plus efficace. D'autres médicaments s'emploient aussi en phase aiguë — au moment où l'on découvre la maladie et avant que les autres mesures (comme la diète, l'exercice physique) aient eu le temps de permettre au cœur de se restaurer. Les bêta-bloquants (voir page 534) agissent en ralentissant le rythme cardiaque et en réduisant la force de contraction du muscle cardiaque, ces deux actions réduisant le travail cardiaque global. Les bloqueurs du canal calcique (voir page 448) constituent la plus récente innovation de l'industrie pharmaceutique dans le traitement de l'angine. Ils sont efficaces pour dilater les artères coronariennes et diminuer la tension artérielle. L'aspirine (voir page 114) empêche les plaquettes de s'agglutiner. Cette action de l'aspirine s'exerce à très faible dose : 1 comprimé (324 mg) par jour seulement ; certains auteurs croient même que 80 mg suffiraient.

Les personnes atteintes d'angine ou victimes d'un infarctus chez qui les changements diététiques proposés plus haut ne réussissent pas à faire baisser le cholestérol sanguin sembleraient bénéficier d'un traitement médicamenteux. La cholestyramine (voir page 193) est l'agent le plus utilisé à l'heure actuelle, mais des essais récents démontrent que l'emploi de capsules contenant des concentrés d'huile de poisson serait encore plus efficace. Le Dr Michael Davidson, un cardiologue du Centre médical Rush-Presbyterian-St.Luke de Chicago, a obtenu une baisse de 12 % du cholestérol et une diminution importante de la tension artérielle en donnant à ses patients 20 capsules par jour d'un concentré d'huile de poisson contenant 180 mg d'acide éicosapentanoïque et 120 mg d'acide docosahexanoïque. Même quand des médicaments ou des suppléments sont employés, il est nécessaire de continuer la diète destinée à faire baisser le cholestérol.

Pour en savoir plus

sur l'alimentation et l'exercice physique :
The Pritikin Program for Diet and Exercise, Nathan Pritikin et Patrick M. Mc Grady,
   Bantam Books, 1980.

L'arthrite

L'arthrite consiste en une atteinte inflammatoire d'une ou de plusieurs articulations. Il en existe plusieurs formes : arthrite rhumatoïde, ostéoarthrite, spondylite ankylosante, arthrite psoriasique, syndrome de Reiter, etc. L'arthrite rhumatoïde (souvent nommée rhumatisme) est la plus répandue et ajoute à l'inflammation des articulations celle des tissus environnants : muscles, cartilages, os. Très souvent l'arthrite évolue par crises ; des épisodes d'inflammation et de douleur aiguë alternent avec des périodes de rémission durant lesquelles des symptômes subsistent cependant assez souvent, mais d'une façon plus diffuse.

Malheureusement, la médecine occidentale n'arrive pas à guérir l'arthrite et n'a en fait pas tellement plus à offrir que des traitements symptomatiques qui visent à réduire la douleur et l'inflammation, à préserver la mobilité et à prévenir les difformités. Cela peut expliquer pourquoi les quelque deux cent mille Québécois atteints d'arthrite sont une proie si facile pour tous ceux qui leur offrent des nouveaux traitements. Chaque année, de nouveaux gadgets, des régimes farfelus et d'autres approches promettent une guérison rapide ; ces méthodes ne font le bonheur que de leurs promoteurs, qui s'enrichissent puis disparaissent rapidement. De leur côté, les compagnies pharmaceutiques ont fort bien saisi la situation et elles mettent régulièrement sur le marché de « nouveaux » médicaments (souvent des présentations ou combinaisons différentes des anciens) qui seraient meilleurs que les autres, mais qui s'avèrent rapidement décevants.

L'approche médicale

La plupart des médecins se contentent d'essayer de soulager les douleurs, le plus souvent par des médicaments d'ordonnance coûteux aux effets secondaires nombreux. Les médicaments contre l'arthrite sont particulièrement dangereux pour le système digestif, où ils sont susceptibles de causer des ulcères et même des perforations. Ils peuvent aussi avoir un effet néfaste au niveau rénal.

Quand le diagnostic d'arthrite est posé, il peut être utile de voir un rhumatologue, médecin spécialisé dans ce genre de maladie ; après un examen approfondi souvent appuyé de quelques tests de radiologie ou de laboratoire, celui-ci sera en mesure de proposer un plan de traitement qui devrait d'ordinaire être entrepris sous la surveillance du médecin de famille. Les rhumatologues peuvent aussi être utiles quand l'arthrite évolue rapidement ou qu'elle provoque des limitations articulaires trop importantes ; ils disposent alors de traitements spécialisés et peuvent même faire appel à la chirurgie.

Lorsqu'une arthrite ou un rhumatisme est en phase aiguë, le repos est extrêmement important ; il s'agit en effet d'une maladie de tout l'organisme, même si elle ne se manifeste qu'aux articulations, et il est important de donner la chance à l'organisme de se défendre. Dans le même esprit, le soulagement du stress est fortement indiqué.

Pour les articulations touchées, la chaleur fournie par des bains chauds ou par un coussin chauffant est souvent précieuse. La mobilisation passive des articulations douloureuses (faite par une autre personne) contribue à empêcher l'ankylose de s'y installer. En phase chronique, il est important de faire régulièrement des exercices pour conserver ou recouvrer la pleine amplitude des mouvements ; les exercices peuvent être tout simplement des mouvements de flexion, d'extension et de rotation des articulations qu'on effectue lentement et bien consciemment.

Quand les douleurs sont importantes, les médicaments peuvent être utiles. Le médicament le plus efficace demeure, dans la plupart des cas, l'acide acétylsalicylique (AAS) ; pour en obtenir tous les effets, il est cependant nécessaire de le prendre régulièrement à des dosages suffisants (assez considérables). Il existe de nombreuses présentations d'AAS enrobé, pour tenter de diminuer ses effets sur la paroi stomacale. Les anti-inflammatoires non stéroïdiens (naproxen, ibuprofène, flurbiprofène, etc.) constituent une solution de rechange à l'AAS, et on peut en attendre une activité analogue. Le choix de l'anti-inflammatoire dépend le plus souvent des habitudes du médecin et de la publicité dont il a été l'objet. Ils se valent les uns les autres, bien que leur effet puisse varier d'une personne à l'autre. Si les anti-inflammatoires non stéroïdiens ne suffisent pas, l'indométhacine ou la phénylbutazone peuvent être essayées. Les corticostéroïdes, qui donnent souvent des résultats merveilleux au début, ne doivent s'employer qu'à court terme et dans certaines situations bien précises, à cause de leurs graves effets secondaires.

La plupart des gens qui commencent à utiliser des médicaments pour leur arthrite continuent presque indéfiniment ; à un moment donné et probablement beaucoup plus tôt qu'on croit, ils retirent plus d'effets négatifs de leur médication que d'effets positifs. C'est donc une bonne idée d'essayer de temps en temps (en dehors des crises aiguës évidemment) des périodes sans médicament, pour voir s'il est possible de s'en passer, car la thérapie continue amène fréquemment une détérioration des cartilages des articulations atteintes.

D'autres voies

La médecine nie toute influence alimentaire dans l'arthrite, sauf dans la goutte, où il est reconnu qu'il faut tenter d'éviter les aliments qui font augmenter l'acide urique dans le sang (anchois, sardines, foie, rognons, ris de veau, cervelle, tripes, boudins, poissons gras, champignons, chocolat, vins de Bourgogne et de Champagne). Or beaucoup de gens souffrant d'arthrite obtiennent d'excellents résultats en modifiant leur alimentation. Le Dr Robert Bingham, un spécialiste américain quelque peu marginal dans le domaine, croit pour sa part qu'« il n'y a personne qui soit en bonne santé nutritionnelle qui développe du rhumatisme ou de l'arthrite ». Aux patients qui le consultent, il recommande un programme radical :

1) beaucoup de repos ;

2) une augmentation de la consommation d'eau, jusqu'à 8 verres et plus chaque jour ;

3) la diminution graduelle de tous les médicaments tant que le patient ne ressent pas trop de douleur ;

4) une diète riche en protéines ;

5) la consommation de la plus grande proportion possible d'aliments frais, crus et naturels — grâce à l'utilisation d'un broyeur si nécessaire ;

6) l'élimination du tabac, de l'alcool, des sucres raffinés et du gras.

Le Dr Bingham procède aussi à des tests détaillés pour découvrir les déficiences en vitamines et en minéraux, qu'il comble alors par des suppléments. Il note que l'immense majorité des arthritiques manquent de vitamine C, car celle-ci est détruite par l'AAS et les autres médicaments utilisés dans l'arthrite ; ce serait donc une excellente idée de consommer beaucoup d'aliments contenant cette vitamine — notamment les fruits citrins, les fraises et les framboises, les légumes à feuilles vertes, les tomates, les choux-fleurs, les patates et les patates sucrées.

Une nouvelle école de pensée, celle de l'écologie clinique, dont les Dr G. T. Lewith et J. N. Kenyon sont des protagonistes, pense pour sa part que l'arthrite constitue une forme d'intolérance alimentaire, donc un phénomène « allergique ». Elle propose comme traitement le retrait des aliments coupables. Ceux qui semblent le plus souvent en cause sont le maïs, le blé, le lait de vache, le thé, le café, le sucre et les viandes rouges. Comme il n'existe pas de norme absolue en ce sens, on aura avantage à évaluer quels sont les aliments responsables pour chaque personne. La kinésiologie appliquée, l'auriculothérapie, la radiesthésie et d'autres techniques dites alternatives sont à cet effet des moyens diagnostiques qui pourraient permettre l'identification des aliments responsables de l'intolérance. Cette avenue nous semble intéressante.

La chaleur permet de soulager beaucoup de douleurs arthritiques ; les bains chauds sont recommandables. Les divers liniments et onguents pour application locale contribuent à augmenter la température locale et agissent comme anti-inflammatoires. Ils ne présentent aucun danger pour la santé, mais peuvent parfois irriter la peau. Certaines personnes qui souffrent d'arthrite aux mains dorment avec des gants de caoutchouc ou de laine et en retirent un soulagement qui dure tout le jour ; d'autres ont trouvé qu'en dormant dans un sac de couchage, qui conserve beaucoup mieux la chaleur, elles réussissent à s'exempter de médicaments ; peut-être que l'emploi d'une couverture électrique produirait le même effet.

Même si toutes les formes d'exercice ne sont pas accessibles aux arthritiques, quel que soit le degré d'atteinte, il est important de ne pas abandonner ; l'exercice, si minime soit-il, contribue à assurer la mobilité des articulations, augmente la détente, favorise la circulation sanguine et améliore l'état général. Bien sûr qu'au début d'un exercice, les mouvements peuvent être plus difficiles ; mais en progressant lentement et en choisissant le type d'exercice qui est le mieux adapté à ses goûts et aptitudes, on arrive à améliorer considérablement sa condition. Beaucoup d'arthritiques auraient intérêt à explorer le domaine des gymnastiques douces, où ils pourraient sans doute trouver des types d'exercice qui leur conviennent tout particulièrement.

Lorsqu'ils sont possibles, les exercices aérobies — qui provoquent un essoufflement et font travailler le cœur, les poumons et les vaisseaux sanguins — permettent d'assurer une bonne condition physique, ce qui contribue à lutter contre la progression de l'arthrite ; de plus, ils empêchent l'ankylose de certains membres. La natation, la bicyclette, la course, la marche et le ski de fond pratiqués trois fois par semaine pendant au moins 20 minutes suffisent habituellement. La course à pied intense provoque une augmentation de la production des endorphines au cerveau ; ces substances sont une sorte de morphine naturelle et leur taux élevé amène la disparition des douleurs pour de longues heures.

Du côté des médecines alternatives, il existe diverses approches pour le soulagement des douleurs arthritiques. Quelques séances d'acupuncture peuvent être utiles. L'emploi local d'ondes électromagnétiques donnerait de bons résultats, de même que le port de bracelets, bagues ou chaînes en cuivre, autour de l'articulation atteinte.

Face à l'arthrite, il ne s'agit donc pas d'abandonner et de se laisser immobiliser petit à petit ; au contraire, le maintien d'une vie normale et active est le meilleur moyen de contrer ce genre de maladie.

L'asthme

L'asthme résulte d'une constriction des bronchioles (les branches les plus fines de l'arbre bronchique, au cœur des poumons), qui est accompagnée d'une production de mucus épais puis d'une difficulté à respirer. Il se caractérise par de l'essoufflement, une toux accompagnée de crachats, une respiration sifflante et de l'anxiété.

Plusieurs facteurs interviennent dans la fréquence et la gravité des crises : la présence d'éléments allergènes ou irritants (poussières, cigarette, vapeurs irritantes, etc.), le stress, la présence d'une infection, des émotions perturbatrices, le froid, l'effort et la fatigue. Au moins 60 % des asthmatiques sont allergiques aux sulfites, un groupe de produits chimiques fréquemment employés dans l'alimentation et dans la préparation de certains médicaments. Malgré la nouvelle réglementation qui restreint l'usage des sulfites, on en trouve encore dans nombre de produits et tout particulièrement dans les crevettes. Beaucoup d'asthmatiques sont également allergiques à la tartrazine, ou colorant n° 5, qu'on trouve dans maints aliments et médicaments. Environ 20 % des asthmatiques sont allergiques à l'aspirine, développant des symptômes respiratoires une heure après son ingestion. Les réactions à d'autres médicaments sont moins fréquentes, mais tout de même assez souvent rapportées. Enfin, il semblerait que l'allergie au lait de vache soit liée à l'asthme beaucoup plus souvent qu'on le croit.

On peut, en agissant sur les divers facteurs qui provoquent habituellement les crises, en diminuer la fréquence ou la gravité ou les deux. Les mesures suivantes peuvent aussi agir de façon positive :

— de façon générale, faire de l'activité physique, parce que cela augmente la résistance générale de l'organisme et la capacité pulmonaire. Les enfants atteints d'asthme bénéficient particulièrement de la pratique de divers sports, puisque souvent leurs parents ont tendance à adopter à leur égard une attitude surprotectrice ; l'activité sportive fournit à l'enfant la chance de développer sa confiance en soi et son autonomie. La natation, se déroulant par nature en milieu humide, est bien adaptée pour les asthmatiques, mais il n'y a finalement aucun sport qui soit interdit ; il s'agit de trouver ce qui plaît à l'enfant, d'insister pour que chaque séance soit précédée d'une période de réchauffement et de procéder à un entraînement progressif qui augmentera peu à peu la tolérance de l'enfant. Certains asthmatiques font des crises quand ils se livrent à des exercices violents comme la course à pied. La façon idéale d'augmenter sa capacité à tolérer l'exercice est de faire de la course à intervalles. Dans cette méthode d'entraînement, l'effort bref et intense est toujours suivi d'une période de récupération, qui peut être du repos ou de la marche. Les intervalles suivants sont recommandés : 2 minutes de course et 4 minutes de marche ou de repos, 2 minutes de course et 3 minutes de repos, 5 minutes de course et 10 minutes de repos. Cette séquence peut être répétée selon la tolérance individuelle. En procédant de cette façon trois ou quatre fois par semaine pendant quelques semaines, la personne atteinte d'asthme devrait être en mesure de voir disparaître les crises qui survenaient à l'effort ;

— essayer d'éliminer les éléments irritants ou allergènes ; si on fume... cesser de fumer. La poussière, la fumée, le parfum, certaines vapeurs peuvent être irritantes et on gagnerait à les éviter ;

— débarrasser les bronches du mucus épais lorsque celui-ci commence à s'accumuler ; boire beaucoup aide à rendre ce mucus plus liquide (2 litres par jour pour un enfant, 3 litres pour un adulte). On peut aussi faire un drainage de la façon suivante : s'installer pour avoir la tête plus basse que le bassin, soit en s'étendant à plat ventre sur un lit, en laissant le thorax pendre vers l'extérieur (on appuiera alors les avant-bras et le dessus de la tête au sol), soit en soulevant le bassin avec plusieurs oreillers. Dans cette position, tousser doucement, 2 ou 3 minutes, en crachant ;

— faire des exercices respiratoires quotidiennement et aussi au premier signe d'une crise. Ceux-ci permettent d'une part de relaxer et ainsi de diminuer l'anxiété qui accompagne la maladie asthmatique et d'autre part, ils aident à ouvrir les bronchioles. On peut utiliser l'exercice suivant : on serre les lèvres en forme de O et on inspire lentement par la bouche, puis on expire encore plus lentement, toujours par la bouche. On répète cette respiration 10 minutes chaque jour, et au premier signe de crise ;

— la visualisation peut aussi aider à diminuer la gravité des crises ; on l'ajoutera à la fin de l'exercice respiratoire de la façon suivante :

— continuer à inspirer et expirer lentement ;

— se représenter les bronches sous la forme d'un arbre inversé aux branches creuses à l'intérieur ;

— à chaque inspiration, imaginer que l'espace intérieur s'agrandit un peu plus ;

— l'asthme étant souvent lié au stress et aux émotions, on aura avantage d'une part à apprendre à se détendre (l'exercice respiratoire peut aider ; voir aussi page 650) et d'autre part à dépister les événements, les situations qui précèdent les crises et, si possible, les éviter. Parfois l'aide d'un psychothérapeute peut se révéler efficace ;

— des recherches en cours en Suède montrent qu'un régime végétarien strict a contribué à diminuer les symptômes, l'emploi de médicaments et le nombre de séjours à l'hôpital chez des asthmatiques ; ce pourrait être une voie intéressante à explorer ;

— les antihistaminiques sont déconseillés durant une crise d'asthme.

Pour en savoir plus

sur la visualisation :
E. H. Shattock, *Manuel pratique d'autoguérison*, Québec/Amérique, 1986.

Les blessures légères

Les blessures légères sont fréquentes, dans la vie de tous les jours. L'industrie pharmaceutique a développé une foule de produits pour tirer profit de l'immense marché que représentent les coupures, brûlures et autres blessures ne nécessitant pas l'intervention médicale ; mais dans nombre de situations, ces produits sont inutiles, voire nocifs.

Coupures et éraflures

La peau est ainsi conçue qu'elle nous protège bien des traumatismes ; aux points de contact les plus usuels — les mains et les pieds —, elle est rugueuse et résistante. Sa légère acidité et son recouvrement huileux empêchent les bactéries de s'y développer et de la pénétrer. En cas de blessure, ses mécanismes de cicatrisation permettent une réparation rapide.

Beaucoup de produits chimiques qu'on utilise couramment pour désinfecter la peau s'avèrent fort irritants pour la peau blessée, provoquant des démangeaisons, de la rougeur, une sensation de brûlure et d'autres réactions. En fait, la meilleure façon de nettoyer une plaie est d'abord de la laver délicatement avec un linge propre mouillé et du savon, ensuite de la rincer à l'eau froide courante. On peut enfin la laisser à l'air ou la protéger avec un pansement sec, s'il y a danger de frapper la blessure ou de l'exposer à des saletés. Il est bon de changer fréquemment le pansement pour le garder sec, car quand il devient humide les bactéries s'y développent plus facilement ; l'usage d'ouate est déconseillé, puisque des fibres de coton risquent de s'incruster dans la plaie. Quand le pansement colle à la plaie, on le laisse tremper quelques minutes ou on l'imbibe d'eau tiède avant de l'enlever ; si malgré ces mesures il continue à adhérer, vaut mieux le laisser en place, quand la plaie semble en bonne voie de guérison, car en insistant trop on risque d'arracher la galle et de retarder la guérison. Une fois qu'une galle est formée, il n'y a plus besoin de pansement.

Quand la blessure contient des saletés qui ne sont pas disparues au rinçage, il vaut mieux les enlever pour éviter l'infection ; on peut le faire avec des pinces à épiler nettoyées avec de l'alcool à friction. L'écoulement du sang de la plaie — particulièrement dans les cas de piqûre profonde — peut aussi servir à débarrasser la blessure des corps étrangers.

Quant à l'utilisation des antiseptiques dans les cas de blessures légères, on peut en dire les choses suivantes :
— il n'est généralement pas nécessaire d'utiliser un antiseptique sur une blessure légère ;
— si on tient à le faire, le povidone-iode (Betadine, Proviodine) ou le chlorhexidine (Hibitane) sont efficaces ;
— l'alcool isopropylique à 70 % peut être considéré comme une solution de rechange, bien qu'il soit irritant. Il doit être laissé en contact avec la plaie un minimum de 2 minutes ;
— les autres antiseptiques (iode, mercurochrome, peroxide) sont soit trop irritants, soit trop faibles ;
— pour nettoyer la plaie, n'importe quel savon est aussi efficace que les produits commerciaux vendus à cette fin ;
— l'utilité de l'emploi d'onguents antibiotiques sur le pansement n'a jamais été prouvée ; par contre, ces onguents causent parfois des réactions allergiques locales ;
— si on désire absolument utiliser « quelque chose », le gel qu'on peut extraire des tiges d'*aloes vera* ou encore un onguent à base d'*aloes* pourrait accélérer la cicatrisation.

Malgré les soins apportés, il est possible que la plaie s'infecte. Il faut au moins vingt-quatre heures pour que les microbes aient le temps de se multiplier assez pour causer de l'infection. On ne doit pas confondre infection et inflammation ; cette dernière, caractérisée par de l'enflure et de la rougeur causées par un afflux sanguin local plus important, montre que l'organisme travaille à réparer la plaie. L'infection pour sa part se manifeste de la façon suivante :

— l'inflammation continue à augmenter après 24 heures ;
— il se forme du pus (liquide visqueux, abondant et opaque) — à ne pas confondre avec le suitement normal formé de sérum ;
— il peut y avoir de la fièvre ;
— les ganglions de la région enflent.

La plupart du temps, l'organisme peut venir à bout par ses propres moyens de cette infection ; il faut l'aider en continuant à nettoyer la plaie chaque jour avec de l'eau et du savon et en changeant alors le pansement. La meilleure façon consiste à faire des compresses ou une « trempette » à l'aide d'une solution antiseptique. Celle-ci peut contenir 1 cuillerée à soupe d'eau de javel dans un litre d'eau bouillie à utiliser en trempette 4 fois par jour. Même à ce moment l'emploi d'un onguent antibiotique n'est pas nécessaire, l'organisme ayant ce qu'il faut pour se défendre. Il est recommandable de voir le médecin si :

— l'infection se prolonge indûment (plus de quelques jours) ;
— la personne fait de la fièvre et éprouve des malaises généraux ;
— l'infection s'étend ;
— la situation semble évoluer vers le pire et non le mieux.

Brûlures et coups de soleil

La gravité d'une brûlure dépend de trois facteurs : la profondeur de la brûlure, son étendue et sa localisation. Les brûlures du 1er degré n'affectent que la couche superficielle de la peau, l'épiderme. La partie brûlée devient rouge et douloureuse à cause de l'engorgement de sang qui se produit dans les vaisseaux sanguins superficiels. Dans les brûlures du 2e degré, du sérum s'échappe des vaisseaux sanguins et forme des cloches d'eau ou des ampoules, et la douleur est plus ou moins intense. Les brûlures du 3e degré touchent toute l'épaisseur de la peau et peuvent affecter les tissus sous-jacents ; la peau prend une coloration de cuivrée à noirâtre et il n'y a pas d'ampoules, de même que fort peu de douleur puisque les terminaisons nerveuses sont détruites.

On peut soigner soi-même les brûlures du 1er ou du 2e degré qui ne sont pas trop étendues et qui ne touchent pas des parties délicates comme les yeux ou les orifices du corps. Les coups de soleil sont des brûlures du 1er ou du 2e degré ; on peut habituellement s'en occuper sans aide médicale même si une partie importante du corps est touchée. Les brûlures du 3e degré nécessitent l'intervention du médecin.

Après une brûlure, la meilleure action consiste à plonger la partie touchée dans l'eau fraîche, à la rincer constamment à l'eau courante ou à la couvrir de pansements mouillés qu'on change fréquemment. L'irrigation à l'eau courante est particulièrement importante dans les brûlures par des produits chimiques, surtout si elles touchent l'œil ; dans tous les cas, cette mesure devrait être poursuivie pour au moins 15 minutes. L'eau froide procure un soulagement de la douleur et diminue la destruction des tissus ; l'emploi de corps gras tout de suite après la brûlure est moins efficace ; ces substances peuvent aussi favoriser la croissance des bactéries et provoquer des infections, dans les brûlures du 2e et du 3e degré. D'après les éditeurs du *Consumer Reports*, « les experts dans les premiers soins et le traitement des brûlures recommandent de ne jamais utiliser les onguents pour les brûlures vendus sur le marché. La plupart de ces produits contiennent des substances analgésiques, des antiseptiques, de l'acide tannique, des antihistaminiques, de l'huile de foie de morue, des vitamines et de la chlorophylle. Il n'a jamais été prouvé qu'aucune de ces substances n'agissait mieux contre la douleur que les gelées qui leur servent de véhicule, non plus qu'elles pouvaient empêcher l'infection ou aider à la guérison ; dans certains cas, ces onguents peuvent même nuire à la guérison. »

Dans les heures qui suivent la brûlure, la douleur s'atténue progressivement. Le meilleur traitement à long terme consiste à garder les lésions propres et à les recouvrir d'un pansement sec léger pour éviter de les heurter ou de les salir. Il est préférable de ne pas percer les ampoules ; elles protègent la peau qui se reforme dessous et elles s'ouvrent spontanément après un certain temps.

L'eau froide aide au soulagement des coups de soleil. Les produits commerciaux n'accélèrent pas la guérison de ces brûlures ; ils ne procurent qu'un soulagement temporaire. L'emploi de l'huile extraite des capsules de vitamine E permettrait de diminuer la douleur et d'accélérer la guérison ; le gel qui s'écoule des tiges écrasées d'*aloes vera* aurait le même effet. Quand la guérison est commencée et que la peau est sèche, l'huile minérale ou l'huile d'amande douce s'avèrent des produits efficaces pour rendre la peau plus souple.

La bronchite

La bronchite est l'inflammation de la muqueuse des bronches, qui sont les voies conduisant l'air de la trachée aux poumons. Dans cette maladie, les glandes des muqueuses produisent une grande abondance de mucus qui nuit au passage de l'air et provoque une toux persistante ainsi que des expectorations abondantes.

La bronchite chronique est un problème fréquent chez les gros fumeurs ainsi que chez les personnes exposées pendant de longues périodes à des substances irritantes, notamment en milieu de travail. On croit aussi que certaines personnes seraient particulièrement sensibles à un groupe d'aliments « producteurs de catharre et de mucus » (voir page 812) et réagiraient à leur ingestion par une surproduction de mucus, entre autres au niveau des bronches. L'asthme se complique aussi souvent de bronchite chronique. Les traitements médicaux sont essentiellement symptomatiques : les bronchodilatateurs aident à respirer plus facilement, mais ils n'empêchent pas la progression de la maladie, si ses causes continuent à être présentes.

La bronchite aiguë constitue une pathologie relativement rare ; en fait plus souvent qu'autrement il s'agit d'un rhume ainsi nommé par les médecins pour justifier leur prescription d'antibiotique. En général, la bronchite aiguë se traite de la même façon que le rhume et la grippe, en se reposant et en favorisant l'expectoration (voir page 817). Les antibiotiques doivent être réservés aux cas où le diagnostic a été soigneusement établi (souvent à l'aide d'examens de laboratoire ou de radiographie), la plupart du temps chez des personnes souffrant de bronchite chronique chez qui survient une phase aiguë avec augmentation des symptômes, fièvre et atteinte de l'état général. Beaucoup trop d'enfants se voient poser le diagnostic de bronchite pour ensuite être gavés inutilement d'antibiotiques. En effet, la plupart du temps l'infection des voies respiratoires et donc la bronchite sont d'origine virale et l'emploi des antibiotiques n'est pas justifié, puisque ces médicaments n'agissent pas sur les virus impliqués. Cependant les tout jeunes enfants qui n'arrivent pas à cracher sont plus susceptibles de développer des complications bactériennes et chez eux l'utilisation d'antibiotiques peut être justifiée. Comme le conseillent les rédacteurs de *The Harvard Medical School Health Letter*, « au lieu de demander des antibiotiques, vous devriez demander s'ils sont réellement nécessaires » (quand on veut vous en donner).

Le cancer

Le fait de recevoir un diagnostic de cancer signifie, pour beaucoup de personnes, une condamnation à mort à plus ou moins brève échéance. La plupart d'entre nous avons peur de la mort… et du cancer ; aussi n'osons-nous affronter directement cette maladie, quand elle se présente chez nous ou chez nos proches. Pourtant, malgré le fait que le cancer continue à être une des principales causes de décès dans nos sociétés industrialisées, il ne faudrait pas désespérer : des individus réussissent à s'en guérir et à mener par la suite une vie parfaitement normale. Notre organisme possède des possibilités inouïes de récupération et quand on lui en fournit l'occasion, il peut se sortir des situations apparemment les plus désespérées. Face au cancer, la résignation et la passivité sont sans doute les attitudes les plus mauvaises à adopter. Les personnes qui s'abandonnent totalement entre les mains de leurs thérapeutes ont fort peu de chances de s'en sortir ; par contre, beaucoup de gens qui décident de lutter et de se prendre en charge trouvent les moyens de dynamiser leur volonté de guérir et parviennent à des résultats souvent étonnants.

Quelle thérapie choisir ?

Face au cancer, les malades ont l'impression de ne pas avoir de choix, dans les traitements à suivre. En même temps qu'il leur annonce leur maladie, le médecin indique « la » voie qu'il prescrit : la chirurgie, la chimiothérapie ou la radiothérapie, ensemble ou séparément. Rien d'autre. Pourtant, il existe d'autres voies — et elles ne sont pas que le fait de charlatans, comme la médecine le laisse si souvent entendre ; une enquête récente aux États-Unis a montré que 60 % des thérapeutes offrant des moyens non orthodoxes pour lutter contre le cancer étaient des médecins !

Le Dr Michael Lerner, directeur d'un centre de recherche en Californie, a visité une trentaine de centres de traitement de cancer parmi les plus réputés dans le monde ; pendant sa tournée, il a rencontré 100 médecins et plus de 1 000 patients. Certains des centres visités ne faisaient appel qu'à des techniques dites non orthodoxes — comme le jeûne ; la plupart mettaient en marche divers moyens, sans pour autant rejeter entièrement les techniques médicales modernes. Ce qui a surtout frappé le Dr Lerner, c'est le fait qu'on obtient de bons succès — dans la médecine orthodoxe aussi bien que dans les solutions de rechange — là où les patients deviennent des partenaires actifs dans leur traitement : « une bonne proportion des meilleurs thérapeutes voient leur rôle comme étant celui de fournir des options valables et de supporter les patients dans leurs choix ». Il conclut de son étude qu'il n'y a pas *une* voie pour tous les cas de cancer, mais que chaque personne devrait explorer tout ce qui est possible ; « les malades souffrant de cancer devraient essayer de développer leur propre plan de traitement avec les ressources dont ils disposent dans leur milieu ».

Les méthodes utilisées dans les centres non orthodoxes comprennent presque toujours les éléments suivants :

— une alimentation végétarienne ;

— des techniques de relaxation, de méditation et de visualisation ;

— des consultations psychologiques ;

— des doses massives de vitamines ;

— la participation à des regroupements de personnes atteintes de cancer.

Les recherches sont extrêmement difficiles à effectuer avec ces méthodes, et c'est une des raisons importantes pour lesquelles la médecine officielle les rejette. Cependant, il est de plus en plus évident que beaucoup de personnes retirent d'énormes bénéfices des thérapies alternatives. Le Dr Lerner croit pour sa part que « lorsqu'on arrivera à faire les études appropriées, elles vont montrer qu'au moins certaines des approches complémentaires (en dehors de la médecine officielle) procurent une amélioration tant de la qualité que de la quantité de vie, pour des patients ; et même si personne ne vivait une heure de plus grâce à ces méthodes, je crois qu'elles ont une grande valeur : le fait de traiter des gens malades avec compassion et sensibilité en respectant la voie qu'ils choisissent me semble une justification suffisante. »

Du côté de la médecine officielle, le bilan de la lutte contre le cancer n'est pas tellement reluisant. Comme l'écrivent deux chercheurs de l'Université Harvard, John Bailar et Elaine Smith, qui ont procédé à une analyse des statistiques sur le cancer de 1950 à 1982, « nous ne pouvons qu'en conclure que trois décennies d'efforts axés principalement sur l'amélioration du traitement se sont soldés par un échec ». En fait, il est difficile d'évaluer l'efficacité réelle des traitements de chimiothérapie, et les résultats des traitements anticancéreux massivement employés ne sont pas vraiment clairement évalués. Pour plusieurs types de cancer, on a fixé à cinq ans le délai après lequel on peut considérer un cancer comme guéri ; pour d'autres, le délai s'étire (il est de 16 ans dans le cas du cancer du sein). *La Lettre médicale* du 17 avril 1987 dit de la chimiothérapie du cancer :

Dans certaines formes de cancer, la chimiothérapie peut induire des rémissions à long terme. Le traitement médicamenteux permet de guérir certains patients atteints de choriocarcimone, maladie de Hodgkin, leucémie aiguë lymphocitaire et myélocitaire, cancer testiculaire et lymphome non hodgkinien. Dans d'autres formes de cancer, la chimiothérapie est associée à la chirurgie ou à la radiothérapie, ou elle fait partie du traitement initial pour diminuer le volume des tumeurs primaires de grande dimension.

On est loin des réjouissances, des grandes victoires et même des certitudes. La médecine traditionnelle nage encore dans un brouillard épais, offrant à l'ennemi les seules armes dont elle dispose, et celles-ci, il faut bien le dire, comportent un prix d'utilisation élevé en termes d'effets secondaires.

Ainsi qu'on peut le constater, il n'y a pas de voie facile qu'on pourrait indiquer à toutes les personnes atteintes de cancer. Voici les recommandations qu'adresse le Dr Lerner aux cancéreux :

— Vous avez le droit d'obtenir de vos médecins toute l'information que vous désirez et de décider par vous-même de l'usage que vous ferez des thérapies officielles.

— Choisissez soigneusement vos médecins. La plupart des gens prennent plus de temps à choisir leur nouvelle auto qu'à interroger des oncologues (spécialistes du cancer) quand ils savent qu'ils ont un cancer.

— Ne rejetez pas d'emblée les thérapies officielles. C'est une grave erreur de voir ces thérapies comme un bloc monolithique n'offrant pas de choix.

— Parlez avec des gens qui sont atteints du même type de cancer que vous et qui ont expérimenté diverses thérapies ; vous apprendrez beaucoup d'eux.

— Si vous vous sentez plus à l'aise en laissant votre médecin prendre les grandes décisions, c'est aussi votre droit. Les amis et les proches ne devraient pas essayer de pousser un malade atteint de cancer dans l'exploration de thérapies alternatives ni tenter de le forcer à adopter une attitude de prise en charge s'il n'est pas intéressé à le faire.

— D'autre part, si vous avez l'énergie et le désir d'engager à fond la bataille contre le cancer, ne laissez personne vous en empêcher. Commencez par passer en revue toutes les options possibles, aussi bien orthodoxes qu'alternatives et développez ensuite votre propre plan de traitement en incorporant ce qu'il y a de mieux dans chacune des voies.

— Explorez les outils de base de la promotion de la santé : une bonne alimentation, la relaxation, le massage, l'exercice physique, le support psychologique, l'imagerie mentale, les groupes de support, l'imposition des mains et d'autres approches spirituelles.
— Sentez-vous libre d'explorer des méthodes de remplacement qui vont plus loin que ce que vous pouvez faire seul à la maison, sans aide. Cependant, soyez au moins aussi sélectif dans ce domaine que vous l'êtes pour choisir des thérapies officielles.

Des mesures toujours utiles

Le cancer, même s'il est localisé à un organe, est toujours une maladie de la personne totale ; et si la guérison peut se faire, elle viendra de l'ensemble de la personne. Quelle que soit la voie thérapeutique choisie, les mesures qui visent au renforcement de l'organisme s'avéreront primordiales. Nous renvoyons les lecteurs au chapitre « Quelques mesures générales toujours utiles », page 633, pour une description des actions possibles à ce niveau. Qu'il nous soit cependant permis d'insister sur trois d'entre elles : l'alimentation, les suppléments vitaminiques et le support psychologique.

L'alimentation : la plupart des centres de traitement holistique insistent pour que leurs patients adoptent une alimentation végétarienne stricte ; nombre de légumes possèdent en effet des facteurs anti-cancer et de plus un tel régime, en éliminant la viande, permet de réduire considérablement la proportion de calories fournies par le gras ; or il semble de plus en plus certain qu'il y ait un lien étroit entre plusieurs types de cancer et le gras dans l'alimentation. Certains centres adoptent une position encore plus radicale, en préconisant comme traitement un jeûne plus ou moins prolongé ; de nombreux témoignages de guérison viennent appuyer cette approche. Il se peut aussi que des recherches scientifiques en cours confirment bientôt le bien-fondé des théories du Dr Shelton sur le jeûne. Le Dr Michael Pariza, un chercheur de l'Université du Wisconsin, livrant le fruit de ses longues recherches lors d'une conférence internationale en 1986, affirmait qu'« inévitablement, on arrive à la conclusion que la restriction calorique est un inhibiteur remarquablement efficace du cancer dans bon nombre de modèles animaux. Il est tentant de généraliser en disant que la restriction calorique pourrait être le plus efficace inhibiteur de cancer que nous connaissions ».

Les suppléments vitaminiques : on ne connaît pas encore entièrement le rôle de toutes les vitamines dans le fonctionnement de l'organisme ; on croit cependant que certaines d'entre elles contribuent d'une façon importante au processus de guérison, notamment la vitamine C. Il y aurait donc intérêt à s'assurer de ne manquer d'aucune vitamine, quand on essaie de guérir d'un cancer ; l'ingestion d'un supplément multivitaminique serait donc une sage précaution. Nombreux sont ceux qui recommandent d'aller plus loin encore et d'entreprendre une vitaminothérapie. Dans le *Dictionnaire des vitamines* (Québec/Amérique 1987), Leonard Mervyn, un biochimiste anglais qui fait de la recherche sur les vitamines, fournit les informations suivantes :

> Les tumeurs malignes peuvent être traitées avec des mégadoses de vitamines, conjointement au traitement conventionnel.
>
> **Vessie :** nécessite suffisamment de vitamine C pour saturer les voies urinaires afin de prévenir et de traiter le cancer de la vessie. Une dose de 500 mg trois fois par jour est efficace. L'inositol (1 000 mg par jour) a aussi un effet inhibiteur.
>
> **Seins :** on a obtenu une réponse clinique avec 200 u.i. de vitamine E trois fois par jour. Une prise simultanée de vitamine C jusqu'à 10 g par jour peut compléter le traitement à la vitamine E. La dose de vitamine C est fixée en augmentant l'apport de 1 g par jour jusqu'à l'apparition de diarrhée. On soustrait alors un gramme, obtenant ainsi la dose tolérée jusqu'à un maximum de 10 g.
>
> **Côlon :** la vitamine C est utilisée de la même façon que pour traiter le cancer du sein.
>
> **Poumon :** en prévention particulièrement chez les fumeurs et comme traitement, on utilise le bêta-carotène (4,5 mg trois fois par jour).
>
> **Peau :** des rapports préliminaires suggèrent d'appliquer directement sur les régions affectées 0,05 % d'acide rétinoïque. Ceci semble donner des résultats avantageux. D'autres rétinoïdes peuvent être plus efficaces.
>
> **Autres cancers :** le traitement à la vitamine C tel que décrit pour le cancer du sein peut être bénéfique.

Le support psychologique : le stress — la plupart du temps psychologique — est presque constamment un facteur important à l'origine d'un cancer ; une guérison ne pourra être espérée si ne s'opèrent certaines modifications dans l'entourage du malade. La personne atteinte de cancer a besoin de retrouver (ou de trouver !) assez d'autonomie pour ne plus étouffer et se détruire de l'intérieur. Comme le souligne le Dr Lerner, « les enfants de malades atteints de cancer devraient supporter et assister leur parent *dans le sens souhaité par celui-ci* » ; cela ne veut pas dire les abandonner. L'aide des proches s'avère particulièrement importante quand la personne malade choisit les traitements offerts par la médecine officielle ; en effet, dans les hôpitaux modernes, on ne s'occupe trop souvent que des corps en ignorant les autres aspects de la personne.

Des moyens de prévenir

Le cancer est d'abord et avant tout une maladie de civilisation et la majorité des cancers pourraient être évités si nous vivions différemment. En tant que société, nous devons nous interroger sur l'inconscience avec laquelle nous introduisons chaque année dans nos vies quotidiennes des milliers de nouvelles substances chimiques dont nous ne connaissons pas les effets à long terme. Il nous faut aussi nous préoccuper de l'usage croissant que nous faisons des radiations et des dangers que représente l'accumulation d'engins nucléaires de plus en plus puissants et nombreux. Individuellement, un certain nombre d'actions permettraient également de diminuer les risques d'être victime de cancer.

L'alimentation : le cancer est encore, pour plusieurs, une maladie mystérieuse ; pourtant, il apparaît de plus en plus clairement que c'est en fait une maladie de dégénérescence qui survient en bonne part parce que nous ne fournissons pas à notre corps les aliments auxquels il est adapté et dont il a besoin. Nombre de recherches le démontrent, beaucoup de cancers sont reliés à l'alimentation. Comme on le souligne dans *La Recherche* (décembre 83), « Plus que les substances contenues dans les aliments, c'est le déséquilibre entre les différents éléments de la ration alimentaire qui paraît favoriser la cancérisation : trop de graisses, trop de calories, pas assez d'aliments végétaux. Les fruits, les légumes, les céréales sont les éléments protecteurs. » En corrigeant nos façons de nous alimenter, nous pourrions prévenir la plupart des cancers. Un important organisme américain, le *National Academy of Sciences*, a rendu publiques il y a quelques années six recommandations diététiques « qui sont conformes aux règles d'une bonne alimentation en même temps qu'elles ont des chances de réduire le risque de cancer ». Les auteurs de ces recommandations mettent cependant la population en garde : « Il n'est actuellement pas possible, et peut-être qu'il ne le sera jamais non plus, d'établir une diète qui protégerait tout le monde contre toutes les formes de cancer. » Par contre, ces chercheurs croient que l'observation de ces règles permettrait de réduire du tiers le nombre de cancers, alors que l'arrêt de la cigarette diminuerait d'un autre tiers le total des cancers ; ces deux mesures ajouteraient probablement une moyenne de 10 ans de vie à la population de l'Amérique du Nord.

Voici les recommandations de l'Académie :

1) réduire l'ingestion de gras pour que les lipides fournissent au maximum 30 % de l'apport calorique total, dans le but de réduire les risques de cancers du sein et du côlon, associés aux diètes riches en gras ;

2) inclure des fruits, des légumes et des céréales de grains entiers dans sa diète, en particulier les fruits citrins, les légumes riches en carotène et les légumes de la famille des crucif300éracées (les choux) ; d'après l'Académie, les suppléments alimentaires (vitamines et autres) ne peuvent remplacer adéquatement les nutriments fournis directement par les aliments ;

3) les populations qui consomment souvent des aliments conservés dans le sel ou fumés sont affectées d'un taux de cancer plus élevé ; en conséquence ce type d'aliments — les saucisses fumées, les hot-dogs, le jambon et le poisson fumé — ne devrait-il être ingéré qu'à l'occasion ;

4) minimiser la contamination des aliments par les divers cancérigènes ; le potentiel cancérigène de beaucoup d'additifs alimentaires n'a pas encore été suffisamment évalué ;

5) « il faudrait multiplier les efforts pour identifier les substances mutagènes qui peuvent se retrouver dans les aliments et étudier rapidement leur potentiel cancérigène » ;

6) les boissons alcooliques devraient être consommées avec modération puisque l'alcool, surtout combiné à la cigarette, est associé à un risque accru de cancer.

L'Académie nationale des sciences n'est pas la seule institution à se préoccuper de la prévention du cancer. D'autres centres de recherche et d'autres chercheurs isolés se sont aussi penchés sur la question et y vont de leurs suggestions, qui recoupent celles de l'Académie, mai qui ajoutent aussi de nouveaux éléments.

— *maintenir son poids idéal* est un facteur de santé important car en plus d'offrir une certaine protection contre le cancer, il permet d'éviter plusieurs autres maladies ; ceci aurait une importance particulière chez les femmes, la corrélation entre obésité et cancer apparaît chez elles comme plus étroite ;

— *prendre des suppléments de vitamine C* peut s'envisager dans les périodes où l'organisme requiert davantage de cette vitamine et où en conséquence il risque d'en manquer. Chaque fois que l'organisme est soumis à un stress qui sort de l'ordinaire — lors d'une maladie, à la suite d'une opération chirurgicale ou d'une blessure, par exemple — il requiert beaucoup de vitamine C pour se réparer ;

— *s'assurer un apport suffisant de vitamine A*, mais plus spéciale-ment de B-carotène. Ce dernier élément possède, comme la vi-tamine C, une activité antioxydante à laquelle on attribue un effet protecteur. On trouve la B-carotène dans les légumes foncés.

Certaines de ces mesures visent non pas simplement à éliminer des facteurs de cancer, mais à fournir à l'organisme des moyens de se mieux défendre face à d'autres facteurs de cancer.

Il ne s'agit pas de transformer son alimentation en une série de prescriptions : « il *faut* prendre tant de grammes de tel aliment chaque jour et tant de grammes de tel autre » ; la marge de manœuvre, pour aller chercher dans ses aliments tout ce dont on peut avoir besoin, est relativement grande, d'autant plus quand nous dépensons plus d'éner-gie, ce qui requiert alors une plus grande ingestion d'aliments. La va-riété des aliments consommés est importante ; autant que possible, c'est aussi recommandable d'éviter les aliments considérablement transformés — par l'industrie ou par la cuisson ; chaque manipulation entraîne des pertes — par exemple la chaleur détruit des vitamines — et en même temps elle augmente les chances d'introduire dans les ali-ments des éléments indésirables.

La cigarette : on connaît depuis longtemps le lien entre le cancer du poumon et la cigarette ; des recherches récentes tendent à montrer que la cigarette serait aussi responsable d'autres types de cancer. Il est à noter que les fumeurs ne sont pas les seuls à être menacés par leur fumée : les personnes de leur entourage qui respirent un air contaminé par la fumée sont également exposées.

Les radiations : on ne peut éviter les radiations naturelles ou celles qui viennent des radionucléides libérés dans l'air par les différentes ac-tivités humaines comme les centrales nucléaires ; cependant, il serait souvent possible d'éviter les radiations causées par les appareils diagnostiques utilisés par les médecins, les chiropraticiens et les den-tistes. Ces divers spécialistes ont tendance à faire un usage croissant des rayons X dans des situations où de tels examens ne sont pas essentiels ; or comme le démontre une étude réalisée par le Dr John Boice, épidémiologiste du *National Cancer Institute* des États-Unis, « l'exposition à une seule dose de radiations peut accroître les risques de cancer. Les cancers induits par rayonnements ne peuvent être distingués des cancers qui surviennent spontanément, ce qui rend l'évaluation des risques difficile. Tous les cancers semblent s'aggraver après une irradiation, sauf la leucémie lymphoïde chronique et peut-être la maladie de Hodgkin ainsi que le cancer du col de l'utérus. »

Évidemment, il n'est pas facile d'amener les thérapeutes à plus de circonspection dans l'emploi des radiographies. On peut cependant utiliser la stratégie suivante pour minimiser les radiographies inutiles :

— ne jamais suggérer de radiographies aux thérapeutes, qui se prêtent trop souvent de bonne grâce à ce genre de suggestion ;
— bien interroger le thérapeute sur la pertinence de l'examen qu'il suggère ;
— vérifier avec le thérapeute si les radiographies faites ailleurs ne pourraient pas servir ;
— surveiller les conflits d'intérêt ; dans les cliniques privées, les thérapeutes peuvent vouloir rentabiliser leurs appareils…

Le stress : le stress chronique est un facteur à l'origine de toute maladie, et spécialement du cancer. Une des théories intéressantes de la génèse du cancer veut que nos organismes produisent constamment des cellules cancéreuses et que notre système immunitaire les désignant comme dangereuses les détruise au fur et à mesure de leur production ; dans le stress chronique, le système immunitaire devient incapable de jouer son rôle d'où la prolifération des cellules cancéreuses et l'apparition du cancer. Il y a donc tout intérêt — et pas seulement pour éviter le cancer ! — à intégrer dans sa vie des moyens de prévenir l'accumulation des effets du stress ; certains y arrivent par la pratique régulière de sports ou d'exercices exigeant beaucoup d'énergie, d'autres par une technique de relaxation, par la méditation, par les bains flottants, etc. À chacun de trouver ce qui lui convient.

Un petit mot en terminant sur la cancérophobie. La préoccupation de sa santé et la volonté d'éviter des maladies comme le cancer ne devraient pas conduire à une peur exagérée des maladies. Certaines personnes craignent tellement la maladie et la mort qu'elles s'empêchent de vivre ; c'est là le meilleur moyen de gaspiller sa vie, et même de se causer les maladies qu'on craint tellement ! Il s'agit donc de trouver un juste équilibre : d'une part, prendre un minimum de précautions qui n'empêchent pas la vie d'être agréable, et d'autre part faire confiance en la vie et accepter, quand ils se présentent, les défis qu'elle nous lance — y compris celui de la maladie.

Pour en savoir plus

Guérir envers et contre tout, Simonton, Simonton et Creighton, Éditions de l'Epi, 1982.
Le Pouvoir de se guérir ou de s'autodétruire, Kenneth R. Pelletier, Québec/Amérique, 1984.
La volonté de guérir, Norman Cousins, Éditions du Seuil, 1980.
The Cancer Report, Michael Lerner ; une description des 30 cliniques de cancer visitées par Lerner (12 $ U.S. ; Commonweal, P.O. Box 316, Bolinas CA 94924, U.S.A.).
Rappelé à la vie — Une guérison du cancer, Anthony J. Sattilaro, Calmann-Lévy, 1983.
Soyez bien dans votre assiette jusqu'à 80 ans et plus, Dr C. Kousmine, Tchou, 1980.

La constipation

Le rythme d'évacuation intestinale varie d'un individu à l'autre ; certaines personnes vont à la selle trois fois par jour et d'autres seulement tous les 3 ou 4 jours. Cela dépend en partie de la constitution de chaque individu, mais surtout de son alimentation. Mais alors comment définir la constipation ? La médecine parle de constipation quand survient une diminution dans la fréquence des selles ; s'ajoutent habituellement les symptômes suivants : un malaise abdominal, allié à une sensation de défécation incomplète, une défécation difficile, et assez souvent des maux de tête et une perte d'appétit. Sans doute faudrait-il donner beaucoup plus d'extension à la notion de constipation pour y inclure une trop faible fréquence des selles. En effet, le fait que les résidus d'aliments séjournent pour des périodes prolongées dans l'intestin permet aux bactéries qui se trouvent sur les lieux de transformer davantage ces résidus ; certaines substances toxiques (et cancérigènes) sont alors produites et peuvent être assimilées par l'organisme.

La constipation peut être causée par différents facteurs :
— une alimentation trop pauvre en fibres et en liquides ;
— un manque d'exercice ;
— le stress ;

— certains médicaments (les narcotiques, les décongestionnants, certains tranquillisants, le fer, le calcium... et certains laxatifs !) ;
— quelques pathologies ;
— la grossesse.

Les fibres alimentaires

L'alimentation des gens vivant dans les pays industrialisés contient de moins en moins de fibres alimentaires, ce qui a d'énormes répercussions sur le fonctionnement de leurs intestins. Des études épidémiologiques ont montré que les populations qui ingéraient des aliments riches en fibres souffraient beaucoup moins souvent de constipation, de côlon irritable, de diverticulose, d'hémorroïdes, de cancer du côlon et d'appendicite. Dans les régions rurales d'Afrique, par exemple, où l'on consomme beaucoup de fibres et où l'incidence de toutes ces maladies est à peu près nulle, le poids moyen des selles d'un individu est de trois fois supérieur à celui d'une personne vivant en pays industrialisé ; les selles y sont généralement plus molles, ce qui fait que les efforts requis pour la défécation sont moindres — avec moins de risques d'apparition de diverticules et d'hémorroïdes.

Une alimentation riche en fibres offrirait d'autres avantages. Certaines des fibres alimentaires qui arrivent intactes à l'intestin y sont alors transformées. Quelques-unes d'entre elles se lieraient aux acides gras saturés et empêcheraient leur réabsorption ; des expériences ont montré que les gens qui consommaient beaucoup de fibres parvenaient à diminuer leur taux de cholestérol sanguin même s'ils ne modifiaient pas leur consommation d'acides gras saturés. Les personnes qui ont une diète riche en fibres ont une tension artérielle moindre ; même les hypertendus qui adoptent une alimentation avec plus de fibres réussissent à diminuer leur tension artérielle. Certaines fibres pourraient aussi se lier à des sels biliaires et entraîner une diminution de la formation de pierres dans la vésicule biliaire ; des chercheurs émettent également l'hypothèse que les fibres auraient le pouvoir de capter un certain nombre de substances toxiques et exerceraient un rôle antioxydant, protégeant ainsi du cancer pas seulement l'intestin lui-même, mais tout l'organisme.

À notre époque où le déséquilibre entre la consommation calorique et la dépense énergétique est une situation fréquente dont la conséquence inévitable est l'obésité, l'alimentation riche en fibres s'avère fort appropriée, puisqu'elle entraîne une plus grande distension de l'estomac, avec disparition plus rapide de la faim ; de plus, il semble bien que l'organisme absorbe moins de calories d'une alimentation riche en fibres que d'une autre qui en contient moins. Enfin, avantage incontestable pour tous — mais particulièrement pour les personnes ayant tendance à souffrir de crises d'hypoglycémie — les sucres ingérés dans leur forme fibreuse sont absorbés moins rapidement et ne provoquent pas des fluctuations importantes du taux de sucre dans le sang, avec les hauts et les bas qui s'ensuivent.

Où trouver les fibres ?

Quand on parle de fibres, beaucoup de gens pensent aux aliments fibreux comme le céleri, les asperges ou même certaines coupes de viande moins tendres. En fait, les éléments apparemment fibreux des aliments n'équivalent pas nécessairement à ce que les nutritionnistes appellent des fibres alimentaires, et qui est constitué par les portions d'aliments qui ne sont pas assimilées au niveau du petit intestin et qui atteignent le gros intestin pratiquement inchangées par la digestion ; la viande, malgré les apparences, ne contient aucune fibre alimentaire.

Si la population des pays industrialisés consomme si peu de fibres aujourd'hui, il n'en a pas toujours été ainsi. Les habitudes alimentaires ont rapidement évolué, dans le dernier demi-siècle, si bien qu'actuellement, 70 % des calories consommées viennent d'aliments sans fibres. L'exemple le plus flagrant est sans doute le pain : ce « beau » pain blanc que nous consommons si abondamment ne contient qu'environ le huitième des fibres du pain de blé entier. Et c'est le cas pour beaucoup d'autres aliments ; pratiquement toute transformation aboutit à une perte de fibres. La farine blanche contient sept fois moins de fibres que la farine de blé entier, une pomme crue possède trois fois plus de fibres qu'un tiers de tasse de compote et sept fois plus que 170 ml (6 oz) de jus, une poire fraîche compte quatre fois la quantité de fibres trouvée dans deux moitiés de poire en conserve.

Toutes les catégories d'aliments — sauf la viande, les produits laitiers et les œufs — contiennent des quantités plus ou moins importantes de fibres si elles sont consommées nature (crues ou cuites, selon le cas). Dans les céréales, les légumineuses, les noix, les légumes et les fruits, on trouve cependant des variations importantes d'un aliment à l'autre. Les pois verts, le panais, les pommes de terre, le brocoli, les courges et les carottes sont parmi les légumes qui en contiennent le plus. Du côté des fruits, les pommes, les mûres, les poires, les fraises et les prunes remportent la palme ; les fruits secs (figues, dattes et autres) en contiennent aussi beaucoup. Toutes les céréales *entières* sont riches en fibres, qui se retrouvent essentiellement dans leur écorce ; aussi n'est-il pas étonnant de constater que le son du blé soit incontestablement l'aliment le plus riche en fibres ; beaucoup de gens s'en servent d'ailleurs pour augmenter la proportion de fibres dans leur alimentation.

Quand survient la constipation

Lorsqu'on éprouve un problème de constipation, ce sont d'abord les facteurs suivants qu'on examinera et que l'on tentera de modifier :

— la diète contient-elle suffisamment d'aliments riches en fibres ? Certains aliments peuvent même être utilisés pour leurs effets laxatifs : les jus de pruneaux et de pomme, les dattes, le cantaloup, le miel, la mélasse et les huiles végétales. On pourra aussi diminuer la consommation d'aliments constipants : le riz, le fromage, le chou, les viandes, le chocolat et les bananes en particulier.

— Prend-on un bon petit déjeuner ? Le fait de manger peu de temps après le réveil stimule, chez beaucoup de personnes, le réflexe gastro-intestinal, qui se traduit par un besoin d'aller à la selle. Le café et le thé se révèlent aussi comme de puissants laxatifs, dans nombre de cas.

— L'ingestion de liquides est-elle suffisante ? Elle devrait être d'au moins un litre d'eau par jour, et on peut doubler cette quantité dès qu'on sent qu'une constipation se développe.

— Fait-on chaque jour assez d'exercice ? Ne serait-ce que la marche, l'exercice favorise les mouvements intestinaux.

— Respecte-t-on les signaux du corps nous indiquant qu'il faudrait aller à la selle ? Souvent, ces signaux sont subtils et surviennent toujours au même moment de la journée — par exemple après les repas ou au réveil. Quand on ne répond pas à ces signaux, l'organisme cesse de les envoyer, après un certain temps. À l'inverse, quand on a découvert à quel moment ses intestins fonctionnaient le mieux, on peut systématiquement inclure une station aux cabinets à cette période du jour. Une posture facilitant le mouvement intestinal peut aussi s'avérer utile : en s'asseyant sur la toilette, surélever les jambes pour qu'elles soient droites (à l'aide d'une chaise ou d'un petit banc), et appuyer le dos ; cela permet aux mouvements intestinaux de se faire plus facilement et diminue le besoin de forcer.

— Le niveau de stress est-il trop élevé au travail ou à la maison ? En effet, tout le système digestif est soumis au contrôle du système nerveux et ralentit souvent sous l'effet de la tension. L'apprentissage d'une méthode de relaxation peut aider à résoudre le problème et à garder une plus grande régularité (voir page 650).

— La constipation est-elle provoquée par des médicaments que l'on prend ? Vérifier si la constipation se trouve parmi les effets secondaires rapportés pour les médicaments qu'on utilise et éliminer si possible ceux qui peuvent en être responsables. Plusieurs laxatifs, de façon paradoxale, sont à la source de problèmes de constipation. Ils provoquent une évacuation complète des intestins avec, automatiquement, une absence de besoin de défécation pendant 2 ou 3 jours. La personne croit qu'elle est constipée à nouveau, reprend un laxatif et, à la longue, l'usage du laxatif provoque une paresse intestinale ; l'intestin a alors besoin de stimulation extérieure pour fonctionner.

Souvent, la constipation alterne avec des diarrhées. Parfois les gens affectés par ce genre de malfonctionnement pensent qu'ils développent un cancer et subissent des séries d'examens, pour se faire dire finalement « qu'ils n'ont rien ». On appelle ce syndrome le « côlon irritable » et bien qu'il soit souvent un peu incommodant, il semble inutile de le traiter médicalement ; on peut plus certainement l'améliorer en jouant sur les facteurs mentionnés plus haut.

Les laxatifs

Parfois, dans la constipation, le recours aux médicaments peut être utile. Il est cependant préférable de consulter quand on note un changement subit dans ses habitudes intestinales et que cette modification persiste pour plus de 2 semaines. Certains laxatifs peuvent être considérés comme acceptables, alors que d'autres sont à bannir de façon absolue. Dans tous les cas, quand l'usage d'un laxatif ne produit pas l'effet désiré après 1 semaine, il vaut mieux recontacter son médecin habituel. L'emploi constant de laxatifs est également à déconseiller, sauf dans certaines situations exceptionnelles et sur recommandation médicale ; cette pratique peut, entre autres, retarder le diagnostic et le traitement de maladies parfois très graves.

Les agents de masse : ce sont le psyllium, la méthylcellulose, l'agar, le son et la gomme de karaya. Ils possèdent le même effet que les fibres alimentaires ; ils augmentent la masse des selles, son contenu en

eau et ainsi la vitesse du transit intestinal. On peut les utiliser avantageusement pour soulager le syndrome du côlon irritable et la diverticulite, mais on devrait les éviter lorsqu'il y a ulcération intestinale,
sténose ou adhérence. Ils ne sont pas recommandés non plus chez les
personnes immobilisées. Ils doivent être pris avec beaucoup d'eau
(15 ml dans 250 ml de liquide), sinon ils risquent d'avoir un effet
constipant. On doit s'attendre à un délai d'action de 2 ou 3 jours. Les
produits suivants sont des agents de masse : Metamucil, Novo-Mucilax, Fibirax, Karacil, Siblin, Mucilose et Prodiem Simple. Ce sont les
seuls laxatifs qui peuvent être utilisés de façon régulière, car ils ne
démontrent à peu près pas d'effets secondaires, sauf des gaz et parfois
aussi une altération de la tolérance au glucose et du métabolisme du
calcium ; ils diminuent l'action du nitrofurantoïn, du digoxin et de
l'aspirine.

L'huile minérale et l'huile de paraffine représentent une solution occasionnelle acceptable. On doit cependant en bannir l'usage régulier
parce qu'il peut empêcher l'absorption de certains nutriments solubles
dans l'huile (quelques vitamines par exemple), et aussi interférer avec
l'absorption de l'eau. On évitera de les prendre aux repas, parce
qu'elles retardent la digestion. Elles peuvent par ailleurs provoquer
des démangeaisons à l'anus. Les produits suivants en contiennent :
Kondremul, Lansoyl, Nujol et Agarol Simple. L'effet de l'huile
minérale met de 6 à 8 heures à se manifester. On n'en recommande
pas l'emploi chez les enfants de moins de 6 ans.

Le docusate, ou dioctyl sulfosuccinate, amollit les selles et facilite
ainsi leur élimination ; son effet se manifeste en 1 à 3 jours. On le
considère comme sûr, bien que son usage à long terme puisse avoir un
effet néfaste sur le foie. Les produits suivants en contiennent : Régu-
lex, Colace et Surfak. On prend ces médicaments avant les repas.
Lorsqu'il est associé au danthron, comme dans le Doxidan, on devrait
l'éviter ; il provoque alors plus d'effets secondaires.

Les laxatifs de contacts, ou irritants, comptent parmi les produits les
plus utilisés. Ils agissent sur la muqueuse intestinale pour modifier les
échanges d'eau et d'électrolytes et provoquent la formation de selles
semi-liquides 6 à 12 heures après leur absorption. Ils provoquent à
l'occasion des crampes, mais plus souvent des pertes liquidiennes importantes et présentent plus de risques d'utilisation chronique. Ils vident en effet complètement l'intestin, avec comme résultat une absence de selles pendant 2 ou 3 jours, qui sera éventuellement
interprétée comme une nouvelle constipation et qui incitera à un nou-

vel usage de laxatifs. Les produits suivants entrent dans cette catégorie : Agarol régulier, Bicholate, Cascara, Dorbane, Dulcolax, Ex-Lax, Kondremul et cascara, Modane, Mucinum, Robol et Senokot. Les produits qui contiennent du cascara ou du séné (Senokot) sont considérés comme moins agressifs que les autres et pourraient servir à l'occasion. On les emploie aussi de façon chronique chez certains patients — le plus souvent cancéreux — afin de corriger une constipation induite par la médication analgésique narcotique (codéine ou morphine). Leur utilisation est alors justifiée.

Deux autres laxatifs qui peuvent être utilisés occasionnellement sont le lait de magnésie et les suppositoires à la glycérine, même s'ils sont un peu irritants ; ils agissent en 3 à 5 heures. Le lait de magnésie est cependant contre-indiqué dans l'insuffisance rénale.

Certains autres produits peuvent s'avérer utiles pour vider l'intestin avant un examen médical, pas pour faire-le-ménage-du-printemps ! Les limonades purgatives, l'huile de ricin, le X-Prep, le Evac-K-Kwik et le Fleet entrent dans cette catégorie.

Une dernière mise en garde s'impose : il ne faut jamais recourir à un laxatif lorsqu'on est affecté de douleurs abdominales, de nausées ou de vomissements, à cause de la possibilité d'une crise d'appendicite. On doit alors rencontrer son médecin.

Pour en savoir plus

sur une alimentation riche en fibres :
Le régime F-plan fibres, Audrey Eyton, Stanké, 1983.

La contraception

Dans nos civilisations modernes, la contraception constitue une nécessité inéluctable : il n'est personne qui puisse envisager une vie sexuelle hétérosexuelle sans devoir trouver le moyen, pendant des périodes plus ou moins prolongées, d'éviter les grossesses. La nécessité d'empêcher les grossesses indésirées fait l'unanimité, mais non les méthodes pour y parvenir. La contraception hormonale, qui était apparue à plusieurs comme LA méthode qui présentait tous les avantages et qui permettrait de régler une fois pour toutes ce problème, s'est avérée, avec le temps, fort imparfaite à divers points de vue, notamment quant aux effets secondaires de son emploi à court et à long terme. À telle enseigne qu'encore aujourd'hui, la recherche de la méthode contraceptive idéale demeure toujours d'actualité ; cependant, l'éventail des techniques connues fournit la possibilité à chacun de choisir ce qui lui semble le meilleur en fonction de ce qu'il est, de la façon dont il vit et de ce qu'il attend de la contraception.

Il n'existe pas de technique idéale dans l'absolu ; on peut d'ailleurs se demander si jamais cela sera possible, quand on considère tous les aspects de la contraception — physiques, psychosociaux et spirituels. Il n'en demeure pas moins important, dans sa vie personnelle, de tenter de régler au mieux ce problème ; car l'anxiété liée à la menace d'une grossesse indésirée ne favorise certainement pas l'épanouissement sexuel. La possibilité de recourir avec une relative facilité à l'avortement ne peut non plus libérer de la nécessité d'une pratique contraceptive efficace ; l'avortement constitue une mesure de dernier recours qui doit demeurer l'exception et non devenir la règle.

Quand on choisit une méthode contraceptive, on doit tenir compte des quatre critères suivants : son efficacité, son acceptabilité, son innocuité et sa réversibilité. Selon les diverses époques de sa vie et les circonstances qui les caractérisent, l'importance de chacun de ces critères peut varier ; aussi est-il très rare qu'une personne utilise toute sa vie la même technique contraceptive.

L'efficacité : le taux d'efficacité de chaque méthode varie selon la fidélité qu'on met à suivre le mode d'emploi ; certaines méthodes demandent cependant une application moins rigoureuse que d'autres. Voici un tableau tiré de la revue *FDA Consumer* (mai 1985) qui fournit des données sur l'efficacité des méthodes les plus courantes :

condom	64 à 97 %
spermicides vaginaux	70 à 80
éponge	80 à 87
diaphragme avec gelée	80 à 98
dispositif intra-utérin (stérilet)	95 à 97
contraceptifs oraux	99
méthodes naturelles	53 à 86
vasectomie et ligature de trompes	+ 99

Ce tableau ne donne pas de chiffres pour la cape cervicale, peu connue aux États-Unis ; son efficacité serait supérieure à celle du diaphragme. Comme on peut le constater, la fourchette de ces taux est souvent fort large ; la motivation d'une personne y joue un rôle de premier plan.

L'acceptabilité : la meilleure technique risque de n'avoir aucune efficacité... si les gens ne l'emploient pas. Quand une personne n'est pas à l'aise avec une méthode — parce qu'elle craint pour sa santé, à cause de désaccord moral ou religieux, parce qu'elle la perçoit comme une entrave à son épanouissement sexuel, etc. — elle risque d'être moins rigoureuse dans son application et s'expose ainsi à un échec, ou tout au moins à une diminution d'harmonie intérieure.

L'innocuité : l'équilibre psychosocial recherché par la contraception ne doit pas être compromis par un déséquilibre physique qui pourrait être engendré par la méthode. Les techniques les plus efficaces sont celles qui présentent les plus gros risques ; mais il faut savoir que ces risques ne sont pas équivalents pour toute la population, certaines personnes étant plus exposées que d'autres ; il y a donc moyen de vérifier si l'on fait partie d'une population à risque pour une méthode donnée et dans ce cas, il convient de s'orienter vers une autre méthode. Il ne faut pas non plus oublier les risques inhérents à une grossesse — et tout particulièrement à une grossesse non désirée, qui aboutit souvent à un avortement, à l'abandon de l'enfant ou à un rejet plus ou moins conscient de celui-ci.

La réversibilité : les méthodes de stérilisation entraînent une stérilité qui doit être considérée comme définitive. Bien sûr que les chirurgiens réussissent souvent à redonner à une personne stérilisée sa fertilité, mais en aucun cas ils ne peuvent garantir à l'avance les résultats. À notre époque où les couples se font et se défont si facilement et où l'âge choisi pour avoir des enfants recule constamment, il faudrait s'interroger sur la justesse de ces critères mécaniques (âge-nombre d'enfants) à partir desquels on accepte si facilement de stériliser les gens. Le stérilet peut également entraîner une stérilité définitive.

Les méthodes « dures »

Ces méthodes requièrent l'intervention médicale pour l'établissement des risques les plus importants et pour la prescription (contraception hormonale) ou la mise en place (D.I.U.). Très efficaces, ces techniques présentent des risques variables selon l'âge et selon les antécédents personnels de chacune.

Les contraceptifs oraux : voir page 226.

La pilule du lendemain : cette méthode est utilisée depuis quelques années dans des circonstances spéciales, comme après un viol ou une relation sexuelle imprévue et sans protection. Il s'agit, pour la femme, d'absorber 4 comprimés d'Ovral dans les 72 heures qui suivent la relation sexuelle ; ces comprimés contiennent un œstrogène et une progestérone. L'emploi d'une telle dose provoque fréquemment des effets secondaires tels les nausées, un saignement utérin et une perturbation temporaire du cycle menstruel. Pour éviter les nausées, il est conseillé de prendre 2 comprimés au coucher (dans la mesure où l'on peut attendre ce moment sans dépasser les 72 heures après la relation sexuelle) et les 2 autres comprimés 12 heures plus tard.

Les contre-indications de cette méthode sont les mêmes que pour les contraceptifs oraux. Les femmes qui, en cas d'échec (dans 1,6 % des cas), envisageraient de poursuivre leur grossesse ne devraient pas utiliser cette méthode à cause des risques possibles pour le fœtus. D'après le Dr Yves Lefebvre, spécialiste en contraception, « cette méthode de dépannage ne devrait pas être utilisée plus d'une ou deux fois par année ».

Le dépo-provéra : voir page 389.

Le dispositif intra-utérin (D.I.U., stérilet) : cette méthode, disponible depuis le début des années 60, s'est rapidement répandue à cause de sa facilité d'utilisation. Il s'agit d'un petit objet de plastique flexible, pouvant prendre différentes formes, qui est inséré dans l'utérus ; certains dispositifs sont partiellement recouverts d'un fil de cuivre qui augmente leur efficacité. Plus récemment, on a intégré dans le stérilet des hormones qui se libèrent lentement et qui le rendraient encore plus efficace. Une fois en place et quand il n'est pas rejeté par l'utérus (ce qui survient dans 10 à 20 % des cas), la femme n'a théoriquement plus à s'en préoccuper ; elle doit cependant se soumettre à un examen annuel de contrôle et selon le type de stérilet le faire changer à tous les ans (pour ceux qui contiennent des hormones), tous les deux ans (pour ceux avec fil de cuivre) et au plus tous les quatre ans pour les autres. Ce sont là les recommandations officielles ; certains spécialistes croient cependant qu'il serait toujours préférable de ne porter le même stérilet qu'un an.

En plus des signes d'intolérance, allant des douleurs et des saignements au rejet pur et simple, la principale complication des D.I.U. est l'infection pelvienne. Dans certains cas, ce type d'infection ne provoque presque pas de symptômes, mais endommage tout de même les organes génitaux internes de la femme, ce qui fait que le taux de grossesses ectopiques (grossesses en dehors de la cavité utérine) augmente considérablement chez les femmes qui ont porté un stérilet, et d'autant plus qu'elles l'ont utilisé plus longtemps. Le risque d'infection semble plus grand chez les femmes qui n'ont eu aucun enfant et chez celles qui ont plus d'un partenaire sexuel. Aux États-Unis, le nombre de poursuites contre les compagnies qui fabriquent les D.I.U. est tel que l'industrie pharmaceutique a retiré du marché tous ses D.I.U., sauf le Progestasert qui contient des hormones.

Les contre-indications au stérilet sont les suivantes : grossesse, maladie vénérienne même guérie, infection vaginale ou du col de l'utérus, règles très abondantes ou crampes menstruelles intenses, saignement entre les menstruations, fibrome, malformation utérine ou utérus trop petit, anémie, accouchement ou avortement récent.

Quand on commence à utiliser cette méthode, il est recommandé d'employer en même temps un autre mode de contraception pendant le premier mois. De plus, il est nécessaire de subir un examen annuel incluant un frottis vaginal, un dosage d'hémoglobine et un dépistage des maladies vénériennes.

Les méthodes physico-chimiques

Ces méthodes visent à interposer une barrière mécanique ou chimique entre l'ovule fécondable et les spermatozoïdes. Toutes demandent une grande motivation, car sauf pour la cape cervicale, elles doivent être appliquées chaque fois qu'il y a relation sexuelle. La fidélité à les employer régulièrement et soigneusement — même dans les moments où l'on serait porté à croire qu'il n'y a pas de « danger » — est le principal déterminant de leur efficacité. La possibilité que les méthodes commandant l'emploi d'un produit chimique puissent provoquer des anomalies des spermatozoïdes survivant à leur contact et par la suite une augmentation des malformations congénitales, n'a jamais été totalement écartée.

Le condom : pour diverses raisons, le condom (préservatif, capote) a mauvaise réputation auprès de plusieurs couples. Pourtant depuis quelques années les préjugés à son égard s'estompent rapidement. Bien employé, son efficacité est très grande : plus de 90 %, et avec un spermicide, ce taux peut atteindre les 99 %. Pour les personnes qui ont des relations sexuelles avec plus d'un partenaire et pour les homosexuels, le condom offre l'avantage d'une grande protection contre les maladies transmissibles sexuellement, y compris le Sida. Les condoms sur le marché ont à peu près tous la même efficacité.

Pour les gens qui souhaitent obtenir les meilleurs résultats, voici les conseils fournis par un groupe de sexologues de l'équipe Couples-Sexualité-Planning de Rimouski :

— Manipuler le condom avec soin pour éviter les déchirurcs (par les ongles, les bagues, etc.) ;

il est déconseillé de le gonfler pour détecter « des fuites » : des tests plus sûrs et plus complets ont déjà été faits en laboratoire.

— Dérouler le condom sur toute la longueur du pénis en érection, tout en prenant soin de rétracter complètement le prépuce (découvrir entièrement le bout du pénis) de l'homme non circoncis.

— Le condom doit s'adapter souplement : ni trop tendu ni trop lâche ;

il semblerait prudent, quoique non nécessaire, de laisser un petit espace libre à son extrémité pour contenir plus facilement le sperme.

— Placer le condom non pas seulement au moment de la pénétration vaginale, mais bien au début de l'érection et avant tout contact d'organe génital à organe génital ;

les quelques gouttes du liquide transparent qui humidifie et lubrifie le bout du pénis en érection contiennent parfois des spermatozoïdes pouvant entraîner une fécondation, s'ils sont placés à l'entrée ou à l'intérieur du vagin.

— S'assurer qu'il demeure bien en place pendant les jeux sexuels ou pendant une longue pénétration.

— Pour une pénétration plus facile, on peut enduire l'extrémité du condom d'une crème ou d'une gelée (de préférence un spermicide vendu en pharmacie) ;

ne jamais employer de vaseline ni autres produits huileux pouvant altérer le caoutchouc.

— Pour un maximum de sécurité :

la femme peut employer en même temps une mousse spermicide ;

on peut aussi appliquer *un peu* de spermicide sur le bout du pénis avant d'y placer le condom.

— Après l'éjaculation, ne pas tarder à se retirer ; au moment du retrait, saisir le condom par l'anneau terminal afin d'éviter qu'il glisse et que le sperme ne se répande dans le vagin.

— N'utiliser le même condom qu'une seule fois.

— Ne pas le garder longtemps dans une poche, un porte-monnaie ou un sac à main, cela pourrait en altérer le caoutchouc.

— Un couple peut employer le condom comme seule méthode contraceptive habituelle ; il doit alors en utiliser un à chaque relation sexuelle (ne pas faire comme s'il y avait des jours non dangereux) ;

par contre, si la femme ou le couple connaît exactement par le graphique sympto-thermique sa période d'infertilité certaine, l'utilisation du condom n'est nécessaire qu'en dehors de cette période.

Le diaphragme : formé d'un anneau souple recouvert de caoutchouc, cet appareil doit être placé sur le col avant la relation sexuelle. Il s'emploie toujours avec une gelée ou une crème contraceptive. Il existe des diaphragmes de diverses dimensions, pour répondre aux différences anatomiques des femmes ; l'emploi de ce dispositif requiert donc une consultation avec une personne expérimentée, qui enseignera en même temps la manière de l'insérer pour que l'obturation du col soit bien faite.

Le diaphragme devrait être mis en place dans l'heure qui précède un rapport sexuel et laissé là pour au moins six heures après le rapport. Si un nouveau coït a lieu, il faut remettre de la crème ou de la gelée dans le vagin, mais sans enlever le diaphragme de sa position. Quand elle ôte son diaphragme, la femme doit le laver à l'eau tiède et l'enduire d'un peu de fécule de maïs ; éviter la vaseline ou les autres corps gras qui pourraient altérer le caoutchouc et le manipuler avec soin pour éviter de le déchirer.

Les risques liés à l'usage du diaphragme sont peu nombreux ; des allergies au spermicide surviennent parfois, et assez souvent on règle ce problème en changeant de produit. Les femmes qui emploient le diaphragme font un peu plus souvent des infections urinaires.

La cape cervicale : ce dispositif ressemble au diaphragme ; il s'agit d'une sorte de capuchon de caoutchouc que la femme doit placer sur le col de l'utérus et qui tient en place par succion. L'avantage par rapport au diaphragme est que l'appareil peut être mis en place plus longtemps à l'avance — jusqu'à 12 heures avant la relation ; il peut aussi être laissé plus longtemps — jusqu'à 5 jours ; il requiert moins de produit spermicide — en particulier s'il y a plus d'un coït de suite, il n'est pas nécessaire d'en refaire une application chaque fois. Son efficacité et ses risques sont les mêmes que pour le diaphragme. Le principal désavantage de cette méthode est sa difficulté d'accès : ce n'est que dans les centres de femmes qu'on enseigne son usage et qu'on dispose des capes cervicales, qui sont importées d'Angleterre.

Les spermicides : ces produits se présentent sous diverses formes : gelées, crèmes, mousses, suppositoires ou ovules. La plupart contiennent du nonoxynol-9 et moins souvent de l'octoxynol ; des recherches démontrent qu'il est fort probable que ces produits augmentent le taux de malformations congénitales dans les cas où la méthode n'empêche pas une grossesse de commencer.

Pour être efficace, le spermicide ne doit pas être inséré dans le vagin plus d'une heure avant le rapport sexuel ; si la femme veut se donner une douche vaginale, elle doit attendre un minimum de 6 heures après le coït.

Il arrive que survienne de l'irritation au vagin ou à la verge ; dans ce cas, on peut essayer un autre produit.

Au Canada, un nouveau produit a été mis sur le marché il y a quelques années, les ovules Pharmatex, qui contiennent du chlorure de benzalkonium. Ces ovules doivent être insérés profondément dans le vagin au moins 10 minutes avant le coït ; leur action dure 4 heures, et il faut réinsérer un nouvel ovule s'il y a un nouveau coït. Les premiers rapports de recherche démontrent une bonne efficacité et, pour le moment, pas d'effets tératogènes sur le fœtus ; mais il faudra attendre quelques années encore pour avoir les résultats de recherche sur un plus grand nombre de femmes.

Les méthodes douces

L'intérêt pour les méthodes de contraception « naturelles » ou « douces » revient à la mode ; ces techniques qui ont dû leur popularité, à une époque, à l'intransigeance de l'Église catholique qui interdisait les autres voies contraceptives, retrouvent aujourd'hui la faveur croissante du public pour divers facteurs : d'abord la volonté de ne pas s'exposer aux effets des substances hormonales et chimiques, mais aussi la recherche de moyens de se mieux connaître et de moins dépendre des spécialistes. Beaucoup de femmes ont aussi découvert que la libération sexuelle promise par la pilule et les autres méthodes super-efficaces ne s'est pas toujours faite à leur avantage : la banalisation des rapports sexuels risque de confiner la femme à un rôle d'objet sexuel.

Les méthodes douces ou naturelles exigent une grande motivation de leurs utilisateurs ; plus elles sont suivies rigoureusement, plus elles sont efficaces. Ces moyens contraceptifs s'emploient plus facilement dans une relation stable où les partenaires ont une excellente communication. Ces techniques tentent de fournir les moyens de déterminer avec le plus de précision possible le moment de l'ovulation pour ainsi identifier les périodes où des rapports sexuels pourraient avoir lieu sans risque de grossesse ; il est donc évident qu'elles imposent une contrainte puisque les rapports sexuels ne peuvent avoir lieu n'importe quand. Beaucoup de couples s'accommodent cependant fort bien de ces contraintes.

Méthode Ogino, retrait et allaitement : la méthode Ogino consiste à calculer, d'après la longueur habituelle du cycle, le moment présumé de l'ovulation et à éviter pendant quelques jours avant et après les rapports sexuels. Cette méthode n'est pas fiable ; au mieux, les femmes *très régulières* peuvent-elles retarder de quelques mois une grossesse, mais pas davantage.

Le retrait ou coït interrompu se pratique depuis des temps immémoriaux ; il s'agit, pour l'homme, de retirer son pénis du vagin de la femme avant qu'il y ait éjaculation. Cette méthode est fort peu efficace.

Les femmes qui allaitent leur nourrisson passent de longues périodes sans ovuler ; cependant, le moment de l'ovulation est imprévisible, de telle façon qu'on ne peut se fier à l'allaitement pour écarter d'une façon certaine une nouvelle grossesse.

Méthode sympto-thermique : grâce à la prise quotidienne de température et à la constitution d'un graphique, la plupart des femmes peuvent arriver à déterminer le moment de leur ovulation. L'observation attentive de certains phénomènes physiologiques comme la consistance de la glaire cervicale et les douleurs abdominales inter-menstruelles permet d'arriver à préciser encore davantage la date d'ovulation. Cette technique requiert cependant un bon apprentissage ; le mouvement Seréna a mis sur pied au Québec un réseau bien organisé de centres d'enseignement qui fournissent aussi des couples-moniteurs pouvant guider les nouveaux adhérents à la méthode ; c'est heureux, car il n'est pas recommandable de tenter d'apprendre cette technique à partir d'un livre[1]. La *méthode Billing*, qui ne fait pas appel à la prise quotidienne de température mais se fonde essentiellement sur la consistance de la glaire cervicale, offre moins de précision que la méthode sympto-thermique.

---

1. On peut trouver le centre Seréna le plus près de chez soi en consultant le bottin téléphonique ou en communiquant avec Seréna Québec, au (514) 273-7531.

Les indicateurs électroniques de fertilité : depuis quelques années, on a développé des appareils intégrant un thermomètre et diverses composantes électroniques qui effectuent automatiquement les calculs nécessaires et pourraient indiquer les moments « dangereux » dans le mois. Ces appareils, comme le Bioself, se fondent sur une combinaison des méthodes Ogino et de la température ; même s'ils sont déjà sur le marché, ils ne sont pas encore totalement à point, laissant aux couples des périodes « sans danger » beaucoup plus limitées que la méthode sympto-thermique. De plus, leur emploi n'aide aucunement la femme à se mieux connaître, et il la rend dépendante d'une technologie sur laquelle elle n'exerce aucun contrôle.

La stérilisation

On peut, grâce à une intervention chirurgicale, rendre une personne stérile, c'est-à-dire qu'elle pourra continuer à avoir une vie sexuelle active sans qu'il en résulte de grossesse. Pour la femme, les gynécologues ont mis au point diverses techniques de ligature des trompes ; le choix d'une technique par rapport à une autre dépend de plusieurs facteurs ; en règle générale, il s'agit d'une intervention mineure qui présente fort peu de risques. Certains médecins recommandent l'hystérectomie (l'enlèvement de l'utérus) comme technique de stérilisation ; ils feraient ainsi en même temps de la prévention, puisque la femme ne pourrait plus avoir de cancer de l'utérus ! C'est évidemment une pratique pour le moins douteuse. Chez l'homme, c'est par une vasectomie qu'on obtient la stérilisation ; c'est une intervention mineure qui se fait sous anesthésie locale. Il ne faut pas confondre la ligature des trompes et la vasectomie avec la castration ; cette dernière consiste à enlever les glandes produisant les hormones sexuelles, soit les ovaires ou les testicules. Ligature des trompes et vasectomie ne modifient en rien la capacité sexuelle ou la libido. Cependant comme il s'agit de procédures qu'il faut à toutes fins pratiques considérer comme irréversibles, on doit bien réfléchir avant d'opter pour cette voie.

Pour en savoir plus

Pour un contrôle des naissances, Les Presses de la santé ; (on peut en obtenir un exemplaire en envoyant 2,50 $ aux Presses de la santé, C. P. 1000, Station La Cité, Montréal, Québec H2W 2N1).
— *Dossier hormones*, Barbara et Gideon Seaman, Éditions de l'Impatient, 1982.
— *Fécondité et régulation des naissances*, Seréna, 6646, rue Saint-Denis, Montréal, H2S 2R9.

Le diabète

Le diabète est une maladie caractérisée par une défectuosité dans le processus d'utilisation du sucre. Le sucre non utilisé se retrouve alors en trop grande quantité dans le sang puis dans l'urine.

Il existe deux catégories de diabète. Le type I, ou insulino-dépendant, survient habituellement avant l'âge adulte, et presque toujours chez des personnes maigres avec un état nutritionnel souvent déficient. Il apparaît aussi parfois lors d'une grossesse. Les diabétiques insulino-dépendants n'ont plus la possibilité de sécréter de l'insuline. C'est cette hormone, produite par le pancréas, qui permet l'entrée du glucose au niveau des cellules et son utilisation comme source d'énergie. En plus de la présence de sucre dans le sang et dans l'urine, ce type de diabète, s'il n'est pas contrôlé, conduit à la création dans l'organisme de cétones résultant de l'utilisation des graisses comme source d'énergie ; l'accumulation des cétones se traduit par de l'acidose, qui peut mener au coma et à la mort. Le diabète de type II, ou non insulino-dépendant, se déclare habituellement à l'âge adulte (au-dessus de 40 ans). L'obésité et la malnutrition sont la plupart du temps à l'origine de cette maladie, et son traitement peut souvent se résumer à une correction des habitudes alimentaires et un retour au poids idéal. Il est rare qu'il demande le recours à l'insuline. Dans ce type de diabète, le pancréas sécrète de l'insuline, parfois même en quantité bien au-dessus de la normale ; l'apparition de sucre dans l'urine est alors plutôt liée à une mauvaise utilisation de celui-ci, les récepteurs à insuline, au niveau des cellules, ayant perdu une partie de leur sensibilité.

Le diabète peut être causé ou aggravé par certains médicaments, en particulier les contraceptifs oraux, la clonidine, certains diurétiques, la lévodopa, la chlorpromazine et certains corticostéroïdes. Il peut également résulter d'une destruction du pancréas par pancréatite ou par cancer et de troubles endocriniens.

Le traitement

Le traitement du diabète consiste en l'instauration d'un régime alimentaire équilibré et en l'adoption d'un programme d'exercice physique régulier et, selon les cas, en l'utilisation d'insuline.

Depuis quelques années, bon nombre de chercheurs suggèrent maintenant qu'une diète riche en hydrates de carbone non raffinés et fibres serait l'option de traitement la plus sûre, la plus efficace et la moins coûteuse pour à peu près 90 % des diabétiques qui ne dépendent pas totalement de l'insuline. En plus, cette diète diminuerait le risque de complications à long terme du diabète — crises cardiaques, syncopes, perte de la vue, maladie rénale et gangrène. En fait, le traitement du diabète, s'il vise à diminuer la glycémie, vise aussi à faire baisser les lipides circulants, à éviter l'apparition de cétones, à normaliser le poids et à diminuer les autres facteurs de risques des maladies cardio-vasculaires, qui représentent la complication la plus importante du diabète. La diète joue un rôle important dans tous ces éléments ; on trouvera, à la page 705, plus d'information sur les moyens à prendre pour ajouter des fibres dans son alimentation. L'activité physique régulière contribue également à diminuer les besoins en insuline, en favorisant l'utilisation du glucose par les cellules.

Les hypoglycémiants oraux sont fréquemment employés dans les diabètes de type II ; ces médicaments agissent en effet dans la mesure où le pancréas est encore capable de produire de l'insuline. Les hypoglycémiants oraux, qui ont beaucoup d'effets secondaires, aident à maintenir la glycémie à un niveau normal, mais ils n'empêcheraient pas l'apparition à long terme des complications liées au diabète. Aussi leur usage est-il considéré par certains spécialistes comme injustifié, surtout qu'on peut arriver à des résultats meilleurs par la diète et un régime d'exercice bien balancé. La diète permet de réduire l'apport de sucres, l'exercice en favorise l'utilisation, et une fois l'obésité contrôlée, le taux de sucre revient généralement à la normale. On considère aussi maintenant que des mesures comme l'apprentissage d'une technique de relaxation et une psychothérapie peuvent faire partie d'un traitement plus global de cette maladie. En effet, le stress et l'angoisse peuvent avoir pour effet une augmentation de la glycémie. Si ces mesures ne suffisent pas, l'utilisation de faibles doses d'insuline donne habituellement d'excellents résultats.

Depuis quelques années, de nombreux bouleversements ont eu lieu dans la façon d'envisager le traitement du diabète et parmi les médecins, le consensus est loin d'être établi sur l'approche qui semblerait la meilleure. Beaucoup de médecins continuent à favoriser le traitement par les hypoglycémiants oraux ; et finalement, rares sont ceux parmi eux qui ont complètement intégré les nouvelles données sur l'importance des fibres dans le traitement du diabète ; peut-être vaudrait-il la peine, pour certains diabétiques (et surtout ceux atteints d'un diabète de type II) de songer à consulter un spécialiste au fait des nouvelles approches.

Les déséquilibres

Les personnes atteintes de diabète ont tout intérêt à apprendre à reconnaître les signes de déséquilibre dans le métabolisme du glucose, qui se traduisent par de l'hypoglycémie ou par l'apparition de corps cétoniques ; elles pourront ainsi prendre les mesures qui s'imposent dès les premiers signaux d'alarme.

L'hypoglycémie, ou quantité insuffisante de sucre dans le sang, est habituellement reliée soit à un dosage d'insuline mal ajusté, soit à un apport alimentaire insuffisant, soit à un exercice inhabituel. Ses manifestations et sa rapidité d'apparition varieront selon les individus et d'après le type de traitement qu'ils suivent ; une insuline à action lente donnera des symptômes qui s'installent peu à peu, alors qu'une insuline régulière provoquera plutôt des symptômes brusques et intenses. En règle générale, les symptômes apparaissant les premiers sont la pâleur accompagnée de sueurs, de tremblements, d'accélération du rythme cardiaque et d'anxiété. L'hypoglycémie peut aussi se manifester par des étourdissements, des changements de personnalité, des nausées, de la faim, de la confusion et de la difficulté à parler ou à se concentrer. Si elle n'est pas contrôlée, elle pourra aboutir à des convulsions et à un coma dont les conséquences peuvent être graves. On peut corriger facilement une réaction hypoglycémique par l'ingestion de sucre, sous forme de fruit, de bonbon, d'eau gazeuse ou de jus. Si des réactions hypoglycémiques se produisent régulièrement, on devra consulter son médecin pour ajuster le dosage de l'insuline utilisée, le régime alimentaire et la quantité d'exercice. Si l'hypoglycémie se produit habituellement durant la nuit, on peut la prévenir en prenant une collation en soirée ; les patients âgés sont plus susceptibles à cette réaction.

L'hypoglycémie provoquée par les hypoglycémiants oraux, bien que rare, est habituellement plus difficile à traiter ; elle apparaît brusquement et demande habituellement l'intervention du médecin.

L'apparition de corps cétoniques dans le sang et dans l'urine est la complication inverse de l'hypoglycémie. Elle s'accompagne d'une élévation de sucre dans l'urine et le sang, et peut être causée par une négligence dans le traitement, par une infection, un rhume ou une fièvre ou par suite d'un stress inhabituel. Les symptômes se développent d'ordinaire lentement ; les plus fréquents sont la soif et le besoin d'uriner souvent, de la faiblesse et parfois de la faim ainsi que des picotements. L'aggravation de l'état se traduira par une perte d'appétit, des nausées, des vomissements, des maux de tête, une respiration saccadée, une mauvaise vision et finalement le coma. Si certains de ces symptômes apparaissent et qu'ils sont associés à la présence de sucre et de cétones dans l'urine, on devra en prévenir son médecin le plus tôt possible.

L'hygiène de vie

Le diagnostic de diabète requiert l'instauration d'une certaine routine et amène à prendre quelques précautions, pour éviter les complications éventuelles. On cherchera à :

— respecter son régime alimentaire ; la consommation d'alcool accroît les risques d'hypoglycémie ; on peut cependant se permettre une consommation modérée d'alcool, de préférence au moment des repas ;

— faire de l'exercice régulièrement ; certains auteurs recommandent de marcher environ 3 km par jour ;

— procéder périodiquement à des analyses du sang pour y déceler la présence de glucose ;

— toujours avoir sur soi un fruit, du sucre, des bonbons, pour parer à l'éventualité d'une réaction hypoglycémique ;

— porter sur soi une carte ou un bracelet indiquant qu'on est diabétique ;

— prendre soin de ses pieds ; les laver et les sécher délicatement tous les jours. Porter des souliers confortables et des bas propres. S'il se développe des cors ou des callosités, les traiter avec douceur ; tremper les pieds dans de l'eau tiède et utiliser une pierre ponce. Pour couper les ongles, le faire seulement après un bain, et en prenant soin de ne pas blesser la peau. Ne pas utiliser d'eau très chaude ou de coussin chauffant, ne pas utiliser de pansements, jarretières ou bas pouvant diminuer la circulation ;

— consulter le pharmacien avant d'acheter n'importe quel médicament, même s'il ne requiert pas d'ordonnance ;

— arrêter de fumer et tenter d'éviter les endroits fermés où d'autres personnes fument ; la nicotine agit au niveau des vaisseaux sanguins et augmente le risque de complications ;

— éviter les aliments « diététiques » artificiellement sucrés ; ils contiennent soit de la saccharine (Sucaryl), dont l'effet peut-être cancérigène n'a jamais été écarté, et de plus en plus souvent de l'aspartame (NutraSweet), dont des recherches récentes montrent le lien avec des maux de tête, des convulsions et d'autres troubles neurologiques.

Les tests

Les tests suivants servent à doser le sucre dans l'urine : Clinitest, Clinistix, Chemstrip GU, Tes-Tape et Diastrix. Ils ne devraient jamais être utilisés pour des mesures précises, par exemple pour modifier une dose d'insuline, car la mesure du sucre dans l'urine reflète de façon fort imprécise sa concentration dans le sang. Ces tests ont d'ailleurs été depuis quelques années déclassés par d'autres, qui mesurent le taux de glucose sanguin (la glycémie), et qui permettent de suivre avec précision la façon dont est contrôlé le diabète. On les pratique à une fréquence d'une à sept fois par jour, selon la stabilité du diabète, sur une goutte de sang généralement prélevée au bout du doigt. On effectue ces tests plus souvent au début du traitement, en phase de stabilisation, lorsqu'une modification au régime de contrôle de la maladie survient ou si on soupçonne une crise hypoglycémique. Après un certain temps, la plupart des gens s'en tiennent à un ou deux tests par jour, effectués à des moments différents.

La lecture des tests peut se faire visuellement : on utilise alors les bandelettes Chemstrips BG, Glucostix ou Visidex II. Les personnes qui ont des problèmes de vision pourront trouver pratique les réflectomètres, ces appareils qui lisent les bandelettes et donnent une lecture très précise de la glycémie. On estime que la fiabilité des résultats obtenus avec ces divers appareils est comparable, le point le plus important étant l'observation stricte de la technique d'utilisation ; une déficience à ce niveau (par exemple un manque de précision dans le minutage, une goutte de sang qui ne recouvre pas toute la surface du réactif) représente alors la source d'erreur la plus courante, qu'on peut éviter en révisant sa technique d'utilisation. Chacun de ces appareils vaut entre 185 $ et 275 $ et utilise une marque précise de bandelettes réactives qui représentent le coût réel à long terme des tests (chaque bandelette vaut au moins 55c). Le consommateur a actuellement le choix entre les appareils suivants :

appareils :	bandelettes :
Accu-Chek II	Chemstix BG
Glucomètre II	Glucostix
Glucoscan 2 000	Glucoscan « Test Strips »
Glucoscan 3 000	Glusoscan « Test Strips »
Reflectocheck	Reflectocheck

Chaque appareil présente ses avantages et désavantages, et le consommateur pourra pour plus de détails s'adresser à son médecin ou à l'Association du diabète du Québec qui pourront le guider dans son choix.

Tous ces tests ont leurs limites ; ceux qui les utilisent devraient se soumettre à des examens de laboratoire périodiques, pour s'assurer qu'effectivement ils contrôlent bien leur diabète.

Pour garder toute leur efficacité, les réactifs devraient être protégés de la lumière, de la chaleur et de l'humidité.

L'auto-contrôle

Il apparaît de plus en plus clairement que le contrôle de l'hyperglycémie vers des niveaux plus proches de la normale constitue un élément majeur dans la réduction de l'incidence des complications du diabète, qu'il s'agisse de troubles de conduction nerveuse, rénaux et oculaires. Il semble en effet que la gravité et l'incidence des complications croissent avec la durée et l'intensité de l'hyperglycémie. Cette information et la disponibilité de technologies d'évaluation de la glycémie accessibles inciteront peut-être le diabétique à tenter de contrôler plus étroitement les taux de sucre sanguin. C'est ainsi qu'après une période d'acclimatation à l'utilisation d'insuline, le diabétique pourrait obtenir lui-même un profil plus précis de son état, en mesurant son taux de sucre sanguin à plusieurs moments de la journée. Cette image précise des variations du sucre sanguin permettra d'ajuster plus finement les doses d'insuline. Le diabétique peut aussi petit à petit se familiariser avec le calcul des équivalents des aliments qu'il consomme, et avec le temps obtenir une plus grande flexibilité dans son rythme de vie. Ce sont là des démarches et des apprentissages exigeants, mais ils en valent sans doute la peine car ils aboutissent à un meilleur contrôle du diabète tout en permettant une vie plus normale.

La diarrhée

La diarrhée consiste en un accroissement du nombre et de la fluidité des selles. Elle résulte d'une augmentation de l'activité intestinale liée à de l'inflammation, à une infection, à de l'irritation, à un médicament ou à des facteurs émotionnels. C'est un symptôme d'une de ces situations, pas une maladie en soi. Elle est habituellement de durée limitée et donc sans danger. Cependant chez les enfants de moins de 3 ans et chez les personnes âgées, elle comporte plus de risques, parce qu'alors la déshydratation peut survenir plus facilement.

On peut voir la diarrhée comme une façon qu'a le corps de se débarrasser de quelque chose qui le dérange : trop d'aliments, des aliments irritants, un virus, des bactéries inhabituelles (sans qu'il y ait nécessairement infestation et infection). Beaucoup de médicaments peuvent aussi causer de la diarrhée : les antibiotiques, le propranolol, les sels de magnésie, le méthyldopa... Un facteur qu'on reconnaît maintenant comme étant associé à plusieurs diarrhées est la déficience en lactase ; on développe alors une intolérance au lait qui se manifeste par ce désordre. En éliminant l'aliment coupable, on règle habituellement le problème ; on peut parfois réintégrer le lait dans la diète en procédant de façon très progressive et en s'abstenant d'en consommer de grandes quantités. Pour les petits enfants, on peut le remplacer par une formule à base de soya.

La première mesure à prendre lorsqu'on souffre de diarrhée est de laisser l'intestin au repos, c'est-à-dire de s'abstenir de manger. On veillera cependant à boire beaucoup : de l'eau minérale, des jus, du 7Up dégazéifié, de l'eau de riz... pour éviter la déshydratation. Ceci est surtout important chez les jeunes enfants, qui sont plus susceptibles au développement d'un déséquilibre des électrolytes ; l'eau de riz s'avère un traitement particulièrement efficace chez eux ; on prépare cette eau en cuisant du riz dans deux fois la quantité habituelle d'eau et en gardant l'eau, une fois le riz cuit. On peut aussi empêcher le déséquilibre électrolytique en donnant une préparation commerciale comme le Pedialyte. Une préparation maison faite de la façon suivante peut par ailleurs s'avérer une aide temporaire utile :

mélange 1 :
— 250 ml de jus d'orange
— 1/2 c. à thé de miel ou de sirop de maïs
— 1 pincée de sel.

mélange 2 :
  — 250 ml d'eau
  — 1/4 c. à thé de bicarbonate de soude (petite vache).

On donne en alternance un verre du mélange 1 et un verre du mélange 2.

On s'abstiendra de consommer les produits suivants : le lait et ses dérivés, l'alcool, le tabac, le café et l'eau du robinet.

On se reposera beaucoup, pour apporter au corps l'énergie dont il a besoin.

Quelques aliments ont un effet antidiarrhéique reconnu : la farine de caroube, les bananes mûres, les carottes cuites (en purée ou en soupe), les pommes fraîches râpées et brunies à l'air. Certaines personnes préfèrent se traiter avec ces aliments au lieu de se mettre à la diète liquide.

Lorsque les symptômes sont disparus, on peut recommencer à manger progressivement ; d'abord des aliments plus faciles à digérer — soupes légères, pain grillé, bananes mûres — en préférant plusieurs petits repas aux repas plus complets et plus lourds.

Habituellement, la diarrhée devrait disparaître en 1 ou 2 jours.

Si les symptômes sont vraiment dérangeants, on peut aussi prendre un médicament contenant un mélange de kaolin et de pectine (Kaopectate, Kao-Con, Donnagel, etc.), bien que leur efficacité ne soit pas vraiment prouvée. Ils raffermissent un peu les selles mais n'empêchent pas la déshydratation ; on continuera donc à absorber les liquides de réhydratation. Par contre, le subsalicylate de bismuth (Pepto-Bismol), le Metamucil, le lopéramide (voir page 378) ou le son seraient des solutions de rechange valables. Les médicaments plus puissants que peuvent prescrire les médecins contiennent souvent des narcotiques (parégorique, Lomotil, teinture d'opium) ; ils ralentissent le fonctionnement intestinal. Il faut les utiliser avec grande prudence et jamais chez les jeunes enfants, car ils ont des effets secondaires sérieux (somnolence, nausées) et surtout ils nous privent d'un mécanisme de défense important si le problème est dû à une infection ; en effet, les mouvements de l'intestin empêchent la multiplication et l'invasion des microbes impliqués dans la diarrhée. En fait, quand une diarrhée est trop sévère pour être contrôlée par les mesures plus simples, elle mérite qu'on en recherche la cause exacte, car dans certains cas, il peut s'agir de maladies graves.

Quand consulter ?

Il est préférable de voir un médecin si une diarrhée
— dure plus de 2 jours ;
— est accompagnée de fièvre, de fortes douleurs abdominales, de sang ou de mucus dans les selles ;
— survient chez un enfant de moins de 3 ans ou chez une personne âgée, à cause des risques de déshydratation (les lèvres et la peau sèches ainsi que les yeux cernés sont des signes montrant un degré assez avancé de déshydratation) ;
— se déclare brusquement chez une femme enceinte ;
— est reliée à la prise d'un médicament.

La diarrhée chronique

La diarrhée chronique a parfois une base pathologique physique : infection, maladies du foie, du pancréas, du côlon... qu'il faut examiner ; il arrive en effet qu'elle soit reliée à un problème grave (certains types de cancer, par exemple). Il reste cependant que la plupart des diarrhées chroniques sont d'origine psychologique, qu'elles résultent d'anxiété, de tension émotionnelle.

Si l'on souffre de diarrhée qui se prolonge, on devra consulter son médecin pour en évaluer l'origine ; un traitement spécifique pourra alors être entrepris. Si la diarrhée est liée à la tension nerveuse, on peut envisager l'apprentissage d'une technique de relaxation et aussi éventuellement une psychothérapie. De telles mesures ont prouvé leur efficacité et ne peuvent qu'améliorer la qualité de la santé et de la vie.

La « turista »

Nombreux sont les visiteurs des pays tropicaux qui se retrouvent à un moment donné affectés d'une diarrhée plus ou moins importante, mais toujours embêtante. Le Dr Pierre Viens, un spécialiste des maladies tropicales, distingue trois types de diarrhées qui requièrent un traitement différent. Dans la plupart des cas, la « diarrhée des voyageurs » survient dans les premiers jours du voyage et ne s'accompagne pas ou peu de fièvre. En partie due à une contamination bactérienne, cette forme de diarrhée est surtout causée par le stress, la fatigue et les changements d'habitudes alimentaires. Ce dérangement intestinal se traite par les mesures indiquées plus haut.

Une diarrhée abondante accompagnée de fièvre et d'atteinte de l'état général peut résulter d'une gastro-entérite bactérienne. Cette maladie requiert un traitement médical rapide, surtout chez les jeunes enfants qui risquent de se déshydrater très vite. Quant aux infestations parasitaires, elles provoquent rarement des diarrhées aiguës ; ce sont surtout les personnes qui font un séjour prolongé à l'étranger qui en sont affectées. Après un tel séjour et dans le cas de symptômes persistants, il vaut mieux consulter un spécialiste en médecine tropicale.

La prévention : pour éviter ces divers types de problèmes intestinaux, certains médecins prescrivent des médicaments antimicrobiens à absorber soit préventivement, soit dès que la diarrhée commence. Ces médicaments — le plus souvent la doxycycline et le triméthoprim avec ou sans sulfaméthoxazole — peuvent produire des effets secondaires importants : des allergies, de la photosensibilité, des maladies du sang et des surinfections. Un comité d'experts réunis sous l'égide du *National Institute of Health* des États-Unis s'est prononcé contre l'emploi préventif de ces médicaments. Par ailleurs, d'autres médecins préconisent l'emploi préventif de Pepto-Bismol à la dose de 60 ml quatre fois par jour ; c'est donc dire que pour un long voyage, il faut apporter une quantité impressionnante (et pesante !) de ce médicament, qui en outre peut provoquer de la constipation.

La contamination bactérienne survient le plus souvent à la suite de la consommation d'eau infectée ou de fruits et légumes mal lavés. Comme l'écrit le Dr Viens, « qu'elle soit limpide ou non, en zone tropicale l'eau ne doit jamais être considérée d'emblée comme potable, ni dans les grandes villes, ni dans les hôtels ». La meilleure façon de rendre l'eau potable est de la faire bouillir 5 minutes ; on la répartit ensuite dans des bouteilles propres sans bouchon, pour la refroidir et l'aérer. En cas d'urgence alors que l'ébullition est impraticable, on peut traiter l'eau en ajoutant 2 comprimés d'Halazone par litre ou 2 gouttes de teinture d'iode à 2 % par verre ; il faut laisser agir ces substances pendant 20 minutes. C'est à l'aide de ce type de solution qu'on devrait rincer les fruits et légumes qui ne se pèlent pas.

Le traitement : en plus des mesures générales toujours utiles en cas de diarrhée aiguë, il semble que les comprimés de charbon de bois activé soient particulièrement efficaces dans la « turista » ; les prendre aux doses indiquées sur les contenants. L'emploi des antibactériens (voir plus haut) n'est indiqué que si, malgré l'emploi des autres méthodes, la personne a plus de trois selles liquides de suite.

Pour en savoir plus

Voyager en santé sous les tropiques, Pierre Viens ; on peut se procurer cette brochure en envoyant 1,50 $ à l'ordre de : Le Médecin du Québec, 1440, rue Sainte-Catherine Ouest, bureau 1100, Montréal, H3G 1R8.

La douleur

Notre corps possède plusieurs moyens pour assurer sa protection et sa survie. La douleur en est un. Elle nous avertit qu'un organe ou un système fonctionne mal et elle permet de localiser ce dysfonctionnement. La douleur est perçue par les nerfs qui réagissent à la pression, à l'étirement, à la chaleur et qui répondent à la stimulation par la sensation de douleur. C'est la douleur qui, par exemple, inspire le réflexe de retirer sa main du poêle sur lequel on se brûle.

La douleur est un phénomène complexe ; elle existe à deux niveaux. Le premier, sensoriel, permet la perception de l'agresseur, enregistre la sensation ; le deuxième, plus subjectif, élabore l'appréciation de cette première perception, la façon dont on la reçoit. C'est ce qui fait que notre réaction à la douleur n'est pas toujours la même ; on sera plus affecté par elle si on est fatigué et tendu, et celle-ci nous semblera moindre si on est détendu ou occupé à quelque chose d'intéressant.

On devra toujours, face à la douleur, chercher à en découvrir l'origine ; il y a toujours au moins une cause. Elle est parfois facile à trouver et on est alors en mesure soit de l'éliminer soit de chercher à en éviter la réapparition.

Les maux de tête, ou céphalées, constituent une des affections les plus fréquentes. Ils peuvent avoir diverses causes qui requièrent des solutions différentes. Voici les principales causes des maux de tête :

— *la migraine* : c'est un problème d'origine vasculaire qui affecte le plus souvent un seul côté du crâne, produit des pulsations et s'accompagne fréquemment de troubles visuels et de nausées ;

— *la sinusite chronique* : les douleurs sont la plupart du temps accompagnées de problèmes respiratoires et se produisent surtout en position couchée ;

— *l'hypertension artérielle* : maux de tête surtout le matin et plutôt derrière la tête ;

— *les changements hormonaux* : ils peuvent survenir dans la période prémenstruelle ou quand une femme prend des contraceptifs oraux ;

— *une baisse de l'acuité visuelle* : la personne est obligée de faire un effort constant pour voir ;

— *les tumeurs au cerveau* : quand l'intensité du mal de tête augmente graduellement et que rien ne semble le soulager ;

— *les aliments* : certains aliments peuvent, parfois de concert avec la tension, provoquer des maux de tête chez des individus sensibles. Les vins rouges, le chocolat, les mets chinois, les viandes fumées ou épicées, les aliments frits sont le plus souvent en cause. À l'inverse, la faim agit aussi parfois comme déclencheur ;

— *la tension* : c'est incontestablement la cause la plus fréquente. La douleur forme une ceinture autour de la tête ; elle survient en fin d'après-midi ou en soirée, avec l'augmentation de la fatigue et de la tension nerveuse. Les douleurs peuvent durer une ou deux journées et reviennent périodiquement sans jamais s'aggraver. En fait, un grand nombre de personnes souffrent de céphalées mixtes, un mélange de migraine et de céphalée tensionnelle.

Les douleurs chroniques ou qui reviennent souvent — c'est fréquemment le cas des maux de tête et des maux de dos — comportent presque toujours une forte composante émotionnelle, par exemple la présence d'une situation ou d'une personne « difficile à digérer » qui suffisent à provoquer et soutenir la sensation douloureuse. Ces désordres demandent qu'on s'y arrête en toute honnêteté pour découvrir le message porté par la douleur, ce qui la provoque. De toute façon, n'importe quelle douleur chronique devra être examinée sérieusement, pour tenter d'en déterminer l'origine, qu'elle soit organique ou non ; ceci demandera souvent le recours à un médecin ou à un autre spécialiste.

Apprivoiser la douleur

La douleur est physique, tout en étant influencée par le psychisme. Elle est également culturelle, au sens où l'attitude d'une société vis-à-vis de la douleur détermine en bonne part la façon dont les individus réagissent face à la douleur. Dans notre société surmédicalisée, il ne fait pas de doute qu'on éprouve une crainte démesurée de la douleur, qui amène à chercher tous les moyens pour en éviter les moindres manifestations. La douleur en est venue à être considérée comme une sorte d'anomalie qu'il faut à tout prix combattre et pour laquelle il existe effectivement des solutions appropriées ; si bien qu'on prend des mesures prophylactiques pour éviter les douleurs appréhendées — l'anesthésie locale systématique chez le dentiste, les hypnotiques pendant le travail et l'anesthésie pendant l'accouchement... — ou qu'on recourt aux analgésiques à la moindre douleur.

La douleur, répétons-le, constitue un moyen privilégié pour l'organisme de transmettre ses besoins ; comment savoir si on a bien interprété le message et si on a pris les mesures qui s'imposaient, quand on ne fait qu'interrompre le signal ? Il y a une raison pour laquelle un mal de tête commence : air vicié, tension trop grande, etc. ; quand on soulage simplement le mal de tête, l'air vicié continue à nous intoxiquer, la tension à exiger trop de nous...

On gagne à apprendre à apprécier la douleur et à en tirer le meilleur parti. Face aux situations qui peuvent engendrer des douleurs — la réparation d'une dent, la suture d'une plaie, etc. —, il est aussi possible d'utiliser des méthodes qui n'interfèrent pas avec le fonctionnement normal de l'organisme mais qui permettent d'élever le seuil de la douleur ; l'autohypnose, par exemple, s'avère une technique facilement maîtrisable par la plupart des gens.

Les enfants adoptent leur attitude face à la douleur à partir des premières expériences qu'ils vivent ; inconsciemment, les parents leur transmettent la plupart du temps leurs comportements. Les enfants apprendront ainsi à ignorer la douleur, ou à la craindre au point de vouloir l'annihiler dès la moindre manifestation, ou à l'apprivoiser pour en tirer des enseignements salutaires et pour savoir comment s'y adapter jusqu'à un certain point. Le Dr Leora Kuttner, qui s'est spécialisée dans l'étude de la douleur chez les enfants, recommande les mesures suivantes, pour aider l'enfant à affronter les douleurs parfois inévitables liées à des examens diagnostiques ou à des traitements médicaux ou dentaires :

— demander au thérapeute de parler beaucoup à l'enfant, de s'intéresser à lui en tant que personne et de constituer une sorte d'alliance avec lui ; cela permet de faire comprendre à l'enfant à quel point sa collaboration est nécessaire ;
— si l'enfant le désire et dans la mesure où c'est possible, le ou les parents devraient être aux côtés de l'enfant pendant l'intervention ;
— pour les plus jeunes enfants, employer des techniques de distraction de l'attention, comme souffler des bulles, regarder un livre d'images à relief ;

— ce n'est pas une bonne chose d'encourager d'avance l'enfant à pleurer, s'il en a le goût, car c'est comme admettre que la douleur sera vraiment insupportable ; par contre si l'enfant pleure, il ne s'agit pas de le rabrouer mais de le consoler ;

— employer l'hypnose ; même de très jeunes enfants peuvent bien répondre aux suggestions hypnotiques du thérapeute ou du parent.

Agir en douceur

Différents moyens non chimiques existent pour réduire ou faire disparaître certaines douleurs communes :

— *les douleurs musculaires :* on les soulage par la production de chaleur (massages, bains, se couvrir), par la relaxation, le repos, tout en évitant les mouvements douloureux ;

— *les maux de dos :* voir Le mal de dos, page 769 ;

— *les maux de tête :* jusqu'à preuve du contraire, on devrait considérer tout mal de tête comme étant dû à la tension et tenter de s'en soulager par des mesures non chimiques. Cette démarche présente des avantages considérables : d'une part, nous ne sommes pas exposés aux effets secondaires des analgésiques et, d'autre part, nous ne risquons pas de masquer les symptômes d'une maladie plus grave qui pourrait continuer à progresser. Si le mal de tête persiste malgré les mesures que nous avons prises, il mérite un examen plus attentif pour tenter de voir s'il ne s'expliquerait pas par une pathologie quelconque.

Voici quelques mesures simples qui peuvent aider à soulager le mal de tête :

— faire avec les doigts un massage du front, des tempes et de la nuque, pour aider au relâchement des muscles qui y sont noués ;

— s'arrêter, prendre une douche chaude, s'étendre (dans l'obscurité si possible), se détendre et changer d'air pour oublier ses tracas ;

— boire de l'eau ;

— faire tremper ses pieds dans l'eau chaude. Souvent le mal de tête est provoqué par une congestion de sang au niveau du cerveau ; quand on met les pieds dans l'eau chaude, les vaisseaux s'y dilatent et le sang y afflue et libère le cerveau. La technique est simple : mettre assez d'eau à environ 40 $^{\circ}$C pour aller jusqu'aux chevilles, dans une chaudière, une cuve ou le bain, et s'y laisser tremper les pieds de 10 à 20 minutes ;

— pleurer ; les maux de tête sont souvent causés par des émotions retenues qui, lorsqu'elles sont libérées, permettent à la circulation autant sanguine qu'énergétique de se rétablir ;

— manger ; la faim provoque certains maux de tête ; par contre tous les aliments ne conviennent pas nécessairement, puisqu'il semble qu'un certain nombre de personnes développent des maux de tête comme réaction allergique à des aliments ; il peut donc être important de tenir pendant quelque temps un « journal alimentaire » dans lequel on note tout ce qu'on mange et aussi tous les moments auxquels surviennent des maux de tête ; de cette façon, on peut arriver à découvrir les aliments qui ne nous conviennent pas (souvent ceux qu'on préfère !) et tenter de les éliminer pour éviter les maux de tête.

Les personnes qui ont tendance à faire souvent des maux de tête peuvent apprendre une technique de relaxation qui les aidera à diminuer leur niveau général de tension. (On peut utiliser l'exercice de base de relaxation expliqué à la page 650.) Une autre technique efficace consiste à prendre une douche chaude-froide chaque matin ; ce type de douche aide à activer la circulation ; il ne requiert qu'une douche-téléphone. Voici comment procéder : commencer avec l'eau chaude, aussi chaude qu'on peut endurer, et promener le jet partout sur le corps, le dos et les membres pendant environ 3 minutes ; faire la même chose avec l'eau aussi froide qu'on peut la tolérer pendant 15 à 30 secondes, puis revenir à l'eau chaude pendant 3 minutes ; répéter l'opération de trois à cinq fois et finir avec l'eau froide.

Certains maux de tête, pour leur part, sont souvent soulagés par un exercice aérobie comme la course à pied, qui augmente considérablement la production des endorphines, substances fabriquées par l'organisme qui sont apparentées à la morphine et qui procurent un soulagement de la douleur. Une recherche effectuée au Wisconsin a aussi montré que les exercices aérobies régulièrement accomplis (30 minutes trois fois par semaine) diminuaient de moitié la fréquence des crises de migraine ; selon les chercheurs, « le fait que la fréquence des maux de tête diminue d'une façon significative à la suite d'un entraînement aérobie suggère que cet entraînement pourrait supprimer un mécanisme qui déclenche ce désordre » ;

— *les maux de dents* : il y a déjà quelques années que le Dr Ronald Melzack, de l'Université McGill, a publié les résultats d'une recherche montrant que plus de 50 % des personnes souffrant de mal de dents étaient soulagées par l'application de glace sur le point d'acupuncture nommé Hoku ; ce point est situé sur le pli de peau entre le pouce et l'index. Il s'agit d'y maintenir de la glace (telle quelle ou enveloppée de gaze) pendant 7 minutes ou jusqu'à ce que la région soit engourdie (le premier des deux qui survient) ; cette intervention se fait sur la main du même côté qu'est située la douleur. L'acupuncture ou le massage de shiatsu au même endroit constituent aussi des techniques efficaces.

— *les douleurs musculo-squelettiques* : voir page 769 ;

— *les crampes et douleurs menstruelles* : voir page 795.

On cherchera aussi à jouer sur la composante subjective de la douleur. Souvent la douleur est accompagnée de tension, d'anxiété, d'une certaine intolérance aussi, surtout si elle dure depuis quelque temps. Utiliser une technique de relaxation réduit la tension et l'anxiété et permet, ce faisant, de diminuer la sensation douloureuse ou du moins de réduire ses effets. En fait, la relaxation permet plusieurs changements physiologiques à travers lesquels le corps peut retrouver de lui-même son équilibre et son bien-être. L'emploi de la relaxation est particulièrement indiqué dans la migraine ; ainsi que l'a montré une recherche effectuée en Ontario, des étudiants de 9 à 17 ans qui ont appris diverses techniques de relaxation et de soulagement du stress ont connu une amélioration de leur état dans 80 à 90 % des cas, alors que les analgésiques n'avaient plus d'effets sur eux. L'emploi de visualisation et d'imagerie contribue à augmenter l'effet de relaxation ; il aide à refaire l'unité corps-esprit.

Si la douleur est reliée à un spasme musculaire, l'exercice suivant, qui fait appel à une technique de visualisation, peut donner de bons résultats : une fois une détente satisfaisante obtenue, s'il reste une douleur, on cherchera à la localiser de la façon la plus précise possible, à voir ou sentir le nœud qu'elle forme. Puis en continuant à respirer à son rythme normal, on imaginera qu'à chaque expiration l'air passe à travers ce nœud et contribue à le défaire. On peut répéter ceci pendant plusieurs minutes.

La douleur chronique

Il existe divers moyens d'appliquer la visualisation au traitement des douleurs chroniques ; les personnes qui voudraient approfondir cette technique auraient intérêt à consulter des ouvrages spécialisés sur le sujet. Il est possible que la douleur résiste, qu'elle s'obstine et ne veuille pas disparaître ; il faut alors chercher à voir « qui elle est », et entreprendre un dialogue avec elle pour trouver ce qu'elle a à nous dire. S. Bechtel cite le cas d'un médecin de 52 ans atteint d'un cancer rectal. Il ressentait sa douleur comme « un chien mordant sa colonne vertébrale » ; à la suggestion de son psychiatre, il entreprit de demander à ce « chien-douleur » pourquoi il agissait ainsi ; à force de l'écouter, il apprit qu'il n'avait jamais réellement désiré être médecin et qu'il gardait beaucoup de rancœur face à sa mère qui l'y avait poussé, face à ses confrères aussi et à ses patients. Il apprit de plus qu'il était un bon médecin et qu'il devait le reconnaître. Le « chien » lui dit qu'il cesserait de le mordre, donc de provoquer une douleur, lorsqu'il commencerait à s'accepter. À la suite de ces prises de conscience, la douleur diminua beaucoup.

Une démarche de ce type ne se fait pas instantanément ; elle peut s'avérer exigeante et elle nécessite la plupart du temps un support ; on peut cependant réussir à la faire seul(e). Il s'agit en fait d'accepter de se regarder, d'entreprendre un dialogue avec des parties cachées de son être, de découvrir les émotions qui nous habitent et d'endosser ce qu'on observe de soi. La douleur tire souvent son origine (ou s'en trouve augmentée) de blocages ou de durcissements qui peuvent être très réels et prendre la forme de maladies chroniques ; reconnaître les blocages, d'abord leur existence puis leur nature (le message émotif qu'ils contiennent) permet à l'équilibre du corps de se refaire, facilite la guérison et diminue la douleur.

Beaucoup de personnes utilisent divers types de médicaments pour tenter de soulager leurs douleurs chroniques. La solution médicamenteuse qui peut s'avérer appropriée à court terme présente cependant de graves inconvénients à long terme : d'abord, il y a toujours les effets secondaires possibles de ces médicaments, qui sont d'autant plus nombreux que la durée du traitement s'allonge ; il y a également le danger de l'abus de ces médicaments. Dans une recherche effectuée auprès de 144 patients affectés de douleurs chroniques non liées au cancer, Swanson et Furlayson ont trouvé que 24 % de ces patients étaient devenus dépendants de leurs médicaments alors que 41 % d'entre eux les utilisaient beaucoup trop souvent ou en trop grande quantité. Le soulagement des douleurs cancéreuses constitue quant à lui un cas un peu à part et fait l'objet d'un examen particulier dans le texte sur la morphine, à la page 435.

Outre les médicaments, il existe diverses voies thérapeutiques qui requièrent l'intervention de spécialistes (au moins au début de leur application), mais qui offrent l'avantage de présenter moins de dangers.

L'acupuncture : comme l'affirme le Dr Pedro Molina-Negro, coordonnateur du Centre de la douleur de Montréal (à l'Hôpital Notre-Dame), « on ne peut nier que l'acupuncture joue un rôle essentiel dans le traitement de la douleur... Les douleurs qui proviennent de l'appareil musculo-squelettique peuvent être traitées avec une grande efficacité... de même que plusieurs douleurs d'origine viscérale. »

L'hypnose : le Dr Paul Sacerdote, psychiatre spécialisé dans le traitement des douleurs associées au cancer, estime « qu'au strict minimum, une personne sur quatre atteinte de cancer répondra favorablement à l'hypnothérapie pour le soulagement de sa douleur » ; nombre de patients ainsi traités arrivent à se passer totalement de médicaments ou à les diminuer considérablement. Beaucoup de personnes arrivent à apprendre à s'auto-hypnotiser et à pouvoir ainsi utiliser cette technique quand elles en ont besoin ; d'après le Dr Sacerdote, les gens retirent de cette technique de nombreux autres avantages que le soulagement de la douleur : ils peuvent améliorer leur sommeil, leur appétit et leurs réactions à l'environnement. L'hypnose permet au patient, d'après le Dr Molina-Negro, « de prendre en charge sa propre maladie, ce qui est un changement essentiel par rapport à l'attitude classique de passivité ».

La rétroaction biologique (biofeedback) : cette technique de relaxation permet au patient, grâce à divers instruments électroniques, d'apprendre à être capable de maîtriser certaines fonctions du corps qui échappent habituellement au contrôle de la volonté. Dans certains types de douleurs, notamment les maux de dos et les maux de tête, il est possible d'apprendre à contrôler ou à supprimer des réflexes devenus nuisibles et qui provoquent les douleurs.

La stimulation nerveuse électrique transcutanée (TENS en anglais) : grâce à un générateur à piles et des électrodes qui s'appliquent sur la peau, des stimulations électriques de faible intensité sont émises pendant 5 à 20 minutes ; près des deux tiers des patients en obtiennent un soulagement de courte durée, alors qu'un peu plus de 10 % ressentent des effets bénéfiques à plus long terme. Les électrodes doivent être fixées sur la peau grâce à un gel conducteur qui provoque parfois des réactions allergiques ; si le courant est trop fort, des brûlures légères sont aussi possibles. Les personnes qui portent un stimulateur cardiaque ne devraient pas utiliser ce type d'appareil ; les femmes enceintes non plus, car on ne connaît pas ses effets sur la grossesse.

De plus en plus de thérapeutes et en particulier beaucoup de physiatres et de physiothérapeutes utilisent régulièrement la stimulation nerveuse électrique transcutanée pour leurs patients. Quand une personne atteinte de douleurs chroniques en retire un soulagement appréciable, elle peut demander à son thérapeute de lui prescrire cet appareil et de lui montrer à bien s'en servir. L'appareil coûte environ 600 $. Les électrodes ne peuvent se poser n'importe où ; dans certains cas le meilleur endroit se situe tout près de la douleur, dans d'autres il s'agit d'un point plus éloigné, sur un méridien d'acupuncture.

Les maux de dos chroniques, les douleurs consécutives à une opération ou à une amputation et les douleurs provoquées par l'ostéo-arthrite et le zona semblent les problèmes qui répondent le mieux à la stimulation électrique.

Les médicaments

Il peut être utile de recourir au support d'analgésiques pour soulager la douleur. Ceux-ci exercent leurs effets de différentes façons :

— *les anesthésiques locaux* : ils agissent localement, en bloquant le transport de l'influx douloureux vers le système nerveux central. C'est, par exemple, l'injection que l'on reçoit chez le dentiste, ou bien un des produits qui soulagent la douleur des hémorroïdes ;

— *les analgésiques non narcotiques* : ils agissent par voie systémique, mais ont des effets locaux, en diminuant l'inflammation ; l'AAS, les autres médicaments anti-inflammatoires, l'acétaminophène (bien qu'il ne soit pas anti-inflammatoire) font partie de cette catégorie ;

— *les analgésiques narcotiques* : ils agissent au niveau du système nerveux central et modifient la perception de la douleur. La codéine, la morphine, le propoxyphène et les autres dérivés de la morphine en sont.

Les analgésiques narcotiques et beaucoup d'anti-inflammatoires sont disponibles sur ordonnance seulement. Restent l'AAS et l'acétaminophène, qu'on peut acheter sans consulter un médecin et qui se présentent sous une foule de dénominations commerciales. Le fait que ces produits soient accessibles sans ordonnance médicale ne signifie pas qu'ils sont sans dangers. Ainsi, beaucoup de personnes ont endommagé leurs reins après l'emploi d'analgésiques pendant des périodes plus ou moins prolongées ; l'association d'acétaminophène et d'AAS est particulièrement dangereuse pour les reins. Pour plus de détails concernant ces produits, on se référera aux textes les décrivant, aux pages 107 et 114.

Quand on opte pour un traitement médicamenteux, il est important de l'entreprendre dès le début de la douleur et à dose suffisante, sans quoi il est beaucoup moins efficace.

Pour en savoir plus

sur la visualisation :
Guide pratique d'autoguérison, E.H. Shattock, Québec/Amérique, 1986.

sur le mal de tête :
Les maux de tête — Comment les guérir, Sharon Faelten, Inédit, 1983.

La fièvre

La fièvre, ou l'élévation de la température du corps, est souvent perçue comme une maladie en soi ; en conséquence, dès que quelqu'un commence à faire de la température, on se hâte de lui donner de l'aspirine ou de prendre d'autres moyens pour ramener sa température à la « normale ». Pourtant, dans la plupart des cas cette élévation de température n'est pas dangereuse, elle est au contraire très fonctionnelle ; et comme l'affirme le Dr Michael S. Kramer, professeur de pédiatrie à l'Université McGill, « la meilleure façon de traiter la fièvre est de l'ignorer ».

Plusieurs raisons motivent ce refus de traiter systématiquement la fièvre adopté par un nombre croissant de chercheurs. L'augmentation de température du corps humain stimule les défenses naturelles. Quand il y a infection à un endroit du corps, les globules blancs y affluent et engagent la bataille contre les microbes envahisseurs ; un de leurs mécanismes d'action est de produire des substances pyrogènes, qui indiquent à l'hypothalamus d'augmenter la température du corps. Beaucoup de bactéries et de virus deviennent moins vigoureux quand la température s'élève ; de plus, on a noté que les antibiotiques agissaient mieux à une température plus haute.

Quand une personne fait de la fièvre, c'est un signe de dérèglement de son organisme. Après un exercice physique violent par exemple, la température du corps peut s'élever ; certains coureurs souffrent d'une hyperthermie qui peut devenir grave, mais la plupart des coureurs de fond rapides voient leur température atteindre les 39 °C sans dommages pour l'organisme. Le plus souvent cependant, une fièvre indique la présence d'une maladie qu'il vaut mieux découvrir avant d'entreprendre quelque mesure que ce soit ; le traitement de la fièvre sans diagnostic peut retarder l'application des mesures appropriées et même quand le diagnostic est posé, la disparition de la fièvre par des mesures antipyrétiques empêche de voir si la thérapie entreprise est utile ou non.

Quand faut-il agir ?

Dans 90 % des cas de fièvre, l'organisme peut se défendre par ses propres moyens, surtout si on l'aide en se reposant, en ne s'alimentant pas trop et en s'hydratant bien. La pratique habituelle et la prudence veulent qu'on applique des mesures visant à faire baisser la température lorsque la fièvre atteint 40 °C, ne serait-ce qu'à cause de l'inconfort qu'elle provoque. Nous croyons qu'il est à propos de la traiter alors ainsi que dans les cas suivants :

— *les convulsions* : certains jeunes enfants (surtout avant 3 ans) ont tendance à faire des convulsions quand leur température s'élève. Lorsque cela s'est déjà produit, mieux vaut entreprendre le traitement anti-pyretique dès les débuts de la fièvre ;

— *les malades cardiaques* : quand la température corporelle est plus élevée, le cœur doit battre plus rapidement et cette exigence peut être trop grande pour certaines personnes atteintes de maladie cardiaque grave ;

— *le trop grand inconfort* : ce n'est généralement que lorsque la température dépasse les 39,5 °C que la fièvre provoque des malaises sérieux ; le repos et la consommation de liquides tièdes abondants permettent de les minimiser, mais si la personne se sent trop mal, l'usage de mesures anti-pyretiques peut s'avérer utile.

Que faire ?

La personne qui fait de la fièvre devrait demeurer à la maison et se reposer ; de toute façon, le simple civisme dicte qu'on garde ses microbes pour soi. Si on veut faire descendre la température du corps, les mesures suivantes peuvent être employées :

— tenir la température de la pièce à 18 °C ;

— enlever ses vêtements chauds et ne garder qu'un minimum de couvertures ;

— consommer beaucoup de liquides ; pour amener les enfants à prendre plus de liquidés, on peut leur donner des boissons gazeuses, des « popsickles », du Jello, etc. ; mais peu ou pas de lait ;

— éponger les enfants et les bébés avec de l'eau tiède, mais pas avec de l'alcool.

Si malgré ces mesures la température demeure trop élevée, le recours aux médicaments s'impose ; l'AAS (aspirine) ou l'acétaminophène sont alors indiqués. Ces médicaments ne devraient jamais être utilisés pour les bébés de moins de 6 mois sans consultation médicale. Pour les bébés et les enfants, l'acétaminophène est le médicament de choix, depuis que l'on sait que l'aspirine peut être associée au syndrome de Reyes, qui se caractérise par une atteinte grave du cerveau et du foie ; de plus, ce médicament est offert sous forme de gouttes, ce qui en facilite l'emploi pour les bébés. Dans les cas où l'enfant fait des convulsions et que la température doit être contrôlée rapidement, on peut utiliser simultanément et à pleine dose l'AAS et l'acétaminophène toutes les 4 heures ; comme ces médicaments agissent de façon différente, leurs effets secondaires ne s'additionnent pas. Les doses à employer varient selon l'âge ; consulter la page 107 pour l'acétaminophène et la page 114 pour l'AAS.

Comment prendre la température

On peut mesurer la température par voie orale ou par voie rectale ; il existe des thermomètres différents pour chaque voie, celui par voie rectale ayant un diamètre plus grand que l'autre. La température rectale est légèrement plus élevée que la température orale ; la normale habituelle est de 37 $^{\circ}$C (98,3 $^{\circ}$F) dans la bouche et de 37,5 $^{\circ}$C (99,3 $^{\circ}$F) au niveau du rectum.

Par voie orale

Attendre un minimum de 15 minutes si l'on vient de boire un liquide froid ou après s'être brossé les dents.

1) Se laver les mains et rincer le thermomètre à l'eau froide.

2) En tenant le thermomètre par le sommet, donner quelques coups secs du poignet pour faire descendre le mercure sous les 35 °C.

3) Placer le bout renflé du thermomètre sous la langue (5 cm à l'intérieur de la bouche) et l'y garder en place sans mordre ni parler pendant au moins 3 minutes. Ne pas laisser sans surveillance les jeunes enfants et les personnes mentalement atteintes.

4) Enlever le thermomètre, le tourner jusqu'au point où la colonne de mercure est facile à distinguer et en faire la lecture (avec un bon éclairage, mais pas trop près d'une lampe qui pourrait faire monter la température).

Par voie rectale

Cette voie est plus pratique pour les bébés, les très jeunes enfants, les malades inconscients ou très perturbés psychologiquement et pour les personnes qui ont le nez trop bouché pour garder la bouche fermée.

1 et 2) Comme plus haut.

3) Lubrifier le thermomètre avec de la vaseline ou une autre substance grasse.

4) Demander à la personne malade de se coucher sur le côté, les jambes fléchies ; les bébés peuvent être aussi placés sur le ventre. Écarter délicatement les fesses et introduire doucement le thermomètre jusqu'à une profondeur de 5 à 6 cm. Ne jamais pousser fort si on rencontre de la résistance ; plutôt changer alors l'angle de pénétration. Maintenir en place pendant environ 4 minutes.

5) Retirer le thermomètre, l'essuyer de bas en haut et faire la lecture comme plus haut.

Après s'être servi du thermomètre, le laver à l'eau froide et au savon, jamais à l'eau chaude. Le conserver loin des sources de chaleur.

Depuis quelques années, on trouve dans les pharmacies des indicateurs de température applicables sur la peau ; ces instruments de mesure sont généralement peu fiables.

Les hémorroïdes

Les hémorroïdes sont des varices qui apparaissent à l'anus ou au rectum. Ces dilatations veineuses se produisent quand les parois des veines sont trop faibles ou que la pression sanguine dans les veines est augmentée ou les deux. Les hémorroïdes peuvent être internes — à l'intérieur du rectum — ou externes, au pourtour de l'anus. Elles sont rouges, violacées ou noires, selon l'état du sang qui se trouve à l'intérieur. Elles peuvent saigner ou former des caillots à l'intérieur — elles deviennent alors noires. Lorsqu'on se croit atteint d'hémorroïdes, il est bon de consulter un médecin, car elles sont parfois associées à des maladies locales graves qu'il est préférable de soigner avant d'entreprendre quelque autre traitement que ce soit.

Les causes

On ignore pourquoi certaines personnes ont des veines plus fragiles que d'autres ; de toute façon, il est clair que les hémorroïdes résultent en bonne part de nos façons de vivre, car près de 4 personnes sur 5 en seraient affectées un jour ou l'autre durant leur vie, en Amérique du Nord, alors que les hémorroïdes sont peu communes dans d'autres parties du monde.

Les hémorroïdes se forment à l'occasion d'une augmentation de la pression veineuse au niveau de la région anale. De nombreux facteurs peuvent provoquer un tel phénomène : les efforts faits pour la défécation (l'élimination des selles), l'obésité, la toux chronique, la constipation, la station debout prolongée à cause du travail, la grossesse, l'excitation sexuelle prolongée sans orgasme et l'usage abusif des laxatifs.

La prévention

Il est possible d'exercer une influence sur la plupart des facteurs qui augmentent la pression veineuse au niveau de la région anale ; c'est dans ce sens que doivent porter les efforts si l'on veut s'éviter ce problème ou, quand on est déjà affecté à un degré plus ou moins important, si l'on veut empêcher que la situation se détériore.

La prévention des hémorroïdes repose surtout sur quatre mesures : l'alimentation, l'exercice physique, les habitudes de défécation et l'activation de la circulation. Ce sont de toute façon des mesures conformes à la santé générale.

L'alimentation : on cherchera à s'alimenter de manière à éviter la constipation ; la consommation d'aliments riches en fibres comme les fruits et légumes frais, les céréales complètes et le son est primordiale (pour plus de détails concernant l'alimentation riche en fibres, voir page 705). Il est tout aussi important de boire beaucoup d'eau et d'éviter les aliments raffinés, c'est-à-dire fabriqués à partir de sucre et de farine blanche. La viande renferme peu de fibres et lorsqu'elle constitue une part importante de notre alimentation, les selles ont peu de volume, ont tendance à demeurer plus longtemps dans l'intestin et à se déshydrater ; leur passage au niveau de l'anus peut alors être fort irritant. Il semble aussi que les aliments qui contiennent de la rutine ou d'autres flavonoïdes aident à renforcer les parois des vaisseaux ; certains traitements faits à partir de ces substances auraient permis de guérir des gens souffrant d'hémorroïdes. La rutine se retrouve surtout dans le sarrazin ; il y en a aussi dans le raisin, les prunes, le cassis, les abricots, les cerises et tous les agrumes. Les suppléments de rutine (50 mg trois fois par jour) ont permis de soulager des gens affectés d'hémorroïdes.

L'exercice physique : les mouvements intestinaux sont favorisés par l'exercice physique ; il est donc excellent de faire chaque jour un minimum d'efforts physiques comme une bonne marche ou du sport. D'ailleurs, l'exercice physique exige une dépense calorique plus grande qu'il faut compenser par une ingestion d'aliments plus importante, ce qui est excellent pour les intestins qui ont besoin d'une certaine masse pour bien fonctionner (à condition évidemment qu'on ne réponde pas à ses plus grands besoins par une augmentation de sa consommation de viande...).

La défécation : il est important de répondre à l'envie d'aller à la selle quand elle se présente. Beaucoup de gens ressentent ce besoin immédiatement après un repas ; il existe en effet une sorte de réflexe gastro-intestinal qui fait que les contractions provoquées dans l'estomac par les aliments se propagent dans les intestins. Il est mauvais de s'installer longtemps aux toilettes pour y faire des efforts constants, ce qui provoque un arrêt de la circulation veineuse et une augmentation de la pression qui conduit aux hémorroïdes ; par contre, certaines personnes ont besoin de s'installer confortablement avec un livre pour que le besoin vienne naturellement.

L'activation de la circulation locale : c'est là une mesure importante pour les gens qui ont à travailler debout ou assis longtemps sans bouger ; toutes les heures, on peut s'arrêter quelques minutes et activer la circulation dans les jambes par des exercices ou diminuer la congestion sanguine en s'assoyant ou se couchant avec les jambes plus élevées que le corps.

Quand ça fait mal

Lorsque les hémorroïdes saignent, on cherchera à régler le problème au plus tôt ; il arrive que des gens perdent assez de sang de cette façon (par des hémorragies importantes ou par des saignements chroniques) et développent de l'anémie. Les premières fois que des saignements se produisent, il est important de consulter un médecin car assez souvent (dans 1 cas sur 50) ce symptôme est provoqué par une tumeur. Les douleurs souvent fortes constituent aussi une motivation importante à régler le problème rapidement.

Les mesures énumérées pour la prévention des hémorroïdes s'appliquent aussi en phase aiguë ; mais ici, la recherche d'une diminution rapide de l'inflammation oblige à d'autres mesures :

— les bains de siège tièdes sont souvent fort utiles ; pris pendant une quinzaine de minutes trois fois par jour, ils diminuent l'inflammation et l'irritation ;

— l'ingestion d'alcool peut aggraver la situation en provoquant un ralentissement du sang au foie et par conséquent plus de congestion à la région anale ;

— les aliments ou les médicaments qui provoquent des selles fréquentes doivent être évités, car chaque défécation risque d'irriter davantage les hémorroïdes ;

— après chaque selle, éviter de frotter l'anus avec le papier et procéder plutôt à un épongeage à l'aide de papier doux légèrement humide ;

— il semble que des gens obtiennent des résultats rapides en mangeant beaucoup d'oignons (crus ou cuits) ;

— les onguents ou pommades peuvent être utilisés lorsque toutes les mesures décrites plus haut n'ont pas encore donné de résultats. D'après un comité d'experts réunis par le *Food and Drug Admi-*

nistration des États-Unis, aucun des traitements locaux ne peut prétendre à la guérison des hémorroïdes : ils offrent cependant un soulagement des symptômes. Ces traitements ne devraient jamais être employés plus de 7 jours de suite ; si en cours de traitement les symptômes s'aggravent ou si après 7 jours ils persistent, il vaudrait mieux consulter un médecin. Beaucoup de préparations topiques contiennent une combinaison de substances dont l'efficacité n'est pas prouvée. Comme les substances locales peuvent être absorbées par la muqueuse rectale, elles pourraient passer dans le sang de la femme enceinte et atteindre le fœtus ; il vaut donc mieux s'abstenir de les employer régulièrement pendant la grossesse ; par contre, il n'y a pas d'objection à l'usage local de vitamine E, A ou D (qui peuvent aussi être utilisées en dehors de la grossesse !). On peut aussi employer un produit à base d'aloès. L'ingrédient le plus efficace pour un soulagement rapide des hémorroïdes est un anesthésique local ; on peut acheter des onguents en contenant (Xylocaïne 2 %, Nupercaïnal ou Anusol) ; si cela ne suffit pas, on peut se faire prescrire par le médecin un produit à base de cortisone (voir alors les corticostéroïdes topiques, page 235). Beaucoup de produits dont une insistante publicité nous répète l'efficacité, comme la « préparation H », n'ont pas d'efficacité prouvée ; et à long terme ces produits sont certainement inutiles, si des mesures de type préventif ne sont pas entreprises.

Les traitements médicaux

La chirurgie permet de régler le problème des hémorroïdes déjà formées ; si la personne opérée continue à être exposée aux mêmes facteurs, il est cependant possible que d'autres veines se dilatent et que d'autres hémorroïdes se forment. L'hémorroïdectomie est une intervention qui présente peu de danger ; elle requiert tout de même une hospitalisation et une anesthésie assez longue, ce qui n'est pas toujours sans conséquences. Certains médecins lui préfèrent maintenant une intervention qui se fait au bureau dans laquelle ils entourent la base de l'hémorroïde d'une bande élastique, ce qui provoque un dessèchement de l'hémorroïde. Les autres interventions comme la cryothérapie (traitement par le froid), l'électrocoagulation et la cautérisation chimique ne sont pas tellement recommandables étant donné qu'elles risquent d'avoir plus d'effets secondaires que la chirurgie.

L'hypertension artérielle

L'hypertension artérielle peut être considérée comme un symptôme et en même temps comme une maladie. Symptôme quand elle n'est que passagère, la haute pression devient une maladie lorsqu'elle est accentuée et constante ; c'est alors une voie royale pour aboutir à la crise cardiaque ou à un accident cérébro-vasculaire ; de plus, l'hypertension grave peut conduire à de sérieux problèmes oculaires, rénaux et cardiaques.

Dans la plupart des cas d'hypertension, on ne peut arriver à établir une cause précise à ce phénomène. Nombre de facteurs sont cependant reliés à l'hypertension ; en plus de l'hérédité, on connaît le rôle de l'obésité, de la cigarette, du stress et de plus en plus on découvre des facteurs alimentaires : une trop grande ingestion de sel, une trop faible consommation de calcium et de potassium. Le café et l'alcool en trop grande quantité de même qu'un certain nombre de médicaments (par exemple, les contraceptifs oraux, les corticostéroïdes, certains décongestionnants nasaux) peuvent aussi provoquer des hausses de tension.

L'hypertension artérielle se caractérise par une augmentation de la pression à l'intérieur des artères ; elle se mesure habituellement en mm de mercure, à cause des premiers instruments qui étaient calibrés au mercure. La pression est donnée par deux chiffres ; celui du haut indique la pression *systolique*, c'est-à-dire la pression qui existe au moment où le cœur se contracte et est en *systole* ; le chiffre inférieur donne la pression *diastolique*, au moment où le cœur se décontracte et est en *diastole*. La pression artérielle a tendance à augmenter lentement avec l'âge ; elle est aussi influencée par les états émotifs de la personne ; on ne devrait en fait jamais étiqueter quelqu'un d'hypertendu après une seule prise de tension artérielle.

Quand faut-il entreprendre un traitement ?

Les médecins accordent, dans leur appréciation de la tension artérielle, beaucoup plus d'importance à la pression diastolique ; tous s'entendent sur la nécessité de ramener à un niveau plus bas les tensions diastoliques qui dépassent 105 à 110 ; et plus les chiffres montent, plus il est urgent d'entreprendre un traitement, car les risques de complication sont nombreux. Là où l'unanimité est loin d'être faite, c'est lorsque celle-ci se situe entre 90 et 105 ; certains tiennent à tout prix à entreprendre alors immédiatement un traitement tandis que d'autres préfèrent considérer chaque cas individuellement et ne traiter que ceux qui semblent présenter plus de risques. Les gens de race noire, les personnes avec une histoire familiale d'hypertension, les gens de moins de 40 ans et les personnes qui ont déjà souffert de complications (maladie cardiaque, accidents cérébro-vasculaires, atteinte des reins) constituent le groupe des personnes à risque plus élevé ; quand une personne fait partie de l'une de ces catégories et que sa tension systolique dépasse la somme de 100 et de son âge, la plupart des médecins s'entendent pour entreprendre un traitement.

Les gens qui se situent à la limite — entre 90 et 105-110 de tension diastolique — devraient tout de même se considérer comme plus exposés et par conséquent entreprendre certaines des mesures que nous expliquerons plus loin ; de plus, il serait approprié qu'ils fassent prendre leur tension artérielle de temps à autre — tous les 6 mois par exemple — et qu'ils consultent s'ils présentent des symptômes comme des étourdissements, des maux de tête, de la nervosité, des palpitations, des saignements de nez, de l'essoufflement à l'effort. Il faut cependant savoir que très souvent l'hypertension progresse sans provoquer de symptômes.

Le traitement

Pour beaucoup de médecins, commencer à traiter l'hypertension artérielle signifie prescrire des médicaments qui devront être pris toute la vie. Il est vrai que pour la plupart des hypertendus, nous ignorons complètement la ou les causes exactes de leur condition ; cependant, les diverses mesures non médicamenteuses possibles ne peuvent nuire, bien au contraire elles aident à renforcer la santé globale. Par contre, la plupart des traitements médicamenteux ne sont que symptomatiques, c'est-à-dire qu'ils abaissent la tension artérielle sans affecter les facteurs qui ont amené son élévation. Pour le Dr Michael Castleman, de la revue *Medical Self-Care*, si, après avoir constaté que votre tension artérielle était élevée, « votre médecin se précipite vers son bloc de prescription, demandez-lui plutôt de vous orienter vers des mesures non médicamenteuses, ou demandez qu'il consulte un confrère ou changez de médecin ». Nombre d'études montrent qu'il est souvent possible de contrôler l'hypertension artérielle sans médicaments. Même pour ceux dont la pression est plus élevée et pour qui le traitement médicamenteux est recommandable, ces mesures devraient être entreprises ; elles peuvent aider à empêcher l'hypertension de progresser, contribuer à diminuer les doses de médicament nécessaires et même dans certains cas permettre à un moment donné d'éliminer totalement la médication.

Les mesures non médicamenteuses sont les suivantes :

1) *Cesser de fumer.* La fumée exerce divers effets sur les vaisseaux et le sang qui augmentent les risques de complications de l'hypertension artérielle. Comme plusieurs autres médecins, le Dr Pierre Larochelle, de l'Institut de recherches cliniques de Montréal, affirmait, lors d'un colloque sur l'hypertension, que « traiter l'hypertension artérielle d'un fumeur constitue une perte de temps ».

2) *Diminuer sa consommation de sel.* En Amérique du Nord, nous consommons en moyenne entre 20 et 50 fois trop de sodium. Il semble que la trop grande consommation de sel n'augmente la tension artérielle que chez les personnes génétiquement susceptibles, mais en fait plus de 50 % de la population serait dans ce cas. Une expérience menée à la clinique Mayo sur 4 000 personnes atteintes d'hypertension artérielle a montré qu'après 5 ans de régime sans sel, 85 % des gens atteints d'hypertension légère étaient revenus à un niveau normal et 51 % des gens atteints d'hypertension jugée grave avaient aussi atteint le même objectif. Une autre expérience a cependant montré que dans la plupart des cas il ne suffisait pas de diminuer sa consommation de sel pour atteindre des résultats significatifs, mais que les patients qui diminuaient en même temps leur consommation de gras (et notamment de cholestérol) obtenaient de bien meilleurs résultats. (Pour savoir comment diminuer le cholestérol dans son alimentation, voir page 679.)

La plus grande part du sel que nous ingérons nous vient des aliments préparés que nous achetons. Le sel ne coûte pas cher et l'industrie l'utilise très abondamment dans les produits qu'elle met sur le marché ; aussi surprenant que cela puisse paraître, une foule de desserts contiennent une forte proportion de sel ; ainsi les poudings au chocolat ont environ 700 mg de sodium par portion. Or nous n'avons besoin que de 1 000 mg de sodium par jour ; tout le reste est du surplus. Voici, à titre d'exemple, une liste d'aliments qui contiennent beaucoup de sel :

Quelques aliments contenant beaucoup de sel (en mg par portion)

Soupes :
bouillon de poulet (sachet)	1 000
soupe aux tomates	950

Légumes
haricots verts congelés	300-450
maïs en boîte	200-350
tomates étuvées	30-400
pâte de tomate	10-400

Fromages
bleu	500
cheddar	200
cottage	400
canadien	400-500

Viandes préparées
saucisson de Bologne	500-1 600
bacon	400-1 200
jambon en conserve	1 350-1 750
jambon cuit	450-600
pepperoni	400-600
saucisses (hot-dog)	350-700
tourtière	800

Sauces
brune St-Hubert	150
poulet ''	220
bœuf	2 250
tomates	600-850

Mets préparés
pizza	730
hamburger	500-650
tarte aux pommes	300-450
Big Mac	1 510
repas congelé à la dinde	1 700

Divers
cornichons	1 140
thon dans l'huile	430
riz préparé	700

Plusieurs médicaments en vente libre comme le BromoSeltzer, l'Alka-Seltzer et d'autres, sont très salés.

Pour diminuer sa consommation de sel, on peut :
— éviter d'utiliser la salière sur la table ;

— remplacer le sel dans la cuisson par des herbes comme le thym, l'origan, la sauge, le romarin ; le glutamate monosodique, le bicarbonate de sodium, la sauce soya et les autres sauces préparées contiennent une forte proportion de sel et ne peuvent être employés pour le remplacer ;

— consommer avec modération les viandes préparées et les poissons séchés, fumés et salés ;

— diminuer sa consommation d'aliments cuisinés par l'industrie (congelés, fast foods, etc.)

— éviter les marinades ;

— consommer le plus possible de fruits et légumes frais ; beaucoup de légumes congelés ou en conserve sont additionnés de sel ; par contre, sous la pression des consommateurs, l'industrie offre maintenant certaines marques « sans sel » ;

— éviter les croustilles, noix salées et autres amuse-gueule du genre ;

— surveiller sa consommation d'eaux minérales ; certaines contiennent beaucoup de sel, comme les eaux Vichy, Saratoga, Vie de Vie et Montclair ;

— lire attentivement les étiquettes avant d'acheter quelque produit préparé que ce soit.

3) *Augmenter sa consommation de calcium.* Ce n'est que depuis fort peu de temps qu'on reconnaît le rôle primordial que joue le calcium dans l'hypertension artérielle. De la même manière qu'une certaine proportion de la population semble plus sensible au sel, il semblerait que beaucoup d'hypertendus développeraient leur hypertension parce qu'ils sont sensibles à une carence en calcium. Nombre de recherches effectuées durant les dernières années ont montré qu'une alimentation riche en calcium permettait d'abaisser la tension artérielle de près de 50 % des hypertendus. L'action du calcium est indépendante de celle du sel, puisque de nombreux hypertendus ayant une alimentation pauvre en sel ont réagi favorablement aux suppléments de calcium.

La découverte du lien calcium-hypertension est d'une grande importance, car elle explique une bonne part des insuccès médicaux dans le traitement de l'hypertension. En recommandant aux personnes atteintes d'adopter une diète pauvre en cholestérol, les médecins précipitaient presque systématiquement leurs patients vers un état de déficience chronique en calcium, car les premiers aliments éliminés étaient la plupart du temps les produits laitiers, justement ceux qui fournissent le plus de calcium. Le traitement provoquait donc une aggravation de l'hypertension !

Tant pour la prévention que pour le traitement de l'hypertension, il est extrêmement important de voir à inclure diverses sources de calcium dans son alimentation. Comme en même temps la plupart des gens ne veulent pas consommer beaucoup de graisses, voici un tableau qui fournit la teneur en gras et en calcium de certains aliments choisis :

	portion (en g)	gras (mg)	calcium (mg)
lait entier	250 ml	8,50	290
lait écrémé	,,	0,20	300
lait semi-écrémé	,,	2,60	298
poudre de lait écrémé	60 ml	0,25	400
lait de beurre	250 ml	0,20	300
yogourt part. écrémé	,,	1,00	415
yogourt congelé (2 % gras)	,,	3,00	200
fromage ricotta	60 ml	5,00	167
fromage cottage part. écr.	250 ml	4,00	160
fromage parmesan	15 ml	1,30	68
fromage cheddar	30 g	9,20	210
tofu (au sulfate de calcium)	100g	4,20	139
tofu (autres)	100g	4,20	42
tempeh	100g	7,00	285
saumon rose en boîte	100g	7,00	285
crevettes	250 ml	3,00	147
huîtres	,,	1,00	226
fèves pinto	,,	1,00	130

adapté de *Medical Self-Care*

Chacun d'entre nous devrait voir à consommer, dans son alimentation, un minimum de 1 000 mg de calcium par jour. En plus, les personnes dont la tension artérielle est déjà trop élevée auraient intérêt à prendre des suppléments de calcium ; une dose de 1000 mg par jour semble suffisante pour la plupart des individus, mais il y aurait intérêt à l'augmenter à 1 500 mg pour les femmes qui ont dépassé la ménopause.

4) *Augmenter sa consommation de potassium.* Les peuples chez qui la consommation en potassium est élevée sont peu touchés par l'hypertension artérielle. Des recherches récentes montrent aussi que de bonnes réserves de potassium permettent aux gens atteints d'hypertension de mieux résister aux complications de cet état. D'après le

Dr Louis Tobian, un spécialiste du Minnesota, la plupart des gens consomment beaucoup trop peu de potassium : « idéalement, nous devrions consommer dix fois plus de potassium que de sodium dans notre diète ». Voir à la page 510 un tableau indiquant les aliments qui contiennent le plus de potassium.

5) *Diminuer sa consommation de café*. Une recherche effectuée chez des jeunes en bonne santé et n'ayant pas l'habitude de boire du café a montré une augmentation de la pression sanguine d'environ 14/10 mm de mercure une heure après l'ingestion de l'équivalent en caféine de 2 tasses de café. La caféine a augmenté la pression sanguine de 14 % pendant une durée de 4 heures. Cependant, il semble qu'il se développe une tolérance chez les consommateurs réguliers.

6) *Boire modérément*. On recommande de ne pas dépasser l'équivalent de deux ou trois consommations alcoolisées quotidiennement, car l'ingestion journalière de plus grandes quantités semble faire monter la pression artérielle.

7) *Maigrir*. L'obésité est très souvent associée à l'hypertension artérielle et le simple fait de maigrir permet fréquemment de ramener la pression à la normale. Une recherche récente menée en Australie a montré que « même une modeste perte de poids chez des individus obèses amène une réduction plus importante de la tension artérielle que le traitement médicamenteux habituel. Cette perte de poids provoque aussi des changements au niveau de la taille du cœur qui réduisent les risques de maladie cardiaque. » Le poids idéal d'une personne se situe généralement au niveau de ce qu'il était quand elle avait 20 ans.

Les moyens offerts pour maigrir sont multiples. Sans entrer dans le détail d'un programme amaigrissant (pour plus de détails, voir le texte sur l'obésité, page 802), qu'il suffise de dire qu'il apparaît essentiel de modifier *pour toujours* ses habitudes alimentaires et en même temps d'augmenter ses activités physiques. Tous les régimes qui donnent des résultats rapides par des moyens extérieurs (comme les protéines liquides) présentent des dangers et surtout ne donnent jamais de résultats durables ; or ici, il s'agit de chercher à *stabiliser* son poids à un niveau plus bas. Quand on est hypertendu, tous les comprimés vendus pour diminuer l'appétit sont contre-indiqués, car ils contiennent souvent des substances qui font augmenter la pression.

On peut maigrir en diminuant sa consommation d'aliments ; il n'est cependant pas sûr que tous les régimes donnent les mêmes résultats dans l'hypertension artérielle. Comme l'ont montré plusieurs recherches, il semble que le sucre raffiné pourrait jouer un rôle important dans la tension ; de même, la viande aurait un effet identique ; les personnes qui adoptent un régime végétarien voient la plupart du temps leur pression artérielle revenir à des niveaux normaux. On croit que ce type d'alimentation fournirait un meilleur équilibre de l'apport en sodium, potassium et calcium qui jouerait un rôle dans la pression sanguine.

L'ail et les oignons auraient un effet hypotenseur ; certaines gens ont réussi à baisser leur pression en en consommant beaucoup et régulièrement.

8) *Faire de l'activité physique.* Les différentes formes d'activité physique — certains travaux manuels, la marche, le sport, le conditionnement physique — contribuent à faire perdre du poids aux gens obèses et à le maintenir chez les personnes qui ne souffrent pas encore d'embonpoint. L'activité physique aérobie — celle qui provoque l'essoufflement et force le cœur, les poumons et les vaisseaux sanguins à travailler intensément, offre maints avantages supplémentaires, sur le plan circulatoire ; elle renforce le muscle cardiaque, elle augmente la proportion des HDL (*High Density Lipoproteins)* dans le sang (ce qui aide à éviter les accidents vasculaires), elle diminue les effets du stress ; tout cela fait que même sans diminution du poids, la tension artérielle baisse ; une recherche a montré qu'en moyenne, cette diminution de tension se situait autour de 16/11 mm de mercure. Pour arriver à ces résultats, il n'est pas nécessaire de courir un marathon par semaine ; diverses activités physiques pratiquées pendant un minimum de 20 minutes trois fois par semaine suffisent : bicyclette rapide, ski de fond, natation, course à pied et marche rapide. Les personnes qui souffrent d'une hypertension artérielle qui requiert l'emploi de médicaments de même que celles qui ont déjà souffert de complications cardio-vasculaires devraient chercher une aide professionnelle pour commencer un programme d'entraînement.

Parallèlement au courant de conditionnement physique se développe un courant s'orientant vers des voies plus douces : gymnastiques douces, retour à la marche, à la natation, à la bicyclette, qui sont aussi des formes valables d'activité physique ; en même temps qu'elles permettent au corps de bouger et d'accroître sa résistance, elles peuvent s'avérer d'excellents moyens de détente.

9) *Relaxer.* L'exposition chronique à des niveaux élevés de stress est un facteur important d'augmentation de la tension artérielle. Quand une personne découvre qu'elle présente ce symptôme, elle devrait

dans un premier temps analyser sa façon de vivre et éliminer, dans la mesure du possible, les occasions de stress : partir plus tôt pour ses rendez-vous, changer de poste de travail si les responsabilités l'écrasent, éviter les compétitions qui l'énervent trop, etc.

On ne peut toujours éviter le stress ; d'ailleurs, nous ne sommes pas toujours conscients des facteurs qui provoquent en nous les réactions au stress. Aussi est-ce une excellente idée de se trouver un moyen qui nous permette de relaxer. Certaines personnes y arrivent grâce à des activités physiques violentes qui les vident complètement ; d'autres préfèrent l'écoute de musique tranquille ; bon nombre de gens choisissent une forme de méditation, du yoga ou une technique de relaxation ; certaines personnes apprennent, grâce au biofeedback, à contrôler volontairement leur tension artérielle (voir page 655 et suivantes). L'important est de s'accorder du temps pour souffler et surtout de prévoir des périodes régulières, par exemple une demi-heure chaque soir avant le coucher.

Les médicaments

Après avoir apporté à sa vie tous ces changements que nous avons suggérés, il est fort probable que dans la majorité des cas, la tension artérielle se stabilisera à des niveaux acceptables ; si tel n'était pas le cas, à ce moment il faudrait songer à un traitement médicamenteux. Par malheur, trop de gens sont précipités trop vite par leurs médecins vers la voie médicamenteuse ; se pensant ainsi à l'abri des complications, ils n'effectuent pas les modifications qui seraient importantes pour leur bien-être à long terme. Or il faut savoir que tous les médicaments qui s'emploient dans l'hypertension artérielle risquent d'avoir des effets négatifs sinon à court terme, du moins à long terme. Même les médicaments reconnus comme les moins dangereux par les médecins, les diurétiques, ont des effets désastreux. On s'entend maintenant pour dire que les diurétiques causent une hypokaliémie (un bas niveau de potassium dans le sang) et un haut niveau d'acide urique chez une bonne proportion de ceux qui en prennent ; ils augmentent le cholestérol et les lipides sanguins et ne protègent pas contre les infarctus du myocarde. Ils modifient les effets de l'exercice sur l'organisme et provoquent de l'impuissance chez 20 % de ceux qui en prennent. Ils peuvent aussi, à moyen terme, altérer le métabolisme du glucose. Pour sa part, le Dr Sol Robinson estime que sur les 15 millions d'Américains qui prendront des médicaments hypotenseurs durant les 5 prochaines années, 100 000 mourront des effets secondaires de ces médicaments. Beaucoup de médecins s'interrogent d'ailleurs sur l'opportunité de traiter les personnes âgées qui présentent des niveaux élevés de tension artérielle ; si ces personnes ne manifestent pas de symptômes, la tension élevée devient un mécanisme de compensation pour la rigidité de leurs artères et le fait de baisser cette tension peut provoquer des accidents vasculaires.

Malgré tout, certaines personnes requièrent définitivement un traitement antihypertenseur. Quand cette thérapie est commencée, il est possible qu'elle doive être poursuivie toute la vie, même si tout semble aller pour le mieux. Bien que la vaste majorité des hypertendus soient asymptomatiques, ils présentent des risques accrus de crise cardiaque, d'insuffisance rénale, d'accidents cérébro-vasculaires et d'hémorragies de la rétine ; le traitement permettrait de retarder ces effets. Il faudra aussi se faire suivre régulièrement. Les gens qui doivent envisager ce genre de traitement à long terme trouvent grand intérêt à apprendre à mesurer eux-mêmes leur tension artérielle ; ils peuvent ensuite se procurer un appareil à pression (sphygmomanomètre) et un stéthoscope, à des prix bien abordables, ce qui leur permet d'espacer un peu plus leurs visites au médecin et de ne le consulter qu'au besoin, quand effectivement leur tension artérielle s'éloigne trop des chiffres habituels.

Le choix des médicaments relève évidemment des médecins ; on peut cependant déplorer le fait que ceux-ci se laissent trop facilement influencer par la propagande de l'industrie pharmaceutique et qu'ils s'orientent vers les nouveaux produits beaucoup plus coûteux et moins bien connus, alors que dans la majorité des cas les médicaments « classiques » suffiraient. Comme l'affirmait le Dr William Stason au Congrès mondial de cardiologie d'octobre 1986, « la meilleure stratégie pour le traitement de l'hypertension consiste à commencer par les antihypertenseurs classiques et à ne se diriger vers les nouveaux médicaments que lorsque les résultats obtenus ne sont pas satisfaisants ». Cela signifie que la première ligne d'attaque consiste dans la plupart des cas à employer les diurétiques ; ce n'est qu'ensuite que d'autres médicaments devraient être ajoutés, au besoin.

Comment prendre sa tension artérielle

Les personnes atteintes d'hypertension artérielle chronique auraient tout intérêt à se procurer l'appareillage nécessaire pour prendre elles-mêmes leur tension artérielle ; de cette façon, elles s'éviteraient des visites fréquentes (et souvent inutiles) au médecin et elles pourraient contribuer à ce que leur traitement soit beaucoup plus adéquat. En effet, beaucoup de personnes se sentent nerveuses dans le bureau du médecin, de telle sorte que leur tension artérielle s'y élève systématiquement ; les chiffres à partir desquels le médecin travaille sont alors faussés. Le meilleur moyen d'avoir une lecture fiable de la tension artérielle est de la mesurer à diverses reprises, toujours à la même heure et dans le même contexte, ce qui est facile à domicile.

Pour prendre la tension artérielle, il faut se procurer un stéthoscope (l'appareil dont se sert le médecin pour écouter les battements cardiaques) et un sphygmomanomètre ; ces appareils peuvent s'acheter dans les grandes pharmacies à coût abordable. Il est important de se procurer un appareil dont le brassard nous convient, car s'il est trop grand ou trop petit, il peut fausser considérablement les résultats. Il existe aussi maintenant des appareils plus sophistiqués (et plus chers) qui ne nécessitent pas l'emploi d'un stéthoscope. Quel que soit l'appareil choisi, c'est une bonne idée de s'en faire expliquer le fonctionnement par un professionnel de la santé et de faire vérifier à quelques reprises sa dextérité par des contrôles ; certains CLSC enseignent systématiquement aux hypertendus cette technique et dans plusieurs autres, il suffit de le demander pour qu'on rende ce service.

Voici comment procéder.

— Installez-vous dans un endroit tranquille. Assoyez-vous devant une table ou un comptoir. Les lectures varient selon qu'on est debout, assis ou couché ; il faut donc toujours procéder dans la même position. Enroulez le brassard autour d'un bras, à 2 ou 3 cm au-dessus du coude. Les droitiers devraient appliquer le brassard sur leur bras gauche et les gauchers, sur leur bras droit, pour garder libre leur main la plus habile.

— Relâchez la main du côté du brassard.

— Placez le cadran de lecture du sphygmomanomètre sur la table devant vous.

— Fermez la valve de sortie d'air.

— Placez la tête du stéthoscope sous le brassard, juste à l'endroit où le coude plie.

— Placez les écouteurs du stéthoscope dans les oreilles. Prenez quelques respirations profondes pour relaxer.

— À l'aide de la poire, gonflez le brassard d'à peu près 30 points au-dessus de votre tension systolique habituelle (ou à environ 200 si vous ne la connaissez pas). Le brassard devrait être assez gonflé pour que vous n'entendiez plus de bruit dans le stéthoscope. Le brassard agissant comme un tourniquet (qui empêche le sang d'entrer ou de sortir dans l'avant-bras), il ne faut pas le garder gonflé plus longtemps que nécessaire.

— Ouvrez légèrement la valve de sortie d'air, de telle sorte que la pression descende de 2 ou 3 mm par seconde ; cela demande un peu de pratique avant d'arriver à trouver le débit adéquat. Si on dégonfle le brassard trop vite, on risque d'arriver à une lecture imprécise.

— Le brassard agit comme un tourniquet aussi longtemps que sa pression est supérieure à celle de l'artère humérale. Aussitôt que la pression du brassard descend sous la pression artérielle, on commence à entendre le pouls. Au moment où les premières pulsations sont entendues, l'aiguille sur le cadran du sphygmomanomètre indique la tension systolique (le chiffre du haut de la pression).

— Continuez à laisser s'échapper l'air et à écouter. À mesure que la pression du brassard s'approche de la tension diastolique, le pouls s'affaiblit ; le moment où il disparaît totalement indique la pression diastolique. Quelquefois le pouls passe subitement de fort à très faible, continuant à être à peine audible pour quelques battements ; le chiffre à retenir alors pour la pression diastolique est le moment du passage de fort à très faible.

— Ouvrez complètement la valve de sortie d'air, dégonflez totalement le brassard et enlevez-le.

— Attendez une minute et répétez toute l'opération. Souvent on trouve, le même jour, des variations d'une lecture à l'autre ; si cela arrive, faites-en la moyenne et considérez le chiffre ainsi obtenu comme le bon.

Si vous arrivez à des résultats qui s'écartent sensiblement de vos chiffres habituels et surtout si en même temps vous présentez des symptômes inhabituels, n'hésitez pas à entrer en communication avec votre médecin.

Les infections urinaires

Les infections urinaires (le plus souvent de la vessie) sont fréquentes surtout chez les femmes. Elles se manifestent la plupart du temps par :
— des envies d'uriner impérieuses et fréquentes,
— des brûlures à la miction,
— l'impression d'avoir envie même quand on a fini d'uriner,
— l'urine qui dégage une odeur forte et durable,
— un peu de sang parfois dans l'urine.

Les infections de la vessie doivent être traitées adéquatement, sinon les bactéries qui les causent risquent de remonter jusqu'aux reins et de les infecter aussi, ce qui peut entraîner des conséquences très graves pour l'organisme. De plus, ces infections ont facilement tendance à devenir chroniques et à ne pas répondre aux traitements traditionnels — les antibiotiques ou les sulfamidés.

Les infections urinaires sont pour la plupart causées par des microbes qui viennent des matières fécales ; dans l'intestin, ces microbes, les *Escherichia coli* surtout, ne provoquent aucun trouble ; mais les difficultés commencent quand ils s'installent ailleurs. Et comme la distance entre l'anus et l'urètre (le conduit qui mène de la vessie à l'extérieur) est très courte, ils ne manquent pas une occasion d'aller élire domicile dans la vessie. Si les conditions s'y prêtent, il en résultera une infection.

La manière de prévenir ces infections consiste d'abord à empêcher la migration des bactéries de l'intestin vers les voies urinaires, ensuite de renforcer l'organisme pour qu'il puisse se défendre et neutraliser les bactéries.

Voici les mesures à prendre pour éviter la colonisation des voies urinaires par les bactéries de l'intestin :
— après chaque selle ou miction, les femmes devraient s'essuyer d'avant en arrière ; car si elles font le contraire, elles amènent des matières fécales (et des microbes) de l'anus au méat urinaire ;
— maintenir très propres les organes génitaux et la région anale (laver au savon doux, rincer et assécher soigneusement ensuite) ;
— porter des sous-vêtements en coton, ce qui permet d'aérer la région ; les microbes aiment bien l'humidité. Les sous-vêtements devraient être changés chaque jour ; tampons et serviettes sanitaires doivent être aussi remplacés fréquemment ;
— ne pas porter des vêtements trop serrés, qui empêchent la circulation sanguine et la ventilation ;

— boire beaucoup d'eau (au moins huit verres par jour) et uriner fréquemment dès qu'on en sent l'envie ; les microbes se développent plus facilement dans une urine concentrée et stagnante. De plus, la rétention d'urine pourrait avoir un effet sur les parois de la vessie en y détruisant certaines cellules et en les rendant plus fragiles à l'infection ;

— uriner dans les dix minutes après une relation sexuelle.

L'infection de la vessie s'installe le plus souvent à l'occasion d'une baisse générale de la résistance de la personne : en période de stress important, quand l'alimentation est débalancée (trop de protéines, trop de sucre, trop de café ou d'alcool) ou par suite d'une fatigue intense. Des modifications locales peuvent aussi jouer un rôle dans cette maladie ; ceci peut survenir à la suite d'un traumatisme (par exemple, le passage d'une sonde dans l'urètre, une irritation par les relations sexuelles, une allergie aux produits d'hygiène comme le savon ou les déodorants vaginaux) ou par un changement anatomique comme la grossesse, alors que le fœtus peut comprimer la vessie et y provoquer une élévation de pression.

Quand une femme commence une infection urinaire, elle devrait d'abord cesser de boire café, thé et colas et s'abstenir de consommer des épices ; tous ces produits sont irritants pour la vessie. Il faut aussi boire beaucoup d'eau. L'ingestion d'un litre de liquide en deux ou trois heures peut arriver à éliminer un début de cystite. Le jus de canneberges, qui contient de l'acide hippurique, aide à contrôler la croissance des bactéries. Certaines tisanes, notamment celles préparées à partir des cheveux de maïs frais, de la prêle et de l'hydraste du Canada, peuvent aussi être utiles. La vitamine C à forte dose (2 000 mg par jour) et la vitamine B_6 sont recommandées par certains praticiens. Nous pensons cependant qu'il devrait s'agir de traitements à court terme plus spécialement pour la vitamine C, à cause des dangers potentiels d'emploi de fortes doses.

Pour les infections qui résistent au traitement ou qui se produisent à répétition, il peut être intéressant d'envisager une démarche plus globale comme celle préconisée par les macrobiotiques, qui recommandent une alimentation reposant surtout sur les céréales et les fruits et légumes, alors que les sucres raffinés, les produits animaux (y compris le lait et ses dérivés) et les aliments très gras sont évités. Plus récemment, on a émis l'hypothèse selon laquelle le *candida albicans* pourrait jouer un rôle dans les infections récidivantes en affaiblissant la résistance de l'organisme. Le *candida* produirait une série de symptômes généraux tels la fatigue, les malaises, les problèmes digestifs, allergiques, infectieux... On pourrait éliminer le microorganisme à l'aide d'une diète de laquelle sont exclus les sucres, les levures ainsi que les aliments transformés et à laquelle on devra parfois joindre la prise de suppléments. Daniel J. Crisafi donne, dans son livre *Candida, l'autre maladie du siècle* (Forma, 1987), une explication détaillée de ce syndrome et de son traitement.

Dans certains cas, il peut être nécessaire de procéder à quelques rajustements dans sa vie sexuelle ; en effet, certaines infections urinaires peuvent être indirectement provoquées par la méthode de contraception utilisée. Ainsi, les femmes qui emploient la contraception orale sont-elles plus susceptibles d'infection urinaire ; parfois, c'est le diaphragme qui est mal ajusté et dans certains cas, la crème contraceptive peut s'avérer irritante et constituer un facteur déclenchant d'infection. Quand la lubrification naturelle du vagin est insuffisante et que le vagin est trop sec, il peut être utile d'employer un lubrifiant non irritant comme le K-Y. Certaines femmes qui développent presque systématiquement une infection après un coït évitent ce problème en urinant avant et tout de suite après la relation sexuelle ; d'autres obtiennent de bons résultats en prenant 500 à 1 000 mg de vitamine C environ une heure avant le rapport sexuel ; ceci permet d'acidifier l'urine, ce qui rend plus difficile le développement des bactéries.

Si malgré la mise en marche de ces diverses mesures les symptômes persistent ou s'aggravent et si on commence à faire de la fièvre, il vaut mieux consulter son médecin. Celui-ci procédera à une culture d'urine et entreprendra probablement un traitement aux antibiotiques ou aux sulfamidés avant même d'avoir les résultats de la culture d'urine, quitte à changer ensuite le traitement. La plupart des médecins recommandent de suivre un traitement pendant 10 jours et même parfois 14 jours, même si les symptômes disparaissent rapidement. Une solution de rechange valable au traitement de 10 jours est la prise d'une seule dose massive de médicament. Il faut cependant souligner que ce traitement ne devrait pas être donné aux femmes qui font plusieurs infections chaque année. Il est alors moins efficace. On le réserve donc au traitement des cystites occasionnelles.

L'infertilité

Pour beaucoup de couples, l'incapacité d'avoir un enfant constitue une dure épreuve. Nombre de personnes qui désirent engendrer sont prêtes à de grands sacrifices pour voir leur désir exaucé ; c'est sans doute ce qui explique en bonne partie le développement rapide de l'expérimentation dans le domaine de la technologie de la reproduction. Il ne passe pas de semaine sans que les médias nous rapportent un nouveau succès dans la fertilisation *in vitro*, l'insémination artificielle, les mères porteuses, etc. Ces divers cas, dont on est encore loin d'avoir exploré tous les aspects éthiques, focalisent notre attention sur une haute technologie qui a toutes les chances de ne demeurer accessible qu'à une minorité, en particulier à cause des coûts occasionnés. Pourtant, l'infertilité s'avère un problème fort répandu, qui traditionnellement touchait environ 10 % des couples désirant avoir des enfants, mais qui aujourd'hui affecterait plus de 15 % des couples ; et rien ne laisse espérer une réduction de ce phénomène, bien au contraire.

Quand un couple ne peut avoir d'enfant, l'incapacité peut en être attribuée à la femme, à l'homme, ou aux deux à peu près dans des proportions égales. Souvent on ne trouve aucune raison apparente à l'infertilité.

Lorsque c'est l'homme qui est en cause, le défaut le plus fréquent est une production insuffisante ou inexistante de spermatozoïdes, ou encore la production de spermatozoïdes anormaux ; ceci peut résulter d'une malformation congénitale ou de l'exposition à divers agents toxiques dans le milieu de travail ou dans l'environnement. L'usage à long terme de la cigarette, de la marijuana, et peut-être du café et de l'alcool, pourrait être un facteur. L'exposition au plomb, à certains pesticides comme le DDT, aux PCB et à d'autres substances affecte certainement la spermatogénèse. Certains médicaments comme la cimétidine et des antibiotiques (pénicilline, tétracycline) ainsi que des sulfas diminuent la production de spermatozoïdes. Des facteurs physiques au travail, comme l'exposition de la région génitale à une trop grande chaleur et aux micro-ondes, peuvent aussi amener une dégradation de la spermatogénèse. Pour beaucoup d'hommes, c'est sans doute l'ensemble de ces facteurs — travail, environnement et consommation individuelle — qui se conjuguent pour provoquer une diminution de la spermatogénèse. Des recherches démontrent que dans les 30 dernières années, la production moyenne de spermatozoïdes en Amérique du Nord est passée de 107 millions/ml à 62 millions/ml ;

c'est évidemment encore suffisant pour assurer la fécondation — on estime qu'un minimum acceptable est de 20 millions/ml ou 70 millions de spermatozoïdes par éjaculation ; mais les moyennes masquent les différences individuelles et certains individus se retrouvent en dessous du minimum acceptable.

Du côté des femmes, les causes d'infertilité peuvent aussi être multiples : malformations congénitales ou acquises des organes génitaux internes, problèmes d'ovulation, etc. Les maladies transmissibles sexuellement sont fréquemment à l'origine de salpingites — des infections des trompes — qui peuvent rendre la fécondation plus difficile. Avec l'âge, le taux d'infertilité augmente ; et comme de plus en plus de femmes retardent leurs grossesses, il n'est pas étonnant de voir une augmentation des problèmes d'infertilité. Il faut aussi savoir que certaines méthodes contraceptives peuvent entraîner de tels problèmes : les contraceptifs oraux employés à long terme provoquent à l'occasion un stoppage parfois très long de l'ovulation, alors que l'emploi du dispositif intra-utérin favorise le développement de salpingites.

Pour beaucoup de couples infertiles, on ne trouve aucune explication anatomique au problème rencontré et chaque conjoint, s'il avait des relations sexuelles avec un autre partenaire, pourrait être fécond. Le problème en serait alors un d'incompatibilité ; il se pourrait que des mécanismes immunitaires soient en jeu et que la femme développe alors des anticorps qui détruisent les spermatozoïdes de son conjoint avant que la fécondation n'ait lieu.

Des mesures à la portée de tous

Quand on souhaite avoir un enfant, parfois cela nécessite de longs mois avant que la grossesse débute ; peut-être que nos organes sont plus sages que nos cerveaux et que même si nous avons jugé propice tel moment, il n'en est pas exactement ainsi… Après un certain nombre d'années de contraception orale, c'est de toute façon une bonne idée de laisser filer quelques mois avant le début de la grossesse : les premiers ovules produits après ce long traitement pourraient avoir été affectés par les hormones.

Si on veut se donner toutes les chances pour que l'enfant souhaité soit doté du meilleur potentiel possible, il est logique de tenter de lui fournir les meilleurs matériaux de départ : des spermatozoïdes et des ovules en bonne condition provenant de gens en bonne santé. Il serait donc souhaitable qu'avant même la conception, les conjoints diminuent leur consommation d'alcool et de café, qu'ils cessent de fumer et qu'ils prennent le moins de médicaments possible. Si le milieu de travail expose au contact de substances peut-être dangereuses (voir page 92 pour une liste d'un certain nombre d'entre elles), il peut aussi être nécessaire d'agir à ce niveau. À plus forte raison faut-il agir sur ces différents éléments si après quelques mois d'essai la grossesse se fait encore attendre. Dans ces cas, certains médicaments courants peuvent parfois être en cause ; ainsi, on a récemment découvert que l'usage par la femme de décongestionnants nasaux pouvait provoquer un assèchement de toutes les muqueuses de l'organisme et en particulier du col de l'utérus, avec impossibilité consécutive des spermatozoïdes d'y passer pour aller rejoindre l'ovule. L'emploi de lubrifiants vaginaux peut aussi être lié à la difficulté à concevoir ; ces substances chimiques altèrent l'équilibre acide-base du vagin et diminuent ainsi la motilité des spermatozoïdes ; les couples qui ont besoin de lubrification peuvent employer du blanc d'œuf cru (le mettre en place avec un applicateur vaginal, comme les lubrifiants chimiques).

Les couples qui veulent augmenter leurs chances de concevoir peuvent tenter de concentrer leurs rapports sexuels autour du moment de l'ovulation ; il est possible de déterminer ce moment avec grande précision grâce à la méthode sympto-thermique (voir page 718) ; dans tous les cas, les coïts ne devraient pas être répétés plus souvent qu'à toutes les 48 heures, car dans le cas contraire il y a une quantité inférieure de spermatozoïdes dans le sperme. Après le coït, la femme devrait demeurer de 15 à 30 minutes sur le dos avec un oreiller sous les fesses et les genoux repliés sur le ventre ; de cette façon, il y a plus de chances que les spermatozoïdes pénètrent dans le col utérin ; il faut aussi éviter les douches vaginales.

L'emploi de suppléments de vitamines et de minéraux est recommandé par certains thérapeutes. L'ingestion quotidienne de 500 mg de vitamine C par l'homme et la femme contribue à éliminer les effets toxiques du plomb. La vitamine A jouerait aussi un rôle dans la fertilité ; les personnes qui consomment fréquemment du foie, des carottes, des épinards et des patates douces n'ont probablement pas besoin de supplément, sinon l'ingestion d'une dose quotidienne de 10 000 u.i. peut être appropriée. Le zinc — avec ou sans vitamine B_6 — semble exercer un rôle capital dans la maturation des cellules sexuelles ; les aliments qui en contiennent beaucoup sont les pois, les carottes, les œufs, le lait et les grains entiers ; en supplément, les doses quotidiennes recommandables se situent autour de 15 à 20 mg.

Consulter les spécialistes ?

Dans plusieurs hôpitaux, il existe des cliniques de fertilité ; on y a développé une foule de techniques permettant d'explorer les divers obstacles à l'infertilité et offrant la possibilité, dans certains cas, de contourner ces obstacles. Il ne faut cependant pas se faire d'illusions, la fertilité retrouvée n'est pas nécessairement due aux traitements subis : un certain nombre de femmes qui deviennent enceintes après que le couple a été traité sont devenues fertiles si longtemps après avoir reçu des secours médicaux que ceux-ci ne les ont probablement pas aidées... Nous revenons à notre hypothèse suggérée plus haut, à savoir que les couples engendreraient quand ils sont complètement prêts. Alors que la médecine ne cherche qu'à faire fonctionner des organes de reproduction hors d'état... Dans un excellent dossier sur le sujet publié dans *La Gazette des femmes* (mai-juin 1986), Gloria Escomel rapporte ses entrevues avec plusieurs femmes qui ont été suivies dans des cliniques de fertilité et elle se demande : « Comment pouvait-on les traiter ainsi, en organismes sans cœur ni tête, comment a-t-on pu laisser un tel écart se creuser entre les médecins, leurs techniques, leurs traitements et l'angoisse de celles — et de ceux — qui ne veulent pas vivre sans qu'un enfant leur survive ?... Il n'y a pas seulement lieu de se demander si les femmes — et les hommes — vont être dépouillés de leur maternité ou paternité, mais également si on n'est pas en train de déséquilibrer leur santé en ne traitant que leur système de reproduction, sans toujours comprendre les répercussions que ces interventions peuvent avoir sur leur organisme en général ou sur leur psychisme. » C'est également le cri d'alarme qu'a lancé Geneviève Delaisi de Parseval, auteure du livre *L'Enfant à tout prix* ; elle dénonce « cette mégalomanie médicale qui pousse la médecine à tout contrôler et qui tient à un fantasme de puissance réparatrice réduisant la procréation à la seule capacité physiologique ». D'après elle, « les couples paient cher psychologiquement cet enfant médical qu'on s'acharne à faire naître par tout un arsenal thérapeutique ».

Effectivement, le processus de recherche et de traitement pour infertilité est généralement fort long et requiert beaucoup d'efforts, surtout de la femme. Entre 25 et 30 % des couples abandonneraient en cours de route. Pour ceux qui persistent, le succès serait d'environ 70 % ; mais comme noté plus haut, on ne peut savoir si c'est à cause du traitement médical ou simplement du temps qui passe.

Il faut certainement distinguer entre l'acharnement thérapeutique qui se manifeste par une escalade ininterrompue d'interventions plus osées les unes que les autres et une assistance thérapeutique de premier niveau, qui peut aider à faire sauter des obstacles relativement simples, mais qui empêchent tout de même la conception. Après une année de tentatives infructueuses, un couple est certainement justifié de consulter. La femme subira un examen général, avec attention particulière au niveau de l'appareil génital ; si elle ne le fait déjà, son médecin lui demandera de prendre sa température basale pendant quelques mois, pour voir s'il y a ovulation. Du côté de l'homme, une analyse de sperme s'impose aussi. Une fois connus les résultats de ces examens, le couple pourra décider s'il désire aller plus loin.

L'insomnie

Les besoins en sommeil varient d'une personne à l'autre et évoluent avec l'âge. Certaines personnes ont besoin de cinq ou six heures de sommeil par nuit alors que d'autres ne fonctionnent bien que si elles ont dormi leurs neuf heures. Aussi, en vieillissant, le besoin de sommeil diminue généralement.

Bien qu'on ne connaisse pas la fonction exacte du sommeil, il semble qu'on y retrouve une partie de notre énergie, qu'on s'y permette une passivité qui rende possible l'activité de la journée.

Plusieurs facteurs affectent le sommeil, autant sa longueur, la rapidité avec laquelle on y glisse que sa qualité. Une certaine régularité semble d'abord jouer ; le corps possède son rythme interne, avec une augmentation du métabolisme durant le jour suivie d'une diminution la nuit ; la baisse d'activité favorise alors l'assoupissement et le repos. Ce rythme est perturbé lorsque les heures où l'on dort sont modifiées (les gens qui changent de quart de travail le savent bien) ; une période d'environ deux semaines est alors nécessaire avant de se rajuster. L'activité physique a aussi son importance, toute activité en fait : on dort mieux si on a accompli quelque chose durant la journée, si on s'est fatigué, si on a dépensé de l'énergie ; rien de pire en effet que l'ennui, la passivité, les petits sommes (qu'on oublie souvent de compter dans les heures de sommeil) pour gâter une nuit de sommeil, un peu comme on gâte son appétit en grignotant. Rien de pire aussi que d'aller se coucher sans en avoir le goût, ni le besoin. Les stimulations peuvent également rendre le sommeil plus difficile : le bruit, la lumière, les émotions (autant les plaisirs que les chicanes). Certains médicaments dérangent le sommeil ; assez souvent, les somnifères ne sont efficaces qu'un certain temps, et leur usage peut rendre le sommeil plus difficile à conquérir ; ils perturbent aussi les diverses phases du sommeil. D'autres médicaments possèdent un effet stimulant (les coupe-faim par exemple), de même que la caféine (contenue dans le thé, le café, le chocolat, les colas et aussi certains analgésiques — Anacin, 217, etc.) et la nicotine.

L'insomnie est parfois un symptôme d'une maladie plus grave. C'est en particulier un signe précoce de dépression ; il arrive souvent que les déprimés s'éveillent aux petites heures du matin et n'arrivent pas à se rendormir. Dans les maladies du système nerveux ou du système glandulaire, l'insomnie fait souvent partie du tableau clinique. Enfin, dans les grandes douleurs ou les difficultés respiratoires, il est compréhensible d'avoir de la difficulté à trouver le sommeil.

Dans un cas comme dans l'autre, que l'insomnie vienne de nos habitudes de vie ou qu'elle soit une conséquence d'une maladie, on cherchera à en trouver la cause. On peut toujours s'aider en respectant certaines exigences du sommeil et en créant un climat favorable à sa venue. Voici quelques trucs simples qui vont dans ce sens :

— le sommeil demande une certaine préparation ; se détendre avant de se coucher grâce à une lecture non stimulante, de la musique, de la relaxation, un bain chaud, une marche ; éviter les exercices trop fatigants dans les heures qui précèdent le coucher, car alors il risque de se produire un état d'excitation incompatible avec le sommeil ;

— à l'occasion, se permettre un grog chaud (gin, eau chaude, citron et miel) ; en petite quantité, l'alcool est sédatif alors qu'en quantité plus importante il devient excitant ;

— un verre de lait chaud avec un ou deux biscuits peut aider, à cause du tryptophane contenu dans le lait ; les hydrates de carbone fournis par les biscuits aident à l'absorption du tryptophane ;

— réduire sa consommation de caféine ; certaines personnes sont si sensibles à l'effet de ce stimulant qu'une seule tasse de café le matin les empêche de dormir ; quand on veut prendre une boisson chaude en soirée, certaines tisanes sont particulièrement indiquées, puisqu'elles ont un effet relaxant et sédatif ; la valériane est certainement la plus réputée dans cette catégorie, et plusieurs fabricants de médicaments à base de plantes l'incorporent dans les produits (tisanes et comprimés) qu'ils vendent pour favoriser le sommeil ;

— ne pas se surcharger l'estomac pendant la soirée ; éviter les aliments très sucrés (chocolat, gâteau, etc.) immédiatement avant de se coucher, car ils peuvent avoir un effet stimulant ; par contre, ne pas se coucher en ayant faim, car il peut alors être difficile de s'endormir et le sommeil risque d'être troublé ;

— ne pas se coucher si on n'est pas fatigué ; plutôt s'adonner à une activité calme, dans laquelle on est confortable ;

— une fois au lit, refuser les pensées-problèmes ; on peut s'aider à l'aide d'une technique de relaxation ;

— la température idéale pour dormir se situe autour de 17,5 - 18,5 $^{\circ}$C ;

— accepter qu'à l'occasion, on dorme moins bien. La recherche du sommeil à tout prix crée de l'anxiété qui éloigne encore le sommeil. On peut très mal dormir et faire sa journée normale le lendemain sans que cela soit tragique.

Si malgré tout cela le sommeil ne vient pas après quelque temps, si surtout l'insomnie est un symptôme *nouveau et récent*, c'est une bonne idée de consulter un médecin, pour qu'il vérifie s'il n'y a pas de cause organique à l'insomnie. S'il ne trouve rien et vous offre des somnifères, à vous alors de décider.

La plupart des somnifères ne peuvent être obtenus que sur ordonnance médicale ; il faut cependant savoir que même dans les milieux médicaux, on déplore la facilité avec laquelle cette catégorie de médicaments est prescrite. Ces médicaments font surtout partie de la famille des benzodiazépines et peuvent tous entraîner des effets secondaires plus ou moins importants, en particulier de la somnolence et des troubles de coordination. De plus, ils risquent de créer de la dépendance. Aussi ne doivent-ils jamais être utilisés systématiquement tous les soirs, mais uniquement à l'occasion. L'Institut de médecine de l'Académie nationale des sciences des États-Unis a confié à un comité d'experts, il y a quelques années, la tâche d'étudier la question de la surconsommation des somnifères. Le comité a constaté que ces médicaments étaient beaucoup trop fréquemment utilisés et qu'on ne se préoccupait pas suffisamment de leurs dangers, et il a conclu : « En tant que catégorie de médicaments, les somnifères ne devraient avoir qu'une place limitée dans la pratique médicale d'aujourd'hui... le comité ne favorise la prescription que d'un petit nombre de comprimés à la fois pour une utilisation pendant seulement quelques nuits de suite, comme secours dans des situations spécifiques comme un voyage ou un stress psycho-social transitoire. Ces médicaments ne devraient pas être employés par les patients souffrant de maladies respiratoires, de dépression ou de problèmes d'abus de drogue ou d'alcool. » Le comité recommande également aux femmes qui sont enceintes ou qui veulent le devenir, aux personnes qui ont à manipuler de la machinerie et aux gens atteints de maladies rénales ou hépatiques de ne prendre ces médicaments qu'exceptionnellement et sous surveillance médicale stricte. Les personnes âgées — qui métabolisent les médicaments beaucoup moins vite — courent aussi des risques d'effets secondaires importants, avec les somnifères.

On peut se procurer quelques somnifères sans ordonnance — Sominex, Nytol et Sleep-eze notamment ; ces produits contiennent du diphenhydramine comme principe actif (voir page 274) ; il s'agit d'un antihistaminique dont on utilise ici un effet secondaire important, la somnolence. Le fait que ces médicaments soient en vente libre ne signifie pas qu'ils sont sans danger ; et ils sont déconseillés pour les enfants de moins de 12 ans et pour les personnes âgées, qui sont plus sensibles à leurs effets secondaires. Uniquement en 1982, plus de 250 adolescents ont dû être hospitalisés au Canada à cause de l'importance des doses de diphenhydramine qu'ils avaient ingéré (pour se doper).

Le mal de dos

Chaque année, plus de 10 millions de personnes souffrent du mal de dos, en Amérique du Nord. Cette affection, plus commune chez les moins de 45 ans, entraîne des coûts énormes : au moins cinq milliards de dollars en frais d'examens et de traitements et beaucoup plus en pertes de revenus. Malgré son importance, le mal de dos demeure une des affections les plus mal connues de la médecine moderne, puisque les médecins n'arrivent à un diagnostic précis que dans 11 à 15 % des cas et en conséquence, le traitement ne se fait qu'à l'avenant, c'est-à-dire que la plupart du temps il n'est que symptomatique. La colonne vertébrale est une structure complexe qui implique beaucoup d'articulations osseuses, et à laquelle sont reliés des nerfs en abondance et un grand nombre de muscles ; il est donc facile d'y trouver des « anomalies » ou des « déplacements » qui expliquent les symptômes ressentis. Or, dans la plupart des cas, comme de plus en plus de recherches le démontrent, les anomalies physiques n'ont rien à voir avec les symptômes, puisque d'une part même quand on les corrige, les malaises persistent et, d'autre part, de nombreuses personnes qui présentent des anomalies découvertes par hasard n'éprouvent pourtant aucun symptôme. Très souvent, les thérapeutes font des diagnostics qui varient énormément de l'un à l'autre ; la tendance générale est d'expliquer la maladie par des causes qui pourront être traitées par l'approche thérapeutique qu'on connaît...

Le Dr John Sarno, professeur à la *New York University School of Medicine*, s'est spécialisé depuis de nombreuses années dans le traitement du mal de dos et il a tiré de son expérience un livre fort convaincant dans lequel il attribue l'origine de la plupart des douleurs dorsales à la tension. Les muscles du dos sont parmi les plus constamment sollicités et quand une personne est tendue, il y a de bonnes chances pour que cette tension affecte les muscles du dos ; il se produit alors à l'intérieur des muscles une constriction des vaisseaux sanguins, ce qui entraîne un manque d'oxygène au niveau des fibres musculaires ; ce phénomène provoque à la longue un spasme des muscles et de la douleur ; il en découle une plus grande tension encore, puisque la personne a peur d'être gravement atteinte et de demeurer handicapée. On voit qu'il s'agit d'un cercle vicieux qui fait que la douleur et la tension vont en augmentant.

Si tant de gens sont aujourd'hui affligés d'un tel mal, c'est que le dos constitue sans doute un des chaînons les plus affaiblis de notre appareil musculaire — à cause notamment du style de vie de la plupart des gens qui ne bougent pas assez ; mais en même temps ces muscles sont fort sollicités pour maintenir la posture et personne ne peut s'empêcher, à l'occasion de certaines activités, de leur imposer une surcharge. En fait les problèmes de dos se développent le plus souvent de façon insidieuse et le fameux « tour de rein » résulte d'une accumulation de tension qui se révèle soudain parce qu'un élément déclencheur parfois anodin joue le rôle de la « goutte qui fait déborder le vase ».

Pour éviter les problèmes

Dans notre civilisation industrielle, nos façons de vivre nous mènent directement au mal de dos. Aussi quand nous voulons éviter ce problème — et d'autant plus si déjà nous en avons souffert —, il devient nécessaire d'entreprendre un certain nombre de mesures :
  — se garder en mouvement. Une forte proportion des maux de dos sont en effet reliés à l'immobilité, qui, à cause de la tension

qu'elle demande, exige beaucoup de travail de la part des muscles posturaux. Pour contrer cet effet, les personnes qui doivent travailler en adoptant longtemps une même posture auront avantage à prendre régulièrement des pauses mouvement-étirement ;

— exécuter régulièrement des exercices pour assouplir le dos et renforcer la musculature abdominale. Tous les exercices ne sont pas bons pour le dos, et il peut être intéressant de commencer en s'inscrivant à des cours spécialement conçus pour les gens souffrant de mal de dos, comme ceux que dispense le YMCA dans la plupart des grandes villes ; la technique Nadeau semble aussi donner d'excellents résultats, de même que le yoga et les gymnastiques douces ;

— apprendre et utiliser régulièrement une bonne technique de relaxation, ce qui permet d'éviter les effets négatifs du stress ;

— adopter une bonne hygiène du sommeil en dormant sur le côté, replié en chien de fusil et en ayant un matelas assez ferme ;

— ne pas soumettre son dos à trop rude épreuve, en se pliant les jambes et non en se penchant quand nous devons soulever un poids, en portant le poids le plus près possible du corps et non à bout de bras et en ne se tournant pas en même temps qu'on lève quelque chose ;

— les personnes qui arrivent au troisième âge et qui pourraient souffrir d'un déficit en calcium peuvent envisager l'ingestion régulière d'un supplément de ce minéral ; si on ne s'expose pas régulièrement au soleil, il faut alors augmenter sa consommation de vitamine D, qui sert à l'absorption du calcium.

En crise aiguë

La plupart du temps, les douleurs au dos commencent d'une façon aiguë, à l'occasion d'un faux mouvement par exemple : c'est le classique « tour de rein ». La douleur peut être extrêmement intense : il ne faut pas hésiter alors à employer les médicaments les plus efficaces contre la douleur, y compris ceux qui se donnent par injection. En règle générale, la douleur diminue considérablement après quelques heures seulement, dans la mesure où la personne atteinte ne bouge pas. Quand la douleur ne survient plus qu'en bougeant, il vaut mieux ne plus utiliser de médicaments contre la douleur, puisqu'on peut être tenté de recommencer à se mobiliser trop vite, ce qui risque d'endommager les muscles déjà mal en point ; la crise aiguë requiert le repos au lit strict pour quelques jours et une lente reprise des activités par la suite. Le massage, les manipulations vertébrales et l'acupuncture ne sont pas indiqués en phase aiguë ; par contre, les techniques douces comme le toucher thérapeutique ou la polarité peuvent être utiles. Quand la douleur commence à diminuer, toutes ces approches peuvent aider à accélérer la disparition des symptômes. Quant aux médicaments anti-inflammatoires ou relaxants, ils ne sont d'aucune utilité, même s'ils sont abondamment prescrits. En fait, comme le souligne le Dr Norman Schachar, directeur du service d'orthopédie à l'Hôpital général de Calgary, le plus grand problème dans le traitement des maux de dos « est l'insistance du patient pour que le médecin fasse quelque chose » ; or, comme l'a constaté le Dr Schachar, l'élément le plus important dans la guérison est très certainement la confiance qu'a le patient dans sa capacité de guérir. C'est également le point de vue du Dr Sarno qui a mis au point une méthode qu'on pourrait qualifier de « cognitive », puisqu'elle se fonde essentiellement sur l'information du patient. Le Dr Sarno explique en profondeur le cercle vicieux tension-spasmes musculaires-douleurs-stress-tension (voir plus haut), il démontre à l'aide de données statistiques qu'il n'y a pas lieu de craindre les lésions organiques puisque la plupart du temps on ne trouve pas de correspondance entre les « anomalies » physiques et les douleurs et enfin il oriente vers des techniques de relaxation qui permettent de diminuer les effets du stress.

La plupart des gens qui ont mal au dos une fois risquent d'en souffrir à nouveau en d'autres occasions. Il s'agit d'apprendre à vivre avec cette faiblesse et de tenter d'éviter les rechutes, d'où l'importance d'entreprendre, une fois la crise aiguë passée, des exercices pour le renforcement et l'assouplissement de la musculature qui supporte la colonne vertébrale. C'est un traitement modéré qui ne plaît pas à tous, et nombreux sont ceux qui aimeraient trouver un thérapeute qui puisse régler leur problème « une fois pour toutes » ; mais ce n'est malheureusement pas possible, même si beaucoup de thérapeutes sont tentés de relever le défi. Les spécialistes les plus qualifiés s'entendent pour recommander un minimum d'intervention. On ne devrait avoir recours à la chirurgie que lorsque le diagnostic établit un lien certain entre une lésion et la douleur, ce qui est très rare. Les injections de chymopapaïne, qui ont été proposées comme un traitement miracle qui permettait de dissoudre les disques intervertébraux herniés, ont perdu la faveur de 95 % des médecins qui les ont essayées ; ces injections ont d'ailleurs entraîné le décès d'au moins sept personnes, aux État-Unis.

Il est possible, grâce à l'application des mesures que nous avons indiquées dans la section « Pour éviter les problèmes », de vivre sans trop souffrir de son dos. Le plus important est de se convaincre que malgré l'intensité des douleurs, il n'y a pas lieu de paniquer, bien au contraire, puisque la crainte engendre une plus grande tension et une augmentation de la douleur. Quand après un premier épisode de mal de dos les douleurs recommencent, il s'agit d'intervenir tout de suite sur la cause et non l'effet, sur la tension et non sur le dos. De toute façon, pour des raisons qu'on ignore, dans la plupart des cas les problèmes de dos diminuent en vieillissant, jusqu'à disparaître totalement.

Les maladies de peau

La peau est la barrière qui sépare et protège notre organisme du milieu extérieur. Elle assure la constance de notre milieu interne en régissant les échanges qu'il effectue avec l'extérieur.

La peau mesure entre 3 et 5 mm d'épaisseur, les parties les plus minces étant les paupières et les parties génitales et les plus épaisses la paume des mains et la plante des pieds. Elle se compose de trois couches :

— *l'épiderme* est la couche la plus externe ; elle est faite en partie de cellules mortes qui tombent et se renouvellent continuellement. C'est surtout cette couche qui empêche la pénétration de substances étrangères dans l'organisme et qui retient celles qui sont à l'intérieur. Elle contient des cellules hydrophiles dont le rôle consiste à retenir l'eau venant des couches plus profondes (le corps est fait de 80 à 85 % d'eau) et à ralentir l'évaporation qui a lieu de façon continuelle ;

— *le derme* se trouve sous l'épiderme et contient les vaisseaux sanguins, les glandes sudoripares, les glandes sébacées, les racines des poils, les terminaisons nerveuses, les fibres collagènes et élastiques. Lorsque ces fibres se rompent apparaissent les rides et les vergetures ; c'est malheureusement un processus irréversible ;

— *l'hypoderme* est la couche de gras de la peau ; c'est la plus profonde et elle nous protège du froid et absorbe les coups.

Blessures, brûlures et coups de soleil

Voir page 690 et suivantes.

La peau sèche

La peau change avec l'âge ; le nombre de glandes sébacées diminue, la quantité de substance hydrophile aussi, réduisant la lubrification de la peau et son habileté à retenir l'eau. Ces substances qui retiennent l'eau dans la peau et l'empêchent ainsi de s'assécher ne sont malheureusement pas remplaçables ; on ne peut donc vraisemblablement pas hydrater la peau. Il est cependant possible de lui ajouter une barrière qui favorise la rétention d'eau et aussi qui la protège contre les éléments qui en facilitent l'assèchement (le froid, le vent, etc.). Ainsi, on emploiera d'abord, dans le traitement de la peau sèche, des mesures préventives. Certains produits auront aussi leur utilité.

Mesures préventives :

— maintenir un certain degré d'humidité dans son milieu ambiant ; dans la maison, l'utilisation d'un humidificateur peut être justifiée ;
— éviter les longs bains chauds qui font perdre à la peau son sébum ;
— se protéger contre le vent, le froid et le soleil avec une huile ou une crème émolliente ;
— éviter l'usage de certains solvants : alcool, éther, propylène glycol (qui entrent dans la composition de plusieurs produits de beauté) ; ils altèrent les substances hydrophiles ;
— éviter aussi d'utiliser fréquemment des savons ; ils assèchent la peau et ceux qui contiennent des parfums ou des désodorisants peuvent en plus créer une réaction d'hypersensibilité. Un savon neutre à la glycérine ou à la farine d'avoine sera moins irritant ; de plus, les savons Dove et Ivory sont relativement doux ;
— pour garder à la peau son hydratation naturelle, on peut soit ralentir son évaporation en utilisant des huiles naturelles ou de la vaseline, soit favoriser le passage de l'eau des couches profondes de la peau vers les couches plus superficielles ; la glycérine et les produits contenant de l'urée le font.

Les produits peut-être utiles :

— les crèmes et les lotions contenant de l'urée (en concentration de 10 à 30 %) ou de l'allantoïne (à 0,3 %) sont efficaces ; ces produits favorisent le passage de l'eau vers la surface et la retiennent là. L'urée doit être appliquée sans frotter, pour exercer son effet. Toutes les autres crèmes et lotions sont inefficaces et peuvent même nuire à long terme. On peut citer une étude faite par *Le Réveil du consommateur* (vol. 3, n° 6, page 21) qui dit que « la petite quantité de corps gras qui reste sur la peau va avoir tendance à émulsionner les graisses naturelles qui s'y trouvent, accélérant ainsi l'apparition des conditions idéales... d'évaporation »... et donc d'assèchement ;

— la vaseline est le meilleur agent « anti-évaporation », bien qu'elle soit peu pratique... ;

— les huiles : tout en n'étant pas certains de leur efficacité, on peut quand même donner quelques modes d'application :

— les huiles minérales et les huiles thérapeutiques seraient les seules à démontrer une certaine efficacité. Celle-ci serait plus grande lorsqu'on les utilise en application après le bain, et non pas dans le bain (le seul effet qu'elles ont alors est de donner une sensation de douceur) ;

— les huiles thérapeutiques, beaucoup plus chères, ont comme seul avantage de s'appliquer plus facilement ;

— les huiles cosmétiques ne contiendraient pas une concentration suffisante de substance active pour être recommandables et efficaces ;

— la glycérine, en concentration de 50 % (glycérine et eau de rose par exemple) accroît la montée de l'eau vers la couche cornée ;

— la vitamine E : on peut utiliser le contenu des capsules en application directe sur la peau ;

— la lanoline assouplit la peau, mais n'empêche pas l'eau de s'évaporer ; un grand nombre de personnes lui sont allergiques et elle peut en plus provoquer la formation de comédons.

L'eczéma

L'eczéma se caractérise par de la peau sèche, des démangeaisons, l'apparition de plaques, parfois de l'enflure. C'est un symptôme d'allergie, de nervosité ou de malfonctionnement des glances sébacées. On devra pour le traiter essayer de découvrir les éléments qui le provoquent (détersifs, certaines étoffes, aliments, situations, etc.) et les éliminer si possible. On utilisera aussi parfois des médicaments anti-inflammatoires prescrits par un médecin (voir le texte sur les corticostéroïdes topiques, page 235).

Le psoriasis

Cette maladie se caractérise par la présence de lésions roses ou rouge clair, bien délimitées et couvertes d'écailles argentées qui ressemblent à du mica. Le soleil et la chaleur l'améliorent, alors que le froid et le stress l'aggravent. On n'en connaît pas encore la cause et son traitement est symptomatique : il cherche à en soulager les manifestations et à la rendre moins incommodante. Il peut parfois être difficile de différencier le psoriasis de la séborrhée ou d'une infection à champignons ; si on soupçonne souffrir de cette maladie, on devrait consulter un médecin pour en établir le diagnostic de façon certaine.

Le traitement du psoriasis est assez délicat et devrait toujours commencer par l'utilisation de produits non médicamentés (des huiles) dont la fonction sera d'adoucir la peau. En effet, un traitement vigoureux peut parfois l'aggraver.

Les traitements médicaux se font habituellement avec des produits contenant un ou plusieurs de ces ingrédients : acide salicylique, goudron, allantoïne et anthraline. On y associera parfois une crème à base de goudron et un traitement aux rayons ultra-violets (sous supervision médicale). Il arrive qu'un traitement très efficace en début de cure devienne petit à petit moins actif ; ceci est lié au processus de guérison. En effet la peau, en se reformant, offre à nouveau une barrière efficace à la pénétration des médicaments.

L'acné

L'acné affecte surtout les adolescents et les jeunes adultes et est liée à la surproduction d'hormones, phénomène caractéristique de cet âge. La maladie régresse habituellement d'elle-même lorsque le niveau hormonal revient à la normale. On ne peut guérir l'acné ; on peut cependant la contrôler et ainsi éviter les cicatrices permanentes.

L'acné se caractérise par la surproduction de sébum, qui rend la peau plus huileuse et qui forme, avec des dépôts de cellules mortes, des points noirs (comédons ouverts) au niveau des pores de la peau. Existent aussi les comédons fermés qui ne se rendent pas à la surface de la peau, mais restent plutôt près de la glande sébacée, le long du follicule pileux (le tube qui contient le poil). En grossissant, ils créent de l'inflammation à l'intérieur du follicule et un milieu de culture favorable au développement de certaines bactéries qui rompent les parois des follicules et permettent la formation de pustules.

Mesures préventives : un certain nombre de mesures peuvent aider à décourager les conditions qui favorisent l'acné. On a donc tout intérêt à éviter :

— tout ce qui crée une augmentation de l'humidité au niveau de la peau : les baignades prolongées, les saunas, le fait de s'appuyer le visage dans la main, certains vêtements qui ne « respirent » pas ;

— l'emploi de médicaments contenant de l'iode ou du brome, les produits contre la grippe, les sédatifs, les suppléments de vitamines et de minéraux ;

— la consommation de certains aliments : bien des médecins croient qu'il convient d'éliminer le chocolat, les noix, les colas, le sucre et le café de son alimentation. Il n'existe cependant pas de preuves à cet effet. La meilleure façon de régler la question est d'essayer soi-même ; on élimine un aliment pendant plusieurs jours et on voit si ça nous aide ou non ;

— la constipation ; beaucoup de personnes ont obtenu une grande amélioration de leur acné en modifiant leur alimentation pour qu'elle contienne davantage de fibres, ce qui permet de n'avoir aucun problème de constipation (voir page 485, les divers moyens d'augmenter sa consommation de fibres).

Sur le plan des soins de la peau, il est recommandable d'éviter :

— de pincer les imperfections de la peau ; on risque d'aggraver l'inflammation et d'accroître la possibilité de cicatrices. Un extirpeur de comédons pourra cependant servir pour les comédons ouverts. Avant de l'utiliser, on applique des compresses d'eau tiède sur la peau pour assouplir les comédons ;

— d'avoir les cheveux gras ou sales ; il est donc préférable de les laver souvent et de les tenir courts ou attachés, pour éviter dans la mesure du possible leur contact avec la figure et le cou ;

— d'appliquer directement sur la peau une crème ou une lotion avant de l'avoir bien nettoyée. D'ailleurs, mieux vaut s'abstenir d'employer les produits à base d'huile et de corps gras ; la plupart des produits de beauté en contiennent, ainsi que les savons « enrichis », les shampoings à la lanoline ou aux dérivés de pétrole, plusieurs médicaments pour la peau ; on en retrouve même dans quelques produits vendus contre l'acné !

Les produits disponibles :

— *les savons* : bien qu'ils contiennent des agents pouvant avoir une certaine efficacité, ils ne restent pas en contact avec la peau suffisamment longtemps pour être vraiment utiles. L'usage d'un savon ordinaire (pas enrichi et le moins parfumé possible) est tout aussi efficace et moins coûteux. On pourra cependant, si on y tient, faire usage sans danger d'un savon médicamenté ; on prendra soin de bien rincer la peau ensuite ;

— *les antiseptiques* (Phisoderm, Betadine, Lanohex), ne pénètrent pas assez la peau pour agir. Hibitane ou une solution maison d'alcool à friction et d'eau dans des proportions de 1 partie d'alcool dans 4 parties d'eau peuvent s'avérer utiles parce qu'ils assèchent la peau ;

— *les crèmes et les lotions* : le produit le plus efficace et aussi le plus irritant est le peroxyde de benzoyle (2,5, 5, 10 ou 20 %). Des recherches récentes établissent cependant un lien entre son utilisation et des cancers de la peau chez la souris ; la prudence est donc de mise (voir le texte sur ce médicament à la page 485). Un autre produit très efficace est un gel ou une crème de vitamine A acide (Vitamin A Gel...) ; ce produit agit principalement en réduisant la formation des comédons ; il n'est offert que sur ordonnance.

Un grand nombre de crèmes et de lotions contiennent du soufre, du résorcinol et de l'acide salicylique soit seuls, soit en association. Pour être valables, des concentrations suffisantes devront être présentes : soufre 3 à 10 %, résorcinol 1 à 4 %, acide salicylique au moins 3 %.

On considère les produits suivants comme peut-être valables : Acne-Aid (lotion), Acnomel (crème et compact), Clearasil (crème et bâton), Cuticura (crème et probablement le liquide) et PhisoAc. On pourra les utiliser dans les cas plus bénins, associés aux mesures préventives recommandées plus haut.

Les maladies transmissibles sexuellement

Les maladies transmissibles sexuellement occupent depuis quelques années une position bien en vue dans les médias. On parle de leur état endémique, des ravages qu'elles causent, de leurs cibles préférées, et depuis quelque temps, de prévention.

Les MTS sont d'abord et avant tout des maladies infectieuses, c'est-à-dire qu'elles résultent de l'envahissement de l'organisme par un microbe qui n'y séjourne pas habituellement. Les microbes en question peuvent être des levures ou champignons (dans la candidose par exemple), des bactéries (dans la blennorragie), des virus (l'herpès, le Sida), des protozoaires (la trichomonase) ou encore, dans l'infection au *chlamidia*, un organisme qui présente à la fois des caractéristiques des bactéries et des virus. Certaines vaginites — la moniliase et les vaginites à *gardnerella* — proviennent plutôt d'une croissance exagérée de microorganismes qui séjournent habituellement dans les voies génitales.

Les microorganismes responsables des MTS ont comme caractéristique de se propager à l'occasion de contacts sexuels, c'est-à-dire lorsqu'il y a contact étroit de muqueuses, de sécrétions et dans certains cas de peau (on pense ici aux morpions). Comme pour n'importe quelle autre maladie transmissible, les MTS ne sont pas contagieuses à 100 %, mais il semble qu'elles le soient suffisamment pour toucher une forte tranche de la population. On pourrait toutefois en diminuer fortement l'incidence si on utilisait des moyens préventifs à leur égard, si on décelait les individus atteints et si on traitait correctement les personnes traitables.

Le dépistage et la prévention

Lorsqu'un microorganisme élit domicile chez un nouvel hôte, il provoque la plupart du temps chez ce dernier une réaction. Il occasionnera par exemple une ou des lésions, un écoulement vaginal ou urétral, des douleurs, des démangeaisons, des saignements, l'apparition de ganglions — le plus souvent à l'aine — de la fièvre, de la fatigue, une perte de poids. Tous ces signes sont des incitations directes à consulter un médecin sans tarder. L'apparition de symptômes ne signifie cependant pas que le microorganisme vient tout juste d'élire domicile chez un individu. Il peut s'être écoulé un temps plus ou moins long avant que sa présence se manifeste ; c'est la période de latence, qui pourra aboutir à une maladie « en règle », avec des manifestations claires. Le porteur est cependant dans la plupart des cas contagieux à partir du moment où il est infecté ; il est donc susceptible de répandre sa maladie s'il est actif sexuellement.

Ces maladies silencieuses constituent un problème, d'une part à cause de la contagiosité insoupçonnée, et d'autre part à cause de leur progression insidieuse chez les individus atteints. La maladie pourra en effet se révéler seulement « sur le tard », alors qu'elle a atteint un territoire plus ou moins étendu ; elle est à ce moment beaucoup plus difficile à traiter et elle peut déjà avoir provoqué des effets désastreux, y compris la stérilité.

Toute personne qui se découvre une MTS doit nécessairement avertir son, sa ou ses partenaires sexuels, en désignant clairement la maladie qui la touche et le traitement recommandé par le médecin. Les personnes contactées, pour leur part, devront nécessairement — même si elles ne présentent pas de symptômes — se soumettre à des tests de dépistage et avertir elles-mêmes leurs autres partenaires, s'il y a lieu. Toutes les personnes porteuses doivent être traitées même si elles sont asymptomatiques.

Les personnes qui ont une vie sexuelle très active et plusieurs partenaires auraient avantage (pour une plus grande sécurité), à se soumettre régulièrement à des tests de dépistage. Le recours au condom demeure un moyen efficace de prévention contre la propagation de la plupart des microorganismes.

Tout soupçon de MTS demande qu'un diagnostic soit posé. Un examen clinique, l'analyse des symptômes et l'examen microscopique ou la culture des sécrétions devraient nécessairement faire partie de la démarche. Bien que certaines vaginites présentent un aspect assez caractéristique et qu'un diagnostic exact puisse être posé par un(e) clinicien(ne) expérimenté(e), on préfère en général que le résultat de l'examen soit confirmé par une étude au microscope ou par une culture.

Les Presses de la Santé, dans leur brochure sur les MTS, spécifient « qu'un(e) individu(e) peut avoir plus d'une MTS à la fois. La présence d'une maladie devrait vous inciter, vous et votre médecin, à vous assurer qu'il n'y en a pas une autre, peut-être en répétant certains tests. Le traitement d'une maladie n'en guérit pas nécessairement une autre. »

Le traitement

« Le traitement d'une MTS vise à éliminer le microbe pour éviter qu'il se répande dans l'organisme de la personne infectée ou qu'elle le transmette à une autre personne ; c'est ce qu'on appelle une guérison. D'autres traitements ne guérissent pas la maladie mais soulagent des symptômes comme la douleur ou les démangeaisons. » (les Presses de la Santé). C'est le cas par exemple du traitement de l'herpès.

Le traitement peut être local, surtout dans le cas des vaginites ; voir le texte sur les vaginites, page 831. Il est cependant la plupart du temps systémique : on reçoit alors le médicament oralement ou en injection. Les antibiotiques et certains antibactériens sont les traitements habituels. L'antibiotique sera choisi d'après la sensibilité du microorganisme en cause et la durée du traitement sera déterminée par la nature de l'agent causal, le site de l'infection ainsi que sa gravité.

Il est extrêmement important, lorsqu'on reçoit un traitement d'antibiotique, d'en respecter la prescription, c'est-à-dire la fréquence d'utilisation et la durée. Il faut en effet assurer une présence constante d'antibiotique au site atteint pendant suffisamment longtemps pour enrayer la maladie. Il faut spécifier ici qu'une disparition des symptômes ne signifie pas automatiquement la guérison, celle-ci ne survenant que si le médicament est approprié et que le traitement est suivi jusqu'au bout.

À la suite d'un traitement aux antibiotiques, on devrait se soumettre à un examen de relance et à de nouveaux tests, afin de bien s'assurer que la guérison est complète et pour éliminer le risque de maladie silencieuse.

Il est dommage que les maladies transmissibles sexuellement soient encore considérées par beaucoup comme des maladies honteuses. Comme le soulignent les auteurs des Presses de la Santé, « les MTS sont des maladies infectieuses [...] la plupart de ces maladies sont liées à des comportements humains telles les habitudes alimentaires et les conditions de vie ; les MTS, elles, sont liées à la sexualité. » Comme les autres maladies infectieuses, les MTS exigent qu'on pose à leur égard un diagnostic juste, qu'on entreprenne un traitement adéquat, et qu'on les considère — tout comme la grossesse — comme faisant partie des conséquences possibles de l'activité sexuelle. Ce n'est qu'en respectant ces conditions qu'on parviendra à reprendre le contrôle d'une situation face à laquelle on a trop tendance ou à se fermer les yeux ou à paniquer.

Pour en savoir plus

Les Maladies transmissibles sexuellement, (à commander par la poste en envoyant 2,50 $ à : Les Presses de la Santé, C.P. 1000, Station La Cité, Montréal, H2W 2N1).

Les malaises d'estomac

L'expression « malaises d'estomac » regroupe divers désordres qui atteignent l'estomac et même l'œsophage. Ils ne résultent pas tous d'un excès d'acidité.

L'indigestion, désagréable mais bénigne, se manifeste par des symptômes de lourdeur, de gonflement à l'estomac, de lenteur à digérer, de nausées, parfois de diarrhée et de vomissements ; elle est habituellement le résultat d'une mauvaise hygiène alimentaire : trop d'aliments, des aliments trop gras, des repas pris à la sauvette ou dans des conditions de stress. L'hyperacidité quant à elle est souvent l'indication d'une faiblesse à l'œsophage qui permet le reflux du contenu acide de l'estomac. Il en résulte une sensation de brûlure qui apparaît aussi dans l'ulcère et dans certains cas d'inflammation de la muqueuse stomacale. Enfin, beaucoup de médicaments peuvent également provoquer une gêne digestive : la cortisone, les antibiotiques, les anti-inflammatoires... On pourra alors souffrir de brûlures d'estomac, de crampes abdominales ou de gaz.

Beaucoup d'entre nous recourons aux antiacides pour soulager les malaises d'estomac quels qu'ils soient ; mais les problèmes de lenteur à digérer, de gaz et de crampes ne sont pas soulagés par les antiacides, qui ne possèdent pas d'action de facilitation de la digestion. Leur seul effet est de neutraliser l'acide au niveau de l'estomac et ainsi de soulager la sensation de brûlure qui l'accompagne. Un grand nombre des malaises digestifs n'ont pas vraiment de remède chimique ; on ne peut que les prévenir par une bonne hygiène alimentaire.

Une approche douce

Bien que la mauvaise digestion et l'hyperacidité soient deux entités différentes, on pourra prendre face à elles des mesures préventives similaires :

— manger en quantité raisonnable pour ne pas surcharger l'estomac, l'irriter et lui demander un surplus de travail ;

— choisir des aliments sains, peu ou pas transformés, et qui nous conviennent ; chercher à distinguer les aliments qui provoquent lourdeurs et malaises et les éviter ;

— manger lentement, en mastiquant bien, dans un contexte agréable ;

— apprendre à se détendre, et essayer d'éliminer des éléments de stress de notre vie ; la tension nerveuse a souvent pour effet de ralentir tout le système digestif et de perturber l'équilibre des différentes sécrétions, que ce soit d'acide ou de mucus protecteur (voir en page 650 pour la description de méthodes de détente).

Pour les personnes qui souffrent d'hyperacidité, la cigarette s'avère souvent un facteur précipitant important.

Malgré ces mesures, certaines personnes ont tendance à éprouver de façon chronique ou récurrente des brûlures d'estomac, sans qu'un diagnostic d'ulcère soit posé ; il se peut alors que ces gens soient affligés d'une faiblesse à l'œsophage, qui permet un reflux du contenu de l'estomac. Dans ce cas, les mesures suivantes peuvent s'avérer utiles :

— éviter la consommation de substances comme la caféine, l'alcool, le chocolat, la menthe et même le café décaféiné qui sont irritants pour l'œsophage ;

— prendre de plus petits repas et diminuer sa consommation de gras ; une grande quantité d'aliments dans l'estomac encourage le reflux œsophagien, alors qu'un contenu élevé en gras retarde la digestion ;

— faire de l'exercice modéré peut aider ; par contre les exercices violents, comme la levée de poids, peuvent provoquer un reflux œsophagien ;

— éviter de manger et de boire avant de se mettre au lit, la gravité n'agissant plus pour contrer le reflux. On pourra aussi réduire l'incidence des reflux nocturnes en soulevant la tête du lit à l'aide de blocs d'une dizaine de centimètres.

Lorsqu'on dépasse ses limites et qu'on se retrouve avec un problème d'indigestion, on peut appliquer les mesures suivantes :

— on laisse d'abord l'organisme se reposer en arrêtant de manger jusqu'à ce que la douleur aiguë soit disparue. Puis on se permettra des liquides comme des bouillons clairs ou de l'eau. Quand les liquides seront bien tolérés, on pourra ajouter des aliments faciles à digérer comme du pain grillé, des céréales cuites, des œufs

mollets, des pommes de terre pilées. Puis on ajoutera finalement des viandes bouillies. Il peut être nécessaire d'adhérer à ce régime pour plusieurs jours (jusqu'à deux semaines) pour permettre à la muqueuse de guérir ;
— on se rappellera aussi que beaucoup de repos ainsi que des moments de relaxation permettent à l'organisme de mieux utiliser ses ressources d'énergie et ses pouvoirs de guérison.

Face à un épisode d'hyperacidité et de brûlures d'estomac, bien des gens ont tendance à prendre un verre de lait. Même si ce liquide amène un soulagement à court terme, dans la plupart des cas il provoque dans l'heure qui suit une surproduction d'acide dans l'estomac. Par contre un simple verre d'eau froide peut aider en enlevant l'acide des parois stomacales et en le diluant.

Les antiacides

Face à l'hyperacidité et aux brûlures d'estomac, on peut recourir, en plus des mesures mentionnées plus haut, aux antiacides. Ils peuvent parfois aider et soulager la douleur jusqu'à ce que la muqueuse gastrique se régénère. Mais en aucun cas ne devrait-on recourir à une telle aide pour de longues périodes sans avoir consulté un médecin. Des brûlures d'estomac qui demandent l'usage d'antiacides pendant plus de 10 à 15 jours peuvent être le signe de problèmes graves — un ulcère, une hernie hiatale, une œsophagite — qui nécessiteront fort probablement l'usage de ces médicaments ou d'autres, mais de façon continue et sous supervision médicale cette fois.

On ne peut considérer tous les antiacides de la même façon ; certains sont plus sûrs que d'autres. Les produits contenant un mélange d'hydroxyde d'aluminium et de magnésium ou du magaldrate sont les meilleurs. Ils soulagent efficacement la douleur associée à une trop grande sécrétion d'acide et lorsqu'ils sont utilisés à forte dose, ils offrent suffisamment de pouvoir de neutralisation pour favoriser la guérison des ulcères. On considère généralement la forme liquide comme plus efficace que les comprimés ; si on utilise ces derniers, il est très important de bien les mâcher. Les produits suivants sont recommandables : Maalox, Gelusil, Univol, Kolantyl gel, Mylanta-2-simple, Riopan et Amphojel ; le lait de magnésie seul est aussi un bon antiacide ; il occasionne cependant plus de diarrhée que les mélanges.

Certains antiacides contiennent, en plus des hydroxydes de magnésium et d'aluminium, un antiflatulent qui aurait pour effet d'absorber les gaz. Ces produits n'ont cependant pas d'efficacité reconnue et n'ajoutent pas au pouvoir de neutralisation de l'acidité. Malgré le fait qu'ils ne soient pas dangereux, on les considère comme inutiles et ils augmentent sans raison le prix de l'antiacide. Les produits suivants en contiennent : Di-Gel, Gelusil-2, Maalox-Plus, Mylanta et Mylanta-2.

Plusieurs antiacides populaires contiennent soit du bicarbonate de soude, soit du carbonate de calcium. Ces deux produits sont d'efficaces neutralisants, mais ils présentent des désavantages. Le bicarbonate de soude agit rapidement, mais très brièvement ; de plus, il passe dans le sang, et s'il est utilisé de façon régulière, surtout chez les patients présentant une insuffisance rénale, il peut perturber l'équilibre sanguin et créer une alcalose, provoquer un déséquilibre du taux sanguin de calcium ainsi qu'une surcharge de sodium. Il est déconseillé chez toutes les personnes devant respecter une diète pauvre en sel. Quant au carbonate de calcium, il passe lui aussi dans la circulation sanguine et peut à la longue provoquer une alcalose et un déséquilibre du taux de calcium. Il peut de plus causer de la constipation et des calculs rénaux chez les personnes ayant une insuffisance rénale. Il possède cependant l'avantage d'avoir un effet prolongé et peut être utilisé de façon occasionnelle. Tous les deux, enfin, peuvent provoquer un rebond d'acidité, c'est-à-dire une recrudescence de la sécrétion d'acide après la première action de neutralisation. On n'en recommande pas l'usage de façon générale, et encore moins chez les patients souffrant d'insuffisance rénale ou cardiaque. Les produits suivants contiennent du bicarbonate de sodium et ne devraient pas être employés : Alka-Seltzer, Bromo-Seltzer, Eno. On évitera aussi les Rolaids qui contiennent beaucoup de sodium. Quant aux produits ayant comme principal ingrédient actif le carbonate de calcium, ils ne peuvent servir que de façon occasionnelle : Camalox, Titralac, Bisodol et Tums.

La ménopause

La ménopause se manifeste par la fin des menstruations ; c'est en même temps le terme de la capacité reproductive de la femme : elle ne peut en effet plus avoir d'enfants, puisque ses ovaires cessent alors de produire des ovules fécondables. On ignore pourquoi exactement ce phénomène se produit ; en effet, sur les 500 000 ovules contenus à la puberté dans les ovaires, il en reste encore un grand nombre qui pourraient se développer et parvenir à maturité. Mais à un moment donné, malgré la stimulation de l'hypophyse, les ovaires se « mettent en grève ». La fin de l'ovulation signifie aussi, pour la femme, une diminution importante de la sécrétion des hormones féminines, qui étaient produites par le follicule entourant l'ovule en développement.

L'âge de la ménopause

La ménopause est, comme la puberté, une étape normale de la vie ; sa caractéristique première est l'arrêt des menstruations, qui survient en moyenne à 51,4 ans chez les Nord-Américaines. Pour certaines, ce phénomène arrive presque subitement, sans avertissement ; pour d'autres, la fonction ovarienne s'étiole pendant des mois ou des années. Dans un cas comme dans l'autre, le vécu peut être fort différent ; pour environ 20 % des femmes, la transition entre la fertilité et la stérilité se fait sans heurts ni symptômes, pour les deux tiers des femmes, il y a plus ou moins de désagréments pendant des périodes variables tandis que pour près de 10 % des femmes, les symptômes sont à ce point nombreux ou impressionnants qu'ils empêchent à certains moments les activités habituelles.

Plus une femme a eu tôt ses premières menstruations, plus elle risque d'avoir tard sa ménopause. Un bon état de santé retarde la ménopause. Par ailleurs, l'hérédité joue un rôle sur le moment où survient ce phénomène biologique.

Un phénomène polymorphe

La préménopause et la ménopause peuvent s'accompagner de symptômes très variés, dont les plus importants sont les suivants :
— l'irrégularité menstruelle (règles survenant plus tôt ou plus tard que de coutume, flux menstruel plus ou moins abondant) jusqu'à un arrêt complet des menstruations ;
— des bouffées de chaleur ;
— des étourdissements ;
— des nausées ;
— des démangeaisons aux organes génitaux ;
— une augmentation de poids ;
— de la sécheresse du vagin ;
— des infections vaginales ou urinaires ;

— de la nervosité et de l'irritabilité ;
— des idées dépressives ;
— de l'insomnie ;
— de l'ostéoporose (les os qui deviennent poreux et cassants) ;
— de l'athérosclérose (des dépôts de gras dans les artères) ;
— un éclaircissement des cheveux ;
— une perte d'élasticité de la peau.

Dans cette longue liste, il n'y a que les bouffées de chaleur qui soient spécifiques à la ménopause. Les autres symptômes peuvent survenir dans d'autres circonstances, en particulier à l'occasion de certaines maladies.

Les bouffées de chaleur surviennent chez 60 à 90 % des femmes ménopausées, et elles sont très marquées dans environ 30 % des cas. Les bouffées suivent généralement le déroulement suivant : la sensation de chaleur commence sur le thorax, monte ensuite au cou puis à la figure et semble finalement sortir par l'arrière de la tête. Le flux de chaleur active les glandes sudoripares, ce qui provoque une abondante transpiration bientôt suivie d'un frisson. Les bouffées sont parfois accompagnées de rougeurs en plaques, d'étourdissements et de froideur des mains et des pieds.

La peau et les tissus sous-jacents sont affectés par la diminution d'œstrogènes. De lisse et douce qu'elle était, la peau de la femme ménopausée devient plus fine, sèche et inélastique. Elle est souvent le siège de démangeaisons qu'aucune maladie ne permet d'expliquer. Quant aux autres tissus, ils semblent progressivement fondre, en particulier les muscles dont les fibres se nourrissent moins bien en l'absence d'œstrogènes. Il n'en va cependant pas de même pour la graisse, qui s'accumule plus facilement, peut-être à cause d'un ralentissement fréquent de l'activité générale.

On remarque souvent chez les femmes d'un certain âge une tendance à avoir le dos de plus en plus voûté ; un peu plus tard, on note aussi une plus grande facilité à subir des fractures, même à la suite de chutes légères. Tout cela s'explique par le fait qu'environ 25 % des femmes ménopausées souffrent d'ostéoporose, c'est-à-dire que leurs os se décalcifient. Les œstrogènes jouent un rôle important dans le métabolisme du calcium et lorsqu'ils ne sont plus présents en aussi grande quantité dans l'organisme, le calcium ingéré se dépose moins facilement dans les os et passe directement dans les urines. Ce phénomène de décalcification est particulièrment important au début de la ménopause pour ralentir vers l'âge de 65 ans. Les os s'amincissent, deviennent moins solides et se brisent plus facilement. Les vertèbres se tassent les unes sur les autres, ce qui se traduit par une courbure plus marquée du dos et entraîne des douleurs dans le bas du dos.

Si l'ostéoporose n'est pas une maladie exclusivement féminine, il demeure tout de même que ce sont surtout les femmes qui sont atteintes, principalement à cause du fait qu'elles disposent au départ d'une masse osseuse plus faible. Aussi les femmes frêles dont la structure osseuse est fragile en sont plus souvent victimes : on comprend que la moindre perte a plus de répercussions lorsque le capital de départ est faible. On croit aussi que l'hérédité joue un rôle de même que l'appartenance à la race blanche. D'autres facteurs contribuent en plus au bilan osseux : une alimentation riche en protéines et le fait de consommer régulièrement de l'alcool ou du tabac ont une influence négative. La pratique régulière d'exercice physique a pour sa part un effet positif, car l'exercice stimule la fixation du calcium sur les os.

Bien que notre compréhension de ce phénomène demeure insuffisante, nous savons que des mesures visant à augmenter la masse osseuse demeurent le meilleur moyen de limiter les désastres de l'ostéoporose (voir un peu plus loin « le calcium »). L'ostéoporose est en effet jusqu'ici difficilement réversible ; on peut cependant la prévenir dans une certaine mesure ou bien en ralentir la progression.

Comme on le sait, les œstrogènes jouent un rôle de premier plan dans le développement des organes génitaux et des caractères sexuels de la femme, à la puberté. Par la suite ils assurent leur maintien et permettent la procréation. L'absence de ces hormones ne peut donc survenir sans de multiples conséquences au niveau des organes féminins. En premier lieu, la procréation n'est plus possible. Puis les seins deviennent tombants, mous et d'un volume inférieur à ce qu'ils étaient auparavant. Ceci s'explique en partie par les modifications subies par les cellules, mais aussi par la presque totale disparition des canaux qui servaient à transporter le lait ; ces canaux assuraient une certaine fermeté aux seins. Au niveau du pubis, la graisse qui donnait ses contours à cette partie du corps disparaît. De même, les grandes lèvres semblent littéralement fondre, le vagin se rétrécit et la muqueuse qui en recouvre l'intérieur devient beaucoup plus fragile et facilement blessable ; des irritations y surviennent plus souvent et beaucoup de femmes se plaignent de démangeaisons. Même les ligaments qui tenaient en place les diverses structures internes perdent de leur force, ce qui provoque l'apparition fréquente de descentes d'organes, qu'il s'agisse de la vessie, de l'utérus ou même du rectum.

Certains des symptômes énumérés plus haut concernent le comportement. Les quelques recherches effectuées dans ce domaine démontrent de plus en plus clairement que ces symptômes ne sont pas seulement liés à la baisse des hormones féminines, mais qu'ils sont en grande partie la conséquence de notre attitude sociale vis-à-vis de la ménopause. Une société qui tend encore à considérer les femmes comme des objets sexuels manifeste — subtilement ou brutalement — son rejet aux femmes qui perdent leur jeunesse et contribue de façon certaine au développement des sentiments de dépression et d'insécurité qui accompagnent souvent cette période de la vie. On peut sans doute difficilement envisager avec un complet détachement la perte de sa jeunesse, surtout dans une société qui valorise tellement la jeunesse des corps et leur beauté plastique. Dans d'autres sociétés où la sagesse de l'âge est valorisée, les femmes traversent beaucoup plus sereinement la ménopause et n'y éprouvent que de rares symptômes.

Une approche douce pour la ménopause

« Dans leur propre intérêt, les femmes devraient essayer de trouver leur juste équilibre entre un recours trop rapide aux médicaments et une certaine négligence face à des malaises incommodants. » Cette recommandation est tirée d'une publication du Conseil du Statut de la femme intitulée *La ménopause, parlons-en, parlons-en mieux* ; elle nous semble traduire le bon sens qui devrait inspirer les femmes ménopausées. En effet, il ne s'agit pas de nier les changements qui se produisent dans l'organisme à cette période de la vie ; il ne s'agit pas non plus de les exagérer et d'entreprendre des traitements qui risquent, à long terme, de faire plus de tort que de bien. Il existe des moyens naturels pour faire face aux désagréments de la ménopause et pour réduire les conséquences à long terme de la diminution des œstrogènes chez la femme ménopausée.

La sympathie du milieu : la ménopause n'est pas une maladie ; les femmes devraient parler de ce qu'elles ressentent à leur entourage, qui pourra alors mieux les comprendre et les aider. À cet âge, beaucoup de femmes se remettent en question de façon plus aiguë et cherchent les moyens de trouver une place convenable dans la société ; elles ont particulièrement besoin de se sentir utiles et appréciées. Les hommes du même âge sont fréquemment au sommet de leur carrière, en pleine productivité, alors que les femmes finissent d'élever leurs enfants et n'occupent souvent, quand elles travaillent à l'extérieur, que des postes subalternes.

Les événements que nous vivons n'ont que rarement une réalité objective ; en fait, dans l'immense majorité des cas ils sont ce que nous en percevons. Les femmes qui voient la ménopause comme une catastrophe, comme un pas de géant vers la mort ou comme une maladie, ont de fortes chances de vivre leur ménopause dans ce contexte ; par contre, celles qui perçoivent cette étape de leur vie comme une sorte de libération — de la crainte de la grossesse, des soins aux enfants…— y trouvent effectivement du temps pour se réaliser plus pleinement et enfin s'occuper d'elles-mêmes. En fait, la ménopause constitue une étape importante de la vie et du vieillissement ; elle confronte les femmes à différents niveaux : existentiel, social, familial, etc., et sera vécue de façon plus ou moins heureuse d'après les réactions et les attentes des différents milieux dans lesquels se trouve insérée la femme, et aussi d'après la façon dont la femme envisage le vieillissement.

L'activité physique : la plupart d'entre nous faisons trop peu d'exercice physique et mangeons trop par rapport à nos besoins. Malgré un tel régime de vie, nous réussissons, en apparence tout au moins, à fonctionner tant bien que mal. Mais ces besoins fondamentaux — de bouger, de dépenser autant de calories que nous en consommons — deviennent impérieux à la ménopause, sans quoi la femme se met souvent à engraisser rapidement et surtout ses os commencent à se décalcifier. De nombreuses expériences ont montré que l'exercice physique régulier — un minimum de quatre ou cinq kilomètres de marche rapide ou de course trois fois par semaine, par exemple — empêchait l'installation de l'ostéoporose et arrêtait la progression de ce phénomène quand il était commencé. La pratique de diverses activités physiques fournit aussi à la femme des occasions de rencontrer d'autres personnes en même temps que cela lui permet d'oublier ses malaises et de vivre plus pleinement.

La vitamine E : dans les années 40 et 50, la vitamine E était souvent prescrite par les médecins pour les troubles de la ménopause. Par la suite, ils ont préféré mettre ce traitement de côté pour utiliser de plus en plus souvent l'hormonothérapie, qu'ils considéraient comme un traitement plus prestigieux ; il ne peut en effet être pris que sur ordonnance médicale, alors qu'on peut acheter la vitamine E sans ordonnance.

Chez les gens qui cherchent une solution de rechange aux médicaments, la vitamine E gagne constamment en popularité pour le traitement de diverses affections, y compris les malaises de la ménopause. Il y a quelques années, la revue *Prevention*, aux États-Unis, a mené une enquête auprès de ses lecteurs ; cette recherche, qui portait sur les effets de la vitamine E sur les problèmes cardio-vasculaires, a suscité 10 000 réponses. Or, spontanément — sans que le questionnaire ne pose de questions spécifiques sur le sujet — 2 000 femmes ont mentionné qu'elles avaient bénéficié à divers titres d'un supplément de vitamine E pendant leur ménopause ; elles avaient moins de bouffées de chaleur, les crampes dont elles souffraient disparaissaient, elles jouissaient de plus d'énergie. Ces femmes consommaient en moyenne 800 unités de vitamine E par jour. Dans l'alimentation, les meilleures sources de vitamine E sont le germe de blé, les fèves soya, les huiles végétales, le brocoli, les choux de Bruxelles, les légumes feuillus, le blé entier, les céréales de blé entier et les œufs.

Le calcium : pendant les 15 à 20 ans qui suivent la ménopause, certaines femmes perdent jusqu'à 30 % de leur masse osseuse. Le Dr Robert Heaney, de l'Université Creighton au Nebraska, a étudié ce phénomène. D'après lui, une femme peut éviter la décalcification par trois mesures :

1) en augmentant sa consommation de calcium ;
2) en équilibrant sa diète, puisqu'une trop grande consommation de protéines amène une déperdition de calcium ; la caféine, l'alcool et les phosphates contenus dans les eaux gazeuses provoquent, dans une moindre mesure, le même phénomène ;
3) en faisant des exercices physiques vigoureux.

Les besoins en calcium semblent se situer, pour une femme ménopausée, aux environs de 1 500 mg par jour. Les aliments qui en contiennent beaucoup sont le lait et les produits laitiers, les fèves soya, les sardines, le saumon, les arachides, les pacanes, les graines de tournesol, les fèves et les légumes verts ; il faut cependant noter que la plupart de ces aliments sont fort riches en protéines et en calories, d'où la difficulté d'équilibrer son alimentation quand on veut en consommer beaucoup. Le calcium peut aussi se prendre en comprimés. (Voir à la page 160 d'autres informations sur les moyens d'augmenter sa consommation de calcium et sur les divers suppléments.)

L'activité sexuelle : une activité sexuelle régulière contribue à maintenir les organes sexuels en bonne santé. Au besoin, les femmes qui souffrent de sécheresse vaginale peuvent utiliser un lubrifiant commercial ; elles éviteront cependant ceux qui contiennent des hormones, car celles-ci sont absorbées dans l'organisme et peuvent avoir des effets ailleurs qu'au vagin.

Tant que ses menstruations n'ont pas arrêté depuis une année complète, la femme peut encore avoir des ovulations et par conséquent devenir enceinte ; aussi celle qui ne veut pas d'enfants doit-elle continuer à utiliser une méthode contraceptive. Il faut cependant noter que la pilule contraceptive présente beaucoup de dangers à cet âge et que les méthodes fondées sur la régularité du cycle menstruel perdent toute valeur ; le condom et le diaphragme peuvent être une solution, de même que le stérilet — pour celles qui ne font pas d'hémorragies. À cet âge, beaucoup de couples optent pour une stérilisation, par vasectomie ou par ligature des trompes.

Le traitement médical

Avec la fin des ovulations survient incontestablement une diminution importante de la production des œstrogènes chez la femme. Cette baisse d'œstrogènes est reliée à l'apparition d'un certain nombre de symptômes. La tentation était forte d'essayer de compenser cette baisse d'œstrogènes endogènes (produits par la femme) par un apport d'œstrogènes de l'extérieur. Avant les années 1960, les médecins ont utilisé ce traitement sur des cas isolés, pour des femmes qui étaient très affectées par leur ménopause ; mais, en 1966, le Dr Robert Wilson publiait un livre qui promettait presque la jeunesse éternelle aux femmes grâce aux œstrogènes. Ce livre qui devint rapidement un best-seller provoqua une forte demande de traitements hormonaux. Les ventes de Premarine, un extrait d'hormones préparé à partir d'urine de juments enceintes, quadruplèrent en quelques années. Aujourd'hui, les médecins disposent aussi d'œstrogènes synthétiques.

Pendant quelques années, le traitement aux hormones n'a semblé présenter aucun inconvénient majeur ; « la biochimie moderne a doté le médecin du pouvoir de conserver à la femme, dans une assez large mesure, sa vitalité et même sa beauté », pouvait-on lire dans un livre de pharmacologie de l'époque. Mais, en 1975, les mauvaises nouvelles sont arrivées : l'utilisation des œstrogènes à la ménopause pendant plus d'un an augmentait nettement le risque de cancer de l'utérus. À la suite de cette découverte, les médecins ont rapidement réagi et sont vite retombés sur leurs pieds ; ils ont diminué considérablement les doses d'œstrogènes qu'ils donnaient, car effectivement les premières doses étaient considérables ; et depuis peu, ils donnent en même temps une autre hormone, la progestérone, qui semble protéger des effets négatifs des œstrogènes. Tout cela leur permet de dire qu'il n'y a plus lieu de s'inquiéter des dangers de l'hormonothérapie à la ménopause.

Pour tenter de faire le point sur le sujet, le *National Institute on Aging* des États-Unis a convoqué, il y a quelques années, 250 personnes — des médecins, des chercheurs et des consommateurs — à une « conférence pour arriver à un consensus sur l'usage des œstrogènes chez les femmes ménopausées ». La plupart des conclusions de cette conférence s'appliquent toujours :

— La recherche confirme que les œstrogènes sont efficaces pour le soulagement des bouffées de chaleur ; cependant, l'usage de ces hormones ne devrait être réservé qu'aux femmes qui présentent les symptômes les plus graves et qui tiennent vraiment à ce traitement. Avec le temps, les bouffées de chaleur surviennent de moins en moins souvent, aussi le traitement ne devrait-il pas être indûment prolongé.

— Les œstrogènes sont efficaces pour le soulagement des symptômes vaginaux (sécheresse, démangeaisons). Les œstrogènes contenus dans certaines crèmes vaginales utilisées pour le traitement de ces symptômes se retrouvent rapidement dans le sang et peuvent avoir les mêmes effets dant tout l'organisme que les hormones prises en comprimés.

— On ne connaît pas l'effet des œstrogènes sur le cœur et les vaisseaux sanguins ; il n'y a pas de preuves que ces hormones augmentent les risques de crises cardiaques. Mais il n'y a pas de preuves non plus qu'elles les diminuent, ce qu'on leur a souvent attribué comme effet.

— Il n'y a rien qui justifie l'usage des œstrogènes pour le traitement des problèmes psychologiques ressentis à la ménopause.

— L'usage des œstrogènes augmente très certainement le risque de cancer utérin. Après deux à quatre ans d'usage de ces hormones, le risque de cancer est multiplié par 4,5 à 13,9, par rapport aux non-utilisatrices. Plus la femme utilise longtemps ces hormones et plus les doses sont élevées, plus le risque de cancer augmente.

— Des études ont montré que l'usage simultané de progestérone diminuait le risque de cancer utérin ; cependant, on ne connaît pas encore les effets à long terme que pourrait avoir ce traitement chez les femmes d'âge moyen.

— La plupart des recherches ne montrent pas d'augmentation du cancer du sein avec l'usage des hormones ; cependant, le doute demeure car les œstrogènes peuvent causer ce type de cancer chez les animaux.

Une de leurs conclusions a toutefois été dépassée depuis. Alors qu'ils s'interrogeaient encore sur l'efficacité des œstrogènes sur l'ostéoporose, on sait aujourd'hui que la prise de ces hormones retarde l'apparition du processus d'ostéoporose. Il faut, pour que cet effet se manifeste, que le traitement soit instauré en deçà de 4 ans du début de la ménopause et qu'il soit poursuivi de 10 à 15 ans, sinon il n'a pas sa raison d'être. Il doit de plus être accompagné d'une ingestion suffisante de calcium.

Afin de contrer le risque de cancer utérin, les femmes qui ont encore leur utérus et qui utilisent les œstrogènes auront intérêt à prendre de la progestérone 10 jours par mois ; l'emploi de cette hormone peut cependant entraîner un certain nombre de problèmes, notamment dans le métabolisme du sucre (provoquant une sorte de diabète) et dans le métabolisme des graisses, avec danger d'hypertension artérielle et de maladie cardiaque.

Les participants à la conférence se sont mis d'accord pour conclure leur étude en disant qu'il n'y avait pas de règle uniforme qui permette de prendre la décision d'entreprendre ou non un traitement aux hormones ; c'est à chaque femme de s'informer au maximum et de bien peser le pour et le contre de ce traitement. Les médecins les plus prudents réservent cette forme de thérapie aux femmes qui présentent des symptômes importants et qui ne peuvent en venir à bout par d'autres moyens ; ils le suggèrent aussi à celles qui viennent d'une famille où les problèmes d'ostéoporose ont été fréquents, aux femmes à l'ossature délicate qui ne font pas beaucoup d'activité physique, aux patientes qui sont traitées aux corticostéroïdes à long terme et enfin aux femmes chez qui on a provoqué une ménopause précoce et artificielle par l'enlèvement chirurgical des ovaires. Pour avoir un effet sur l'ostéoporose, le traitement aux œstrogènes doit cependant être commencé suffisamment tôt, c'est-à-dire moins de 3 ans après les dernières menstruations et il doit nécessairement être associé aux mesures dont il a été question auparavant.

L'ingestion d'œstrogènes (avec ou sans progestérone) ne règle pas automatiquement tous les problèmes liés à la ménopause ; les autres mesures que nous avons proposées, et surtout la consommation d'une quantité suffisante de calcium continuent à être de mise (voir le texte sur le calcium, à la page 160).

Les menstruations difficiles

Durant toute la période de leur vie où elles peuvent avoir des enfants, c'est-à-dire de l'adolescence à la ménopause, les femmes ont chaque mois des pertes sanguines plus ou moins abondantes et plus ou moins longues, les menstruations. C'est un phénomène physiologique important dans leur vie, qui présente de grandes variations d'une femme à l'autre, mais aussi chez une même femme, selon les divers moments de sa vie. Pour la plupart des femmes, les menstruations n'occasionnent pas de problèmes particuliers. Certaines peuvent cependant voir, à l'occasion, leur cycle menstruel profondément perturbé ou leurs menstruations très altérées ; dans le cas d'un changement subit et important, surtout s'il est associé à d'autres symptômes, il peut être préférable de consulter. Par ailleurs, une certaine proportion de femmes éprouvent chaque mois, pendant des périodes plus ou moins prolongées de leur vie, des difficultés liées aux menstruations qui ne mettent ni leur vie ni leur santé en danger, mais peuvent s'avérer fort désagréables et même débilitantes. Ces problèmes peuvent survenir *avant* les menstruations, et on parle alors du syndrome prémenstruel, ou *pendant* les menstruations mêmes.

Le syndrome prémenstruel

Pendant la période qui précède les menstruations, nombre de femmes éprouvent des malaises variés plus ou moins incommodants. Longtemps les médecins ont nié les liens qui pouvaient exister entre le cycle menstruel et les symptômes ressentis pendant cette période ; ils attribuaient les malaises de leurs patientes à la tendance « naturelle » des femmes à se plaindre ! Devant l'évidence fournie par certaines recherches, qui ont mis en lumière les rapports entre ces symptômes et les bouleversements hormonaux du cycle menstruel, peut-être surtout devant la perspective de se trouver une autre « maladie » à traiter, les médecins ont évolué et ont commencé à parler du « syndrome prémenstruel », c'est-à-dire d'un ensemble de signes physiques et de symptômes ressentis par un certain nombre de femmes dans les sept à dix jours qui précèdent le début de leurs menstruations. Après le déni, on penche maintenant vers la surmédicalisation, et de plus en plus de femmes réagissent à cette tendance. Ainsi une psychiatre de l'Université de la Colombie-Britannique, le Dr Susan Penfold, s'indigne du fait qu'on utilise le syndrome prémenstruel « comme un autre prétexte pour accuser les femmes de souffrir de débalancements hormonaux ». D'après elle, les médecins continuent à répandre l'idée que les médicaments constituent le meilleur traitement du syndrome prémenstruel même s'il y a fort peu d'éléments qui supportent l'hypothèse des causes biologiques, alors que de l'autre côté on a plein d'indices qui appuient l'hypothèse de causes socio-environnementales des symptômes ressentis par les femmes.

Quelle qu'en soit l'origine, il est certain que beaucoup de femmes éprouvent un certain nombre de malaises avant leurs menstruations. Quand ces malaises commencent abruptement, quand ils ont tendance à aller en s'aggravant, quand ils ne répondent pas aux mesures prises pour les soulager, c'est une bonne idée de consulter un médecin pour vérifier s'il n'existe pas une pathologie des organes génitaux. En règle générale cependant, le syndrome prémenstruel *n'est pas une maladie*, et il peut se corriger par des mesures relativement simples à la portée de toutes.

Les malaises les plus souvent éprouvés sont les suivants :
— une rétention d'eau (de l'œdème) qui peut se traduire par un gain de poids de quelques kilos ou une sensation de gonflement ou les deux ;
— une sensibilité ou un gonflement des seins ou les deux ;
— des maux de tête, parfois sous forme de migraine ;
— des douleurs dans le bas du dos ou des douleurs lancinantes dans les muscles ou les deux ;
— l'aggravation des autres problèmes de santé, comme l'asthme ou la dépression ;
— des envies de consommer certains aliments, en particulier des sucreries ;
— de l'irritabilité ;
— un état dépressif, qui peut se traduire par des crises de larmes ou un sentiment de morosité ;
— de l'anxiété sans raison apparente ;
— une certaine léthargie, un manque d'entrain.

Quand ces symptômes reviennent mois après mois, à peu près toujours au même moment avant les menstruations, on peut sans hésiter faire le lien avec le cycle menstruel. Chaque femme ne ressent heureusement pas tous ces symptômes ; mais pour chacune l'association d'un certain nombre de symptômes physiques et psychologiques est possible, sans qu'il soit nécessairement question d'une maladie à traiter.

Les douleurs menstruelles

La plupart des femmes éprouvent des douleurs menstruelles plus ou moins importantes. Paula Weideger écrit que « bien des femmes qui disent ne pas avoir de crampes menstruelles veulent souvent dire qu'elles n'éprouvent pas de douleurs débilitantes. C'est rare de rencontrer une femme qui n'a jamais eu de telles crampes... Cinquante à 75 % de toutes les femmes éprouvent des crampes menstruelles. » Il semble que pour environ 10 % des femmes, les douleurs soient si intenses qu'elles les empêchent de se livrer à leurs occupations habituelles. La dysménorrhée — c'est ainsi que les médecins nomment les règles douloureuses — serait la cause la plus fréquente d'absence aux études et au travail, chez les femmes. C'est donc un phénomène important, mais qui ne justifie pas les préjugés qu'on entretient face à la capacité des femmes d'occuper un emploi important ; comme le demandent les femmes du Collectif de Boston pour la santé des femmes, « la menstruation ou le syndrome prémenstruel affectent-ils notre efficacité ? Nous empêchent-ils d'occuper des postes de responsabilité ? C'est incroyable que nous en soyons écartées pour cette raison, alors que les hommes, plus enclins à des maladies graves comme les problèmes cardiaques, occupent toujours des postes de responsabilité. »

Quand on parle de douleurs menstruelles, il est fort important de distinguer les douleurs primaires des secondaires. Dans le premier cas, ces douleurs sont causées par le phénomène même de la menstruation et elles débutent avec les premières règles ou dans les mois qui les suivent, au moment où les cycles deviennent ovulatoires ; dans le cas des douleurs secondaires, elles commencent à n'importe quel moment de la vie d'une femme et sont associées à d'autres problèmes de santé, dont quelques-uns peuvent être très graves. Ainsi, la salpingite, qui est une infection des trompes de l'utérus, peut provoquer des douleurs menstruelles et d'autres symptômes comme de la fièvre, des nausées et des pertes vaginales. L'endométriose — cette maladie dans laquelle des cellules de l'utérus s'implantent et se développent ailleurs que dans l'utérus —, le rétrécissement du col et les fibromes utérins sont d'autres maladies qui peuvent perturber le cycle menstruel et causer des douleurs au moment des menstruations. Une femme qui constate que le déroulement de ses menstruations change subitement devrait consulter un médecin pour éliminer l'hypothèse de ces maladies.

Les douleurs primaires — celles qui affectent la majorité des femmes — sont habituellement du type spasmodique ou du type congestif ; dans le premier cas, elles surviennent sous forme de crampes aiguës localisées dans le bas-ventre et à l'intérieur des cuisses ; ces douleurs qui reviennent périodiquement persistent un ou deux jours. D'ordinaire ce sont les jeunes femmes qui en souffrent, car avec les années, les douleurs ont tendance à s'amoindrir spontanément, en particulier après une grossesse. Pour leur part, les douleurs congestives s'accompagnent souvent d'œdème ; elles commencent habituellement un peu avant les menstruations. C'est une douleur tenace et durable qui survient en même temps que les autres symptômes du syndrome prémenstruel : sensibilité aux seins, maux de tête, douleurs dans le bas du dos. Une fois que le flux menstruel est bien commencé, les douleurs disparaissent habituellement vite ; cependant, au contraire des douleurs spasmodiques, elles ont tendance à s'accentuer avec l'âge, jusqu'à la ménopause. Bien des femmes éprouvent des malaises qui ne se classent pas facilement dans l'une ou l'autre catégorie.

Les douleurs menstruelles semblent en grande partie causées par le fait que beaucoup de femmes produisent une surabondance de prostaglandines pendant leurs menstruations ; ces substances agissent sur les muscles lisses — dont l'utérus — où elles provoquent des contractions. D'autres facteurs jouent aussi certainement un rôle dans l'apparition de ces douleurs. Les dispositifs intra-utérins, utilisés pour la contraception, provoquent une augmentation de la sécrétion des prostaglandines. Certaines femmes ont plus de douleurs quand elles utilisent des tampons. La constipation — qui peut s'aggraver à cette période du cycle — contribue aussi parfois à une augmentation des douleurs.

Prévenir dans la mesure du possible

Les femmes qui jouissent d'un bon état de santé souffrent généralement moins de troubles menstruels. Peut-être faut-il avant tout retrouver sa bonne forme avant d'envisager toute autre mesure. De toute façon, les moyens suivants ont permis de diminuer considérablement les douleurs menstruelles chez plusieurs d'entre celles qui les ont essayés :

l'activité physique : nombre de celles qui commencent à s'adonner régulièrement à une activité physique (sous forme de gymnastique ou de sport) constatent rapidement une diminution de leurs symptômes, notamment une diminution de la rétention d'eau et des douleurs aux seins. L'exercice activerait la circulation au niveau de la région génitale et permettrait un drainage plus rapide des prostaglandines. L'exercice violent comme la course à pied provoque d'ailleurs une diminution de la production des hormones féminines et par conséquent des bouleversements moindres au moment des menstruations. Certains thérapeutes ont mis au point des exercices précis pour le soulagement des divers malaises liés aux menstruations ; on trouvera notamment dans le livre *Crampes et malaises menstruels*, écrit par le Dr Marcia Storch et Carrie Carmichael (Québec/Amérique, 1984), une excellente série de tels exercices ;

une diète balancée assure tous les nutriments nécessaires au bon fonctionnement des organes. Riche en fibres alimentaires, elle empêche la constipation. Les aliments qui contiennent beaucoup de calcium aideraient à prévenir les crampes ; (voir page 160 une liste des aliments contenant du calcium) ; il semble que beaucoup de femmes obtiennent un bon résultat de l'ingestion régulière de dolomie (un supplément naturel de calcium et magnésium) une semaine avant les menstruations. Les femmes qui souffrent de divers symptômes prémenstruels sont aussi souvent soulagées par le retrait de leur alimentation des aliments sans valeur, en particulier ceux qui contiennent beaucoup de sucre, d'additifs chimiques et de colorants artificiels. Le sel et les aliments salés (fromages, conserves, aliments préparés) accentuent la rétention d'eau et l'œdème et peuvent également être éliminés avec profit, durant cette période. Le café, le thé et tous les produits (médicaments, boissons gazeuses, etc.) qui contiennent de la caféine devraient être retranchés de la diète. Les femmes souffrant de kystes aux seins qui s'astreignent à ces corrections voient souvent disparaître presque totalement leurs kystes. La consommation d'aliments qui ont un effet diurétique (qui font éliminer l'eau de l'organisme) peut aussi aider à diminuer l'œdème ; le chou, le cresson, le concombre, l'ananas, le persil, le melon d'eau, les raisins et les tisanes de pissenlit, de camomille et de sassafras ont des vertus diurétiques ;

la chaleur : les bains chauds ou les coussins électriques, ou les deux, aident souvent celles qui se plaignent de douleurs musculaires ou de tension ; les massages peuvent aussi avoir le même effet ;

la sympathie : les symptômes psychologiques affectent le comportement et les relations avec les autres ; pour que l'entourage comprenne et ne réagisse pas trop négativement, c'est une excellente idée de l'informer de ses variations cycliques et des effets qui en découlent sur ses humeurs. En particulier, le conjoint prévenant tirera profit de cette in formation, car certaines femmes n'ont pas le goût de faire l'amour au cours de cette période, d'autres qui ont les seins sensibles éprouvent des douleurs lors des caresses ;

la contraception : les femmes qui ne veulent pas être enceintes et qui n'utilisent pas régulièrement de méthode contraceptive attendent souvent leurs menstruations avec anxiété, ce qui contribue à augmenter la tension nerveuse et la douleur. Il est donc important d'adopter une méthode contraceptive qui nous convienne, car on sait que l'efficacité d'une méthode dépend en bonne part de son acceptation ; pour plus de détails sur les différentes techniques contraceptives, voir le texte sur la contraception, page 710.

Quand les douleurs sont là

Il n'y a pas de médicament qui ne présente des dangers. Avant de faire appel aux médicaments, il vaut toujours mieux tenter ces autres mesures qui, si elles n'aident pas, ont tout au moins le mérite de ne pas nuire :

— *l'activité physique* : Sandra Ritz, une infirmière qui collabore régulièrement à la revue *Medical Self Care*, écrit : « Vous mettre au lit est la pire chose que vous puissiez faire... Pas besoin d'être coureuse de marathon ou championne de tennis — n'importe quel exercice va aider. Prenez une marche, allez à bicyclette ou essayez un peu de yoga... » Le *Dictionnaire pratique des médecines douces* recommande les exercices suivants :

1) Debout, pieds écartés (de 75 cm environ), lever les bras au-dessus de la tête et se balancer en avant en essayant de toucher son pied gauche avec sa main droite. Essayer de contourner la cheville et de toucher le talon. Changer de côté.

2) S'allonger dos au sol, les genoux relevés et les pieds à plat sur le sol près des fesses. Soulever le ventre aussi haut que possible, sans forcer, et répéter.

3) S'allonger sur le dos, les bras le long du corps, paumes en l'air. Ramener les genoux sur la poitrine, puis étendre lentement les jambes sans toucher le sol. Replier ensuite les genoux et reposer les pieds au sol, bien à plat, le plus près possible des fesses. Répéter plusieurs fois.

Le livre *Crampes et malaises menstruels* mentionné plus haut contient une série d'exercices fort efficaces pour le soulagement des crampes menstruelles ;

— *la respiration contrôlée* : les femmes qui ont des crampes menstruelles peuvent utiliser la technique de respiration contrôlée enseignée pour l'accouchement sans anesthésie (technique de Lamaze) ;

— *la chaleur locale* : une serviette chaude mouillée sur le ventre (maintenue en place par une autre serviette ou un sac de plastique) semble aider, la chaleur humide étant plus efficace que la chaleur sèche fournie par un coussin électrique ou une bouillotte. Il semble aussi important de voir à toujours garder bien au chaud cette région pendant toute la menstruation (par des vêtements appropriés) ; la chaleur facilite l'écoulement plus rapide du sang ;

— *le massage* : certaines femmes sont soulagées par les massages dans le bas du dos ; d'autres préfèrent les massages abdominaux. De plus, il existe certains points de massage à la plande des pieds et dans la main que le shiatsu enseigne pour soulager des douleurs à l'utérus ;

— *les tisanes* : la camomille, la menthe, les feuilles de framboisiers et de mûriers sont des remèdes traditionnels contre les crampes ;

— *les suppléments vitaminiques* : l'ingestion régulière de suppléments de vitamine B6 est souvent recommandée, mais les recherches sur l'efficacité de cette mesure demeurent contradictoires.

Les traitements médicaux du syndrome prémenstruel sont presque aussi nombreux... qu'il y a de médecins. Certains donnent systématiquement des diurétiques, d'autres utilisent les antagonistes des prostaglandines, des tranquillisants, des analgésiques et même des anovulants ou de la progestérone. On sait en effet que les anovulants diminuent considérablement la production des prostaglandines et procurent souvent un soulagement important à celles qui les utilisent ; il s'agit cependant d'un traitement qui n'est pas sans danger (voir Contraceptifs oraux, page 226). Cependant, comme le note le Dr E. R. Gonzalez dans *The Journal of the American Medical Association*, « presque chaque médecin a son traitement préféré, son dada... mais la preuve de leur efficacité n'a jamais été établie par des études bien contrôlées ». Par contre, on sait que tous ces médicaments peuvent avoir des effets secondaires plus ou moins graves. Le mieux est donc, quand c'est possible, de s'en tenir loin.

Pour le soulagement des douleurs menstruelles, si on désire avoir recours aux médicaments, le premier à essayer est certainement l'aspirine. Ce médicament peut cependant irriter l'estomac ; pour éviter ce désagrément, mieux vaut l'absorber après un repas ou avec du lait (voir AAS, p. 114).

Si après tous ces essais rien ne fonctionne encore, la situation mérite d'être étudiée. Quand ils ne trouvent aucune pathologie qui explique les symptômes, les médecins suggèrent le plus souvent un traitement symptomatique ; c'est à la femme de juger si ses douleurs justifient le risque qu'implique l'emploi de ces médicaments. Les médecins proposent, la plupart du temps :

— *les contraceptifs oraux*, dont nous avons parlé plus haut ;

— *les antiprostaglandines* ou anti-inflammatoires, qui sont des médicaments surtout employés contre les douleurs arthritiques, dont on ne connaît pas encore tous les effets à long terme, mais qui semblent sans danger à court terme. On trouve dans cette catégorie le naproxen, l'acide méfénamique et l'ibuprofène (voir ces divers médicaments) ;

— *la progestérone*, donnée dans l'espoir de corriger les débalancements hormonaux qui seraient à l'origine des douleurs menstruelles. Il n'a jamais été prouvé que ce médicament ait quelque efficacité dans le traitement de ces douleurs ; aussi nous croyons qu'il est irresponsable de prescrire un tel traitement pour soulager les douleurs menstruelles, tellement ses effets à long terme peuvent être graves.

L'obésité

Il n'existe pas de façon facile de maigrir, qui permette d'arriver au poids souhaité sans modifier son alimentation ou sans augmenter sa dépense énergétique. Les gens qui mettent sur le marché des produits « miracle » — ce petit comprimé qu'on dépose dans le café du matin, cette combinaison qu'on endosse quelques heures par jour, cet appareil électrique qui stimule vos muscles pendant que vous lisez — sont des exploiteurs qui profitent de la naïveté des gens pour s'enrichir. Il n'y a malheureusement pas de raccourci à la perte de poids et il faut toujours passer par une diminution de sa consommation calorique ou par une augmentation de l'activité physique ou les deux. Il faut de plus comprendre que les changements à opérer sont nécessaires pour toute la vie ; si après avoir suivi une diète pendant une période de temps on retourne à ses habitudes antérieures, on se retrouvera rapidement au même poids qu'avant et même à un poids plus élevé, comme le démontrent des recherches faites aux États-Unis. Alors faut-il abandonner tout espoir ?

Faut-il maigrir ?

La première question à se poser est certainement « Est-ce nécessaire de maigrir ? ». Trop de gens, des femmes surtout, essaient d'arriver (ou de se maintenir) à un poids excessivement bas pour répondre non pas à leurs propres besoins, mais à des impératifs extérieurs comme la mode ou les canons de la beauté en vogue à une époque. Mais quel est le poids idéal et comment peut-on l'établir ?

Les tables de poids utilisées en médecine ont été établies par les compagnies d'assurance à partir du poids de leurs clients, au début du siècle. Les chiffres qu'elles fournissent sont des moyennes qui ne rendent pas compte des individus très différents ; de plus, elles donnent le poids habillé et chaussé.

En fait, ce qui importe davantage dans le poids d'une personne, c'est son pourcentage de graisse. Les athlètes qui ont des muscles développés pèsent plus que la moyenne à cause de leur masse musculaire mais c'est alors sans danger pour leur santé. Chez l'adulte nord-américain, l'homme devrait théoriquement avoir un pourcentage de graisse de 12 à 15 % alors que celui de la femme devrait se situer entre 18 et 20 %. Pour les gens qui font de l'exercice, ces pourcentages baissent proportionnellement à leur entraînement. Il est relativement facile d'obtenir une évaluation de son pourcentage de graisse ; Kino Québec et d'autres organismes proposent souvent des cliniques d'évaluation de la condition physique où le pourcentage de graisse corporelle peut être estimé.

Il existe une formule mathématique qui fournit généralement une bonne estimation du poids idéal. Pour utiliser cette formule, il faut d'abord connaître la grosseur de son ossature, ce qui peut être établi à l'aide d'un moyen simple : mesurez la circonférence de votre poignet au point de l'éminence osseuse (l'endroit où le poignet est le plus large) ; les hommes qui ont 15 cm de circonférence ont une petite ossature, 17 cm une ossature moyenne et 22 cm une forte ossature tandis que pour les femmes les chiffres correspondants sont de 12, 15 et 17 cm. Une fois ceci établi, la formule est la suivante :

   homme : 48 kg pour le 1,5 premier mètre de grandeur
        + 1 kg par cm additionnel
        + 10 % pour ossature forte ou - 10 % pour petite
        ossature
   femme : 45 kg pour le 1,5 premier mètre de grandeur
        + 1 kg par cm additionnel
        + 10 % pour ossature forte ou - 10 % pour petite
        ossature.

Par exemple, une femme de 1,6 m à petite ossature aurait comme poids idéal : 45 + 10 = 55 kg moins 5,5 (10 % de 55) = 49,5 kg.

Le chiffre obtenu par cette formule doit être pris pour ce qu'il est vraiment : une approximation. Utilisé en même temps que d'autres indices — comme le pourcentage de graisse, notre poids antérieur (quand nous étions dans la vingtaine), ce que nous révèle notre miroir, — ce chiffre peut aider à nous faire une idée sur notre situation quant à notre poids. Ajoutons cependant que, les chiffres étant ce qu'ils sont, on devrait aussi se fier à « comment on se sent », pour tenter de déterminer à quel niveau de poids on se sent « bien dans sa peau ». Certaines personnes se sentent en effet mieux un peu plus rondes. Il faut tenir compte de cela.

Si nous estimons qu'il faut maigrir, c'est à ce moment qu'il est nécessaire de devenir vigilants dans le choix des méthodes qui nous sont offertes.

Changer ses habitudes de vie

L'obésité est la plupart du temps un état qui s'installe progressivement, au fil du temps, à cause d'un déséquilibre entre l'apport énergétique (c.-à-d. les aliments) et la dépense calorique. C'est ce déséquilibre qu'on s'efforce de briser à coup de régimes... qui se soldent trop souvent par une prise de poids.

On a longtemps cru que la personne obèse l'était parce qu'elle le voulait bien ou qu'elle n'avait pas de volonté, qu'elle accumulait les kilos parce qu'elle mangeait plus que celle qui est mince et qu'elle « trichait », incapable de demeurer fidèle à un régime amaigrissant équilibré. Il nous faut maintenant nuancer cette croyance depuis qu'on connaît mieux les mécanismes qui régissent l'utilisation des aliments par l'organisme. Si les calories contenues dans les aliments ingérés demeurent indéniablement un élément de l'équation, la facilité qu'a l'organisme à les utiliser, c'est-à-dire le métabolisme, joue aussi un rôle, et il faudra en tenir compte dans ses stratégies. Certaines personnes brûlent plus facilement que d'autres les calories qu'elles absorbent sans que l'on sache trop pourquoi. Aussi, les personnes dont la masse musculaire est proportionnellement plus importante ont un métabolisme plus efficace ; ce qui veut aussi dire que plus un individu accumule de graisse, plus il lui est difficile de revenir à son poids idéal.

La capacité de notre organisme de constituer des réserves de graisse a été un attribut précieux pour aider l'espèce humaine à survivre pendant les périodes où la nourriture manquait. Aujourd'hui, le corps dont nous avons hérité de nos ancêtres possède la même capacité de faire des réserves « pour les mauvais jours » ; quand nous mangeons plus que pour satisfaire à nos besoins quotidiens, nous constituons en nous des dépôts de graisse. Ce sont ces réserves que notre organisme brûle lorsque nous nous soumettons à un régime amaigrissant. Le corps soumis à un régime radical, ne sachant pas trop si la disette se prolongera, enclenche un réflexe de défense qui lui permettra de survivre en tel cas : il abaisse le niveau du métabolisme en ralentissant le rythme auquel il brûle les calories. C'est ce qui explique le fameux plateau qu'atteint après quelque temps quiconque se soumet à un régime amaigrissant.

Une augmentation de l'apport alimentaire ne devrait-elle pas alors enclencher une hausse de ce fameux métabolisme et activer la combustion des graisses superflues ? Oui bien sûr, mais l'organisme ne réagit pas instantanément, et il peut s'écouler un bon laps de temps entre le retour à un régime normal et l'élévation du métabolisme. L'ajustement serait d'autant plus difficile que l'écart entre les deux régimes est grand ; l'organisme aurait alors plutôt tendance à faire rapidement de nouvelles réserves pour affronter d'éventuelles périodes de restrictions. Ce qui explique — en partie — les kilos repris dès qu'on cesse un régime, surtout lorsque celui-ci a été très faible en calories. Il ne faut cependant pas croire qu'il s'agit d'un cul-de-sac et qu'il soit impossible de maigrir.

Quand on décide de maigrir, il est nécessaire de se fixer des objectifs réalistes et de se préparer à mettre du temps pour les atteindre. La plupart des programmes d'amaigrissement permettent de perdre rapidement quelques kilos, au début ; mais très vite la situation se stabilise et la perte s'effectue ensuite plus lentement. On a vu que le fait de s'affamer est une bonne façon de se préparer à grossir… un peu plus à chaque cure. Une réduction calorique modérée plus près de l'apport nécessaire à la stabilité, associée à d'autres mesures d'hygiène de vie, offrent plus de chances de succès.

En fait, un début de régime devrait constituer une occasion de procéder à un bilan de ses habitudes de vie ; l'accumulation progressive de graisse est l'indice, à moins de pathologie rare, d'une rupture d'équilibre et il faut tenter d'en trouver les raisons ; alimentation trop riche en calories, consommation excessive d'alcool ou de boissons gazeuses, abandon de la pratique de certains sports, achat d'une automobile qui évite de marcher, autant de motifs, et il y en a d'autres, qui peuvent expliquer la prise de poids. L'âge peut aussi compter comme élément déterminant : le métabolisme diminue en effet généralement avec l'âge et cette baisse requiert, pour éviter le déséquilibre, une réduction de l'apport calorique.

Un régime amaigrissant ne peut être complet sans le volet activité physique. Celle-ci contribue à augmenter la masse musculaire et active en même temps le métabolisme paresseux, lui permettant une plus grande efficacité. L'activité physique intense accomplie immédiatement avant un repas possède aussi un autre effet intéressant, celui de diminuer l'appétit. L'activité physique s'avère beaucoup plus efficace chez les personnes légèrement ou moyennement obèses, comme moyen de perdre du poids.

Le fait, pour bien des gens, de manger souvent à l'extérieur ou de consacrer peu de temps à la préparation des repas et d'acheter des mets tout préparés constitue fréquemment un des éléments importants du déséquilibre alimentaire. Les aliments ainsi consommés sont le plus souvent raffinés et privés de leurs précieuses fibres ; ils sont alors plus concentrés en calories. Une spécialiste de l'amaigrissement, Audrey Eyton, a écrit un livre qui explique un régime riche en fibres, *Le régime F —plan fibres* (Éditions Stanké). Dans ce livre très simple mais scientifiquement impeccable, l'auteure montre les nombreux avantages qu'il y a à consommer plus de fibres (et à retrouver une alimentation plus près de nos besoins !) :

— la consommation d'aliments riches en fibres oblige à manger plus lentement, car il est nécessaire de mastiquer davantage, ce qui permet à la satiété de se faire sentir plus tôt ;
— ce type d'aliments reste plus longtemps dans l'estomac où il gonfle, ce qui aide à retarder l'apparition de la faim ;
— au niveau intestinal, les fibres entraînent l'élimination de certaines graisses, ce qui fait qu'un régime riche en fibres entraîne la non-assimilation de 10 % des calories ingérées.

Il s'agit donc là d'avantages importants quand on veut maigrir ; mais un tel régime offre encore plus, car il protège de certains cancers (d'intestin et peut-être du sein), de la constipation et des hémorroïdes. C'est en fait le genre de régime dont nous aurions tous intérêt à nous inspirer, que nous soyons gras ou non. On trouvera à la page 705 des conseils sur la façon d'augmenter sa consommation de fibres alimentaires.

Dans la panoplie de ce qui est offert...

Voici quelques points à considérer avant de se lancer dans un programme d'amaigrissement :

— *les diètes trop radicales* mènent souvent à des épisodes de faim irrésistible durant lesquels on gaspille tous les efforts des jours ou semaines précédents. Il faut manger assez pour être confortable tout le temps ; on peut orienter sa diète vers des mets qui n'ont pas trop de calories, mais on ne peut vivre uniquement de pamplemousses, céleri ou laitue ;

— *l'activité physique* constitue un élément important de tout programme sérieux. Pour être efficace en termes de perte de poids, un exercice doit être assez intense pour réchauffer et finalement faire suer ; il devrait être fait au moins tous les deux jours. Il n'est pas nécessaire de faire des efforts héroïques : pour certaines personnes, la marche rapide suffit. Il faut se faire un programme d'exercice *réaliste*, que vous suivrez. Commencez par des périodes de 10 minutes pour arriver à un minimum de 25 à 30 minutes chaque fois. Une façon de se garder en mouvement consiste à intégrer des changements parfois mineurs dans ses activités quotidiennes : monter par l'escalier au lieu de prendre l'ascenseur, marcher plutôt que prendre l'auto, etc. Il semble en effet que la dépense calorique totale par l'intermédiaire des activités générales est un des éléments clés de la perte de poids ;

— *les programmes de modification du comportement* ne font pas de miracles ; cependant, quand on appartient à un groupe de personnes qui veulent maigrir, le support du groupe est souvent fort important.

Quelques trucs précieux

Maigrir n'est jamais facile. Depuis quelques années, des groupes existent un peu partout (à l'intérieur de plusieurs CLSC entre autres) qui peuvent fournir un support appréciable. On peut y acquérir des notions sur l'alimentation et aussi réfléchir, échanger et apprendre « à se négocier un régime individuel, à ne pas se sentir coupable de manger une pizza ou un gâteau, à avoir devant la nourriture un comportement plus adulte, à choisir[1] ». On aura aussi avantage à se donner des consignes. En voici quelques-unes élaborées dans un groupe au CLSC Richelieu :
— Toujours manger assis(e), dans la cuisine ou la salle à manger. En mangeant debout, on grignote, on mange sans s'en apercevoir.
— Prendre 20 minutes pour manger ; le signal de la satiété prend 20 minutes à se déclencher. Aussi, en mangeant lentement, on goûte plus, et ça aide à remplacer une grande quantité d'aliments par une plus petite.
— Ne faire aucune autre activité en mangeant.
— Laisser un morceau dans l'assiette, au moins une fois par jour ; on s'affirme ainsi face aux aliments. « Je peux en laisser sans que ça me fasse mal. »
— En cas de fringale, attendre 5 à 10 minutes, mais en faisant quelque chose qu'on aime. Il s'agit souvent de fausse faim qui s'évanouit quand on n'y porte plus attention.
L'apprentissage d'une technique de relaxation peut aussi s'avérer utile ; elle aide à développer une sensibilité à son corps et aux aliments, elle augmente la capacité de s'arrêter, de se connaître et de se contrôler.

Les médicaments pour maigrir

Les médicaments prescrits par les médecins pour enlever la faim sont pour la plupart des stimulants du système nerveux. Ils provoquent souvent des symptômes nerveux et peuvent contribuer au développement de certaines maladies mentales. Sur le plan physique, il arrive

---

1. F., GUENETTE, « Est-ce ainsi que les femmes mangent », *La vie en rose*, mai 1983, p. 25.

fréquemment qu'ils augmentent la tension artérielle et qu'ils occasionnent des céphalées.

Les médicaments qu'on peut obtenir sans ordonnance contiennent le plus souvent l'une ou l'autre des substances suivantes :

— *la benzocaïne*, qui est un anesthésique local qui agirait en anesthésiant la langue, rendant par le fait même les aliments insipides ;

— *des agents de masse* comme le carboxyméthylcellulose qui gonflent dans l'estomac et qui pourraient procurer une sensation de satiété, s'ils s'y trouvaient en quantité suffisante... ce qui est loin d'être certain ;

— *des vitamines et des sels minéraux*, qui n'ont rien de mauvais en eux-mêmes, mais qui pourraient être fournis par une alimentation variée ;

— *des laxatifs* — surtout le Naran et certaines tisanes — qui sont de puissants irritants des voies digestives et risquent d'installer une accoutumance à ces produits. On emploie ces laxatifs dans l'espoir d'éliminer dans les selles une portion des calories ingérées. Des recherches ont montré que même les gens qui avaient d'abondantes selles diarrhéiques absorbaient autant de calories que les autres ; l'organisme est mis en danger bien avant que l'absorption de calories soit assez diminuée pour empêcher la prise de poids. La perte de poids qui résulte de l'emploi d'une telle méthode n'est attribuable qu'à l'élimination d'une partie de l'eau de l'organisme et cet effet est annulé dès la réhydratation.

Il est à noter que les suggestions de régime alimentaire qui accompagnent la plupart de ces produits ne sont que rarement adéquates, conduisant à une alimentation déséquilibrée.

Quelques procédures dangereuses

Nous avons mentionné plus haut quelques méthodes « miracle » grâce auxquelles certaines personnes exploitent la volonté de maigrir d'une portion considérable de la population ; ces méthodes ne produisent jamais de résultats durables. Il en est d'autres plus radicales qui sont souvent utilisées par des médecins et qui présentent des dangers pour la santé.

Malgré la condamnation de toutes les autorités médicales, certains médecins continuent à utiliser les injections d'hormones gonadotropines chorioniques pour faire maigrir ; des complications ont été rapportées avec un tel traitement. L'efficacité à court terme de ce traitement découle surtout du régime très sévère de 500 calories par jour qui l'accompagne, et un tel régime suivi pendant quelques semaines amène bientôt une perte importante de protéines qui peut s'avérer dangereuse pour certaines personnes.

Le régime aux protéines liquides a connu une grande popularité au Québec ; certaines cliniques d'obésité continuent à l'employer. Mais comme l'écrit Lucie Asselin, une diététiste qui a procédé à une étude fouillée de la littérature médicale sur cette méthode, « il est inacceptable que des professionnels de la santé tolèrent les risques de complications graves, voire de mortalité, des jeûnes modifiés à base de protéines liquides, sachant que d'autres traitements efficaces, beaucoup plus sûrs et plus rationnels sont offerts aux obèses ». Le régime à base de lipides (Atkins) se situe aussi dans la catégorie des régimes à risques et devrait être refusé.

Diverses méthodes chirurgicales sont proposées pour « guérir » l'obésité ; les chirurgiens ont ainsi procédé à l'enlèvement d'une partie de l'intestin — empêchant la personne de digérer ce qu'elle ingère —, ils fixent des broches aux mâchoires pour que la personne ne puisse consommer que des liquides, etc. Ces méthodes radicales font maigrir... et parfois mourir. La dernière technique à ce jour est la succion ; le spécialiste en chirurgie esthétique fait de petites incisions à l'endroit où la graisse s'est accumulée et en retire de la graisse par succion. L'opération est longue, coûteuse (des milliers de dollars) et entraîne souvent des complications immédiates ; et on ne sait ce qui arrivera à long terme.

Les otites

L'otite est une infection de l'oreille. Elle peut être *externe* — c'est alors la muqueuse du conduit auditif externe qui est atteinte — ou bien *moyenne* — quand le tympan et l'oreille moyenne sont touchés. Beaucoup d'enfants sont atteints d'otite aiguë ; dans nombre de cas, la tendance à la répétition des infections est grande. Comme les médecins soignent généralement les otites à l'aide d'antibiotiques, il arrive souvent que des enfants soient soumis à de tels traitements plusieurs fois par année, ce qui n'est certainement pas souhaitable. Bien sûr que les otites moyennes peuvent donner lieu à des complications comme la mastoïdite et même, plus rarement, la méningite, mais toutes les otites n'aboutissent pas à ces maladies, loin de là.

L'otite externe

Ce type d'otite survient le plus souvent par suite de la pénétration dans le conduit auditif externe d'eau ou d'un autre corps étranger. Certaines personnes sont plus susceptibles que d'autres à ce genre d'infection, dont l'otite des baigneurs est l'exemple le plus fréquent. Les personnes sensibles peuvent se protéger en utilisant des bouche-oreilles ou bien en instillant quelques gouttes d'alcool à 70 % dans les oreilles après la baignade ; il est important de bien assécher les oreilles auparavant. L'otite externe peut aussi résulter de l'emploi de produits chimiques (produits de beauté par exemple) ou de blessures causées par la manipulation d'objets dans l'oreille ; éviter de « se jouer dans les oreilles » est sûrement la meilleure façon d'éliminer ces causes.

Lorsqu'on souffre d'otite externe, on cherche bien sûr à diminuer la douleur. Les analgésiques — aspirine ou acétaminophène — sont à ce moment indiqués. Ils seraient plus efficaces que les anesthésiques locaux du type Auralgan. Une autre façon d'obtenir un soulagement consiste à appliquer des cataplasmes d'oignons cuits enveloppés dans de la gaze. En général, le recours à des gouttes antibiotiques est inutile et peut être remplacé avantageusement par l'instillation de 2 à 5 gouttes de vinaigre tiède (soit pur, soit dilué de moitié) dans le canal auditif, quatre fois par jour pendant 5 jours ; il faut voir à ce que le vinaigre atteigne bien le fond de l'oreille en plaçant la tête de côté. Il est fort important de se reposer beaucoup, en phase aiguë. Si l'infection résiste pendant 48 heures à ces mesures ou s'il apparaît de la fièvre, il vaut mieux consulter son médecin.

L'otite moyenne

Très souvent les enfants qui souffrent d'otites moyennes ont tendance à faire des récidives fréquentes. Dans ces cas, il peut être intéressant de procéder à un examen un peu plus poussé. Il arrive que ces enfants soient chroniquement fatigués, à cause d'une mauvaise alimentation ou d'un manque de sommeil ; ils ne peuvent alors se défendre contre les microorganismes. Dans la plupart des cas d'otite, les microorganismes en cause viennent de la gorge et une forte proportion des otites sont des suites d'un rhume ; il existe en effet un canal qui permet la communication entre la gorge et l'oreille moyenne, c'est la trompe d'Eustache ; certains enfants souffrant d'amygdalite chronique s'infectent donc l'oreille à répétition par cette voie. Autre cause fréquente, mais négligée par la plupart des médecins : les allergies atypiques aux produits laitiers ; beaucoup d'enfants qui souffrent d'otites à répétition seraient sensibles au lait ou tout au moins auraient une tendance à sécréter exagérément du mucus dans leurs voies respiratoires supérieures. Dans son livre *Soigner avec pureté* (Ed. Fleurs sociales, 1984), Johanne Verdon-Labelle, naturopathe, distingue deux groupes d'enfants « à otite » :

— Ceux qui sont bien charpentés physiquement, souvent gros mangeurs, gros buveurs de lait, gros mangeurs de fromage, très actifs, etc.

— Ceux qui sont assez minces, donc moins charpentés physiquement, mais qui sont de tempérament plus sensible, plus nerveux, aimant beaucoup les jus de fruits et surtout le jus d'orange, aimant le sucre, ayant un appétit assez modéré, aimant les pâtes et consommant peu de végétaux.

Aux enfants du premier groupe, elle recommande d'éviter certains aliments producteurs de mucus et d'augmenter l'apport d'autres nutriments :

À consommer modérément ou à éviter complètement :
— le lait de vache. Le remplacer par du yogourt (la plupart du temps écrémé). Certains enfants doivent consommer du yogourt de lait de chèvre uniquement et remplacer le fromage cottage par du fromage de chèvre. Peuvent être tolérés dans certains cas : les fromages au lait de vache écrémé ;
— l'avoine (gruau, granola) ;
— la crème et le beurre ;
— le pain blanc ;
— le sucre blanc ;
— les colorants ;
— réduire la viande (surtout la rouge) ;
— réduire les bananes ;
— ne pas mélanger deux aliments lourds ou aliments de base à un même repas (ceci facilite l'assimilation et réduit la formation de catarrhe et de mucus). Cette règle doit être observée particulièrement en ce qui a trait au mélange de :
    — céréales + bananes ;
    — pâtes + pain ;
    — viande + riz (ou nouilles ou pommes de terre) ;
    — œufs + fromage ;

— noix + fromage ;
— pain + beurre d'arachide ;
— sucre + féculents ;
— fruits séchés + féculents.
Doivent être consommés régulièrement :
— graines de tournesol ;
— levure alimentaire ;
— crudités variées ;
— jus frais à l'extracteur ;
— céréales : riz, millet, orge, tapioca ;
— graines de lin, graines de citrouille ;
— poulet de grain, poisson maigre, œufs (selon la digestion) ;
— huiles pressées à froid.

Johanne Verdon-Labelle formule d'autre part les recommandations suivantes pour les enfants du second groupe :
Doivent éviter :
— le jus d'orange ;
— le vinaigre et toutes les marinades ;
— le sucre blanc (sous toutes formes : confitures, poudings, biscuits) ;
— les farineux raffinés (pain, farine, pâtes) ;
— la viande rouge ;
— réduire le sel ;
— réduire les citrus (citron, pamplemousse, orange).
À consommer modérément :
— clémentines ;
— lentilles ;
— épinards ;
— saumon, thon ;
— moutarde ;
— sauce tomate.
À consommer davantage :
— des aromates variés (ail, thym, romarin, sarriette, estragon, cannelle) ;
— papaye (riche en enzymes digestifs) ;
— légumes cuits à la vapeur ;
— crudités (finement râpées) ;
— riz, millet, sarrasin ;
— huile d'olive naturelle (avec salade ou sur les légumes cuits) ;
— levure alimentaire ;

— poulet, poisson maigre, œufs.

Enfin, elle conseille de surveiller le sommeil et la régularité intestinale et de voir à consommer beaucoup d'eau.

Ces mesures sont surtout préventives et peuvent mettre quelque temps à donner des résultats. Il faut cependant intervenir autrement lorsqu'une otite se manifeste. À cause de la douleur intense, on a tendance à se précipiter chez le médecin ou à l'urgence de l'hôpital ; effectivement, l'approche médicale procure un soulagement rapide. Dans certains cas, si on agit assez tôt, on peut cependant réussir à conjurer la maladie en utilisant les moyens suivants, qui pourraient aussi être employés pour renforcer un traitement médical :

— l'alimentation, en prenant une diète constituée principalement de fruits et légumes en jus, en compote ou cuits à la vapeur ;

— le repos, en dormant beaucoup ;

— un traitement local, soit des compresses chaudes d'oignons cuits (enveloppés dans de la gaze) ou, de préférence, des cataplasmes froids d'argile précédés de compresses d'eau chaude. Le cataplasme doit recouvrir toute la surface de l'oreille et le bas de l'oreille, et il faut le répéter plusieurs fois par jour.

Quand les douleurs sont trop fortes, on peut prendre de l'aspirine ou de l'acétaminophène (voir les textes sur ces médicaments, pages 114 et 107). Les gouttes d'Auralgan ou d'huile tiède peuvent aussi aider. L'homéopathie propose pour sa part Chamemilla (4 ou 5 CH) ; une consultation homéopathique peut mener à un traitement plus spécifique, avec des résultats souvent étonnants.

Si l'otite persiste après 48 heures et surtout quand l'état général s'aggrave et la température s'élève, il vaut mieux consulter son médecin. Dès après le traitement, il sera toujours temps d'entreprendre des mesures plus générales et de s'interroger sur les facteurs précipitants mentionnés plus haut. Il arrive que des enfants trouvent dans les otites à répétition un moyen de signifier à leurs parents qu'ils estiment manquer d'attention.

Le rhume et la grippe

Le rhume et la grippe sont deux maladies causées par des virus. Elles provoquent des symptômes quelque peu similaires, sauf que le rhume est davantage localisé aux voies respiratoires supérieures, que ses symptômes sont moins prononcés et qu'ils durent moins longtemps. Ccs symptômes — congestion nasale, mal de gorge, toux, fièvre, faiblesse, douleurs musculaires — sont des manifestations des mesures mises en marche par l'organisme pour se débarrasser du virus qui l'envahit. L'inflammation, qu'elle produise un mal de gorge, une congestion nasale ou des douleurs musculaires, est un mécanisme de défense ; elle accompagne une augmentation de la circulation locale d'où une présence accrue des anticorps et des lymphocytes au site atteint. C'est leur présence et leur action qui permettront l'élimination des virus et la guérison. En essayant de faire disparaître à tout prix les divers symptômes du rhume ou de la grippe, on se nuit donc souvent davantage qu'on s'aide, puisqu'on empêche ainsi le travail de l'organisme qui lutte pour se défaire des microbes. C'est pourquoi on devrait plutôt essayer de ne pas entraver les symptômes bénins pour n'intervenir qu'au moment où ils deviennent vraiment plus incommodants.

Le rhume et la grippe affectent chaque année une partie importante de la population. En Amérique du Nord, ces maladies sont la cause annuelle de plus de 60 millions de jours d'absence au travail ou aux études ; elles constituent une mine d'or pour l'industrie pharmaceutique qui bon an mal an réussit à faire acheter plus d'un milliard de dollars de divers produits le plus souvent inutiles.

La transmission... par les mains !

Longtemps on a cru que le rhume et la grippe se transmettaient par l'air contaminé, par la toux ou les éternuements des gens atteints. Des études récentes ont montré que tel n'était pas le cas : la salive des personnes infectées contient en effet très peu de virus et ceux-ci sont faibles et meurent rapidement. Ce n'est donc pas l'air, ni le fait d'embrasser une personne atteinte, qui sont responsables de la propagation de l'infection. On se contamine plutôt à partir des sécrétions nasales et oculaires. Les gens atteints se mouchent, ils se frottent le nez ou les yeux et déposent sans le savoir les virus sur les objets avec lesquels ils entrent en contact ; les personnes saines touchent à leur tour ces objets, recueillent quelques virus et les déposent à l'ouverture des narines ou aux yeux (dans les canaux lacrimaux) où ils s'installent.

En plus du contact avec les mains, un certain nombre de facteurs favorisent l'éclosion du rhume et de la grippe. Certes la faiblesse générale rend plus vulnérable, mais aussi le stress et, curieusement, l'isolement social. Les refroidissements subits n'ont aucune importance ; par contre, une trop faible humidité de l'air — et c'est souvent le cas des édifices climatisés — rend plus susceptible à ces maladies.

Pour éviter rhumes et grippes

Le maintien dans la maison d'un degré d'humidité suffisante constitue une bonne mesure de protection. Dans les périodes où rhumes et grippes sont fréquents, un certain nombre de mesures d'hygiène s'avèrent fort efficaces :

— se laver souvent les mains au savon (et surtout demander aux gens atteints de le faire) ;

— éviter le plus possible de se toucher le nez et de se frotter le coin des yeux ;

— utiliser pour se moucher des mouchoirs de papier qu'on jette tout de suite après usage ;

— quand il y a une personne atteinte dans la maison, désinfecter les objets qu'elle a touchés avec du Lysol (l'alcool ne sert pratiquement à rien).

L'emploi de vitamine C à forte dose est souvent recommandé, mais jamais la preuve de l'efficacité de cette mesure n'a pu être faite ; malgré tout, comme cela ne peut nuire, nombreux sont ceux qui continuent à prendre de tels suppléments et qui disent s'en trouver fort bien.

Les vaccins ne peuvent empêcher ni le rhume ni la grippe, qui sont causés par plus de 200 virus différents ; par contre, la vaccination peut protéger de certains types d'influenza — une maladie apparentée, mais beaucoup plus grave — et les médecins croient qu'en cas d'épidémie, les personnes plus faibles bénéficieraient de cette protection.

Quand la maladie commence

Très souvent, on peut sentir qu'on va commencer un rhume. Il est possible d'agir dès ce moment et d'empêcher l'infection d'aller plus loin, en augmentant la température à l'intérieur du nez ; en effet, les virus qui causent le rhume se développent rapidement à une température d'environ 32,5 $^{\circ}$C (la température normale à l'intérieur du nez) tandis qu'ils ne peuvent survivre à une température de 36 ou 37 $^{\circ}$C. Se boucher le nez pendant 30 à 45 minutes permet souvent de faire avorter un rhume qui commence.

Quand les symptômes débutent, c'est que déjà l'infection est bien installée ; en fait, les symptômes indiquent que l'organisme se défend.

Il ne faut surtout pas nuire à son travail, au contraire. Certaines mesures lui faciliteront la tâche :

— le repos, la détente ; dormir beaucoup permet au corps de trouver l'énergie dont il a besoin pour faire fonctionner son système de défense, et la détente lui permet de l'utiliser de façon économique, sans la dilapider ;

— boire beaucoup : on augmente ainsi la circulation rénale, donc l'élimination des toxines, des déchets produits.

Assez curieusement, comme l'a montré une longue recherche menée par la célèbre clinique Mayo, « la soupe au poulet est un des meilleurs remèdes qui existent contre la grippe... La soupe doit inclure, outre le poulet, des légumes verts, des herbes, des nouilles et des épices » (*Le Devoir*, 28 septembre 1984). Les médecins ont bien essayé d'isoler « l'élément actif » de cette soupe — ils auraient pu en faire des comprimés —, mais ils n'ont pas réussi. Ils ont en effet dû constater qu'il était de « toute première importance que la soupe soit faite à la maison, et par une main aimante et compatissante ».

L'utilisation de doses massives de vitamine C (jusqu'à 10 grammes par jour) est aussi contestée tant pour le traitement que pour la prévention du rhume et de la grippe.

Il y a quelques années, on a découvert que des comprimés de gluconate de zinc qu'on laisse fondre dans la bouche permettaient d'abréger la durée des rhumes et grippes et en réduisaient les symptômes désagréables ; l'expérimentation de ce traitement se poursuit encore. Les comprimés de 23 mg doivent être pris toutes les 2 heures, tout le temps que la personne est éveillée. Ce traitement, qui en aucun cas ne doit dépasser 7 jours, ne convient pas à tous puisque certaines personnes ne peuvent tolérer le mauvais goût du zinc et en éprouvent de fortes nausées.

On peut tenter de soulager les symptômes trop désagréables du rhume et de la grippe par des mesures simples :

La congestion nasale : elle résulte d'une inflammation de la muqueuse nasale avec dilatation de ses vaisseaux en vue d'accroître le débit sanguin local. On pourra la soulager en buvant beaucoup — 8 à 10 verres par jour —, surtout des liquides chauds (bouillons, par exemple), en humidifiant la maison, en aspirant par le nez un peu d'eau tiède salée. Chez les petits enfants, on peut aider à décongestionner le nez en allant chercher les sécrétions avec un compte-gouttes. L'ingestion d'ail, d'oignons et d'épices fortes (raifort, cayenne, etc.) peuvent aussi être utiles ; ces substances provoquent une augmentation de la sécrétion des glandes bronchiques et une liquéfaction du mucus ;

l'absorption d'un peu de sauce Tabasco diluée dans de l'eau constitue un bon remède maison. Certaines tisanes comme le fénugrec, l'anis et la sauge sont également recommandées.

Le mal de gorge : c'est aussi une réaction locale d'inflammation contre les virus envahisseurs, en vue de les éliminer. Les pastilles contenant des antibiotiques ne sont pas de grande utilité, étant donné que les virus ne sont pas sensibles à ces médicaments. Celles qui contiennent des antibactériens peuvent cependant aider à accroître la salivation, ce que n'importe quel bonbon peut aussi bien faire. On peut également se gargariser avec de l'eau tiède salée (mais pas avec de l'aspirine, qui peut augmenter l'irritation de la gorge), augmenter l'humidité dans la maison, prendre de l'eau chaude avec du miel ; toutes ces mesures visent à adoucir la gorge et favoriser la salivation.

La toux : il existe deux types de toux : l'une sèche, sans production de crachats, est irritante, et on gagne à essayer de l'arrêter avec un anti-tussif. L'autre, grasse, avec des crachats, résulte de la présence de mucus dans les bronches, et doit être facilitée pour permettre l'évacuation des sécrétions. Dans l'un ou l'autre cas, on aura avantage à boire beaucoup d'eau ; l'eau contribue à rendre les sécrétions plus liquides et facilite leur élimination ; elle humidifie aussi la gorge. On pourra aussi boire des liquides chauds (bouillons, lait chaud avec du miel, etc.) ou sucer des pastilles au menthol pour diminuer l'irritation locale. On veillera à augmenter l'humidité dans la maison, surtout en hiver, à se tenir au chaud et si on est fumeur, c'est une bonne occasion pour arrêter de fumer.

La fièvre : voir cette rubrique en page 739.

Les médicaments

Aucun médicament ne peut guérir un rhume ou une grippe ; certains peuvent cependant offrir un soulagement des symptômes. Quand on opte pour cette voie, on veillera à choisir les médicaments qui risquent d'avoir le moins d'effets nocifs.

Les décongestionnants : ils existent sous forme de comprimés, de sirops et de vaporisateurs.
    — En *comprimés* et en *sirop*, un seul produit peut être utilisé seul (sans l'associer à d'autres substances), la pseudoéphédrine (Sudafed, Eltor, Robidrine, Pseudofrin, Sudodrin) ; voir page 539. Les adultes prendront 60 mg 3 ou 4 fois par jour et les enfants de 6 à

12 ans, 30 mg 3 ou 4 fois par jour. On évitera de l'utiliser si on souffre de diabète, d'hypertension artérielle, d'hyperthyroïdie, de maladie de cœur, d'angine et de glaucome (augmentation de la pression à l'intérieur de l'œil). On peut expérimenter comme effets secondaires de l'excitation et une augmentation de la pression sanguine.

— En *vaporisateur*, on connaît 4 produits recommandables : la xylométazoline (Otrivin), l'oxymétazoline (Nafrine), la phényléphrine (Neo-Synephrine) et le naphazoline (Privine). Les deux derniers sont un peu plus irritants. Leur usage peut s'avérer utile, mais ne doit pas dépasser 3 ou 4 jours ; ils provoqueraient alors une congestion rebond et une irritation de la muqueuse nasale. De plus, on s'abstiendra de dépasser les doses recommandées ; il faut savoir que l'effet prend de 3 à 5 minutes avant de se manifester.

Les casse-grippe : on en connaît une multitude ; c'est en effet une des industries en grande forme dont on peut nommer quelques illustres représentants : Dristan, Contact-C, Coricidin, Sinutab, Ornade, Neo-Citran, Dimetapp, Comtrex. Ils associent généralement un décongestionnant, un antihistaminique, parfois un analgésique (AAS ou acétaminophène) et dans certains cas de la vitamine C. De façon générale, on évitera de les utiliser ; d'une part, ils promettent de guérir le rhume, ce qu'ils ne peuvent faire en aucune façon, d'autre part, ils peuvent entraîner des effets secondaires importants, surtout chez les personnes âgées qui sont déjà affectées d'une autre maladie. Une partie des produits que contiennent ces mélanges est d'ailleurs inutile. L'antihistaminique ne démontre aucune efficacité pour soulager les symptômes du rhume ou de la grippe, de plus il peut épaissir les sécrétions et ainsi rendre plus difficile leur évacuation ; il produit aussi de la somnolence, qui peut s'avérer nuisible. L'analgésique n'est pas toujours utile, la fièvre n'ayant pas à être contrôlée avant 39,5 $^\circ$C. Quant au décongestionnant, on aura avantage à l'utiliser seul, s'il est nécessaire. Une autre excellente raison d'éviter l'usage de ces « cocktails » réside dans le fait qu'ils contiennent plusieurs produits et présentent ainsi plus de risques d'interactions avec d'autres médicaments.

Les sirops contre la toux : il en existe deux catégories, les expectorants et les antitussifs.

— les *expectorants* : gaïacolate de glycéryle, chlorure d'ammonium, hydrate de terpine, camphre, gomme de pin, citrate de so-

dium... Ils devraient servir à « faire cracher », à rendre les sécrétions bronchiques plus liquides pour faciliter leur expulsion et dégager les bronches. Or aucun ne démontre d'efficacité réelle. Le seul expectorant efficace consiste à boire de 8 à 10 verres d'eau par jour ;
— les *antitussifs* : trois produits sont considérés comme efficaces et sans danger :
    — le dextrométorphane (Balminil DM, Broncho-Grippol DM, Bronchophan forte DM, Corsym, Delsym, Néo DM, Ornex DM, Robidex, Sedatuss, Tussorphan) ;
    — le chlorphénadiol (Ulone) ;
    — la noscapine (Noscatuss).
    On réservera leur utilisation aux cas où la toux ne produit pas de crachats. On ne devrait pas les employer chez les enfants de moins de 2 ans.

Posologie

	Dose adulte	Effets secondaires
dextrométorphane	10 à 20 mg 4 ou 5 fois/jour pas plus de 120 mg/24 hres	légers malaises gastro-intestinaux
chlorphénadiol	25 mg 3 ou 4 fois/jour pas plus de 100 mg/24 hres	légère excitabilité
noscapine	15 à 30 mg 4 ou 5 fois/jour pas plus de 180 mg/24 hres	maux de tête, nausées, somnolence

Pour les enfants :

de 6 à 12 ans : la moitié de la dose adulte
de 2 à 5 ans : le quart de la dose adulte.

— *les mélanges* : plusieurs sirops contiennent une association d'antitussifs et d'expectorants, visant à la fois à favoriser la toux et à la calmer ; on comprend que leur utilisation n'est pas rationnelle. On évitera donc les produits suivants : les sirops Lambert, Mathieu, Benylin (simple, DM, et avec codéine), Vicks Formule 44, Triaminic DM, Robitussin DM et tous les autres comprenant 3 ingrédients actifs ou plus.

Les pastilles : la plupart d'entre elles contiennent un antibactérien (inutile pour inactiver le virus du rhume) et peuvent être remplacées par un bonbon doux qui adoucira la gorge et augmentera la salivation.

Quant à celles contenant des antibiotiques, elles doivent être évitées à tout prix ; elles ne peuvent non plus agir sur les virus et risquent de créer une résistance à l'action de l'antibiotique.

L'AAS et l'acétaminophène : on peut utiliser l'un ou l'autre pour diminuer la fièvre si celle-ci dépasse 39,5 $^{\circ}$C. On évitera leur usage avant ce seuil, à cause du rôle thérapeutique de la fièvre. Il se peut que l'acétaminophène soit préférable, car il semble que l'AAS diminuerait le taux de production d'interféron, qui sert à lutter contre les virus. On sait aussi qu'on doit éviter à tout prix l'AAS chez les enfants à cause de son association avec le syndrome de Reye. Pour la posologie, les contre-indications et autres renseignements sur ces produits, voir les textes sur l'AAS (page 114) et l'acétaminophène (page 107).

Quand consulter un médecin ?

Un rhume ou une grippe peut parfois évoluer et se compliquer d'une infection bactérienne au niveau des yeux, des oreilles, des bronches, de la gorge... On devra alors consulter son médecin si :
    — une fièvre élevée (au-dessus de 39,5 $^{\circ}$C) ne veut pas descendre et persiste plus de 24 heures. Et si, chez un enfant, la fièvre est accompagnée de raideur dans le cou, de vomissements, de mal d'oreilles et de diarrhée ;
    — un mal de gorge dure plus de 1 ou 2 jours et est accompagné de fièvre ;
    — la toux produit des crachats contenant du sang ou qui ne sont pas blancs, surtout si, en plus, il y a de la fièvre ;
    — la toux dure plus de 15 jours ;
    — on continue à se sentir misérable.

La sclérose en plaques

C'est une maladie relativement rare du système nerveux qui s'attaque aux jeunes adultes. Elle évolue par crises, la personne atteinte pouvant alors être en rémission pendant des périodes plus ou moins longues — parfois des années. Habituellement, chaque crise laisse de nouvelles séquelles. Cette évolution capricieuse rend difficile l'évaluation de tout traitement ; on ne peut en effet jamais savoir si la rémission est spontanée ou si elle provient réellement du traitement. La médecine n'a pas encore réussi à trouver de remède efficace à cette maladie. Les médicaments qu'elle emploie ne permettent qu'un soulagement temporaire et on ne sait pas encore si leur utilisation à long terme ne pourrait provoquer une aggravation de la maladie. Par exemple, les corticostéroïdes, qui sont fréquemment employés, diminuent la résistance du système immunitaire ; or de plus en plus de chercheurs croient que la sclérose en plaques est justement provoquée par une atteinte du système immunitaire.

Depuis quelques années, un nombre croissant de recherches scientifiques s'intéressent au traitement de la sclérose en plaques par l'alimentation et en particulier au rôle joué par certains types d'acides gras poly-insaturés. En même temps se développent, hors des laboratoires, quelques approches qu'on pourrait qualifier d'intégrales ; elles recommandent d'associer aux corrections alimentaires des stratégies comme l'activité physique, certains exercices spéciaux et divers suppléments alimentaires.

Face à la sclérose en plaques, beaucoup de médecins se sentent impuissants ; ils ont malheureusement tendance à transmettre leur pessimisme à leurs patients. Pourtant, contre toute attente et malgré les pronostics les plus sombres, des personnes atteintes de sclérose en plaques réussissent à contrôler leur maladie ; peut-être n'en sont-elles jamais totalement guéries, mais tout au moins parviennent-elles à éviter que leur situation se détériore et même à mener une vie épanouissante. Nous n'avons pas l'intention d'exposer ici ces approches ; les personnes intéressées trouveront tous les renseignements dans deux excellents livres : *Judy Graham et la « Primevère du soir »*, publié en 1983 aux Éditions de l'Épi, et *La sclérose en plaques est guérissable*, de Catherine Kousmine, aux Éditions Delachaux et Niestlé, 1984.

La sinusite

La sinusite est une infection des sinus, qui sont des cavités osseuses localisées autour du nez et des yeux. Il en existe quatre paires : les sinus frontaux, juste au-dessus des yeux ; les cellules ethmoïdales, sous et derrière les yeux ; les sinus maxillaires, de chaque côté du nez et les sinus sphénoïdaux, derrière les cellules ethmoïdales. Les cavités sont tapissées de cellules qui produisent constamment du mucus ; ce liquide visqueux s'écoule d'ordinaire par le nez et l'arrière-gorge. Quand il y a infection, l'ouverture du sinus bloque et le mucus s'accumule à l'intérieur, provoquant des douleurs et des maux de tête ; le mucus peut aussi épaissir et occasionner divers symptômes en s'écoulant dans l'arrière-gorge (présence constante de glaire, mauvais goût, mal de gorge, voix rauque). Les gens atteints de sinusite se plaignent aussi souvent de tintements d'oreilles, d'écoulement nasal ainsi que de difficulté à respirer et même à parler. À long terme, des problèmes d'audition peuvent survenir.

La sinusite aiguë s'associe fréquemment au rhume avec lequel on la confond d'ailleurs souvent. On la soulagera en utilisant les décongestionnants dont il est question sous la rubrique « rhume et grippe » en page 814 et en appliquant les conseils donnés pour ces désordres. C'est cependant la sinusite chronique qui cause le plus d'embêtements. Dans ces cas, les personnes atteintes cherchent habituellement désespérément un soulagement et elles font alors appel aux médicaments, le plus souvent ceux qu'on emploie dans le rhume ; or ce traitement est totalement inadéquat. Comme le constate le Dr Stanley Farb, un spécialiste en oto-rhino-laryngologie de Pennsylvanie, « la pire chose que vous puissiez faire, dans la sinusite chronique, c'est de prendre les remèdes habituels du rhume — les gouttes nasales et les antihistaminiques. Les gouttes nasales peuvent procurer un soulagement de quelques jours, mais ils causent ce qu'on appelle un « phénomène rebond », qui mène à une sorte de dépendance puisque l'enchifrènement s'accentue à la suite de leur usage et que la personne requiert plus de gouttes et de plus en plus souvent. » Quant aux antihistaminiques, ils peuvent bloquer complètement les sinus en augmentant la viscosité du mucus.

Des mesures simples

Il arrive que le canal d'un sinus soit bloqué par un obstacle mécanique — le plus souvent un polype ou une déviation de la cloison nasale ; ces défauts se réparent chirurgicalement. Cependant, dans la majorité des cas la solution est plus simple : il s'agit de favoriser l'écoulement du mucus pour qu'il accomplisse son travail de destruction et de nettoyage des microorganismes. Plusieurs actions peuvent aider :

— *un humidificateur* au travail et à la maison (près du lit la nuit en particulier), pour maintenir l'humidité entre 30 et 50 % ; l'air trop sec assèche le mucus et l'épaissit ;

— *la vitamine A* contribue à la bonne santé des cellules qui produisent le mucus. Le foie de veau et de bœuf en contiennent en grande quantité, le foie de poulet moins, la bette à carde, les épinards, le navet, les haricots, le brocoli, les courges et les abricots, les patates sucrées et les carottes en contiennent aussi ;

— *le zinc, le calcium et le potassium* jouent un rôle important dans la santé des cellules qui produisent le mucus ;

— *la fumée de cigarette*, l'alcool, les gouttes et aérosols médicamentés réduisent la motilité des cils qui tapissent les muqueuses ; ces cils ont un rôle important à jouer dans l'évacuation des polluants et des microbes.

L'origine de la sinusite est dans bien des cas allergique, le contact avec les substances allergènes ayant alors un effet de réactivation sur la maladie. Les allergies les plus fréquentes sont alimentaires ; le lait, le blé, le maïs et la levure en sont (dans l'ordre) les plus grands responsables. D'autres allergènes communs sont le café, le chocolat et divers produits chimiques utilisés couramment dans l'industrie alimentaire (additifs, colorants artificiels, etc.). Toute personne qui souffre de sinusite chronique aurait intérêt à tenter de découvrir si elle n'est pas allergique à un aliment quelconque. On peut procéder de la façon suivante :

1) prenez un type d'aliments (le lait et les produits laitiers par exemple) et éliminez-le de votre diète pendant 5 jours ;

2) pendant cette période, observez-vous et notez par écrit comment vous vous sentez ;

3) après 5 jours, réintroduisez les aliments éliminés dans votre alimentation ;

4) notez vos réactions dans les jours qui suivent.

Si le retrait de ce groupe d'aliments ne donne pas de résultats positifs, on peut tester un autre groupe d'aliments quelques jours plus tard. Il est évidemment impossible de tester de cette façon tous les additifs alimentaires ; mais de toute façon on a tout intérêt à les éviter le plus possible et à consommer des aliments qui n'en contiennent pas, c'est-à-dire des produits non transformés.

Le stress

Le stress est un concept à la mode ; on en parle énormément, mais il y a beaucoup de confusion autour du terme. Pour bien des gens, « stress » équivaut presque à « maladie ». Or le stress est une réaction parfaitement normale de l'organisme qui mobilise ses énergies pour faire face à une situation qui demande une adaptation et qui est souvent perçue comme potentiellement dangereuse. Ce mécanisme nous permet de nous dépasser lorsque les circonstances l'exigent. Deux glandes contribuent principalement à l'orchestration de la réaction du stress : l'hypophyse et les glandes surrénales. Ces glandes sécrètent alors des hormones qui entraînent de nombreuses modifications dans tout le corps. Le rythme cardiaque s'accélère, la tension artérielle s'élève, les sécrétions de l'estomac s'arrêtent, les muscles se tendent… Tout cela nous prépare à fournir un effort particulier pour arriver à des performances inhabituelles. Ce mécanisme précieux nous a certainement permis, en tant qu'espèce, de survivre aux diverses situations auxquelles nous avons été confrontés depuis notre présence sur terre. Mais aujourd'hui ce même mécanisme s'avère particulièrement ravageur.

Le stress : une question individuelle… et collective

Le stress est éprouvant pour l'organisme. Bien sûr, ce mécanisme de réaction nous sert, mais sa mise en marche doit être suivie d'une période de repos, qui permettra à l'organisme de récupérer ses forces. Celles-ci pourront alors être mobilisées efficacement à nouveau lors d'une nouvelle crise. Une surstimulation de ce mécanisme adaptatif met tout le corps dans un état d'alerte continuel, entravant le retour à un niveau de détente et empêchant par le fait même la récupération. C'est ce qui se passe souvent dans nos sociétés modernes, où les facteurs de stress sont fort nombreux, empruntant des formes multiples et s'additionnant les uns aux autres pour atteindre un niveau que le corps ne peut plus supporter. C'est alors la maladie, la fatigue chronique, la dépression, le burn-out…

    S'il existe certaines situations de crise auxquelles on attribue sans hésiter le qualificatif « stressant » — par exemple un divorce, un décès, un nouvel emploi, le chômage, etc. —, il est aussi une foule de

stimuli quotidiens qui contribuent chacun à leur façon à grever notre résistance :
— le bruit ;
— les horaires fixes, les échéances ;
— la « rationalisation » de nos lieux de production ; la recherche d'un profit toujours accru a provoqué le morcellement et la spécialisation des tâches qui conduisent à la répétitivité et à la monotonie du travail. Des recherches ont montré qu'un tel contexte de travail constituait un facteur important de stress ;
— la destruction progressive des réseaux de solidarités naturelles, qui conduit à un isolement croissant et à une grande insécurité.

Le mécanisme du stress prépare à une action concrète de lutte ou de fuite ; or dans notre société dite civilisée, la plupart du temps ni l'une ni l'autre de ces actions n'est appropriée, si bien que nous accumulons constamment des stimulations à agir sans toujours avoir l'occasion d'agir.

Il faut enfin dire que chaque personne possède sa propre façon de réagir au stress ; certains voient en chaque élément de nouveauté un défi de taille, alors que d'autres « avalent » des adaptations monstre en y trouvant une source de plaisir et une façon de ne pas sombrer dans la routine... Sans doute une question de constitution, d'éducation... et d'adaptation.

Repenser la vie

Notre société de consommation est solidement établie et il ne faut pas croire que les rares dénonciations de ses effets néfastes pour notre santé l'ébranleront sérieusement. Tous s'entendent pour reconnaître que notre mode de vie génère des niveaux de stress de plus en plus élevés avec des conséquences de plus en plus tragiques pour nombre d'individus ; or les solutions qui nous sont proposées ne remettent nullement en question notre société de consommation ; bien au contraire elles la renforcent fort souvent. On nous propose des cigarettes ou de l'alcool qui nous promettent une détente immédiate ; on nous offre des soins médicaux et des traitements médicamenteux qui feront diminuer artificiellement le niveau de stress, etc. Plus subtilement on nous vend des cours ou des cassettes de méditation ou de relaxation, qui permettraient de récupérer rapidement... sans avoir à changer quoi que ce soit à sa façon de vivre. Tout cela afin d'abaisser le niveau de stress sans nécessairement ralentir la roue consommation-production.

Pourtant, il faudra bien que nous nous arrêtions un jour pour faire le point et que, collectivement, nous remettions en question ces orientations que peu à peu et inconsciemment nous avons prises. En attendant, nous pourrions chercher des moyens et expérimenter des voies pour nous en sortir.

Quand nous sommes trop stressés, nous en venons à ressentir divers symptômes comme la nervosité, la fatigue chronique, les maux de tête et après un certain temps, des maladies peuvent apparaître comme l'hypertension artérielle, les ulcères d'estomac et combien d'autres.

Quand on se rend compte (ou que notre milieu nous le fait remarquer) que nous sommes trop stressés... ou mieux, quand nous voulons éviter de nous mettre dans des situations où nous deviendrons trop stressés, nous pouvons :

— faire le point afin de découvrir les sources de stress dans notre vie et élaborer des stratégies pour changer les situations qui sont modifiables ;

— apprendre à choisir : pour cela, se connaître, établir ses besoins, les sentir, être à l'écoute de son corps et en suivre les enseignements : une technique de relaxation ou la fidélité à des îlots de solitude pourront aider à réaliser cet objectif ;

— se joindre à un projet social, si ce n'est pas déjà fait : s'engager dans une des actions qui veulent tenter d'améliorer notre société : dans un syndicat, une coopérative, un parti politique, etc. ;

— renforcer notre corps pour le rendre plus apte à résister ;

— nous trouver des exutoires comme un sport énergique, pour sortir notre tension ;

— apprendre une technique de relaxation pour faire face aux situations que nous ne pouvons éviter (voir à la page 650 la description d'une de ces techniques) ; pour nous, la relaxation est avant tout un moyen de s'accorder du temps, de pénétrer en soi, d'approfondir sa recherche intérieure et en même temps de se situer par rapport à l'extérieur. C'est donc bien plus qu'une « activité » qu'on achète et qu'on consomme à heures fixes.

Nous devrions aussi tenter d'éviter les fausses solutions, comme la cigarette, l'alcool ou les tranquillisants ; ces solutions conduisent bien souvent à d'autres problèmes.

L'ulcère gastro-duodénal

On entend souvent parler de gens qui ont des ulcères d'estomac ; en fait, la plupart du temps les ulcères sont situés au duodénum, qui est la première partie du petit intestin ; il arrive, beaucoup moins souvent, que l'estomac soit atteint. Les symptômes, dans les deux cas, sont à peu près identiques, comme le traitement d'ailleurs.

Les ulcères gastro-duodénaux sont très répandus en Amérique ; 1 Nord-Américain sur 10 en est atteint à un moment ou l'autre de sa vie. On n'en connaît pas la cause exacte. On sait toutefois que l'incidence d'ulcères gastro-duodénaux est plus élevée chez les fumeurs et chez les personnes du groupe sanguin O. L'aspirine serait aussi un facteur contribuant à leur formation, de même que les autres anti-inflammatoires non stéroïdiens donnés dans l'arthrite ; on croit enfin que le stress, la cortisone à forte dose et la caféine sont aussi des irritants potentiels.

Pour ce qui est du mécanisme impliqué, on sait que l'acide produit par l'estomac joue un rôle, mais pas toujours de la même façon. Les victimes d'ulcère duodénal ont souvent une production accrue d'acide alors que les personnes atteintes d'ulcère gastrique ont une sécrétion acide normale ou encore plus faible que la normale. Par ailleurs, la barrière muqueuse qui protège la paroi stomacale est chez eux inadéquate et permet l'érosion par l'acide.

La plupart des gens qui souffrent d'ulcère présentent un symptôme caractéristique : ils ont mal à l'estomac quand celui-ci est vide et dès qu'ils consomment des aliments ou des liquides doux comme le lait, leur douleur disparaît. Par contre, il arrive que les douleurs ne soient pas aussi typiques ; tout malaise qui persiste à la région de l'estomac mérite une consultation. Beaucoup trop de gens se contentent d'acheter des antiacides et d'« éteindre le feu » quand ils ressentent des douleurs ; cela n'empêche pas leur maladie de progresser.

Face à un diagnostic d'ulcère, nous pouvons distinguer deux types de mesures : celles qui s'utilisent en phase aiguë, quand la personne souffre des symptômes caractéristiques de l'ulcère, et celles qu'on applique quand l'ulcère est guéri.

En phase aiguë

Les traitements actuellement utilisés visent principalement à soulager les symptômes et en particulier la douleur. On ne sait pas dans quelle mesure ces traitements réussissent à éviter les complications ou à réduire le nombre de récidives. On sait cependant qu'une bonne proportion des ulcères duodénaux guérissent spontanément au bout de 6 à 8 semaines ; les ulcères gastriques demandent de leur côté un suivi plus attentif car ils sont parfois d'origine cancéreuse. Dans un cas comme dans l'autre, une aggravation soudaine des symptômes laisse présager une complication — obstruction, hémorragie, perforation — et demande qu'on intervienne rapidement.

De façon générale, le traitement devrait viser à éviter tout ce qui pourrait irriter l'estomac : nombre de médicaments comme l'aspirine et la cortisone ; tout ce qui contient de la caféine (café, thé, chocolat, colas et certains médicaments) ; et surtout la cigarette. Sur le plan alimentaire, la diète traditionnelle surtout à base de produits laitiers n'est pas la meilleure ; le lait soulage rapidement les douleurs de l'ulcère, mais il provoque une augmentation de la sécrétion gastrique, pour sa digestion. En fait, les buts à atteindre sont d'une part d'éviter de provoquer une trop grande sécrétion de l'estomac, d'autre part de ne jamais laisser l'estomac complètement vide pour que l'acide gastrique n'ait rien sur quoi agir, car à ce moment il s'attaque à la paroi gastrique ; l'idéal semble donc de prendre des petits repas fréquents — 6 ou 7 par jour — sans jamais surcharger l'estomac. De plus, la personne atteinte d'ulcère devrait apprendre à s'écouter et à reconnaître les aliments qui ne semblent pas lui convenir et qui provoquent des douleurs chez elle ; elle pourra ensuite en éviter la consommation. Le repos, parce qu'il permet au corps de se refaire et de s'équilibrer, devrait lui aussi nécessairement faire partie des mesures entreprises.

Toutes les techniques de relaxation aident à diminuer le stress, qui contribue souvent à la naissance des ulcères (voir page 650 pour la description d'une de ces techniques). Il est important de poser des gestes concrets à ce moment-ci, dans le but de diminuer son stress (en changeant les situations qui le provoquent, quand c'est possible, ou en trouvant le moyen d'en diminuer l'intensité), car la motivation risque de diminuer, une fois les douleurs disparues.

Du côté de la voie médicamenteuse, on dispose principalement de trois groupes de médicaments qui possèdent une efficacité à peu près équivalente lorsqu'ils sont utilisés de façon optimale :

— *les antiacides*, qu'on avait oubliés depuis l'apparition de la cimétidine (Tagamet), restent des médicaments efficaces, bien que pas tellement pratiques à cause des grandes quantités à avaler ; (voir le texte sur le Maalox, page 382) ;

— *la cimétidine*, qu'on a portée aux nues il y a quelques années mais qui depuis lors a montré qu'elle possède des interactions médicamenteuses assez impressionnantes. On a tenté de remédier à ce défaut en mettant sur le marché deux produits apparentés, la ranitidine et la famotidine ; l'avenir se chargera d'en établir la valeur ; (voir les textes sur la cimétidine et la ranitidine, pages 196 et 545) ;

— *le sulcrafate* est une troisième voie intéressante mais coûteuse ; (voir le texte sur ce médicament, page 558).

En phase de rémission

Le fait d'avoir souffert d'ulcère gastro-duodénal indique qu'on a une certaine faiblesse de ce côté ; quelques mesures peuvent aider à en diminuer le risque de réapparition.

On cherchera à éviter ou à utiliser le moins possible les médicaments susceptibles d'irriter l'estomac. Dès le moindre signe de douleur à l'estomac, il est préférable d'en cesser l'ingestion. Quant aux autres substances irritantes pour l'estomac, il ne fait pas de doute que la cigarette soit nocive ; on croit aussi que la caféine a une action néfaste et on devrait la mettre de côté dès le moindre symptôme de récurrence. Les épices et l'alcool n'auraient aucune influence particulière ; elles peuvent cependant être irritantes chez certaines personnes plus sensibles.

Sur le plan alimentaire, il n'est plus besoin de fractionner les repas, en phase de rémission. Par contre sans doute est-il nécessaire, pour un grand nombre de gens, de reviser leur alimentation. Il y a quelques années un médecin britannique, le Dr T. L. Cleave, a émis l'hypothèse que l'alimentation déficiente était responsable d'une grande proportion des ulcères peptiques trouvés dans les pays industrialisés ; il s'appuyait sur d'excellentes données épidémiologiques pour se prononcer ainsi. D'après lui, les transformations que nous faisons subir à nos aliments les dénaturent et rendent inutiles une bonne part des sucs gastriques qui exercent alors leur action sur les parois de l'estomac et de l'intestin. Le Dr Cleave croit que les gens devraient consommer des aliments naturels et manger seulement quand ils ont faim ; par aliments naturels, il entend tous les aliments, cuits ou crus, qui n'ont subi aucune transformation. Il dénonce en particulier tous ces aliments faits à partir de la farine blanchie (ou des autres céréales blanchies, comme le riz) — le pain blanc, les gâteaux, les biscuits, les pâtes alimentaires ; et aussi tous les aliments qui contiennent du sucre raffiné (blanc ou brun), tels le chocolat, les bonbons, les confitures, les crèmes glacées et combien d'autres.

Sur le plan de la lutte contre le stress, il est évident qu'il faut tenter d'éviter les situations qui déjà ont pu précipiter les ulcères. On cherchera également un moyen adapté à ses goûts et ses aptitudes pour relaxer, que ce soit par le yoga, la méditation, le training autogène ou toute autre technique.

Il ne faudrait pas oublier que l'ulcère peptique est une maladie de civilisation, de *notre* civilisation ; elle découle en partie de nos façons de vivre et quand nous en sommes atteints, nous devrions en profiter pour nous interroger sérieusement sur nos habitudes de vie.

Les vaginites

Les infections vaginales sont fréquentes. Trois microorganismes sont le plus souvent en cause : un champignon, le *candida albicans*, un protozoaire, le *trichomonas vaginalis* et une bactérie, le *gardnerella vaginalis*. Ces infections peuvent s'acquérir par contact sexuel mais aussi, pour certaines d'entre elles — plus particulièrement le candida — à cause d'un débalancement de l'organisme ; pendant la grossesse, par exemple, ces infections sont très fréquentes. Plusieurs d'entre elles ont tendance à être récurrentes, c'est-à-dire qu'elles reviennent à répétition, provoquant des épisodes aigus puis demeurant silencieuses pour un temps. Même les traitements les plus radicaux ne réussissent pas toujours à les éliminer ; aussi il est préférable d'essayer de les éviter le plus possible.

Dans le livre *The Woman's Encyclopedia of Health & Natural Healing* (Rodale Press, 1981), Emrika Padus recommande les mesures suivantes pour éviter ou essayer de se débarrasser d'une infection vaginale. Ces conseils s'appliquent plus particulièrement aux infections causées par le candida :

1) *Couper le sucre dans sa diète.*
Les sucres simples — sucre blanc, mélasse, miel, sirops, etc. — et tout ce qui en contient, y compris l'alcool, contribuent à augmenter le taux de sucre dans le sang et à rendre la tâche trop lourde pour les bactéries utiles du vagin qui transforment habituellement ce sucre en acide lactique ; quand les sécrétions vaginales sont trop sucrées, comme c'est le

cas dans le diabète, les microbes pathogènes s'y développent plus facilement.

2) *Manger régulièrement du yogourt.*

Le yogourt contient une bactérie nommée *Lactobacillus acidophilus* qui aide à acidifier l'intestin et à y maintenir un milieu sain ; or les microorganismes qui causent les infections vaginales envahissent souvent aussi l'intestin, d'où ils réinfectent constamment le vagin.

3) *Éviter les antibiotiques.*

Ces médicaments détruisent les bactéries vaginales et intestinales utiles et rompent l'équilibre de ces milieux, ce qui donne l'occasion aux infections de s'installer. Quand il est essentiel d'utiliser des antibiotiques, c'est une bonne pratique de remplacer en même temps la flore vaginale détruite en y injectant directement du yogourt (voir plus loin comment procéder).

4) *Porter des vêtements frais et amples.*

Le nylon et les autres tissus synthétiques empêchent la circulation d'air et contribuent à créer un milieu vaginal chaud et humide, milieu propice au développement des bactéries. Les vêtements trop serrés non seulement ont le même effet, mais encore diminuent la circulation sanguine locale. Les sous-vêtements de coton sont certainement le meilleur choix.

5) *Garder la vulve propre.*

Un lavage quotidien de la vulve avec un savon non parfumé et de l'eau est une bonne pratique ; il faut ensuite bien s'assécher. Après les baignades, il est préférable d'enlever son costume de bain au plus tôt.

6) *Éviter les irritants chimiques.*

Les savons et les tampons déodorants, les aérosols parfumés, les savons de toilette raffinés et même les sels de bain peuvent irriter la fragile muqueuse vaginale.

7) *Ne pas se donner de douches vaginales.*

Toutes les douches sauf celle au vinaigre diminuent le degré d'acidité du vagin et le rendent plus sensible à l'infection. Il n'y a d'ailleurs aucune raison pour se donner régulièrement des douches, bien au contraire, comme vient de le prouver une étude qui a montré que pour les femmes qui se douchaient une fois ou plus par semaine, le risque de grossesse ectopique (hors de l'utérus) était de deux à quatre fois plus élevé que de coutume. La nature elle-même voit à la toilette vaginale et les sécrétions vaginales normales remplissent ce rôle. La seule règle d'hygiène à observer est alors de bien laver la vulve chaque jour.

8) *Utiliser un lubrifiant durant le coït.*

Quand la lubrification est insuffisante durant les rapports sexuels, la muqueuse vaginale peut être irritée et s'infecter ; au besoin donc, l'emploi d'un lubrifiant stérile soluble à l'eau (pas de vaseline) peut être utile. Les gelées ou crèmes contraceptives peuvent aussi jouer ce rôle de lubrification et leur acidité contribue à empêcher le développement des microorganismes pathogènes ; elles peuvent par ailleurs être irritantes et provoquer des infections.

Quand les signes d'une infection à candida commencent à apparaître — pertes plus abondantes et parfois malodorantes, irritation vaginale — des bains à l'eau salée peuvent aider à se débarrasser des microorganismes. En mettant une demi-tasse de sel dans un bain d'eau tiède, on crée une solution physiologique qui peut aider à lutter contre ces envahisseurs ; il suffit alors de s'y baigner et d'ouvrir l'entrée du vagin pour y faire pénétrer l'eau salée. Quelques bains de ce type au coucher peuvent être suffisants pour tuer l'infection dès le départ. On peut aussi remplacer le sel par du vinaigre, à raison d'une demi-tasse dans une cuve d'eau tiède ; en s'y plongeant les fesses avec les jambes écartées, cette solution peut pénétrer dans le vagin.

L'acidification du vagin peut aussi aider à combattre l'infection ; c'est possible d'y arriver par des douches vaginales au vinaigre (2 c. à soupe de vinaigre/litre d'eau) ou au yogourt (2-3 c. à soupe de yogourt nature /litre). Une application vaginale de yogourt (le yogourt doit contenir de la culture acidophilus vivante) peut aussi aider à rétablir la flore bactérienne normale. Comme les yogourts commerciaux n'en contiennent parfois pas assez, mieux vaut acheter des concentrés d'*acidophilus* dans un magasin d'aliments naturels ou dans une pharmacie et de mélanger la poudre des capsules ou des comprimés écrasés à raison de deux cuillerées à soupe de poudre par demi-tasse de yogourt. À l'aide d'un applicateur vaginal, injecter environ deux cuillerées à thé de ce mélange dans le vagin au coucher. On peut répéter quelques jours de suite.

Pour réussir à vaincre ce type d'infection, il peut être nécessaire de changer de moyen contraceptif ; en effet, les contraceptifs oraux favorisent les infections vaginales chroniques. Il faut parfois aller encore plus loin et modifier considérablement son alimentation, car comme le soutiennent un certain nombre de thérapeutes, la candidose ne s'installe chez une personne qu'à la faveur d'un déséquilibre le plus souvent alimentaire. Le livre de Daniel J. Crisafi, intitulé *Candida, l'autre maladie du siècle* (Forma, 1987), expose bien cette thèse et fournit divers moyens d'action pour contrer la candidose.

Si malgré ces mesures l'infection semble persister, il vaut mieux consulter un médecin. Il peut s'agir d'une MTS, et à ce moment il y a danger de contaminer son ou ses partenaires sexuels. De plus, certaines de ces infections méritent d'être traitées le plus tôt possible, car elles peuvent envahir les organes génitaux internes et causer des infections chroniques, des douleurs et la stérilité. À ce propos, voir le texte sur les maladies transmissibles sexuellement, page 779. Une infection vaginale qui ne guérit pas peut aussi indiquer que le diagnostic a été mal posé et qu'une infection en camoufle peut-être une autre ou qu'il y a une maladie plus grave sous-jacente. Il faut refuser le diagnostic de vaginite non spécifique car on dispose maintenant des moyens qui permettent de déceler les microorganismes en cause. Très souvent, même quand il ne s'agit pas d'une MTS à proprement parler, les partenaires sexuels doivent aussi être traités, car même s'ils ne manifestent pas de symptômes, ils peuvent héberger le microbe et réinfecter leur partenaire à répétition.

Le traitement variera selon le type d'infection ; il faut se méfier de ces produits à large spectre (comme le Sultrin) qui contiennent divers ingrédients permettant supposément de mater quelque infection que ce soit ; ces produits évitent un diagnostic précis et ils ont plus d'effets secondaires que les produits simples ; ces derniers sont d'ailleurs plus efficaces parce que plus spécifiques.

Les varices

Le sang propulsé par le cœur se rend jusqu'aux extrémités à travers le réseau des artères. C'est la force de contraction déployée par le cœur qui lui sert de moteur. Le retour du sang des extrémités vers le cœur se fait par le réseau veineux. La poussée originelle fournie par la contraction cardiaque n'est cependant pas suffisante pour assurer ce retour. Deux éléments contribuent toutefois à ce qu'il se produise :
— les contractions des muscles des jambes... d'où l'importance du mouvement et de la marche ;
— la présence de valvules tout le long de la veine qui empêchent que le sang ne reflue vers le bas.
Une varice naît soit lorsqu'il y a faiblesse congénitale des parois des vaisseaux ou des valvules, ou encore lorsque le retour veineux est

ralenti ou rendu plus difficile. Ainsi l'immobilité — les stations debout ou assise — ralentit le retour veineux par défaut d'activation de la pompe musculaire. L'obésité, la grossesse et la constipation chronique augmentent la pression dans l'abdomen et gênent le cœur, créant un excès de pression dans les vaisseaux.

Les varices peuvent être de gravité variable. Il faut d'abord les distinguer des veines superficielles qui gonflent parfois, directement sous la peau. Les varices atteignent des vaisseaux situés plus en profondeur, bien que les veines les plus profondes (les saphènes) soient plus rarement atteintes.

Le problème variqueux est dans la plupart des cas esthétique, bien qu'il puisse produire chez certains une douleur et une sensation de pression assez désagréables. Dans les cas les plus graves, il peut occasionner des démangeaisons ou une éruption cutanée et se compliquer d'ulcères ou de phlébite.

Il n'y a pas de méthodes garanties pour prévenir les varices — spécialement chez ceux qui semblent prédisposés héréditairement à en avoir. L'application des mesures suivantes peut habituellement aider soit à prévenir leur apparition, soit à en réduire les conséquences désagréables :
— éviter de rester longtemps debout ou assis à la même place, ce qui contribue évidemment à créer une accumulation de sang dans les veines des membres inférieurs ;
— effectuer des mouvements réguliers des jambes, ce qui aide à faire remonter le sang ;
— élever les jambes plus haut que le cœur aussi souvent que possible, ce qui n'est pas seulement relaxant, mais améliore le retour sanguin au cœur ;
— porter des bas élastiques, qui, il faut bien l'admettre, ne sont pas très beaux, quoique certains des modèles plus récents ne soient pas si mal.

À ces recommandations, le *Dictionnaire pratique des médecines douces* (Québec/Amérique) ajoute :
1) En premier lieu, évitez d'être constipé et de faire trop d'efforts de défécation. Ces efforts compriment les veines par lesquelles se fait la circulation de retour des membres inférieurs.
2) Profitez de toutes les occasions pour marcher pieds nus ou pour porter des chaussures à talons plats (ou à talons surbaissés). De nombreuses personnes ne tirent pas le bénéfice attendu de la marche, parce qu'elles portent des talons trop hauts.

3) Les docteurs Evan et Wilfrid Shute rapportent de nombreux exemples de cas de varices améliorées par la vitamine E, aux doses habituelles de 400 à 800 u.i. par jour. Selon leur théorie, la vitamine E facilite une circulation collatérale dans les jambes, ce qui soulage la pression exercée sur les varicosités. En France, certains médecins font état de résultats satisfaisants obtenus avec des suppléments de bioflavonoïdes.

4) En cas d'ulcères variqueux, la vitamine E peut être appliquée localement, tout en étant administrée par voie orale.

En plus de ces mesures, on peut recourir à la médecine qui offre deux voies : les injections sclérosantes et la chirurgie. Il importe de savoir que ces deux techniques ne peuvent en rien arrêter la progression de la maladie. Elles ont une valeur esthétique et peuvent aussi soulager la douleur causée par des distensions veineuses importantes. Elles doivent dans bien des cas être répétées à intervalle plus ou moins long. Le recours à ces moyens devrait toujours s'accompagner de l'application des mesures préventives énumérées plus haut.

Références de la troisième partie

Voici les références détaillées des trois premiers chapitres :

Page 633 Howard Brody et David S. Sobel, A Systems View of Health and Disease, in *Ways of Health*, David S. Sobel, éd., Harcourt, Brace Jovanovich, 1979, p. 96.

Page 635 Les données de la recherche du Dr Thomas H. Holmes proviennent du livre *Getting Well Again,* O. Carl Simonton, S. Matthiews-Simonton, James L. Creighton, Bantam Books, 1978, p. 40.

Page 636 René Dubos et Jean-Paul Escande, *Chercher*, Stock, 1979.

Page 647 Jonathan Wright, *D[r]. Wright's Book of Nutritional Therapy*, Rodale Press, 1979, p. 360.

Page 648 W. E. Granger, « Les vitamines seront-elles un jour reconnues comme véritable médicament ? », *Le Pharmacien*, août 1979.

Page 648 Sharon Faelten, *Vitamins for Better Health*, Rodale Press, 1982, p. VI.

Page 651 B. Gunther, *Sense Relaxation*, Pocket Books, 1973.

Page 653 David S. Sobel, in *Ways of Health*, *op. cit.*, p. 314.

Page 653 John R. Goyeche, cité dans *Le Courrier médical* du 27 oct. 82.

Page 653 Herbert Ladd est cité dans *Le Courrier médical* du 1er février 83.

Page 656 Swami Kuvalayananda et S.L. Vinekar, Principles of Yogic Therapy, in *Ways of Health*, *op. cit.*, p. 322.

Page 656 Pedro Chan, *Finger Acupressure*, Ballantine Books, 1975, p. 11.

Page 657 Thérèse Bertherat, *Courrier du corps*, Le Seuil, 1980, p. 136.

Page 658 Le Dr Shelton est cité dans *L'Impatient*, n°s 68-69, page 9.

Page 660 James S. Gordon, « The Paradigm of Holistic Medicine », in *Health for the Whole Person*, Hastings, Fadiman et Gordon, éd., Westview Press, 1980, p. 3.

Page 661 *Dictionnaire pratique des médecines douces*, Québec/Amérique, 1981, p. 288.

Page 662 Meldon Kahan, *Search and Research, Summaries of Megavitamin Studies*, Canadian Schizophrenia Foundation, p. 1.

Page 662 La définition des oligo-éléments est de Cécile Baudet, « Oligo-éléments : les petits maux aux petits remèdes », *L'Impatient*, mars 1982, p. 4.

Page 663 David E. Bresler, Chinese Medicine and Holistic Health, in *Health for the Whole Person*, *op. cit.*, p. 411.

Page 663 Robert Frager, Touch : Working with the Body, in *Health for the Whole Person*, *op. cit.*, p. 209.

Page 664 Tiré de la retranscription de l'émission du 20 octobre, 1982.

Pour le quatrième chapitre, nous avons utilisé les ouvrages suivants :

L'allergie :

Steven Brasier, « Les remèdes aux allergies », *Le consommateur canadien*, juillet 84.

J. C. Breneman, *Basics of Food Allergy*, Charles C. Thomas, 1978.

Elie Feuerwerker, « L'allergie chez l'enfant », *Le Courrier médical*, 22 mai 1984.

R. Hamburger, « Allergy and The Immune System », *American Science*, 1976.

L'angine :

Gregory Curfman, « After Your Heart Attack (or Before) », *The Harvard Medical School Health Letter*, mars 1984.

Julian Whitaker, « Three Steps to a Naturally Healthier Heart », *Prevention*, mars 1980.

Jean Mc Cann, « Coronary death rate lower when fish eaten », *The Medical Post*, 16 avril 1985.

Olga Lechky, « Fish pill helps patients with coronary disease », *The Medical Post*, 1er avril 1986.

L'arthrite :

Vil Meere, « Some pain drugs may worsen osteoarthritis », *The Medical Post*, 13 juillet 1982.

Barry Shurlock, « Therapeutics of Liniments Studied for First Time », *The Medical Post*, 24 juillet 1984.

L'asthme :

M. Castleman *et al.*, « Asthma », *Medical Self Care*, été 81.

Annette F. Racaniello, « Prevention of exercise-induced asthma », *The New England Journal of Medicine*, 23 novembre 1978.

Les blessures légères :

« How to treat summer cuts and scrapes », *Consumer Reports*, juillet 1984.

Projet Information Médicaments, *Les produits pharmaceutiques non-prescrits*, cahier n° 2, 1979.

The Medicine Show, Consumers Union, 1971.

La bronchite :

The Harvard Medical School Health Letter Book, Warner Books, 1982.

Le cancer :

Tom Ferguson, « Moving Toward Common Ground in the Cancer Wars : An Interview with Michael Lenner, Ph D », *Medical Self-Care*, mai-juin, 1986.

Harvey Mc Cornell, « Overnutrition linked to high risk of cancer », *The Medical Post*, 22 mai 1986.

Leonard Mervyn, *Dictionnaire des vitamines*, Québec/Amérique, 1987.

« Irradiation et cancer », *Le Courrier médical*, 26 février 1985.

La contraception :

Nicole St-Jean et Michèle Moreau, « La pilule du lendemain », *Le médecin du Québec*, mars 1982.

Catherine Sokolsky, « Stérilet : encore la contraception dure », *L'Impatient*, mars 1981.

Yves Lefebvre, « Faits et mythes de la contraception », *L'actualité médicale*, 20 janvier 1981.

La constipation :
S. Henissart, « Les laxatifs. Comment allez-vous ? », *Protégez-vous*, mars 83.

Le diabète :
Nutrition Week, 17 juillet 1986, « CNI Petitions FDA to Ban Aspartame ».

La diarrhée :
Pierre Viens, *Voyager en santé sous les tropiques*, Les Éditions le Caducée, 1978.

La douleur :
Leona Kuttner, « Relaxation, Hypnosis Invaluable in Treating Kids », *The Medical Post*, 25 novembre 1986.
Debora Tkac, « Healing Your Hurts with Hot Soaks », *Prevention*, octobre 1984.
Marti Asner, « TENS, Current That Switches Off Pain », *FDA Consumer*, novembre 1982.
Maruta T. Swanson & R.E. Finlayson, « Drug Abuse and Dependency in Patients with Chronic Pain », *Mayo Clinic Proceedings*, 1979.
Stefan Bechtel, « The Painkiller in Your Mind », *Prevention*, mars 1982.
Denise Robillard, « La douleur et son traitement : nouvelle approche », *L'actualité médicale*, 22 septembre 1981.
« Pain Control with Hypnosis », *Science*, 25 novembre 1977.

La fièvre :
« Fever », *FDA Consumer*, novembre 1985.
« Fièvre : laisser faire ! », *Courrier médical*, 24 avril 1984.
Jean Mc Cann, « In Many Cases, Fever Best Left Untreated », *The Medical Post*, 18 mai 1982.

Les hémorroïdes :
« Getting to the Seat of the Problem », *FDA Consumer*, septembre 1980.

L'hypertension :
Lawrence Prescott, « Bear in Mind Cost When Treating Hypertension », *The Medical Post*, 21 octobre 1986.
« Weight Loss Reduces Heart Disease », *Nutrition Week*, 13 février 1986.
Martha Wagner, « Tasty High-Calcium Cooking », *Medical Self-Care*, mai-juin 1986.
Richard Sutherland, « Take a Cue from the Cave Man and Boost Those Potassium Levels », *The Medical Post*, 5 février 1985.
Michael Castleman, « How to Take Your Own Blood Pressure », *Medical Self-Care*, mai-juin 1986.

Les infections urinaires :
Christiane Northrup et Susan S. Lowry, « Say Goodbye to UTIs », *East West Journal*, février 1986.

L'infertilité :

Michael Castleman, « Sperm Crisis », *Medical Self-Care*, printemps 1980.
Nicole Beauchamp, « Faire un enfant avec la médecine peut parfois coûter cher, psychologiquement, à un couple », *La Presse*, 25 février 1984.

L'insomnie :

Sandra Wheaton-Dudley, « Ces produits qui font dormir... », *Protégez-vous*, septembre 1984.
Fredric Solomon *et al.*, « Sleeping Pills, Insomnia and Medical Practice », *The New England Journal of Medicine*, 5 avril 1979.

Le mal de dos :

Maurice Chazottes, « »Fortune Teller« is Needed to Predict Back Pain », *The Medical Post*, 30 octobre 1984.
John Sarno, *Mind Over Back Pain*, Berkley Books, 1982 (traduction prévue en 1988 chez Québec/Amérique).
Walter Nagel, « Rest, Time Outweight Surgery for Helping Back Pain », *The Medical Post*, 2 novembre 1982.

Les menstruations difficiles :

Susan Penfold, citée dans Will Koteff, « Antidepressants Can Harm Depressed Women », *The Medical Post*, 6 mai 1986.
Paula Weideger, *Menstruation and Menopause*, Delta Books 1977.

L'obésité :

Lucie Asselin, *Le médecin du Québec*, juillet 1981.
Carol Ballentine, « Drugs and Your Waistline », *FDA Consumer*, février 1984.
Barbara Baker, « Taking Laxatives to Lose Weight Can Be Dangerous », *The Medical Post*, 13 juillet 1982.

Le rhume et la grippe :

Michael Castleman, « Colds », *Medical Self-Care*, janvier-février 1986.

La sinusite :

Jody Kolodzey, « Drugless Relief For Sinus Misery », *Prevention*, décembre 1981.

L'ulcère gastro-duodénal

Olga Lechky, « Antacid Reigns Over Recurring Ulcers », *The Medical Post*, 10 juin 1986.
S. Henissart, « Les antiacides », *Protégez-vous*, décembre 1982.

Les vaginites :

Emrika Padus, *The Woman's Encyclopedia of Health & Natural Healing*, Rodale Press, 1981.

Les varices :

Collectif, *Dictionnaire pratique des médecines douces*, Québec/Amérique, 1981.

INDEX DES MÉDICAMENTS

Les mots qui commencent par une minuscule sont des noms génériques, ceux qui commencent par une majuscule sont des marques commerciales et les mots complètement en majuscules sont des catégories de médicaments.

Benzac W   voir peroxyde de
  benzoyle, *p.* 485
Benzagel   voir peroxyde de
  benzoyle, *p.* 485
BENZODIAZEPINES
  voir alprazolam, *p.* 130
      bromazépam, *p.* 154
      chlordiazépoxide, *p.* 179
      clonazépam, *p.* 209
      clorazépate, *p.* 214
      diazépam, *p.* 252
      flurazépam, *p.* 314
      lorazépam, *p.* 380
      oxazépam, *p.* 469
      témazépam, *p.* 575
      triazolam, *p.* 601
benzydamide, *p.* 153
Bérotec   voir fénoterol, *p.* 305
BETA-BLOQUANTS
  voir aténolol, *p.* 146
      métoprolol, *p.* 422
      nadolol, *p.* 439
      pindolol, *p.* 504
      propranolol, *p.* 534
      timolol, *p.* 589
Betaderm   voir corticostéroïdes
  topiques, *p.* 235
Betadine
  voir Les maladies de peau, *p.* 773
      Les blessures légères, *p.* 690
Bétaloc   voir métoprolol, *p.* 422
bétaméthasone
  voir diprosalic, *p.* 280
      prednisone, *p.* 514
      corticostéroïdes topiques, *p.* 235
Betnelan   voir prednisone, *p.* 514
Betnovate   voir corticostéroïdes
  topiques, *p.* 235
Bicholate   voir La constipation,
  p. 704
Bio-Cal   voir calcium, *p.* 160
Bioself   voir La contraception, *p.* 710
Biquin   voir quinidine, *p.* 542
Bisodol   voir Les malaises
  d'estomac, *p.* 782
Bleph-10   voir sulfacétamide, *p.* 560
Blocadren   voir Timolol, *p.* 589
Brevicon   voir contraceptifs oraux,
  p. 226

Bricanyl   voir terbutaline, *p.* 576
bromazépam, *p.* 154
bromocriptine, *p.* 155
Bromo-Seltzer   voir Les malaises
  d'estomac, *p.* 782
bromphéniramine
  voir L'allergie, *p.* 668
      chlorphéniramine, *p.* 183
Broncho-Grippol DM   voir Le
  rhume et la grippe, *p.* 814
Bronchophan forte DM   voir Le
  rhume et la grippe, *p.* 814
Bufexamac   voir corticostéroïdes
  topiques, *p.* 235
Bufferin   voir AAS, *p.* 114
Butazolidine   voir phénylbutazone,
  p. 494
Butone   voir phénylbutazone, *p.* 494
Cafergot   voir ergotamine, *p.* 296
Caladryl   voir diphenhydramine,
  p. 274
Calciforte   voir calcium, *p.* 160
Calcite   voir calcium, *p.* 160
calcium, *p.* 160
Calcium-Sandoz   voir calcium,
  p. 160
Cal-500   voir calcium, *p.* 160
Camalox   voir Les malaises
  d'estomac, *p.* 782
Campain   voir acétaminophène,
  p. 107
Canesten   voir clotrimazole, *p.* 215
Capoten   voir captopril, *p.* 164
captopril, *p.* 164
carbamazépine, *p.* 167
Carbolith   voir lithium, *p.* 374
Cardilate   voir érythrol, *p.* 296
Cardioquin   voir quinidine, *p.* 542
Cardizem   voir diltiazem, *p.* 270
Cascara   voir La constipation, *p.* 704
Catapres   voir clonidine, *p.* 211
Ceclor   voir céfaclor, *p.* 170
céfaclor, *p.* 170
céfadroxil, *p.* 171
Celestoderm-V   voir corticostéroïdes
  topiques, *p.* 235
Célestone   voir prednisone, *p.* 514
céphalexine, *p.* 172
Ceporex   voir céphalexine, *p.* 172

Fenicol   voir chloramphénicol,
    p. 176
fénoprofène, *p.* 305
fénotérol, *p.* 305
fer, *p.* 306
Fergon   voir fer, *p.* 306
Fer-In-Sol   voir fer, *p.* 306
Fero-Grad   voir fer, *p.* 306
Fersamal   voir fer, *p.* 306
Fertinic   voir fer, *p.* 306
Fesofor   voir fer, *p.* 306
Fibirax   voir La constipation, *p.* 704
Fiorinal, *p.* 310
Fivent   voir cromoglycate, *p.* 242
Flagyl   voir métronidazole, *p.* 423
Flamazine   voir sulfadiazine
    d'argent, *p.* 562
Fleet   voir La constipation, *p.* 704
Flexeril   voir cyclobenzaprine,
    p. 245
Florone   voir corticostéroïdes
    topiques, *p.* 235
fluméthasone   voir corticostéroïdes
    topiques, *p.* 235
flunisolide, *p.* 312
fluocinolone   voir corticostéroïdes
    topiques, *p.* 235
fluocinonide   voir corticostéroïdes
    topiques, *p.* 235
Fluoderm   voir corticostéroïdes
    topiques, *p.* 235
Fluonide   voir corticostéroïdes
    topiques, *p.* 235
fluphénazine, *p.* 313
flurandrénolide   voir corticostéroïdes
    topiques, *p.* 235
flurazépam, *p.* 314
flurbiprofène, *p.* 316
Formulex   voir dicyclomine, *p.* 261
framycétine   voir Proctosedyl, *p.* 523
    Sofracort, *p.* 552
Froben   voir flurbiprofène, *p.* 316
Frosst 217   voir AAS, *p.* 114
Frosst 642   voir propoxyphène,
    p. 533
Fucidin   voir acide fusidique, *p.* 120
fumarate ferreux   voir fer, *p.* 306
furosémide, *p.* 316
Furoside   voir furosémide, *p.* 316

fusidique (acide), *p.* 120
Garamycin   voir gentamycine, *p.* 323
Gardénal   voir phénobarbital, *p.* 489
GBH   voir lindane, *p.* 371
G-Butazone   voir phénylbutazone,
    p. 494
Gelusil   voir Maalox, *p.* 382
gemfibrozil, *p.* 320
gentamycine, *p.* 323
gluconate ferreux   voir fer, *p.* 306
Glucophage   voir metformine, *p.* 398
glyburide, *p.* 324
Gramcal   voir calcium, *p.* 160
gramicidine   voir Kenacomb, *p.* 361
Gravergol   voir ergotamine, *p.* 292
Gravol   voir dimenhydrinate, *p.* 271
Gripe Water   voir Les coliques, *p.* 82
Gynergène   voir ergotamine, *p.* 292
Halazone   voir La diarrhée, *p.* 726
halcinonide   voir corticostéroïdes
    topiques, *p.* 235
Halcion   voir triazolam, *p.* 601
Haldol   voir halopéridol, *p.* 326
Halog   voir corticostéroïdes
    topiques, *p.* 235
halopéridol, *p.* 326
Hexadrol   voir prednisone, *p.* 514
Hibitane   voir La peau, *p.* 773
    Les blessures légères,
    p. 690
Hismanal   voir L'allergie, *p.* 668
Histantil   voir prométhazine, *p.* 527
Humulin   voir insuline, *p.* 348
Hycodan   voir hydrocodone, *p.* 337
hycomine   voir hydrocodone, *p.* 337
hydergine, *p.* 327
Hy-Derm   voir corticostéroïdes
    topiques, *p.* 235
hydralazine, *p.* 329
hydrochlorothiazide, *p.* 332
hydrocodone, *p.* 337
hydrocortisone
    voir prednisone, *p.* 514
    corticostéroïdes topiques, *p.* 235
Hydrocortone   voir prednisone,
    p. 514
Hydrodiuril   voir
    hydrochlorothiazide, *p.* 332
hydroxyde d'aluminium, *p.* 338

Lidex   voir corticostéroïdes
    topiques, *p.* 235
Lidosporine   voir Les maux de gorge
    et d'oreilles, *p.* 84
lindane, *p.* 371
Lithane   voir lithium, *p.* 374
lithium, *p.* 374
Lithizine   voir lithium, *p.* 374
Locacorten   voir corticostéroïdes
    topiques, *p.* 235
Lœstrin   voir contraceptifs oraux,
    p. 226
Lomine   voir dicyclomine, *p.* 261
Lomotil   voir diphénoxylate, *p.* 277
        La diarrhée, *p.* 726
lopéramide, *p.* 378
Lopid   voir gemfibrozil, *p.* 320
Lopresor   voir métoprolol, *p.* 422
lorazépam, *p.* 380
Loroxide   voir peroxyde de
    benzoyle, *p.* 485
Lozide   voir indapamide, *p.* 343
Ludiomil   voir maprotiline, *p.* 385
Lyderm   voir corticostéroïdes
    topiques, *p.* 235
Maalox, *p.* 382
Maalox TC   voir Maalox, *p.* 382
magaldrate, *p.* 385
Mandrax   voir méthaqualone, *p.* 402
maprotiline, *p.* 385
Mathieu (sirop)   voir Le rhume et la
    grippe, *p.* 814
Maxeran   voir métoclopramide,
    p. 419
Mazépine   voir carbamazépine,
    p. 167
mazindol, *p.* 386
Mecort   voir corticostéroïdes
    topiques, *p.* 235
Medicycline   voir tétracycline, *p.* 578
Medihaler-Ergotamine   voir
    ergotamine, *p.* 292
Medilium   voir chlordiazépoxide,
    p. 179
Médimet   voir méthyldopa, *p.* 407
Méditran   voir méprobamate, *p.* 393
Medrol   voir prednisone, *p.* 514
        corticostéroïdes
        topiques, *p.* 235

médroxyprogestérone, *p.* 389
méfénamique (acide), *p.* 392
Mégacilline   voir pénicilline, *p.* 474
Megral   voir ergotamine, *p.* 296
Melar   voir corticostéroïdes
    topiques, *p.* 235
Mellaril   voir thioridazine, *p.* 585
mépéridine, *p.* 393
méprobamate, *p.* 393
Méprospan-400   voir méprobamate,
    p. 393
Meravil   voir amitriptyline, *p.* 132
Mercodol Decapryn, *p.* 397
mercurochrome   voir Les blessures
    légères, *p.* 690
merthiolate   voir Les blessures
    légères, *p.* 690
Metamucil
    voir La constipation *p.* 704
        La diarrhée, *p.* 726
metformine, *p.* 398
méthaqualone, *p.* 402
méthocarbamol, *p.* 404
méthotriméprazine, *p.* 406
méthyldopa, *p.* 407
méthylphénidate, *p.* 410
méthylprednisolone
    voir corticostéroïdes topiques, *p.* 235
        prednisone, *p.* 514
méthyprylone, *p.* 414
méthysergide, *p.* 416
métoclopramide, *p.* 419
métoprolol, *p.* 422
métronidazole, *p.* 423
Meval   voir diazépam, *p.* 252
Micatin   voir miconazole, *p.* 426
miconazole, *p.* 426
Micro-K   voir potassium, *p.* 506
Midol   voir AAS, *p.* 114
Miltown   voir méprobamate, *p.* 393
Min-estrin   voir contraceptifs oraux,
    p. 226
Minipress   voir prazosine, *p.* 511
Minocin   voir minocycline, *p.* 429
Minocycline, *p.* 429
Min-ovral   voir contraceptifs oraux,
    p. 226
minoxidil, *p.* 430
Miocarpine   voir pilocarpine, *p.* 502

Norpace   voir disopyramide, *p.* 283

noscapine   voir Le rhume et la grippe, *p.* 814

Noscatuss   voir Le rhume et la grippe, *p.* 814

Novahistex   voir hydrocodone, *p.* 337

Novahistine   voir hydrocodone, *p.* 337

Novamoxin   voir amoxicilline, *p.* 137

Nova-Phase   voir AAS, *p.* 114

Nova-Phéno   voir phénobarbital, *p.* 489

Novasen   voir AAS, *p.* 114

Novo-Ampicillin   voir ampicilline, *p.* 140

Novobetamet   voir corticostéroïdes topiques, *p.* 235

Novobutamide   voir tolbutamide, *p.* 591

Novobutazone   voir phénylbutazone, *p.* 494

Novochlorhydrate   voir chloral (hydrate de), *p.* 174

Novochloroquine   voir chloroquine, *p.* 180

Novochlorpromazine   voir chlorpromazine, *p.* 186

Novo-Cimetine   voir cimétidine, *p.* 196

Novo-Clopate   voir clorazépate, *p.* 214

Novocloxin   voir cloxacilline, *p.* 217

Novocolchicine   voir colchicine, *p.* 224

Novodimenate   voir dimenhydrinate, *p.* 271

Novodipam   voir diazépam, *p.* 252

Novoferrogluc   voir fer, *p.* 306

Novoferrosulfa   voir fer, *p.* 306

Novofibrate   voir clofibrate, *p.* 202

Novoflupam   voir flurazépam, *p.* 314

Novoflurazine   voir trifluopérazine, *p.* 604

Novofumar   voir fer, *p.* 306

Novohydrazide   voir hydrochlorothiazide, *p.* 332

Novohydrocort   voir corticostéroïdes topiques, *p.* 235

Novolente K   voir potassium, *p.* 506

Novolexin   voir céphalexine, *p.* 172

Novolin   voir insuline, *p.* 348

Novo-Lorazépam   voir lorazépam, *p.* 380

Novomédopa   voir méthyldopa, *p.* 407

Novomépro   voir méprobamate, *p.* 393

Novométhacin   voir indométhacide, *p.* 345

Novo-Mucilax   voir La constipation, *p.* 704

Novonaprox   voir naproxen, *p.* 440

Novoniacin   voir nicotinique, *p.* 445

Novonidazol   voir métronidazole, *p.* 423

Novopen-G   voir pénicilline, *p.* 474

Novopen-VK   voir pénicilline, *p.* 474

Novo-Péridol   voir halopéridol, *p.* 328

Novo-phéniram   voir chlorphéniramine, *p.* 183

Novopoxide   voir chlordiazépoxide, *p.* 179

Novopramine   voir imipramine, *p.* 343

Novopranol   voir propranolol, *p.* 534

Novoprednisone   voir prednisone, *p.* 514

Novo-Profen   voir ibuprofène, *p.* 342

Novopropamide   voir chlorpropamide, *p.* 191

Novopropanthil   voir propanthéline, *p.* 530

Novopropoxyn   voir propoxyphène, *p.* 533

Novopurol   voir allopurinol, *p.* 127

Novopyrazone   voir sulfinpyrazone, *p.* 568

Novoquinidin   voir quinidine, *p.* 542

Novoridazine   voir thioridazine, *p.* 585

Novorythro   voir érythromycine, *p.* 297

Novosalmol   voir salbutamol, *p.* 547

Novosémide   voir furosémide, *p.* 316

Novo-Sorbide   voir isosorbide (dinitrate d'), *p.* 355

Sedatuss   voir Le rhume et la grippe, *p*. 814

SEDATIFS   voir diazépam, *p*. 252

Seldane   voir terfénadine, *p*. 576

Senokot   voir La constipation, *p*. 704

Septra, *p*. 550

Serax   voir oxazépam, *p*. 469

Sérophène   voir clomiphène, *p*. 206

Sertan   voir primidone, *p*. 519

Siblin   voir La constipation, *p*. 704

siméthicone   voir Maalox, *p*. 382

Sincomen   voir spironolactone, *p*. 555

Sinemet   voir lévodopa, *p*. 364

Sinequan   voir doxépine, *p*. 288

Sinutab   voir acétaminophène, *p*. 107
Le rhume et la grippe, *p*. 814

Sleep-eze   voir diphenhydramine, *p*. 274

Slow-Fe   voir fer, *p*. 306

Slow-K   voir potassium, *p*. 506

Slow-Pot   voir potassium, *p*. 506

Sofracort, *p*. 552

Solazine   voir trifuopérazine, *p*. 604

Solium   voir chlordiazépoxide, *p*. 149

Sominex   voir diphenhydramine, *p*. 274
L'insomnie, *p*. 766

Somnium   voir diphenhydramine, *p*. 274

Somnol   voir flurazépam, *p*. 314

Somophyllin   voir théophylline, *p*. 581

Som-Pam   voir flurazépam, *p*. 314

Spasmoban   voir dicyclomine, *p*. 261

spiramycine, *p*. 553

spironolactone, *p*. 555

Statex   voir morphine, *p*. 435

Staticin   voir érythromycine topique, *p*. 299

Stelazine   voir trifluopérazine, *p*. 604

Stemetil   voir prochlorpérazine, *p*. 522

Stievaa   voir trétinoïne, *p*. 596

Stilbœstrol   voir œstrogènes, *p*. 461

subsalicylate de bismuth   voir La diarrhée, *p*. 726

Sucaryl   voir Le diabète, *p*. 720

succinate ferreux   voir fer, *p*. 306

Sudafed   voir pseudoéphédrine, *p*. 539

Sudodrin   voir pseudoéphédrine, *p*. 539

Sulamyd sodique   voir sulfacétamide, *p*. 560

sulcrafate, *p*. 558

Sulcrate   voir sulcrafate, *p*. 558

sulfacétamide, *p*. 560

sulfadiazine d'argent, *p*. 562

sulfaméthoxazole   voir La diarrhée, *p*. 726

sulfanilamide   voir AVC, *p*. 148

sulfasalazine, *p*. 564

sulfate ferreux   voir fer, *p*. 306

Sulfex   voir sulfacétamide, *p*. 560

Sulfoxyl   voir peroxyde de benzoyle, *p*. 485

sulfinpyrazone, *p*. 568

sulindac, *p*. 571

Sultrin, *p*. 572

Suprasa   voir AAS, *p*. 114

Surfak   voir La constipation, *p*. 704

Surmontil   voir trimipramine, *p*. 607

Synalar   voir corticostéroïdes topiques, *p*. 235

Synamol   voir corticostéroïdes topiques, *p*. 235

Syn-Care   voir corticostéroïdes topiques, *p*. 235

Synthroid   voir thyroxine, *p*. 586

Tace   voir œstrogènes, *p*. 461

Tagamet   voir cimétidine, *p*. 196

Talwin   voir pentazocine, *p*. 478

Tantum   voir benzydamide, *p*. 153

Tavist   voir L'allergie, *p*. 668

Tedral, *p*. 574

Tégrétol   voir carbamazépine, *p*. 167

témazépam, *p*. 575

Tempra   voir acétaminophène, *p*. 114

Tenormin   voir aténolol, *p*. 146

Tenuate   voir diéthylpropion, *p*. 263

Tenuate Dospan   voir diéthylpropion, *p*. 263

terbutaline, *p*. 576

terfénadine, *p*. 576

Achevé   Imprimerie
d'imprimer Gagné Ltée
au Canada   Louiseville

Que faire en cas d'empoisonnement ?

AGIR VITE. Les mesures suivantes doivent être appliquées le plus rapidement possible :

— Faire boire de l'eau pour diluer le poison : donner 1 tasse à un enfant et 2 à 3 tasses à un adulte. Le lait et les jus ne peuvent être employés qu'après consultation avec le Centre antipoison.

— Donner du charbon de bois activé pour empêcher l'absorption du poison : de 30 à 60 g de poudre dilués dans une tasse d'eau. On peut répéter après 15 à 30 minutes. Ajouter un peu de cacao au mélange en améliore le goût.

— Téléphoner au Centre antipoison pour vérifier si la dose absorbée est dangereuse, s'il faut faire vomir ou non et s'il faut se rendre au Centre.

— Pour faire vomir (et ainsi débarrasser le corps du poison), on met un doigt ou un manche de cuiller dans la gorge ou on donne une cuillerée à soupe (15 ml) de sirop d'ipéca aux enfants de 1 an ou plus ou aux adultes. Après avoir donné l'ipéca, il faut faire boire de l'eau : 120 à 240 ml pour les enfants de 1 à 6 ans

240 à 360 ml pour les 7 ans et plus.

La dose peut être répétée après 15 à 20 minutes.

NOTE : on ne doit pas faire vomir si le produit absorbé est corrosif ou contient un dérivé de pétrole (c'est souvent le cas avec les produits de nettoyage).

S'il faut se rendre au Centre antipoison, apporter le contenant de la substance absorbée ou bien un échantillon de ce que la personne a vomi, si on ignore ce qu'elle a pris.

Pendant tout le transport, il est important de garder la personne au chaud.

N^o de téléphone du Centre antipoison du Québec :
1-800-463-5060.

N^o de téléphone du Centre antipoison le plus près : ....